江宁非物质文化遗产资源集萃

中国人民政治协商会议南京市江宁区委员会　编

（中）

南京出版社

女子龙灯

基本概况

女子龙灯，全部成员为女子，主要流布于禄口街道谢村社区。知情人缪玉蓉。

女子龙灯的出现，与江宁人民的劳动生活息息相关。江宁河流纵横，湖泊众多，是著名的鱼米之乡。女子龙灯的不少动作都与水上活动近似，其舞龙表演包含甩龙、摆阵等各种动作。舞龙头要有力气，舞龙珠要灵活，舞龙尾要能跑。在表演舞龙时，女子要充分利用手中小巧精致的龙体，融合水乡人民生活的动作和步伐特点，配以热烈欢快的锣鼓，以展示女性柔巧敏捷的特点，及其质朴而又精巧的艺术特色。

其音乐伴奏主要依靠锣鼓指挥。打鼓者是乐队的指挥，负责音乐的开始、鼓点的转换和结束。敲锣者随节奏的缓慢来转换击打的点子，锣鼓点子要根据表演的时间长短来决定。舞龙者随着节奏与鼓点舞动，其轻重缓急，全在锣鼓的掌握指挥中，让人看上去舞龙者步调一致。整个女子龙灯表演如行云流水，美不胜收。

方山女子舞龙队

"文化大革命"期间江宁女子演唱《不爱红装爱武装》

历史传承

过去，每逢重大节庆或丰收时节，乡村百姓多用舞龙祈祝风调雨顺、五谷丰登，其时群龙奔腾，鼓乐喧天，爆竹轰鸣。江宁地区舞龙灯有着悠久的历史，特别改革开放以来，随着经济社会的不断发展，人们对精神文化生活有了更多的追求。因此，1980年代以来，许多老艺人又重操旧业，

马铺锣鼓女子表演队在"和谐江宁大舞台——腾飞的禄口"专场文艺演出上表演

舞起了龙灯。

受此启发，1998 年，禄口街道谢村社区的缪玉蓉等人，希望牵头组织一支以中青年女子为骨干的龙灯表演队伍。听说社区要组织女子龙灯队，许多年轻妇女自告奋勇，积极报名参加。队员们克服家庭困难，挤出时间参加排练。通过刻苦的训练，女子队员们很快掌握了舞龙灯的基本要领。随后，她们开始参加各社区、街道等组织的表演活动，获得了观众的好评，遂正式命名为女子龙灯队。

由于这支女子龙灯队伍全部由女性表演，套路众多，技艺高超，迅速走红江宁，成为许多庆祝活动邀请的嘉宾，也成为禄口街道格外亮眼的文化招牌。

当代影响与价值

禄口街道谢村社区的女子龙灯，是当地女性自发组织表演的民间舞蹈，展现了巾帼不让须眉的气概，虽然成立时间不长，但在江宁地区已颇有名气，一度活跃在不少喜庆活动及社区灯会的演出现场，丰富了当地民众的业余文化休闲生活，为人们所津津乐道，是江宁一道独特而亮丽的风景线。近年，随着演出成员的老龄化，它的传承也出现了危机，其舞蹈队伍仍在，但活动已经不多了。很显然，依托个人兴趣的自发传承模式，不适合这种传统舞蹈项目，从其他地区同类“非遗”项目的成功经验看，由政府出资并融入校园文化建设的传承模式或许更加长效稳定。

西阳狮子灯

基本概况

西阳狮子灯，主要流布于横溪街道陶吴西阳社区及其周边一带。知情者王志龙。

西阳狮子灯表演活动，一般在每年的农历正月初一至十六进行。表演前，首先要举行进香仪式，把狮子头放在香案上，烧香祈求神灵保佑表演平安顺利。同时也有许多村民前来进香，以示邀请狮子灯表演，图个节日气氛。进香后，燃放鞭炮，狮子灯表演队即可到进过香的村民家门口“拜门子”。正式表演，则从正月初二隆重开场。

狮子灯出发的顺序是放鞭炮、狮子灯（双狮子、单狮子）开道，其后是二三十人的锣鼓手和唱彩人等替补人员。狮子灯表演一般在掌灯时开始。首先由10盏狮子灯“摆场”，即2盏方排灯、2盏圆形灯和6盏圆排灯围场。其次，由5—7人组成的锣鼓队“开场”，再由狮子“玩场”，有地面玩、单桌台和高桌台等玩法。

狮子灯表演技巧性高。参加表演的狮子，在各种乐器的伴奏下，翩翩起舞，要展示窜、跳、滚、扑、站、卧、翻等动作，有时还会跃上大方桌，表演一系列惊险动作。狮子灯表演结束后，轮到唱彩人即兴发挥，他们或唱或数，这种表演形式称为“唱场”。唱彩一般由一名表演者单唱，但表演者每段的最后一句则有锣鼓队员齐声附和，气氛十分热烈。通过锣鼓击打一定的韵律，配上喇叭，形成一定的节奏，以增添欢快热烈的气氛。整场演出惊险有趣，高潮迭起。

西阳狮子灯的道具有桌台和10盏狮子灯，伴奏乐器有开锣、大鼓、响铳、喇叭等。

历史传承

据口碑资料，西阳狮子灯发源于清末，由河南人詹法仁、官德富二人传入西阳村，距今已有100多年历史。在农闲时，他们两人将狮子灯的

狮子灯表演

舞蹈动作，传授给了本村的村民。后来，每逢春节都要进行狮子灯表演，先从本村开始，再应邀到横溪、东善桥、谷里等地表演。

除春节外，在农闲时，也会进行狮子灯表演；有时还会应邀参加村民红白喜事，如举办婚宴，狮子灯会进洞房玩耍，意为驱鬼辟邪，还会上婚房床上玩耍撒“尿”，寓意早生贵子；等等。

传承人王志龙，1937年生，横溪街道西阳社区人，14岁开始学习舞狮子灯技艺，主要擅长舞狮子灯的尾部。年轻时，他曾与詹德培搭档，是爬高上梯能手，最高能把狮子灯舞上7张方桌进行表演，是该项目的传承人。后来，年事已高的王志龙把舞狮技艺传授给了王全生、王虎、陈远陆、陈远洪等晚辈，自己则担当文场领头锣，以助阵表演。

铜山高台狮子舞

汤山高台狮子舞

当代影响与价值

西阳狮子灯发源于河南地区，反映了河南与江宁之间舞蹈艺术的传播交流。狮子灯表演保留了中原狮舞的气韵，同时又具有西阳地方特色，是狮子灯舞蹈艺术活态传承与绵延传播的见证。西阳狮子灯是当地百姓恭贺新年传统民俗的真实写照，融音乐、舞蹈、杂耍多种艺术形式为一体，极富艺术感染力，曾广受西阳社区普通民众的喜爱。如今，西阳狮子灯已经不再流行，但作为当地独特的文化符号，承载了西阳村民的集体记忆与乡愁，仍具有历史、文化、艺术、民俗、社会等多重价值。

秦村狮子灯

基本概况

秦村狮子灯，主要流布于禄口街道秦村社区。传承人陶求贵。

秦村狮子灯以灯舞形式进行表演，因此大多数是在晚上观看。狮子头一般用竹篾扎架，然后用布或者纸蒙制。狮子皮用彩色的布缝制，狮子毛用土麻染色钉在皮上。可以一个人站立只舞狮子头，也可以由两个配合默契的人在一起舞。不同的狮子舞，有不同的玩法。有意思的是，在江宁的方言中，喊“狮子”，听起来有点像喊“四子”。这是由谐音演变而来的一个寓意，代表着多子多福。像这种寓意的还有“七子团圆”，一般指家中孩子是五个男孩两个女孩，会根据“荣、华、富、贵、有、金、银”来取名字。

秦村距离曹村、铜山不远，那么秦村的狮子灯舞，会不会是受到曹村、铜山或者其他地区狮子舞的影响？据知情人介绍，秦村与曹村、铜山离得很近，它们之间虽然相互影响，但区别还是非常明显。曹村表演的是“高台狮子舞”，技巧比较高，动作也很细致，通常是由表演者在叠起的三张桌子和一张板凳上表演。铜山高台狮子舞重要的是在高台表演，难度大，套路多，鼓舞结合。秦村狮子舞主要是灯舞的形式，通常仅在平地上表演，表演者会表演狮子滚绣球一类节目。

与其他灯舞走村串户表演不同的是，秦村狮子灯表演，一般仅在秦村街及其附近村庄表演，不越界表演，除非邻村邀请才会去表演。表演时，表演者在锣鼓音乐声下，装扮成狮子的样子，做出狮子的各种动作形态。中国传统民俗认为舞狮子可以驱邪辟鬼，故此每逢新春佳节、迎春赛会等喜庆节日，都喜欢敲锣打鼓，舞狮助庆。

历史传承

舞狮，又称狮子舞、狮灯、舞狮子，多在年节和喜庆活动中表演。狮子在中国人心目中为瑞兽，象征着吉祥如意，可以寄托消灾除害、求吉纳福的美好意愿。舞狮历史久远，《汉书·礼乐志》中记载的“象人”便是舞狮的前身。狮舞在南北朝时开始流行，至今已有1000多年的历史。唐宋诗文中多有对舞狮的生动描写。现存舞狮分为南狮、北狮两大类。

秦村，又称秦村街。谱载，明代洪武年间已有秦村，清代称街，民国设镇，现通称街。其地原来人口聚集，商业发达，与曹村、彭福相隔不远，是禄口地区颇有影响的一个小集镇。据口碑资料，秦村狮子灯起源于民国时期，新中国成立后一度停止演出。

2009年，在非物质文化遗产资源普查线索

铜山高台狮子舞动作示意图（今人绘）

过程中，江宁区有关部门组织了相关人员对禄口街道秦村社区的狮子灯传承人陶求贵进行了专门的调查采访，并形成了调查资料。

当代影响与价值

传统的狮舞可以为增强民众凝聚力、弘扬优秀传统文化发挥积极作用。秦村狮子灯舞，与邻近地区的曹村、铜山狮子灯舞交相辉映。作为狮子灯舞大家庭中的一员，它们相因相生，相互影响；作为地域特色的代表，秦村狮子灯又自成一家，以平地表演为主，且创造性地发展了“狮子滚绣球”等特色灯舞节目类型，深受当地群众的喜爱。近年来，由于禄口机场的扩建，秦村等村镇逐渐拆迁消失，原本能够跳狮子灯舞的人，现则分散到禄口街道的各个小区居住，大大增加了保护传承的难度。可以想见，如果缺乏有效的保护措施，秦村狮子灯或许将陷入濒临消亡的困境。

丹阳大陈塔狮子灯

基本概况

丹阳大陈塔狮子灯，主要流布于横溪街道丹阳社区大陈塔村及其周边地区。知情者孙传福。

据《江苏省江宁县地名录》，大陈塔村原名陈塔村，因其后山原有镇墓小石塔，住户多姓陈，后分建大、小两村。属于丹阳社区幸福村。

在丹阳大陈塔村，流传着“九狮墩”的传说。相传很久以前，丹阳镇大陈塔村有一傅氏人家，该户家大业大，人丁兴旺，在当地虽有名望，但好强斗胜。距该村西北十几里路，有个黄塕村，村里人喜欢玩耍狮子灯，舞起来的狮子浑身都会动，似活狮一般，人们称之为“神狮灯”。黄塕村人为巴结朝廷，欲将神狮灯献给皇上。可傅家人与黄塕村人过去曾发生过矛盾，彼此积怨颇深。傅家得知黄塕村人要将神狮灯献给皇上，极为嫉妒，于是，派人四处打探狮灯下落。在夜深人静之时，傅家安排数名家丁潜入黄塕村，将狮头割下盗回来。为防止官府追查，傅家开始毁灭赃证，他们发动所有家丁连夜用水车将村南“高塘”水抽干，将狮头深埋，再用土堆成九个相似的土墩，并在土墩上栽了红杨树。这便成了“九狮墩”。

丹阳大陈塔狮子灯的狮头，用竹篾扎架，以布蒙制。狮皮则用彩布缝制，狮毛用土麻染色后，钉系在狮皮布上。在大陈塔村，历来都有“有庆必有狮子灯，有喜必请狮子舞”的说法。舞狮子时，又分为文狮子灯和武狮子灯。

表演时，在狮子灯的前面，有一人专门舞绣球，指引狮子灯表演。一只狮子灯的表演有两人，力大身稳的表演者，站立着玩耍狮子头；另一位敏捷灵活的表演者，则躬腰玩耍狮子的身子。舞耍狮子灯时，两人配合默契，才能使狮子灯的表演惟妙惟肖。表演中的狮子，在持绣球人的逗引下，在锣鼓、喇叭的伴奏声中，作出跳、滚、翻、摇等动作，有时会表演狮子下山、黄莺展翅等高难度的动作。较小的狮子灯，则由一人玩耍。

狮子灯的玩法颇多，有单狮、对狮、大小狮等。狮子灯的表演场地多在村落大院或晒场上，有时也会进入村民家中表演。狮子灯进门后，有“先

上坊东宁建材厂工地出土的孙吴青瓷狮形烛台

2005 年阳山明文化村的狮子灯表演

还要翻“五台”在空中舞。所谓“五台”就是五张八仙桌重叠在一起，上面一张方桌的四脚重叠在下面一张方桌的桌面上，依次重叠，但最上一张方桌的四脚朝天放在下一层方桌上。舞狮者要从第一张方桌起往上攀登。攀登过程虽然险象环生，但舞狮者技艺高超如履平地，很快就能上到最高一层，然后，便举着狮子头朝拜四方。新中国成立后不久，大陈塔狮子灯便停舞。

请主人后拜神”的习俗。即进入居民家里，要先给主人鞠躬，然后再参拜供桌上的神位。此外，狮子灯进东家后还有“中堂参神拜五方，来到堂前无别事，慢拜五方再参神”之说。当然，对舞狮之人，要求较高，必须是练武健壮之人，且功底深厚，这样才能将狮子舞得活灵活现、威风凛凛。

历史传承

关于大陈塔村“九狮墩”，虽然仅仅是个传说，可信度不高，但可证实大陈塔狮子灯至少起源于清代，距今已有上百年的历史。

据知情者介绍，民国时期，丹阳大陈塔狮子灯有拜年的习俗。旧时，狮子不只是在地上舞，

当代影响与价值

大陈塔狮子灯是竹篾扎制、民间绘画等工艺美术与民间乐器演奏、杂技表演等诸多艺术形式的结合，表演形式灵活多样，在小丹阳地区有着一定的影响力。除了春节期间，大陈塔狮子灯也常在各种民间喜庆活动中表演，用以渲染节日气氛，寄托村民辟邪禳灾求吉纳福的美好心愿，具有浓郁的乡土气息，无形之中加强了村民对传统节俗与地域文化的认同，为广大民众所喜爱。令人遗憾的是，大陈塔村的狮子灯今已失传，相关场景仅留存在当地知情老人的记忆之中，相关信息仅记录于各类地方志中。

陆郎狮子舞

基本概况

陆郎狮子舞，主要流布于江宁街道陆郎社区及其周边地区。

陆郎狮子舞，又称为玩狮子、狮子灯，多在春节和民间重大喜庆活动进行表演，在十里八乡远近闻名。

陆郎狮子舞分为 2 人组合的表演和 10 人组合的集体表演两种形式。

据知情者介绍，旧时陆郎狮子舞在村镇表演有个不成文的规矩，即狮子进村必须从东边第一家开始表演，称之为“青龙进村”，至村西边最后一家结束，称之为“白虎出村”。在村庄的表演一家也不能少，也就是通常所说的“宁卯一村，不卯一家”，必须家家拜到，少了一家，就要上门赔礼道歉。当然，进每家每户舞狮子也是有酬劳的，但舞狮子团队一般不太计较酬礼，给钱收钱，给物收物，糕点、粑粑等其他礼品也可以。舞狮时间的长短，取决于酬礼的多寡，多给多舞。舞狮子时，需要听从锣鼓指挥，舞蹈动作有蹦、跳、翻、滚等。有时候会遇上喜欢恶作剧的人家，故意将钱物放在房子上、树上，让狮子用嘴去衔。这个难度大，需要舞狮者搭人梯登高，于是便有了“燕子出水”“飞跃下山”等技巧性的舞蹈动作。

历史传承

据口碑资料，陆郎狮子舞流行较晚，20 世纪 40 年代在当地才有狮子舞的表演活动，一般是在新年之前自发组织，各村募捐约人，置办行头、锣鼓等必备用品，然后自行排练。正月十四

1958 年，江苏省扬剧团在江宁县蛇塘堰水库为农民演出

1980 年代江宁县陆郎公社文艺演出队的表演

到正月十六，各村的狮子舞陆续到街头巷尾或村庄的空地上表演，任人观看。特别是在农村，如果是丰年，则狮子舞盛况空前。

新中国成立后，陆郎狮子舞迎来了快速的发展，1960 年代曾风靡一时。在陆郎狮子舞的影响带动下，南门、河东、西宁等 8 个村庄也先后成立了狮子灯舞队，逢年过节一直活跃在全镇各村和江宁、陶吴、安徽当涂等地。其中陆郎大庙村农民潘传和、王世生较先玩耍狮子舞，技术水平高，在他们的鼓动下，当地不少艺人纷纷加入他们的舞狮队伍之中。

在江宁众多的狮子舞中，陆郎狮子舞颇具地方特色，曾作为南京及江宁传统舞蹈的代表性项目，列入 2009 年出版的陶思炎主编的《江苏特色文化》一书中。

传承人刘元富，1924 年出生，西宁村农民。崔玉武，1927 年出生，张府村农民。

当代影响与价值

陆郎狮子舞浓缩了当地独特的风土人情，承载了无数陆郎人弥足珍贵的集体记忆。其挨门逐户拜访表演的形式，一方面是中国传统平等观念的民俗化演绎，同时也增进了人与人之间的交流互动，促进了邻里关系的和谐，因此大受欢迎。近年，陆郎狮子舞的保护传承遇到了一定的困难，其影响也远不及当初，所幸在江宁区文化馆的关心帮助下，已有民间艺人开始启动相关资料的挖掘整理，相信通过不断的积淀创新，加上政府的政策支持及表演者艺术创造力的发挥，陆郎狮子舞一定能在不久的未来焕发生机，以新的面貌展现在世人面前。

司家社区草狮舞

基本概况

司家社区草狮舞，流布于江宁街道司家社区一带。知情者赵鹏里。

司家古名司家寨、司家庄，又名师姑庄、司姑庄，以一庵得名，后“姑”演化为“家”，为司家村驻地。2005 年 4 月，撤司家村委会设司家社区居委会，下辖 21 个居民小组。

以草为材料制成狮子，然后参加舞狮子表演的活动，是不多见的。而扎制一头草狮子，不仅费时而且费工。据知情者介绍，扎制单只草狮子要用料草上万根，及长短不一的稻草数百根，甚至上千根。

过去，司家桥一带种粮食，每年秋收后，稻草成垛，比比皆是。勤劳的司家桥村民，就利用这些多余的稻草，编织草鞋、草捂子、草帘子等日常用品。后来，就利用稻草编织狮子，并在逢年过节、庙会及喜庆之时表演草狮子舞，以表现欢庆丰收、庆祝佳节的喜悦之情。

用草编制草狮子，取材方便，既经济又实惠。在旧时经济困难的特殊大环境下，一般的村民需要勒紧裤腰带过日子，他们的自娱自乐，只能用最经济的办法——草编狮子。有了稻草装扮皮毛的狮子，其形象似乎更加逼真。远距离观看，其动作竟和真的狮子没有什么太大区别，故深受当地民众喜欢。

司家社区草狮舞的狮子头的制作，与一般竹篾制作的狮子头一样，只要能上下合嘴就可以。狮子头连着布，然后在布上扎满生麻和蒸软的稻草，就可以制成狮子舞的道具了。舞草狮子，是一种地面的舞狮，不上高台。秦村的狮子灯舞更偏向于“灯”，而司家社区的草狮子肯定不能点蜡烛，否则容易燃烧。两者表演的节目基本类似，

2019 年江宁、溧水交汇地区的草狮舞

狮子戏童

表演者一般用草做成的绣球，表演“狮子滚绣球”，或者有人在旁边做逗狮子玩的动作，这样就产生了互动性。

历史传承

据相关资料，舞草狮子的习俗，至少在宋朝就有。我国地大物博，不仅汉民族有舞草狮子的习俗，广东、云南地区的少数民族也有此俗。不过，其外形、表演多不相同，其狮子头多用木头或猪皮、牛皮做，狮子皮虽也用草和麻制作，但用麻更多。

据口碑资料，司家社区的草狮子舞在民国时期及新中国成立之初一度盛行，相传是从临近的安徽省传过来的。知情者赵鹏里，曾经参与司家桥草狮子的制作及表演。

值得一提的是，与司家桥草狮子舞相似的民间舞蹈，在溧水区朱家边村也有流布，称为“朱家边草狮”。2019 年，通过记录十几位草狮舞的亲历者、见证者的口述（其中有八九十岁的老人），溧水区有关部门挖掘恢复了这个沉寂了 70 年的民间舞蹈，并以高清视频形式保存了其珍贵资料。

当代影响与价值

狮子是国人心目中的吉祥物，人们普遍相信舞狮可以取乐，可以带来福运。司家社区一度流行的草狮舞表演，不仅为节日增添了喜庆气氛，也是当地民众祈求风调雨顺、五谷丰登的传统习俗。尽管草编狮子是在物资匮乏的特定历史环境下，为替代传统竹篾加彩布装饰的狮子而采取的“权宜之计”，但其朴素的表演形式，实则蕴含了当地居民非凡的创造力与积极乐观的生活态度。令人遗憾的是，这一为当地居民喜闻乐见的传统舞蹈已经失传多年，为数不多的知情者皆为耄耋老人。如果我们参考借鉴溧水区的以上做法，则司家社区草狮舞的生命或许还有转圜的机会。

1989 年 12 月淳化供销社送化肥下乡

谷里骨牌灯

基本概况

谷里骨牌灯，主要流布于谷里街道。知情人陈永峰等。

骨牌灯，顾名思义就是做成骨牌形状的灯笼，上面是一个方方的灯笼，下面是给人举握的木棒。骨牌灯一般仅画有骨牌的点数，精致一点的会画上《水浒传》的英雄好汉。骨牌灯实际上是一种集体舞蹈，与舞龙有相似之处。

谷里骨牌灯的灯面做成牌九的模样，全部灯组共设 12 支“灯牌”：天牌、地牌、人牌、鹅牌 4 支；板凳、黑十、长三牌 3 支；凸六（孤六）、幺七、红十、虎头“四短”牌 4 支；另加 1 支猴牌。灯面的“牌点”用红、黑两种色纸剪成圆形，按照图形粘贴，用红色的朱砂、黑色的燃料涂抹。灯框要求是长方形牌九形状，可用竹篾扎制。

骨牌灯表演时有 12 人参加，每人手握一张牌灯，按“天地人鹅”及“三长”“四短”先后出场，即天、地、人、鹅、板凳、长三、黑十、凸六（孤六）、幺七、红十、虎头、猴，形成各种队形。每绕场一圈，变一种队形，可走“8”字形、“S”形、对穿或两边 6 人分队行走。时而“一字长蛇”“二龙出水”，时而“五字五顺”“满堂八点”，时而“地地丁”，时而“人人红”等。还可跳步行，以增强喜乐气氛。无论队形怎么变，玩的规则不变：一是“天地人鹅”“三长”“四短”三组队形不乱；二是按照“牌九”的大小，列出阵势；三是听从领头吆喝声“出牌”等。

其中的“天、地、人、鹅”牌，大小顺序是天在上，地在下，人位于天地之间，是天地灵气孕育而出的产物，鹅“服从”于人，是人的食物。鹅牌的点数形状如老鹅，故而名之。猴牌灯，分小猴、大猴。丁子牌又叫“小鬼子”，是小猴。小猴加“二四牌”就是大猴，大猴压倒一切。

1990 年代的谷里集镇一角

骨牌灯出场时，还有 7 人组成的锣鼓队紧随其后，以敲鼓烘托气氛。其演出一般持续两三个小时，可随音乐（含打击乐）改变队形，也可以演唱《对花》《小放牛》等地方小曲，或谷里调子、山歌等。知情人陈永峰至今还记得“什么人把守三关口，什么人出嫁一去不回头，呀呀呀嘿哟”等内容。

旧时玩骨牌灯的演员，都是在本地选拔，一般挑选年轻力壮并懂得牌九的，特别欢迎有文化的人参加演出。因为要求是男性表演，为了避免角色单一，有时会让男性化装成女性，以调节气氛。

谷里骨牌灯的表演，主要是在春节或庙会期间，以烘托节日或庙会的氛围。当然，在秋天庆祝丰收的夜晚,也可以邀请表演。若遇重大喜事，如当地富户子女金榜题名等，也会请骨牌灯队伍热闹一番。骨牌灯表演涉及的费用，基本上是村民自己筹集，也有当地大户包办的。表演的场所可以是正规的公共场地，也可以是田头地边。

历史传承

骨牌灯不仅见于江宁谷里地区，也广泛流传于山东、河南及苏北地区。一般认为，骨牌灯起源于宋代。据《棣秋馆谈荟》记载:“骨牌三十二扇。宋宣和时表上未行，高宗始诏颁行下。其制设天牌两扇，二十四点，以象二十四气。地牌两扇，四点，以象四方。人牌两扇，十六点，以象仁义礼智，发而为恻隐、羞恶、辞让、是非。和牌两扇，八点，以象太和元气，流行于八节之间。”

到了明代，随着《水浒传》的传播，玩骨牌灯的民间艺人有借水泊梁山一百零八位英雄好汉故事，在 108 支骨牌灯上绘制宋江、李逵等《水浒传》中的人物形象。

谷里骨牌灯表演旧影

民国时期，骨牌灯继续盛行。1940 年《新民报半月刊》曾刊载《应节话骨牌灯》一文，全面介绍如何玩骨牌灯，并配有照片一幅，留下了珍贵的历史资料。

据知情人陈永峰介绍，谷里骨牌灯比较简

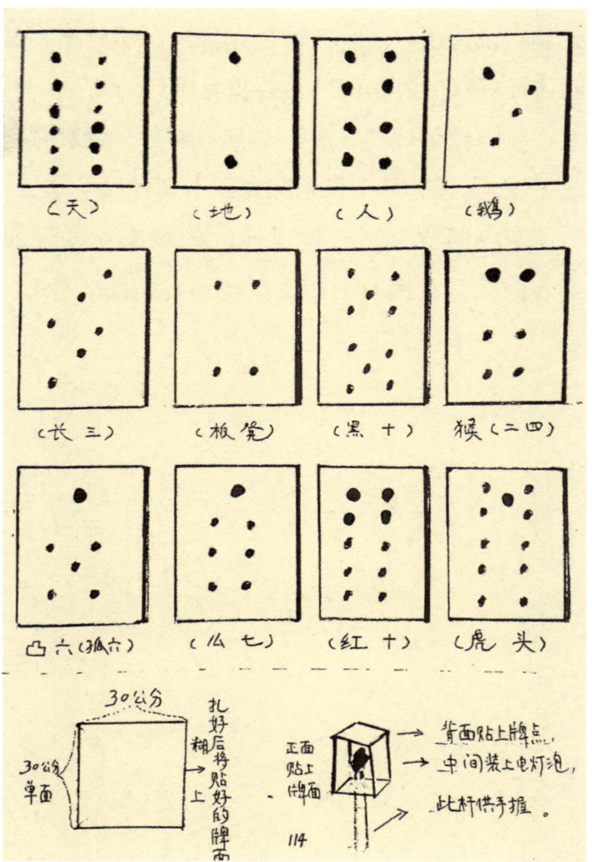

谷里骨牌灯制作示意图

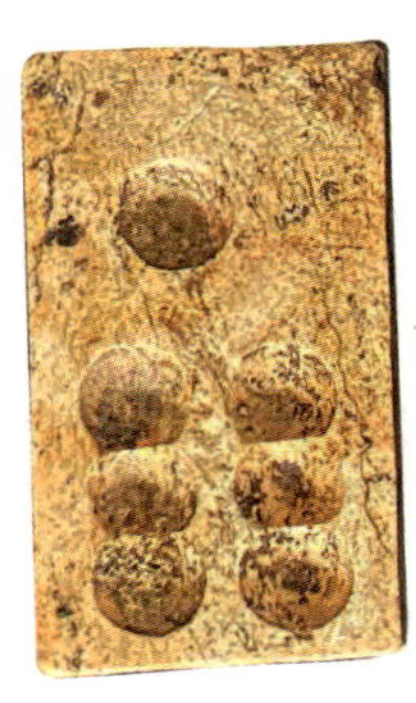

晚清民国时期谷里地区流行的骨牌

单，就是将灯笼做成骨牌的形状，最早是从江北传到谷里孝义村的。1942 年，谷里一带就已经有骨牌灯表演了。也有人推测，谷里骨牌灯的起源可以追溯至清代晚期，当时有大量外省人口迁移谷里，骨牌灯可能就是这时候从山东、河南带来，因为山东是《水浒传》的发源地，其题材又颇具山东特色。还有一种观点认为，那种画《水浒传》好汉的骨牌灯，是谷里骨牌灯的前身。早期考究的骨牌灯“好汉灯”有 108 支，后来简化成了 12 支灯。灯上只画牌九，不画好汉了。

新中国成立后，谷里地区曾经成立过骨牌灯表演队，大概有三四支队伍，专门跳骨牌灯。可惜“文化大革命”时期，一度停演，原来的扮相失传了，产生了断档期。改革开放后，逐渐恢复了骨牌灯，但不少知情老人先后去世，其扮相与原来相比发生了较大变化。据调查，谷里街道曾经玩过骨牌灯的老人有裴家侗、荆盛荣、周乐焕等。

当代影响与价值

骨牌灯流布范围广泛，谷里骨牌灯传播的背后，反映了当地与河南、山东等地人口迁徙的历史背景，丰富了谷里地域文化的多样性。其表演时间多在节庆期间，在烘托节日气氛的同时，也增进了社区人群之间的联系。作为一种民间传统的表演形式，谷里骨牌灯在流传过程中，通过民间艺人的不断改进和创新，被赋予新的内涵和特色，充分显示出它那朴实的民俗性、独特的技巧性和精美的艺术性。其所蕴涵的历史、审美、实用、科学、精神价值对弘扬优秀传统文化具有积极的推动作用。如今，谷里骨牌灯已经濒临失传，所幸仍有知情人在挖掘整理相关资料，它的抢救保护工作已为相关主管部门高度关注。

蚌灯舞

基本概况

蚌灯舞，主要流布于横溪街道丹阳社区一带。

蚌灯舞，又称蚌舞、蚌壳灯、蚌壳舞、蚌壳精。蚌灯舞的蚌壳，用竹篾、铅丝扎成两个椭圆形，长径 1 米多，以能盖住演员的肚子为宜。蚌壳的内外，蒙上布衣，内壳为粉红色或苹果绿，外壳涂成蚌形，或用鲜艳的颜色画出蚌形，看上去像一只非常惹人喜爱的蚌。

表演者将蚌壳系在背上，壳内有开合用的扶手。舞动时将蚌壳挂在腰部，双手抓住扶手，一张一合。张开蚌壳时，似乎是在享受阳光沐浴；闭合蚌壳时，像是在河塘边姗姗行走。蚌灯舞一般由三人配合演出，三人分别扮演蚌、撒网者和背鱼篓者。

在传统的表演中，演出蚌娘者为男扮女装，之后发展为由少女担任，撒网和背篓者均有丑角扮演。蚌娘十分惹人喜欢，撒网和背篓者则风趣幽默。表演时，蚌壳姑娘身居蚌内，撒网和背篓者伴随着轻快的打击乐声，互相追逃，婆娑起舞。撒网和背篓者为了获取珍珠，千方百计想使蚌壳张口。蚌壳姑娘故意将蚌壳一张一合，以引逗面前的捕蚌老人。其节奏自如，闪转腾挪，进退张合，趣味灵活，人物表情丰富，富有浓厚的生活气息。每次表演都能引起观众的哄堂大笑。

蚌灯舞以二胡、笛子和锣鼓伴奏为主。在灯会上，美丽的蚌姑娘不与鱼龙争辉，而以自己时隐时现的身影，留给观众一丝梦幻。表演的内容大多滑稽有趣，具有一定的故事情节和神奇色彩。其内容有时是“鹬蚌相争，渔翁得利”的民间故事。一人扮蚌，一人扮长嘴鹬，欲啄蚌肉。蚌合其壳，钳住鹬的长嘴。鹬要奔开，蚌紧紧夹住不松，从而引出一系列争斗的舞蹈动作。这时第三个表演者渔翁上场，见此情形，将蚌、鹬统统擒住，从而上演一出精彩的“鹬蚌相争，渔翁得利”戏，引得场下哄堂大笑，掌声雷动。

有时会表演“捉蚌壳”的舞蹈。演出中的两个人物，一个演蚌壳，一个演渔翁，配以锣鼓等乐器及民间小调。表演时，蚌娘子和渔翁先后登场独舞，然后对舞，一捉一逃，一追一咬，惟妙惟肖。最后结局是，渔翁用网将蚌网住，背回家中。其中蚌娘子的动作有鸽子翻身、蚌淘沙、跳跃等，渔翁的动作有侧翻三角倒立、窜猫、金鸡步、腾空翻等，一个翩翩起舞，一个机智灵活，两人边舞边唱，将气氛推向高潮。

据知情者介绍，旧时的小丹阳集镇，每次表演蚌灯舞，围观的村民都会围个里三层外三层，现场笑声不断。一张一合的蚌灯舞，成为村民们节日期间的最爱。

历史传承

河蚌在水族动物中并不起眼，却为民间舞蹈艺人所青睐。蚌灯舞不仅见于江宁，亦广泛流行于浙江、安徽、江西、湖南、广东、福建等地，多在每年春节或庙会期间演出，往往盛况空前，一般认为是水乡渔民用艺术形式演绎“鹬蚌相争”这个传奇故事。

因资料缺失，流行于丹阳社区一带的蚌灯舞起源不详。据口碑资料，至少在民国时期，当地的蚌灯舞表演已经非常盛行。“文化大革命”期间，蚌灯舞演出中断。1982 年，小丹阳集镇恢复蚌灯舞演出。

当代影响与价值

蚌灯舞是中国民间舞蹈中一枝绚丽的奇葩，它运用精炼的故事情节及舞蹈、哑剧、手势及面部表情等表现手段，朴实而又准确地塑造了富有个性的人物形象，具有较高的艺术价值。在蚌灯舞的表演中，除蚌娘这个主要角色富有浪漫色彩，以旦角装扮外，大多节目都由丑角装扮的渔翁与渔婆完成，极具淳朴乐观、诙谐风趣的生活气息，为广大人民群众所喜闻乐见。丹阳社区流行的蚌灯舞，不仅丰富了当地居民的文化生活，也是一种回味不尽的乡愁与集体记忆。如今，蚌灯舞在丹阳社区的年俗活动中已不常见，而那如影相随的年味似乎也越来越淡了。

跌跤跤会

基本概况

跌跤跤会，流布于湖熟街道杜桂村及周边地区。

跌跤跤会的表演内容包括锣鼓、跌跤跤、舞旗等，从农历正月初三起会、饮酒，正月十二日出会到邻村进行锣鼓表演，正月十八休会。

正月十二日出会时，全村有一二百人同时到邻村进行锣鼓表演，有镗锣一二十面，圆形小扁鼓二三十面。有10平方米大的“神”字狗牙边龙旗4面，旗色红、黄、蓝、绿各异，小旗多达100多面，参加表演队伍的人手一面。另外，还有伞四把，如华盖状、叉八把等。表演队伍至邻村后轮番表演，一路扛旗打伞，敲锣打鼓，浩浩荡荡，热闹非凡。每到一村一律收旗，要按指定路线进村，进村时旗子不准扛，要把旗子折叠好夹着进村。随后在村上指定地点进行跳锣鼓表演，主锣居中，其余锣鼓围成一圈，扛旗、扛叉者在一旁助威。因此，锣鼓表演称之为“跳锣鼓”。在“跳锣鼓”中，表演者跳着马步，腾挪转圈，交换位置，其动作粗犷有力，节奏鲜明。表演至正月十七结束。

据文献记载，跌跤跤会正月十八休会时，表演队伍先饮酒，然后扛旗到离杜桂村一里左右的香林寺。途中进行跌跤表演。表演者共8人，从村上青壮年中抽签决定。8个人走在队伍前面，边走边跌，路边遇上水塘、粪坑也要往里跌，跌下来后，手里抓着什么就往路边看热闹的人群中扔，沿途围观者无数，欢声笑语不绝于耳。

跌跤跤会的主要舞蹈动作有跌、扑、抢背、前滚翻等，边跑边舞边跌跤，摔、跌、滚、翻，随心所欲。其他扛旗、打伞、扛叉和敲锣鼓等表演者紧随其后。到达香林寺后，举行“读保”仪式。由一人唱或吟诵，一共读十保，内容主要是祈求平安、祈求丰收。读毕杀鸡，以整鸡头祭祀神灵，然后在庙前进行耍旗表演，其动作主要有舞旗、背花、跑圆场等，所用旗是四面大龙旗。耍旗表演时，锣鼓队在旁边助威。锣鼓队的表演

今人绘制的“跌跤跤会”动作示意图

者要把鼓挂在胸前，锣背在身上，背锣的木杆头上刻有龙头等饰物。在服饰方面，扛大旗、敲锣鼓、扛飞叉者统一着对襟袄裤，其他扛小旗者穿着居家服饰。舞旗结束后，全部跌跤跤会活动宣告结束。

历史传承

跌跤跤会的来源，现存两个版本。

版本一：据知情者张大明介绍，明朝时期，杜桂村建成了规模宏大的寺庙“香林寺”。传说寺内供奉的潮神，经常与溧水石臼湖水么娘娘斗法，多大败而归，并招来水患之灾。久而久之，老百姓称石臼湖为老龙口。梅雨季节，每当老龙口上空聚集乌云，杜桂村一带就会大雨滂沱，老百姓饱受洪灾之难。于是，生活在这一带的乡民便举行“跌跤跤会”，扮作神兵天将，以助潮神与水么娘娘斗法，确保一方风调雨顺，五谷丰登。香林寺成了老百姓的宗教信仰与祭祀场所。

每年农历正月十二上会，各村选派人员结集成队后，抬龙亭，前者八文员，后拥八武官，少则三五十人，多时一百多人，鸣锣开道，到香林寺烧香拜佛，三叩九拜后，再由住持和尚做法事，到潮庙殿请潮神。神至，大家开怀畅饮，酒足饭饱后，抬着龙亭，扛着大旗，走村串巷，跌跌倒倒，随令旗一声令下，下河镇妖，以示神威，祈求一方风调雨顺，五谷丰登。主要的道具有大旗、小旗、龙亭、锣、鼓、镲等。“跌跤跤会”从此流传下来，直到抗日战争初期。

版本二：据民间老艺人陶敬蔚（已故）介绍，晚清太平军起义失败后，原籍贵州的陶、李、茅、徐四名太平军士兵流落到湖熟镇（现湖熟街道）杜桂村，结为异姓兄弟，并在此地定居。有一年的正月初三，四人聚在一起饮酒，席间竖起太平天国大旗，借此以发泄胸中愤懑，怀念太平军兄弟。因心中愤懑，饮至大醉，跌落在地上，手握的旗杆跌断。此后，每一年正月初三饮酒聚会跌跤，渐渐吸引了全村人都来参加这项活动，并取名“跌跤跤会”。后来，逐步发展成为民间舞蹈表演活动，在杜桂村周边村落也广为流传。

抗战爆发后，跌跤跤会因香林寺被毁而中断。1949 年后，因各种原因，此项民俗舞蹈活动没有能延续下来。据《江宁历史文化大观》《江宁区文化志》《中华舞蹈志·江苏卷》等记载，表演“跌跤跤会”较有影响的老艺人有陶绪林、陶绪勤，均为杜桂村的农民，是当时跌跤跤会的主要组织者与表演者，现均已去世。

当代影响与价值

作为民间集体舞蹈的跌跤跤会，展现了湖熟地区的风土人情，不论其起源是明代，还是太平天国时期，都具有较深厚的历史文化内涵。跌跤跤会与湖熟当地的传统民间信仰紧密联系，对当地潮神与水么娘娘传说的解读颇具地方特色。跌跤跤会还寄托了湖熟地区民众的深厚情感与集体记忆，在一部分湖熟人心目中，跌跤跤会已成为湖熟地区节日祭祀活动密不可分的一部分，因而也具有一定的教育意义。旧时，“跌跤跤会”以崇拜鬼神和灵魂观念为基础，做到“形”醉而“意”不醉，用传统的舞蹈表演形式表现出来，以阐释区域文化内涵，它集观赏性、艺术性、娱乐性为一体，具有浓郁的地方文化色彩和生活气息，赢得当地群众的喝彩，对研究江宁地方音乐、舞蹈的发展，以及民俗文化的内涵都具有一定的参考价值。如今，这一极具地方特色的传统舞蹈已经知者甚少，濒临失传困境，亟须保护。

踩高跷

基本概况

踩高跷，主要流布于横溪街道的陶吴社区，淳化街道的土桥社区，湖熟街道的龙都杨柳湖社区以及周边的村落。知情者王禄宝、张启彪等。

踩高跷，俗称缚柴脚、踏高跷、扎高脚等，是民间盛行的一种群众性技艺表演活动，由舞蹈者双脚绑上长木跷，在广场上进行表演。高跷皆属木制，分高跷、中跷和跑跷三种，高低不一，最高者一丈多。高跷还有文、武之分，文跷以杂剧唱段的演唱或秧歌为主，一般表演《白蛇传》《梁山伯与祝英台》等；武跷则以表演劈叉、旋风腿、翻跟头、拿大顶、鹞子翻身等惊险动作为主，大多取材于《水浒传》《三国演义》等故事。所用的道具有丑角服饰、跷头服饰、鬃帽、大带、马鞭、丝套、老渔翁帽子、女跷头服饰、手绢、腰箍，多用锣、鼓、唢呐等乐器伴奏。

踩高跷多在传统节日表演，表演队伍一般由18人组成。表演者大都是身强力壮的男性青年，在刨好的木棒中部做一支撑点，以便放脚，再用绳索缚于腿部。每当表演时，18人中男女各半，男扮女装，身穿红绿相间的丝绸绣花服饰，脚踩高跷，可以做舞剑、劈叉、跳凳、过桌子、扭秧歌等动作。扮演的多是戏曲中的角色，如关公、张飞、吕洞宾、何仙姑、张生、红娘、济公、神仙、小丑等。表演者扮相滑稽，边演边唱，生动活泼，逗笑取乐，往往能引起在场观众的极大兴趣，而表演队形的变换和不同戏曲人物的亮相则不断渲染着现场的气氛，使场面火爆热烈。

江宁的踩高跷活动，各地还稍有区别。土桥周郎村的踩高跷，据《淳化街道志》，其演技惊险，远近闻名。跷棍高约1米，演出时表演者两腿绑牢高跷。以油彩装扮成古今人物，踩跷矫健行进，载歌载舞，表演难度极大。表演队伍少则十余人，

1970年代南京郊区农村的踩高跷

20 世纪 70 年代，南京小红花艺术团在江宁东山镇演出

1985 年 1 月，在江宁县政府大门外的文艺汇报表演

多则二十余人。表演的节目多为“姜太公钓鱼”“采茶扑蝶舞”“八仙过海”等。

历史传承

高跷原是我国古代百戏中的一种，早在春秋时已经出现。据《列子·说符》载:“宋有兰子者，以技干宋元。宋元召而使见其技。以双枝长倍其身，属其胫，并趋并驰，弄七剑迭而跃之，五剑常在空中，元君大惊，立赐金帛。”可见，早在公元前 500 年时，高跷就已在民间流行。

汉魏六朝的百戏中，称高跷为“跷技”，宋代称之为“踏桥”，清代以来称之为“高跷”。清人恩竹樵在《咏秧歌》诗中，对老百姓在春节期间踩高跷、耍秧歌活动，进行了活灵活现的描述，他说：“捷足居然逐队高，步虚应许快联曹。笑他立脚无根据，也在人间走一遭。”由此可以看出，踩高跷是一种传统娱乐活动，在清代民间已广为流传。

踩高跷活动在江宁地区的盛行可追溯到六朝时期。当时，踩高跷作为一种技艺常在宫廷中表演。据《南史·东昏侯传》记载，南朝萧齐东昏侯萧宝卷“日夜于后堂戏马，与亲近阉人、倡伎鼓叫”。东昏侯所嗜好的“百戏”中或有踩高跷。南朝梁武帝时，宫廷 49 项礼乐中有“长跷伎”(即“踩高跷”)。《隋书 · 音乐志》中也记录了一份南齐宫廷表演百戏的节目单，其中就有“长跷”。《旧唐书·音乐志》云:“梁有长跷伎、掷倒伎、跳剑伎……今并存。”在唐宋时，踩高跷被保留在宫廷乐舞之中，且更为盛行。技艺高强的民间艺人往往还被召进宫廷舞队。而作为一种大众化的娱乐活动，在民间的流行则更广泛而长久。

据口碑资料，湖熟街道龙都杨柳村高跷的来历，相传与旧时的龙都社火有关。从前，龙都集镇每年春节都联合办社火，以互祝生意兴隆、五谷丰登。不料来了一个贪官，把这看作是一个发财的机会。他要求，凡是进出城办社火，每人都要交三钱银。如果不交，就要被关城门，挂吊桥。但这没有难住聪明的龙都人，他们踩着高跷，翻

江宁踩高跷表演

越城墙，跨过护城河，继续欢度春节，乐在其中。农历正月十三是“灯节”，从农历十三开始，家家“上灯”，一直玩到正月十六“落灯”的时候。每到放灯时节，人们聚在村落空旷地带，举行采茶灯、玩龙灯、玩花船、踩高跷等大型灯会，围观者里三层外三层。高跷表演是其中必不可少的内容，深受当地老百姓喜爱。

民国时期，踩高跷在江宁非常盛行。新中国成立后，每逢重大庆祝活动，群众多自发组织踩高跷活动。“文化大革命”期间，踩高跷活动几乎被停止。1970 年代后，虽有恢复，但已不多见。

当代影响与价值

江宁陶吴、土桥、杨柳湖等地流行的踩高跷表演，是文献记载的“百戏”的活态传承。作为传统舞蹈形式之一的踩高跷，其演出基本不受时间、空间及环境的限制，在节假日及各类庆典活动中可随时随地表演，其精湛的技艺可为观众带来惊险刺激的体验，丰富了当地居民的日常文化娱乐生活。踩高跷表演往往与民间通俗小说或民间传说故事结合，形成一定的剧本，不仅使节目更为出彩，且通过表演将部分阳春白雪的文学故事带入民间，使其演变成脍炙人口、雅俗共赏的名篇，因此具有一定的和谐价值，值得加以宣传并推广传承。

传统戏剧和曲艺

不管是演员还是观众，都能在传统戏剧和曲艺说唱中释放激情。在民间的大舞台上，不知多少人为关老爷、《白蛇传》掉过眼泪。曲艺里多有满满的草根气息，白局原为“白唱一局”之意，六色班传为“垃圾班”的谐音，都是庄稼汉的民间娱乐，连宋代勾栏瓦舍的演艺空间都不需要。据说当年小丹阳、横溪、陶吴一带，五到七人的小组合，在村子的空场地上，拉几条长板凳一摆，几人并排一坐，一人拉一件乐器，甚至敲个碗就能帮腔，这就是民间曲艺的热力。唱词都跟东北二人转似的，不是男女欢爱，就是张家长李家短，可就是吸引眼球。

但近年来曲艺市场严重缩水。据统计，2011 年，全国近 2500 个戏曲院团的农村演出场次，占据全年演出场次的 87.62%，农村观众占据全年戏曲观众的 79.07%。而在城镇化进程中，以农村市场为基础的传统戏剧和曲艺面临重大的冲击，甚至遭受本质上的扭曲和毁灭。

来自文化部、中国艺术研究院、全国政协京昆室等权威机构对全国戏曲的调查显示，该门类“非遗”在中国各地面临近乎一致的问题：受地区经济发展水平的限制，传统戏剧艺术的经济投入不足，戏剧传承、发展、研究的基础设施有限。传统戏剧从业人员和研究人员生活待遇低，戏剧后继人才匮乏，艺术传承出现断档。曾经的百花齐放，已是众芳凋伤。行当不齐，演出市场萎缩，研究队伍难以稳定，戏曲职业教育勉强维持，老艺人待遇低，其艺术成就没有获得及时整理和传承。

那过去老艺人是如何面对时代变迁的呢?

仅以无法为继的禄口白局为例，民国时期改编新四军战斗故事《三打横溪桥》的史永余，以“小马伢”的艺名家喻户晓。他少小领唱山歌号子，又受当地织缎机坊老机工影响，为学唱白局，20 岁离家上南京，很快青出于蓝。一般白局艺人只能演唱中、短篇曲目，而小马伢唱明代的《英烈传》小说，一连一个多月，场场爆满。编者从知情者口中了解到，很多人听他的白局，欲罢不能，不愿中断，省下口粮钱也要来听戏，是赤贫的铁杆忠粉。别看他是禄口人，但他的长篇白局《刘驼子私访》讲刘墉故事，名传南京的大街小巷。他表演的那种鲜活劲儿，至今令人难忘。1937 年冬南京沦陷，小马伢回江宁老家传唱抗日新闻、新四军故事，《三打横溪桥》便成为他的成名作。不管在什么时代语境之下，传统戏剧和曲艺艺术家都要应时变化，创作出反映时代、符合政治要求的新作品，这似乎是他们始终不变的使命。

如今的民营戏曲院团，对传统曲艺的继承不足，偏向综艺演出，传统大戏的演出减少，创作的新剧目大幅减少。对传统戏剧样式缺少足够的保护意识，对戏剧品牌缺少足够的宣传力度，传统戏剧艺术在当代文化格局中渐趋边缘。特别是在当代文化大背景下，大量的剧团解体，剧种特色减弱，创作质量下降，群众文化资源匮乏。

而小马伢却在不同的时代创作出新的作品，与时俱进，大受欢迎。新中国成立后，他宣传土改、合作化的《台湾一定要解放》《单干好比独木桥》《赌鬼自叹》等唱段，照样传唱一时。他能用左手拇指将二胡夹稳，边走边拉边演唱，一股浓厚的艺人范儿；他还自创招式，将二胡放到背后进行演奏，号为“苏秦背剑”，令人过目不忘。

连当年风靡农村的六色班，如今也几乎绝迹。因为农民生活苦，干活累，因此就编一些男欢女爱的东西来自我刺激，自我陶醉，像是一种生活寄托。每个人编两句，互相换着唱，以六种乐器胡琴、二胡、京胡、鼓、锣、镲等自制乐器开心娱乐。询诸父老，都只听说过六色班，但从没有亲眼见过，如同消失的物种。

这些传统的特色剧种和特殊的传承群体缺少足够的宣传，也难获得足够的重视，在国内外的认知度尚显不足。它们没有列入国家、省、市、区级非物质文化遗产保护名录，没有专项经费支持，难以实现全面的保护。

但有一天，江宁著名的“非遗”传承人朱庆舜告诉编者，他在秣陵凤凰社区就看到了安徽送戏下乡的六色班子，这传说中的剧种居然在天壤间仍然存在。如今是这样的架势：一个布篷，一个小木板台面，站着几个演员，非常随意地表演着嘻嘻哈哈的台词，周围全是老年朋友，看得开心到白头发都竖了起来。演员们自豪地称：这就是我们的六色班。说实话，当年的听众群体基本是最苦累的庄稼汉，他们就爱听这一口上不得台面的东西。而口口相传的庐剧，内容比较平庸，稍微有点文化的人都去听锡剧了。

传统曲艺少了这点泼辣劲儿，也就失去了传统艺术最宝贵的生命力。

南京皮影戏

基本概况

南京皮影戏，又称“金陵皮影”，流布于秣陵街道及周边地区。传承人姚其德、陶媛媛等。

皮影戏，又称影子戏、灯影戏，是一种以兽皮或纸板做成的人物剪影来表演故事的民间戏剧。表演时，艺人们在白色幕布后面，一边操纵戏曲人物，一边用当地流行的曲调唱述故事（有时用方言），同时配以打击乐器和弦乐。其流行范围极为广泛，并因各地演出的声腔差异而形成不同的风格，南京皮影戏即是其中之一。

明清时期，南京的夫子庙地区就出现了表演皮影戏的戏班。1955 年，南京市文化局特意从济南请来几位皮影戏艺人，在南京传授技艺，这其中就包括传承人姚其德的师父张子明和师兄王长生。当时夫子庙的人民游乐场，有各种民间艺术表演，每天来看表演的人络绎不绝，皮影戏被引进后也在这里扎下了根。他们培养的学员，后来成为南京市木偶皮影戏剧团的主力演员，也是南京皮影戏的代表人物。

皮影

作为一门综合艺术，皮影戏要会唱、会演、会制作，号称“一口道尽千古事，双手舞动百万兵”。南京皮影戏没有剧本，学习全靠口传心授，所以要想学成皮影戏，除了个人勤奋以外，还得看其悟性。一场皮影戏新剧目的筹备，从音乐的录制、剧本的写作、基本动作的确定、皮影人物的制作，到整出剧目的排练，最少需要半年。在这些步骤中，最为关键的是皮影制作。

制作皮影一般要经过选材、处理、绘画、雕刻、着色、整平、组装和调试 8 个步骤。最好选用比较厚实的生牛皮，牛皮的透明度越高越好。其后须对牛皮进行处理，使用特殊的药水浸泡，以提高其透明度。再取出牛皮，用刀刮制，每刮一次，用清水浸泡一次，直到把牛皮刮薄泡亮为止。用这种方法刮出来的皮料，近似玻璃，便于雕刻。

以上两步是制作皮影的准备工作，接着就是绘画了。首先要在

皮影制作

纸上画好人物轮廓，一般而言，皮影人物头和身体的比例是 1 ∶ 9（正常人体头身比大约是 1 ∶ 13），这样表演时才会栩栩如生。画好人物轮廓之后，再用刀雕刻出人物形象。为便于工作，其下须有垫板。可根据实际需要，选择不同的垫板，常用的有蜡板、木板和软板。

在雕刻和着色之后，皮影在一定程度上会变形。这时就需要将皮影晾干，并用两块玻璃把皮影夹在中间，使其与外界隔离。两三天后，皮影就能恢复平整。由于皮影人物各个部分是活动的，需要分件制作，最后再将它们组装起来。经过调试，一个生动的皮影人物就完成了。制作一个皮影人物，一般需要四五天的时间，多选在春秋两季制作。对于长期制作皮影的老艺人来说，这不算一件难事。

南京皮影属于原创作品，主要特点是设色清雅大方，雕刻精细，或刻或镂，层层相叠，其人物纤纤玉指，樱桃小口，处处彰显国画韵染的神韵。

历史传承

中国皮影艺术起源于2000年前的西汉，发祥于陕西，成熟于唐宋时期，清末民初发展到了鼎盛。

南京本地皮影戏的历史则可追溯到南朝时期。据《宋书》《南史》记载，南朝刘宋大明六年（462）六月，因宠爱的殷淑仪病亡，孝武帝悲不自胜，痛心不已，精神为之恍惚。当时有个巫婆诡称能让活人见到死去的魂灵，对孝武帝说能看到贵妃。孝武帝大喜，就让巫婆施法。不一会儿，孝武帝果然在帷帐中见到殷氏身影，其形貌如同生前。只是孝武帝想对她说话，此影不答，又欲执其手，此影消失。有学者认为，这个巫婆施法显现殷氏身影的方法就是皮影戏。

据口碑资料，金陵皮影戏第一代传承人为李三喜，他从清光绪五年（1879）开始制作皮影。他制作皮影的刀法颇有特点，被称为“推皮走刀”

江宁区政府机关幼儿园表演木偶戏

民国时期流行的拉洋片

秣陵街道观音殿度假村筹建中的皮影戏馆

或“推刀”，全凭手指功夫和技巧推动皮子运转，皮动刀不动。1923 年，李占文继承了李三喜的皮影雕刻技艺。新中国成立后，李占文先后担任陕西省文联、陕西省戏剧团和西安市皮影团等单位的领导职务。1979 年，他响应国家号召，收了三位“关门弟子”，米艳就是其中之一。1990 年代，米艳来到南京发展。在有关专家的指导下，

观音殿村游客服务中心

秣陵街道观音殿度假村皮影戏馆效果图

通过 30 多年的研究创作，她对南京传统皮影进行了改良，逐渐形成了现在的“金陵皮影”。2008 年，米艳的女儿陶媛媛大学毕业后也投身于此项事业中，成为金陵皮影的第四代传承人。目前南京皮影戏的代表作有《猪八戒背媳妇》《江宁酒后驾车》《小青蛙历险记》《小雄鹰学飞》等。

当代影响与价值

南京皮影戏是集绘画、雕刻、表演、音乐、文学等艺术形式为一体的综合性艺术，具有丰富的文化内涵。皮影的造型及制作，凝聚了前辈艺人的精巧技艺和审美情趣，具有极高的艺术价值，对于当代艺术设计也有一定的借鉴价值。皮影戏与今日江宁颇有渊源。作为南京皮影戏展示、传承场所的金陵皮影艺术馆就坐落于秣陵街道观音殿“非遗”文化村。该馆以抢救、保护、展示、传承、弘扬非物质文化遗产金陵皮影艺术为目标，开展金陵皮影的创作、展示、演艺、研学、交流、传承、教育、培训等系列活动，以打造复合型的文化旅游项目，丰富当地居民的文化生活，为乡村振兴提供文化支撑。该馆还将《红楼梦》搬上皮影舞台，将传承与创新融合，以优秀的“非遗”作品助力江宁文化建设。

2021 年 5 月，南京皮影戏被江宁区人民政府列入第三批江宁区非物质文化遗产名录。

江宁锡剧

基本概况

江宁锡剧，流布于东山街道。

锡剧，是流行于沪宁沿线、杭嘉湖地区和皖南城乡的地方传统戏剧，由无锡、常州地区的滩簧调发展演变而来，为国家级非物质文化遗产。

滩簧调曲调平铺，唱腔单纯，适合叙述故事情节。新中国成立初期，为发展群众文化，每年农历正月里在村中搭台演唱，每有重大活动也临时搭台演出。滩簧调唱词为四句七字的乐曲，其中有二个过门共48拍，朗朗上口。最初为二人对唱，故又称“对子戏”，戏中老生、小生、旦角不分。只注重唱功，不太注重动作，主要靠故事情节吸引观众。滩簧调初无女演员，女性角色由男性扮演，后来男、女演员均可上台。滩簧调进入苏、锡、常等城市后，演出内容大为丰富，舞台装置也渐具规模，一些戏班借此机会进入上海，不久便合班演出，改称“常锡文戏”，即后来的锡剧。

锡剧音乐旋律柔和、流畅、轻快，有男女分腔的显著特点。锡剧的唱腔属于曲牌板腔综合体，三大基本调均属于上下句的板式变化体结构，并常在上下句之间插入一段或长或短的清板。其唱腔格式是“起平落”，即起板一句，下接清板数句，再接落板一句。饶有趣味的是，无锡、常州地区的山歌、小调均用本嗓演唱，所以锡剧演员也都习惯使用本嗓演唱。早期锡剧还使用“同宫异腔”的唱法，即男女唱腔的调高相同，但唱腔旋律不同。这样既可以发挥男女演员演唱时的最佳音区，又能使演唱的旋律保持一致的旋法和调式特点。从唱词结构上看，锡剧的唱词以七字句为主，上下句对偶。虽有一定的押韵规律，但平仄却不十分讲究。另外还有一种较特殊的形式，即“三脚句”，上

2010年江宁锡剧献演

江宁锡剧演员

有《孟姜女哭长城》《梁山伯与祝英台》等。新中国成立后，新增了《柳树井》《走上新路》《刘来顺》等以革命故事为背景的演唱曲目。

历史传承

锡剧，旧称滩簧，起源于清乾隆、嘉庆年间无锡、常州一带的叙事山歌“东乡调”。到了晚清时期，“东乡调”与道情、唱春、宣卷相融合，逐渐发展成曲艺形式的“滩簧”。辛亥革命前后，滩簧登上无锡、常州及苏州的城市舞台，一些剧团先后进入上海，改称“常锡文戏”。1950年，江苏无锡举办了以“常锡文戏”为主的第一期地方戏曲艺人讲习班。江南各地的40余个剧团分期分批来到无锡进行集中培训，其间提出了统一剧种名称的要求。1954年，“华东地区戏曲观摩演出大会”举办,会上将“常锡文戏”正式定名为“锡剧”。

新中国成立前后，江宁地区最流行的三个剧种是锡剧、庐剧及六色班。庐剧是口口相传的戏种，实际戏曲内容比较平庸，稍微有点文化的人都不爱听。六色班因唱戏于廊道、檐下，故而又名廊檐班。其内容更为低俗，唱的多是脏话、粗话，是些上不得台面的东西，听众群体是最苦累的庄稼汉。锡剧是其中最高雅的，锡剧的本子大都写得有文采，用典也多，对群众有一定的文化素养要求。唱戏的人也有文化要求，很多都是从事文化工作的同志兼职唱锡剧。当时的江宁锡剧名角有刘典龙、陈凤英等人，

下句字数不对等，有两句对一句的，也有一句对两句的。

锡剧的主要曲调为簧调、大陆调和南方调。簧调是江南山歌融合苏州弹词曲调发展而成，旋律优美流畅，长于抒情，有老簧调、簧调慢板、老旦反弓调等十多种板式；大陆调是锡剧第二主要唱腔,源于武林班的“大锣板”(也称“大陆板”)，开始仅上下两句,后仿簧调曲式结构,创造了“清板”；南方调原为南方歌剧的主要唱腔，20世纪30年代至40年代,上海一度出现多种类型的“南方歌剧”，主要在游乐场演出。后又创造了一些新腔，增加了板式变化，尤其是“大陆调”从单一曲调成为变化丰富的腔类。此外，锡剧还吸收了江南大量传统民间音乐，改编了陈调、新金陵塔调、柴调等。

1960年代，江宁县锡剧团成立，从此江宁锡剧有了固定的演出团体。“文化大革命”期间，锡剧团活动暂时中断。1978年，江宁县锡剧团晋京汇报演出《三亲家》。其后拍成电视，在全国产生了一定影响。旧时锡剧的演唱曲目

锡剧演员

团抽调专业人员，包括曹村业余剧团演小生的张晋德，铜山业余锡剧团的童恒金、魏宏涛（童后来当上团长）等。直至1960年代，江宁艺术学校调任蒋福鸿做校长后，剧团才算正式成立。

1978年，为参加江苏省专业剧团汇演，江宁锡剧团自主创作了《老保管》。作者是小丹阳公社的姜耀中，后由魏宏涛改编成一度赫赫有名的《三亲家》。剧情梗概如下：

当保管员的管亲家见王亲家有队长的批条，就去银行取钱，回家后把钱交给老婆就走了。碰巧李亲家为给独生子办喜事，也来管亲家处借钱。亲家母误将那100块钱交给了李亲家，故导致三亲家闹了一场误会。最后，管亲家说服了李亲家勤俭办喜事，李亲家不仅退回了100块钱借款，还把自己办喜事的钱借出100元给王亲家去买盖

唱功十分出色。

据原江宁县锡剧团演员魏宏涛回忆，滩簧戏在抗战胜利后就来到江宁，铜山地区经常有一些艺人自发组织的滩簧小班子，演一些草台戏，过去叫草台班子。此外，它还是要饭叫花子的专用调。新中国成立后，江宁产生了一批业余锡剧团。后来黄梅戏传入，对锡剧产生了较大冲击。

1959年，江宁县委组织抗旱慰问团到乡镇演出小锡剧、小扬剧，这是江宁锡剧团的草创时期。此后，开始筹备县锡剧团，从各个业余锡剧

锡剧表演

锡剧舞台

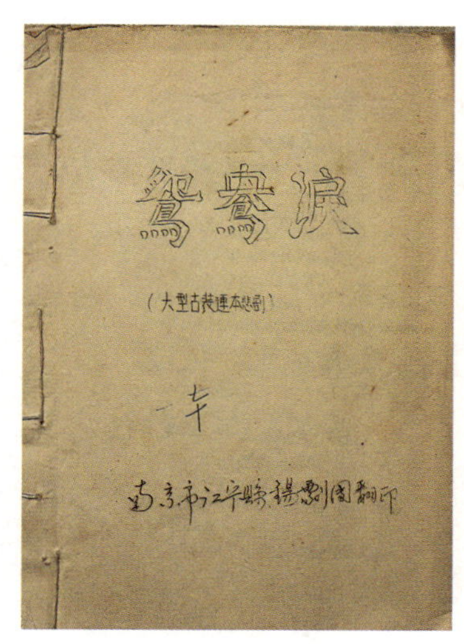
鸳鸯泪
（大型古装连本悲剧）
一本
南京市江宁县锡剧团翻印

《鸳鸯泪》剧本

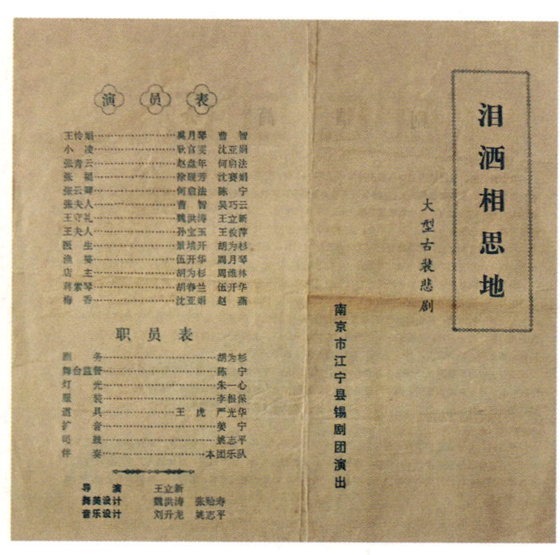
演员表

王怜娟	戴月琴	曹智
小凌	耿宫芝	沈亚娟
张青云	赵森年	何启法
张福	徐砚芳	沈赛娟
张云卿	何启法	陈宁
张夫人	曹智	吴巧云
王守礼	魏洪涛	王立新
王夫人	孙宝玉	王俊萍
医生	景培开	胡为杉
渔婆	伍开华	周月琴
店主	胡为杉	周继林
蒋素琴	胡春兰	伍开华
梅香	沈亚娟	赵燕

职员表

剧务		胡为杉
舞台监督		陈宁
灯光		朱一心
服装		李根保
道具	王虎	严光华
扩音		姜宁
司鼓		姚志平
伴奏		本团乐队

导演 王立新
舞美设计 魏洪涛 张贻寿
音乐设计 刘升龙 姚志平

泪洒相思地
大型古装悲剧
南京市江宁县锡剧团演出

1970 年代江宁县锡剧团演出节目单

猪场的木料。

戏虽不大，却很好玩，笑声不断，到省里汇演后还得了一等奖。恰逢中央文化部派人到省里要新戏，便抽调了《三亲家》，要求拍成影视作品。那是“文化大革命”结束后第一次拍电影，导演许应、王立新、金淑琪十分重视，就到省锡剧团挑名演员来主演，请来了当时省团三块牌子之一的王兰英。电影后来在全国放映，扩大了江宁县锡剧团的影响力，王兰英也因此机缘与魏宏涛结成夫妻，成就了一段佳话。

1978 年 6 月 19 日，《三亲家》剧组晋京汇报演出归来，江宁县委领导在庆功大会上如此称赞：“一年多来，县锡剧团和业余文艺创作同志立足本县，面向农村，坚持业余和专业相结合，创作和排演了短小精悍、生动活泼、富有浓郁地方色彩的锡剧《三亲家》。这出戏热情地歌颂了贫下中农的高贵思想品质。演出受到了中央首长的赞扬和首都人民的好评，这是全县人民的光荣。”

锡剧《雨花谣》演出

当代影响与价值

江宁锡剧，是经过一系列发展演变而保留下来的地方特色剧种，生动形象地保留了江宁地区的生活风貌、文化习俗，是特定历史时代的产物，反映了地域文化的传承和变迁，是人们精神文化生活的真实见证，具有重要的历史和精神文化价值。同时，江宁锡剧也是当地民众集体生活的戏剧性表现，它起源并长期扎根于农村，有着浓厚的乡土气息和地域属性，相关剧目所反映的社会场景具有不可忽视的地域人文研究价值。

如今，江苏地区锡剧团普遍存在人才青黄不接的问题。据 2004 年省文化厅统计，全省在编的 24 个锡剧团中仅有 16 个仍有演出，面临着前所未有的挑战。在锡剧观众锐减、演出市场萎缩、从业人员思想不稳等不利因素的影响下，锡剧的发展动力不足已成为不争的事实，亟须像越剧和黄梅戏一样找到自己的定位，重点发展流派艺术，积极培养新生力量。当下江宁经济蓬勃发展，现代传媒手段日趋多元，在新时代的背景下，江宁锡剧将焕发新的生命力。2019 年 4 月，为了重拾江宁锡剧的辉煌，南京锡剧团（原江宁锡剧团）以江宁籍地下党员江雨花的故事以及 70 年前的南京解放为宏大历史背景创作大型锡剧《雨花谣》，在南京紫金大剧院成功公演，让人们再一次欣赏到了这项传统戏剧的独特魅力。

铜山锡剧

基本概况

铜山锡剧，传播于铜山地区。传承人有谢兆元、祝正财、赵兰英、徐丽萍等 80 余人。

锡剧是江苏主要地方剧种之一，其前身是无锡、常州地区的滩簧调，已有 100 多年历史，1950 年代正式定名为锡剧。锡剧以无锡方言演唱，曲调富有浓郁的江南水乡特色，唱腔优美细腻，音乐古朴典雅，很受人们欢迎。锡剧板式曲牌较多，主要有簧调、大陆调、玲玲调、太平调、行路调、紫竹调、长三调、南方调等。

演出锡剧需要较多的服饰、道具和伴奏乐器，旧时多在影剧院、村会堂或广场搭台。其服饰要根据生、旦、净、丑等不同角色配备，相关道具有布景、桌、凳、刀、枪等，伴奏乐器主要有二胡、板胡、扬琴、月琴、箫、笛等，打击乐器主要有锣、鼓、钹、砀锣、镲、板鼓、搭板等。

民国时期，江宁曹村、铜山地区就有业余戏团，经常对外演出。1950 年，曹村镇成立“曹村农民建设剧团”，主要成员有团长周久发，导演周良根、周素珍，音乐张礼纲、王长春等，演员张晋德、周美君、周荷花等。他们以演古装戏为主，剧目有《梁山伯与祝英台》《孔雀东南飞》

锡剧演员

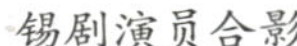
锡剧演员合影

锡剧演员周维林

《牛郎织女》《珍珠塔》《孟姜女》《秦香莲》等，现代戏有《柳树井》《三上轿》《三世仇》《水》《建材》等。成立于1960年代的“铜山业余锡剧团”影响则更大，且独具特色，因此这一带的锡剧统称为“铜山锡剧”。

“文化大革命”期间，曹村、铜山的锡剧团均停止活动。1980年代，铜山文化站重新组建锡剧团。目前还有一些服装、道具及器乐保存在谢兆元、赵兰英等演员家中。

历史传承

锡剧起源于清代中期，原是苏锡常地区村民用以自娱自乐的民歌小曲和说唱故事，其剧目以反映乡村日常生活的小故事为主，内容多见反抗封建婚姻和旧礼教。舞台表现朴实、真挚，生活气息浓厚，语言生动风趣。剧中女性角色最初均由男子扮演，后来男、女均可上台。锡剧的唱腔和音乐很有江南特色，音乐抒情优美、悦耳动听，具有秀丽水乡的灵气，有男、女分腔的显著特点。其唱腔曲调基本上是上下句的板式变化体结构，常在上下句之间插入一段或长或短的清板。主要曲调为簧调，包括开篇、哭腔、说头板、滚板、行路快板等唱腔。民国时期，江宁地区没有单独唱锡剧的班子，其表演纯属村民及乡镇小手工业者自演自娱活动。如横溪地区最开始叫滩簧戏，后来因为江南文戏的风靡，逐渐形成了横溪地区的锡剧。

据相关资料，江宁锡剧的传入与解放军战士的宣传密切相关。1949年江宁解放，解放军南下工作队进驻江宁各地，组织带领村民学习唱歌、跳舞，所学多是扭秧歌、打连厢（北方称“霸王鞭”，也作“打连肖儿”），以年轻男女居多。1951年抗美援朝，开始学唱独幕话剧。1954年，开始学滩簧调，那时候唱的都是《牛郎织女》《双枪陆文龙》《王佐断臂》等一些民间典故。

江宁当时属于苏南公署，不属于南京管辖，因此戏曲唱腔受苏、锡、常的影响很大。到1955年，开始流行无锡唱腔。那时候学唱戏剧风靡江南，因为当时农村经济繁荣，生活富足，在文化娱乐、精神生活上有要求，因此锡剧应运而生，大受欢迎，成了江宁乡村的主要剧种之一，当时曹村成立了业余锡剧团。

1964年，铜山大队成立“铜山业余锡剧团”，

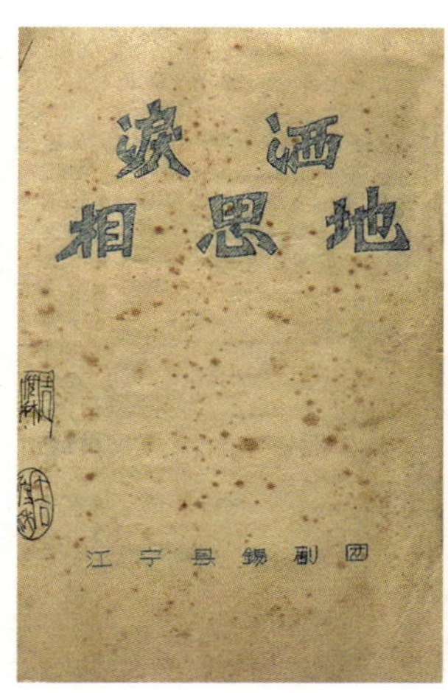
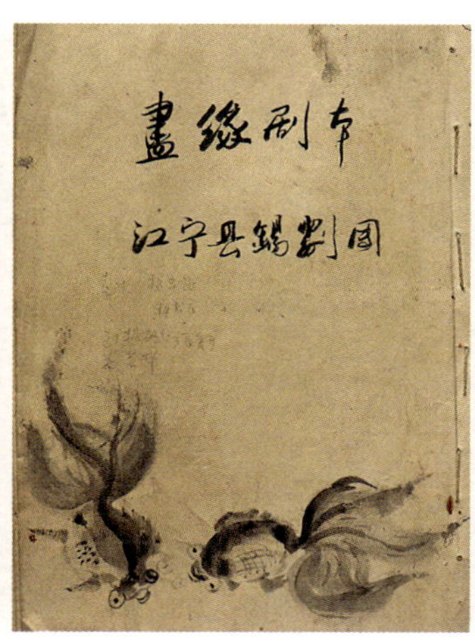

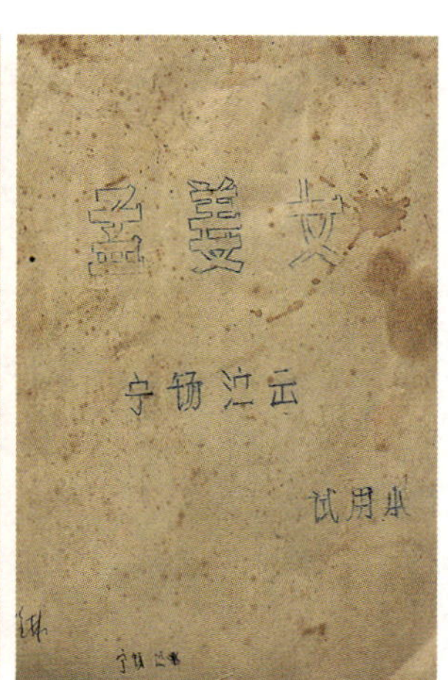

锡剧剧本

主要成员有团长王永福，导演谢兆元，演员有祝正生、谢兆元、祝正才、赵兰英、孙家应等。在演出古装戏的同时，他们还演一些由革命现代京剧改编成的剧目，如《红灯记》《沙家浜》《智取威虎山》等。“文化大革命”时期，该剧团自行解散。

1981 年，铜山文化站又组建“铜山文化站锡剧团”，主要成员有团长王永福，副团长周孝满、谢兆元，演员王扬孝、谢兆元、陶太生、赵兰英、陶小琴、祝正才、迟树萍、徐丽霞等，音乐王扬孝等。该剧团一直演出到 20 世纪末，所演剧目多次在江宁县文艺汇演中获奖。

当代影响与价值

铜山锡剧，作为江宁地区的一项传统戏剧，以其独特的唱腔和音乐传唱经典，具有鲜明的地域特色，是当地民间艺术的重要组成部分，蕴含着丰富的文化内涵。铜山锡剧以农民生活为主题，并对其进行艺术加工，丰富了当地民众的文化生活，还具有一定的教育意义，对民俗文化的传承有着一定的推动作用。改革开放后，随着黄梅戏的兴起，关注锡剧的人越来越少。如今，铜山锡剧的传承后继乏人，已经多年没有演出，如果不加以特别保护，它的消亡可能就在不久的将来。

横溪庐剧

基本概况

横溪庐剧，主要流布于今横溪街道及周边地区。

庐剧，原名倒七戏，又称小倒戏、小戏，别称花篮戏、采茶戏、灯戏、二小戏、三小戏、和州戏、倒祭戏、稻季戏等，流行于安徽省江淮之间的皖西、皖中和江南部分地区，是在大别山一带的山歌、淮河一带的花灯歌舞的基础上，吸收了锣鼓书（门歌）、端公戏、嗨子戏的唱腔发展而成。其表演朴素而活泼，简单而真实。早期庐剧用锣鼓伴奏，主要有堂锣、大锣、小锣三件打击乐器。2006年，庐剧被列入第一批国家级非物质文化遗产名录。

庐剧的打击乐很丰富，几乎是一种戏一套锣鼓经，其身段舞蹈也是在锣鼓声中进行。一般是站着唱，随之做一些小的表情动作，大的舞蹈动作都是唱完一段后，随着打击乐器的伴奏舞蹈起来。其舞蹈吸收民间花鼓灯、旱船舞等形式，花样翻新，姿态优美。

庐剧的传统唱腔分主调和花腔两部分。主调是折戏和本戏的主要唱腔，有旦和小生唱的“二凉”“寒腔”“三七”，老生唱的“正调”“哀调”，老旦唱的“正调”“哀调”，老生、老旦唱的“端公调”，丑与彩旦唱的“丑调”，以及神鬼出场用的“神调”“鬼对子”等。主要唱腔又有寻板（类似导板）、抹拐（类似扫头）、伸腔、连词、切板、大小过台等变化。落板时常用帮腔，满台齐唱，称为“邀台”（或“吆台”）。花腔多为民歌小调，活泼健康，有40多种，大多专戏专用。其唱腔有两个明显的特点：一是在唱腔中不断出现用假声演唱的旋律，称作小嗓子；二是演唱中的帮腔吆台，即当舞台上的演员唱到一定时候，由场面和后台的演员齐声帮唱，高亢辽阔，以烘托剧情，渲染舞台气氛。

由于早期表演者文化程度不高，传统庐剧大都没有台本，内容多以描写劳动人民的生活情趣和爱情为主，也有一些讽刺喜剧和闹剧。剧情多为公子落难、小姐讨饭、最后大团圆等，不仅好唱而且好记，代表性剧目有《孟姜女》《二朵梅》《何文秀私访》等。据知情者介绍，《何文秀私访》讲的是一个叫何文秀的书生考上了状元，又害怕自己的夫人不爱他，因此偷偷回乡假扮算命先生考验他的夫人。还有一些剧目会安排丑角在里面插科打诨，逗笑观众，俗称“捣蛋戏”。

据口碑资料，横溪地区的庐剧来自安徽客民，晚清时期已在横山一带传播。其角色一般分老生、小生、花旦，里面还会夹杂一些奸佞反派的角色。还有丑角，俗称“三花脸”，来调节气氛，渲染情趣。至于演员的唱、念、做、打及手、眼、身、法、步，与其他剧种没有明显区别。其主要唱腔来源于民间。古庐州有门歌、秧歌、莲花落、搭汗巾等民间小调，大别山有山歌，巢湖地区有巢湖民歌。庐剧的唱腔就是根据这些民歌和小调加以提炼、升华、改良而来。其表演者长期在农村演出，剧中人物的性格、感情、语言，会根据乡民的需要加以重新塑造，因而具有浓厚的生活气息和乡土特色，颇受乡民欢迎。由于庐戏内容太过平民化，且剧本过长，一本戏要唱很多天，旧时有文化的人大都不爱听。

横溪庐剧多在庙会上表演。晚清至民国时期，乡镇寺庙大多被毁，其演出逐渐改至各类集会上。新中国成立后，又改至农产品交流会、农民协会或旧祠堂等。过去条件艰苦，表演者需要自行化妆，并准备服装。1964 年后，条件得以改善，演出服装开始统一配置。

历史传承

一般认为，庐剧形成于清嘉庆年间。已知较早的史料是巢湖烔炀河镇出土的一通同治七年（1868）石碑，记录了巢县知县陈炳所颁的“倒七戏”禁令：“近有倒七戏名目，淫词丑态，最易摇荡人心，关系风化不浅。嗣后，如有再演此戏者，绅董与地保亦宜禀案本县捉拿，定将此写戏、点戏与班首人等一并枷杖。”倒七戏即庐剧旧称，由此可知，因低俗，庐剧曾被地方政府禁演。

早期庐剧班社一般不满 10 人，只能在乡村草台演出生活小戏和折子戏。辛亥革命前后，一度和徽戏合班演出，称为“四平带折班”（“四平”指徽戏，“折”指庐剧小戏）。后来有部分班社进入芜湖、合肥等城市演出，又与京剧合班，称为乱弹班。因此，在剧目和表演方面，庐剧亦受徽剧和京剧的影响。民国时期的庐剧多为私人班社，除职业戏班外，又有乡民的草台班子，演出条件简陋，属于临时搭台唱戏。

庐剧演员往往身兼数角，轮番替换，还要兼打锣鼓。后来发展到“三打七唱”“七忙八不忙”，仍未形成固定的角色。庐剧从前无女艺人，旦角多由年轻稚嫩、嗓音甜脆的男性扮演。到 1920 年代后期，随着庐剧班社进入城市，演出剧目不断丰富，角色行当相应增多，分为花旦、小生、青衣、老旦、老生、小丑六行。据相关资料，庐戏于此时进入南京地区。当时城中有一个王四班社，专演庐戏，先在鼓楼、殷家巷等茶舍演出。至

锡剧演员

1980 年江宁县锡剧团演出节目单

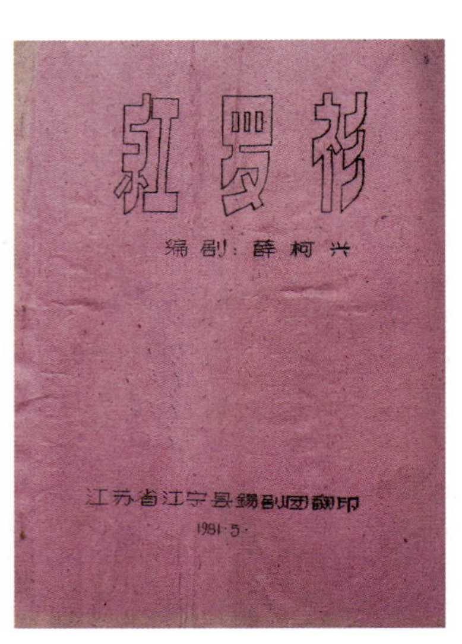

1981 年锡剧剧本《红罗衫》

1925 年，又至莫愁湖和下关舞台演出。

至 1930 年代，庐剧开了女角上台演唱的先河。据 1934 年 4 月 6 日《申报》介绍：“春节以来，合肥城乡大演倒七戏（即淫词土戏），始则秘密演唱，现竟明目张胆设台聘女角，招揽顾客，几至万人空巷。三十一日，东外大王庙后面有吴家堂等，又招女角演唱，观者达万余人。东外公安局巡官王吉甫，以该戏有碍治安（而）禁演。不听，晚间更大张旗鼓，王乃率警前往，扭获男角陈公余、王世和、何道明等七人及锣鼓衣冠等。”从这则报道看，庐剧在合肥大受欢迎，达到了万人空巷的地步。

当代影响与价值

庐剧是形成于皖中地区的地方剧种，具有鲜明的地域特色和浓厚的乡土气息。横溪庐剧是该剧种的地方化形式，反映了当地民众的思想情感、文化娱乐等多方面的内容，丰富了旧时乡村的文化和精神生活。目前，横溪地区能够演唱庐剧的艺人，只有刘维保、刘维泽、陈凤美、陈世衍等老人，亟待新鲜血液补充。有关部门可以从培养新生力量着手，通过数字化等科技手段，加大对横溪庐剧现存戏曲文献资料及老一辈艺人影音资料的抢救性记录和保护。

绿杨村“六色班”

基本概况

绿杨村“六色班”，主要活动于湖熟街道绿杨村、尚桥社区以及周边村镇。

“六色班”，因唱戏于廊道、檐下，故而又名廊檐班，是流传于江宁乡村的一种以京剧坐唱为主要表演形式的演出团体。其演唱方式是十几人围坐在两张八仙桌子合拼的四边，穿戴整洁，不化装、不登台、不置行头，只神似地扮演剧中角色，但唱、念、白和化装登台的京剧演员没有太大区别。“六色班”中的男、女演员，没有固定的行当和角色，而是根据个人能力和剧情需要，临场扮生、旦、丑等各类角色，自演自唱自伴奏。文场乐队则比较固定，或自制道具、自购服装。伴奏乐器有两把京胡、一把京二胡、唢呐、铙钹及锣鼓等，多为六件。剧目有《群英会》《空城计》《借东风》《甘露寺》《起解》《长坂坡》《贵妃醉酒》《红娘》《铡美案》《打渔杀家古城会》《霸王别姬》《辕门斩子》《四郎探母》等。

旧时，绿杨村的大小宗祠祭奠和婚丧嫁娶均会请本村的“六色班”前来演出。有时，主家场地比较小，就会把八仙桌子搬到门外，直接在屋檐下摆场开唱，所以“六色班”亦俗称“廊檐班”。具体的演唱剧目则根据主家事务的性质而定，婚庆之事多选《龙凤呈祥》《凤还巢》等，其他的则选《苏三起解》《辕门斩子》《打渔杀家》等。演出期间，主家会供应三餐伙食，每场的演员还能收到主家的还礼钱，多数给银圆、铜板若干或者稻谷等。绿杨村“六色班”的成员均为亦农亦演的业余艺人，每次事后，演员都各自解散回家务农。

绿杨村“六色班”唱的京戏在方圆几十里内十分出名，周边的湖熟、龙都、禄口、柘塘、乌山、永阳、郭庄等乡镇都有人请他们去演出。每年的农历正月庙会或社火期间，是该村“六色班”

廊檐班剧照

知情人刘维保口述廊檐班情况

活动最为频繁的时候,经常忙得安排不过来行程。“六色班”表演时，村里两个王姓宗祠还会把祠堂里的彩旗（俗称宗旗，每房一旗，三角形，有好几米长，旗边带有波浪形纹饰）插在戏台两侧助兴，场面十分壮观。

绿杨村“六色班”的主角之一王凤英擅长扮唱老生，其表演功底能与专业演员相媲美。她老家在曹村，与安徽省相望，先祖是京剧世家，丈夫庞成章唱功也好，能用板鼓指挥。他们在村里经常活动的地点是高家三十五间敞厅内。后来，有了道具，就穿行头，化装登台，形似京剧表演，先演折子戏，后来能演全本。村民们可以整天看“唱戏”。

直到新中国成立初期，绿杨村“六色班”仍频繁活动。农业合作化前夕，“六色班”解散。如今大部分演员均已作古，但绿杨村一些上了年纪的老人仍记得当时演出的盛况。

历史传承

据口碑资料，1930 年代，周岗圩内的绿杨村有两支远近闻名演唱京剧的“六色班”，其成员有王兴满、庞成章、王凤英（女，一般称老巴子）以及庞帮贵、庞家兵、庞安亭、庞安春等十多人，分别由王兴满和庞邦贵负责。他们多才多艺，能拉能唱，每逢有钱人家操办红白之事，或是举办庙会等活动,“六色班”都会受到邀请前往。

绿杨村的“六色班”之所以名气这么大，还有一段历史佳话。1940 年 3 月，新四军游击队大队长刘鹤亭带人在距绿杨村不远的焦村焦于西家开会，不料被敌伪张满部下包围。刘大队长在突围中负伤被捕遇害,时任龙都区长的王齐贤(绿阳村人）突围到绿杨村，跨进正在三十五间敞厅唱戏的“六色班”戏场。他一面接过农抗会长、“六色班”板鼓指挥庞成章手中的鼓槌，一面镇定地敲了起来，并与演员对唱。敌特追来后，见这里热闹非凡，又是大地主高家的敞厅，连门没进就往别处去了。王齐贤脱险后，接任江宁县自卫大队长职务，而群众也对“六色班”冒险掩护新四军的行动感到由衷敬佩。

关于“六色班”得名由来，现在意见不一。一种观点认为，“六色班”唱词低俗，村民称为“落涩子”，即江宁方言垃圾之意，发音近似“六色”。它最早源于河南，19 世纪后期由河南籍客民传入溧水一带，后逐渐传播到江宁小丹阳、横溪、陶吴一带。旧时农民生活苦、干活累，且乡村文化生活单调贫乏，因此当地百姓就时常编排一些男欢女爱、家庭琐事之类的东西来自我刺激、自我陶醉，将之当作一种生活寄托，这些词后来就成了“六色班”的演出剧目。早先的剧组一般 5—7 人，演出时在空场摆几条长板凳，几个人排着坐，每个人各拉一件乐器，或以打击乐器伴唱。一个人唱词,另外的帮腔。其剧目曲调单一，多为每个人编两句，互相换着唱。

也有观点认为“六色班”并非江宁方言“落涩子”的意思，而是指六种乐器的六种音色。这六种乐器分别为胡琴、二胡、京胡（用二胡还是京胡，取决于唱的是戏剧，还是滩簧调）、鼓、锣、镲、木鱼（没有木鱼，可用铃、笛子代替）。

此外，《南京市江宁区横溪街道志》认为“六色班”是由生、旦、净、末、丑、龙套六种角色组成的戏剧团体，故名“六色”。

据知情者回忆，民国时期的“六色班”是不化装的。1957 年后，“六色班”逐渐正规起来，还吸收了黄梅戏的一些剧本，也有了自己固定的班子，但成员还是当地亦农亦演的业余艺人，他们农忙时期干活，农闲时才能唱戏。

1980 年代末至 1990 年代初，绿杨村人庞安亭、庞安春、王家福、王元中等“六色班”的后续票友，联络邻村票友张士龙、章顺清、张世久、朱身根以及朱绍培等十多人，自发组建新的“六色班”。他们多次演唱《空城计》《甘露寺》《四郎探母坐宫》等京剧片段，深受当地群众欢迎。在他们的启发下，绿杨村退休职工吴昌福等人自费购京胡学京戏。庞自珍自费购买伴唱带学青衣，其声腔发音吐字皆模仿京腔京韵，夹带周岗圩乡音。有一次在群众演唱会上，庞自珍一曲《贵妃醉酒》引起台下掌声四起。其团队中，老生唱《借东风》学马（连良）派，唱《铡美案》学裘（盛戎）派；青衣唱《贵妃醉酒》学梅派；花旦唱《红娘》学张派。

当代影响与价值

绿杨村“六色班”发源于民间，是江宁人民在农耕生活之余所创造出的民间艺术。其剧目除一些耳熟能详的经典故事外，不少是与当地居民日常生活相关的内容。它产生于特定的历史文化背景，深受乡村生活、地方文化和传统习俗等各方面因素的影响，形成了自己独特的艺术风格，乡土气息浓郁，是重要的地域文化符号。“六色班”表演大多服务于乡村红白喜事或各类民俗活动，在客观上丰富了群众的文化生活，延续了文化传统。近年，随着大部分传承人的离世，六色班的传承后继无人，加上日益多元化的娱乐方式、快节奏的生活步伐、戏曲传播途径的局限等因素的影响，现已濒临失传。这是传统地方戏曲发展面临的普遍问题，如何改变这一状况，让濒危地方剧种焕发生机，关键是要从整体上加强对传统戏曲文化生态的建设，培养更广泛的受众群体。毫无疑问，这是一项任重而道远的艰巨工作。

禄口白局

基本概况

禄口白局，流布于禄口街道及周边地区。传承人史永余、史玉凤等。

南京白局是以南京方言表演的一种说唱艺术，流布于南京市区及其周边的六合、江浦、江宁和皖东的来安、天长等地。它形成于清代中期，光绪年间已在南京及周边地区广泛流传。当地的织锦工人与市民在劳作之余常相聚自娱，演唱明清俗曲和江南小调。每逢盂兰会或婚嫁喜庆之事，市民常邀请工人中唱得较好的玩友摆局表演，演唱者“受请不受物”，白唱不卖钱，故称“白局”，后来出现的收受酬劳的商业性演出则称为“红局”。2008 年被列为国家级非物质文化遗产代表性项目。

白局曲艺曲调丰富，门派众多，素有“百曲”之称。早年的白局表演者多为业余人员，虽历代都有造诣颇深的代表人物，但他们大都自学成才，并不一定有传承关系。白局音乐唱腔的板腔体是唱“大陆板”和“南方小调”，用二胡配音。“跺子板”是以板鼓和搭板、扎板配节奏演说唱。白局的演唱方式大致可分为长篇和短篇，演唱长篇大多 1 人表演，并配扇子、醒目、手帕等道具；演唱短篇曲目叙事、抒情小段，则多为二人或三人表演。在演出服装上，男演员着大褂、中便服，女演员则着旗袍、中便服。伴奏乐器以二胡为主，打击乐器有板鼓、一副拾板、一副扎板，还常用小瓷碟、碰铃等。

其演出剧目按时代分为三大类：一为传统白局曲目，主要有《英烈传》《大明英烈传》《刘驼子私访》《武松》《岳传》等；二为革命战争时期曲目，主要有《机房苦》《帮工苦》《新四军三打横溪桥》等；三为近代曲目，主要有《赌鬼自叹》《台湾一定要解放》《单干好比独木桥》《门神、灶老爷打官司》《文盲苦》《中山狼》《恶

江宁非物质文化遗产资源评估培训班

霸李宏堂》《让新房》等。

白局以坐唱为主，演出形式轻便灵活，内容雅俗共赏。演说不受场地条件限制，可以是说书场、茶馆、街头巷尾、村口，也可以是大剧场、演播室等。其场地可大可小，城镇、农村皆宜，工厂工地午休、乡村农闲雨休时皆可。

禄口白局由当地艺人史永余（1903—1970）传入。他 20 岁离家，在南京唱白局成了大名，能独立讲长篇白局，在老城南引起轰动。1938 年，已成为白局艺人的史永余由南京返乡卖艺，以艺名“小马伢”著名。他改编传唱的新四军战斗故事《三打横溪桥》在当时家喻户晓。在表演方面，他能用左手拇指将二胡夹稳，边走边拉边演唱，还能将二胡放到背后，双手背在身后作“苏秦背剑”式的演奏。加上他的曲目内容健康，生活气息浓郁，运用的地方语言风趣幽默，因此受到各地听众广泛欢迎。

历史传承

史永余，艺名马昂，绰号小马伢，禄口街道山塘人。他幼时家贫，未能接受教育，但嗓音洪亮，爱唱山歌小调，常领众人唱山歌号子，又自学二胡，经常向织缎机坊老机工学唱白局。20 岁时，他离家到南京参加白局班学习。

当时一般的白局艺人只能演唱中、短篇曲目，史永余却能唱大段书目，将长篇评话《英烈传》改用白局连唱一个多月，又将长篇评书《大清传》改成长篇白局《刘驼子私访》，其精彩胜过南京著名的评话艺人。

1937 年冬，南京沦陷，史永余下乡避居。次年夏，他再进南京城，因艺人星散，无人搭班，只能靠乞讨为生，不久返乡卖艺。是时，新四军已挺进江南，史永余身背胡琴来到横山根据地卖艺，将抗日新闻和革命道理编成段子演唱，还将白局传统曲目《机房苦》改编成《帮工苦》，控诉地主的剥削，讲述帮工的苦难。新四军的战斗故事也被他编成曲目传唱，其中以《三打横溪桥》最为著名。

新中国成立后，史永余在禄口乡山嘴村定居，与妻子史永兰、养女史玉凤一家三口分到一间草房和七亩半土地。此后，他根据土改、合作化等时事编演《台湾一定要解放》《单干好比独木桥》《赌鬼自叹》等唱段。1954 年，史永余离开山嘴村，带领全家走乡串村演唱白局。他一边赶会场、跑茶馆卖唱，一边还新编了《文盲苦》《灶老爷奏本》《中山狼》等唱段，并重新加工了他的长篇书目《武松》《岳传》，使之更为丰富精彩。

1960 年，在江苏省曲艺汇演中，史永余被评为江苏省和南京市的文化先进工作者。从这年起，他先后多次被邀请到南京市白局曲剧团传艺，相关曲目被江苏省和南京市的广播电台录音播放。1961 年 5 月，史永余作为江宁县文化艺术界代表人士参加了县政协第一届委员会，被选为常务委员，同年又当选为政协南京市委员。1964 年，为配合当时的时政教育，他编唱了白局新段《恶霸李宏堂》，还热情教授业余青年演员排练《让新房》。后来，这两个新曲目参加镇江地区群众文艺会演，均获奖。

1966 年，“文化大革命”开始，史永余受到冲击，他的曲目几乎全被禁演。1970 年病逝，终年 67 岁。其养女史玉凤，后来继续传承禄口白局。

当代影响与价值

南京白局语言轻松诙谐，保存了大量的南京

民俗趣事和方言俚语，被誉为“金陵绝唱”及南京方言活化石。作为南京白局的重要一支，禄口白局对南京曲艺的研究有着重要的学术价值。其曲目多取材于当时的时政要闻，在某种程度扮演着新闻媒体的作用，是我们了解禄口地区风俗文化和历史社会的重要信息载体。今日之禄口白局，随着老艺人的先后作古，已经没有公开演出的纪录了，这无论如何都是一件令人遗憾之事。

中前白局

基本概况

中前白局，流布于今东山街道中前社区一带。传承人易志平、戴世超、孙善玲等。

南京白局，是一种以南京方言表演的民间说唱艺术。白局始自明代织锦工人用南京方言演唱的俗曲。早先是工人们用以缓解工作辛劳、自娱自乐的小调、民歌，题材多半轻松诙谐，偶尔也有时事段子。后来随着时间的推移，逐渐发展为一种曲艺。因演唱者不取报酬，“白唱一局”，故名“白局”。

南京白局常用的曲牌主要有《满江红》《银纽丝》《穿心调》《数板》《梳妆台》《剪剪花》《下河调》《汉阳调》等，形成曲牌连缀体。曲目近百个，内容以反映现实生活为主，其中《机房苦》即是织锦工人对自身苦难的控诉。由于曲目内容贴近生活，白局表演深受群众欢迎，其影响迅速辐射城外各地，江宁地区也出现不少白局班子，其中犹以中前和禄口两地的白局最具特色。

禄口白局由当地人史永余传入。中前白局的情况相似，也是从南京城内传入，但年代更早，其《大明英烈传》《武松》等传统曲目深受当地民众欢迎。

中前白局的表演者人数不定，少则一人，多则三五人。曲目多是小短剧和说唱。其道白是纯正的老东山方言，唱腔则是南京流行的地方小调，曲调婉转动听。男的穿大褂，女的穿旗袍，乐器用二胡、扬琴、琵琶、笛子、三弦、主板等。表演有说、唱，以说为主，偶尔加上身体动作，称为“新闻腔”或“数板”。

值得注意的是，白局和苏州评弹不同，没有“珍珠塔”这类大段唱词，多数是讽刺或幽默小品。这跟它们的出身相关。评弹是闲人的艺术，而白局则是工休时间的自娱。在文人的介入改良下，评弹词曲更加丰富，不断高雅化，而白局由于自

南京白局国家级“非遗”传承人徐春华

身的局限，一直保持着下里巴人的形象。

南京白局演出

历史传承

南京白局是南京地区的古老曲种。据有关资料，元曲曲牌中的“南京调”，系白局的古腔本调，距今已有700余年历史。它起源于六合农村的吹打班子，成长于织锦机房，是南京地区土生土长的一种曲艺形式。旧时六合一些殷实人家逢婚丧喜庆，总要邀请吹打艺人来增添气氛。有的艺人边打节拍边唱民间小调和俚曲，辅以二胡伴奏，渐渐地有了一定知名度，形成了固定的吹打班子，这便是最早的白局团体。

由于白局所唱的曲子以苏南、苏北的各类小调为主，又揉进了秦淮歌妓弹唱的曲调，因此收调众多，唱腔丰富多彩，便有了“百曲”之称。除古腔本调的“南京调”外，还有“满江红”“梳妆台”“哭小郎”“穿心”“剪剪花”“老八板”“闪板”等。

中前白局源于南京白局，是老中前人用方言表演的一种传统说唱艺术。据口碑资料，明朝初年，有易、孙两户来到今东山街道的中前社区一带落户，置田经商。他们的后辈在南京发展，其中一些人学会了南京白局，并将之带回家乡，形成了中前白局。旧时每逢庙会，过年过节，都会在相应场所举办演出。

民国时期，每逢节日庙会，周边地区开锣唱戏，都少不了有一场中前白局。其时，由班头（又是主角）带演员七八人前来表演，由邀请者给付报酬。庙会和过年的赏钱，则由当地大户发放，或从社款（过去的集体产权收入）中支付。

1960—1970年代，中前艺人还把白局作为政治宣传的一种手段，根据时政要闻新编了不少说唱书目，如《两个工分》《我们村里的新风尚》《计划生育是大事》等。

由于白局表演者社会地位不高，因此愿意学习中前白局的人不多。到了1960年代，只有易志平、戴世超、雷鸣超等几个艺人能表演。1966年后，戴世超、易志平等领班演出，但多局限于周边乡村。后来名气渐大，曾在镇江大市口、南京中华剧场演出过。近年，中前白局在“江宁之春”群众文化节闭幕式、东山街道专场文艺演出、中前社区文艺演出中先后表演，仍受普通群众喜爱。

当代影响与价值

中前白局是江宁老中前人用方言说唱的一种表演艺术，对研究江宁地区的方言土话具有重要的参考价值。它的题材取自生活，是人们工作之余休闲娱乐的一种方式，保留了与民俗时事相关的大量内容，是旧时民间生活场景和社会风貌的真实记录。它又以数板唱新闻的方式，把当时社会上发生的重要事件生动地再现,语言通俗易懂，具有重要的历史文化价值。如今，会唱几句白局的中前社区村民虽有不少，但还不是真正的传承人。当务之急仍然是传承人队伍的培养，最积极有效的方法应该是由政府主导建立传承基地，不断输送新鲜血液，这一极具地方特色的非物质文化遗产才有可能传之久远。

传统体育和游艺

概述

西方现代体育的冲击，城市生活节奏的加快，使得传统体育和游艺的发展越来越受限。虽然它们蕴含着浓厚的传统文化，却由于自身玩法比较单一，经济性与趣味性较弱，体育产业助推乏力，很难对年轻人形成吸引力。所以划龙舟、跳狮舞、玩石锁的江宁人越来越少，听说过数脚底扳扳、剖莲花、打翘棍等传统游戏的江宁人也几乎消失。

现代社会中，电子游戏、动画产业的迅猛发展，各类益智类游戏的普及，家庭社会对儿童关注度提高等等因素，使得本书所记录的游戏，过去很多乡村孩子都玩过，如今却几乎完全退出了现代儿童的游戏空间。传统游戏如果不能随之改变，适应快节奏的社会生活，退出历史舞台已属必然趋势，也只能成为一小撮人最后的记忆。

故本书中该门类“非遗”资源项目仅有数项，也就不足为奇了。虽然有学者认为，被纳入传统舞蹈类以及民俗活动等其他类别的具有体育属性的非物质文化遗产项目，如舞龙、舞狮、走马灯、花船、摆手舞等，也属于广义范畴的传统体育。此外，考虑到缺乏明显的地方特色，本书也没有把仍然活跃的放风筝、躲猫猫等项目收入，但体育类“非遗”确实还有长足的发展空间。

不仅仅是华东的城市如此，西部少数民族地区的很多体育类非物质文化遗产项目，也存在着濒临灭绝的态势，如青海省的乌打、找羊毛球、虎技、豹技，仅仅在几个村舍间流传，鲜为人知。如果没有政府相关部门的大力扶持，没有方便的交通设施，这些“非遗”的命运将只能是深隐民间，逐渐消失。

这里就江宁此类“非遗”的具体个案谈两点认识：

第一，可就现存项目的传统基因进行有机提炼，通过唤起居民的地方文化认同感，以达到培养青年型传承主体的目的。例如殷巷石锁，是从清末流传至今的百年传承项目，盛时能玩出几百种套路，而如今仅有20余种，其文化流失不可谓不严重。但在练力气的玩大锁套路中，“霸王举鼎”“二郎担山”这样的名字带有强烈的传统文化色彩，结合楚汉之争项羽的历史故事，则能激发青少年对于石锁的兴趣。而练技艺的套路中，“张飞跨马”“天公看书”也很有画面感，可以较为容易地与人类学叙事（俗称讲故事）结合起来，提高该项目的接受度。再如猴儿戴帽、仙人背纤、怀中抱月、喜鹊登梅、雪花盖顶，能形象地揭示具体的石锁动作，与如今70后、80后少时观看的《排球女将》中的“晴空霹雳”“流星赶月”等招式十分近似，让人产生强烈的模仿冲动。

赛龙舟也有类似的文化基因，过去在高高的龙舟尾巴上系一根彩绳，由“吊艄”的人表演“吊脑袋”“挂下巴”“挂脚背”等绝技，如今只存在于少数老人的回忆中。如果进行有机的文化发掘，加上高度提炼的人类学叙事、适度的文化宣传、小巧精干的文化传习所、设计感十足的聚会空间，将会吸引更多的年轻人加入龙舟队伍，增加龙舟竞技的激烈和趣味程度，也在总体上改善了“非遗”的生态环境，这样就把僵死的文献记载，变成了活态的“非遗”展演活动，对于该项目保护是大有裨益的。

第二，以民众更为喜闻乐见的形式，对新媒体和高科技进行利用。同在江苏，南通板鹞风筝制作技艺就是一项具有示范意义的成功保护案例。南通板鹞风筝是南派风筝的代表，通过数字技术对板鹞制作进行多维展示，不仅可以长期保存，亦可随时调阅相关电子资料，将其置于原生态技艺与数字媒体展示平台结合的视野中，从而使这一民间艺术在短时间内通过数字化平台迅速提升了海内外知名度，为更多的年轻人所接纳认可。

今年火爆全球的韩剧《鱿鱼游戏》，其刺激性的核心无非是他们小时候的儿童游戏：打画片、鬼抓人（一二三木头人）、拔河、打弹珠、丢石头、翻花绳。这全属于“传统体育和游艺”的本门“非遗”。不仅韩国人看了有感觉，中国人看了也颇为怀旧，年纪大一点的人，谁没有拔过河、打过弹珠呢？这种怀旧情绪，也许就是该剧在全球得以火爆的根本原因吧。但看看本书记录的抛沙包抓石子、叠四角游戏，与韩版又何其相似？就以后者论，只要用力把对方的四角拍到X形正面后就算赢，而四角怎么叠呢？是叠成一面光、一面呈X形，以区分正反面，这与《鱿鱼游戏》一开始的打画片简直是一模一样！实在是太惊人了。如果我们也可以拍出一部这样的连续剧，那中国的体育游戏就可以走向全世界，甚至养活一大批室内体育产业，产生一批原创IP。

如果全世界的孩子，因为一部中国热剧都在唱：“城门城门几丈高？三十六丈高。骑花马，带把刀……”那作为江宁乃至南京人，当有多么骄傲。也许一曲《城门高》，就会成为国人的自豪。

殷巷石锁

基本概况

殷巷石锁，流布于殷巷、龙都、天景山一带，尤以殷巷地区为甚。传承人王道泉、王道祥、高容安、崔永富、盛元成、张启松、江贤武等。

石锁是一项集力量、技巧、健身于一体的传统竞技项目，由锁面、锁底、锁门、锁簧等构成。古人用巨大石块敲凿成石锁，方方正正，看上去像个“凹”字。石锁的个数称为把，有一把锁、两把锁、几把锁之说。石锁有大小锁之说，80斤以上称之为大锁，40—80斤称之为小锁，10—40斤称为花锁。行话说，大锁练力，小锁练技，花锁练艺。

江宁区殷巷石锁在江苏独树一帜。殷巷石锁既保留了大石锁以练力量的玩法，又有玩小石锁的花色动作。现有石锁多种，重量大小不一，从40斤到120多斤不等。玩石锁的时候，一般都采用马步蹲裆式，用手抓住石锁把柄，用力向上抛，待石锁下落时用手准确地接住把柄。殷巷石锁有掏螃蟹、滚抛等基本动作，又有霸王举鼎、观音托掌、二郎担山、猴儿戴帽、仙人背纤、怀中抱月、大开四门等上百种套路。现在常玩的套

江宁石锁艺人参加长三角都市圈民间石锁邀请赛

殷巷石锁协会会员进行集体表演

殷巷石锁艺人练石锁

路有：推轮、架肘、捞豆腐、打单边、霸王举鼎、观音托掌、二郎担山、猴儿戴帽、仙人背纤、怀中抱月、喜鹊登梅、雪花盖顶、石锁过河、背后穿花、张飞跨马、盲人练锁、天公看书、一唱一和、双龙抱柱、瑜伽石锁、大开四门等20余种。

目前，除殷巷地区外，在湖熟龙都、东山天景山一带也有石锁艺人经常切磋技艺，成为强身健体的日常体育锻炼项目。

历史传承

相传石锁起源唐代军营，士兵们用石锁、石担子锻炼身体，训练体能。清乾隆年间（1736—1795），石锁、石担子作为练习武术的辅助活动，逐渐成为独立的民间体育运动项目，并不断增加其表演性，其花样动作发展到数十种之多。太平天国定都天京后，军事体育活动和民间体育活动在金陵得以蓬勃发展。举重（石担、石锁）就是这一时期大力提倡的一项民间体育活动，在室内或街衢随处进行演练。太平天国后期，干王洪仁玕重申继续之前东王杨秀清的武科考试项目，还进一步增加新的考试项目，规定在郡试、省试、京试三级考试中均要加试拉力，包括比臂力、刀技、举重等民间体育项目。因此，石担、石锁等民间体育活动，在太平天国时期由于受到重视而得到很大发展。

据口碑资料，民国时期，石锁在殷巷已经非常盛行。无论是农闲还是农忙季节，当地村民们在茶余饭后都有玩石锁的习惯，有的是单人练习，有的是全家逗乐，有的则是在村头比武过招。已故艺人徐昌富就是其中之一，他在江宁区及周边广泛收徒，并经常开展活动交流，培养了众多石锁爱好者。石锁艺人汤定邦继承祖辈的技法，悉心练武，曾在南京市举办的民间石锁大赛中获得

王道泉玩石锁

天景山石锁

第一名。

石锁传承方式大都是师徒相传。民国以后，第一代传承人有徐昌富（已故）等人，第二代传承人有汤定邦（已故）等人，第三代传承人为王道泉、江贤武、王道祥、高容安、崔永富、盛元成、张启松等人。

王道泉，1945 年出生在殷巷乡一个农民家庭。他的父辈在村里玩石锁就小有名气。儿时的他体质差，为了锻炼身体，20 多岁才初缘石锁，没想到一下竟坚持了数十年。他刻苦学艺，无论当农民、工人，还是干车间主任、任南京三钢集团公司云台山炼铁厂厂长，工作之余练石锁、玩石担子都是他的首选。他以艺会友，长期以殷巷乡为基地，广交朋友，人们都说他“江宁石友多，南京玩友遍城区”。1999 年退休后，他几乎把所有精力都用在石锁的传承上：一是建基地，抓队伍。在他的精心打造下，江宁地区现有 5 支石锁队伍，有赛事活动场地，有数百名石锁爱好者。二是搞活动，忙交流。2004 年 12 月，他带着弟子，并邀约南京玩友，首选上海闸北区进行石锁技艺交流，打开了对外交往的大门。至今为止，他已与泰州、淮安、徐州、无锡、苏州、扬州、姜堰、仪征、宜兴、江阴等城市进行了十多次石锁技艺交流。三是尽义务，做奉献。作为省级“非遗”项目传承人，他自加压力，对所交流城市有请必到，在毫无保留传授技艺的同时，虚心向对方学习。更加难能可贵的是，江宁石锁协会成立早，他利用这一优势，为泰州、淮安、无锡、扬州等好几个城市成立石锁协会做了大量工作，还自己掏钱赠送 12 把大石锁以示祝贺。

王道祥，1997 年跟随师傅王道泉学习石锁技法，2004 年殷巷石锁协会成立后任名誉会长，2005 年发展新会员 20 多人。目前除掌握推轮、单边、驾肘、猴子打滚、开四门等各种技法外，他还独创乙字步、半乙步等技法。他多次随石锁协会赴泰州、淮安、上海、扬州等地交流，同时收有徒弟十多人。2006 年创建殷巷石锁协会训练基地，任基地负责人，曾在基地举办过多次石锁交流比赛，参加交流的有长三角地区石锁协会十多家近 400 余人。

高容安，1974 年开始练习石锁，2004 年加入殷巷石锁协会。先后去泰州、淮安、上海、扬州、无锡、宜兴、姜堰进行交流表演，坚持每周两次与南京及本区内其他石锁爱好者进行技艺交流。江苏教育电视台、南京电视台、《现代快报》等都有报道。他熟练掌握石锁推轮、单边技法，

天景山石锁艺人接受采访

殷巷石锁协会会长王道泉（左）与会员进行“过桥”套路表演

石锁技法，重量能玩到130斤。2009年参加江宁区举办的民间石锁竞赛，获得重量赛第一名、技艺赛第二名、总成绩第一名。

在以上殷巷石锁传承人的影响与带动下，湖熟龙都、东山天景山、秣陵东善桥等地也相继成立了石锁协会，并在此基础上组建了江宁区石锁协会。其中龙都、天景山石锁进步明显。龙都石锁艺人陈玉和，年少时随父辈学玩石锁，1999年参加石锁协会。重量分别达到130斤、100斤。其石锁单边技法在南京周边无人能及，并有十多人跟随他学艺。

江贤武，1984年拜王道泉为师练习石锁，2004年4月成为殷巷石锁协会会员。经常随师傅王道泉赴上海等地表演与交流。能熟练掌握架肘、猴儿戴帽、二郎担山、观音托掌等十余套所传授或练习的龙都石锁玩法有开四门架膀、怀中抱月、小鬼（仙人）、传龙、单膀倒顺、单龙、双龙、三龙、架拳、翻拳等。天景山石锁协会于2007年成立，爱好者基本上每周都要举行一场小的比赛，还经常到全国各地与同好者切磋技艺。

2014年江宁石锁艺人在南京中华门表演

当代影响与价值

作为一项群众性体育项目，殷巷石锁的传播途径，不同于传统武术所依赖的家族传播方式，也不同于一般传统体育的师徒传承，其参与者大多亦师亦友，多以休闲娱乐为目的，以石锁协会为单位，在开放、流动的形式下交流与学习。群众性体育活动是国家体育事业的基础工程，全民健身是当下体育发展的方向，殷巷石锁符合这一时代潮流，其传承发展所依赖的正是普通民众。殷巷石锁在江苏乃至全国都有一定的影响，除了民间自发的保护与传承外，未来的重点方向应该是学校。通过学校教育，可以使得更多的年轻人了解、接纳这一传统体育项目，进而弘扬发展之。

江宁石锁艺人表演

2007 年，殷巷石锁赛力被南京市人民政府列入首批南京市非物质文化遗产名录。2009 年 6 月，被江苏省人民政府列为第二批省级非物质文化遗产名录。

赛龙舟

基本概况

赛龙舟，或称划龙船、龙舟竞渡，是一项集祭祀、娱乐、竞技于一体的民间传统文化活动，广泛流布于江宁区境，在秦淮河、句容河、溧水河沿岸的湖熟等地尤其盛行。

旧时，每到端午节，江宁各地都会开展“龙舟竞渡”活动，为纪念伟大的爱国主义诗人屈原。届时境内沿河两岸各村镇，自发组织龙船队，下河竞赛或表演，或为几乡联赛，或为乡镇内诸村组赛，形式不一。

其中湖熟集镇的赛龙舟，相传始于明末，盛于清代及民国时期，每年五月初五在穿境的秦淮河上举行。明朝末年，湖熟朱峰门一个姓董的人，在湖南广陵经商，一天夜间，有乌龙托梦于他：“出洞庭，沿长江而下有条秦淮河，风水极佳，可以生焉，请你将我雌、雄二龙头带到你乡。”董一觉醒来，按照乌龙的吩咐，将二龙头敛于灵柩之中，以护送父母回家安葬为名，披麻戴孝，路途遇到官府检查，开棺验证时，二龙头果然变成人尸。几经周折，董回到湖熟。在他的影响号召下，湖熟一带便兴起了划龙船以祈福禳灾的风俗。到清初，湖熟赛龙舟发展成为8条龙船同时比赛的场面。

湖熟的龙舟有赤、青、黄、白、乌5种颜色，每年农历五月初三、初四，姚东、姚西、水北大街各自准备好龙舟。姚东准备雌、雄二乌龙（雄

江宁赛龙舟旧影

2013 年 5 月江宁赛龙舟

龙尖鼻子，雌龙塌鼻子）；姚西准备二条黄龙；水北大街准备白龙、青龙、火龙。每条龙舟的船身、船上罗伞旌旗等装饰，以及划手们的服装乃至船桨，都要求与龙舟一色。龙舟短则 7 丈多，长则 11 丈余，其船首雕刻龙头，口能开合，舌能转动，龙舟装饰有龙鳞，划动时有如游龙戏水。

湖熟龙舟的人数，额定 36 人，叫作一槽，就是俗称的“三十六香官”。这是一般的小龙舟，其船身 13 档，划船的人数为 26 人，加上船面管旗 1、后梢 2、唱神 1、司鼓 2、掌锣 2、托香斗 2，正合 36 之数。如果是大龙舟，则有 18 档，两旁划船的有 36 人，加上鼓、梢、锣、旗、唱神、托香斗六种执事 12 人，共有 48 人。船面上，鼓在正中，两旁划的人要听鼓声指挥。两头是梢

江宁赛龙舟舞台表演

1983 年江宁县首届艺术节

桨，就是船舵，靠此端正舵向，所以说“鼓是令，梢是命”。锣是听鼓声的，也有鼓动的作用。旌旗能分明船色，便于岸上观众辨认。只有执神杖唱神的和托香斗的，是为了奉香敬神，在竞赛中起特殊作用。

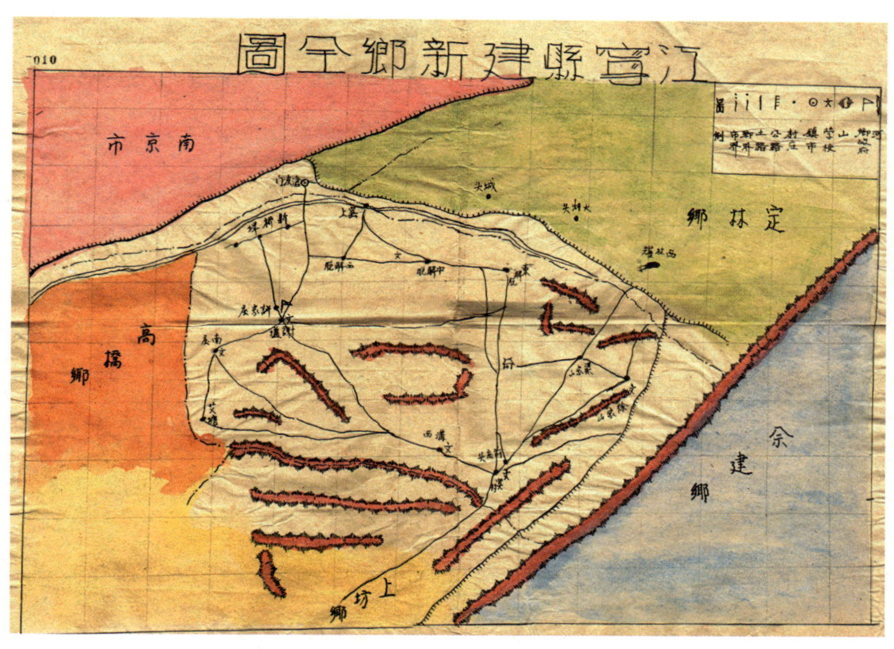

1950 年代《江宁县建新乡全图》

初五日，比赛正式开始。5 条龙舟四角插上旌旗，鼓吹手伏在中舱，两旁划手 16 人。篙师执长钩立于船头，称作挡头篙。船头亭上，选面端貌正的儿童，装扮成龙头太子。船尾高丈余，牵系彩绳，由“吊艄”的人表演“吊脑袋”“挂下巴”“挂脚背”等绝技。到了正午，秦淮河上飞桨竞渡，轮番以龙舟上的旗、锣、鼓、弓、刀、枪、剑、弩等十八般武器表演竞技。两岸围观的人成百上千，不断向河中抛粽子，盛况空前。

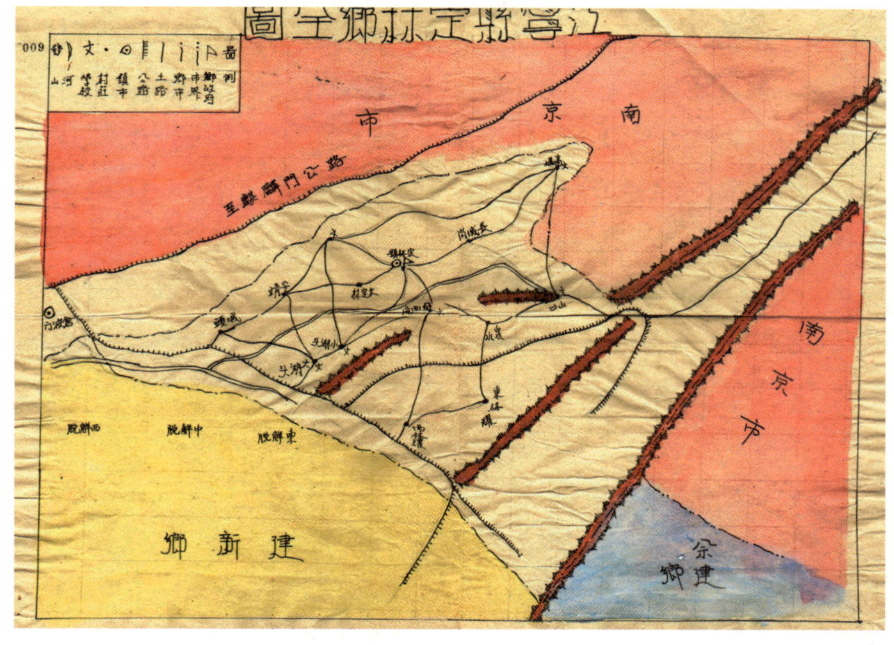

1950 年代《江宁县定林乡全图》

湖熟的龙舟赛，每逢端阳节要做新龙船。一般四月初一开始造船，五月初一祭神后，造好的龙船先下水开划。赛前，还要请划龙船的人吃酒，放鞭炮，设祭迎接。整个活动都是民间自发组织，造龙船和划龙船需要付出大量的人力物力财力，所有费用均由参与划龙舟的村落百姓共同承担。

历史传承

赛龙舟，相传起源于战国时期。作为一项民俗活动，是希望把不祥之物装于龙船之上，使其顺流而下，将其送走。南京地区的龙舟竞渡早见于明清两代。据明《正德江宁县志》卷二记载：

"端午饷角黍，作雄黄、菖蒲饮，谚云解粽。龙舟竞渡秦淮，好事者买舟载酒嬉戏。谚云游舡，此俗近年最盛。"由此可知，至少在明代正德年间，在秦淮河上赛龙舟已经相当流行。明末清初张岱的《陶庵梦忆》记载了龙舟竞渡的盛况："己巳竞渡于秦淮，辛未竞渡于无锡……西湖竞渡，以看竞渡之人胜，无锡亦如之……"程先甲《金陵赋》："矧夫男人善船，古之则也。招湘累之忠魂，遂竞渡于泽国。棹龙舟，缋之而涂粉墨。倏而转舵以僄佼，勃兮如棹尾之夭蛟。倏而打浆以旁划，欻兮如鳝爪之纷拿。往来石城之下，与夫朱雀之隈。踏浪蹴涛，起雪兴雷。"

到了民国时期，赛龙舟仍然为南京及江宁民众所喜爱。潘宗鼎《金陵岁时记》说："龙舟竞渡，吊屈子之溺水，楚俗也。吾乡亦沿用之。秦淮河一带，观者蚁集。光绪初，水西门外某茶寮临河一轩，因人众倒塌，溺死无算。乙巳端午节，文德桥亦因人众崩圮，有溺死者，后乃禁止。"民国夏仁虎《岁华忆语》载，金陵"龙船向有数种：曰河帮，秦淮船户敛资为之；曰江帮，外江船户之入城者；曰木牌帮，上新河之木商所集者。午日，各帮咸集于夫子庙之泮池"，以争奇斗胜取乐。各帮龙船均饰以彩亭，五彩缤纷，选貌美之小儿扮演剧中人物端坐船中，由四至六人敲打锣鼓以助兴。梢头首撑一根长杆，"于（龙舟）上作种种游戏"。当舟过之时，河岸人家掷银角、铜钱，或放鹅、鸭子为龙舟者取之，称之为"夺标"。抗日战争时期，划龙船一度停止。《首都志》卷十三"礼俗"也有"龙舟竞渡于秦淮"的记载。

新中国成立后，1955 年，江宁县政府组织了一次湖熟划龙船比赛，当时解放军某部官兵也参加了这一次比赛。此后至 20 世纪 60 年代"文化大革命"之前，秦淮河上仍经常举办龙舟赛，后来停办。近年，龙舟赛在江宁各地蓬勃开展，大受干部群众欢迎。2014 年以来，由江宁高新园管委会、江宁区湖熟街道、江宁区龙舟协会等单位主办的龙舟赛在杨柳湖连续举办了多届。

代表性传承人李宽宏，男，1945 年生，湖熟街道姚东人，曾拜马庭文学艺，1990 年，参加县民间艺术表演，受到观众赞赏。

当代影响与价值

赛龙舟是我国端午节期间最具传统文化色彩的一项群众性民俗活动。传统的湖熟赛龙舟似乎以观赏性、娱乐性为主，近年其竞技性得到加强。赛龙舟涉及造船、建筑、雕刻、刺绣等技艺，集体育、音乐、造型艺术之大成，使民众在体育健身之余得到美的享受，具有极高的历史价值、艺术价值与精神价值。如今，龙舟竞渡的盛况虽已不如从前，但仍是端午节的重要习俗之一。举办这一活动，仍能唤起爱国情怀，让人感受到团结协作的振奋精神，传承延续优秀传统文化。湖熟街道对赛龙舟这一传统体育类"非遗"项目很重视，已将龙舟制作技艺与要求、竞赛规则与礼仪等资料整理成册，以便于更好地保护传承。我们相信，在当下"强富美高"新江宁建设中，赛龙舟还将发挥更大的积极作用。2008 年 3 月，赛龙舟被江宁区人民政府列入第一批江宁区非物质文化遗产名录。

秣陵太极拳

基本概况

秣陵太极拳，流布于秣陵街道及周边地区。传承人张宝珍，是江苏省太极拳的教练员及二级社会体育指导员。

作为一项传统体育运动，太极拳与其他高强度、对抗性项目不同，更受中老年群体青睐。现在秣陵街道的家园广场，每天都有一支专门练习太极拳的队伍，风雨无阻。这里是他们活动的固定场所，每天早晨活动一个半小时，目的在于强身健体，能够坚持锻炼的人，都感到受益匪浅。队伍的领队就是张宝珍。队伍的前身是 2003 年成立的秣陵街道“夕阳红”健身队。2012 年，更名为“火炬太极队”，全称为“江宁区秣陵街道火炬太极队”。

1975 年，张宝珍开始学习传统武术，师傅是南京人胡振国。她首先练习基本功，随后练习拳和剑的传统套路。据知情人介绍，胡振国是“江南大侠”甘凤池拳法第六代正宗传承人，一度担任南京搏击武功研究会会长，南京市体委武术教练、裁判员、顾问，是中国著名的武术家。

2002 年，张宝珍深入学习各式太极拳系列的竞赛套路，后来又担任禄口镇少年武术队教练。当时，张宝珍见跟她学习太极拳的人较多，遂组织了这支太极拳队伍。队里的成员大多是老人，除退休教师、退休干部外，还有一部分当地农民。在学习、传授太极过程中，她克服种种困难，到处找资料、买图书。一个一个的动作慢慢琢磨，每个动作都要反复练习多遍。2008 年退休后，她担任秣陵火炬太极拳教练，决心把此项

秣陵太极拳

2013 年杨柳村太极拳

秣陵广场太极剑

传统文化发扬光大。除了太极拳外，她还教授队员太极剑、太极扇、太极刀等 20 多种套路。在多年的教学过程中，张宝珍认真示范，反复讲解，把每个动作的攻防含义和要领都说得很清楚，做到不厌其烦。

张宝珍带领团队，代表社区参加过江宁区和南京市的十多次太极拳比赛，成绩优秀，其队员多次获得一等奖和二等奖。2018 年，江宁区太极拳表演赛在秣陵街道家园广场举行，包含火炬太极队在内的 15 支参赛队伍 500 多名太极拳爱好者同台竞技，在为居民带来一场视觉盛宴的同时，进一步增强了江宁群众对传统太极拳文化的了解和热爱。

历史传承

秣陵太极拳自认传自清代义侠甘凤池。据清甘熙《白下琐言》卷四记载："族人凤池，拳勇之名遍天下，其辈行不得其详。尝闻诸族祖容斋公曰：其驻防城旗人，有欲试其技者，令于小门口横肱石上，牛车数十轮，了无伤痕，观者骇服……墓在凤台门，表曰'勇士甘凤池之墓'。"另据 1932 年《新京备乘》卷中《甘凤池略传》记载："江宁甘凤池，年少以

1980 年代江宁东山镇组织的太极拳学习

2013 年杨柳村太极扇

勇闻。康熙中客某王府，力士张大义者，慕甘名，自济南来见王，饮酒酣，请与甘弁。甘辞，王固命之。大义起，甘亦起。大义方欲击甘，视之如丈二神人，慑而止。谓甘曰：'始见子眇小丈夫耳，继乃大若是耶。不与子弁，请易以胫。' 甘曰：'诺。'……年八十余，终于家。"编者收录甘凤池事迹后，有感而发曰："余编《新京备乘》，泛览《金陵文钞》，得读甘凤池小传，亟为转录，夫侠义勇武之夫，多出于燕赵齐鲁之郊，南方文弱之邦，不少概见，而今竟得之于江宁，是诚吾编之倖获，而足为宝贵者也……方今当道提倡国术，使凤池生值今日，其所以发扬国光，奖励道义……"

甘凤池是太极拳传人，这在 1933 年《科学化的国术太极拳》中也有记载："其门生黄百家主一，将征南之内家拳法笔之于书，以广其传，后传到甘凤池。"《丹方杂志》1935 年第 3 期发表承淡安《大侠甘凤池伤科秘方》，内有"金枪铁扇散""因伤吐血煎方""吐血末药，治一切打伤""上部伤药煎方""中部伤药煎方""下部伤药煎方"等记载。后来，长城公司还将甘凤池的故事搬上了银幕，使其名家喻户晓，妇孺皆知。

当代影响与价值

众所周知，太极拳是中国传统文化的符号象征，是东方文化的瑰宝，已成为中国对外文化交流的重要桥梁和纽带。据不完全统计，太极拳已在 150 多个国家和地区传播，有 80 多个国家和地区建立了太极拳组织，习练者数亿人。2006 年，太极拳被公布为首批国家非物质文化遗产。2020 年，太极拳被列入联合国教科文组织人类非物质文化遗产代表作名录。太极拳讲究内外相结合，以外在肢体带动内在器官的运动，在强身健体的同时可以娱乐身心，是当下最受欢迎的传统体育运动方式之一。就此而言，作为其中一支的秣陵太极拳，希望它所蕴含的强身健体及修身养性价值，能为江宁的全民健身和新农村建设中群众体育的发展发挥更大的作用。

江宁传统儿童游戏

基本概况

江宁地区儿童游戏的流布非常广泛，种类也多。流行于禄口、陶吴地区的打翘棍、走窑田、搿宕子就是过去孩子们在农业劳作中创造的游戏。还有些儿童游戏，成年人也参与其中，比如淳化地区过去流行的“跳采茶灯”，就是由大人牵头，儿童充当角色的游戏。游戏是儿童天性的释放，是人生早期多姿多彩的生活。特别是在文化生活贫乏的广大农村地区，世代传承下来的儿童游戏，还有儿童们在生活中自己创造的简单有趣的游戏，让孩童们在贫乏物质生活和文化生活中锻炼了身体，增强了智力，培养了合作意识、团队意识。孩童天性顽皮，总能找到属于自己的乐趣，也摸索、创造出许多有趣的新游戏。

1934 年，金陵大学农学院乔启明等人赴江宁县淳化镇，进行乡村社会调查。随后乔启明撰写了《江宁县淳化镇乡村社会之研究》一文。文章对淳化地区的社交生活进行了较为详细的描述。他写道：“社交的生活，系指日常过惯的生活，已成一天不知不觉的照例的事情而言，例如吃茶、喝酒、儿童的游戏、牧童的山歌，以及其他养生送死等等的人生习惯，都可说是社交的生活。虽然社交生活，每可包括在宗教及教育等生活的当中，但是因为他已经有了相当的重要组织，很可独立一门，稍加研究。”

在调查中，乔启明发现在淳化地区还流行着多种娱乐游戏，如成人游戏和儿童游戏，在乔启明的眼里：“成人的娱乐，除了在宗教生活中，含有娱乐性质外，还有玩灯、演剧等。”

经过调查，他发现：“玩灯的主要目的，是在热闹，淳化镇社会里稍大一点的村庄，差不多都要玩灯，地点或在本村，或在附近村庄和市镇上，并不一定。每年举行一次，消费约近百元，举行之时期，每在废历正月十四至十六日，当地农人之参加者，将近百分之五十。按宋墅全村，组织共分六号，每号径派领袖二人，于废历正月初六日，即开始商酌玩灯手续，到了十四日，敲锣打鼓，结队游行，灯有龙狮子灯、球灯等，玩灯者可往富家院中玩耍，名曰送灯，俗云‘送灯之家必生子’。演旧剧多在废历春秋二季，目的仍在热闹和愉快。宋墅演剧，多在废历四月初四至初六日，剧价百余元，演员多来自外方，演剧时在村中搭一剧台，观剧者为本村及邻村之男女老幼，异常热闹，但不尽每年开演，若遇年岁收时，照例举行。”

江宁地区传统的儿童游戏有很多已经失传，还有些与其他地区游戏无二。通过走访，收集到具有本地特色的儿童游戏有以下几种：

跳采茶灯 在丰年的时候，人们手头有余钱，

今日江宁儿童游戏

即由村主任为首，招集各家，随能力之多寡，捐款若干作为费用，然后选择本村会玩的儿童扮演各种故事。大半出自各种小说故事，例如“水漫金山寺”“西天取经”等，玩时多在夜间，灯彩辉煌，载歌载舞，一夜始息。如有邻村来请，则全班出发，有时可连续玩耍四五日，始止。孩子们参加这类游戏的表演非常辛苦疲惫。这个游戏相当于演出舞台剧，孩子们扮演各类神话故事人物，很受表演者及观看者的喜爱。

猫捉老鼠　为普通儿童游戏之一，地点多在广场，人数无定，玩时各以手相牵作一圆圈，一儿为猫在圈外，一儿为鼠在圈内，猫以捉鼠为务，窜出窜入，直至捉住为止。

剖莲花　玩耍地点多在空场之上，人数无定，有十余人即可开始玩耍。玩时一人背立，谓之望月姑娘，余均席地而坐，另有一人站立，两手藏一小砖，向地上之人逐一作揖。在作揖时，坐地上之人，手皆举起，如还揖状，此一人在作揖时，可将手中之砖，任意置于一人手中，作揖时口中唱道：“剖莲花，剖莲花，剖到阔人家，东头开饭店，西头插金花，望月的姑娘，来吃牛屎粑。”唱毕，望月姑娘即须开始找寻小砖，可以指名试猜，猜中即可坐下，以藏砖之人代为望月姑娘，猜不着则仍望月，继续试猜。

城门高　儿童十数，手牵手，做一缺圆形，唱曰：“城门城门几多高，三丈八尺高，骑花马，带腰刀，腰刀长，杀猪羊，猪羊毙，打开城门踢一踢。”唱毕，然后由末一人起，鱼贯由第一人腋下穿过。“城门高”游戏在江宁地区还有一种玩法，也称“官兵捉强盗”。就是用城门来关住强盗。游戏时两个小孩对面站着扮“城门”，两手相互抓着高举过头，搭起一座城门。扮“强盗”的孩子四五个或更多，手牵手地从“城门”下穿过，他们边走边齐声念：“城门城门几丈高，三十六丈高。骑花马、带把刀，走进城门抄一抄！”当念到最后一个“抄”时，扮城门的两副臂膀突然垂落下来，总能逮住一个“强盗”。被逮住的“强盗”就被清理出“强盗”队伍，或被换作“城门”。游戏时，儿歌的念诵节奏会越来越快，扮“强盗”的孩子们穿过“城门”的速度也会越来越快。

打跪跪 儿童数人，每人二砖，一砖竖立，一人用其余一砖轮流抛打，被砸倒者即跪跪。

当当对（冲砖头） 儿童数人即可玩耍，玩耍步骤可分为六步：第一步，将砖竖立为一排，名为城门，人立砖外，或名关上，以另一块砖打去，倒即再打，名开城门。第二步，将砖放在关内，跨两步即推起打之。第三步，将砖放在脚背上，用脚抛打。第四步，将排列之砖直竖，以手中之砖掷近之，再以两脚夹起，跳以打倒。第五步，将竖立之砖，仍改横列，以手中砖掷去，跨五步，用一脚踢砖打倒之。第六步，跨六步一脚接起，以一脚后转将砖踢倒。第七步，再作如开始时，谓之关城门，先完者胜，胜者可以一手打输者口云“当七当八当当对”，即随便做各种姿势，此时输者须一一仿效，姿势相同，可再打，否则可由胜者继续打输者之口，直至其姿势相同为止。

数脚底板板 儿童十余人坐一排，由一人持木棍在各人之脚上逐一点数，数一脚，唱一声，说一字，其歌曰：“脚底板板，搬到南山，南山有位，珍珠宝贝，金三锅，银三锅，十八罗，罗罗肥，小脚姑娘缩只狗腿”，数末一字之“脚”，即须缩起，如此再数再缩，直至两脚缩拢时，即改行对数，歌词亦换，其词曰：“东边靠，西边靠，靠到那个作强盗。”数在末一“脚”字之人，即被打，打时仍须歌唱，其词复行更改，唱：“捶金鼓，过金桥，问问大老爷饶不饶。”第一次两脚缩进之人，即为大老爷，大老爷若不饶，即须再打，直到饶时为止。

打翘棍 江宁地区过去以南乡猪养殖而著名，南乡猪养殖的最大特点是既适合圈养，又适宜散养。过去农村家庭没有多少余粮，散养猪比较节约成本。猪粪是农家种田的肥料，散养的猪会流失很多猪粪，拾粪就成了孩子们每天的必修课。拾粪在江宁农村土话叫“捞粪”。“捞粪”工具，一是“捞粪”筐，一是“捞粪”耙子。捞粪耙子有点像高尔夫球棍，竹子或木棍做的把杆，头是铁质的弯勺形。孩子们就用捞粪耙子玩游戏，称打翘棍，也叫打棍棍。在平地上挖个小洞，在四周稍远的地方划线，放一个小石头或小砖块在线上，用捞粪耙子挑打石头进洞，看谁进的多。输赢的奖励或惩罚，由小伙伴们定，很多孩子是赌粪，输的一方给赢家一些粪。

走窑田 两个人玩的游戏。划 8 个放奖品的圈圈，呈圆形或椭圆形都可以。每个圈圈里放 4 到 5 个小奖品，孩子们可以放虚拟的奖品如石子，也可以放真实如花生、糖果之类的奖品。锤子剪刀布后，赢家随便先从哪个奖品堆里拿起奖品，顺时针逆时针都可以，往前面的奖品堆里一个个放入手中的奖品。手中放完后，再继续拿起前面堆中的奖品继续往前放。这样循环往复，如果手中奖品放完，刚好前面的奖品圈是空的，空圈前面奖品堆里的奖品就归自己所有，得到奖品的人休息，让第二个人玩。直到所有奖品分完，看谁

今日江宁儿童玩具

打陀螺

赢得多。

打跷板 砍到适宜的树枝，削皮裁成约 40 厘米、10 厘米各一节，在地面挖一个两头尖的小船形凹槽，把小节斜放槽上，再用长棍敲打小节木头飞向空间，然后用手中长节木头在空中可连接住三次，比谁的距离远。

叠四角 就是用各种纸每两张交差叠起来，一面是光的，另一面呈交差 X 字形，以分正反面，互相抓在手上用劲拍，把对方的四角拍到 X 形正面后就算赢，就可获得对方的四角了。对方须再投放一个继续比赛。

打炮仗 用竹筒做成水枪形，填进一种树结的小果子当作子弹，以塞子推动空气把树果子射出。

吹糖纸 吃过糖果后，剥下透明或一般的糖果纸，展平夹在书中，待一段时间平整后，翻出来放在桌子上面，互相以口轻吹，看谁的糖果纸卷起来的高度高，以最高者为胜。

砸子弹壳 民兵打靶、军人打靶，散落很多子弹壳。孩子们捡来子弹壳，一个人先把子弹壳放到地上，另一个人用自己的子弹壳去砸，如果砸中了，子弹壳就归砸中者所有。没有砸中的话就继续换个人来砸。

自助小三轮车 用一小二大三个铁齿轮，装在以木板做固定的车身架子上，前面小轮还可以转方向，自己坐上去用一只脚助推，下坡可以省力。

推独轮车 自己用树棍交差固定，以木板或砖石做轮，后来以工业用过的废铁齿轮为轮。农村孩子是用葵花杆子、葵花盘子做小独轮车到处推着玩耍。

打土台球 用旧木板做一个四四方方的桌子，四边挖几个孔，然后用杆子把球打进洞里，和打台球的玩法差不多。

粘知了 熬制面粉，等到半生不熟时黏性很大，可以用来粘知了。

抛沙包抓石子 又称划子，可多人玩。一手抛出沙包，另一手去抓地上的石子，再接住沙包，抓到石子多的取胜。

改绷绷 两人玩，一人用毛线、实心玻璃丝、空芯玻璃丝、橡皮丝等在手上制作各种花样，一人翻出另一种花样，两人相互制作，相互翻改。能翻制出四到五种花样。

吹肥皂泡 将小肥皂弄碎泡成肥皂水，用粗鹅毛管或圆珠笔筒沾肥皂水，吹出泡泡。

搭宕子 这是打猪草时，几个小伙伴玩的游戏。挖一个宕子，每个打猪草的孩子往里面放一小把猪草，用打猪草的小铲子投向宕子，投中者，里面的猪草作为奖品归投中者所有。

历史传承

流布于淳化街道的儿童游戏，起源于何时，不详。民国学者乔启明 1930—1931 年夏季，在江宁县淳化乡进行社会调查，对淳化地区流行的儿童游戏进行了搜集整理，收录在由南京金陵大学农学院出版的《江宁县淳化镇乡村社会之研究》

今日江宁儿童

中。据调查所得，当时约有四五十种儿童游戏流行于乡间，他在调查资料中选用了最有代表性的几种，如跳采茶灯、剖莲花、城门高、猫捉老鼠、当当对、数脚底板板、打跪跪等。儿童游戏过去多被描绘在织物、瓷器、扇面或雕刻在饰品上，称作“婴戏图”“百子图”，表现儿童日常生活的快乐场面。

据调查，20 世纪 50 年代，江宁农村仍有儿童玩此类游戏。到了“文化大革命”后，这些游戏渐渐地无人问津了。以至于到后来，人们对这些儿童游戏已经是充耳不闻了，不知所以然了。

令人欣喜的是，在此次采访调查中，发现有一两项旧时的儿童游戏，目前仍有传承，如“城门高”。“城门高”游戏最具南京地域特色。南京明城墙包括明朝京师应天府的宫墙、皇城、京城和外郭城四重城墙。至今京城城墙还保存完好，是世界上长度最长、规模最大、保存原真性最好的古代城垣。南京城垣依据山川形势而建，并非传统的正方形或长方形。传说朱元璋听从刘伯温的意见，从战略防御和皇宫安全考虑，建内城门 13 座、外城门 18 座，就是老南京人一直说的“里十三、外十八”。过去人说起江宁的某地总会引用城门作参照，比如“中华门外小丹阳”。老城南人也总喜欢称“老门东”“门西”“门内”。城门在老百姓心中就是地理坐标，连儿童游戏都用到城门也就不奇怪了。明朝所开的城门保存到现在的仅有聚宝门（今中华门）、石城门（今汉西门）、神策门（今和平门）及清凉门。

另据口碑资料，乔启明文中提到了“数脚趾扳扳”，现在仍流布于江宁区淳化一带的农村，名称改为“数脚底板板”。但歌词略有不同，游戏人数三五人也可以玩，每人的两只脚都数，数到头后，再往回数，最后一个字落到谁的哪一只脚上，则应将此腿缩起来，然后再继续，直至所有的腿都缩起来为止。此游戏一般为农村学龄前儿童玩。

当代影响与价值

“城门城门几丈高，三十六丈高。骑花马、带把刀，走进城门抄一抄！”这几句话在南京、江宁地区耳熟能详。既是儿歌，也是游戏的“城门高”，伴随着一代又一代江宁人走过快乐的童年时光。“城门高”游戏还被收录在陶思炎所著《南京传统风俗》一书中，作为“品读南京”丛书之一出版发行。刘啸编著的《老南京记忆》一书中，“老南京的城门楼”一章里也提及此儿歌。目前还在流行的“猫捉老鼠”游戏，是孩子们在广场或校园里喜欢玩的游戏，此游戏还有变异版“老鹰捉小鸡”。现在流行的“跳棋”游戏，有点类似于“走窑田”游戏。“改绷绷”现在有些地区低龄的小女孩也会玩耍。现代儿童玩具有很多是过去儿童游戏演变而来的，比如孩子玩的水枪、吹肥皂泡泡等。还有些过去农村孩子玩的游戏，如打翘棍，则完全退出了现代儿童的游戏空间。现代社会，由于电子游戏、动画产业的迅猛发展，各类益智类游戏的普及，家庭、社会对儿童关注度提高等，传统的游戏必将随之改变，有些退出历史舞台，成为童年记忆中的珍贵片段。

传统技艺

概述

中国秦汉时期，文物制度繁盛，有职官叫考工令，秩六百石，掌作以兵器为主的器械，制成后上交执金吾入武库，兼作青铜器、漆器等等。然而年终考核，却并非仅以做了多少件为绩效标准，而是强调器物的美感、耐用程度、标准化等。虽是不计工本，但往往强调单件器物的分量，有种“笃信好学、守死善道”的求真精神。所以今天在博物馆，人们仍然能够领略它们难以置信的精巧，并为中国文物感到由衷的自豪。

工夫在“器之外”，思维在形而上。江宁人制作十六星杆秤，不仅注重定位置、包铁皮、镶金丝、用舞木钻打眼等工艺，更加注重衡器的规度，也就是做出来的每一杆秤都要度量一律，这就是当时高度重视市场诚信的表现。根据民间流传的说法，古代杆秤上的十六颗秤星，分别代表着北斗七星、南斗六星及福禄寿三星，如若缺斤少两，则会折损自己的运势。

而江宁的国家级“非遗”——南京金箔锻制技艺，更以制订标准、严守诚信为己任。

1985 年，金箔厂就制订了我国有史以来第一个金箔标准，如今该标准已晋升为中国金箔行业的国家标准。1987 年，获得国家最高质量金奖。2000 年以后成为世界最大的真金箔生产基地。这便是传统技艺类“非遗”的核心奥秘，也是流传有序的职业道德观的集中体现。

推求金箔锻制技艺的本原，本不过是将黄金锻成薄如蝉翼的方片。明代宋应星的《天工开物》就记载：“凡色至于金，为人间华美贵重，故人工成箔而后施之。”金箔的出炉，要经历十二道工序，捶打不下三万次。有趣的是，北魏贾思勰《齐民要术》说韦诞制墨：“参以真珠、麝香，捣细合烟下铁臼，捣三万杵。”三国时期制墨，和金箔一样也要“三万杵”，这恐怕不仅仅是考工制度的暗合。

通过对传统技艺类“非遗”进行解构与重组、拓展与升华、颠覆与再造等跨界融合、多元发展的方式，以及融入新材料、新工艺、新需求等标准，长年追求“器之外”的规范和创新，南京金箔无愧于党和国家领导人的题词——“金陵金箔，中华一绝”。

当然，编者还想多谈谈传统技艺门类中的乡情，以及令人难以割舍的小确幸。因为多属吃喝玩乐，传统技艺可能是最具商机的一大门类了。就拿吃喝玩乐中的吃来说吧，江宁的南乡米、铜山狗肉、丹阳羊头、铜井挂面、陆郎茶干、羊糕、朱门臭豆腐、桂花鸭、城雾茶、雨花茶、横溪吊瓜子、香肚、曹村臭豆干、禄口玉带糕、湖熟糯香糕、东善桥扣肉、江宁卤鸭，哪一样不是妇孺皆知、甚富口碑？光是看这如同贯口《报菜名》的目录，就令人垂涎欲滴了。

这些传统技艺，做出来的都可以是商品，能够给村民创收。传统技艺的传承是通过生产，将无形的技艺转变为有形的工艺品来实现的，生产是其实现存在价值的必要过程和形式。板鸭、盐水鸭、桂花鸭，随着“没有一只鸭子能够飞出南京”的俏皮话火了，暂且不论，这几年谷里鱼圆子成为影响一方的知名品牌，也可谓生逢其时。

前几年的一些“非遗”展演，有时会和博览会一样热闹，有什么剪纸画绘、印刷装潢、陶冶烧造、雕镌塑作、五金錾锻、制茶酿造、木作编扎、织染纫绣、搓丸制药等等。特别是涉及传统烹饪和副食加工技艺的窗口，往往北京、上海、山西、山东、江苏、福建、河南、陕西、内蒙古等各个地方都来展示，而且还不缺乏“中华老字号”，某次北京展会一下就来了230家店号，还在前门大街举办元宵节民俗踩街活动。不过，在如今的疫情时代，也只能是想见其盛况了。

陆郎茶干色如棕栗，口味香辣，当年沿街叫卖的小哥是这么吆喝的："陆郎茶干，好吃又香，快来买呀！"真是简洁又朴实。过去陆郎周边地区交通不便，百姓生活艰苦，每逢过年，贫穷人家只能做些豆腐充当佳肴。为了便于存放，人们将新鲜豆腐卤成咸辣味，再用稻草烧火烘烤，烘过再卤，卤过再烘，如此重复几次，新鲜豆腐变成了一盘豆干，反而成为一种特色，流传了下来。

其实小食也有丰厚的历史，同样在江宁，《随园食单》记载清乾隆时期的"牛首腐干"，与陆郎颇类似，袁枚说："豆腐干以牛首僧制者为佳。"牛首山豆腐干为当时的金陵招牌茶点、小吃，普通茶馆里都有销售，并不是做菜用的普通豆腐干。看来，小食也被人们很当回事。清末民初的文学家潘宗鼎历数佐茶小食，说："佐茗之具，盛称梅豆。其法以黄豆和梅子拌糖煮之，最饶风味。亦有售善桥秋油干者，谓之茶干。"在三种佐茶小食中，赫然有类似牛首腐干、陆郎茶干的西善桥秋油干，可见二三百年来，豆腐干在金陵人心中是一成不变的家乡美味。

当然，为了使这些家乡风物、特色土产更好地存在下去，就得在新时代迎接新的挑战。编者举个宗谱刻绘技艺的例子。过去，好的家谱讲究图文并茂，字体华美，排版整秀，纸墨飘香。先贤图、村落图、世系表往往要和文字内容有机搭配，由刻工操刀精雕细刻。而如今宗谱刻绘已经使用了电脑图文排版，以宣纸上德国印刷机出品，触手可观。宗谱中保留的许多家规家训，在今天看来仍具有现实意义，年轻人仍然有光大中国优秀传统文化的可能性。这便是"非遗"与时代的发展相适应的结果。

相信江宁的南乡米、横溪吊瓜子、曹村臭豆干等深具开发潜力的土物，一定会应运升级，与时俱进，与手工技艺类"非遗"一起，登上全国人民的餐桌、书桌、牌桌、化妆桌。那时，工夫在"器"外的"非遗"理念，也能像饮誉寰宇的德国制造一样，令全世界动容。

南京金箔锻制技艺

基本概况

南京金箔锻制技艺，主要流布于江宁区东山街道、栖霞区龙潭街道及周边地区。

推其金箔锻制技艺本原，是将黄金锻成薄如蝉翼的方片。明代宋应星《天工开物》就记载："凡色至于金，为人间华美贵重，故人工成箔而后施之。"只有世间至尊之物，才有幸使用金箔装饰。现存唐代的大足千手观音像、敦煌初唐第 45 窟壁画佛像头饰、日本唐招提寺金堂等实物，均与当时顶礼的佛教信俗有关，可见金箔装饰的尊崇地位。如今人们还使用"脸上贴金"的成语，亦可见一斑。

根植于传统的江宁金箔锻制，要经历十二道工序，对黄金锤打不下三万次。具体的工作流程如下：

2000 年首届金箔艺术节

黄金配比

化金条

拍叶

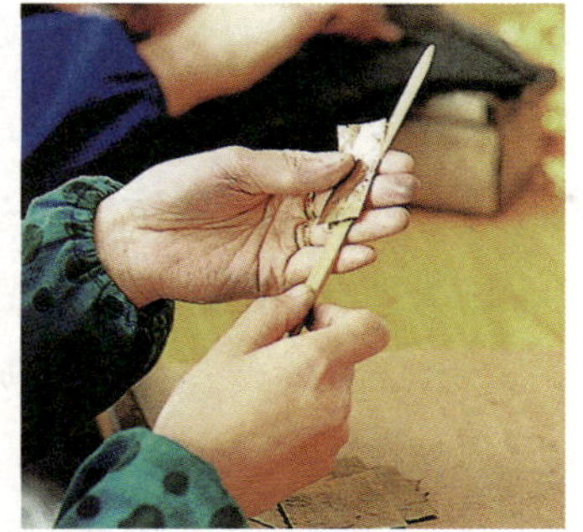
做捻子

落金开子

拈金捻子

打金开子

装开子

炕炕

打了细

出具

切金箔

金箔工艺十二道工序

第一步，黄金配比。从金库中取出原料黄金后，根据不同产品的需求，将之与其他金属进行配比，加入定量比例的银、铜元素，使其达到特定的含金量。

第二步，化金条。黄金配比完毕后，将其放入坩埚，用长铁丝夹提起，置马蜂炉上高温熔化成金水，使掺入的微量银、铜元素均匀混合于黄金中。在析出渣滓后，将金水倒入度量铁槽内冷却，凝为金条。

第三步，压延，又称拍叶。将厚金条通过挤压制成薄金条后，用拍叶锤将金条在拍叶墩上锤成 16 厘米见方、薄如纸张的金叶子。

第四步，做捻子。用名为挑棒的竹制小条刀，将金叶子裁剪成 1 厘米见方的小金叶子，称金捻子。

第五步，落金开子。将 10 厘米见方的乌金纸放入恒温箱进行加热，为下一道工序中快速延展黄金做必要准备。这里所说的乌金纸是金箔加工过程中不可或缺的关键材料，又称“五伏纸”，《天工开物》中对之有详尽记载:“凡乌金纸由苏、杭造成。其纸用东海巨竹膜为质。用豆油点灯，闭塞周围，只留针孔通气，熏染烟光而成此纸。每纸一张打金箔五十度，然后弃去，为药铺包朱砂用，尚未破损，盖人巧造成异物也。”乌金纸表面光滑油亮，且极耐高温、耐锤打，将金片夹入其中锤打，能最大限度地发挥黄金的延展性。

第六步，拈金捻子。即将金捻子用指尖拈着放入 10 厘米见方的乌金纸包内，两张乌金纸夹一枚金捻子，总共夹 2048 层。这一步须确保所有的金捻子均贴合在乌金纸中心。

传统金箔的生产过程

第七步，打金开子。将包有金捻子的乌金纸包放置于打开子石墩上旋转锤打，将薄如纸样的金捻子打得更薄更开。如今大多使用机械化的打箔机，由一人操作即可。过去需要两个打箔人一上一下，分别手持重达七斤的推锤、护锤，一推一护，连续打击两万七千次，对体力的要求极高。

第八步，装开子。已在 10 厘米见方的乌金纸内被打得延展开的金捻子称作“金开子”，需要对其进一步锤打才能成箔。将“金开子”小心翼翼地用鹅毛趁口风挑起，放入 20 厘米见方的乌金纸包内（俗称作“家生”包），这一过程便称作“装开子”。

第九步，炕炕，即将装好的“金开子”放入炉内，恒温控制，确保其不受自然空间温度湿度影响。

第十步，打了细。将“家生”包继续放入打了细石墩旋转锤打，直至其无法再薄再细为止，这道工序行内称作“打了细”。此时，薄如蝉翼、柔似绸缎、轻若鸿毛的金箔便基本制作成型了。

第十一步，出具，即将乌金纸包内的金箔再用鹅毛口风挑至柔软的细纹纸内。

第十二步，切金箔，即将金箔用竹刀切割成一定规则的形状。切箔过程对匠人的技术要求极高，须具备“口风成线成点”的本领才能够胜任，而这样的本领往往需要一年加半载的学习、磨炼才可能练成。匠人要想上岗切箔，须要做到面对三根并排点燃的蜡烛，吹灭中间一根时，其余两根的火焰丝毫不动方可达标。

在打箔匠人技艺娴熟的情况下，传统金箔锻制技艺制出的金箔片厚度可薄至 0.12 微米，且绝无破碎、沙眼的情况，对此民间传有“一两黄金能盖一亩三分地”之说。《天工开物》记载:“凡金七厘造方寸金箔一千片，粘贴物面可盖纵横三尺。”这样的金箔贴裹于物品的外表上，看不出明显接缝，不见色差，且保存期极长，可被广泛

国家金奖——中国金箔故乡纪念碑

应用于工艺品、家具、塑像、建筑等各种物品的装饰中。

除装饰功能外，传统技法制出的金箔还可以作药用。著名的药学著作《本草纲目》中即提及黄金可“疗惊痫风热肝胆之病”；清代人张璐写就的《本经逢原》中亦有同样的认识，且更进一步明确强调“然须为箔，庶无重坠伤中之患”，指出黄金入药必须先制成金箔，才不会因质地沉重而伤神。在明代王肯堂《证治准绳》中，我们可以看到“金箔镇心丸”“金箔散”“金箔茯苓散”

金箔纪念馆内景

金箔工艺品

等方名，这些均是以金箔入药的实例。

不论是药丸、塑像，还是建筑，凡要贴金箔，均需有一定的工艺要求：

第一步，打磨。对需要粘贴金箔的表面清理后，进行精细地打磨。因为贴箔后连沙粒大小的凸起都能察知，所以打磨得越精细，效果越好。有的木器还要求上底漆。

第二步，上胶。打磨光滑后，在需要贴金的表面涂抹一层薄薄的胶层，务须均匀、平整、无遗漏。

第三步，贴箔。胶层晾干后，把金箔贴在物体表面，用软刷轻擦即令金箔附着。在贴箔若干张后，检查漏贴处，及时补上。

第四步，抛光。用羊毛软刷在金箔表面尤其是接缝处轻轻擦拭，去除金屑，并使整体增亮。

金箔易弄破受损，日常使用或参观时要注意防护，避免接触，严忌硬物、锐物、暴晒，尽量少移动。清洁时避免使用内含化学剂的清洁剂。

历史传承

金箔锻制技术在江宁地区的出现，与孙吴、东晋时期道家炼制金丹有关，江宁民间所说的“仙家造金箔”便是指此。民间盛传金箔制作的历史最早可追溯至孙吴时期，打箔匠户们笃信当时活跃于南京地区的道士葛玄，家家供奉葛仙翁塑像，奉为鼻祖。

据文献记载，作为当时的著名道人，葛玄备受吴大帝孙权器重，被特许于方山设立洞玄观。葛玄在此不仅作坛布道、炼丹修行，还创造了金箔技术，用以加工金丹。东晋时期，葛玄之后、抱朴子葛洪亦传与金箔制艺有关，惜无更多古籍文献可资印证。

随着南京成为明朝首都，皇室贵胄的需求大大刺激了金箔业的发展。据《明实录》记载，洪熙元年（1425）八月，“太监郑和等奏奉敕修理

金箔制作图

金箔制作

南京宫殿，当用金箔。请令有司市买，命于天财库支钞，买用须依时值，勿亏小民”，即反映了因皇宫大修拨帑购置金箔的实情。当时的金箔生产应以民间为主，由匠人各自加工，产品入市场自由买卖，官家一般也是以时价进行采买。当然，可能也会按需予以督造，实施适当的管理。此后，北京紫禁城所需金箔，几乎全部出产自南京，由此可见南京在该行业的独角兽地位。

明清两代，南京金箔生产常以家庭为单位，因而出现了不少代代传艺、以制箔为业的世家。据《广阳杂记》记载，清代康熙时的上元籍状元胡任舆，其祖上便“以打金箔为业”，世人以“胡金箔”称之。

1955 年，江宁县金箔锦线厂成立，在承继南京金箔锻制技艺的基础上，致力于金箔的生产供应，打造出的“金陵牌”金箔，在市场上享有极高的声誉，常常供不应求，也因此屡获各级表彰，被中国人民银行总行认证为重点金箔生产单位。1983 年以后，厂址从花园乡迁到江宁县城东山镇。在新任厂长江宝全的带领下，该厂对规制、技术进行了深入的革新，诸如电炉、压条机等现代化设备被灵活运用到金箔生产的流程中，使生产效率大大提高，产品质量亦进一步上升。1985 年，金箔厂制订了我国有史以来第一个金箔标准，如今该标准已上升成为中国金箔行业的国家标准。1987 年，“金陵”牌金箔获得国家最高质量金奖，有力地提高了江宁金箔在当代的品牌知名度和影响力。20 世纪 90 年代初，党和国家领导人曾先后为江宁金箔题词“金箔之光，灿烂辉煌”“金陵金箔，中华一绝”，对江宁金箔制作的成就表示了极高的肯定。2000 年以后，南京金箔企业改制，成立了南京金箔集团有限责任公司。目前该公司的金箔产量占到全国的 70%、全世界的 60%，已成为世界最大的真金箔生产基地。

日本金泽箔是金泽市的金箔特产，与江宁金箔工艺有相通之处。江宁金箔第五步落金开子用到乌金纸，金泽箔则是将和产雁皮纸在灰汁、柿油、蛋白等混合液中久浸，控干后张张摊好备用，此番处理大大提高了和纸的柔韧性能。其金捻子

金箔切箔车间

称“小兵”，与备用的和纸叠放200张。打箔师戴上耳机，使用机械打箔机进行锤打，盖戳大小的钢锤每锤的力量约等于一吨。第十一步出具，金泽箔用竹签不用鹅毛。第十二步切金箔，金泽箔有10.9、12.7、15.8平方厘米三种规格，其细微处理全用口风进行吹弄。

当代影响与价值

几十年来，江宁生产的金箔产品广泛输出到国内各地，已成为南京极具代表性的特产。北京中南海、天安门、人民大会堂、故宫，河南少林寺，西藏布达拉宫等知名建筑古迹修缮所用的金箔均出自南京。此外，江宁金箔早已走出内陆，江宁金箔集团制作的贴金雕塑“永远盛开的紫荆花”“盛世莲花”，曾作为中央政府的礼品，被分别赠予香港特别行政区和澳门特别行政区；江宁金箔还远销至东南亚和欧洲市场，在40多个国家和地区连年畅销。

针对机械化生产的普遍推广，以及传统打箔这种高技巧、高体力消耗的劳动后继乏人的情况，为了更好地传承、发扬传统金箔锻制技艺、挖掘其背后的文化内涵和价值，近年江宁地方政府及南京金箔集团有限责任公司作出了一系列努力：在发展机械化加工工艺的同时，仍保留了较大规模的手工生产；成立中国金箔艺术馆，保存并展示传统的工艺流程及金箔的历史；连续举办多届“金箔文化节”，有力地宣传了金箔文化。

2006年5月，南京金箔锻制技艺被列入首批国家级非物质文化遗产名录。

雨花茶制作技艺

基本概况

雨花茶制作技艺，流布于谷里街道的元山、公塘、吉山、祖堂等几个社区，是一门传承古代绿茶炒制工艺、且有独特创新的精细技艺。知情者樊广明、汪平生等。

在中国的茶叶家族中，雨花茶虽居名茶之列，却是一名新秀。它在新中国成立以后才被创制出来，从采茶技术、制作过程、品质特征等方面看，它和牛首春、天阙茶等绿茶有一定相似性，是对它们的继承和发展；但与此同时，雨花茶也有自身的个性，具备形如松针、条紧圆直、锋苗挺秀、色泽翠绿、白毫显露、香气高雅、叶底嫩绿等特点。以之作茶叶泡出的茶，观之汤色清澈，品之滋味鲜醇，一盏饮下，心旷神怡。

谷里街道的江宁区茶场位于海拔 200 米左右的低山丘陵地区，是雨花茶的主产地。这里四季分明，光照充足，雨量充沛，温暖潮湿，无霜期长，远离公害，偏酸性的黄岗土，均适宜茶树的生长。采摘要求十分严格，从采叶时间上说，春雨花茶的采摘集中在早春谷雨前短暂的一段时间内，大致从三月底开始，四月中旬结束；秋雨花茶的采制则集中于白露时节。采摘的选择以一芽一叶为标准，不采虫伤芽叶、紫芽叶、红芽叶、空心芽。芽叶采后，尽可能避免日晒，及时送至茶场加工。

雨花茶炒制的手工技艺，以这些新鲜、应季的茶叶为原料，以炒锅、炉灶、炒铲、畚箕等工具进行加工。整个工艺步骤主要分杀青、揉捻、搓条（整形干燥）、毛茶加工（筛分和烘焙）四步。

第一步，杀青。即以高温钝化鲜叶中的酶活性，蒸发部分水分。须用一 60 厘米口径锅，将锅温升到 140—160 度（春茶略低、夏茶稍高），每锅投叶 0.4—0.5 千克，炒、闷结合，后期降温，杀青 5—7 分钟，至叶软、色暗、青草气消失，再摊凉。杀青起锅前，以手将茶叶合拢并轻搓几

雨花茶品鉴

下，反复数次，使叶子初步卷起，为下一步揉捻打基础。起锅后的杀青叶，应均匀地摊放在洁净的竹席或匾上降温，注意切不可堆积，否则会闷黄杀青叶。

第二步，揉捻。以双手在竹帘上往返推拉滚揉，中间解块散热 3—4 次，揉捻 8—10 分钟，使叶初步成条，茶汁微出。为防止出汁过多影响色泽的鲜翠，应采取轻压搓揉法，推滚诀窍为“先慢后稍快，来轻去稍重”。

品鉴雨花茶所用茶具

第三步，搓条。拉条是成形的关键。在 85—90 度锅温下，投叶 0.35 千克。先翻转抖散，理顺茶条，将茶叶置于手中轻轻滚转搓条，不断解散团块，待叶子稍干不粘手时，降低锅温至 60—65 度，手掌五指伸开，两手合抱叶子，使茶叶顺一个方向用力滚搓，轻重相同，同时理条约 20 分钟。待茶叶达六、七成干，再将锅温升高到 75—85 度，手抓叶子沿锅壁来回拉炒，理顺拉直条形，并进一步做紧做圆，致使条形挺直，表面光润，如是操作 10—15 分钟，达九成干时起锅。

第四步，毛茶加工。用圆筛分出长短，抖筛分清粗细，去掉片、末，用 50 度左右的文火烘焙 30 分钟达到足干，分级后，进行保鲜包装，并贮于阴凉干燥处。

传统的雨花茶炒制工艺全程均是以手在热锅中操作，技术难度和工作强度都很大。许多雨花茶炒制专家经过多年手工工作的磨炼，双手早已练就了不怕烫的本领。近年来，随着技术设备的更新，一些专门机械被发明并运用到了雨花茶的炒制中，以弥补手工制作效率偏低、产能不足的问题。机械炒茶一般需要用到杀青机、揉捻机、烘干机、整形机、复火机、微型烘干机及各类仪表。在更趋洁净的车间内加工，也可确保雨花茶的品质。目前中低档的雨花茶大多已采用机械生产的方式，与手工炒茶形成高低搭配。

经常饮用雨花茶，对人体具有一定的保健作用，能起到明目提神、降压利尿、杀菌消炎的功效。雨花茶极具营养价值，研究表明，雨花茶叶中所含的化合物可达 400 多种，其中最有药理作用的成分是咖啡因，它能有效促进发汗、刺激肾脏，还有振奋神经系统的作用，能醒脑提神，恢复肌肉疲劳；其次，茶多酚物质能增强血管壁的弹性，调节血管的渗透性，降低血压，有利于人体的血液循环。

历史传承

南京地区的饮茶习俗，可追溯到六朝时期。在唐代，已有人在雨花台、牛首山和栖霞山一带种植茶树，其时茶圣陆羽还曾专门赴栖霞山，研究茶树的种植及茶叶焙制情况，诗人皇甫冉曾作一首《送陆鸿渐栖霞寺采茶》记述此事。到了明代，泡茶法渐渐取代了点茶法，饮茶成为士大夫风习，著茶录为雅士所重，产茶为名刹古寺之盛事，其中以牛首、栖霞为著。

1931 年前后，宋美龄曾主持在灵谷寺、梅花山、美龄宫一带种植 300 余亩茶树，此即中山陵园茶场的前身，后来的雨花茶正是创制于这里。

1958年,为了纪念在雨花台就义的革命先烈，中共江苏省委成立了江苏省雨花茶创制委员会，召集了全省十余名制茶高手进行技术攻关。次年，中山陵园茶场高级工程师俞庸器带领学生经过 14 次反复试验，成功创制出了雨花茶。但关于雨花茶要做成什么形状，曾经引发激烈的讨论，悬而未决。据传在一个下雨天，俞庸器偶然看见松树上的很多针叶，被雨水打落在地。这一幕，激起了他的创作灵感：若是把茶叶做成松针状，不是既可象征革命烈士的铮铮铁骨，又能寓意英雄坚毅如松的精神万古长青吗？俞庸器的想法一经提出，很快得到了大家的一致赞同。所以今天看到的针形雨花茶背后，其实有特别的内涵。

1961 年，江宁县派技术人员参加中山陵第一期雨花茶培训班学习，有力地推动了制茶工艺的传播。同年 7 月，谷里农塘头茶场和东善桥水

手工炒制雨花茶

东山街道采茶工人在清检茶叶

阁村均开始炒制雨花茶。1962 年，雨花茶炒制工艺在江宁县全县推广。

江宁县茶场是 1958 年参加雨花茶研制的主要单位之一，1969 年被正式确定为雨花茶主要生产基地。1983—1984 年，江宁县茶场以“增高档，减低档，求效益”为理念，开始在试验中探寻节约化经营的道路。这一时期，茶场改进了采摘方法，增进了产品的质量，又使茶叶生产向中高档倾斜，大大提高了经济效益，每担茶叶达到了均价 411.47 元，居全省领先水平。1984 年，江宁县茶场攻关研制出雨花茶全程机械化炒制技术，将茶叶整形机和炒茶机引入生产线，产量实现了全面提高。自此，雨花茶真正走入寻常百姓家，传播范围和影响力不断扩大，成了江宁乃至整个南京地区茶叶的特色代表。

雨花茶的代表性传承人有：第一代俞庸器；第二代孙传英、王家龙、马枝俊、任桂芳、朱锴等；

雨花茶主要生产基地之一江宁区茶叶实验场

谷里梁塘茶场旧影

第三代林勤凤、钱德芬、陈新荣、周成花、张明修等；第四代朱安萍、汪平生、沈春兰、李志红、马红宝等。

当代影响与价值

雨花茶的制作和销售，为江宁地区带来了极高的经济效益。据统计，2006 年，江宁区茶叶销售总值为 12466.35 万元，其中雨花茶占 4686 万元，超过总量的三分之一。雨花茶业的发展，还部分解决了农村人口就业问题，促进了乡村收入增加，提高了当地农民的生活水平。

自雨花茶创制以来，已在各大场合屡获殊荣，取得了社会的普遍认可。1990 年，雨花茶荣获国家名茶称号；1993 年荣获意大利维罗纳农业国际博览会二等奖；2003 年 5 月获“中茶杯”全国名茶特等奖；1995 年被南京标准计量局和南京市农林局评为“陆羽杯”特等奖；2006 年 5 月在全省第八届“陆羽杯”名特优评比中获一等奖。

当下雨花茶炒制工艺的发展也面临着一些亟待解决的问题。一方面，手工制作雨花茶，工序复杂，要求高、难度大，老的制茶工人年龄偏大，年轻人不愿学，后继乏人；另一方面，机械炒制技术的不断推广和机械生产的扩大，在无形中进一步挤占了手工工艺的传承空间，使传统制茶方法继续式微。除此之外，近年来，假冒伪劣雨花茶的现象不断涌现，对于雨花茶的声誉产生了显著的不利影响。

2008 年 6 月，雨花茶制作技艺被南京市人民政府列入首批南京市非物质文化遗产名录。2009 年 6 月，被江苏省人民政府列为第二批非物质文化遗产名录。2021 年 9 月，雨花茶制作技艺被中华人民共和国国务院列入第五批国家级非物质文化遗产名录。

南京板鸭、盐水鸭制作工艺

基本概况

板鸭、盐水鸭制作工艺，已有600多年的历史，起源于江宁湖熟，广泛流布于南京及周边地区，旧有“古书院、琉璃塔，玄色缎子、咸板鸭”的民谣。因鸭馔的持续畅销，其影响力有日渐扩大之势。传承人有马士其、马继森等。

南京板鸭俗称“琵琶鸭”，素有“北烤鸭南板鸭”之美名。因其肉质细嫩紧密，像一块板似的，故名板鸭。盐水鸭则是板鸭的衍生品。

在南京，各色鸭馔是最著名的风味饮食，其中板鸭属腌制类美食，最具代表性。板鸭因其生产起源于今江宁湖熟集镇，故又称“湖熟板鸭”。明清时期，南京板鸭常作为礼品在官场中流通，故又名“官礼板鸭”。当时，板鸭中质量上佳者，还会作为贡品送入宫中，故又有“贡鸭”之称。

秦淮河边放养的鸭子

加工处理鸭子

制作板鸭

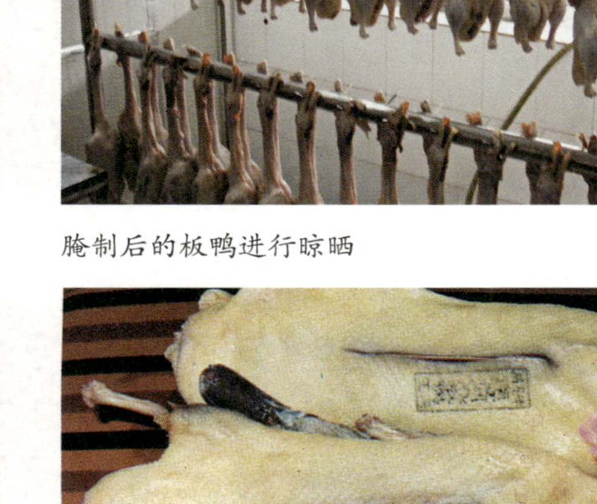

腌制后的板鸭进行晾晒

腌制鸭子的汤料

腌制好的板鸭

湖熟板鸭以皮白、肉红、骨呈浅绿为特征，入口酥、香、嫩、鲜，回味无穷，民谚赞为“皮白肉红，骨里发绿（luo）；天上人间，实在难得(duo)”。

湖熟板鸭之所以能获如此赞誉，首先在于食材的精选，所选都是优质的麻鸭。过去湖熟地区有“一百天的鸭，动刀杀”之说，可见这种鸭子的生长周期较长，鸭肉质量较高。鸭农在每年11月稻收后，就把养至半大的鸭子赶入稻田，让它们吃散落的稻粒和田中的蚱蜢、蚯蚓等，这样不仅减少了圈养成本，还增进了鸭子的运动。放养的鸭肉细嫩紧致，是绝佳的上品，远非吃饲料长大的家鸭可以比拟。由于南京本地饲养的麻鸭数量常常不能满足需要，因而常需从苏北引进。晚清文人陈作霖在《金陵物产风土志》中云：“鸭非金陵所产也，率于邵伯、高邮间取之，么凫稚鹜千百成群，渡江而南，阑池塘以畜之，约以十旬肥美可食。”可以为证。

湖熟板鸭的魅力，更离不开其独特的制作工艺。制作板鸭用到的食材有鸭、老卤、盐，还有包括生葱、小葱、大茴在内的20多种佐料；工具则需要用到开刀、剁刀、褪缸、毛钳、卤缸、挂钩等。通过数百年经验的积累，湖熟板鸭的制作被总结为这样一句要诀：“鸭要肥，喂稻谷；炒盐腌，清卤复；烘得干，焐得足；皮白、肉红、骨头酥。”其具体制作流程大致如下：

第一步，选鸭。选鸭需细细手摸，保证所用的鸭子具备体长、身宽、胸部及两腿肌肉饱满、两腋有核桃肉、绿头白裆、鸭翅有饼、毛色四面光等特征。

第二步，杀鸭。这一步讲究刀口越小越好，

鸭血必须放尽，否则会影响鸭肉的口味。

第三步，净毛。净毛的热水要“摸烫”，即用手摸测水的最佳温度，水温以 61℃为宜。浸烫脱毛绝不可以用沸水，否则将会使鸭的表皮烫伤。水温低则不能省力，所以说掌握水温是净毛的关键。

第四步，清水漂。即用冷水将鸭子泡半小时左右，以漂血水，除腥味。

第五步，开口。经过水漂后，截去脚、翅，在鸭的右腋下，用刀开一个寸余长的蝴蝶口（俗称小开门），利用小开门把内脏掏尽，清理好腹腔和口腔。

第六步，洗内脏。再度把鸭子放在清水里，将腹腔洗干净后，把光鸭坯放在清水中漂半小时。

第七步，抹盐复卤。把鸭坯沥干。炒盐，放入八角、花椒、卤香等调味品。用炒好的盐腌制每只鸭，每只用二三两为佳。首先抓一把盐放入腹腔，晃一晃使盐均匀，再用盐将鸭全身抹遍，其后放入缸内叠放。腌制的时间，过去需 8 小时，现在一般 5 小时；复卤需 2—3 小时。这一步的要求是“盐要炒、卤要清”。

第八步，出卤。板鸭抹盐复卤后要用水冲，然后挂起晾干，称为“晾坯”。

在以上制作步骤中，最后两步对板鸭口味的影响极大。民国《白门食谱》一书中论及板鸭的风味，便提及“至其肉之香而嫩，亦咸之适宜，有一定之盐，与一定时”。如果盐量与腌制时间把握不当，则口味难佳。另外，板鸭的制作也讲究一定的时令，其制作一般在冬春之间，其中在大雪到冬至腌制的称“腊板鸭”（寒冬腊月之意），稍后的立春到清明腌制的称“春板鸭”，后者贮藏的时间略短。

至于盐水鸭，则是稍晚时期在板鸭的工艺基础上衍生出的食品。其色味与板鸭有所不同，有皮肉白嫩、肥而不腻、香鲜味美的特点。如《白门食谱》记载，“金陵八月时期，盐水鸭最著名，人人以为肉内有桂花香也”。每年中秋前后制成的盐水鸭色味最佳，因正是桂花开放的时节，加之其风味特别似有桂花香，民间常以“桂花盐水鸭”称之。《金陵物产风土志》同样盛赞盐水鸭，称“水晶鸭……烧鸭……酱鸭，而皆不及盐水鸭之为无上品也，淡而旨，肥而不浓”。

盐水鸭的制作工艺流程，其前六步大体同板鸭一致，但在后续处理上有所不同。首先，盐水鸭抹盐复卤的时间要少于板鸭，一般只需腌制四小时即可；其次，腌制复卤后的盐水鸭须下锅煮熟，一般以 80—90℃的水温焖 45 分钟左右，起锅时须一滚快起。

因为工艺有别，二者食用方式也不相同。盐水鸭因腌制复卤时间短，且做成时即为熟食，店家现做现卖，顾客可现买现吃，相比板鸭，不宜久藏。板鸭的吃法有二：一种是蒸法，即切成薄片后，放于饭锅上蒸熟，口味不俗；另一种是煮法，煮前用温水洗净表面皮层，下温水浸泡 3 小时以上，以减轻咸度，使鸭肉回软。煮制时，可用茴

南京板鸭、盐水鸭获得的奖项

马庭寿制湖熟板鸭的印章

“湖熟板鸭”印

香一粒、葱一根、姜三片，从鸭翅下开口处塞入肚内，再用一根长约 6 厘米的空心管，插入鸭肛门半截，使汤汁在煮时内外对流。煮制时，须注意让锅中的水浸过鸭体，从开口处充分灌入鸭肚内；鸭在水中要保温，盖严锅盖，在 85℃左右水中焖 40 分钟，并将肚内汤更换一次，把鸭翻身；将水烧至 95℃（即小沸），停火再焖 10—20 分钟，即起锅。如此处理，可使板鸭达到绝佳口味。

板鸭、盐水鸭均具有较高的保健、药用、营养价值，鸭肉味甘性寒，堪称食疗佳品。冬春时节，板鸭是滋补和宴会的一道佳肴；秋日桂花飘香时节，桂花盐水鸭又成了中秋餐桌上的一道主菜。南京素有中秋吃盐水鸭、入冬吃板鸭进补的习俗，“无鸭不成席，无鸭不待客”的观念早已深深融进了南京的民俗文化中。正是一代代南京人对鸭馔的喜爱，为南京鸭业的发展提供了源源不断的动力。

历史传承

南京地区的吃鸭传统，最早见于南朝。《南史》卷九有一段著名的记载，与南朝陈武帝陈霸先军中缺粮有关：绍泰二年（556）五月，北齐南下攻梁。“是时食尽，调市人馈军，皆是麦屑为饭，以荷叶裹而分给，间以麦鉼，兵士皆困。会文帝遣送米三千石、鸭千头，（陈武）帝即炊米煮鸭，誓申一战。士及防身，计粮数脔，人人裹饭，娓以鸭肉。帝命众军蓐食，攻之，齐军大溃”。《资治通鉴》亦有类似记载。军中以荷叶裹鸭肉盖饭的形式，解决了军粮问题。

湖熟板鸭的制作工艺，据传是明初由回族人创制。当时不少回族人从北方来到湖熟，其中一些在湖滩上搭房，以捕鸭为生，后来还将野鸭圈养驯化成了家鸭。由于鸭子数量很多，宰杀后吃不完，在经过长期摸索后，有马氏的回族人（也有何氏或何、马氏二人之说）发明出了一种以盐卤腌的方法，能够在长久保存鸭肉的同时使之别具风味。此后，又经一代代人的不断总结提高，形成了成熟的板鸭制作工艺。《金陵物产风土志》记载：“操是业（板鸭、盐水鸭加工业）者半系回回人。”直到今天，许多板鸭、盐水鸭制作技艺的传承人仍多为回族，其手艺代代相承。

“古书院、琉璃塔、玄色缎子、咸板鸭”，南京坊间流传的这句民谣相传始于明代，说明板鸭已成为当时南京的代表性土产之一。至于清代，板鸭作为南京特产的地位更加彰显。吴敬梓《儒林外史》中，板鸭作为酒桌上的菜肴频频出现于许多章节中，真实反映了其时无论官场还是百姓，板鸭都极受欢迎。清《乾隆江宁新志》记载：“购觅取肥鸭者，用微暖老汁浸润之，火炙，色极嫩，秋冬尤佳，俗称板鸭。其汁数十年者，且有子孙收藏以为业……江宁特产也。”可见时人已懂得卤不厌老的道理，还有人以收藏老卤为业。

大约清代中期，南京城内逐渐形成有“鸭铺八大家”之称的著名鸭馔店，如刘天兴、金恒兴、濮恒兴等。这一称号到民国时期仍有，但所指的店家有所变化。南京城内的“八大家”多以湖熟麻鸭为食材来源，店主也多为湖熟人。1921 年，祖上代代以制鸭为生的湖熟马氏传人马盛禄创办了板鸭老字号“春华楼”，店面即开在湖熟镇姚东大街，同时兼营茶社。湖熟商业繁荣，镇上有许多外地商贾，马盛禄与他们关系密切。春华楼开张之日，就有武汉客商赠送了一对两层楼高的金筒大蜡烛，足见该店在镇上的实力与影响。春华楼腊月以后卖板鸭，3—7 月卖烧鸭、烧鹅，八至九月卖桂花鸭，平均每天销售鸭子百余只，成了湖熟镇板鸭的头号招牌。到了 1929 年，根据《申报》上刊登的南京市社会局鸡鸭业调查，市内的鸡鸭制作坊已达到 360 余家。这些店铺“秋冬两季，专制板鸭，系用盐渍吹干，多出售外埠，为本市出产大宗之一”。

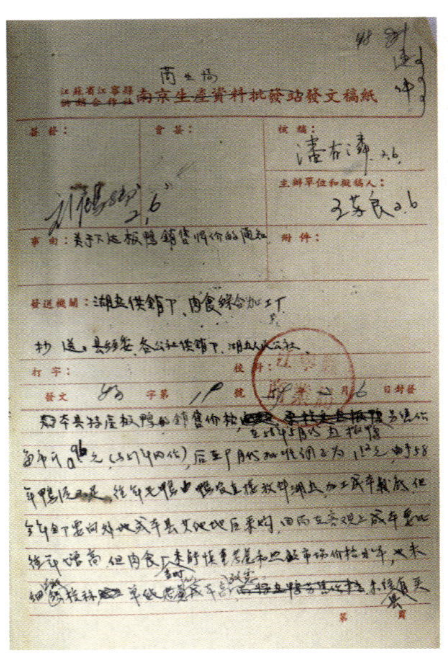
南京生産資料批發站發文稿紙

簽發：　會簽：　核稿：

主辦單位和擬稿人：

事由：关于下达板鸭销售降价的通知　附件：

發送機關：

抄送：

打字：　校對：

發文　字第　號　月　日封發

第　頁

1959 年江宁县商业局下达板鸭销售降价的通知

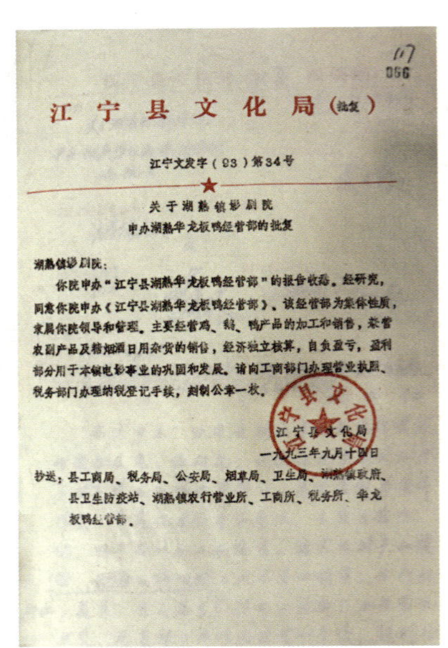
117
066

江宁县文化局（批复）

江宁文发字（93）第34号

关于湖熟镇影剧院
申办湖熟华龙板鸭经营部的批复

湖熟镇影剧院：

你院申办“江宁县湖熟华龙板鸭经营部”的报告收悉。经研究，同意你院申办《江宁县湖熟华龙板鸭经营部》。该经营部为集体性质，隶属你院领导和管理。主要经营鸡、鹅、鸭产品的加工和销售，兼营农副产品及糖烟酒日用杂货的销售，经济独立核算，自负盈亏，盈利部分用于本镇电影事业的巩固和发展。请向工商部门办理营业执照、税务部门办理纳税登记手续，刻制公章一枚。

江宁县文化局
一九九三年九月十四日

抄送：县工商局、税务局、公安局、烟草局、卫生局、湖熟镇政府、县卫生防疫站、湖熟镇农行营业所、工商所、税务所、华龙板鸭经营部。

1993 年江宁县文化局对湖熟镇影剧院申办湖熟华龙板鸭经营部的批复

晚清民国时期，板鸭不仅在南京地区大受欢迎，在外地也十分畅销。早在光绪二十八年（1902），上海《大公报》上已有金陵益昌生南货号打出的贩售南京板鸭的广告。《金陵物产风土志》对板鸭和盐水鸭的风味，也予以高度评价。宣统二年（1910），江宁省城举办南洋劝业会，湖熟清真板鸭作为江宁名产的代表之一参会，在会上从百万产品中脱颖而出，荣获金奖，自此南京板鸭的美名更加远播。《江宁乡土志 · 物产篇》则在论江宁美食时指出“食品以盐水鸭为最著”。到了 20 世纪 30 年代，又有如冠生园、中国国货公司等企业，专门在上海等地区代理销售南京板鸭。在《白门食谱》中，张通之在南京的“仓巷韩复兴咸板鸭”和“七家湾西小巷内王厨盐水鸭”这两道名菜上所花费笔墨极多。1937 年全面抗战爆发后，南京板鸭的制作和外销受到了一定的冲击，但到了 20 世纪 40 年代后，又很快得到恢复。

当代影响与价值

南京地区的板鸭和盐水鸭生产，直到 20 世纪 70 年代，仍大多处于小作坊生产的模式。改革开放后，开始获得较大的发展，湖熟也成了江宁地区的板鸭基地。1981 年，湖熟成立了一家板鸭加工厂，年产量可达数十万只。2003 年，湖熟鸭产品通过了江苏省无公害农产品认证和无公害生产基地认证。同年 6 月，湖熟鸭业协会成立,有23家企业、30户养殖大户加盟,构建了“公司＋协会＋农户”的现代化运作模式。在协会的整体统筹下,会员间的经济、技术交流得以加强,商标管理和工艺标准逐步推进,形成了炕孵、饲养、加工、销售一体的“板鸭一条龙”经济。此后,湖熟的板鸭制作日趋兴旺,湖熟清真板鸭厂、湖熟长龙鸭业有限公司、湖熟马士斌清真板鸭厂、南京志林板鸭厂、江宁区成旺厂、湖熟祥贵板鸭厂、南京金鑫板鸭公司、湖熟食品站等多家企业先后成立,均经营板鸭或盐水鸭的生产销售,年产量总计不下4500万只,从业人员达3万多人,产值达30亿,为湖熟乃至江宁的经济发展发挥了重要的作用。湖熟板鸭加工业已成为南京的地方特色经济,推动了南京旅游业的发展。其独有的魅力,受到国内外人士的广泛青睐。

2007年3月,南京板鸭、盐水鸭制作工艺被江苏省人民政府列入首批江苏省非物质文化遗产名录。

禄口皮毛制作技艺

基本概况

江宁地区的皮毛制作技艺，主要流布于禄口街道及周边。知情者陶承贵、朱议和等人。

禄口地区属于半丘陵地带，分布着较多的野生动物，如兔、羊、黄鼠狼等等，其中黄鼠狼数量尤多，为皮毛业提供了充足的原料供应。禄口的皮毛制作多以黄鼠狼皮、兔皮、水貂皮等为原料，制成裘皮服装、背心、裤子、褥子、皮草领等产品，享誉国内外。

传统的皮毛制作技艺十分精细考究，整个工序可分为大刀、小刀两个部分，大刀治皮，小刀制衣。第一部分是将硝染生皮制成熟皮，又称“大刀阶段”，需用到包括生毛皮、水、石粉、洗衣粉或纯碱、漂白粉、食盐、硫酸、甲醛、平平加（匀染剂）、试纸水槽、水缸、滚筒、大铲刀、铝丝笼、去脂机、削皮机在内的主要材料和工具；第二部分是将熟皮制为成品的过程，又称“小刀阶段”，主要用到台板、订板、皮刀、钢针刷、缝皮机、元钉、锤、针、线等工具。

禄口皮草小镇一角

其中，“大刀阶段”的详细加工流程大致如下：第一步，准备阶段，即预处理工作。首先要做的是加工皮毛原料。原皮中含有炭疽杆菌，对人体有害，且易使皮料腐烂。须将原料皮放入20%的盐酸溶液和氯化钠溶液的混合液中，在灭菌锅的高压环境内，以30℃的温度浸泡40天。此后，将不同特点的原料皮分类，依照产品需要取用不同的皮料，对其上骨肉、油脂杂物进行基本清理，并去除浮光杂毛。在此基础上，再对皮料进行浸水回软、脱脂、复浸、水铲去肉、酶软化、削皮等一系列处理，方可进入下一步加工。

第二步，鞣制阶段。为提高皮料的抗水洗能力及耐腐蚀能力，增加裘皮的收缩和延伸力度，提升毛、皮结合强度，使之更加柔软，须根据原料皮的不同特点及档次，从甲醛鞣、铝鞣、铬鞣、铝铬鞣、铝醛鞣五种方法中，选择合适的一种对皮料进行加工处理。《说文解字》：“鞣，软也。”就是使皮革柔软的意思，传统使用栲胶、鱼油等使兽皮柔软的办法，已逐渐被化学鞣剂取代。

第三步，进一步的整理工作。经历了前两步

后，毛皮已由生变熟，由重变轻，由硬变软。再经中和水洗、加脂、干燥、回潮、拉软、滚皮、铲皮、除灰、整修、油鞣、增色数个步骤，即可将皮料加工成可供使用的熟皮成品。

“小刀阶段”流程大致如下：

第一步，制样并配置材料。首先，应根据产品要求，设计出合适的纸样；在此之后，依设计进行选料、配皮、算料，为后续加工做好准备。需要特别注意的是配皮一步，这一过程极其重视光线条件，选用自然光和灯光，要求稳定明亮，毛色才不会产生误差。配皮时，须做好加工标记，标明如前后身、领口、袖子等部位的位置，并将相应的皮料按顺序叠好。

第二步，裁缝。即按纸样进行相应的裁制、缝制。

第三步，衣片定型。为了使拼缝的衣片与纸样完全一致，并让皮料的缝线平整，必须喷水上板定型。其步骤为检查整修、喷水定型、干燥、整理去灰和顺毛。

第四步，服装上里。为使裘皮制品显得足够高雅、华丽，须配备精致的夹里衬托，夹里要缝得平整牢固。

禄口皮草小镇众创空间

最后一步，品质检验。为保证产品质量，完工前须做最后一次全面检查，检查以外观检验为主，有时也拆卸查看。

传统皮毛制作技艺，从生皮加工到成衣，大大小小共数十道工序，悉数由手工完成。生皮加工的湿度、温度，所需附加原料的配比，加工时晾晒或阴干或燃烤的方法选择，没有死板的指标

禄口皮草小镇

规定，全凭匠师个人经验的把握。因此，最终制成的每一件成品都是独一无二的，都是匠师心血的结晶，极其富有个性。此外，禄口的皮毛制品还具有选料从优、配皮考究、粗细毛及颜色搭配得当、种类齐全、造型美观大方等特点，可满足各年龄、各层次人群的需要。

历史传承

据研究，满族人在创建清朝以前，长年从事皮草业，所谓人参、貂皮、乌拉草是也。新中国成立后，大清皇帝的龙袍内里使用名贵的狐皮，官员顶戴花翎的暖帽使用貂皮。《大清会典》还将皮毛按质地、皮色的好坏，及其里、带的颜色等内容，划分为八个等级，即黑狐、紫貂、青狐、貂皮、猞猁狲、红豹皮、黄狐皮等，以区别地位的高低尊卑。

而禄口皮毛业的兴盛始于晚清光绪年间。约光绪三十一年（1905）前后，先有禄口山塘村人姚金余带领邻近的群力村人陶仕贵前往日本学习皮毛技艺，其后禄口的陶仕奎、陶仕钰等也跟随前往日本学艺。他们在北海道的函馆市开设了陶祥泰、陶沅泰等数家皮毛店。全面抗战爆发后，一部分匠师归国，选择在苏州、上海继续经营皮毛业。其中,群力村的陶基武牵头在上海开办“通海”皮货栈（即后期的上海协产公司），专营生皮及名贵的皮毛制品销售。其产品的工艺十分考究，在江南苏、沪、浙、皖堪称一绝，声誉极响，其经典制品有“裘皮服装”“裘皮大衣”“马甲”等。其制品带有鲜明的海派特色，比较洋气，而与晚清官员身着的皮草不同。

二十世纪三四十年代，苏州、上海皮毛业的发展达到鼎盛，两地的大、小皮业作坊和店铺有好几十家。而在当时以南京、扬州为领头的两帮派体系中，禄口的皮毛业则居众家之首。1931—1946 年间，由禄口人开办的较有影响的字号店，在上海以“通海”为龙头，其他还有永沅泰、大吉成批发栈、张茂祥皮毛店、大发皮毛店、伟大作坊等七家，在苏州也有三家。1940 年代在上海的禄口籍裘皮业从业人员数量已超 500 人，这些从业者于 1943 年在上海人民路四明公所和延安中路上海茶社，先后成立硝皮（大刀）会所及缝制（小刀）会所。在会所的管制和调控下，行业规章、市场价格、外包关系等事宜统筹安排，裘皮业内部的联系更加密切。

新中国成立前夕，由于皮毛业大萧条，许多从业工人失业，在此背景下，不少人选择弃工务农。随着新中国的成立和三大改造的完成，皮毛业逐步纳入合作化轨道，整个产业由公私合营转为国营。这一时期，禄口一部分从业工人返回上海继续从事皮毛业，一部分工人赴苏

皮草制作

禄口皮革秀

皮革新品发布

硝安成套设备，为禄口皮毛业的进一步发展起到了极大的推动作用，禄口的外贸裘皮厂始具一定规模。其后，铺头、成功、张桥、陆岗等有条件的大队，也纷纷办起了裘皮厂，禄口地区的“裘皮热”已然兴起。至1987年，禄口地区已有乡办裘皮厂1个、集镇办厂1个、村办厂11个、场办厂2个、个体户20个，从业人员近1200人。这一年，禄口裘皮厂获表彰为南京市明星企业，生产的“华光”牌貂皮大衣远销海内外。

2016年，禄口皮草特色小镇建成，总占地2.32平方千米，入住个体皮草商户近1000家，将“PPP”开发模式引入该项“非遗”保护传承，其产业渐呈欣欣向荣之势。其后，小镇以“生活、生产、生态”融合为指引，发挥出了很大的集群效应。与此同时，禄口街道还扶持成立了皮草设计研发中心，与清华大学美术学院、南京金陵科技学院、南京服装设计协会等单位合作成立多个工作室，有效地促进了传统技艺的创新和设计理念的升级，推动了禄口皮草制作业的产业升级，为禄口皮草制作技艺注入了新鲜的生命力。

州、扬州等地的皮毛厂承担指导工作，还有相当一部分老技术工人选择留在家乡传授和发扬皮毛制作技艺。

1968年7月，当地政府在陆岗行政村创建禄口皮毛厂，从上海聘请了5名退休师傅、12名徒工；1970年，禄口皮毛厂由队办企业转为社办企业，有专业技师10多人、工人90多名，其时设备较简陋，仍以手工为主。1979年5月，为振兴禄口皮毛业，爱国港胞、香港皮革联谊会会长、大华治革行董事长张兴富，投资引进西德

当代影响与价值

改革开放以来，禄口皮毛匠人带其制作技艺

走出南京，走出中国，如今在国内外都能够看到他们的身影。目前，在本地及外地从事皮毛制作业的禄口匠人共有2000多人。禄口地区出产的皮毛产品，已远销法国、德国、意大利、美国、日本等诸多国家和中国香港地区，在国内外获得了较为广泛的影响力。据业内权威人士统计：每年国内40%以上的高档裘皮都是由禄口工人加工；香港裘皮协会157家会员单位中，59家商业单位中有30%源于禄口，98家制造单位中有一半以上源于禄口。此外，禄口籍人士还长期在世界裘皮协会担任常务副会长职务。禄口地区先后获得“中国皮草工艺名镇”“中国皮草工艺中心”“中国皮草小镇·禄口”“中国裘匠之都”等荣誉称号。2018年，禄口皮草特色小镇还被评为“江苏省工业旅游示范点”，其建设已初见成效。

禄口皮毛制作技艺具有重要的经济价值。一方面，皮毛制品的生产和销售为当地带来了可观的收入，可以推动当地经济社会大发展；另一方面，皮毛作坊和工厂的建设，给当地带来了许多工作岗位，一定程度上缓解了本地就业问题。此外，越来越多的工人留在禄口本地工作，也使得留守儿童问题得到了较好的解决。

然而传统的皮毛制作技艺在江宁的传承亦面临一些困境，如在现代化机械作业的推广下，传统的皮毛手工业受到了冲击，大量手工工厂停产或倒闭，规模急剧缩小；愿意学习手工皮毛制作技艺的年轻人越来越少，传统艺人青黄不接，传统技艺有失传的危险；在传统和现代时尚之间如何取舍，总体上较难把握。

2008年1月，禄口皮毛制作技艺被江宁区人民政府列入第一批江宁区非物质文化遗产名录。2016年1月，又被江苏省人民政府列入第四批非物质文化遗产名录。

窦村石刻技艺

基本概况

窦村石刻工艺，主要流布于东山街道剑南社区窦村（原麒麟镇窦村）一带，其历史可以上溯至明朝初年。传承人张永志等。

窦村，位于南京城东约 10 千米的青龙山脚下，此地盛产优质石料。数百年来，窦村一直以石工著称于江南，采石、刻石的名匠巧手辈出。明万历年间修成的《应天府志》记载青龙山“产石材，质甚良，都人竞取为碑、础”；成书于清代的《新修江宁府志》及民国的《江宁乡土志》也都有对青龙山产石赞誉的记载。明代以来，凡金陵城内大兴土木，所需石灰、石块等建筑材料都以青龙山、阳山一带所产为佳。青龙山出产的优质青石，色青、质坚、纹细、耐磨，适宜雕琢成碑碣、石兽、石凳等各种石刻工艺品，也极适宜用作建筑石材。过去老话叫“靠山吃山”，当地产石为窦村石刻技艺提供了优越的自然条件。此外，窦村外的运粮河，与南京城最主要的漕运通道——秦淮河相连，大量的采石、碑材就如此便利地运输到大都会，为南京的城市建设添砖加瓦。

窦村石匠从事石刻工作，使用的传统工具可分锤子、剁斧、錾子等三大类，另有部分辅助工具。其中，剁斧可细分为单口剁斧、双口剁斧、耙斧、边斧（线条斧）、槽斧等；錾子有老嘴錾子、火嘴錾子、弯背錾子、扁錾、尖嘴錾子等，功用各不相同。现在有的工匠还使用刻刀，材质有合金钢的，也有白钢的，根据功用可分为平刀、斜刀、尖刀、圆刀、铲刀等多种。

石刻技艺是石匠行的分支，即以青石、麻石、花岗石等石材，雕琢出塑像、碑文、建筑构件、工艺品、日用品等物件的技艺。在长期的手工实践中，窦村匠人总结经验，形成了自己的一套工艺，具体包括如下四步：

第一步，选材，即按照雕刻对象选择石料，要求色彩、纹理适宜，误差不大。例如古戏台的须弥座，即以宽一米的青石精雕而成；广泛使用的石柱础（磉墩），则宽三四十厘米即可，如果是乡间建筑，要求不高，则可大可小，弹性较大。在储存的石材中，有时因石材大小施治，例如匠

窦村石匠石刻制作

窦村石刻匠人对明孝陵石刻进行修复

人常做的石锁、石敢当，既有一定需求量，又适合练手。

第二步，打荒，也称“打毛”，又可细分为打大荒、打中荒、打小荒三小步。“打大荒”，即将石料粗坯凿去多余部分，一直到初具大体轮廓为止；“打中荒”，即进一步打出体与面的关系，要求线条或弧或直，四周成型，表面没有明显的凹凸感，即成粗胚；“打小荒”，即将粗胚加工至比成品厚 1 厘米左右，以便精雕。

第三步，打细，即按照作品雕刻要求，对打荒后的粗胚进行精细雕刻。雕刻时要求力度均匀，使石胚纹面一致。用剁斧、錾子时，须注意力度，不可重斧、重錾。在大型石作工程中，例如窦村人承担的莫愁湖戏台、明祖陵维修中，打大荒、打中荒、打小荒、打细等步骤，一般按流水作业，由不同的石匠负责，可以提高效率。

第四步，打磨，即在打细石雕的基础上，用糙石、金刚石等打磨工具进行手工抛光，以显示石材的质感，增添细部的光彩，提升整体的表现力。根据具体需要，把通体打磨与局部打磨结合起来，就能达到满意的效果。

窦村石刻工艺流传至今，不但工艺步骤完整，而且采、切、凿、砌等行当齐全。其中的“采”“切”即开采和切割加工，是石工中的基本行当，窦村工匠可以在周边盛产的青石、白帆石、太阳红等石料中，根据不同的用途进行采切，用于筑城建屋、雕石刻碑；“凿”即雕刻，是窦村石刻高超工艺的体现，譬如窦村石匠艺人骆谨春雕刻的七瓮桥上的十个水兽，似龙非龙，似虎非虎，造型奇特，神态灵动，雕刻技术之精妙令人惊叹；“砌”即筑砌，即以石料砌石叠瓦、建筑房屋，如窦村的石屋，墙体采用大小不等的石块，用石灰、草木灰、盐卤调成黏合剂，通体错缝垒砌，结构牢固，历久弥新。

窦村石刻（一）

窦村石匠在制作石刻

窦村石刻（二）

窦村石刻制品，有阴刻、阳刻、浮雕、透雕等多种，雕刻手法可谓灵活多变。如窦村古戏台构件，便是多种技法结合的突出代表：其上雕刻的“日”“月”“乾”“坤”四字为阴刻､阳刻结合，“和合二仙”“刘海戏金蟾”等图案采用浮雕。而窦村石屋上的“金钱窗”由整石凿成,外方内圆，又采用了透雕。这些留存的实物，成为这项“非遗”的物质载体。

历史传承

窦村在明清时期隶属于上元县。据传明太祖朱元璋定都南京后，从河南、山东、安徽各地征调了大批手艺精湛的石匠到南京建都筑陵。这些石匠后来没有回到原籍，而是在南京附近定居繁衍。他们选择了石料资源丰富、交通便利的窦村为居址。由于村民来自四面八方，是“窦起来”的（也写作“逗”），故村名取一“窦”字。在江宁方言中，窦是聚集、拼凑的意思，而非姓窦的意思。事实上，窦村也没有人家姓窦。

明初，窦村的石匠主要担负的工作即是修建城墙、明故宫、明孝陵等工程的石作部分。随着工艺的发展、生活的需要，工匠们也开始制作石桌、石椅等实用家具和石书、石象棋等陈设、赏玩用具，石刻的题材、功能日益多样化。

窦村石匠长期以来一直取石料于村边的青龙山上。直到清代嘉庆、道光年间，金陵城内文庙、衙署、民房频繁遭遇火灾，“民物无复昔年之盛”，官府束手无策，一些士绅则认为这是凿石烧灰、伤残金陵地脉的结果。道光十一年（1831），城内士绅禀请官府履勘，请求将已经挖凿的山岩填塞削平，未经挖凿的永远封禁。至道光十六年（1836），此项工作始办理完竣，于是又援引句容成案，议定章程，经督抚批准，勒石两通，分立于上元县署前和孝陵卫救生分局，禁止在青龙山一带采石烧窑。该项禁令一直延续到太平天国战争后，为重建毁于战火的金陵，又“燔石为灰、采阶础于青龙山、阳山”，禁约因此被废弃，青龙山再度得到开发利用。

晚清时期，窦村有二石工龙大海、平福全，以青石在村中做成一古戏台。据当地居民流传，这一古戏台的建设与风水有关:窦村南部有一“埋头象”样式的象鼻石，从它“鼻孔”中流泉水，便成了村中的四方井，为秧田灌溉、日常生活的重要水源。为了镇住水不让跑，村中便修了一条贯穿村子南北的路，作“象链子”，城外修戏台，作拴链子的“桩子”,以便把象牢牢锁住。1947 年，窦村募捐重葺，古戏台翻修一新。到了 20 世纪 50 年代，戏台遭受了一次严重破坏，仅存石砌台基和石柱、石栏板等构件，后未能再翻新。在

窦村石刻（三）

窦村石门

今天残存的构件浮雕中，尚留存有“埋头象”的形象，充分反映了当地的民间传说和信俗。

窦村的匠人，明代至清中期，目前已知的仅有明代的杨庭怀。

晚清窦村匠人已知者有杨天明、龙大海、龙大兴、平福全、方广发、成允发、殷德财等人。民国《江宁乡土志》不无自豪地夸赞窦村石匠的手艺精湛：“钟灵乡窦村之石工最著名。”

新中国成立后至二十世纪六七十年代，影响较大的窦村匠人主要有：骆谨春、方兴贵、张长松、张永斌、骆永茂、潘兴德、王永根、潘正兴、杨祥洲、张宦渝、杨家斌、张元寿、潘孝顺等人。

20世纪80年代后，窦村匠人主要有：成天权、方长顺、成富顺、骆永茂、潘清照、成富才、成兴平、方长金、陈兆银、王吉才、潘兴能、张永志、张永和、张永全、方明和等人。

传承人张永志，1955年出生。高中毕业后随父亲学习石刻，工艺精湛，曾经参加过南京多处石刻工程，其中以修复中山陵最有代表性。

当代影响与价值

窦村石刻技艺具有重大的历史文化价值，相关匠人在新中国成立后还参加了人民大会堂的修建，2001年参与明孝陵修复工作，为明孝陵成功申遗做出了贡献。但近年来，石料加工更多地以机械化操作为主，传统石工行当日渐衰微。石刻行业工作艰苦，愿意学习继承传统石刻技艺的年轻人，数量越来越少，如今窦村全村 1000 多人，仍在从事石刻工作的只有四五十人。该“非遗”项目的生存现状，确实堪忧。

2019 年窦村开始拆迁，原来的居民依依不舍地离开了村子，住进了高楼大厦，村中的石屋在拆迁后显得颇为狼藉。窦村石刻技艺，必将受其影响日显凋敝。关于该村的文化重塑和再利用，关于这一传承有序的“非遗”的彰显，希望可以引起有关部门的重视。

2006 年，窦村的古戏台与窦村水系及四方井一同被南京市政府列为市级文物保护单位；2008 年 1 月，窦村石刻技艺被南京市人民政府列入首批南京市非物质文化遗产名录。

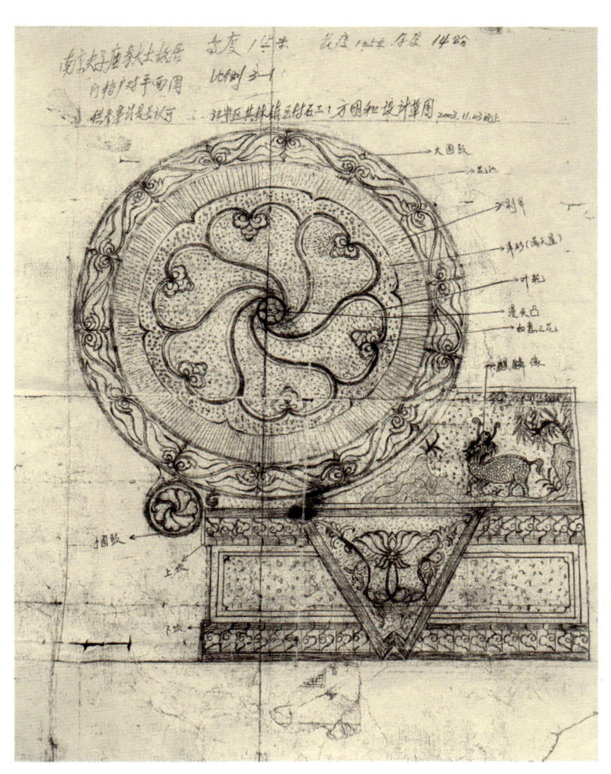

窦村石工样图

方山裱画技艺

基本概况

方山裱画技艺，流布于秣陵街道方山脚下的乐村、陶家庄、解溪村一带，知情者陶义海、陶小俊等。

金陵古来为通邑大都，丹青巨匠云集，历代妙手络绎。画龙点睛，张僧繇之奥妙；传神阿堵，顾恺之善写真。从六朝美术之勃兴，到明清时期的金陵八家，再到领军画坛的傅、钱、亚、宋、魏，名家萃集，不胜枚举。而为书画艺术服务的装裱业，也应运而生，繁荣昌盛。俗话说：三分画，七分裱。装裱技艺在展陈效果中起到了非常重要的作用。流布于方山的虽仅一端，也已颇为可观。它主要继承“苏裱”，是与“京裱”分庭抗礼的南方流派，以精致雅洁、和清静秀见长。所裱的“红货”，即节庆喜事张挂的各种对联、立轴，一般用红蜡光纸裱成，喜庆中透出渊雅。其形式多样、大小不等，制成后成批量上市销售。所裱的“白货”，即对书画作品进行装裱和修补，更是格外讲究。

方山裱画技艺对环境设备的要求高。首先，裱画须在装裱间内进行，这专门的工作室内须保证宽畅明亮，清洁整齐，安全方便，通风干燥，温湿度适中。其次，装裱间须备有平整光滑的挣墙与挣板，用于贴平挣干画心与裱件；须备有装裱桌，要求台板木质坚硬，台面光滑平整，桌高以 80 厘米为宜；须有晾架（亦称晾竿），用于晒干经过加工的复背纸、色纸等纸材；须有拷贝桌，即内置照明的桌面，用于揭裱残破旧字画；还须有人字梯，用于上下墙时蹬踩攀爬。

方山装裱技艺的整个程序，大致可概括为：制浆—托画心—方正画心（托染材料）—粘串（接含口和粘搭杆）—配背（裱覆背纸）—覆画（扶活）—磨画（砑光）—剔边（批串）—配杆—钉铜钮（绦圈）—包杆（上轴头）—上杆—系绦（串丝带）—扎带——粘签条。将特制糨糊调稀后，对掉色的画心用平托法，在托纸上刷浆水，画心覆其上。对不掉色的画心则用湿托法，把裁方的画心反铺于画案，润潮展平，上浆水，沿画心四

1980 年代老艺人乐德海在方山裱画厂现场授艺

方山裱画艺人的裱画工作室

装轴成品

边刷上局条，后把托纸刷上，再用棕刷由上而下刷住托纸。浆水要涂到光、顺、匀。接着是方正画心，将需用到的绫、绢、镶料纸、裱褙纸托好晾干，将颜料及胶用水浸泡化开，把所染绫、绢、纸反扣在装裱桌上，往上刷颜色水，要均匀，先刷托纸，后刷绫、绢、纸的正面，再上墙晾干。在接含口和粘搭杆之后，开始配背，即将托好的画心裁去多余的局条，针眼定位裁切，需要保证四周直角，避免裁斜。再在画心四周镶覆上所需要的圈档、上下隔水、天地头、惊燕、绫小边或通天小边等各种材料，然后在其背面刷浆水，粘上覆背纸即可。磨画，即对覆背后的裱件用砑石砑磨，使之光洁柔软。配杆，即在裱好的画幅上，装配天地杆、上轴头，系绦扎带，以便悬挂，最后是粘签条，注明作品内容。

当装裱书画作品时，一些细节尤须重视，如有的作品须放在锅里蒸煮，使墨充分融入纸张，以防其后加工过程中出现散墨的情况；要备好排笔、裁纸刀、锥子等工具，备好合用的天地杆、月牙杆、轴头、手卷片、签子、丝带、绦带、铜钮等裱材；制作糨糊时要花长时间杵匀；绫绢上挣墙时要绷到水平且松紧适度；托画心后要用镊子拣毛，将影响画心清洁的杂质完全去净；裱旧作时要将原来的托纸揭除干净，要透光看裂痕，补嵌条，要进行恰当的修补，在顾客允许的情况下进行接笔、全色。

好的装裱成品，应满足五个条件：一是工艺精致，镶口匀细；二是展挂平整大方，画面光滑洁净；三是整体色彩搭配协调；四是手感柔软，厚薄适度；五是收卷后整齐无参差。简而言之，即平整光洁、柔软协调，便是装裱质量的品评标准。

历史传承

方山地区裱画技艺的发展始于清末，陶家庄陶大祥和乐村乐仁华二人，远赴上海一家名为松

裱画艺人进行“接缝”操作

华斋的装裱店做学徒，满师后返回南京开店。乐仁华在南门大街开设仁华斋，陶大祥在三山街开设祥源斋，业务繁忙。

二人之后，陶家庄的陶仁和（1889—1959）在16岁时，也到南京绫庄巷松华斋拜师学裱画，满师后既裱名人字画，又参与店务经营。25岁时赴上海吾园街26号创办松云斋，后又接连在城隍庙创办鑫华堂、松润阁，成为上海裱画业的后起之秀。松润阁在城隍庙一带尤为翘楚。陶仁和以裱制“红货”出名，主要是寿庆婚娶、筵宴宾客中使用的古锦、六角锦、寿字锦、万字锦等，其中高档产品都用泥金、洒金两种真金饰面，精致名贵。他裱制过齐白石、于右任、谭延闿、谭泽闿、王月亭等民国名家的书画。受其影响，陶仁和的弟弟在南京长乐路也开了松云斋分店。

陶、乐两家创业成功，带动了整个方山裱画业的发展。清末民国时期，他们带出的徒弟大多是方山陶家庄和乐村人。当时南京城内的裱画店，店名作“某某斋”的，几乎都是陶家庄人所开，数量多达20余家，从业人员高达60余人。鼎盛时的陶家庄几乎家家都有裱画作坊，故被称作“裱画村”。

新中国成立以后，方山裱画业传承有序。1974年，方山解溪大队曾计划建立裱画工艺加工厂，因历史原因而未获批准。“文化大革命”结束后，裱画业从原来的个体经营和小型家庭作坊，逐步发展到裱画工厂，仍有持续发展的势头。

陶家、乐家至今仍是传承方山裱画技艺的代表，陶家的传承已历经大、仁、义、礼、智五代字辈，乐家也已从仁字辈传至德、昌辈。除家族型技艺传承外，社会型传承也是一条重要路径，解溪村出身的张晓堂便为其中代表，其诸弟子也已独当一面。

环绕方山脚下的陶家庄、乐村、解溪村，过去都有裱画个体户、裱画村和裱画厂，曾为书画社、博物馆、档案馆、出版社服务，装裱过大批字画。近年来，陶家庄、乐村已全部拆迁，居民全部搬入小区，新居面积明显缩小，原本裱画作

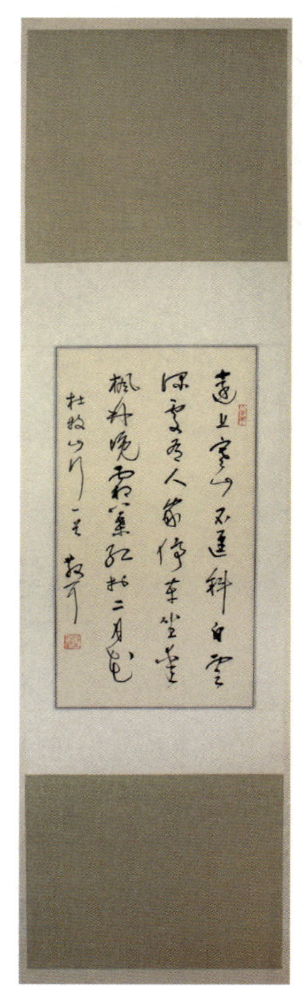
经衬裱的书法家林散之书法作品

方山裱画

坊的生态环境被打破。此外，愿意当学徒的年轻人日益渐少，裱画业人员也流失严重；因市场原因，近年方山更多趋于裱“红货”，并远销安徽、苏北等地，而更讲求技艺的“白货”，尤其是字画修补则数量日减，部分技艺有失传的风险。

知情者陶义海，1941 年出生。新中国成立后，跟祖辈学习裱画，二十世纪八九十年代在方山开过裱画厂，曾任裱画厂厂长。知情者陶小俊，1974 年出生。20 岁时当学徒，曾在方山裱画厂工作，工厂解散后自己开设裱画店。此外，尚有张勤根、陶三保等十余位知情者。

当代影响与价值

作为一门传承悠久的非物质文化遗产，方山裱画技艺背后蕴含着丰富的艺术、历史、文化价值。首先，裱画技艺是一门富有美学意义的艺术，书画和装裱是“红花绿叶”的关系，名人名作由名工装裱，往往使书画作品更显秀丽、雅洁，锦上添花；其次，方山裱画技艺在中国裱画史上有一定地位，相关人员曾为众多名家进行过装裱，广受认可和赞许；另外，裱画技艺也为方山地区带来了比较显著的经济收益，促进了当地的经济发展。

随着时代的发展和科技的进步，传统的裱画技艺也在不断尝试改进与技术创新。如将 84 消毒液、高锰酸钾、草酸等现代制剂，应用到书画水渍处理的流程中，相较于传统以橡皮擦拭的方式更趋高效。当代传承人应当保持开放的心态，积极探索，不断为传统技艺注入活力。

2008 年 1 月，方山裱画技艺被南京市人民政府列入南京市首批非物质文化遗产名录。

制秤技艺

基本概况

制秤技艺，主要流传于汤山及其周边地区，是一门以杠杆平衡的原理，制作称重量的简易衡器的传统工具手工制作技艺。知情者谭泽全。

传统的制秤主要有盘秤和杆秤。盘秤即一侧挂有盘子的秤，主要称重小宗货品，测量范围一般在 500 克到 2500 克，个人即可操作；狭义上的杆秤又叫大秤，秤杆粗、秤砣大，用来衡量分量重的大件物品，测量范围一般在 5 千克到 100 千克之间，需要多人协力操作。在电子秤问世以前，杆秤、盘秤是计算物体重量的最常用工具。

传统制秤技艺所用的工具，主要包括铁钳、铁锤、圆刨、舞木钻（主要用于镶秤花）、铁墩子。制秤流程可分如下六步：

第一步，选材制杆。制杆的木料，最好的如红木，红木质地紧致、不易吸水，因而长时间使用不易受潮，过去江宁县计量管理所出品的秤均用红木制作；此外，紫檀木也是常用的木料。再根据重量决定秤杆的长度、粗细，进行加工，做成秤杆。再用铁皮把秤头和秤尾包好。

第二步，定位。秤杆的定位根据秤砣而定，例如 50 千克的秤用 1.5 千克的秤砣，秤杆上的定位从秤钩的距离到头耗的距离就是秤砣的重，以此类推排下去。在打磨好的秤杆上先用墨线画一条直线，挂上秤盘后定支点，用砝码校验，这是一个极为细致、精确的过程。

第三步，裱潢。秤杆定位后，按规格用舞木钻打好眼，把秤杆加工圆滑。

第四步，配砣。事实上秤砣在秤杆定位时就已配好。与秤搭配使用的秤砣，一般由衡器行业

盘秤

选择秤杆

制作杆秤

将秤杆加工圆滑

新制成的杆秤

专门制售，过去也有用翻砂定做的，但以今天的标准已不够精确。

第五步，定花。也就是根据秤杆上钻好的眼向里面镶金属丝，定花后上好秤钩、头耗、二耗。常用作秤花的金属材料有金丝、铜丝、不锈钢、铝丝等。

第六步，校对。根据计量局的砝码，校对所称重量，这样一杆秤就制作完成了。

传统技艺制成的秤，有占地小、携带方便、计量较可靠的特点。由于秤与古代社会的商贸交易息息相关，故制秤业尤其强调制作精准严谨，业内匠人也以公正、诚信为重。根据民间流传的说法，古代杆秤上的十六颗秤星，即分别代表着北斗七星、南斗六星及福禄寿三星，如若缺斤少两，则会折损自己的运势，其意在告诫人们在交易过程中遵循诚信道德。由此可见，传统制秤技艺不只是一门蕴含了精巧技术的手工工艺，其中还渗透着中华民族的传统道德观。

历史传承

在中国历史上，秤的制作从先秦时期便已开始。《吕氏春秋》中记载，“黄帝使伶伦取竹于昆仑之嶰谷，为黄钟之律，而造权衡度量，盖因其所胜轻重之数而生权，以为铢、两、斤、钧、石，则秤之始也”，将秤上溯至黄帝时代。此外，民间传说有将秤的发明归功于范蠡或鲁班的。

随着东汉时期天平提纽的侧移，传统常用的

重量不等的秤砣

提系杆秤，最迟在三国时期便已经出现了。考古出土的北魏、北齐秤砣实物，以及敦煌莫高窟275窟、254窟壁画中掌衡者使用杆秤的画面均证明，南北朝时期杆秤已经被广泛使用。

明刊本《金瓶梅词话·西门庆官作生涯》一回的插图，小秤放在绸缎店柜台上，店东和顾客都在注视着天平的标示，不仅画出器形，也画出了使用情况。秤架传世较少，王世襄《明式家具研究》仅刊出线绘图，未见实物照片。而无论是书籍插图或传世品，亦均为立柱固定式造型。

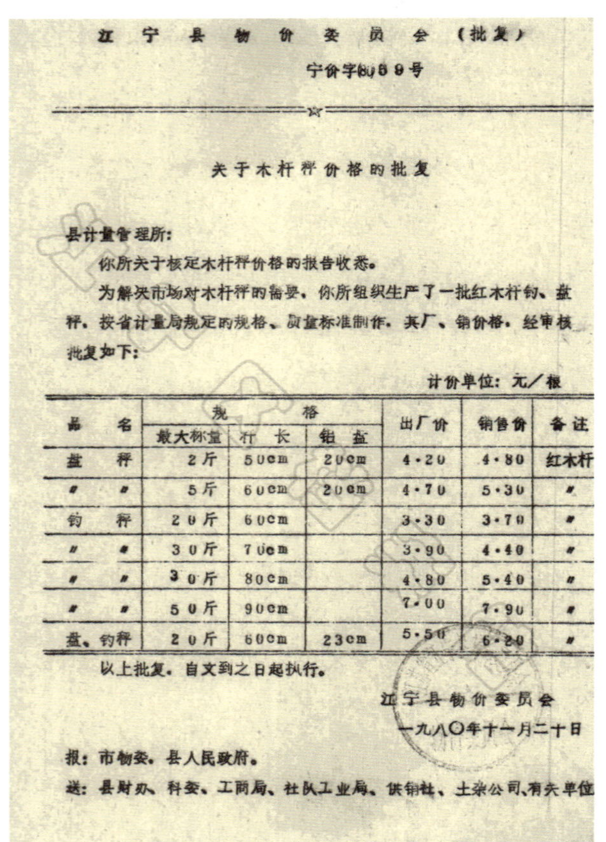
江宁县物价委员会（批复）

宁价字80)59号

关于木杆秤价格的批复

县计量管理所：

你所关于核定木杆秤价格的报告收悉。

为解决市场对木杆秤的需要，你所组织生产了一批红木杆钩、盘秤，按省计量局规定的规格、质量标准制作，出厂、销价格，经审核批复如下：

计价单位：元／根

品名	规格			出厂价	销售价	备注
	最大称量	杆长	铅盘			
盘秤	2斤	50cm	20cm	4·20	4·80	红木杆
〃〃	5斤	60cm	20cm	4·70	5·30	〃
钩秤	20斤	60cm		3·30	3·70	〃
〃〃	30斤	70cm		3·90	4·40	〃
〃〃	30斤	80cm		4·80	5·40	〃
〃〃	50斤	90cm		7·00	7·90	〃
盘、钩秤	20斤	60cm	23cm	5·50	6·20	〃

以上批复，自文到之日起执行。

江宁县物价委员会

一九八〇年十一月二十日

报：市物委，县人民政府。

送：县财办、科委、工商局、社队工业局、供销社、土杂公司、有关单位

1980年关于木杆秤价格的批复

自提系杆秤出现以后，其形制结构在历史上一直变化不大。只是在1959年以后计量制度变革，将十六两一斤改为十两一斤。秤上代起刻度作用的秤星数量、位置也发生了变化。如今秤的种类有多种，如杆秤、盘秤、地磅、磅秤、弹簧秤、电子秤等。

江宁汤山地区制秤技术主要由谭泽全传承。谭泽全，1950年出生，1963年师从句容三岔杠家村师傅杠华龙，学徒3年，1966年来汤山开店制秤。后被安排在汤山手工业社从事制秤工作。退休后，曾摆摊制秤。

当代影响与价值

1994年，为了规避利用杆秤作弊、欺骗消费者的情况，国家技术监督局、国家工商行政管理局发布了《关于在公众贸易中限制使用杆秤的通知》，使得杆秤在全国各大中城市商店、城乡集贸市场的固定摊位被逐步淘汰。与此同时，电子秤因精度更高、更加便利快捷而迅速普及，提系杆秤则被淘汰。10年前走街串巷的和摆小摊的商人偶尔使用的杆秤，如今已经基本绝迹。

尽管电子秤弄虚作假要比杆秤难度高，但归根到底，不是江宁匠人千辛万苦守护着的精准严谨的十六颗秤星有问题，而是使用它的人有问题。没有了市场交易中弄虚作假的动机，也就没有杆秤的坏名声。电子秤最终实现了更有效的公平，而中国特色的杆秤却进了博物馆。

对杆秤的记忆，如今只有古装连续剧和小说

制秤人摆摊制秤卖秤

里有。小说《南货店》就有老伙计传授杆秤捣鬼的手法一章，但这种欺骗用一次两次行，用多了就没人到店里买东西了。所以传统中国，既讲求内在的诚信，也讲外在的口碑，是内在和外在要求的结合。从这个意义上来说，杆秤的案例是有教育意义的。

2008 年 3 月，制秤技艺被江宁区人民政府列入第一批江宁区非物质文化遗产名录。

笔杆制作技艺

基本概况

江宁地区的笔杆制作技艺，主要流布于湖熟街道，它是一门在木质毛笔杆上雕刻出精美图案的技艺。

毛笔为文房四宝之首，笔杆的制作技艺在选材上十分考究，不惜用高档檀木作原材料，如印度红檀、紫檀木、黑檀木、香檀木、绿檀木等。檀木成材慢，成材后木料密度大，质地坚固紧实，制成的笔杆不易腐烂，使用时不易弯折、断裂，适宜长期收藏和使用。

传承人俞正根在雕笔

笔杆制作的流程大致可分为两步，即图案设计和雕刻。目前图案不下百种，包括龙凤、人物、门拱城墙、生肖、山水、花鸟等等，其中又以龙凤为主。如有个性化需要，还可以根据提供的图案做出专门定制的纹饰。设计图案的过程是在头脑里完成的，在脑子里面勾画出一个什么图案，在笔杆上就能够雕出什么图案，这个过程依靠的是丰富的想象力和大量的经验。

其雕刻的过程涉及多种雕刻技法，主要包括：镂空雕、浮雕、立雕等。这些雕法既可以单独使用，也可以多种雕法相结合运用，使得笔杆上的图案呈现出极其丰富的层次。由于笔杆本身较细，这样的雕刻过程可以说是一种精雕，制作中需要有足够的细心、耐心，是一门针尖上的艺术。从雕刻到细花（精细手工雕琢），从砂纸打磨到抛光，雕刻的每一道工序都容不得一点闪失。

笔杆制作主要采用电动钻机工具。因为檀木笔杆材质紧实，手工凿刻难以达到效果，直接购买的牙科电钻机钻头并不适用，所以在使用前还须换上专门自制的钻头，并配合各

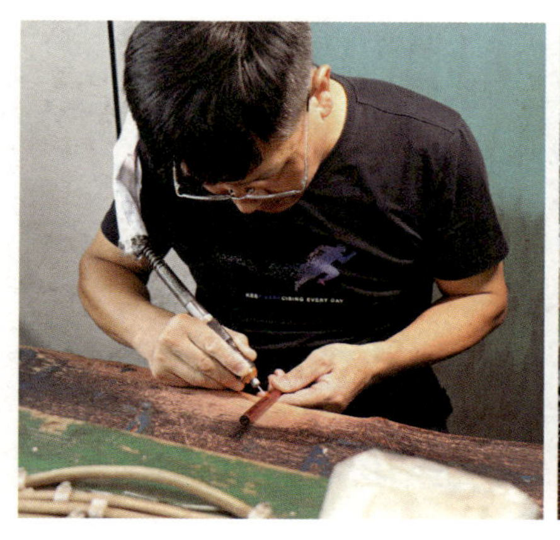

传承人俞正根在雕笔

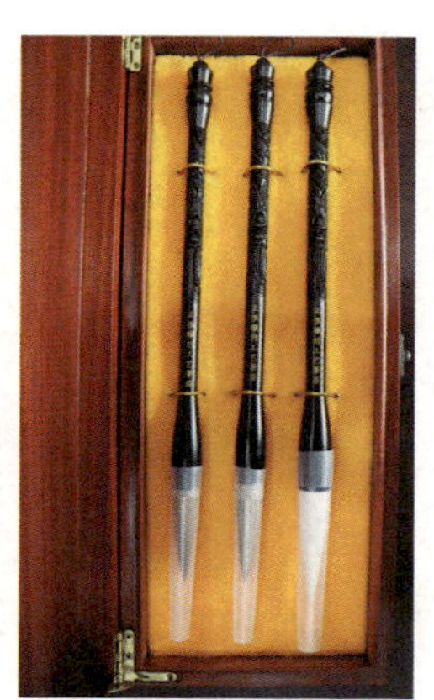
俞正根制作完成的毛笔

式刻刀在笔杆上进行精细雕刻。

历史传承

过去，一般不用在毛笔的笔杆上雕刻装饰。20世纪90年代，俞正根对此进行大胆创新，希望通过这种方式赋予传统的毛笔更多的文化价值。

1983年，20多岁的俞正根已经进入南京周岗工艺雕刻厂学习木雕技术多年，经过长时间的锻炼，他打下了扎实的雕刻技术基础。1988年，他创办了南京江宁根巧工艺加工厂（现名为南京市江宁区正根雕刻工艺笔庄），从事红木雕刻、猛犸牙雕刻工作。1991年左右，俞正根来到全国毛笔的制作中心湖州善琏镇，在当地一家名为“盛兴笔庄”的企业工作。笔庄的负责人名叫胡王迦，是一个专门制笔的老艺匠。就是在这一时期，由胡王迦提供笔杆，俞正根负责摸索雕刻，两人共同研发出了这一门笔杆制作技艺。

他们最初的笔杆雕刻实践是在猛犸牙笔杆上进行的。这种笔杆密度大、硬度高，备受市场推崇。然而由于材料的稀缺，后来呈现出供不应求的态势，俞正根逐渐有了用其他质地坚硬的材质代替猛犸牙做笔杆的想法，而木质坚硬、有着芬芳气味的檀木，自然成了他心目中的首选原料。经过俞正根长期的钻研努力，檀木笔杆雕刻技艺于1995年被成功地创制出来。

2018年佘村开笔礼

当代影响与价值

如今江宁区的正根雕刻工艺笔庄，已开发出几百种不同造型的艺术雕刻毛笔。这样的雕刻作品富于艺术追求，以中华传统文化为创作源泉，集收藏价值和实用价值于一体，颇

笔雕成品

雕笔

受书法爱好者及收藏者的青睐，是传统审美价值与实用书写价值的结合。近年，这门技艺已走出江宁，走出南京，浙江、安徽、江西等地区都有工厂选择将毛笔送到俞正根处，请他进行加工。投资多了，市场也打开了，订单多的时候，俞正根和数十名徒弟们甚至要不分日夜地加班工作。

当下笔杆制作技艺面临的一大挑战，是由机械生产带来的竞争。现在有一些全自动化生产的工厂，可以批量生产数以万计的雕刻毛笔，这给传统的手工笔杆制作技艺的发展带来了一定的压力。不过，与手工制法相比，机械生产的毛笔虽然产量大，但形式比较单一、图案程式化，文化内涵与艺术价值远不能相及。因此，手工制法的笔杆在追求个性化与收藏价值的市场中仍占据一定优势。

2018 年 12 月，笔杆制作技艺被列入江宁区第二批非物质文化遗产名录。

谷里鱼圆子制作技艺

基本概况

谷里鱼圆子制作技艺，主要流布于谷里街道的石坝、柏树、向阳、亲见等社区。知情者王荫平、李有才等。

在谷里当地，鱼圆子又称“鱼丸子”，据说已有上百年历史，是一道人人皆知、老幼喜爱的名品菜肴，也是人们婚丧嫁娶、喜庆佳宴必备的一道名菜，本地人常以“无鱼圆不成席”来强调它的重要性。

谷里鱼圆子的制作取料讲究、做工精细。用来制作鱼圆的鱼，一般以肉质厚实、鲜度较高、每条重量在 1.5—2.5 千克之间的鲢鱼或青鱼为宜，其中尤以谷里本地所产的“翘嘴白”和“大头白鲢”为佳。

制作鱼圆子的主要配料占比大致如下：以鱼肉 5 千克计算，须取食盐 100 克，淀粉 300 克，砂糖 50 克，味精 7.5 克，姜汁适量，水 8.5 千克，鸡蛋清（或鱼糜蛋白质凝胶，呈透明状）若干。至于鱼圆子加工的工艺流程，则可以概括为选料、刮肉、排斩、搅拌、挤丸、水煮六步，具体如下：

首先，将备好的鱼去鳞剥皮，劈片剔骨，用菜刀剁成细沫；再根据数量添加适量的鸡蛋清，加适量水，将碎鱼料下入钵内，用手反复搓打，直到感觉鱼料有点粘手方可。此后，用右手大拇指和食指将料捏成圆形，后将中指、无名指和小指紧握，将鱼料从大、食指中捏成的圆孔中下入盛有凉水的铁锅内；鱼圆下水后漂浮在水面，食用的时候，将水加温到 80℃—90℃即可煮熟。

以传统技法制成的谷里鱼圆子，色泽晶莹剔透，食之鲜嫩爽口，同时还具有丰富的营养。首先，鱼圆子含有丰富的镁元素，摄入后对心血管系统有很好的保护作用，有利于预防高血压、心

谷里鱼圆子

第一届谷里街道餐饮美食大赛暨谷里鱼圆 PK 赛盛况

肌梗死等心血管疾病；其次，鱼圆子中含有丰富的维生素 A、铁、钙、磷等，常食用鱼圆子还有养肝补血、泽肤养发健美的功效。兼具绿色健康和滋补养人特点的谷里鱼圆子，今日已名享江宁全区，是一道不可多得的佳肴。

历史传承

鱼圆子作为一种美食名吃，在清代金陵已经十分流行了。袁枚在《随园食单》中，便较为详细地介绍了鱼圆子的制作方式："用白鱼、青鱼活者，破半，钉板上，用刀刮下肉，留刺在板上。将肉斩化，用豆粉、猪油拌，将手搅之。放微微盐水，不用清酱。加葱、姜汁作团，成后，放滚水中煮熟，撩起，冷水养之。临吃，入鸡汤、紫菜滚。"书中记述的整个鱼圆子制作流程，同今天大体上无差。

谷里地区鱼圆子的兴起，相传是在清光绪二十八年（1902）。据传，当时谷里莲花塘村的一位名厨胡长连，应邀到江宁集镇为一名地方绅士富豪掌勺制作此菜。当鱼圆子端上餐桌，近百位就餐者品尝后，无不交口称赞，其中一位参宴的官员在席后更是点名胡长连到场致谢，并赏赐其银两，此举在当时轰动全场。其后，鱼圆子的影响力逐渐推及整个谷里地区，乃至江宁的陆郎、雨花台区的板桥等地区，成为当地的名特产品之一。

在谷里鱼圆子制作技艺世代相传的过程中，这门手艺经历了长期的改进与创新，时至今日，其色、味愈发出色，影响力日增。传承人王荫平，1965 年出生。参加工作后，他利用放电影和摄像之余，向厨师讨教厨艺，练就制作鱼圆子的过硬本领，逢年过节为周围群众操厨，制作鱼圆子。传承人李有才，1947 年出生。其父李富有是一位名厨，李有才跟父亲学习制作鱼圆子，18 岁满师。他制作的鱼圆子精细味美，晶莹剔透，颇具名气。

当代影响与价值

为了进一步宣传谷里鱼圆子制作技艺，扩大其影响力，近年有关部门及相关传承人作出了一系列努力。2002 年，谷里文艺界将谷里鱼圆子这道名菜编成小品《迎春鱼圆》，通过文艺演出的方式，使其影响扩大至南京近郊。

而现在流行的抖音，则可以让普通人家用 1 分钟就能学会做鱼圆。到超市买草鱼也行，买"翘嘴""大头"更佳，去皮去红切成小块，加上盐、淀粉、蛋清、葱姜水等，放到绞肉机里加工，再用虎口挤成圆子即可。袁枚《随园食单》里的手制方法，如今变得更加快捷有效。当然，谷里鱼丸在满足人们胃口之余，还需要在如何能够长时

淳化鑫森龙锦鱼园

间摆放、如何吸引消费者上下功夫。传统的谷里鱼圆子制作技艺，对鱼圆子有色白、晶莹的要求。这样的要求，使得鱼圆子这样一种小小的食材看上去玲珑可爱，在餐桌上也具有了审美价值。不仅如此，任何一种传统美食都可以在某种要求下做到极致，这即是当下强调的匠人精神。相信在相关传承人的钻研和努力下，会使这项美食类“非遗”站稳脚跟，开出新果实。

2018 年 12 月，谷里鱼圆子制作技艺被列入江宁区第二批非物质文化遗产名录。

朱门臭豆腐制作技艺

基本概况

朱门臭豆腐制作技艺，主要流布于江宁街道朱门社区及其周边，在当地流传的历史已逾百年。

由于味道独特，朱门臭豆腐深受当地居民喜爱，影响力甚广，畅销于南京及其周边，已成为许多宾馆、酒店的一道特色菜，又称“千里香”。千里香，靠的就是制作步骤中的老卤。

老卤的制作是决定臭豆腐口味的关键，其与臭豆腐的质量密切相关，是朱门臭豆腐之所以能独树一帜的灵魂所在。要想做出好的老卤，须以雪菜卤为底料，再加入荠菜、野山笋（或笋根）、野花椒头、豌豆头（或蚕豆头）等食材，加以长时间的浸泡发酵。之所以称“老”卤，是因这种卤汁愈陈，口味愈好、愈正宗。

在老卤制作之外便是一般的制豆腐环节：

第一步，泡豆。将精选的黄豆粒加清水中浸泡，豆粒泡至发胀为止。气温 10℃以下约需泡 10—12 小时，气温达 20℃以上约需泡 4—5 小时。

第二步，制浆。将泡好的黄豆淘洗干净兑水磨碎，再经豆浆分离机把豆浆和豆渣分离，随后把豆浆放入锅炉里煮沸。

第三步，制坯。把煮沸的豆浆放入水缸内加入石膏粉，反复搅动，使其凝成豆腐脑。其后，用包装布分块包装，入压榨机榨出部分水分，即成豆腐坯。

第四步，水煮。将豆腐坯放进沸水内煮 5 分钟左右，见豆腐稍微浮起时即可捞出，不可煮太老，也不能太嫩。

待到上述工序完成，最后须将煮熟的豆腐坯放入老卤，进行 4—8 小时的泡制（视当时气温而定，气温越高，泡制时间越短），即可得到制好的臭豆腐。

江宁的朱门臭豆腐与湖南暗灰色、一寸见方的臭豆腐有所不同，其形体比后者更加小巧玲珑，外表呈淡黄色，臭味也较淡，更加适合一般口味的人群。朱门臭豆腐具有十分独特的口味，烹饪后食用，气息清香，口感鲜美，有增进食欲的功效。在营养成分方面，朱门臭豆腐含有丰富的维生素，同时具有低脂肪、高蛋白特点，完全符合绿色健康饮食的要求。

历史传承

清末民国以来，臭豆腐在南京地区一直是一道名吃，油炸臭豆腐尤其受民间喜爱。汪曾祺曾在散文《果蔬秋浓》中写道：“南京夫子庙卖油炸臭豆腐干用竹签子串起来，十个一串，像北京的冰糖葫芦似的，穿了薄纱的旗袍或连衣裙的女郎，描眉画眼，一人手里拿了两三串臭豆腐，边

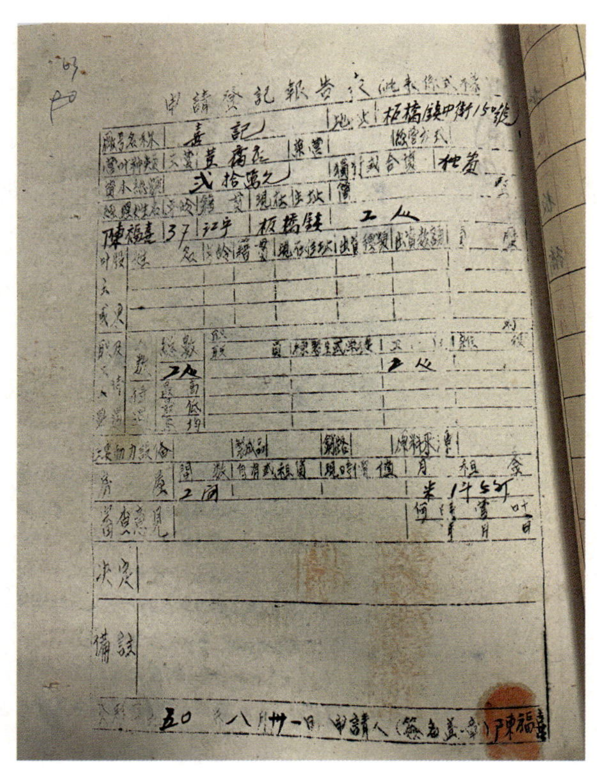

1950 年开设喜记豆腐店的申请表

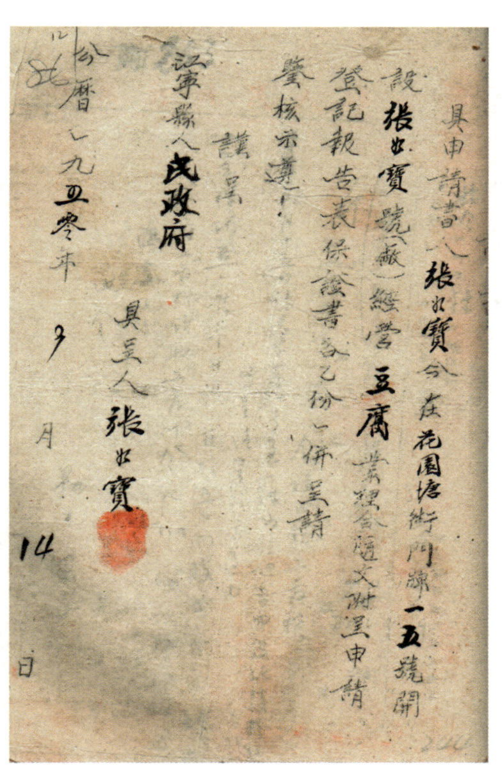

具申請書人張□寶今在花園塘街門牌一五號開設張□寶號(敝)經營豆腐業理合隨文附呈申請登記報告表保證書各乙份一併呈請鑒核示遵！

謹呈

江寧縣人民政府

具呈人 張□寶

公曆一九五零年 7 月 14 日

1950 年在花园塘街申请开设豆腐店的保证书

走边吃，也是一种景观，他处所无。”汪曾祺文中记叙的这般景观，如今在夫子庙仍能常常见到。

关于朱门臭豆腐的起源，据传在晚清时期，杜天金、杜天银、杜天才、杜天宝四兄弟从安徽大别山老家将祖传臭豆腐配方带至朱门。四兄弟在朱门将祖业臭豆腐经营得红红火火，食客络绎不绝，很快朱门臭豆腐便名声远扬。不久，朱门镇因战乱波及，杜氏四兄弟流离失所，远走他乡，臭豆腐作坊遂被迫关闭了很长时间。直到多年后，杜天银返乡重操旧业，并将臭豆腐配方传给次子杜国良。

新中国成立后，“三大改造”期间，朱门镇搞初级社、高级社，杜氏臭豆腐作坊入公经营。至“文化大革命”时期，作坊被当作“资本主义的尾巴”，受到严重冲击，被迫再次关闭。直到改革开放以后，作坊才重新开业，由杜氏传人杜正刚经营，其规模不断扩大。

杜家在朱门地区数代经营臭豆腐作坊，如今已将技艺外传，当地以制作臭豆腐为业的个体户已呈百家争鸣的态势，其代表性传承人主要包括杜正刚、熊广生、丰贤才、胡小八等。杜正刚，1944 年生。自其爷爷开始，从事豆腐制作已有三代。他农中毕业后，即在当地生产队豆腐坊做豆腐。1984 年后，自己办起了豆腐坊，继续从事豆腐加工制作。熊广生，1952 年生。毕业后被安排到队办的豆腐坊上班，拜杜国良为师，学习做豆制品，学成后被调到庙庄豆腐坊当师傅。改革开放后，他回到朱门，自己开起了豆腐店，他做的臭豆腐别有风味，在当地小有名气。

当代影响与价值

近年，朱门臭豆腐有限公司注册成立，下属股份制企业四家，总投资 120 万元，每股份投入

30万元（其中厂房设备20万，流动资金10万），由朱门社区主要领导兼任董事长，资金筹集、股份账目由公司统一管理，以便发挥其品牌效应，扩大其生产规模，产生更高的经济价值。朱门古镇的传统豆腐坊，即将迎来自主创新的新模式，期待其产业的发展逐步走向成熟。

当年，制作“千里香”臭豆腐口味关键的老卤配方从安徽大别山传来江宁朱门。“老”卤虽然是越陈越香，但作为其原料的雪菜、荠菜、豌豆头等多是南京人爱吃的野菜，如何让新时代的年轻人爱上这种味道，确实是一门学问。朱门臭豆腐闻起来是一股淡臭味，吃起来却是一种清香味，有鲜爽劲儿，但长时间摆放也是一个需要解决的问题。另外一个问题是如何广而告之，我们可以设计各种简单好记的宣传语，如：过去是“朱门酒肉臭”，如今是“朱门臭豆腐”。同是一个臭字，却是有人痛恨有人喜。毫无疑问，朱门臭豆腐推广的关键，必须在这“臭”字上做文章。做好了市场需求，其现代价值自然能得到彰显。

2018年12月，朱门臭豆腐制作技艺被列入江宁区第二批非物质文化遗产名录。

江宁木榨榨油技艺

基本概况

江宁木榨榨油技艺，旧时流布于江宁全境，目前主要分布在横溪街道及周边地区。代表性传承人有程国政等，知情者张为富。

柴米油盐，为城乡人民的基本生活资料。过去江宁农村的油坊极多，一般每隔三五里路便可觅得一处。到了今天，江宁区仍保存有诸如“油坊桥”这样的老地名，其来由便与历史上江宁兴盛的榨油业有关。

旧时，江宁一带习惯用油菜籽、黄豆、芝麻、花生米榨油，偶尔也有用棉花籽、油茶果作原料。其中，油菜籽和芝麻出油率最高，若是榨油得当，一斤可换三两油；相比之下，黄豆、花生的出油率则略低。榨油前，须先将原料入锅，用文火炒熟至可以闻到香气，再将料碾碎、上蒸笼蒸透，然后方可上榨。传统榨油技法分平榨、立榨两种。无论选择哪一种方式榨油，“油榨”这一传统工具都是必要的。

油榨又称“木榨”，是我国利用捆绑力学原理发明的木质榨油机，至今已有 2000 多年的历史，十分古老。它以一段巨木为材料制成（一般直径 0.8 米以上、长约 3.3 米）。为便于压榨，多选用樟木、檀木这样坚质的杂木。将巨木中间挖空，用凿子刻出油道和出油口，严实底部，外用几道铁箍或竹丝扎紧，即可得到一件油榨。木榨撞击的一头，与榨盖被撞处，之所以都用铁箍箍紧，是为了防止榨头崩坏。

榨油时，先将蒸好的原料装入榨中，压紧压实，然后盖上坚实的厚盖，从盖子上加压下挤，油便会从出油口流出。采用立榨时，需要从上往下加压，由四名大汉站上榨盖，用木夯使劲向下

丹阳古法榨油

丹阳木榨油生产车间

木榨油工具

砸。每砸一下，便有油涌出，最后还可向榨内打进木楔，逼油再淌；平榨则是用一人抱不过的大横木吊上榨梁，四个大汉推动横木，喊着号子小跑冲去，使横木猛撞榨头，油便哗哗淌出。如此反复撞击达一二百次，直至最后撞去已无油再流出时，方可停止。推榨时，壮汉们往往全身赤裸，仅腰间围一块白布，脚穿草鞋把滑（控制住，使不滑倒），猛冲时须用尽全身的力气，即便寒冬腊月也会汗流浃背。

从文火炒熟，到大火蒸透，再到巨力压榨，传统榨油依赖巧劲，是一个力量与技巧相结合的过程，非体质强健者不能胜任。

总体来说，榨油工序涉及的工艺技术并不复杂，但所需人力较多，尤其需要强壮劳动力。因而从所需工具及人力成本来说，木榨榨油并不适合单个小家庭，而主要由专门的油坊运营。除了作坊木榨榨油以外，江宁农家也有在自家用芝麻以简易方式榨油的，一般流程是炒熟后用石臼磨碎，再热蒸，最后用长布裹住用力绞。这样操作也可得油，但是出油率更低。

历史传承

明清时期，江宁及其周边地区是整个东南地区的榨油重心之一。据《江浦埤乘》记载，清咸丰年间，仅当时的江浦县一处，便“六邑迤西油肆豆饼岁出数百万，旧售苏常间”。豆饼是大豆以木榨法榨油后所得的副产品，可做饲料或肥料使用，由“岁出数百万”不难看出昔时榨油量之大、油坊之多。此外，根据光绪年间所修的《六合县志》记载，当时的六合县盛产芝麻、大豆，为当地的榨油业提供了大量原料，六合油坊多以之制油。

传统的以木榨为主的榨油技艺，直至清末在生产方法上都没有太大改进。江宁地区到了1950年代才建立起一批榨油工厂，其中以公和榨油厂、陶吴榨油厂为代表，两厂建厂之初仍然运用传统木榨，之后才渐渐开始引进“立式柴油机”及“压碎机”这样的机械设备。其后，随着

木榨油工人师傅们合影

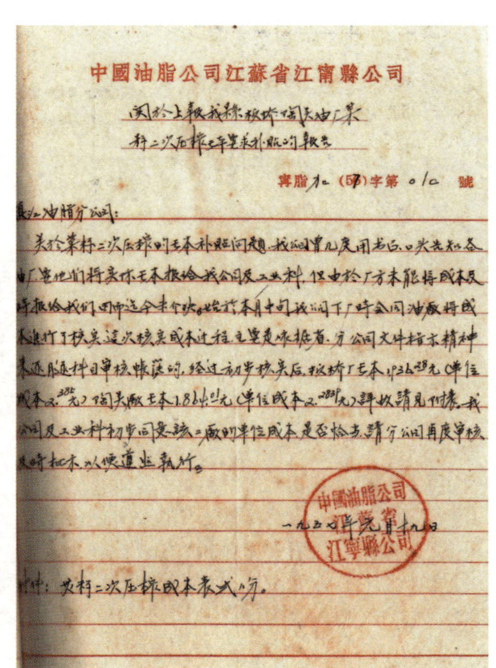
中國油脂公司江蘇省江甯縣公司

[illegible]

甯脂 [illegible] (57)字第 010 號

[illegible]

中國油脂公司江蘇省江寧縣公司
1957 年陶吴榨油厂汇报材料

七仙大福村木榨博物馆馆长程国政

丹阳出产的木榨油

拥有更高效率的螺旋式榨油机的全面推广应用，木榨被逐步淘汰。

当代影响与价值

机械生产的发展，使得传统榨油技艺逐渐退出生产。如今，经历了数千年沧桑的古老油坊已几乎绝迹，仅存的传统技艺及木榨机实物，则堪称我国民间千年技艺的化石。

为弘扬民间传统手工艺，保护好有百年以上历史的古木榨机和传承古法制油工艺，近年，南京七仙农业投资发展有限公司在丹阳集镇原榨油作坊的基础上，从苏皖赣等地区广泛收集具有鲜明南方特色的古木榨 16 台，与苏皖两地木榨传承人携手在江宁大福村建成了木榨博物馆。博物馆建筑面积总计约 4000 平方米，集生产展示、

七仙大福村木榨博物馆内的石碾

参观教育于一体，旨在通过对木榨相关资料、实物的收集保护，将传统木榨榨油工艺传承下去。

2018 年 12 月，江宁木榨榨油被列入江宁区第二批非物质文化遗产名录。

斫琴技艺

基本概况

斫琴技艺，顾名思义，即将木材斫制成古琴的工艺。在江宁地区，斫琴技艺主要流布于禄口街道及其周边地区。代表性传承人付建国。

作为一种文化内涵十分丰富的古老乐器，古琴的结构复杂而考究。据传说，古琴琴身上部浑圆是取形自天，下部方正则取形于地；琴长三尺六寸五分，是依据周天三百六十五度、一年三百六十五日；琴宽六寸，是与天地六合相比附。琴底有两个音孔，上音孔称“龙池”，长八寸，会通八风；下音孔称“凤沼”，长四寸，合于四时，充分反映了中国古代深奥的天地宇宙观。此外，琴身外形在整体上又与凤身（或人身）相一致，分头、颈、肩、腰、尾、足各部，显得优雅而富有灵性。

以传统的斫琴技艺制作古琴，需要用到锉刀、凿子、锯子、水砂纸、刮刀、刷子、劈刀、刨刀、铅笔、墨斗、卡尺、麻绳、楔子、电钻、钻头、庞（天梯）、车床等多种工具。整个制作工序，可总结为“选材—选琴型—制琴—髹漆”四步，具体如下：

第一步，选材。要想得到好的音质，挑对制琴的材料是个关键。制一架琴通常需要用到阴阳两种木材：上取质地柔韧的性阳之木作琴面，以便弹琴时充分振动；下取质地坚硬的性阴之木作琴底，起反射音响之用。只有选用的材料阴阳相合，琴音才能刚柔相济、恰到好处。古人斫琴一般上取桐木、下取梓木，以桐之柔配梓之刚，但具体选择时，并不拘泥于这两种木材，只要品质得当，松木、杉木、柳木、椴木、柏木、栒木等木料，都可作为制琴的材料。

斫琴图

什么是好品质的木料呢？概括起来，须具轻、松、脆、滑的特点。轻即质轻，松即松透，脆即脆性佳，滑即木料经打磨后须足够光滑。一般来说，老木是制琴的最优选择，其来源一般有老屋房梁木、棺木等。《梦溪笔谈》记载："予曾见唐初路氏琴，木皆枯朽，殆不胜指，而其声愈清。又尝见越人陶道真畜一张越琴，传云古冢中败棺杉木也，声极劲挺。"从中可见老木的妙处。概括来说，老木的优点有二：一则琴人弹老木制的琴不易有火气；二则与新木材相比，老木不易变形、开裂，木性较稳定。当然，老木也不是越老越好，如横划木纹时木材掉面，则此木已朽烂，不宜再用。

选材的关键一步，即给木材分阴阳。依古法，分阴阳可将琴材入水，水上部位即为阳材，水下部位则为阴材。这是因为树木生长时，向阳一面生长较快、木质松软，背阴面生长慢、木质硬，故而沉浮有所不同。此外，木的阴阳还可从粗细两头、木材截面区分：细头在上为阳，粗头在下为阴；截面年轮宽松色淡者为阳，紧密色深者为阴。木材选定后，将之开作琴材毛坯，再将毛坯于干燥处静置 1 年，等到木性稳定后，即可取来制作古琴。

第二步，选琴型。古琴的琴型颇多，如伏羲式、仲尼式、落霞式、灵机式、蕉叶式、伶官式、神农式、凤势式等，总计不下 50 种。当代古琴以其中的仲尼式为多。目前造琴的式样多仿自古代名琴，制作时须格外注意因材赋形，唯有外形

禄口水荆墅村全景

和音质相适应才称得上是好古琴。

第三步，制琴。制琴的关键在于因材取舍，即根据需要取用木料中的阴、阳。从琴体上下板材来说：上用阳木，下用阴木，阳松阴紧。太松为大阳，太紧为大阴，松透度大的阳材须配以大阴材，松透度小的阳材则配以小阴材。从岳山、龙龈来说：面材大阳，龙龈用大阴材相配，反之则配小阴材；大阳面材配以大阴顶边岳山，小阳面材则配以留边岳山。依阴阳材制出各部分琴材后，将琴材相合，再晾晒、上胶，便可大体制成琴形。

第四步，髹漆。髹漆是古琴制作的最后一道工序，须采用中国大漆作漆料。大漆属阴，性坚质硬，配以一定的底漆料，成琴后按之不易出凹槽，且能使琴的音质、音量更优。上完漆后，须将琴置于通风处，待漆味散去即可。

相比起一般的器物制作技艺，斫琴技艺有其特殊性。优秀的斫琴师应当具备较高的琴学素养，甚至本身就是弹琴的高手。若不会演奏，斫琴师便很难辨别音色的优劣，也感受不出何为沙音、抗指；一个斫琴师对古琴演奏的理解，往往会在斫琴音色风格上有所体现。明清以来南京地区琴学的繁荣，为斫琴技艺的茁壮成长提供了得天独厚的土壤。

历史传承

斫琴技艺具体起于何时何人，今已无法细考，典籍记载也不一致。如《吕氏春秋·古乐篇》记载："昔古朱襄氏之治天下也，移风而阳气蓄积，万物散解，果实不成。故士达作为五弦瑟，以来阴气，以定群生。"《太平御览》则引《通礼纂》云："尧使无勾作琴五弦。"到了《礼记·乐记》中，其记载则又成了"昔者，舜作五弦之琴，以歌南风"。凡此种种，虽相关神话传说色彩较浓，但都将斫琴的开始归功于某一上古君王。可见在时人印象中，古琴是一种发明相当古老的乐器了。

文献记载和出土实物告诉我们，先秦时的琴，其弦数形制尚未定型。文献中常称琴为五弦，湖北随县擂鼓墩出土的战国初期之琴则为十弦，可见斫琴技艺尚处在不断的探索和改进中。我们今天所熟悉的"七弦"的形制，大致到汉代以后方才逐渐固定；用以标志音位的徽及增强音响效果的共鸣箱，则迟至汉魏之际才发展成熟。到了唐代，斫琴技艺达到了一个高峰，制琴的种类和质量可谓空前。

江南地区斫琴技艺的发展，至少自东汉时期便已较兴盛了。《后汉书》中记载的"焦尾琴"可谓人尽皆知："吴人有烧桐者，邕闻火烈之声，知其良木，因请而裁为琴，果有美音，而其尾犹焦。"蔡邕从烧木的吴人手上抢救下良木，将之制成名琴。这是一则与伯乐识马齐名的美谈。魏晋以后，随着文化重心的南移，江南地区的琴文化更加繁荣，斫琴技艺获得了更大的发展。东晋顾恺之所作的《斫琴图》，今仍有宋人摹本传世，是中国画中唯一记录乐器制作流程的图像，长卷所呈现出的斫琴流程，是当时发达斫琴技艺的力证。

明清时期，金陵琴派在江南兴起，成为中国古琴史上颇具代表性和影响力的重要流派之一，有力地推动了江南制琴业的发展。明《正德江宁县志》在记载物产时，便提及江宁乐器生产"筝、琴、琵琶诸器颇精"。

江宁斫琴技艺传承人付建国是南京幽度工坊文化发展有限公司创办人。1999 年，他拜梅曰强为师，在梅师的悉心指导下习得古琴斫琴技艺，并获得梅曰强亲手绘制的古琴图纸。此后，他一边跟着老师学弹琴，一边开始收集相关资料，按照老师的口述，并参考相关史料，钻研古琴斫制技术。2009 年，付建国开始动手斫制古琴，包括仲尼式、伏羲式、蕉叶式、混沌式、凤势式等经典样式，在南京琴界有较高的声誉与口碑。

当代影响与价值

中国传统四艺之一的古琴在江宁“非遗”中占有一席之地。近年，南京幽度工坊文化发展有限公司在黄龙岘茶文化村建成了斫琴工坊，在现场展示古琴斫制工艺的同时，让游客体验斫琴工序流程。斫琴技艺的展示和传承，既丰富了本地文化底蕴和资源，也对周边的旅游经济和文化环境起到了积极的促进作用。毫无疑问，内涵丰富的古琴艺术增加了江宁“非遗”的文化色彩，提升了江宁文化资源的厚度与深度。2018 年 12 月，斫琴技艺被正式列入江宁区第二批区级非物质文化遗产名录。

宗谱刻绘技艺

基本概况

江宁地区的宗谱刻绘技艺，主要流布于秣陵街道及其周边。代表性传承人丁大贵。

中国古代社会以家族为基础组织，明清以来，建宗祠、修宗谱、四时祭祀、宣敕家规，成为所有中国家庭的基本活动。宗谱又被称为“族谱”“家乘”“家谱”，是一个宗族繁衍和发展的纪录，是凝聚宗族、惩恶扬善、地方自治的有效工具，还是地方修志、国家修史的重要参考资料。一部宗谱中的内容，依传统通常包括宗族起源、发展迁徙、繁衍序列、祖先事迹、历代修谱、祠堂修建、家族荣誉（圣旨、诰命）、祭祀规范、族规家训、家教立法等内容，事关家族历史的方方面面。

旧时修谱的环节，主要包括设谱局（即建立办事调查决策机构）、捐谱资（筹集修谱资金）、延谱师（聘请懂得谱理谱法的私塾先生担任主笔或总撰）、定程序（制定编纂计划）。在南京地区的传统中，修谱的计划常常是在清明宗族祭祖时决定，同年冬至祭祖前完成。修谱分两种情况：一种为“创修”，即家族先前没有老谱，或老谱丢失；另一种则是“续修”，即根据旧的宗谱增补后人的情况，一般每隔二三十年进行一次。每间隔五六十年，家族往往会进行较大规模的增补，称之为“重修”。

修宗谱所需的财力物力，在过去来源一般有三：第一，根据“有钱出钱，有力出力”的原则，由各家主动捐赠；第二，动用家族祠产（家族祭田、祠山、祠庄等产出）；第三，由已出嫁的女儿偕女婿敬献礼物。由于修谱对于一个家族而言意义重大，旧时对宗谱刻绘的要求多非常讲究。

首先，传统的宗谱一般为精美的线装书样式，采用纯色书衣和文字相结合，有厚纸张的封皮、题写谱名的书签、书脊等部分。书签题字颇受重视，多由名人政要、家族闻人书丹。宗谱的装帧多以四孔线装，若尺幅更宽则以六孔线装，穿线一般从书芯中间开始，然后依次从打孔处上下、左右穿插，循环反复，最后回到最初打结处，将线头隐藏入线孔中，美观而又整洁。为保护宗谱，有的在单册边角上用布料进行包角，整套宗谱则配有硬布料或木料制成的函套，函套再放置于精雕而成的谱箱（盒）中，以层层包装，爱惜倍至。

其次，宗谱注重图文并茂，刻绘并重。刻指刻字，多用楷体、仿宋、宋体。绘指绘图，如祖先像、村坟图、圣旨图案等。刻与绘均由刻工操刀，二者在宗谱内有序编排、相得益彰，使读者便于理解，在视觉上显得既明朗又丰富。

《石塘王氏宗谱》谱盒

《石塘王氏宗谱》

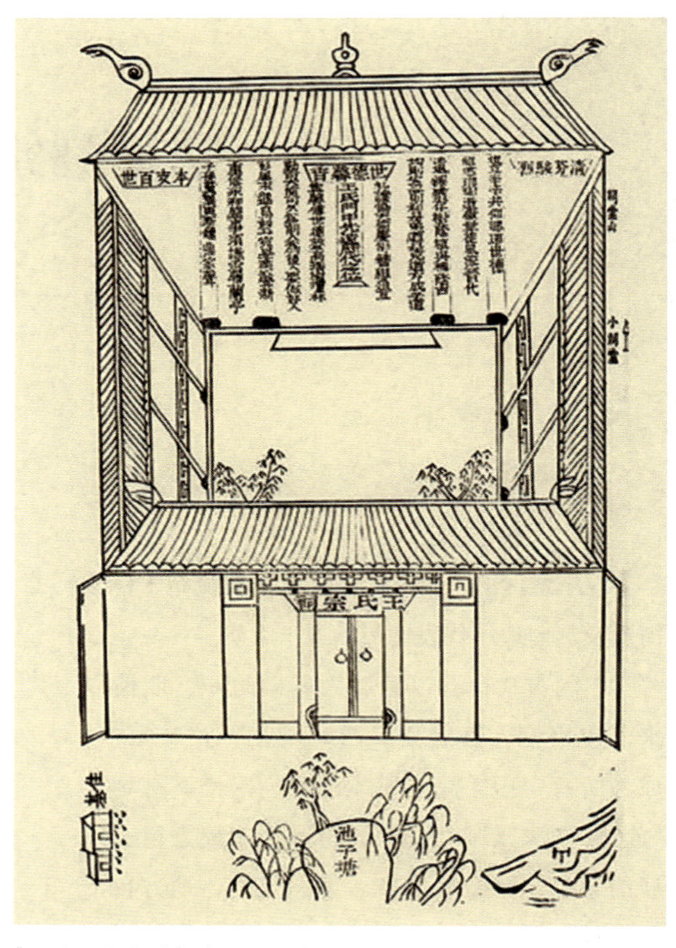

《石塘王氏宗谱》中的王氏宗祠图

宗谱修成以后，一般以房支数量为标准印刷4—10份，编成诸如“仁、义、礼、智、信”等不同字号，将字号及领谱人记于谱上，由各房支的长子保管。此外,祠堂须保留一份,称“公谱”,不记字号，永久保存，世代相传。待到下次重修时，则就原谱增加内容，一般除错字外，原则上不可删减涂改。

历史传承

作为中国历史上宗法制度的产物，宗谱在先秦时便已出现。到了三国魏晋南北朝时期，由于世乱与迁徙，江南贵族门阀制度日盛，修谱之事在上层迅速流行起来。为了防止冒伪攀附的情况，当时的朝廷甚至官修谱牒。如东晋孝武帝时贾弼之曾“大搜群族”，作成《十八州士族谱》712卷；南齐王俭增广贾弼之书，成《百家谱》；梁武帝命令王僧孺修成《十八州谱》，还将东南诸族谱系另作一部《东南谱集抄》，均具有很强的政治色彩。这种趋势一直延续至唐代，颜真卿晚年书法的代表作《颜氏家庙碑》，事实上就是颜氏宗谱，由此可见宗谱在士人心目中的地位。

宋代以后修谱行为趋于民间化，情况发生了变化。此时的宗族和政治选官之间失去了直接关系，修宗谱随之去官方化，成为一种私人行为。以朱熹为代表的思想家，主张以强化伦理道德来维护封建家族的秩序，民间修谱日盛，编纂结构定型。明嘉靖十五年（1536），明世宗采纳夏言奏议，允许民间建立家庙，修宗谱活动更加普及。其后，宗谱刻绘技术逐渐成熟，流传至今的宗谱，大多完成于明清时期。

江宁境内修谱十分普遍，为光宗耀祖，多请著名文人题署谱序（真伪待鉴），如清乾隆年间，江宁王墅孙氏续修族谱，卢文弨撰序；清末，江宁元山李氏续修族谱，汪士铎撰序。到了民国时期，大族修谱更是此起彼伏。如下王墅的孙氏再次续修族谱，丹泉市后杨柳村佘氏重修宗谱，1929 年龙都镇蔡村、王侯墩的蔡氏续修宗谱，等等。修谱活动方兴未艾，这也反映出江宁地区宗谱刻绘技艺达到了相当高的水准。

当代影响与价值

长期以来，江宁地区有着刻绘宗谱的传统，使得大量的宗谱实物得以保留至今，其中较知名的有汤山《曹氏家谱》、山阴村《王氏家谱》《业氏宗谱》等。这些宗谱为研究地方历史，尤其是一些大族世系提供了极其宝贵的文献资料。最具代表性的例子是 20 世纪 90 年代在铜山山阴村发现的与王羲之家族有关的《王氏宗谱》。据此谱记载，东晋书法家王徽之晚年很可能隐居于今禄口街道铜山社区山阴村一带，山阴王氏家族即王徽之的后裔。

除去史料价值以外，宗谱中保留的许多家规家训，在今天看来仍具有一定的现实意义。对这

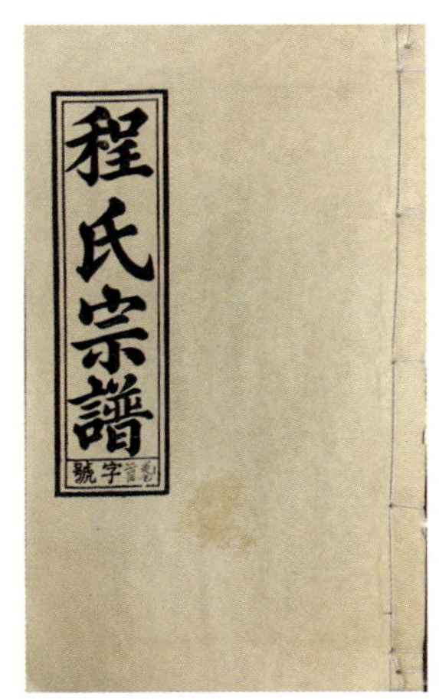

《程氏宗谱》

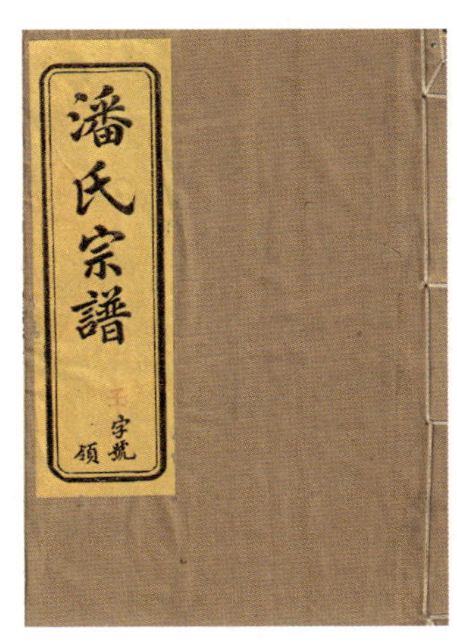

佘村《潘氏宗谱》

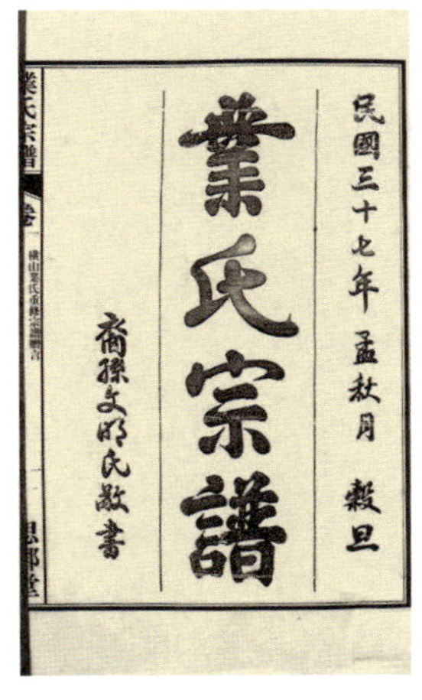

横山《业氏宗谱》

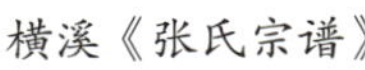
横溪《张氏宗谱》

些内容的发掘与传承，有利于弘扬中国优秀传统道德和文化。此外，宗谱还具有凝聚家族的特殊功能。当然，新时代的宗谱也需要与时代的发展相适应，在做好传统家族文化传承的同时，也应当提倡在体例、内容等诸方面的创新，以突出现代人的精神文明追求。

由于传统宗谱的编写理念在于维护伦理纲常，过去修谱的一些规范与当代的社会观念已然不相符合。如旧时修谱，家中女子不能入谱。嫁入家族的女性，其姓名、籍贯等基本信息虽可入谱，但不做生平简介，不记年表，反映了古代男女地位的不平等。如今女子入谱的现象则十分普遍，从女儿到媳妇均可载入，对于考上大学的，还附有简传。

2018 年 12 月，宗谱刻绘技艺被列入江宁区第二批非物质文化遗产名录。

铜井挂面制作技艺

基本概况

铜井挂面加工制作技艺，流传于江宁街道的铜井一带，主要集中在星辉社区内。知情者严荣文、严荣发等。

挂面本是北方的主食，相传由北方籍八旗驻军流传到铜井松元村一带。其制作工具如圆盆（也可用缸或钵）、案板（要求台面光滑平整）、面槽（用砖砌成地笼或用木材制成箱体）、举头（与竹筷插接的构件）、竹筷（即面竹，长约 40 厘米，直径 0.8 厘米），此外还有切刀、油纸（今用薄膜）、草席、木凳、晒面架等，都有一定的北方特色。因为是全手工制作，所以形成了一些专门制挂面的村落。

其制作工序有和面、划条、抻小条、上竹、挂面、晒面、包装、保存等，总体来说就是利用面的韧性将大面团逐步变成细条的过程。从全世界范围来说，与意大利面条的制作也有相类通的地方。因口感追求的劲道与黏性各异，所以各地有各地的小讲究，其中晾晒、发汗等环节需依靠自然条件，故其加工制作会在一定程度上受到季节、气温、天气的制约。

以下分八步介绍铜井挂面的制作：

第一步，和面。按小麦粉（七五粉或八〇粉）50千克，清油0.3—0.35千克，食盐0.35—0.7千克，清水 30 千克的配方取主、辅料。将食盐溶于水中（气温高时，盐和水应略多一些），放入圆桶（盆）和面，搅拌均匀。20 分钟后取出放在案板上揉成方形，称之为“铺条”。

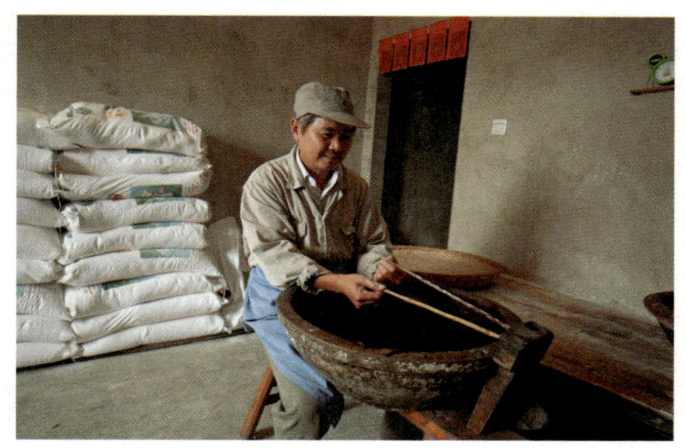
制作挂面

第二步，划条。将案板上揉好的方形面划成 10 条左右，搓圆，擦上清油，放入圆盆中，盖上薄膜，静置一小时左右。

第三步，盘大条。将划好的条从圆盆中取出，放在案板上，搓成直径 3 厘米左右的大条，将所有的条接成一根，每层之间擦少许清油，盘成草帽形，即所谓的盘条。在案板的一端静置 7—8 分钟。

第四步，盘小条。在案板的另一端放好精粉 2—2.5 千克（面粉、淀粉各半），将案板上盘好的大条搓成直径 1 厘米左右，盘入圆盆中。每盘完一层，擦少许清油，从边上盘至中心，由中心再盘到边上，反复进行，直到盘完，盖上薄膜静置 4 小时。这一步静置的时间较长。

第五步，上竹筷。先将举头插在圆盆边缘，再将两根竹筷插在举头上，取圆盆中小条绕在两根竹筷上，每绕三周，要马上拽一次，拽长达 20 厘米左右。然后立即放入面槽内吊起，一根竹筷架在面槽缘上，另一根将面条吊在槽内。每根竹筷相距一厘米，然后盖上草席，进行发汗（闷一下）1—2 小时。

第六步，挂面。将发汗后的面条取出放在面板上，抖撒一些扑粉，然后将面槽内下端吊着那根竹筷，插入面桩上端的孔内，将面轻轻往下拽，拽至 40 厘米后，用扑粉分离一次，以免黏结在一起。然后继续再拽，再分离，拽至 80 厘米时，从面桩上取下，放在案板上，再抖撒一次扑粉，取下竹筷，将面条自然吊在面槽内，发汗 1—4 小时，即可取出晾面。

第七步，晒面。将面条从槽内取出，放在晒坎上的面架晒干。其做法是将面槽内面条提拢到面架上，用一根竹筷插在面架上的第二排孔内，另一端用双手将面条拽长至 160 厘米左右，再将下端的一根竹筷插在旁边的一个孔内，这样反复操作，有十多竹筷后，站上高凳，将这些竹筷取下，插在第三排孔上，边插边拽，拽至插入的第一排孔为止。这样反复进行，直至拽完，晾晒 1—2 小时后面条成形。若立得起，折得断，就算晒好了，马上收回，放在面板上，准备切断包装。

最后一步，即包装、保存。将面条切断，按一定的长度和重量放入包装袋或包装盒内，贴好标签，放在干燥、避风之处储存。

由于精粉制作工艺独特，铜井挂面具有面色白、有韧性、耐煮、耐存等特点，不但食用方便，而且口感爽滑绵软，清香可口。与其他主食相比，它更易消化吸收，有改善贫血、增强免疫力、平衡营养吸收等功效，深受广大百姓喜爱。

除了极佳的风味，在江宁地区传统的民俗文化中，挂面亦有重要的地位。每逢大年初一，家家户户都以清汤素面配素什锦菜作中餐为传统，沿江一带的人家有时在晚餐亦食用面条，有吉祥如意、长久顺利的美好寓意；在妇女坐月子时，营养丰富、易于吸收的挂面，常与家禽、鸡蛋、汤圆一起被客人作为礼品相赠；家中来客人时，以挂面招待有希望客人常来常往的寓意;做寿时，以挂面作为赠礼，则又有祝愿长寿的含义。所以挂面与江宁的不少民俗都有交集。

历史传承

扬州八怪之一的高凤翰，于乾隆四年（1739）所作的《洪坑挂面歌》云："洪坑挂面素奇杰，百匣一价无匹前。是谁匠手弄聪明，至今掉破歙人舌。皎如河上神明宰，寸寸冰心狎霜雪。密如管鲍故人情，缕缕丝丝难到绝。我来正值三秋月，客里行厨冷如铁，垂馋此物若猪豣，口内余涎滴不竭。想凭钝墨乞将来，白水煮教银浪澈。吃到撑肠拄杖时，细对黄花淡晚节。南国木人泣暮年，

制作挂面的案板、陶盆及竹筷等工具

晒面

西园公子艳神仙。那知壮悔营前水，还上春灯谜裹船。”语颇浅易而老饕之态毕现，描述了挂面的色白与细密。

今天留存最早的挂面影像，是1910年代广州人留下的。他们赤膊坐在条凳上，在竹匾篮里娴熟地盘小条，接着在齐手高的梯形举头上绕竹筷，动作十分舒展，也丝毫不顾忌面条已经拖到了地上。其竹筷的长度也与江宁近似。最后是在面架上抻面，面条就这样制成了。

制作完成并包装好的铜井挂面

多年来，星辉松元村的挂面在江宁及其周边远近闻名。据传，铜井挂面加工制作技艺是清初屯兵于此的北方籍八旗驻军流传下来的，至今大约已有300多年的历史。早期的铜井挂面制作技艺，流传范围不广、制作户数有限，仅在严氏家族中传承。严家长期只对外卖挂面而不外传手艺，直至新中国成立后方逐渐外授，于20世纪80年代传至松元村，目前全村有40多户人家从事该技艺制作。

近年，铜井挂面制作由原来的一村到多村，几户到几十户、上百户，有的村庄成了闻名的专业村。这一传统技艺的掌握人数不断上升，影响范围不断扩大，并有部分农民经纪人把铜井挂面注册成品牌，精心包装，使产品远销上海、皖南和江苏各地，其中比较有代表性的有“肖仁义”牌手工挂面。

铜井挂面加工制作技艺在严家已传至第四代传人严荣文。他1952年出生，20岁跟叔父严大旺学习做手工挂面，先在林业面坊带领徒弟4人，然后在家中自办手工面坊，带徒3人。严荣文的徒弟有严福华、王武、吴志才、杨其根等人。严荣发，1965年出生，初中毕业后随堂兄严荣文学习做手工面，后在家中自办手工面坊。

当代影响与价值

过去每逢冬春时节，铜井周边经常能见到有人肩挑一担担挂面在农贸市场销售，这些挂面在市面上往往十分畅销。铜井挂面仍然能在市场上流通，这是一大不可忽视的优势，也发扬了其经济价值。

铜井挂面加工制作技艺在传承过程中也存在

一些问题，主要包括：纯手工制作劳动强度大，产量不高，费力耗时，受季节温度影响，经济效益不高，对年轻人缺乏吸引力；只限于单一的普通挂面生产，没有花色品种，如何满足多样化需求，做出不同风味的挂面，尚待进一步研究、开发。

此外，铜井挂面的品牌管理意识偏弱。现在挂面品牌的经销人都为外村、外地人，掌握技艺的个体手工业者往往只是单纯地加工产品，品牌的文化内涵有待培养，产品的附加值有待提高。铜井挂面是农村的经济产品，在很多方面既不能满足巨大的产能，也无法适应日渐新潮的时尚。在江南到处都有手工挂面，铜井挂面无法呈现出强烈的地域特色，也无法像“老干妈”“老娘舅”等进行品牌化运作，甚至走出江苏省，走出国门。

近两年来，南京的餐饮连锁品牌“南京大牌档”以其成熟的运作模式、经典的南京—淮扬地方菜口味、亲切感十足的 Logo，成功进入新加坡，号为国际化的南京品牌。反观铜井挂面，目前还处在单一化小卖部的营销模式，若能积极寻找到能够满足市场的兴趣点，积极发展商业模式，或可找到一条企业化的道路。

反观民间，挂面制作技艺在江宁区域内普遍存在，很多人都会做，随做随吃，方便健康。面的发酵度和口感，使用哪些配料，全是自己掌握。特别是配多少盐，对于口感有一定影响，各人都有自己的吃口，自己掌握则更合心意。所以民间制作自有其优势，更有其广泛的群众基础。

2008 年 3 月，铜井挂面制作技艺被江宁区人民政府列入第一批江宁区非物质文化遗产名录。

陆郎茶干制作技艺

基本概况

陆郎茶干制作工艺，据传已有约200年历史，主要流布于江宁街道陆郎集镇及其周边地区，特别集中在河西社区陆郎桥西一带。

茶干是以大豆制成的佐茶食品，俗称豆干。旧时陆郎周边地区交通不便，经济欠发达。每逢过年，贫苦人家只能做些豆腐充当佳肴。为了便于存放，他们将新鲜豆腐卤成咸辣味，再用稻草烧火烘烤，烘过再卤，卤过再烘。如此重复几次，新鲜豆腐就变成了豆干。这种豆干色如棕栗，食之香辣可口，渐成特色，于是一直留传至今。

陆郎茶干可经七步制成：

第一步，选取优质大豆，经清洗干净后，入水浸泡6—8小时（具体时间长短视当时气温而定），使之膨胀；

第二步，将泡好的大豆放入碾豆机（须适当加水），磨成豆糊，再经甩浆机，把豆糊分离成豆浆和豆渣；

第三步，把豆浆放入锅炉内煮沸，再舀入木桶内；

第四步，将适量的熟石膏粉（或盐卤）加水搅匀后注入豆浆，用勺子搅动，使其与豆浆相溶而不沉淀，待蛋白质凝固，形成豆腐脑；

第五步，冷却半小时左右，将豆腐脑放入铺好布片的豆干格内，再把布片折叠将豆腐脑包好，等装满一木框后，拿去小豆干格，盖上与木框等大的木板，加压后可榨出水分，直到再不出水为止，即可制成较硬的白豆干；

第六步，将白豆干入锅水煮，水中加入桂皮、

韩大南茶干

陆郎茶干

陆郎茶干传统加工制作

丁香、八角等多种香料调味，并放进约黄豆粒大的黄栀一块或酱油少许（做外皮颜色），其间不断去除水面浮沫，至有半数左右的豆干浮上水面时，即可捞出，冷却收水，得到成品；

第七步，将成品装入食品袋，用真空机封口（这样包装的茶干，保质期长达 6 个月），封装后以 120℃蒸气高温杀菌即可。

如此制成的陆郎茶干，具有形状均匀、色泽棕褐、饱满润泽、咸甜香辣、口感细腻、味道鲜美的特点，是一种理想的低脂肪、高蛋白食品，具有很高的营养价值。在食用方式上，陆郎茶干既可以用来配菜，又可用作茶点，是居家佐餐、外出携食和馈赠亲友的佳品。

历史传承

江宁产出的茶干，在清代已有盛名。明清时期赞誉江宁地区小吃中的佳品，有“江宁八绝”之说，五香茶干便列于其中。

在清乾隆年间，江宁茶干以牛首山出产者为最佳。袁枚的《随园食单》中专门列有“牛首腐干”条，便称“豆腐干以牛首僧制者为佳，但山下卖此物者有七家，唯晓堂和尚家所制方妙”。而在《随园食单》成书前约半个世纪，以南京为背景创作的《儒林外史》亦提及牛首山豆腐干，在小说的第五十五回中，盖宽与邻居老爹到大报恩寺琉璃宝塔背后的一个茶馆里吃茶，两人一边闲聊一边“又吃了一卖牛首豆腐干”，这才交了茶钱走人。可见，牛首山豆腐干为当时的金陵招牌茶点，普通茶馆里都有销售，并不是做菜用的普通豆腐干。

晚清时期，牛首山寺庙毁于战火，牛首腐干也随之消失，代之而起的是白塘豆腐干。《金陵物产风土志》记载：“江宁乡白塘有蒲包、五香各干，以秋油干为佳。秋油者，酱汁之上品也，味淡可供品茶，故俗呼茶干。”在表达个人对秋油酱喜好的同时，作者陈作霖还解释了茶干这一名称的由来，与其味道清淡而适合在品茶时食用有关。

民国时期潘宗鼎写成《金陵岁时记》，其中有：“雨花台山半有永宁泉茶社，佐茗之具盛，称梅豆，其法以黄豆和梅子拌糖煮之，最饶风味。亦有售善桥秋油干者，谓之茶干。”同样提及了秋油酱茶干，并将其归类在伴茶吃的小食中。从售卖方式上，以上多见于茶馆内贩售，而在老照片中，既有在豆腐摊上贩售的，也有小贩挑着扁担走街串巷的，有时在街边摊开，将竹篓里的豆干平铺在竹匾里叫卖。

二十世纪六七十年代，旅居香港的南京籍著名作家叶灵凤在《北窗读书录》中忆及家乡食品时，对江宁茶干也颇费笔墨：“蒲包干是圆形的。大约制时是用‘蒲包’包扎而不是用布包扎的，制成后上面有细细的篾纹，所以称之为蒲包干。五香干是普通制品，秋油干则是特制品，黑而且硬，最耐咀嚼，可以送茶送酒。相传金圣叹临刑时所说，伴花生米同吃，滋味不殊火腿者就是此物。”由此，江宁茶干的美妙滋味可见一斑。

与此同时，大画家也兼为著名老饕的张大千旅居台湾，晚餐前会给他的私人厨师徐敏琦亲写菜单，一丝不苟地写好当晚想吃的菜，有时还会直接批评，与厨师交流饮食心得。在他 1977 至 1979 年留下的 21 张精美菜单中，有两张与豆干有关。其一为《红煨七珍》：“红煨七珍（豆腐干、麸、笋、冬菰、腰块、木耳、腐皮）、椒麻豚蹄（红油）、虾米烩百叶、蚝油肚条、奶汤绿菜花、粉蒸排骨、六一丝、狮子头、黄鱼煨面、酥肉汤、包饺。”近八十岁的张大千，吃东西仍然相当油腻。还有一张《白豆腐干》：“（一）白豆腐干、烤麸、冬菰、笋、腰块（由上可知，当为红煨）；（二）狮子头；（三）六一丝；（四）虾米千张；（五）粉蒸排骨；（六）黄鱼煨面；（七）蚝油肚条；（八）奶汤菜花；（九）凉拌猪蹄；（十）酥肉汤、包饺各上。”这可为豆干的历史添上一段佳话。

时至今日，陆郎茶干已成为江宁茶干的代表。其主要传承人有韩家第三代传承人韩厚宝、第四代传承人韩传明等。韩厚宝，1945 年出生，从艺前在生产队务农，改革开放后，拜韩忠诚为师，继承祖业，开起了豆腐店，制作茶干，一干就是 30 多年，如今有意让其女继承。韩传明，1976 年出生，其曾祖父、祖父和父亲三代均从事茶干制作。他高中毕业后继承父业，经营豆腐坊，并聘请伯父韩厚俊作技术指导，因此，他做的“五生茶干”，很快在陆郎地区出了名。

茶干生产主要集中在陆郎河西社区桥西一带，一共四家。韩大南茶干为其代表，各家茶干配料从不示人，世代相袭，其制作技艺大都处在后继乏人的窘迫境地。

当代影响与价值

早期陆郎茶干的销售，一般集中于陆郎当地市场，附近的老客户一般主动上门购货。近几年，在韩传明苦心经营、不断创新、研发出多种口味的陆郎茶干的基础上，还开设了淘宝店、微店，进行线上销售，拓宽了销售渠道。除了磨浆借助电动机器外，陆郎茶干的其余各道制作工序均遵循传统手工制法。此外，生产量相对较大的陆郎加工厂，通过分设代销点、自备专车供货的方式，形成了范围较广的销售网点，在增加陆郎茶干销量的同时，扩大了产品知名度。据统计，在 2011 年前后，陆郎茶干的年市场销售额已经达到了 300 多万元，纯利润在 30% 以上，这一特色产品每年可给当地的农民专业户带来超过 100 万元的收入。可见其经济价值还是大有挖掘潜力的。

2008 年 3 月，陆郎茶干制作技艺被江宁区人民政府列入第一批江宁区非物质文化遗产名录。

羊糕制作技艺

基本概况

羊糕又称羊肉冻，是以羊肉为主材制成的入口即化的卤菜。羊糕制作技艺，主要流布于江宁街道的陆郎和朱门社区。

俗话说，“冬吃羊肉赛人参，春夏秋食亦强身”。在我国，羊肉被认为是助元阳、补精血、益劳损的食中佳品。朱门地处丘陵，气候宜人，雨水充沛，养殖出的山羊肉质细嫩、绿色健康。以此做成羊糕，鲜香可口，晶莹透亮，状如膏脂，没有膻味，颇为适口。

传统工艺加工制作羊糕的大体流程如下：

首先挑选健壮无病、放养 1 年以上的地产优质山羊（公羊最佳，不用幼羊和待产羊），宰杀后剥皮剖腹、去除内脏，再用砍刀将羊体切割成中块，放入水中泡洗干净，下锅煮至八成熟时取出。待冷却后，拆骨取肉，再把拆骨肉放进原汤汁里，恰到好处地加入食盐、佐料，用文火煮熟，然后停火降温。冷却后将羊肉和汤汁一起倒入箱套中，使其自然凝成固态，即成羊糕。羊糕制成后，可用油纸或食品袋包装，也可不包装，随切随售。过去没有搪瓷的箱套，就倒入有花纹的木模，好切好拿。

由于气温原因及生产工艺要求，传统的羊糕制作具有一定的时令性，只有在冬季（一般在 12 月至来年 2 月）才适宜进行羊糕加工，与此相似者还有猪头肉糕。羊糕属冷菜，可以直接食用，也可切片后蘸辣酱、醋等调味料，口感鲜嫩润滑、入口即化。以绿色羊肉制成的羊糕，油而不腻，具有丰富的营养，食之不仅可以驱寒保暖、强身壮体，还能养颜美容，是老少皆宜的冬令食

江宁山羊

羊糕

补佳品。

目前江宁地区的羊糕制作技艺传承，以朱门羊糕、陆郎羊糕为代表。陆郎羊糕，在当地与茶叶、茶干并称三大土特产。朱门羊糕制作技艺世代相传，历经几代人的努力，产品质量不断提高。到了第五代传承人贾德龙，随着经济的飞速发展，市场需求量越来越大，其生意格外红火，并发展了周边地区的几家制糕作坊。

传承人贾德龙，1957 年出生，他的父辈一直经营小吃和卤菜加工，在当地小有名气。贾德龙高中毕业后，跟父亲学习卤菜制作技艺，并在朱门集市设摊销售，一干就是 20 多年。他做的羊糕口味纯正，远近闻名，许多外地人慕名驱车前来购买。

传承人刘良才，1968 年出生，自幼对制作卤菜颇感兴趣，闲暇时常到制作卤菜的人家玩耍，细心观察卤菜师傅们制作卤菜的方法，并默记在心，渐渐掌握了这门手工技艺。改革开放后，他在家办起了卤菜作坊，并在朱门摆起了卤菜摊，他所做的羊糕质优味好销路广。

历史传承

羊糕在清代开始流行。乾隆时人彭元瑞的《恩馀堂辑稿》有《冬庖八咏》，其中便有一首《羊糕》：“煮石成泥合月麋，初平牧罢付庖治。扬汤止沸坚凝湆，持斧敲冰冷沁脾。苏武何为空啮雪，刘郎不敢漫题诗。无分关内侯都尉，畴昔之羊则有皮。”诗中“扬汤止沸坚凝湆，持斧敲冰冷沁脾”一句，生动地记叙了取冰降温、使肉汤凝固成羊糕的过程。同时期的黄钺有唱和，首联“烂煮肥羊作淖糜，微分畛域借刀治”写制作过程，与今天一脉相承；“通明不效黺留骨，甘美浑如蜜割脾”则写羊糕极佳的色味，叙述其形态晶莹剔透、不留骨头，味道又甘美如蜜。足见在清人心目中，羊糕绝对算得上是冬季美食了。

制作羊糕

制作完成的羊糕

齐学裘《见闻随笔》收录了苏州画家黄榖原的轶事，说他在嘉庆初年考得主簿官职，被选入内廷，在画院中监督各画师作画，每天能够得到半斤羊糕作赏赐，可见连清宫食谱里也有羊糕。江宁也正是在此时有了羊糕。

民国时期，大量西方菜肴传入中国，肉的烹饪方法更趋多样。1938 年某期《申报》中说："西洋人吃羊肉，却偏偏爱膻气，据说没有膻气，味儿就不美，足见东西方好恶之不同啊。红烧羊肉冻结之后，切成片片，称为羊糕，早上拌在香粳米粥里同吃，其味很是不错，大家何妨试试！"即将羊糕当成一种国粹向公众推广。

江宁地区的羊糕，据传为贾乘福的父亲（佚名）首制，他从山东逃荒到朱门镇落脚，觉得朱门周围山清水秀，是个饲养山羊的好地方，便开始养羊并制作羊糕，至今已有 200 多年历史。其后子承父业，贾承福做的羊糕也广受欢迎，朱门人特别爱吃，因此他家的羊糕生意红火。贾家制羊糕的手艺代代相传，只是在战乱时期和"文化大革命"期间，一度停做。改革开放后，第五代传人贾德龙重操旧业，使这项传统技艺重焕生机。

当代影响与价值

对于羊糕制作来说，进一步发展壮大以形成规模经营的需求客观存在。长久以来，羊糕都是当地红事白事宴席上必不可少的一道名菜。以 2014 年为例，单贾德龙一家在冬季便售出羊糕近千斤，获得销售收入三万多元。随着现今经济的飞速发展，羊糕的市场需求量越来越大，产品越发呈现供不应求的态势，但产能却难以维持一定的市场规模，其经济价值也有待进一步开发。羊糕在冬季之外的其他时令若能畅销，使"扬汤止沸坚凝湆，持斧敲冰冷沁脾"的羊糕

制作羊糕的模具

制作羊糕的工具

走向春夏，也需要在饮食方式、品饮方式上进行创新。

如今的月饼，已经开发出抹茶、鸭蛋黄、玫瑰、四季春等年轻人喜闻乐见的新口味，加上富有设计感的包装盒，在中秋节的特殊时令进行重点推广。虽然只有中秋前一个月的营销时间，但仍能体现彭元瑞诗中的那种传统节日感，有独特的审美价值。相比之下，羊糕卖的时间一般持续到春节之前的整个冬季，比中秋节长得多，所以关键仍然是结合当下的市场，去研究消费者的心理，这才能让传统羊糕制作技艺一脉相承，服务人民大众，发挥出更大的价值。

2008 年 3 月，羊糕制作技艺被江宁区人民政府列入第一批江宁区非物质文化遗产名录。

丹阳羊肉面制作技艺

基本概况

丹阳羊肉面加工制作技艺，流行于有“小丹阳”之称的江宁区丹阳集镇、马鞍山市博望区丹阳镇一带。

相传丹阳羊肉面自清末时开始流行，距今已有百年历史。丹阳羊肉面是江宁独具风味的名特餐饮，该面配料讲究，味道鲜美，营养丰富，在当地为冬季滋补的佳品，有一定的开胃健身、补血益气功效。

传统的丹阳羊肉面加工制作技艺共分六步：

第一步，将新鲜羊肉用开水浸泡，去骨，放入锅中煮熟后取出；

第二步，将取出的大块羊肉切成小块，入锅中红烧；

第三步，待烧熟后加入生姜、八角、干椒、葱、香叶、草果、白芷等作料，小火焖1小时；

第四步，向锅中放入各种配套食材，例如虾仁、肉松、鱼、豆腐、蛋皮、木耳、香茶、皮肚等；

第五步，待烧好后，把大锅羊肉放入木炭炉上加热；

第六步，把面条在水中稍煮一下，捞起后放进木炭炉上的锅内，边煮边吃，这就形成了风味独特的丹阳羊肉面。

丹阳羊肉面最大的工艺特点即在于采用生铁锅、木炭炉，羊肉面必须用这些传统器具加热，才能有越吃越香的特殊风味。火锅的炉子是用黏土烧制的，燃料是泾县上等木炭，不冒烟，后改用搪瓷酒精炉或不锈钢燃气炉。由于边煮边吃的吃法，丹阳羊肉面又有“小丹阳火锅羊肉面”之称，市面上销售的一锅羊肉面便可供一家三四口人食用，经济实惠、价廉物美，是日常阖家餐饮的上佳选择。

依照传统，经营丹阳羊肉面的店铺每年一般从十月份开始营业，至次年三四月份中止，具有一定的时令性。因此羊肉面往往一面市便生意兴隆，食客络绎不绝，不论本地群众或外地人，均以吃到小丹阳火锅羊肉面为快事。

小丹阳当地的山羊

制作羊肉面

擀面

历史传承

由于传统运输依赖水运，明清时期的小丹阳成为水陆交通枢纽。便利的交通条件，促成了丹阳市场的繁荣。据传，清末定居在丹阳东桥渡江边的马家，利用有利条件开设了一个茶馆。马家的两个女婿李明明和李道清了解来往顾客的口味，在茶馆内开设了一个面食店，并在面条中加一些羊肉。因口味独特，深受顾客喜爱，羊肉面生意渐有起色，经不断研制改进，形成了火锅羊肉面，其传统的做法也一直延续至今。这便是丹阳羊肉面制作技艺的由来。

1956 年以前，小丹阳镇上曾有十多家面馆，其中以陈、熊、马三家较为出名。“文化大革命”时期，由于养羊业被作为资本主义的尾巴砍掉，传统羊肉面受到冲击，经营者寥寥无几。随着农村经济改革政策的落实，1984 年 10 月，中断了 17 年之久的羊肉面，又焕发了生机。1990 年，镇上供应火锅羊肉面的店家已增至 11 家。进入 21 世纪后，丹阳羊肉面扩张至其他地区，在南京市区、江宁东山及横溪均有丹阳羊肉面的专营店。

制作羊肉面的食材

制作完成的羊肉面

江宁农户在食用羊肉面

目前，掌握技艺并经营丹阳羊肉面的传承人代表有郭启后、郑小敏、李学康等。

当代影响与价值

作为具有独特风味的冬令食品，丹阳羊肉面加工制作技艺具有商业开发的价值。现在每逢冬季，丹阳街上都有多家面馆经营丹阳羊肉面，前来品尝的游客熙熙攘攘。它不仅在江宁知名，据说也已走出国门，销往海外。

现代人亚健康的状况越来越普遍，在木炭炉中边煮边吃羊肉面，对人们有滋补功效，有强身健体的价值。特别是其面条配料讲究，在冬季时令摄入，可以补血益气、健胃强心。对老年人也有较好的温补作用，可维持环境与机体的生态平衡，增强机体的适应能力，提高机体免疫力。

2008 年 3 月，丹阳羊肉面制作技艺被江宁区人民政府列入第一批江宁区非物质文化遗产名录。

香肚制作技艺

基本概况

香肚制作技艺，主要流布于汤山街道。传承人戴佩。

香肚是南京当地的一道特色名吃，又叫小肚、腊肚、冰糖小肚，自清同治年间已经出现，至今已有120年左右的历史。在盛夏时节，暑热难耐，品尝一碟薄如蝉翼、红白相间的香肚大有提振精神、开胃健食的作用。

民国南京人称香肚为“冰糖小肚”，而其配方中并没有冰糖。这一美名的来源是什么呢？其实是它的口味，由于传统香肚选料质优、腌制精细、上口鲜香、盐糖等量，所以久嚼之后，有甜津津的回味，如加入冰糖一般，让人经常想念。制作香肚的鲜猪肉，一般以四成肥六成瘦或三成肥七成瘦为佳，虽也加入用火焙黄研成细粉的八角、花椒、桂皮等香料，还加入麻油、硝酸钾或硝酸钠，但起主要作用的是食盐和白砂糖。据测定，江宁香肚一般含蛋白质27.5%，脂肪31.4%，糖8.3%，盐分7.6%，营养成分较为均衡。而糖分比盐还多一些，这就是“冰糖小肚”的独特之处。

制作香肚的过程分为三部：香肚皮制作、香肚装填、装后处理。

第一步，香肚皮制作。取新鲜的猪膀胱，将附着其上的血管等去尽。整理完毕后，单张皮子约重12.5克，取5千克皮子，以0.5千克食盐分两次进行腌制。第一次用全盐的七成，将皮里皮外涂抹均匀，然后逐个放在缸中，用盖盖好。待10天后，进行第二次抹盐，将剩余的三成盐全部抹上。3个月后，从盐卤中取出皮子，每只皮子再用约25克食盐腌制，然后放入蒲包中晾挂。如此加工后，可保证皮子2年左右不变质。

晾晒香肚

第二步，香肚装填。首先处理皮子，以大量清水反复洗涤皮子内外各6次，以洗去附着污物及残余的臊味。随后，取去骨去皮的猪肉 50 千克，切成长约 4.5 厘米、粗细如筷子的肉条，把食盐 2.5 千克、白糖 2.5 千克，八角、花椒、桂皮三种香料的混合粉末 50 克、硝 30 克同时加入，充分混合后，将肉静置于盆内。约 30 分钟后加糖，再次混合均匀。约 15 分钟后，见白糖全部溶化即可进行装肚，用细绳收束肚口。细麻绳，可事先断成 32 厘米长，一根可扣住两个香肚。

第三步，装后处理。首先，将制成的香肚进行晾晒，日晒时间视时令而定，冬季加工须晒 3 天，一月至二月加工则只需 2 天即可。日晒以后，将香肚挂在通风干燥的房间天花板下，可从一月挂到五月。最后，将晾好的香肚每 4 只扣在一起，层层叠叠放入缸中，每 100 只用约 1 千克纯麻油搅拌均匀，以防长霉、生虫。再确保每只香肚外表均涂上一层薄麻油后，盖上缸盖即可。

由于制作过程中须借助自然晾晒，传统的香肚制作时令一般集中在农历十月至次年二月间，以十二月为佳。南京冬季时间长，温湿度适宜，为香肚的制作提供了得天独厚的条件。香肚制成后，一般可贮存 6 至 8 个月时间。在店铺中贩卖的香肚，规格分大、中、小三级：大号重 12 两，中号 8 两，小号 6 两。

香肚如何烹饪呢？一般要先放在清水中浸泡，以去浮灰。其后，将香肚放入锅中加水煮沸，沸后改成微火，焖 40 分钟至柔软后取出。等到香肚凉透，以刀切成两半，剥去外皮，再切成薄片，即可食用。

依江宁及南京旧俗，筵席上放香肚的地方就是首席，所以香肚又被称为“独居尊”。传统技艺制成的香肚，形如苹果，娇小玲珑，肉质紧实，红白相间，切片可“薄如蝉翼”，吃起来香嫩爽口，略带甜味。它既是日常生活中的佐餐佳品，也是宴席上必备的冷盘菜品。因可长时间存放且携带便利，香肚也成为游客纪念品的上选。

历史传承

据传清同治年间，南京市场上已有香肚销售。一家名为“周益兴”的火腿庄，在前人香肚制作经验的基础上，改进了香料配方和工艺，做出的香肚腊味醇厚，味美不腻，咸中略甜，鲜嫩可口，成为当时南京香肚作坊的代表。民国文人张通之在《白门食谱》中说：“周益兴之开在彩霞街，八十余年矣，分号在承恩寺南首。其小肚之著名，闻于江南北，远处人亦知之。予闻其制法，选肉去筋，肥瘦适宜，加上等香料拌合，以清洁之肚装成，腌至透味时期，始行出售。不到其时，虽远处来购，不卖也。其经种种之精究，乃得有佳味。外间传为冰糖小肚，其实并不在此。”由记载可知，当时“周益兴”制作香肚已经深得其法，对香肚成品的质量把控严格，在大江南北远近闻名。

“周益兴”制售的香肚，作为南京特色产品，于 1910 年和 1929 年先后参加了清政府举办的南洋劝业会及国民政府举办的西湖博览会，在展会上广受赞誉嘉奖。这一时期，南京香肚远销香港、东南亚等地，知名度与影响力波及海外。

抗战爆发前，南京地区经营香肚的店铺，高峰时有 30 多户，最高年产量达 40 万只，各地店铺多有仿制。其后，由于长年战争的影响，香肚的销路变窄，产量和质量都趋于下降。新中国成立以后，在人民政府的关怀下，江宁香肚的加工制作在保持原有风味特色的前提下，改进了配方和工艺，增加了部分辅助性的机械设备，在生产能力、产品质量方面都有进一步提高。

当代影响与价值

江宁及南京地区生产的香肚，旧以“腊梅”牌最具盛名。1981 年，南京腌腊加工厂生产的腊梅牌南京香肚，被评为商业部优质产品；1984 年复评，再次获得商业部优质产品称号；1994 年，腊梅牌香肚荣获江苏省著名商标称号。1998 年，企业由公有制改制为集体所有制（股份合作制）；至 2014 年 11 月，企业整体改制为有限责任公司，和现代企业制度接轨。改制后的南京新腊梅肉制品厂有限公司在传承香肚制作的基础上，开辟了电商等多种销售渠道，以线上线下结合的方式经营香肚这一传统美食，受到消费者的欢迎。

作为中国饮食的一道特色佳肴，早在 1980 年代已有不少专书对香肚制作技艺进行了介绍，如 1986 年新华出版社的《中国土特产大全》、1988 年出版的《中国食品工业年鉴》等。百余年来，食用香肚已成为江宁及南京本地的一种饮食习俗，其独特的风味已融入了普通民众的日常生活中。2012 年，南京香肚制作技艺列入南京市第二批非物质文化遗产名录。

2018 年 12 月，香肚制作技艺被列入江宁区第二批非物质文化遗产名录。

福祿壽特別貢獻

一角菜

繼續三天

本公司自發售特製燒臘鹵味以來各界惠顧擁擠不堪每致供不應求後來者多抱向隅茲爲酬答各界惠顧盛意起見仍將下列各種燒臘鹵味繼續廉售三天每盒祗售國幣二角

十種特產品

金陵油雞　五香鹵雞　五香鹵肚　南京燒鴨　南京板鴨

鎮江肴肉　五香牛肉　五香鹵鴨　五香鹵肫　五香鹵翅

地址▶南京路七四八號◀

電話▶九三三六六號◀

1938 年 11 月 2 日《新闻报》发布有关“五香卤肚”等广告

锔瓷技艺

基本概况

锔瓷技艺，流布于麒麟街道。传承人葛志文、赵明华。

葛志文是江苏省工艺美术大师，其锔瓷工作室设在江宁区麒麟街道。

锔瓷技艺，是修补陶瓷器的技术。其做法是把破裂的陶瓷器拼好，用金刚钻钻孔，再用类似订书钉的金属“锔子”嵌住抓牢，使其恢复原样，能再使用。锔瓷技艺需要金刚钻，因为瓷器的硬度非常高，其他金属钻头都无法钻孔打眼，所以民间有“没有金刚钻，别揽瓷器活”的说法。锔瓷这一行当，早年在民间被称作锢炉匠，最初是为谋生而产生的一门手艺。

中国是瓷器的故乡，瓷器以其坚硬耐磨、可持久使用等优点，得到广泛应用。然而，瓷器也是易碎品，一旦破碎就面临留之无用、弃之可惜的情形，专事修补的锔瓷技艺应运而生，在中国瓷文化中占有一席之地。

锔瓷不仅可以修复瓷器，本身就是一种装饰技艺。所用的工具有金刚钻及各类钻头，小巧精致，但不同地区使用的金刚钻构造和方法也不相同，而锔钉大致相同。锔钉完全用民间绝活锻铜工艺加工而成，有花钉、素钉、金钉、银钉、铜钉、豆钉、米钉、砂钉等，美妙绝伦。另外，锔瓷技艺包括了镶边、包口、局部镶嵌等装饰手法，可使修复后的器具有焕然一新之美感。

锔瓷技艺的基本流程步骤如下：

第一步找碴、对缝。将破损的瓷器恢复原状，准备修补。

第二步定位。根据瓷器的纹饰结构和构成，判断破损处位置的受力点，以此来确定锔钉位置、大小和数量。

第三步打孔。打孔用金刚钻，这对锔瓷人的技艺是一大考验。有些瓷器厚度就几毫米，打孔时都是毫厘之差。手要拿得稳、对得准，最好不能打穿。另外，孔要对称，不能有一点偏差。

第四步锔钉。将锔钉的两脚弯曲，分别敲进两个眼中，把碎裂部分钩住拉紧。

第五步补漏。在锔钉空隙处抹上用糯米汁与

传承人赵明华

锔瓷工具

石灰粉（或用鸡蛋清与白瓷粉）调制成的白泥，防止瓷器漏水，等干透后即可使用。

目前，锔瓷艺人在坚持传统锔瓷手艺的基础上，也适当运用一些现代工具和现代的艺术表现方式，让器物残而不破，赋予器物新的内涵，使锔瓷后的器物具有特殊的艺术之美。

锔瓷技艺的主要特征有：

1. 讲究精工细作。比如紫砂壶的锔补，因为壶壁较薄，锔钉眼的深度又要控制在壶壁的一半。这种精确到毫米的工作完全依靠工匠的手感，用力稍欠，深度不够，则事倍功半；用力稍过，壶壁钻透，则前功尽弃。再如锔钉的两只脚打入钉眼时角度要好，既保证美观，又不走形。

2. 讲究艺术美感。在碎瓷修补完好的基础上，如何使这些再生之器看得上眼，也就是要有美感。因为单纯的修补只是匠活，而修复后让其没有缺憾，就要讲究艺术。这就要求锔匠们在修补瓷器

划出打孔的位置，用电动磨头钻孔

所有钻孔完成，不能钻通

根据孔眼的位置，确定锔钉大小，开始剪钉

剪钉

时重视器具的装饰，将镶嵌、锻打等工艺融入锔补拼接中，善于运用镶边、雕花、包口、刻字等修饰工艺。

3. 讲究锔以合道。这是锔瓷技艺的顶峰，锔瓷时要求碎瓷的每一条裂纹、每一道缝隙，包括它的走势和趋向严丝合缝。工匠的匠心在于通过艺术构思，运用精湛的手艺，在残缺的器物上完成二次创作，使作品雅性自然，破碎的纹络或直或斜，亦直亦曲，状如枝蔓，形似闪电，自然而生，看似有为，却若无为，从而达到“补而不失其真，修而愈增其美”的境界。

历史传承

南朝训诂学家顾野王《玉篇》称：“以铁缚物曰锔。”锔合工艺历史悠久，被广泛运用于器物制作、建筑、造船等多种行业。锔瓷技艺应该是工匠们受到古老锔合工艺的启发而发明的，但起于何时已无法考证。宋代张择端《清明上河图》中有锔匠做活的场景。国内最早提及锔瓷技术的文献要数明万历六年（1578）编写完成的《本草纲目》。该书在介绍“金刚石”时说：“其砂可以钻玉补瓷，故谓之钻。”李时珍说的补瓷应该就是指锔瓷这门传统手工艺了。由宋代算起，锔瓷技艺至少已有1000多年的历史。

清乾隆时期，锔瓷技艺发展为两大类，即粗活和秀活。粗活，纯为民间生活用品为主的陶瓷器锔瓷修复，通常被称作锔盆、锔碗、锔大缸的锢炉匠；而另一类则是经过艺术加工，专为王公贵族、达官富户、八旗子弟们享乐而服务的锔瓷细活，即秀活。这两大类锔瓷技艺，一直流传于民间。

江宁一脉的锔瓷传承谱系从葛志文往上，可

制作锔钉

用特殊工具上钉、加固锔钉

打磨锔钉

完成锔瓷

赵明华锔瓷代表作品

追溯两代：王振海，1953 年 8 月出生，辽宁抚顺人，中华锔瓷技艺第五代传人。董郁平，1964 年 1 月出生，辽宁沈阳人，师承王振海学习修复古旧老瓷器的绝活。葛志文，1978 年 9 月出生，江苏南京人，江苏省工艺美术大师。多年来，葛志文在雕刻之余，又研习民间锔瓷修复技艺，并与锔瓷艺人董郁平多有交流、探讨、学习。赵明华，女，1978 年 5 月出生，2013 年起跟随葛志文学习锔瓷技艺。

当代影响与价值

中国是发明瓷器的国家，伴随瓷器而产生的锔瓷技艺具有见证中国瓷文化发展的独特文化价值。在对旧瓷器的修复过程中，免不了要对其历史、纹饰等进行研究、分析，这就使锔瓷技艺具有了重要的历史价值和文化价值。

陶瓷器一旦破碎就是废物垃圾，而在锔瓷匠人手里，利用绝技将破碎的陶瓷器恢复原貌，并通过锔补者的感知和二度创作，赋予它新的生命，变化成另一类独具观赏和艺术价值的工艺美术品，这就具有了不菲的艺术价值。破损的陶瓷器通过锔瓷修复，恢复了原有的使用功能，重新具备了实用价值，同时也修复了器物所承载的情感。随着时代的进步和发展，锔补好的旧陶瓷器深受国内外陶瓷器收藏爱好者和古玩爱好者的喜爱，极具收藏价值。

江宁区麒麟街道是一个历史悠久、人杰地灵的地方，吸引了众多艺术人才、民间工艺家入驻。葛志文、赵明华锔瓷艺术工作室落户麒麟，使得传统的锔瓷技艺也随之传入，扎根、传播、传承于江宁。

2021 年 5 月，锔瓷技艺被江宁区人民政府列入第三批江宁区非物质文化遗产名录。

蚕丝皂制作技艺

基本概况

蚕丝皂制作技艺，流布于南京城区及江宁地区。传承人葛金鹏。

香皂作为洁肤、护肤品，与蚕丝相融合，可为护肤锦上添花。据葛金鹏介绍，制作蚕丝皂的原料主要有蚕茧、碱、橄榄油、甜杏仁油、荷荷巴油等材料。一般机制香皂的原料是碱与动物油，需要经高温大锅煮，产生皂化的化学反应，生成肥皂和甘油。然后分离甘油，成为皂化后的另一种单独产品。如果甘油不分离，机制皂就无法成型。机制皂制作时间短，经过一两天高温加热就能出成品，而且皂里不含可以滋润皮肤的甘油。蚕丝皂与其他香皂最大的区别在于，它只能手工低温冷制作。皂化后，甘油无法被分离抽走，所以皂体内甘油含量可达20—25%，既能清洁肤体，又能滋润与保养皮肤。

蚕丝皂制作的关键是蚕茧的脱胶与水解、油碱比例、温度、硬度等。因为基本上是手工操作，虽然有的步骤有标准，但很多环节还是需要制作者的经验。蚕丝皂制作时首先进行蚕茧脱胶，蚕茧胶脱不干净，会残留淀粉、胶质。接着进行水解，因蚕茧蛋白质含量高，水解要控制温度，高温会破坏蛋白质。再按比例配油，然后加碱和蚕丝，一起搅拌。让碱、油两个分子不断地撞击，混合充分，起到皂化作用，也就是化学反应。这个皂化过程只能在 30 度左右的低温环境下进行。温度不能太低，20 度左右油会凝固，无法搅拌；太高则破坏营养成分。一定要在相对稳定的温度环境下搅拌操作，开始的四五十分钟要很快搅拌，因为油会包住碱分子，所以需要快搅打散。后面再稍微减慢，匀速搅拌，以排掉快速搅拌产生的气泡，否则浓稠以后气泡排不掉，使成品皂体产生气眼、孔洞。搅拌 5—6 个小时，会出现

制皂流程

糊状，如小奶酪一样，碱与油完全融合，没有分层状，就可以入模，放入烘房或者叫进入保温阶段。这时它是继续在皂化，而且是自然皂化，并自然发热升温，温度能升到40—42度。最后进到晾房里，皂化反应继续进行，直到中和。自然晾至大概一个星期就可以脱模了，然后切块，再进入晾房，两个月以后成形，拿出来修毛边。同时，还要测一下pH酸碱度，如果高了再继续放一放。达到标准的就可以加盖商标，进行包装。

蚕丝皂整个制作过程一般需要三个月时间。放置时间长一点，皂就会更润，更好用。但也不能太长，不像其他香皂，可以放十年八年都不会坏。因为蚕丝皂没有任何防腐剂、添加剂，用的是纯天然植物油，特别像橄榄油含量60%以上，不饱和脂肪酸等成分都保留在皂体内，保质期就只有18个月。

蚕丝皂最大限度地保存了原材料本身的亲和性，用低温制作，皂化过程中自动生成甘油，并完好保留在皂体内。甘油的作用是保湿，一般化妆品里面都会配比添加。制作蚕丝皂所用橄榄油、甜杏仁油、荷荷巴油的油脂与人体皮肤油脂相近，蚕丝里又富含蛋白质，这些都是极易被吸收的自然物质，清洁保湿，丝滑润肤。

历史传承

宋周密《武林旧事》记载了南宋国都临安有专门经营“肥皂团”的生意人。这种“肥皂团”是用皂荚树结的皂荚煮熟捣烂，和白面及诸香而成，其实不是真正意义上的肥皂。1903年，天津创办了中国第一家肥皂厂——天津造胰有限公司。南京肥皂厂创建于1943年，由12家前店后厂的烛皂坊共同集资创建。创建初期以生产洗衣皂为主。后来才逐步发展，可以生产竹炭皂、蚕丝皂、大米皂、艾草皂等各种香皂。

种桑养蚕在我国历史悠久。距今4000多年的浙江湖州吴兴钱山漾遗址出土的丝带、丝线、绢片，是世界上已知发现的最早丝织品。蚕丝是非常好的亲肤物品，其蛋白质含量高达97.34%，还含有少量的油脂类、无机物等。蚕茧药用价值高，据《本草纲目》记载，其性味甘温、无毒，能止血、治肠风、止消渴反胃、除口舌生疮、疗痘疮等。民国时期，南京有定量制作蚕丝香皂的手工作坊，专供当时的达官贵人。

当代影响与价值

现定居江宁的南京肥皂厂老技工葛金鹏，从20世纪90年代初就开始跟着师傅学做蚕丝皂，对其制作工艺及流程非常熟悉，这些年他也一直在教授徒弟，传承技艺。据葛金鹏老师介绍，蚕丝皂因使用手工冷制作方法，无

蚕丝皂宣传画

蚕丝皂制作技艺获老字号传承创新奖

葛金鹏师傅接受采访

葛金鹏师傅在调试制皂材料

须其他添加剂，所有原料 24 小时都能全部降解，没有污染。而普通洗衣粉、香皂里面所含的香精、发泡剂等多为不易降解物质，会破坏环境。另外，普通机制香皂用的是动物油脂，用多会堵塞毛孔，起不到保护皮肤的作用。但蚕丝皂制作周期长、保质期短、原材料价格高，又不能大规模机器制作，市场的推广受到限制，只能是小众化消费。好在这项传统技艺仍在传承，蚕丝皂仍被众多消费者追捧喜欢，仍被当作赠送亲朋好友的高档伴手礼。

2021 年 5 月，蚕丝皂制作技艺被江宁区人民政府列入第三批江宁区非物质文化遗产名录。

六气窖香醪制技艺

基本概况

六气窖香醪制技艺，是一种根据传统中医理论制香的技艺，主要流布于东山街道。

此类香品可制成香囊供人佩戴，可制成熏衣香以熏衣，可制成香衅膏供人沐浴，也可制成线香、熏蒸香、香饼子、涂抹香，用以疗愈身心。相传该项“非遗”传承人的先祖董氏曾为南唐宫中的司香人，善于以醪制窖藏方法制作开窍避秽、养神静心的香品，后将所制香品取名“六气窖香”，寓意“以六气为原理，诸香和合，重在醪制窖藏”。

六气窖香醪制技艺，以中国传统和香及古中医五运六气理论为指导，配以二十四节气，根据需要，参考香方将不少于三种以上的香材，经过采香、晒香、理香、舂香、碾香、拣香、过筛、撒醪、合香及窖藏等步骤，利用不同香材的功效和性味，在“醪制”醇化的过程中，让香材相互作用而制作的香药。

其制作程序比较复杂，需选择七个节气（立夏、小满、芒种、夏至、小暑、大暑、立秋）当日的新鲜藿香、丁香等香料，再窖藏醇化两个节气的时间，然后根据十二月建选择出香时间。只有按照这样的规矩制香、出香，其浓郁香气才能透出，其避秽防疫、安神养心的香疗效果才会显著。

其香品多样，其中的避疫香囊，可以预防

1950 年江宁县人民政府关于源兴泰香作号开设申请的批复

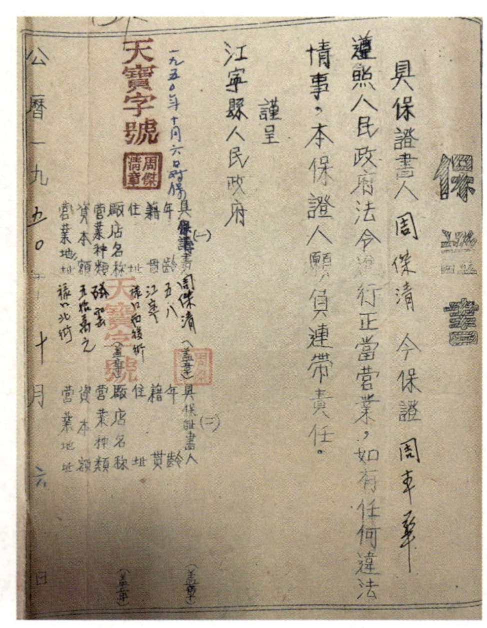

保證書

具保證書人周保清 今保證 周本華

遵照人民政府法令進行正當營業，如有任何違法

情事，本保證人願負連帶責任。

謹呈

江寧縣人民政府

公曆一九五〇年十月六日

1950 年源兴泰香作号开业的保证书

时疫，通过嗅闻可开肺气，疏风解表；其解郁香丸，可以缓解抑郁，疏肝理气；其醒读香帕，可以醒脑提神，有助于学子读书静心凝神；其衅浴膏，可以调气养血，供人沐浴养生。

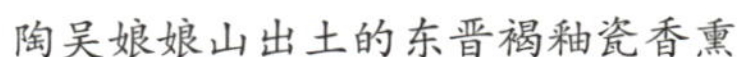
陶吴娘娘山出土的东晋褐釉瓷香熏

殷巷出土的西晋青瓷香熏

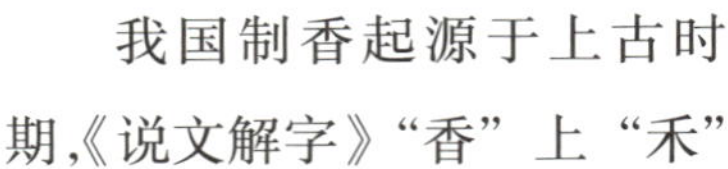
历史传承

我国制香起源于上古时期，《说文解字》“香”上“禾”从黍，代表谷物，下“日”从甘，表示甘甜美好，本意是五谷煮熟时的美好香气。《神农本草经》所记载的 365 种药物中，252 种是香料植物。神农氏尝百草以辨识药性，对五谷花草芳香的辨识遂为后世所传习。古人凭着生活经验发现芳香不仅可以养鼻，还可以驱秽疗疾，安神定志，颐养身心。

在先秦时期，人们在生活中广泛使用天然香料，比如插戴泽兰、蕙兰、艾蒿、郁金、白芷、香茅等香草，或佩戴香囊，或以香草熏衣沐浴。屈原的“扈江离与辟芷兮，纫秋兰以为佩”一直为人们所传诵。《尚书·君陈》有载：“至治馨香，感于神明；黍稷非馨，明德惟馨。”说明祭祀时以郁金酒和燔烧黍稷之烟香，作为通天达地的媒介。

长沙马王堆汉墓出土的香药、香炉、香囊，以实物佐证了古人用香的历史。自汉代以来，香已经成为人们日常生活的一部分。源自上古的香文化一直贯穿于中华古代文明的发展之中，对人们的精神生活和物质生活都有着巨大的影响。中国香可以祛病养生，可以调养精神，与古代礼仪、医药、文学、艺术、手工艺等领域息息相关。马王堆汉墓出土的《五十二病方》、唐代医圣孙思邈的《千金要方》、清宫太医院医方档案中都不乏关于香药、香方的记载。特别是在抵御“瘟疫”方面，香药一直都是古人驱邪避疫的重要手段，清代从宫廷到民间都有正月制购香包、避瘟丹以预防瘟疫的传统，

清末民初，南京迈皋桥一带的香坊，以制作熏衣香和佩香为主业。从年前冬至的紧张备货，到年后端午节的售卖，各香坊的避秽香囊和衅浴香膏往往供不应求。民国以来，南京的香坊以城内热河路张记染坊和大行宫科巷姚记百货铺名气最大，购买大宗香品需要提前订制。新中国成立后，老南京人在端午节时，多喜将“六气窖香”与艾草、菖蒲搭配使用，以提高效果。

当代影响与价值

在中国香文化的历史上，香药承载着传统文化的精髓。随着人们养生需求的日益增长，对传统香料的热情也开始升温，商业场所的各种香馆陆续开张，售卖香药、复兴香俗日成风气，大城市里常有日本香道、阿拉伯品香的文化交流活动，台北故宫博物院已故研究员刘良佑复原的传统香学得到传承。江宁人对于明代

周嘉胄以来的香学虽熟悉,但一般不太了解“六气窨香”的原理及其蕴含的南唐文化背景。随着制香技术的日益提高和人们对于香料健康的多方关注,此项“非遗”将会创造出极为可观的经济价值。

2021 年 5 月,六气窨香醪制技艺被江宁区人民政府公布为第三批江宁区非物质文化遗产名录。

金陵菜肴烹饪制作技艺

基本概况

金陵菜肴烹饪制作技艺，流布于包括江宁在内的南京主城一带。传承人曹瑞华。

曹瑞华为国家特级厨师，师从一代宗师、金陵厨王胡长龄，点心状元尹常贵，冷拼大师杨继林，西点大师林长洲，完整学习了金陵菜的传统烹饪制作技艺。他目前在江宁开设“春满园”非遗主题餐厅，亲自掌勺烹饪金陵菜肴并传承授徒工作，让金陵菜在江宁发扬光大。

金陵菜是苏菜四大代表之一，又称“京苏菜”“京苏大菜”“南京菜”。南京是中国著名古都之一，先后有十朝政权在此定都，水陆交通发达，是长江流域的中心城市。南北居中的地理位置，古往今来的厚重历史，使南京城人杂五方、百味汇集，也形成了南京饮食的南北交汇、东西兼容，成就了独具特色的饮食文化和精湛的烹饪技艺。

据曹瑞华先生介绍，其经典菜肴包括三套鸭、南京烤鸭、金陵炖生敲、油焖仔鸡、清炖鸡孚、鱼包翅、炖菜核等。

三套鸭：一只鸭子肚子里面揣一只野鸭，野鸭肚子里面再揣一只鸽子，这就叫“三套”。出锅必须整鸭，鸭子看上去非常完整，并且形似葫芦之状。

南京烤鸭：讲究“三吃”，第一吃是片皮，第二吃是鸭肉炒一炒，第三吃是鸭骨头烧汤。南京是鸭都，鸭子烹饪水平高。民国或更早时南北官员流动比较快，南方的官员到北方去，带着厨师走，就把鸭子烹饪方法带到了北方，但现在北

代表性金陵菜（一）

京烤鸭和南京烤鸭还是有区别的。

金陵炖生敲：深受推崇的金陵名菜。著名学者南京大学吴白匋教授对这道菜大加赞赏，曾咏诗道："若论香酥醇厚味，金陵独擅炖生敲。"炖生敲本书有专题介绍。

鱼包翅：这道菜更显基本功，鱼的处理要从鱼嘴下刀，从腹腔里面把鱼骨、鱼刺取出来，塞入鱼翅，也叫"鱼吞翅"。其技术难度在于脱鱼骨的过程中，皮不能破。这是首要的一点，要求鱼提起来后不漏水。

历史传承

历史文献记载了金陵菜的考究与精细、发展与创新。六朝南齐虞悰擅于调味，制作杂味菜肴胜过宫中膳食，被誉为天厨。唐韦巨源《食谱》附"建康七妙"："齑可照面，馄饨汤可注砚，饼可映字，饭可打擦擦台，湿面可穿结带，饼可做劝盏，寒具嚼者惊动十里人。""齑"指食物和以醯酱，细切或捣碎，成为浆粉，细如镜面；馄饨汤能当注入砚台的清水，可见馄饨皮制作水平很高；"映"字指饼皮薄，方能透亮映出文字，劝盏是酒杯，说明饼皮紧实有韧性；"擦擦台"据说是泥捏的小佛塔，也有说古代王侯家用于登临观赏的砌台，无论哪个都是指所蒸米饭软糯有黏性；湿面即面条，可以打结，说明韧性好，煮熟不烂；"寒具"即馓子，以酥脆为好。上述七妙正是金陵饮食精工细作、追求完美的生动体现。南唐画卷《韩熙载夜宴图》用画面形象表现了金陵家宴珍馐。明洪武年间新建16座全国最高档的官办酒楼，以招待四方来客。清袁枚《随园食单》记录整理的菜肴就是"京苏大菜"原型。曹雪芹《红楼梦》里的名菜佳宴更是金陵菜的实录荟萃。

代表性金陵菜（二）

金陵菜由官府菜、民间菜、清真菜、苏菜、船菜构成。在民国这样一个特定的历史时期形成风格，并达到鼎盛。金陵菜以本帮菜肴为主，浙江、广东、广西、湖南等南方省份的外帮菜肴为辅，并融入了一些流行的清真菜肴。民国时期的金陵菜享有极高声誉，受到上层名流显贵的喜爱，其设宴无不以"京苏大菜"为傲。很多名人到南京，也纷纷慕名品尝。当年张学良就亲自享用了名厨胡长龄做的金陵菜。南大校长匡亚明还给胡长龄的《金陵美肴经》写了序。近代以胡长龄大师为主要代表的金陵菜传承，已列作南京市、江苏省非物质文化遗产名录。

江宁为十朝京畿，菜肴与饮食习惯与大都会南京一脉相承。金陵菜肴历来多以淡水水产为主，以鸭馐驰名。特别是名列长江三鲜的鲥鱼、刀鱼，为金陵菜系中高端的江鲜菜肴，江宁是其主要捕捞地，喜食水产品也是江宁饮食习俗最重要的特征。

金陵菜调料丰富，做法讲究，富于变化，有七滋七味之誉。七滋，指鲜、烂、酥、嫩、脆、浓、肥。

金陵菜传承人曹瑞华

七味，指酸、甜、苦、辣、咸、香、臭。虽然这也是其他菜系应有的滋味，但金陵菜又有自己的特色："辣不过川湘，甜不过苏杭，咸不过皖赣，炝不过两广。"之所以有这"四不过"，是因为地处十朝故都之京畿，集天下各菜之长，去其之短，求其中庸和谐之道而为之，所以不过头的辣、甜、咸、炝，逐步演绎变化成为金陵菜的特色，也是对金陵大菜传统的延续与发展。

当代影响与价值

曹瑞华先生在20世纪80年代被公派至中国驻澳大利亚大使馆，担任国宴主厨，回国后就职于金陵老字号江苏酒家，并出任南京市饮食公司烹饪技术培训中心老师。他年逾七旬，从厨50年，积累了丰富的厨艺实操和教学经验。他曾受邀为《舌尖上的中国》等美食节目拍摄专题纪录片，接受《漫旅杂志》等媒体专访，还应邀为爱马仕、玛莎拉蒂、保时捷等世界级品牌的中国宴席做特色主理。

他创办的春满园餐厅作为江宁金陵菜"非遗"餐厅，不仅保留了传统京苏大菜的菜式，还不断创新发展新的菜肴，以满足现代食客的需求。其中名菜"芙蓉仙贝"是"芙蓉虾仁"的改良版；"茄汁菊花鱼"是"松鼠鳜鱼"的改良版；"盐水鸭脯肉"皮白肉嫩，肥而不腻，造型美观；"八宝脱骨鱼"是传自春秋时期名厨易牙的菜式；"油淋凤腿"皮脆肉香，是民国张学良最爱之菜；"蓑衣萝卜""玉兰花莴笋""佛手黄瓜"不仅见刀功，入口也爽脆；"酥脆菊花脑"重新演绎南京旱八鲜之一的菊花叶。纵观金陵菜的历史发展轨迹，正是传承与创新并行，才让其在饮食文化的历史长河里保持自己独特的地位，历久弥新。

2021年5月，金陵菜肴烹饪制作技艺被江宁区人民政府列入第三批江宁区非物质文化遗产名录。

曹村苎麻制作技艺

基本概况

苎麻种植制作技艺，流布于江宁地区，尤以禄口街道铜山社区曹村周边为甚。主要传承人有周良美、周久能、王洽青等。

苎麻织物历来是重要的服装面料之一，在纺织品中占有重要位置。历史上，江宁地区除了种植稻米的水田外，大片山地特别是房前屋后的隙地，大都用来种植苎麻。曹村、彭福等周边社区村民都十分熟悉苎麻的种植与制作方法，大部分乡民都参与过相关劳作。

苎麻是多年生草本植物，由根、茎、叶、花等部分组成。种植苎麻工序虽然简单，但在种植管理上还是需要一定的技艺，曹村及周边农民在长期的种植中总结出非常详细的苎麻栽培经验。

一是种植方面：一般分为春植与秋植。春植在每年 3 月上旬（惊蛰后），秋植在每年 10 月上旬（寒露后）。

春植整地，一般在惊蛰的前 10 天，用钉耙锄深 2—2.5 寸，锄后立即耙细，并做好畦面，

今日禄口街道曹村

畦宽 8—10 寸，畦的长度不定，畦与畦之间的排水沟深为 1 尺左右、宽度 1—1.5 尺。当畦面做好后，即行打凼，凼距 1—1.5 尺见方，凼深 7 寸。一般每亩可开凼 1500—2000 个。当地种植习惯，开凼后即施肥，放塘泥比较普遍，每亩放塘泥 1000 多斤。

秋植整地，方法基本相同，只是时间上的差别，一般在 10 月上旬至 10 月中旬之间进行。

曹村苎麻的繁殖，采用分兜法（即分根法）。虽然是分根，但并不是任何根都可以用来繁殖。一般要用生长过 3—4 年的麻田，这种麻田的麻根部用来繁殖才适宜。在选择麻根时，要选当年新生的新根，也就是离地面较近的嫩根。

新种的麻，大约三个星期就会从麻根部长出新的茎叶，待长到 1 尺高左右，用刀子将其砍去，让它重新再长，这样会长得更多更长。茎干长到 1 米左右，即可剥皮。

虽然种植苎麻以春天为多，但曹村及周边地区有经验的农户认为，春植要浪费一次土，春植只能收割 2 次，并且边栽边上肥，所需的劳动力多。秋植可以在入冬前下塘泥，劳力可以调剂，免得挤到春忙季节，影响正常的春耕生产，同时秋植的来年可以收 3 次麻。种植 10 年以上的苎麻田，必须要换种其他庄稼，如大豆等农作物。

二是田间管理方面：新栽培的苎麻与老麻略有差别。

新栽苎麻，覆土后立即浇一次粪水，每亩 35 担。栽植后 3—4 天再施粪水一次，每亩 45 担。这时最好盖一次土粪，每亩 800 担。收割第一次麻后，应浇水粪每亩 45 担。

老麻田在收完第三次麻后，要进行一次轻锄，冬前必须把塘泥铺至麻田里面。每亩需要塘泥 1200 斤。塘泥除了作为底肥外，更主要的是它能保证麻根安全过冬。来年春天，麻长到 6—7 寸高时，应锄一次草。收割麻以后的 6—7 天最好也除一次草。麻的生长期若遇干旱，必须及时灌水一次。

曹村苎麻

苎麻对土壤有要求，肥沃的砂土地最适合，尤以黑土、黄沙土为最好。此外，苎麻对自然条件要求也很高，既不能干旱，也怕受涝、怕暴风。

禄口曹村村民加工苎麻

据1956年江宁陶吴区农业技术推广站《苎麻生产总结》的数据：以往每亩地收成310斤苎麻，1956年因受到台风影响减产至210斤。

麻田的施肥管理特别重要。“种麻莫巧，只要粪饱”是他们长期经验的积累。割第一次麻后，施水粪每亩30担，或饼肥每亩30斤。如果用肥田粉，则每亩20斤。肥田粉不能在叶子长出来的时候施放，否则它会使叶子枯死，影响苎麻生长。收割第三次后，仍需施肥一次，直到入冬前要使用大量塘泥保护麻根。

曹村本地麻每年可收割3次（春天的新麻1年收割2次）。当地有这样的农谚：“头麻见秧，二麻见糠，三麻见霜。”意思是第一次收麻在6月上旬（芒种），第二次在七月下旬（大暑后），第三次在10月上旬（寒露前后）。打麻一定要在晴天打，否则打出来的麻得不到太阳晒，会烂掉。

三是收割麻的处理方面：包括剥麻、刮麻。

剥麻：即剥麻皮，当苎麻的茎干长到一米左右，即可收获（剥麻皮）。剥麻一般在清晨时较好。因为麻在夜间吸收水分后湿度变大，剥起来比较利索。剥麻皮都是手工活，先把苎麻的叶子去掉，再用手一根一根地把麻皮撕下来即可。

刮麻：麻皮剥下后，麻农们即用土法自制的刮麻机（上面安有刮麻刀）刮去外皮。刮麻机一人即可操作，刮皮时手脚并用，用力必须适度，用力过大会将麻抽断，用力过小麻皮刮不干净。刮好后晒干就是苎麻成品。

种植苎麻所需要的劳动力情况：初栽时，锄地、开垱、施底肥、栽种，每亩需要15个劳动力。收麻时，从割麻、剥麻到晒麻，每亩需要10个劳动力（这仅指一次收麻）。追肥、田间管理，每次需要4个劳动力。全年每亩麻地需要花57个劳动力。

历史传承

苎麻在古籍中称为“纻”。《周礼·天官·典枲》：“掌布缌、缕、纻之麻草之物，以待时颁功而授。”《诗经·东门之池》有“东门之池，可以沤苎”之句，描述了在水里浸泡苎麻的工艺流程。大量考古资料表明苎麻的种植和利用，在我国有着悠久的历史。距今4000多年的湖州吴兴钱山漾遗址中，距今2100年的长沙马王堆汉墓中，都发现苎麻织成的衣物。唐宋时期，金陵产的麻织品是重要贡品，火麻布、白苎布、细青纻布等是其中的著名产品。

已制作完成的苎麻

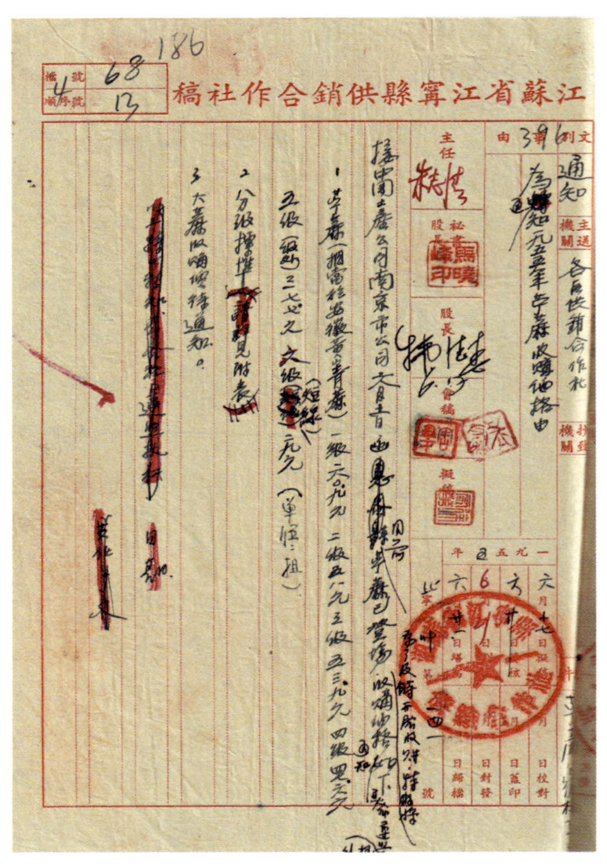

江蘇省江寧縣供銷合作社稿

1955 年苎麻收购价格的通知

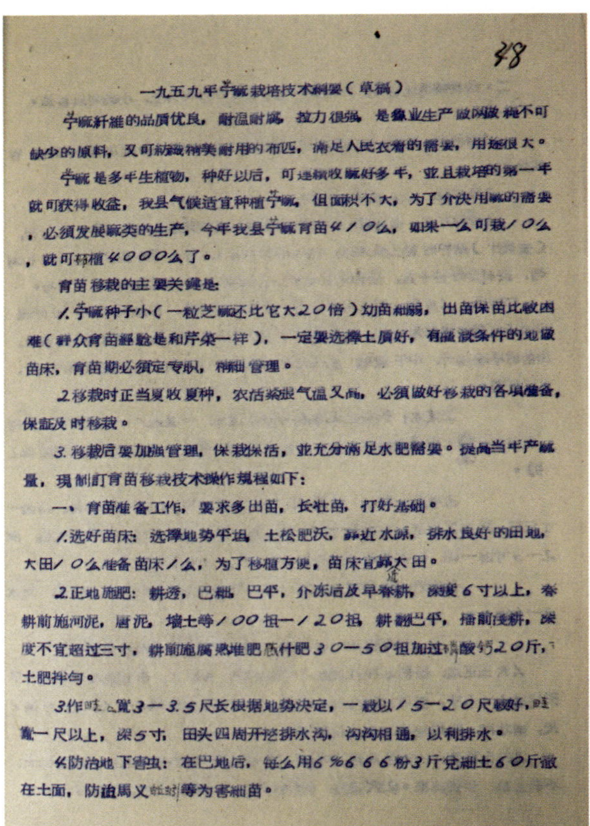

一九五九年苎麻栽培技术纲要（草稿）

苎麻纤维的品质优良，耐温耐腐，拉力很强，是纺织业生产上必不可缺少的原料，又可纺织精美耐用的布匹，满足人民衣着的需要，用途很大。

苎麻是多年生植物，种好以后，可连续收麻好多年，并且栽培的第一年就可获得收益，我县气候适宜种植苎麻，但面积不大，为了解决用麻的需要，必须发展麻类的生产，今年我县苎麻育苗410亩，如果一亩可栽10亩，就可移植4000亩了。

育苗移栽的主要关键是：

1.苎麻种子小（一粒芝麻还比它大20倍）幼苗细弱，出苗保苗比较困难（群众育苗经验是和芹菜一样），一定要选择土质好，有灌溉条件的地做苗床，育苗期必须定专人，精细管理。

2.移栽时正当夏收夏种，农活紧张气温又高，必须做好移栽的各项准备，保证及时移栽。

3.移栽后要加强管理，保栽保活，并充分满足水肥需要。提高当年产麻量，现制订育苗移栽技术操作规程如下：

一、育苗准备工作，要求多出苗，长壮苗，打好基础。

1.选好苗床：选择地势平坦，土松肥沃，靠近水源，排水良好的田地，大田10亩准备苗床1亩，为了移植方便，苗床宜靠近大田。

2.正地施肥：耕透，耙细，耙平，冬冻后及早春耕，深度6寸以上，春耕前施河泥，塘泥，墙土等100担—120担，耕翻耙平，播前浅耕，深度不宜超过三寸，耕前施腐熟堆肥或什肥30—50担加过磷酸钙20斤，土肥拌匀。

3.作畦：畦宽3—3.5尺长根据地势决定，一般以15—20尺较好，畦沟宽一尺以上，深5寸，田头四周开挖排水沟，沟沟相通，以利排水。

4.防治地下害虫：在耙地后，每亩用6%666粉3斤兑细土60斤撒在土面，防治蝼蛄蚂蚁等为害细苗。

1959 年苎麻栽培技术的记录

今秣陵街道秦淮社区的麻田村，就是因古代盛产苎麻而得名。据日本学者考证，日本苎麻来自“中国南京近郊的麻田”，即江宁的麻田村，这是日本文献将苎麻称为“南京草”或“麻田草”的缘由。此后，苎麻传至欧洲、美国等地种植。这些国家也称苎麻为“南京草”。江宁因此被誉为世界苎麻的故乡。

南京地区苎麻品种为白叶种苎麻，产量高，纤维长，强度、光泽、弹力都适宜纺织精品。该品种适合亚热带气候，土壤要求透气性好、疏松、中性，长江流域最适宜种植。曹村地区早在清末就有很多人家开始少量种植苎麻，主要用来搓线捺鞋底、做麻草鞋、编织麻袋，以供家用。

新中国成立后，江宁县各级政府十分注重苎麻生产，从育苗、栽培到收购全程进行指导。1956 年陶吴农技站《苎麻生产总结》，比较详细地分析与总结了横溪乡红星社的苎麻生产与收购情况。当时该社已经有 50 多年苎麻种植栽培历史，种植苎麻的旱地有 48.41 亩，占总耕地的 0.52%。苎麻以前一般是农民家庭附带种植，仅作家庭自用，栽培技术完全凭农户自己的经验。高级社成立后，苎麻生产得到重视，成为该社三项副业之一。

1958 年，江宁县政府十分重视全县的苎麻种植，认为苎麻是时间短、收益快的副业产品，是人民物质生活的必需品、轻工业生产的重要原料，还可以通过国际贸易换取外汇，因此积极推广苎麻种植，计划发展 2000 亩苎麻田，并选择陶吴、横溪、铜山、小丹阳、东善 5 个乡作为生产重点乡，发展 1650 亩，占比 82.5%，其余 350 亩分散在汤山等 8 个乡。

1959 年，江宁县政府出台《一九五九年苎麻栽培技术纲要》。从育苗准备、播种与苗床管理、移栽管理、大田管理、收获与培土过冬五个方面给予指导。

改革开放以后，市场需求大增。20 世纪 80 年代初，铜山、石湫等地相继办起了麻纺厂，需要大量苎麻做原料，至 1987 年，铜山全乡种植面积竟达 1308 公顷，占耕地面积的 50%，当年产量高达 255 万公斤，而且售价高达每斤八元。苎麻一般每年都能剥 3 次，当时每亩田年收入在 2500 元左右。而农民有了自己的承包地，可以自由种植苎麻，因此苎麻种植产业发展很快。彭福、张家、小彭、埂方、溧塘、石埝、浣溪等地都相继大量种植，除用自留地栽种外，有的农户甚至用上好的农田进行种植。曹村种麻户周良美家，在新中国成立初期就种了较多苎麻，除供家用外，还拿到市场上去销售。她家 1980 年代从 8.4 亩承包地中专门拿出 6.4 亩栽种苎麻。生产苎麻让很多农户致富，同时还能卖给国家出口创汇。1987 年以后，由于外贸出口受到限制，苎麻制品停止收购，麻价连续大幅度下跌，部分种麻大户退麻还粮。但作为传统种植业，曹村及周边地区至今仍有部分乡民种植苎麻。

当代影响与价值

从农业生产用的麻绳，到家庭做鞋子纳鞋底的麻线都要用到苎麻，所以苎麻是过去年代每个家庭需要用到的重要原材料。江宁大部分地区，尤其是西南边的丘陵地区，包括禄口、铜山、陶吴等地，旧时一般家里堂前屋后有空地的地方都会种上苎麻，有的用于物资交换，有的则是作为农资或家用的必需品。曹村的苎麻产业主要是用于物资的交换或商贸，其他地区小范围的种植更多的是满足个体生产生活需求。

现在苎麻虽然售价有所下降，但收入仍然超过种植一般农作物，加之苎麻种植成本低，加工简便，很多农民仍然坚持种植。尤其是铜山曹村等地区至今仍然可看到大片麻田。剥麻的刮刀和刮麻机（自制）、麻线、麻绳、麻涤毛料制品等在曹村许多村民家中都可见到。

2008 年 3 月，曹村苎麻制作技艺被江宁区人民政府列入第一批江宁区非物质文化遗产名录。

湖熟西洋湖养蜂技艺

基本概况

西洋湖养蜂技艺，流布于湖熟街道西洋湖地区。传承人孙大和。

西洋湖地区以种植油菜花、洋槐花、紫云英花和茶花为主。油菜花是我国最大的蜜源，花期从南到北逐渐推迟，南部 1 月底开花。油菜花蜜大多数呈浅琥珀色，比较混浊；气味清香带浊，味道甜润；比较易结晶，结晶粒特别细腻，成白色油脂状凝结。性甘温，有清热润燥、散血、消肿作用。

洋槐花每年 5 月左右开花，花期自南向北推迟。其花蜜大多数是水白色或白色，清澈透明；具有特殊清香味，口感极好；不易结晶或不结晶，若结晶呈细粒或油脂状，较其他单花蜜的透明感强。性平偏凉，有舒张血管、改善血液循环、防止血管硬化、降低血压等作用。临睡前服用能降低中枢神经的兴奋性，起到无害催眠剂的作用。常服能改善情绪，养心安神。

紫云英主要分布于长江流域，每年 3—4 月开花。紫云英蜜白中微显青色；有清香气味，味道鲜甜而不腻；不易结晶，结晶后成细粒，乳白而细腻；营养价值极高。由于紫云英花稀少，所以是我国的上等蜜种，也是主要的出口蜜种。性

西洋湖养蜂场外景

开蜂箱

江宁养蜂人

取蜜

甘平，有益于消化系统病变者，能减轻胃部灼热感，消除恶心反胃，缓解胃肠黏膜炎症病变的刺激，帮助食物消化，促进溃疡的愈合。

茶花主要分布在中国中部和南部地区，花期较长，从10月份到翌年5月份都有开放，盛花期通常在1—3月份。茶花蜜口感醇厚，营养丰富，所含氨基酸居蜜中之首，有润肺止咳、和胃解毒、润肠通便等功效。

蜜源是养蜂的核心问题，是关系养蜂人收益、蜂群强弱、蜂群扩建等的最基本条件。蜜源丰富不是单指一个时间段丰富，而是指连续的长时间段里，蜂群都不会面临缺乏蜜源的情况。单一时间段的蜜源，不利于蜂群的壮大和养蜂人的收益。西洋湖地区具有蜜源丰富的条件，适合养蜂。

在蜂种选择方面，湖熟地区最早用意大利蜜蜂，简称“意蜂”。后来就开始用本地的土蜜蜂。意蜂是西方蜜蜂的一个品种，原产于意大利的亚平宁半岛，于20世纪初大规模引进中国，并大量繁殖。一年四季都可以产蜜，一般蜂场一个星期摇一次蜜，有的甚至两天就摇一次蜜，产量高，因此国内养蜂场绝大部分都是饲养意蜂。其缺点是消费饲料多，越冬性差，抗蜂螨的能力弱。

湖熟当地的土蜜蜂，飞行敏捷，嗅觉灵敏，每日外出采集的时间比意蜂长，有善于利用零星蜜源植物、采集力强、消耗饲料少、抗蜂螨能力强等优点，非常适合西洋湖这样的丘陵地带。其

取蜜机

绿色食品 GreenFood

证 书

经中国绿色食品发展中心审核，该产品符合绿色食品A级标准，被认定为绿色食品A级产品，许可使用绿色食品标志，特颁此证。

产品名称：西洋湖+图形牌　洋槐蜂蜜
产品编号：LB-35-1101100066A
企业信息码：GF320115110029
生产商：南京耀华蜂场
批准产量：210　吨
许可期限：2011年01月至2014年01月

颁证机构：中国绿色食品发展中心
代表签字：王运浩
颁证日期：2011年01月11日

2012年01月至2013年01月（年检盖章有效）　2013年01月至2014年01月（年检盖章有效）

西洋湖洋槐蜂蜜绿色食品证书

缺点是土蜂蜂吻较短，有些花蜜采不到，又因为自身习性，采集的一般为百花蜜，而且蜂王浆的分泌能力较差，无法维持较大的群体。所以基本上一个蜂箱就是一个族群，有一个蜂王。原则上蜂王在一个族群中只有一只，有的时候会人为放两只，但是会将他们隔开。这样就属于两个族群，他们也不会互相争斗。但是一般这样养殖的都是意蜂，当地的土蜂基本不会这么养殖。抓土蜂也是同理，一般先找蜂巢，就找到了蜂王，在布袋子上放上蜂蜡就可以把蜂王吸引过来。俗话说：“擒贼先擒王。”抓住蜂王，别的蜜蜂就会跟过来。

选择蜂园要符合蜜蜂习性，主要是朝阳、背风、防曝晒、通风、安静和地势开阔。只要有一个突出的优点，其他方面都合格的地方，就是养殖的首选地。在安静、环境好的地方养出来的蜜蜂，从产蜜到种群成长都要比一般的地方高很多。蜜蜂飞行距离有限，错综复杂、地势起伏大的地方，会浪费蜜蜂飞行的力气，极大限制了采蜜范围。如果地势平坦，采蜜距离可达4千米；如果地势起伏，基本上只能采集3千米的地方。西洋湖位于青龙山和秦淮河之间地势平坦开阔的平原地带，是养蜂的理想地区。

蜜蜂养殖中最常遇到的问题就是蜂螨。蜂螨主要寄生于蜜蜂上，待生长成熟时，在蜂巢中产卵，吸食幼虫的体液，造成幼蜂出房后生长发育不良，失去飞行能力，削弱蜂群。一般的预防方法，就是用专用杀螨剂定期喷洒。还有一些病菌也会导致幼虫死亡。胡蜂、马蜂、蚂蚁、青蛙、老鼠和蛇之类都是蜜蜂的天敌，如果不注意防护，极有可能引起蜂群的覆灭。一般在选择地点前，会先进行勘察，发现天敌窝巢，就直接清理，不留祸患。如果后期发现，就用防护罩保护起来，或者用药防止天敌入侵。

取蜜一般使用分离法。在取蜂巢前，先用点燃的干艾草熏蜂，使其逃离巢框；其次是拿出巢框，用蜂刷刷下仍然附着在巢框上的蜜蜂；然后将巢框装进摇蜜机，快速摇动手柄，运用离心力把蜂蜜甩到桶内；最后用过滤网将蜂蜜倒出来。在摇蜜的过程中容易把幼蜜蜂摇出来。

西洋湖蜜蜂科普馆

两代养蜂传承人接受采访

因此，摇蜜时动作要特别轻快，并及时把它送回巢箱保温，以免冻死幼蜂。还有一种方法就是杀蜂取蜜，这是最原始的方法，基本上没人用了。

蜂蜜一般采用密封保存，只要保持蜂蜜的水分在 20% 以上即可。以前都是凭经验判断水分，现在是用仪器测量。

历史传承

今湖熟街道有西洋湖养蜂专业合作社，负责人孙大和为江宁地区的蜂业发展做出了贡献，带领了当地群众发家致富。其手艺出自溧水乌山村的舅舅方列清。溧水养蜂历史可以追溯到晚清、民国时期。二十世纪五六十年代，方列清在生产大队下属的幸福蜂场养蜂，因为养蜂技术高超，带了几十个徒弟，本村的村主任、村委书记都来向他学养蜂。

孙大和出身于农民家庭，1982 年初中还没毕业就进了社办厂做工，一年辛苦也只能挣 400 元，很难维持生计。受舅舅影响，他对蜜蜂养殖技术产生了兴趣，希望通过学习这门手艺养活自己、脱贫致富。1985 年，改革队属企业，幸福蜂场被瓜分给队员，大家都可以自己单干了。方列清送了 10 箱蜂种给孙大和，此后才有现在的西洋湖蜜蜂养殖合作社。乌山村和西洋湖地理位置很近，孙大和的母亲从乌山村嫁到西洋湖，这门养蜂的手艺也就传了过来。

据口碑资料，20 世纪末，江宁本土养蜂人不多，大概只有 70—80 个。而在当时的湖熟集镇，还曾开设过养蜂班，那个年代教授的是“追花采蜜”，就是按照花开的季节和花期，到不同的地方去采蜜，最远的曾经到过内蒙古自治区和新疆维吾尔自治区。不过，现在没有必要再出去了，因为西洋湖地区花的种类就足够多了。

养蜜蜂是一件很辛苦的工作，在江宁地区快速城市化进程中，条件更好的工作机会很多，愿意选择养蜂为职业的年轻人越来越少。目前，孙大和的女儿大学毕业后因为受到家庭影响选择了这门行当，跟着父亲一起养蜂，还获得过南京的杰出青年奖。截至 2016 年，当地有 130 多户农家加入西洋湖合作社专业养蜂，同时合作社还开发了蜂胶牙膏、蜂胶蜂蜜皂、蜂蜡工艺品蜡烛等一系列蜂蜜衍生产品，为 500 多户人家提供了工作机会。

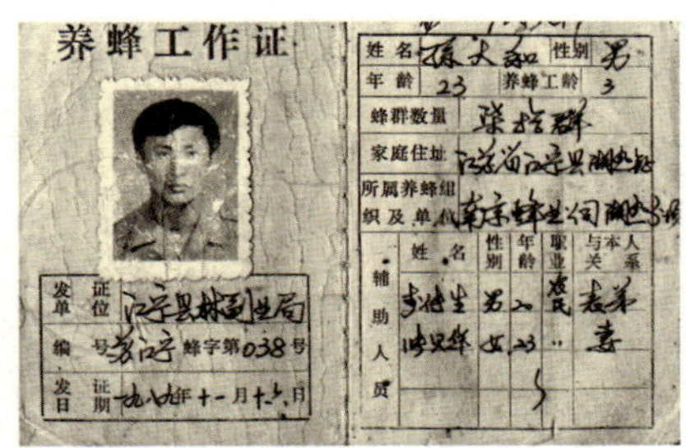

养蜂工作证

发证单位
编号 蜂字第038号
发证日期

姓名 性别 男
年龄 23 养蜂工龄 3
蜂群数量
家庭住址
所属养蜂组织及单位

辅助人员	姓名	性别	年龄	职业	与本人关系
		男		农民	
		女	23		妻

孙大和养蜂工作证

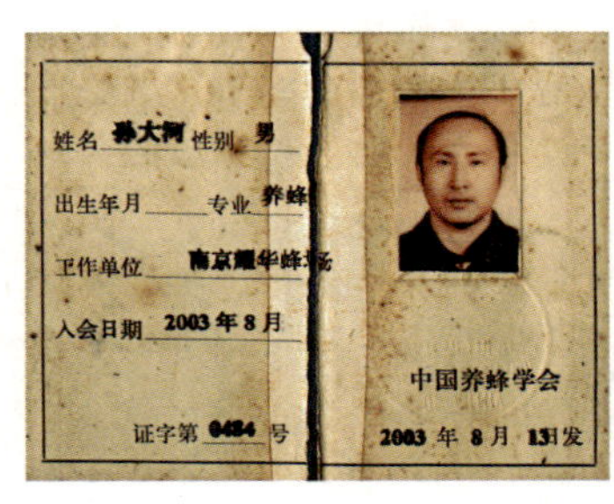

姓名 孙大河 性别 男
出生年月 专业 养蜂
工作单位 南京耀华蜂场
入会日期 2003 年 8 月
证字第 0484 号
中国养蜂学会
2003 年 8 月 13 日发

孙大和中国养蜂学会会员证

江苏省蜂业协会
编号 02-1002.
姓名 孙大和 性别 男
年龄 35 职务职称 场長
协会职务 会员
工作单位
发证单位 江苏省蜂业协会
发证时间 2002年 12月 18日

孙大和江苏省蜂业协会会员证

西洋湖蜜蜂科普馆内景

2015 年 4 月，由斯洛文尼亚养蜂协会率先发出倡议，将现代养蜂业的先驱安东 · 兹尼出生日——5 月 20 日定为世界蜜蜂日。2018 年 5 月 20 日，中国蜂产品协会在联合国确定的第一个“世界蜜蜂日”举办了全国范围内的主题活动。

西洋湖养蜂技艺传承人孙大和因养蜂技艺高超，已成为江宁区蜂业技术协会法人。西洋湖蜜蜂科普馆也成为人们了解江宁养蜂技艺和对外宣传的重要窗口。如今，随着生活水平的提高，对蜂蜜的社会需求越来越大，客观上促进了养蜂业的发展；而网络平台的出现，又大大方便了蜂蜜的销售，改变了蜂蜜生产出来后靠老客户上门自取的状况。在此背景下，西洋湖的蜂蜜不仅卖到了全国，甚至销往俄罗斯。

当代影响与价值

养蜂不仅可以获取蜂蜜，而且蜜蜂作为主要的授粉昆虫，对于确保粮食安全，以及维护整个生态系统和自然界生物多样性，都具有重要作用。此外，养蜂人刚开始学习养蜂时，因为不了解蜜蜂的习性，经常会被蜜蜂蛰，时间长了，也就习惯了，而且他们一般不会有风湿关节类的疾病，还比较长寿，这应该算是养蜂的附加价值。

弘觉寺陈记制香技艺

基本概况

弘觉寺陈记制香技艺，流传于谷里街道、秣陵街道及牛首山等地。传承人刘根生等。

弘觉寺陈记制香技艺，为谷里街道东善桥社区水阁村陈氏祖传,故又名水阁村陈记制香技艺。

关于弘觉寺陈记制香技艺，坊间还有两个相关传说。

传说一：明仁宗朱高炽曾经驻跸牛首山，弘觉寺住持为皇帝献上一块天香。其奇特的香味赛过宫廷收藏的降真黄香，仁宗皇帝龙颜大悦，于是敕封弘觉寺临济正宗，并下旨将郑和下西洋带回来的奇花异草赐给弘觉寺制香，自此弘觉寺香火更加旺盛，而山下以制香为业的诸村制香技艺也大有进步，其中以水阁陈记制香最好。

传说二：水阁村村民陈永陶继承祖业后，在牛首山水阁开店制作陈记线香和磨坊维持家庭生计。每天，他都要把家中自制的线香和豆腐干送往牛首山弘觉寺销售。每逢农历初一、十五，他还捐赠线香给弘觉寺，因此与弘觉寺结下了香缘。寺庙住持僧非常感动，点拨他用感应泉泉水调和香材制作线香。每次送线香到弘觉寺，他都顺路在摩崖石刻旁挑一担牛首山感应泉泉水回家制作线香原料。感应泉为天赐通灵之源，野生香材吸收牛首山天地之灵气，加上祖传线香配方，他制作的线香香味奇特，品质高人一筹，深受寺庙推崇。牛首山周围的居士们反映，从弘觉寺请回去的线香，点完一炷香后一身轻松，身体不好的人状况大有好转。消息一出，很快一传十,十传百，牛首山水阁陈记制香从此名声大噪。

弘觉寺陈记制香的原料主要来源于牛首山地产紫藤香树。它的树枝、树叶、花、根茎、树干等都可以制作线香。部位不同，其香味不一。相传通过多次试验配方，陈氏发现用牛首山感应泉的泉水与紫藤香老树干打磨的粉制作的线香最好。同时，根据线香颜色的不同，制香的师傅会选择不同颜色的植物进行配制。如百日草，这是一种牛首山地区常见的植物。百日草成熟后，会

筛香粉用的筛子

制作香粉的石臼

木质制香器具

装香粉的陶缸

弘觉寺线香

展开红、黄及褐色的花朵。制香师可依据百日草的花色调配出不同颜色的线香。

弘觉寺线香的制作流程包括以下步骤：

1. 寻料。寻找合适的紫藤香树干、树枝和榆树枝、树干、树根等可用于制香的原料，并修整清理。

2. 加工。包括蒸、煮、研磨等。蒸是用篦子承装香材，隔水加热，将杂质隔离，使药材成熟。煮是用大锅承装修剪过的香材，加热，去除异味，以调整药性。研磨，或称“水飞”，是将香材粉碎，放入磨钵，加入水研磨，磨得越细越好，待粉末晒干后，再研细使用。

3. 和香。用烧开的罗汉泉泉水充分浸泡香粉，与茶、榆树皮粉、百日草粉等混合（根据线香颜色不同选不同颜色植物），搅拌成香泥，必要时，制香师可以赤脚踩踏香泥，以此和香，至香泥中各种配料均匀融合，且有黏性后，冷却待用。

4. 压制成型。利用杠杆原理制作木桶，木桶上方有杠杆，木桶下端侧面有一个不同孔径的插销（可以根据要求制作不同孔径的香）。木桶直径 20 厘米、高 60 厘米，把搅拌好的紫藤香树粉、榆树粉、百日草等原料放入圆形木桶内。圆形木桶和密封盖内壁形成闭合，通过杠杆一头拴在木板上，另外一头手工压下，香从木桶下端孔径射出。出香孔的前面放有筛子，长 150 厘米、宽 50 厘米。筛子内铺有白布，筛子要不断人工转动，防止潮香重叠粘连。

5. 切香。根据尺寸需要切香，去头去尾的香需要回锅，新制的潮香要晒 3 天到 4 天太阳。

6. 包香。成品香的外底要用红纸包裹，香头要用宽 4 厘米的红纸头包裹，上写“陈记线香”字样。

以上陈记古法手工制香，需要较多人力、时间与原料，成本高，保存时间短，但生产出来的香料品质精纯、天然，是用来供佛、祭祖的上品。

历史传承

明末文学大家冯梦龙在其代表作《喻世明言》

知情者刘文庆（右一）接受采访

中写道："再说个近代的，是大明朝弘治年间的故事。南京应天府上元县有个黄公以贩线香为业，兼带卖些杂货，惯走江北一带地。"可见明代南京线香颇流行。

按知情人刘文庆先生介绍，至少从明末以来，东善桥水阁村陈氏一族就居住在牛首山麓。水阁村宁丹路以西原来有陈氏的祖宅，牛首山东入口处原来还有陈氏的山、田地产。2004年，因土地征迁，陈氏被安置到太平花苑。

晚清民国时期，水阁村陈永陶天赋异禀，聪慧好学，在祖传手艺的基础上，独创紫藤制香，广受好评，从而把陈记制香的手艺发扬光大。陈永陶本职为制香师，同时也经营茶馆、饭店。因其祖宅毗邻牛首山弘觉寺，陈氏便依靠弘觉寺生存，其家产香油、豆腐也售卖给僧众及来往香客居士。他们非常喜欢吃陈家制作的豆腐干，其中有个做香料贸易的海南人钱居士，与陈永陶关系最好，后因岁数大了要回海南老家。临行前，他送陈永陶几棵小紫藤香树，并告知以紫藤香树制作线香可避瘟疫，可提气延年。陈永陶先将紫藤香树栽在房前屋后，后又在自家田、地多处栽植。他发现，在夏天，不仅紫藤香树林中蚊子少，房前屋后还有特殊的清香，而且雨后的紫藤香树林旁水塘清澈见底，没有紫藤香树林生长的地方雨后水塘浑浊不堪。从此，他改用紫藤香树制作线香，供应给弘觉寺。寺中僧众及往来香客居士用后都感觉香效神奇，陈记制香遂远近闻名。

抗日战争时期，侵华日军攻占南京，陈永陶不幸遭日军杀害。陈永陶有三子一女，其中大儿子陈金根继承家传制香手艺。1950年代，水阁村陈记制香除了供应弘觉寺外，还在南京夫子庙开设香铺，同时售卖香油、豆腐干等。

当代影响与价值

南京地区寺庙众多，香火需求量大，其制香具有明显的地域特色。陈记制香历来为弘觉寺僧众及香客喜爱，在数百年的历史传承过程中，逐步形成包括用料、制作、使用等内容在内的独特的香文化。水阁村陈记制香，目前虽拥有古法制香技艺，但因手工制香工序复杂，难度大，成本高，年轻人不愿学，后继乏人，而廉价的机械制香又在不断挤占其空间，使其传承越来越艰难，甚至到了"香消云散"的地步。除宗教用途外，今日之线香在文房文玩、中医香疗等行业亦有不错的应用前景。如果墨守成规，水阁村陈记古法制香既不能满足巨大的产能，也无法适应时尚新潮的需求；如果敢于启动从思路到方法的大胆创新，则有可能走出困境，再创辉煌。

湖熟制香技艺

基本概况

湖熟制香技艺，主要流布于湖熟街道。传承人赵锡林，知情人陈松根。

湖熟赵家是制香世家，其技艺主要用于制作礼佛香。20 世纪 90 年代，东善桥林场牛首制香厂成立，负责人陈松根聘请赵锡林担任技术顾问，传授制香技艺。据陈松根介绍，礼佛香制作以手工为主。制香原材料有榆树粉、木粉、金黄粉、桂花粉。制香工具有和粉缸、案板、压条机、筛子、切割用刀、锯、搅拌机、晒香板、纱网、筐子、压香板等。材料配比是将榆树粉与木粉按 3∶2 比例搭配，每次投料 70—80 斤，加桂花香料 5—6 斤，再加入适当的金黄粉着色。

其制作工艺流程如下：投料入缸，慢慢加入清水和粉。人工和粉需要用脚踹，或坐在面团堆上用屁股抻压，让人的身体重量全部按压在粉团上，以达到粉团均匀上劲的目的。赵锡林强调制香工人要人工和粉，但工厂负责人及工人觉得太吃力，又浪费时间，现在一般使用搅拌机及千斤顶进行和粉上劲。

和粉上劲后需要饧，即让各种粉料充分融合，中间没有空气。然后将上劲饧好的香料团逐步放入压条机里压出香条。下一道工序是理香，工人将香条捋顺，并按尺寸要求切割成形，码放整齐，放入晒香筛子。晒香用具是一种筛子，用长方形木框将网纱固定，其底部透气，这样线香能均匀晒干晾干。等线香晾晒至九成时（常规天气在太阳下晒几个小时），转到室内冷干。此时需要用压香板将线香两头压住，以防干燥后两头起翘。冷干后就能包装入库了。

历史传承

制香在我国有着悠久历史，随着张骞出使西域和佛教东传，域外香料与用香习惯不断影响着华夏子民。在古老的祭祀中，香是联系人与神的媒介，通过虔心设拜焚香，可以上达天庭，下及幽冥，与神灵产生感应。

有 2000 多年历史的湖熟古镇，形成于西汉

明周嘉胄《香乘》书影

采香草

初年，繁荣于明朝末年，鼎盛于民国时期。民国的湖熟镇，市场繁荣，商贾云集，工商业达 300 多家。当时宗教文化活动也十分活跃，寺、庙、庵、堂到处可见，总数达 50 多座，仅镇区就有 17 座，民间有“三步两庙”之说。其中较大的有龙王庙、珠峰寺、天寿庵、程公祠、清真寺等。

湖熟周边地区民间习俗信仰也很多，如四月初八，赶庙会、看浴佛、祈平安；驱鬼逐疫、迎神祈福的湖熟“结社赛傩”；每年农历二月至三月间请神、送神的“过社火、出香会”；龙都东岳大庙朝圣，朝圣时有“脸子会”表演；为怀念“五猖七圣”而衍变的“舞狮子”；始于明末，盛于清代、民国，直至新中国成立后的“赛龙舟”活动等等。当地民众的宗教信仰也好，民间习俗也罢，这些活动都离不开“香”这个介质，所以也就衍生出湖熟制香这门传统技艺。

赵氏家族何时开始制香，目前已无法确切考证。根据赵氏后人赵洪军先生介绍，从他爷爷赵世财开始，赵家在湖熟镇上就开了三间店，店的字号分别是同兴、同茂、同盛。赵世财领同兴号店，他的四个儿子协助生产经营，其中二子赵孝仁负责配方及日常生产，四子赵锡林即赵洪军先生的父亲，负责原材料采购。据 95 岁高龄的赵锡林老先生回忆，当时湖熟水运十分发达，赵家采购的原材料多经秦淮河运至湖熟码头，急备材

制香

料时也雇汽车运输。

当时赵家制香的规模很大，主要制作礼佛香，根据佛事活动、百姓祭祀活动的需求，制作各类型号的香。礼佛香不仅供应江宁周边地区庙宇佛堂，也供应城里各大小寺庙庵堂。赵家的制香作坊是过去手工业常见的前店后坊模式。同兴店为传统的二层楼房，一楼为店铺门面，二楼住人。其旧址位于现在湖熟集镇和顺桥南左手的姚东古街。20 世纪 50 年代，因对佛事、民间祀神活动的限制，制香行业随之凋敝，赵家也转行其他经营，以维持生计。

赵洪军先生一直致力文史研究，曾尝试整理先辈的制香技艺及家族的制香秘方，但苦于掌管制香配方及技艺的长辈先后离世，无法获取有效信息。他对制香有一些来自父辈偶尔讲述的零散记忆。如他母亲参与过制香劳作，当时制香活计是要举全家之力来完成的，还要雇一些乡邻帮忙；制香时要添加红枣等食材；家里有一个非常大的晒香场地等。

据陈松根先生回忆，1990 年代初，东善桥林场调整产业结构，实行以林为主、多种经营的经营方针，恰好祖堂山宏觉寺刚刚筹建，占用林场 30 亩地。林场负责人以此为契机，在今天的牛首山风景区内创办了制香厂，当时有职工七八个人。创办初期，大家对制香工艺流程一无所知，林场有个湖熟籍知青，通过他牵线，聘请赵锡林老先生为制香厂技术顾问，聘用期 6 个月。赵家传统制香技艺遂在牛首制香厂再次得到传承。因为礼佛香要求不高，所以牛首制香厂的制香工艺相对比较简单，原材料也尽量使用比较便宜的。当时佛香年产 5—6 吨，主要供应宏觉寺及南京市区几个寺庙。后因用工体制不灵活，生产成本提高，造成佛香滞销，制香厂只运营了四五年便停产了。

装香囊

当代影响与价值

佛香制作的流程及工艺并不复杂，而每家制香的工艺配比不同，技术含量完全体现在香的用料上。当年牛首制香厂，为了节约成本，采用最粗放的制作，用料也是最简单的。赵家传统制香的配方与牛首制香厂肯定有着很大区别。因为当时赵家不仅销售常规的礼佛线香，还有礼佛大香，还接受佛事、祭祀、请神等诸多活动的定制香，其配料中还添加食材，更有可能是生产养生修性用的合香。这类合香原材料配比十分讲究，除制香所需的基本材料外，还会添加一些功能性的中药材、天然香料和食材，各家都有自己的独特秘籍。进一步挖掘这一濒临失传的制香技艺，不仅可以满足江宁一般信众及信教场所的需求，也可传承光大这一颇具经济价值和江宁地域特色的传统技艺。

传统剃头技艺

基本概况

传统剃头技艺，或称“剃头挑子”，是一根扁担挑着热水的流动理发摊，流布于江宁区境。

“剃头挑子——一头热”，这是流行于江宁区境的一句俗语。说的是，旧时挑担子的剃头匠，用扁担一头挑着热水，一头挑着剃头用具，走街串巷帮人剃头理发。由于担子的一头放着热水，故称其为一头热。后来形容做事一方热情，另一方冷漠。

除了挑担子的剃头匠外，也有夹着或背着理发箱走村串户的理发匠。这个理发箱有很多的抽屉，就是用来装理发工具的，有理发刀、剪刀、剃刀等等。用今天的话讲，就是上门服务。而且那时候，剃头匠来一回不容易，生意往往特别好。剃头匠一来，剃头摊子旁就会围着很多人，大家聊天说话，俨然成为一个临时的村落中心。

剃头还有一些特殊的习俗，江宁有俗语“正月不剃头，剃头死舅舅”，所以一般都是在过年前早早就把头剃了，否则舅舅家会有意见。年后要到了农历二月二龙抬头，大家再去理发。而在湖熟剃头，几乎都是找门面店里的师傅剃，基本上没有挑担子的剃头匠。

相传大明王朝在南京建立后，将集庆更名为

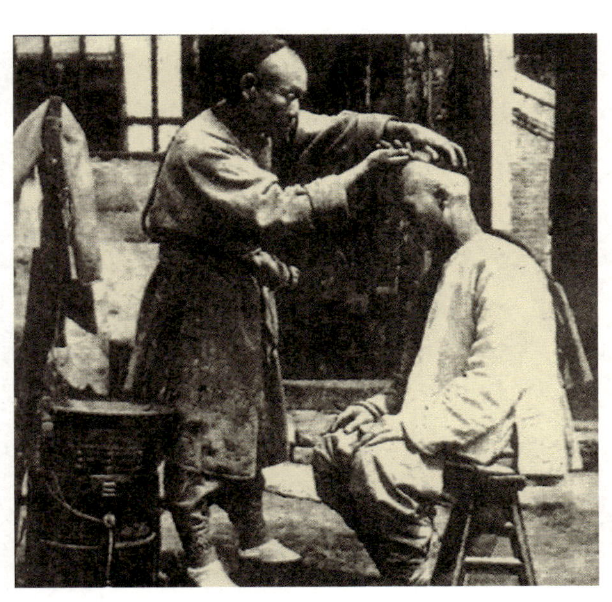

晚清剃头挑子

二十世纪六七十年代剃桃子头

南京市公共场所
卫生许可证
单位名称 志鹏美发厅
主 营 理发 染发
兼 营
地 址 其林乡建新
南京市卫生局
年 八月十一 日

1992 年其林乡理发卫生许可证

应天。而明太祖朱元璋是个瘌痢头，头上长疮，理发的时候，一碰到这个疤，就疼。朱元璋为此杀了很多剃头匠，当时进了皇宫为朱元璋剃头的，没有一个能够幸存的。一个神仙听说了这事以后，就化身为理发师，并用随身的剑化为剃头刀。进宫之后，他给朱元璋剃头，剃刀碰到疤的地方呢，非但不疼，还特别凉快。朱元璋喜欢上了这个神仙剃头匠，从此以后再也没有开过杀戒，给他剃头再也不疼了。

据知情者介绍，旧时江宁人剃头，会剃一种名为“桃子”的头型，称为“剃桃子头”。剃桃子头的都是小孩，一般是家里只有一个独苗苗才剃桃子头，小儿生养下来就要剃，以男孩居多。到了民国后期，女孩也有剃桃子头的了。所谓桃子头就是把前面的刘海剪成一捋，放在额头中心，两面剃得见青皮，后面有的留小辫子，有的不留。总之，桃子头就是把头发弄成一个很可爱的桃子的造型，据说可以保佑娃娃健康成长。留小辫子的那种桃子头，只有男孩能剃。剃桃子头，也是一种标志，代表这家孩子很金贵，是全家的保护对象，在外面玩的时候希望可以得到更多照顾。留小辫子的桃子头，比一般的桃子头金贵。还有的会在小辫子上系一根红绳子，据说有辟邪的作用，最为金贵。旧时，10 岁以后就算长大了，故一般的小辫子会在 10 岁生日那天才能剪掉，而桃子头在 10 岁以后也就不留了。

历史传承

剃头挑子起源于清初。据 1944 年《中华周报》崇璋《剃头挑子》一文称：“剃头匠一行，创兴不古，乃在清初进关时，清廷因统一服装，下剃发令于全国，京市为首善都城，因而剃发之令更严厉……剃头挑子系官差，剃头匠手持‘唤头’，猛然一喝，则住户内之人，必趋出请剃，故此物名曰‘唤头’。若闻声不出，则为抗旨……用绳绑之，推至墩上，就地正法，杀毕，割下左耳，穿于耳阡子上，以备回营报功。若纠众群殴剃头匠，而又毁坏挑子或刀斗，则属毁圣旨之罪……”

理发箱

旧时理发工具

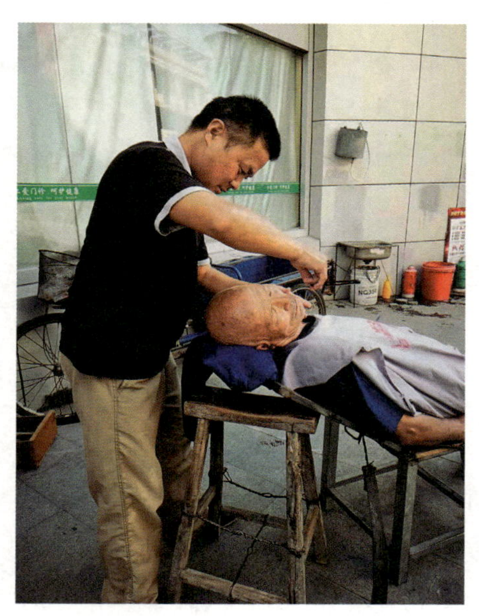
禄口的街边剃头

上述为清初剃头挑子执行职务之情况。

民国时期虽出现了新式理发馆，但剃头挑子仍然流行。1935 年《论语》发表的梦谷《剃头担联》一文载："现在我们在街上，到处可见一彩色圆筒，日夜转动，为新式理发馆之标识。此为理发业欧化后始有之现象。旧式的理发匠，每挑一小担子，到处替人家剃头，至今尚随处可见……小剃头担两旁，每贴红色联一对，有作得极聪明者：其一'宰相耳边通消息，将军头上试金刀'。其二'小小工夫见君王,轻轻手艺游天下'。"

剃头挑子虽然方便，但卫生状况令人担忧。1935 年 4 月 6 日《南京市政府公报》第 152 期公布的《南京市取缔剃头摊担规则》，对南京剃头挑子的卫生、环境等方面进行了规范。1944 年《天地》所刊初华《剃头》一文亦称："过去那些理发匠肩负'一担挑'（亦名独立旗杆斗），担的前面放着一条杌凳，后面便是一只木制的面盆和一只旗杆斗，及其他关于剃头时所用的一切工具，踯躅于街头巷尾，逢到欲理发的人们，便把担子放下，实施工作。那条原来是白而现在已经似黑漆般的毛巾，不管三七二十一，先向肮脏的水中浸湿，擦些肥皂，便在人们的脸上乱抹一阵，往后执着龌龊不堪入目的剃刀，向人们的头上或脸上'大革其命'了。于是，不多几天，那几位受过'一担挑'理发匠恩赐的朋友，有的头上生了瘌痢癣，有的脸上长了疹，更有的把沙眼也带回去了。这种'一担挑'的理发匠，在都市因为理发所到处都皆是，已不大多见，可是那乡间，还'滔滔者天下皆是也'。尤其是理发取费日形高昂的现在，他们反如雨后春笋，不但人数日益增多，而地位亦且益见巩固。"

当代影响与价值

传统剃头技艺见证了理发行业的兴衰演变，见证了从起初非专业的"官剃"到专业化剃头匠的转变，见证了由清初固定地点支起剃头棚强制剃发，到游走于街头巷尾为百姓剃发的发展。随着社会的进步，今人理发大多到理发店了，"剃头挑子"一类传统的剃头技艺及匠人，在江宁早已不多见了，但正月里不剃头等传统习俗仍有保留，且在湖熟、禄口、横溪等集镇的老街上，有时候还能见到剃头匠出露天摊子，全手工理发，而且去理发的多是一些老人，他们会选择自己熟悉的剃头匠理发，更多的似乎是满足一种怀旧的心理。我们可以预见，在不久的将来，这一项传统技艺终会消失，但它曾经记录了老百姓生活的点点滴滴，寄托了老百姓朴实而纯真的感情。

土法酿酒技艺

基本概况

传统的酒坊酿酒，流布于横溪集镇、小丹阳集镇、上峰集镇等地区。

江宁地区属北亚热带季风气候区，温暖湿润，四季分明，地貌多样，物产丰富，宜耕宜商，宜居宜游，自古就比较富庶。酒在这样的地区是人民生活不可或缺的物产。

旧时江宁的乡间大村庄往往都开有一个槽坊，即用谷物酿酒的作坊。乡村槽坊的设施，主要是一口大锅、几口大缸、吊酒的冷却管道和装酒的坛坛罐罐。大锅上有个圆筒形的木圈，上口略小，下口略大，罩于锅上，上可加盖。

制酒的原料以糯米、粳米、小米、高粱、麦子为主，粮食紧缺时会掺入碎米、稗子、细糠、麸皮、山芋等杂粮糠麸。酿制的多为土烧酒（即白酒），也有少量的甜酒、黄酒。

酿酒的基本步骤如下：先浸泡原料，除粉状的糠麸外都得淘洗干净。然后上大锅蒸熟，稍冷却后拌入“酒药”（即酒曲），密封在大缸内。三五天后发酵成熟，即可再上大锅蒸煮，烧出的蒸汽遇冷凝结成水，即是土烧酒。制作甜酒用的酒药不同，也不用再进行蒸馏，只把发酵后的液体用重物压挤出来即可。

酿酒最重要的是酒曲，也称酒母、酒药。江宁一带的酒曲多在夏天最热的时候制作，以大米、麦子为原料，用井水洗净后晾干、磨碎，掺入中草药、辣椒粉等煮烂，拌入陈年酒糟，做成饼状后用干荷叶包挂于阴凉通风处，49 天后即成。

制酒的下脚料为酒糟，是非常好的猪饲料。猪吃酒糟，睡得香，长得很快。酒糟也可以做酒糟蛋、酒糟鸡、酒糟鸭等菜肴，别具口感。

历史传承

中国是世界上最早掌握酿酒技术的国家之一，发明了酒曲酿酒的方法。先秦文献《书经》中的“若作酒醴，尔惟曲蘖”，是最早关于用酒曲造酒的文字记载。据《汉书·食货志》记载，当时酿酒用曲比例是“一酿用粗米二斛，曲一斛，得成酒六斛六斗”。北魏贾思勰的《齐民要术》

原青龙山林场矿泉刺梨酒及饮料

列出专章“造神曲并酒”“白醪曲”“笨曲并酒”“法酒”，系统介绍了制曲、酿酒的工艺。到了宋代，制曲、酿酒工艺非常发达，著作很多，其中朱肱的《酒经》是我国第一部全面系统论述制曲、酿酒工艺的专门著作。朱肱是浙江湖州人，他对历史悠久的江南米酒有了全面深入的了解，积累了丰富的酿酒经验，在此基础上对《齐民要术》的内容进行创造性继承，完成《酒经》一书。

南京酿酒史同样非常久远。1950 年代江宁县陶吴、横溪一带出土的一个商代三羊铜罍，通高 29 厘米，大口短颈，斜折肩，深腹下收，圈足。全器分层装饰夔纹、饕餮纹、扉棱、目雷纹等纹样，器肩还有三个高起的卷角羊兽。罍是商周时代的盛酒器。《诗·周南》有“我姑酌彼金罍”,《释文》称“罍，酒尊也”。《周礼·春官·鬯人》曰：“凡祭祀社壝用大罍。”可见，罍是礼仪场所盛酒用的重要礼器。商代三羊铜罍的出土，说明江宁至少在商周时代就以酒作为祭祀礼品了。

李白诗“瓮中百斛金陵春”，记载了唐代南京名酒“金陵春”。南宋朱弁《曲洧旧闻》引用张能臣《名酒记》，列举北宋名酒多达两百余种，江宁府的有芙蓉、百桃、清心堂。《至正金陵新志》记载的宋代名酒有绣春堂、留都春。南宋时建康城官府酒库就有 29 座，其中建康府公使酒库的造酒作坊就有屋 70 间，各种酿酒器具 300 余件，每年造曲所使用的小麦达 2000 石。

明顾起元《客座赘语》卷九先列举北宋仁宗庆历年间金陵名酒：“士大夫家间有开局造酒者，前此如王虚窗之真已，徐启东之凤泉，乌龙潭朱氏之荷花，王藩幕澄宇之露华清，施太学凤鸣之靠壁清，皆名佳酝。”接着介绍了当时金陵酿酒风尚之盛，有名的酒多达几十种，如“齐伯修王孙之芙蓉露，吴远庵太学之玉膏，赵鹿岩县尉之浸米，白心麓之石乳，马兰屿之瑶酥，武上舍之

原青龙山林场雨花大曲酒系列饮料

仙杏，潘钟阳之上尊，胡养初之仓泉，周似凤之玉液，张云冶之玉华，黄瞻云之松醪，蒋我涵之琼珠，朱葵赤之兰英，陈拨柴之银光，陈印麓之金英，班嘉祐之蒲桃，仲仰泉之伯梁露，张一鹗之珍珠露，孟毓醇之郁金香，何丕显之玄酒，徐公子之翠涛，内府之八功泉，香铺营之玄璧”，又有名“菊英”“兰花”“仙掌露”“金盘露”“蔷薇露”“荷盘露”“金茎露”“竹叶清”者，“大概以色味香名之，多为冠绝”。

据甘熙《白下琐言》记载，清代金陵村舍人家，冬日喜欢用糯米酿封缸酒，味醇力足易醉，称为“迎风倒”;还会用锅巴酿成色微黑、极醇美、健脾理胃的酒，甘熙自己就曾珍藏过贮存了 30 余年的锅巴酒。

江宁有着良好的自然环境和丰富的农副产品，民国时又是京畿之地，所以酿酒传统一直延续。民国潘宗鼎的《金陵时岁记》、夏仁虎的《岁华忆语》都记载金陵人有请春酒的传统习俗。酒多用当地烧酒，显贵人家有重要的宴请，则会用高档绍兴酒或汾酒等名酒。江宁本地至今还有春节请年酒的习俗。

此外，江宁禄口秦村、神村岗一带人家，以前一直流传着做重阳酒的习俗。其地约定俗成每年按家族姓氏指派一家做酒，重阳节这天，做酒

郄坊村的道源老酒坊

的人家要把酒拿出来供全村人喝。土酒酿造工艺简单，也无须特别的设施，所以能在乡村长时间保留。据 1934 年《江宁县政概况》统计，当时全县槽坊 13 家。1949 年，江宁全县境内有 16 家槽坊，都属于私人作坊生产土酒。镇江档案馆收藏的一份档案显示，1955 年 9 月，江苏境内小丹阳镇的 53 度大曲酒每斤批发价格为七角九分，零售价八角九分，而安徽境内的丹阳镇 53 度大曲酒批发与零售比江苏每斤高出一角整。1958 年，江宁县兴办国营米酒厂，有酒车间 13 个、酒曲车间 4 个。在此基础上，同年建有江宁县酿酒厂。资料显示，新中国成立初期，江宁全县税收的主要税源，第一是水泥，其次就是土烧酒。

当代影响与价值

随着现代工业发展，造酒业也有了更科学完备稳定的制作工艺，土法酿酒在江宁乡村也越来越少，趋于消失。目前在小丹阳集镇还有一家小胡土酒制作作坊，为周边乡村旅游的农家乐提供土酒。横溪石塘人家制作的石塘米酒、汤山七坊制作的七坊土酒，是美丽乡村保存农村“八坊”的乡村记忆，应该说其观赏性、纪念性大于实用性。在城市化的大背景下，返璞归真的乡村生活方式对都市人有越来越大的吸引力，除了果蔬园艺之类，简单易行又能彰显个性风味的土法酿酒也许能有新的生存土壤。

张孝堂裱画技艺

基本概况

张孝堂裱画技艺，流布于东山街道及周边地区。传承人张孝堂、薛建龙。

书画装裱分为“红货”“白货”两种。喜庆匾额、中堂楹联用蜡光纸制成，做出形式多样、规格不等的书画产品，成批量上市销售，这种装裱称之为“红货”，又叫“红帮”。名人字画、书题警句精装细裱，称之为“白货”。“白货”多为客户将自己的书画作品和收藏的古字名画送来装裱、修理。

张孝堂裱画技艺包括清洗、揭裱、补色、做旧等，可使书画作品还其本来面貌，历久弥新。一般简单的装裱需要用到宣纸、绫子、绢帛等材料。其裱画程序有托心—方裁—刺配镶料—镶嵌—四裁—转边—粘串—配背—扶活—砑光—批串—配杆—钉绦圈—包头—上杆—系绦、封簸—扎带。每一道工序都紧紧相扣，一道也不能马虎。其中最复杂的是裱手卷，最能体现裱画人技术的高超。手卷可长至数丈，卷起来要“平、整、齐”，要使画面薄厚统一。字画的修复更难，不仅要揣摩原作者的心思，还要考虑如何下笔，以及原作者使用的材料（纸张、墨等）。

旧时装裱业需要遵守一定的行业规矩。从前，不少人学习装裱不是为了学艺谋生，而是为了有机会仿制假冒，牟取暴利，因此有了“装裱师，不作假”的行规。书画家拿作品来装裱，装裱师就不能随意对真迹进行临摹。一般都要经过所有者同意，或者向一些书画大家请教时，经通融许可后，才能进行临摹。

历史传承

传承人张孝堂，1930 年生，17 岁时跟自己的姑父王考扬当学徒，在苏州观前街 28 号“卢

传承人薛建龙

装池裱画店”学手艺讨生活。如今江宁的店名，就是延用苏州师傅的老店。满师后，他留在店中，在掌握了号称“吴装”的苏州裱艺后，一直干到1952年才回到家乡。因为上过几年私塾学堂，被当时的江宁县东山区政府（包括当年的淳化乡）任命为保卫科科长。后被打成“右派”，回到解溪大队务农。“文化大革命”结束后，解溪大队充分发挥张孝堂的裱画技艺，安排薛建龙、李龙英、朱小平、赵小妹、李小喜五人成立了“解溪工艺美术裱画厂”，实际上是随他做学徒。

传承人薛建龙在裱画

1985年，张孝堂带着儿子薛建龙去南京城自谋生路，在建康路开办了“解溪工艺美术厂门市部”，由于装裱技艺过硬，又是广受欢迎的“苏州工”，故声名鹊起，父子俩一年到头，所接的裱画活应接不暇。当时在全国美术界享有盛誉的“金陵画派”代表人物钱松喦、宋文治、亚明、魏紫熙，以及中国书法领军人物林散之、萧娴、高二适、武中奇、尉天池等，都曾委托过张孝堂装裱作品。而一旦遇有重要的书画展会，更是安排工作人员送来作品，指定由张孝堂装裱配套。书法大师武中奇、刘俊川及花鸟画家“金陵四老”之一的张正吟等，都曾亲自到其门市部里取作品，还一同聊天。张孝堂也会去林散之、萧娴、尉天池等府上，送装裱好的作品，这些大师名家有时候还会当场回赠墨宝。

1989年，张孝堂回到江宁老家，租赁东山镇小里村9号，重开“卢装池装裱店”，得到了南京市及江宁县有关文化单位和书画家们的支持与肯定，如原南京画院院长刘红沛，县文化馆李怀琪老馆长、县中书法家宋才葆老师、书法家周广田、画家陆宏盛，以及原区文化局领导书法家慎志杰、画家徐志敏、区书法家协会主席赵洪军、区美术家协会主席杨萍、书画人士彭友诚、胡恒军等。过去在南京城里结识的书画家们，仍不时送作品上门装裱。

张孝堂传承苏州派装裱技艺的“卢装池装裱店”，自1989年从南京门市部拆迁至东山镇老家，已经传承了三代。据《吴中文库·百工呈奇》记载：“苏州书画装裱有悠久的历史，至北宋后期，装裱形成行业……书画装裱从明代起，苏裱的信誉重于各地。”苏州装裱书画，至少从宋代就开始了。吴门的书画家也会参与到书画装裱设计中去，与装裱师相互交流，把精雅的理念带入这一行业，为文人、为艺术服务。苏裱的特点在于材料选择考究、配色素净淡雅、裱件做工挺拔柔软，善在浅淡中烘托书画的精神，在古书画修复方面也堪称一绝。民国时期，老一辈装裱师傅口中都说“吴装最善”。

由此可见，苏州的装裱技艺成熟，具备非凡的实力。

张孝堂经营的“卢装池装裱店”一直沿用旧式学徒制度。据其子薛建龙介绍，他于 1979 年 10 月进入解溪工艺美术裱画厂的裱画组，跟随父亲学艺，由于工序繁多，技术复杂，再加上张孝堂要求严厉，学习过程非常辛苦。他起早贪黑，从裁边、打浆糊学起，到独立操作装裱的托芯、镶活、覆背、砑装、上轴（入镜筐）等工序，前后 6 年才出师。

当代影响与价值

如今的“卢装池装裱店”，店主是张孝堂之子薛建龙。薛建龙学艺出师后，1985 年随父亲在南京建康路开设门市部，随着他的技艺水平的提高，张孝堂逐渐将一些复杂有难度的装裱工作交给他。就这样，他经手的装裱越多，经验就越丰富。屈指算来，薛建龙从业已经超过 40 个春秋，其技艺仍在不断进步。他还将装裱技艺传承给了自己的子女，以确保这项“非遗”技艺后继有人。

定林寺佛像生漆脱胎与木胎夹纻工艺

基本概况

定林寺佛像生漆脱胎与木胎夹纻工艺，流布于方山定林寺。传承人颜光强。

定林寺，本是位于钟山的南朝旧刹，北宋乾道九年（1173）移至方山今址，斜度超过比萨斜塔的定林寺塔也是当时所建，是著名文物古迹。2004年，从艺已超过30年的颜光强，受东阳木雕古建公司邀请，为定林寺塑造佛像。其中最大的主佛像用木胎夹纻工艺，余下的造像基本是用生漆脱胎工艺。

生漆脱胎是一种漆艺，古称脱胎夹纻、干漆夹纻，用到的材料主要是生漆、夏布和江南青瓦做成的瓦灰。在造像过程中会先用泥土、石膏等塑成胎坯，以生漆为粘剂，然后用夏布（苎麻布）或绸布在胎坯上逐层裱褙，待阴干后脱去原胎，留下漆布雏形，再经过上灰底、打磨、髹漆研磨，最后施以各种装饰纹样，便成了光亮如镜、绚丽多彩的脱胎成品了。

以制作佛像为例，先预塑好泥胎，或制作好木瓣胎模型，再用水裱上二层毛边纸，刷上脱离剂两道，髹上推光漆，然后分别髹上用生漆调细、中、粗灰数道。可以视器物的大小，用面粉调生漆裱上一次或二三次夏布或绸布，再分别髹上用生漆调粗、中、细灰数道。然后用水冲去泥胎，或脱去木瓣胎，再用清水洗净胎内

今日方山定林寺

生漆脱胎观音群像

面，便成了脱胎漆器的“雏形”。每道工序都要阴干，每道髹漆在阴干后，都要用苏砖等干磨，细细地进行打磨。

因为主佛像尺寸巨大，则采用木胎夹纻的方法制作。与生漆脱胎不同，木胎夹纻以木为胎坯材料，在制作的过程中不用脱胎，直接在木胎上重复之前的上漆工序就可以了，一般一至两月就可完成，尺寸巨大的还要延长。而生漆脱胎，因为一道道漆要自然阴干，等身像的漆厚达 4 厘米，巨佛的可达 10 厘米，故一座佛像要花七至八个月才能完成。定林寺的佛像从开始制作到完成花了 16 年时间。

生漆脱胎佛像

这两种技艺，都涉及开脸，也就是脸部刻画的问题。过去说气韵生动，脸部是否传神，是决定造像是否成功的关键。针对佛头造像的具体仪轨，就有“眉间白毫相”“眉如初月”“大耳垂轮”等，都是觉行圆满、超凡智慧精神实体化的外在显现。佛像的身体比例要协调，造型要优美。胸前所饰的璎珞、串珠，要雕刻得极为精美细腻、华贵高雅。

定林寺采用的开脸是先用泥塑像，住持满意后再进行翻模，最后再上漆打磨，对局部进行细致刻画。涉及开光一类的信俗有：刚开始要做法事，用观音菩萨手中玉净瓶的水滴洒在现场，称为“洒净”，然后择日开工。竣工后局部贴金，将佛像归位，再择日开光，赋予佛像灵性。

生漆脱胎像的最大优点是光亮美观、不怕水浸、不变形、不褪色、坚固、耐温、耐酸碱腐蚀、质量轻。只要保存得当，生漆脱胎可以传之久远，如新石器时代的浙江河姆渡遗址出土的生漆木胎碗至今仍然保存较好。脱胎像重量轻，方便抬佛像或神像巡游。在发生战争等特殊时期，脱胎像也便于运输、保存。如果是金铜石像的话，战争时期则容易损坏。

生漆脱胎十二神将

历史传承

木胎夹纻工艺出现于战国，成熟于西汉，盛行于隋唐，宋代以后少见。一般认为，生漆脱胎工艺由东晋雕塑家戴逵始创，时称夹纻像，至今已有1600多年的历史。因轻便可用于节日巡行，故又称行像。戴逵为建康（今南京）瓦官寺塑造的五尊佛像（该寺三宝之一），据说即为夹纻行像。

存世的古代木胎夹纻佛像极其珍贵，被誉为木雕造像中的“元青花”。同样的，目前国内各大博物馆的藏品中，明朝以前的生漆脱胎造像实物也非常罕见。如唐代的生漆脱胎造像实物，所知有现藏于美国大都会博物馆及西雅图博物馆的“唐代夹纻佛坐像”，及现藏于日本奈良东大寺正仓院的“唐代八部神像”。还有一尊是由中国人在日本制作的“鉴真干漆夹纻造像”，现藏日本

传承人颜光强（左）接受采访

奈良唐招提寺，为鉴真弟子思托等设计、塑造，像高 80.1 厘米，刻纹简练，造型生动，至今被尊为日本“国宝”，曾在扬州大明寺展览过。

传承人颜光强祖籍浙江宁海，17 岁时拜老师傅潘德兴（1922—2007）为师。当时学手艺是与师傅同吃同住，口口相传，手把手教。2004 年，他受邀为方山定林寺造像时，入行已有 32 年，所制最大的佛像在小丹阳集镇的观音寺，高达 10.08 米。定林寺方丈心融法师，受上一任住持慈舟法师的影响，决心不惜时间和工本，启用传统技艺塑造佛像。他在向颜光强托付造像重任时说：“我不在乎做得慢，但是要做得好。我们要将这个造像文化和生漆脱胎的技艺传承下去，让后来人都能看到，都去了解。”

当初，方山定林寺生漆脱胎佛像刚刚完成两尊，山东蓬莱一家旅游公司在参观中偶然发现，大为惊叹，后来为蓬莱的多家寺庙联系定制了生漆脱胎造像。如今的定林寺，也像是一个传承基地，通过它扩大了生漆脱胎技艺的影响，并使之发扬光大。有人建议颜光强在高校传授其技艺，但他分析利弊后认为此造像工艺不易和高校合作，因为生漆脱胎中漆的原材料，仅 0.02 毫克就会让人过敏，新学徒一般要经历几十次的过敏才会适应，体质差的人可能还会更严重。

当代影响与价值

生漆脱胎是中国极为重要的传统手工技艺，国内已有不少造像采用这种技术，如靖江的岳飞塑像、杭州孔庙的孔子像等，它能在江宁落地也属因缘际会。定林寺佛像生漆脱胎与木胎夹纻工艺及其造像作品，工艺精湛，美轮美奂，已受到海内外信众游客的广泛赞誉。如今颜光强在定林寺已经有了传人，继续从事造像艺术，在老家宁海收的徒弟更多。随着近年来寺观造像的兴盛，该技艺有了越来越多的应用场景，其影响也将会越来越大。

江宁生敲

基本概况

生敲，或称炖生敲，是南京地区黄鳝的一种吃法，江宁区境旧时十分盛行。

黄鳝又叫长鱼，江苏省有三个地方吃长鱼是颇有名气的，一是淮安软兜；二是扬州长鱼面；三是京苏菜里的炖生敲。黄鳝常见的杀法是“活杀”，即木板上带一根钉子，鱼贩子把滑腻腻的黄鳝头钉在木板上，固定住再宰杀。与“活杀”相对的杀法，是把黄鳝烫死，这样，黄鳝的血就可以一同食用。

生敲是京苏菜的代表之一，极具地方特色。“生敲”两字要分开来理解，生是指活生生的黄鳝宰杀后去头、尾、脊骨。敲是指从宰杀好的黄鳝取肉，改刀后再用木棒或者圆形的鹅卵石反复敲打鳝肉，然后炖煮食用。也有人认为“炖生敲”原意为“炖笙箫”，因红烧的鳝鱼装盘时摆放在一起形似笙箫而得名。

其具体方法是，先将宰杀后的黄鳝洗掉黏液，用木棒敲打鳝鱼肉，要用阴劲，敲到什么程度，需要厨师根据自己的感觉与经验判断，不可多敲，因为敲多了肉就会变烂。但真的敲烂了，也有一个弥补的方法，就是走油的时候多走一会儿，使得鳝鱼肉在油锅里起硬了，再捞出来，用煨红烧肉的卤子，上锅炖煮，鳝鱼肉回软了，再稍加炖煮，就可以起锅了。生敲常见的搭配有虎皮蛋与红烧肉，滋味是十分鲜美的，汤卤子佐饭，更是一绝。

据知情者介绍，生敲的食材，以江宁乡村水稻田里钓来的黄鳝最佳。生敲用的黄鳝，最原汁原味的是野生黄鳝。野生黄鳝一般虽然只有食指粗细，但风味却是最佳。然而如果处理不好，土腥味也会很重。此类黄鳝最适于用来做炖生敲，“敲”与“炖”是把野味转化成鲜味的关键。他回忆说：记得小时候在江宁的上峰亲戚家吃过一次炖生敲，菜端上来，揭开锅盖，一点香味也没有，吃一口肉，脆而不硬，松而不烂，关键是滋味十足，差点把舌头吞下去。现在是人工养殖黄鳝，黄鳝都很粗大，所以要多改刀。

生敲一年四季都可以吃，但吃得最多的还是在夏、秋时节，特别是七、八、九三个月。江宁地区曾流行一句俗谚，叫作“小暑黄鳝赛人参”，这是因为这个时节的黄鳝，量大且肥美，可以滋阴。

把黄鳝肉敲松了再走油，是保证口感的做法；至于用红烧肉卤子炖生敲产生于何时，尚无结论。宁镇地区是水乡，黄鳝是常见的物产，但是野生黄鳝普遍个头比较小，采用生敲的方式可以稍微增大黄鳝肉的面积，让黄鳝肉充分吃到汤汁。由此看来，生敲的产生，实际上也不失为一种口感上的创新。

这样的说法，得到了知情者葛迎春的认可。据葛迎春介绍，生敲最初用的都是田野间的野生黄鳝，把肉敲松了，一方面节省盐、油，一方面让肉质充分接触佐料，可以去腥改味。这道菜，用料说复杂也不复杂，说简单也不简单。葱丝、蒜头、肉卤子，就能把长鱼做得十分好吃。另外，绿葱丝也是点缀多于实用，因为后来这道菜可以上桌了，厨师为了美观，用绿色的葱丝点缀生敲

江宁生敲

的颜色。点缀生敲不可用芫荽，芫荽改味，如果在饭店里看到生敲里有芫荽，那一定是外行做的，不能算作京苏菜正宗的代表——炖生敲。

历史传承

袁枚《随园食单》中即有“鳝丝羹”“炒鳝”“段鳝”等做法，特别“段鳝”做法，与今天的生敲颇有几分相似。据记载：“切鳝以寸为段，照煨鳗鱼法煨之。或先用油炙使坚，再以冬瓜、鲜笋、香蕈作配，微用酱水，重用姜汁。”今天的生敲，或许就是在此基础上的创新做法。

关于生敲的起源，一说出自金陵。南京大学余斌教授在《南京味道》一书中写道：“炖生敲百分之百是南京菜。这道菜是有‘金陵厨王’之誉的胡长龄自创，胡是南通人，成名却在民国时代的南京，首善之区，达官贵人云集，厨师正可大显身手。炖生敲应即创于此时。”据传当年张学良在金陵春菜馆宴请社会各界名流，彼时到场人士中有林森、邵力子、于右任。当时金陵春菜馆的掌勺者为年轻的金陵厨王胡长龄先生，他凭着惊人厨艺还原了炖生敲这道菜，并得到了张学良及当时各界社会名流的大力赞赏。南京大学吴白陶教授赞其：“若论香酥醇厚味，金陵独擅炖生敲。”

一说来源于淮扬菜系。据知情者马陈城介绍，他的外曾祖父陈兆安就曾把淮扬菜系软兜杀黄鳝的方法运用到生敲里。陈兆安是淮安平桥镇人，于清末民初举家迁到南京，并落脚于江宁县，后来又迁到了仪凤门一带。在江宁时，陈兆安向当地人学习了做生敲的方法，但宰杀的旧方法存在一个缺陷，就是黄鳝的黏液始终处理不好。于是，通过多次实践，他对烹饪方法进行了改进：等锅里水烧开了，把黄鳝汆下去，再用冷水浸泡，上面的白衣子（黏液）自然就下来了。随后，可以用左手掐住黄鳝头，找到黄鳝肚皮与脊背处的分界线，用竹片从腮部至尾部划拉下去，取出血和肠子，肠子弃之不用，血可以吃。再用竹片在黄鳝的脊背左右各割一刀，即可取出骨头。接着，

虎皮蛋炖生敲

肉改刀，用河边的原石捶打肉，不打皮，这便是生敲的基本方法。

江宁人普遍相信生敲是江宁地产。江宁是水乡，各地皆种植水稻。稻田里往往会有黄鳝打洞，乡下孩子或者大人多喜欢钓黄鳝、摸黄鳝，摸回来的稻田黄鳝一般都不大，去了骨头，拿洗衣服的棒槌敲打，把鳝鱼结实的肉捶打得松了，让盐、酱油的味道容易吃进去。那时候的农村条件不太好，家里还是比较节省酱油和盐的，所以要用最少的酱油、盐把菜烧好，那就要先把鳝鱼肉打酥松了。江宁人一直喜用“生敲”这个名称，但现在一般多叫“炖生敲”了，“炖”这个字在江宁乃至宁镇地区的菜品里并不常见。知情者认为，可能是生敲在民国时期受到了粤菜的影响。旧时黄鳝和昂刺鱼等水稻田里的“副产品”一般不上桌，所以，宁镇地区吃稍微上一点台面的酒席，多不会用这些土“水产”。但是民国肇建后，孙中山先生带来很多广东官员、将领，对于吃遍万物的广东人来说，稻田黄鳝很符合他们的胃口，于是对生敲进行了一定的改良，比如用红烧肉炖生敲、虎皮蛋炖生敲。

当代影响与价值

生敲是有 300 年以上历史的名菜。至少在清代，生敲就已经在江宁区域流传，民国时期逐渐形成了江宁的地域特色，可见具有较深厚的历史价值。生敲选料精致，制作工艺复杂，色、香、味俱佳，鲜美异常，是江宁乃至南京传统美食大典中的一道佳肴。近年，炖生敲已逐渐成为南京的地标美食之一，如江苏酒家的复兴炖生敲曾获中国烹饪协会颁发的“中国名菜”、江苏烹饪协会颁发的“江苏当家菜”等荣誉。但在起源地的江宁，生敲虽在大小食店常见，但其宣传与传承创新似乎还没有得到更多的重视，还没有充分发挥这道名菜应有的价值。

东山新东新老鹅与大骨头汤烹饪技艺

基本概况

东山新东新老鹅与大骨头汤烹饪技艺，主要流布于江宁区东山街道。知情者徐永富、桂凤美等。

自民国时期江宁县迁治东山后，这里就成为江宁的政治、经济、文化中心。人口渐多，也使得众多美食在此应运而生，东山老鹅就是其中之一。过去，东山地区很多人饲养老鹅，老鹅也多用于看家护院，老鹅之间交配产卵，孵化出来小鹅，小鹅长大了，农户不需要那么多看家护院的鹅。于是，这些多余的老鹅，就会作为食材，摆上餐桌。在江宁土菜里，老鹅排名第一，这是毋庸置疑的。

鹅肉性味甘平、鲜嫩松软，清香不腻，有补阴益气之功、暖胃生津之效，是中医食疗的好原料，气阴不足的人可多食鹅肉进行食补。东山老鹅其实并不老，此处“老鹅”选用180天左右的鹅作为主料，这时候的鹅不老不嫩，肉质细腻程度正好。现在，江宁很多地方的小餐馆都做传统老鹅，这个“老”是形容滋味老道，而且炖煮的时间长，需要两个小时，火候也老道。这样炖煮的鹅肉老而有劲，味道吃进去了，所以叫“老”鹅。

东山老鹅名满天下，新东新是东山老鹅的一个分支，原来他们的第一家店就开在东新南路，故取名“东新”。现在，这条东新南路已经不在了，而老鹅店是新型的东山老鹅，几位合伙人商量，就将新店名称为“新东新”，以示传承原来的东新老鹅烹饪技艺。

东山地区毗邻秦淮河，居民同时饲养了很多鸭子。那么，为什么不用做老鹅的方法做个老鸭呢？其实，当地也有人尝试过。由于鸭子特别肥美，用制作老鹅的方法，鸭子很快就会煮烂，吃

东山秦淮河岸鹅群

不起来。另外，鸭子水气味重，性寒，属于滋阴的东西。

过去，最早人们自己家吃的就是秦淮河里的本土鹅。后来形成规模，人们就选择用扬州的鹅为主，山东的、苏北的也试验过。由于四季鹅的肉质过粗，一般不会用。在南京市的栖霞区，新东新有一个专属的种鹅基地。

东山老鹅，忌惮肉黄者，要么是死肉，要么是病肉。有经验的师傅一刀下去，心里就有数了。鹅的额头，有个瘤子，可以借此判断鹅的大小。不健康的鹅是长不大的，因此，新东新在选食材时，一定会选用年纪大的鹅，这样制作出来的老鹅肉喷香。如果在刚出锅的鹅肉上再撒上葱花，放上香菜，这时尝上一口，鹅肉细腻而不失嚼劲，咸鲜适中，满满的幸福感。

东山新东新老鹅制作方法，选鹅是第一步，8 斤重。宰杀、冲洗，这个步骤已经大多是外包做了。到店后，师傅二次冲洗、分块、分重，剩下只有 7 斤重了，可以做两锅肉。洗完后要用生姜去腥，用八角、葱姜、糖、酱油，20 年的老卤子，料包就可以炖煮。切记，炖煮时候要连带内脏、血液一起炖煮。原汁原味，这样才好吃。炖煮的火候，全靠师傅的经验，这个是具体问题具体分析的。

那么，大骨头汤有何特别之处呢？首先，汤头一定是要原汤炖煮，起先是不加佐料，骨头的量要大，八十斤至一百斤的肉骨炖煮一锅汤，不能加别的料子进去。

其次，选用的猪，因为是本土猪（黑猪），只能长到一百斤至两百斤之间。长不大的品种，年头到年尾就可以杀了吃，一只猪只有八根骨头，只有对称的腿骨可以做骨头汤。最后，选用骨头汤的猪骨，还有个条件，必须带有骨髓。煮的时候保证骨肉不分离，这个全靠师傅用眼，用经验去判断。不然上面的没熟透，下面的已经烂了。没有味精，却依然汤汁鲜美，这才是江宁东山大骨头汤最王道的地方。每一根猪骨上面都是满满的肉和筋，根根都有骨髓，因长时间的焖炖，把深藏在骨髓里的鲜美滋味都提取出来了。骨头汤的配菜就是传统的大白菜，吃到嘴里有点甜味，荤汤浸润过的白菜，格外地鲜香。

历史传承

老鹅烹饪早在宋代就已经成熟，《苏轼文集编年笺注》（附录八）就有关于煮老鹅的记载："煮老鹅不烂，就灶边取瓦一片同煮，即烂如泥。羊亦然。"在附录九还有"樱桃叶煮老鹅，晚软熟"的记载。

东山老鹅的烹饪技艺，至少在晚清到民国时期就已经流传。那时，传下来的老鹅烹饪技艺，基本上会用三个月的鹅，炖煮后鹅肉变老了，所以叫老鹅。俗话说"三个月的鸡，叽叽叽。三个月的鸭，动刀杀。三个月的鹅，动稻箩"，意思是，由于鸡比较贵，饲养时间长，鹅长得则比较快，三个月就要用稻箩装这个鹅了。所以，鹅比较大，三个月可以吃了。

东山新东新老鹅

新东新大骨头汤

旧时，鹅肉的地位不是很高，

新东新大楼旧影

新东新老鹅馆

招待外来的客人需要用鸡、鸭，不提倡用老鹅，只是在过年的时候，用咸鹅下酒。但是新中国成立后，鹅肉的地位骤升。几十年前，老鹅和骨头汤都属于奢侈之物，由于条件不允许，也只有过年才能吃上这样的美味。知情者徐永富是南乙公司的工人，原江宁县龙潭镇（现属栖霞区龙潭街道）人。据他介绍，制作东山新东新老鹅的大师傅叫李东升，江宁县人，是原公司的炊事员。李东升不仅会制作祖传的传统江宁菜，还会做很多人吃的大锅菜。1995 年时，看准商机的徐永富与李东升相商，两人一起创业，开个老鹅主题餐馆。当时单位里有个老鹅作坊，这个作坊在民国时期是私人饭店，1949 年后，公私合营成为江宁供销社，最早的老鹅店和中百一店（老百货公司）还是邻居。经过几年的筹备，到了 2000 年，由徐永富等出资筹建的第一家东新老鹅店正式注册成立，就在老中百的附近。老鹅店一开张，立即吸引了众多食客。于是，一传十，十传百，东新老鹅名声打响，人人向往东山老鹅。“到东山吃老鹅”，成为那个时期的流行语。新东新鼎盛的时候，有十几家分店，主要聚集在江宁区，淮安和浙江也有分店。现在受到许多连锁餐饮店的冲击，新东新业绩比以前有所下降。

据徐永富介绍，李东升师傅是新东新自己培养的，年龄比徐永富小一些，40 多岁。新东新还有一个师傅李豹，原先跟一位姓李的师傅学徒，这位李姓师傅是公司的第一代员工。李豹是外地人，后来在江宁学徒。与李豹一样，新东新店里很多师傅都是外地人，多年前来江宁新东新打拼，

今日新东新老鹅馆内景

现在已经有很多人满师，从学徒变成师傅。未来徐永富有意将东山新东新老鹅与大骨头汤烹饪技艺，传授给自己的女儿徐洁，希望女儿能继承和发展这项技艺。

当代影响与价值

东山新东新老鹅与大骨头汤是江宁人引以为豪的特色菜，也是南京乡土地标菜中的名角。2006年，根据商务部要求，江宁区商务部门着手整理江宁“老字号”品牌相关资料。当年5月30日，江宁地方名菜“东山老鹅”被《中国名菜大典·江苏卷》收录。

老鹅符合东山以及江宁人的口味，在外地开分店不能保证客源，但在江宁，新东新一直有固定的客流量，这与江宁的地方文化是分不开的。当时创立东山新东新老鹅与大骨头汤品牌时，几个合伙人都是老江宁人，对江宁土菜第一的老鹅很有感情，又懂得手艺，因此，一切都还算是顺利。东山新东新老鹅与大骨头汤虽然源于东山街道，但现在已经是江宁区，乃至整个南京的地标性美食，大街小巷的饭店里，几乎都能吃到“东山新东新老鹅与大骨头汤”。

当下餐饮业竞争十分激烈，新东新因此要有自己的品牌；要不断提升产品质量，适时推出诸如真空包装等新举措，增加产品种类；要加大宣传力度，通过与各大宾馆、饭店联营，逐步打开南京市场，这样才能创造更多的经济效益和社会效益。

方山混蛋狗肉烹饪技艺

基本概况

江宁地区吃狗肉的地方，除了方山外，还有铜山，在铜山还有一条主打狗肉的美食街。方山混蛋狗肉烹饪技艺，主要流布于方山一带。知情者葛迎春、桂凤志。

自古狗肉就是不上台面的食材。以前，家里招待客人吃饭，狗肉是不可以上桌的，讲究一点的人家是不吃狗肉的。故在民间有“狗肉不上席”的说法，意思是说，酒席上是看不到狗肉的。

据口碑资料，方山混蛋狗肉的得名，至少有三种说法：第一种说法，混蛋狗肉在晚清民国时候叫“浑汤狗肉”，因为一般百姓文化水平有限，讹传成了混蛋狗肉。看过饭店里卖的清汤狗肉就明白了，混蛋狗肉的汤确实比较浑浊，这种说法目前没有文献证据，但是似乎还是有点合理的；第二种说法比较流行，故事大概发生在民国时期。混蛋狗肉店第一代店主的本名已经被人们遗忘了，只是因为他从小家里条件不好，吃不饱肚子，所以喜欢偷鸡摸狗，打“野食”填饱肚子，因为他偷鸡摸狗，惹人厌恶，所以大家喊他“混蛋”。有一次，他偷来邻居家的狗，做了狗肉吃，路过的小乞丐们闻到香味，纷纷围拢过来，抢着闹着要分一杯羹，吃了的没有不夸赞他手艺好的，甚至这些小乞丐偷狗来请他烹调，一传十，十传百，

方山混蛋狗肉店招牌

混蛋烧狗肉的名头响了，就开了饭店；第三种说法，故事也是发生在几十年前，那时候的店面还不是狗肉店，而是一家羊肉店，因为羊肉货源短缺，加上羊肉成本高，主人就在店里挂了一个羊头，暗地里弄来狗肉冒充羊肉，干起了挂羊肉卖狗肉的生意。由于他烹调手艺高妙，锅里抹了羊油，于是把狗肉烹调得和羊肉一般滋味，店里客人吃不出来，后来帮厨的小厮走漏了风声，食客

清汤混蛋狗肉

红烧混蛋狗肉加贴饼

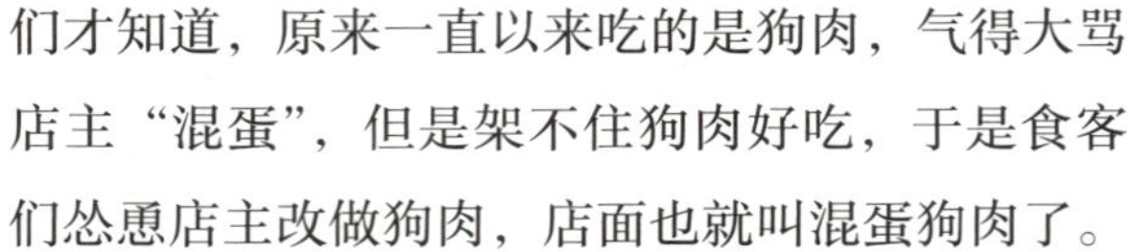

们才知道，原来一直以来吃的是狗肉，气得大骂店主“混蛋”，但是架不住狗肉好吃，于是食客们怂恿店主改做狗肉，店面也就叫混蛋狗肉了。

方山混蛋狗肉烹饪的种类有好多种，如红烧狗肉、清汤狗肉、卤狗爪子，还有狗杂等。红烧狗肉是连皮带骨的，除了狗肉还可以下一些腐竹做配菜，一般用铁锅烧，锅底下烧木柴火，锅边可以贴一圈粑粑，和徐州的地锅鸡很像。一开始是贴粑粑，后来就直接改良成地锅鸡贴的那种死面饼了。狗肉味道比较大，生狗肉要洗净，用佐料泡一下，然后焯水再洗净，接着用干红的尖辣椒、大蒜，先炒出香味，再接着加卤子上灶台上慢炖。有些店家的混蛋狗肉会加入老卤，这是不传之秘。对于食客而言，老卤的具体配方就不得而知了。

据知情者桂凤志介绍，清汤狗肉是她家阿姨的拿手菜，生狗肉的处理方法和红烧狗肉一致，要切片，加上胡椒粉和香葱，慢火煨汤，和西北的羊肉汤很相似。如何不把狗肉煮老，是靠掌勺厨子的经验，没有具体的标准。卤狗爪和麻辣鸭四件的做法一致，唯独要加入烧狗肉的老卤，卤狗爪会有胶冻的感觉，是下酒的菜。狗杂和北京的卤煮、广东人吃的牛杂很像，都是狗的下水，焯水去腥，加老汤头煨煮。混蛋狗肉店里的狗杂以狗肝为主，一般要加重蒜，蒜泥重了，才好吃。

历史传承

旧时，江宁的书香门第是不吃狗肉的，甚至有点文化的、有点身份的人也不吃。所以，以前吃狗肉的一般是比较底层的人，比如出去做活的苦力，累了乏了，喝一点酒，吃两块狗肉。也有农家一年养一条狗看家护院，快过年时敲狗或称打狗，而不说杀狗。还有的会把狗腿腌起来，等开春了再吃。那时候家家条件都不是太好，猪肉吃不上，也只能吃狗。随着时代的发展，狗肉吃的人就少了。现在，江宁出去打工的人，特别是去工地的，一般会在工地养小草狗，过年时候狗也长大了，就带回来过年，算是一顿美味。

旧时很多江宁的农村妇女都会烹饪混蛋狗肉。农村妇女心疼家里的丈夫，要给丈夫弄肉吃，狗肉就属于下酒菜。知情人桂凤志记得新中国刚成立时，家里帮忙的那个阿姨姓刘，现在已经去世很多年了。她夫家姓陶，叫她陶刘氏。刘阿姨会给家里干农活的人做混蛋狗肉（狗肉汤）。桂

卤狗肉

风志还记得刘阿姨的手艺是和她婆母学的，他们的手艺很有意思，是婆媳相传，这种厨艺不是正规的师徒传授，不是太严谨。

以前方山镇老供电所旁边有一家混蛋狗肉，挨着有一家怡春楼，也做混蛋狗肉，吃的人比较多。有个姓李的师傅，叫李红干，他手里有几十年的老汤，做狗肉是一绝。2012 年以后，方山一带农村都拆迁了，变了模样。李红干师傅也联系不上了，也不清楚他是否还在继续做混蛋狗肉？

当代影响与价值

方山的混蛋狗肉来源，都是肉狗、草狗，基本上是苏北肉狗厂合法经营的肉狗。

狗肉一般都是冬天吃，天冷了，吃狗肉暖身子。据说早年有一家混蛋狗肉店，推出了夏天吃狗肉的菜品——冰镇狗肉。夏天吃狗肉和苏北鲁南的伏羊节有异曲同工之妙，夏天吃大热之物，可以治疗寒疾，把体内积累的寒气、湿气都排出体外，发一身汗出来就好了。不过混蛋狗肉是南方做法，和北方狗肉不一样，是不加花椒的。

方山混蛋狗肉的鼎盛时期在 2000 年前后，一个江宁区至少有将近十家狗肉店叫混蛋狗肉，生意相当红火。多年前常有北方的朋友来南京，点名要吃这个混蛋狗肉。玉林狗肉事件后，国内的狗肉行业受到一定程度的冲击。加上老房子拆迁，混蛋狗肉店就几乎消失了，如今在大众点评和美团上都搜不到了。实体店减少了，吃混蛋狗肉的地方，还真不好找，但要说起曾经风靡一时的混蛋狗肉，吃过的人还是会如数家珍，津津乐道。

上峰插花羊肉烹饪技艺

基本概况

上峰插花羊肉烹饪技艺，主要流布于汤山街道上峰一带。传承人余益海。

插花牛肉是四川、贵州一带的牛肉，最近几年开了连锁店，很热门，但是江宁区汤山街道的插花羊肉和插花牛肉不是一类做法。这里叫插花，是因为旧时上峰地区有个插花庙。据传承人余益海介绍，他家的插花羊肉菜名是因地而生，正宗的仅此一家，暂无分号，不过目前江宁已经有好几家插花羊肉，这对他家的插花羊肉生意有不小的影响。

上峰插花羊肉，以羊肉为主，也有些小炒菜。羊肉品种，主要是红烧羊肉、羊肉汤、清蒸羊肉、扒羊头、羊杂汤。他们做一份菜，要消耗三斤半羊肉，羊肉是要剥皮、带骨的，无论什么菜，都要保证羊肉肉质细软，没有膻味。羊是自家屠宰的，剥皮后要出水、出膻，接着是晾干，然后切块，与生姜泡在水里，把味道过掉。

烧红烧羊肉，要用老火、干柴烈火、大铁锅与土灶才能把味道烧出来。当然少不了大蒜、青椒、青葱等配料，不用花椒，仍然是传统的江南地区烧羊肉的方法。其配菜，上峰插花羊肉只用萝卜。据介绍，上峰插花的红烧羊肉还有一个特点，就是重辣重盐，不吃羊肉的人也会吃他们这里的羊肉，闭上眼睛是吃不出来什么肉的，品尝过后，脑子里只过一个词——“好吃”。

关于上峰插花羊肉的来源，余益海说，从前他家曾雇了一个专门负责放羊、养羊的师傅，叫汪洪坤。羊是本土羊种，吃百草长大的，不吃一点饲料。这种羊，又叫江宁小山羊，放羊的地方就在青龙山一带。汪洪坤养羊的地方，类似于上峰插花羊肉的饲养基地，一年至少他要送来八九十只羊，以保证上峰插花羊肉店的正常供应。

历史传承

据传承人介绍，上峰插花羊肉至少起源于清

插花庙的山羊

余益海在烹饪插花羊肉

插花羊肉

代中期。

传承人余益海，上峰插花庙人。他的师傅叫涂正富，也是上峰插花庙人，出生于 1920 年左右。余益海父辈与涂正富家是邻居，涂正富祖上是猎户，涂正富也喜好在青龙山一带打猎。涂正富的插花羊肉技艺是祖传的，后来，他将插花羊肉烹饪技艺传给了余益海。涂正富制作插花羊肉的原料来源，一半是自己养的，一半是买来的，偶尔打到野山羊，也可以用来做插花羊肉。野山羊味道特别大，因此，余益海一直怀疑插花羊肉做出来没有膻味，就是师父当年对付野山羊琢磨出来的方子。涂正富只收了余益海这一个徒弟，而现在余益海也将这门技艺传给自己的儿子余本领，所以在上峰，余本领的插花羊肉才是龙头正宗。由于插花羊肉名气较大，村口有五六家也做起了插花羊肉的生意。

当代影响与价值

一般的羊肉馆子，南方的只在冬天开，北方的馆子讲究伏羊节，夏天也开。春秋两季，尤其是秋季不开门的，秋燥，吃羊肉很难受。但是余益海家的上峰插花羊肉不是，他们是四季吃羊，冬天吃插花羊肉，壮阳暖身；夏天吃插花羊肉，驱寒发汗，同时喝一碗羊杂汤还可以消暑。羊肉是大补的，一般老人家要少吃一些，太补了，老人家受不了，小孩吃多了会流鼻血。

余益海总结出上峰插花羊肉受到欢迎的秘诀，一共有七点：第一，上峰插花羊肉历史悠久，至少在清代中期就成熟了，是由猎户始创，后世传人不断改良。在保留野味的同时，其价格亲民，成为大众喜爱的佳肴。第二，余本领的上峰插花羊肉实体店分工明确，一人负责杀羊处理肉，主

插花本领羊肉馆

厨一人，放羊一人，几位服务员，井井有条，各有分工，各负其责，不至于混乱。第三点，余本领的上峰插花羊肉，羊种好，一代代传下来的羊种，吃百草，纯天然，绿色食品。第四点，他们控制数量，保证质量。第五点，不论销售行情如何，他们都一定会留一定份额的羊肉给老客，因此口碑一直很好。第六点，上峰插花羊肉的菜品，比较丰富，适合不同年龄段的人，老年人也吃得动。第七点，上峰插花羊肉的质量过硬，一份羊肉，他们就敢标别人不敢标的价，因为他们的质量对得起价格。

现在来上峰插花羊肉馆吃饭，需要提前预订。一天一只羊只能做十份菜，如果是淡季，一只羊也只够三四天的量。现在，喜爱上峰插花羊肉的食客很多，范围也很广泛，周边的村民、市区的老百姓，以及上海、苏州等外地慕名而来的人很多。据余益海介绍，原南京电视台的一位主持人，在调往北京之前，曾慕名而来吃上峰插花羊肉，现在他家的羊肉店里，还有这位主持人与店主的合影。

由于上峰插花羊肉知名度越来越响，在上峰专门经营羊肉的饭店如雨后春笋，虽然都叫插花羊肉，但品质不一，口味也不同。如果要想让正宗的上峰插花羊肉成为知名品牌，那就要采取诸如商标注册、原产地保护等措施。对于上峰插花羊肉的主人而言，也应该积极采取措施，挖掘整理相关非物质文化遗产材料，与江宁区有关部门对接，争取早日申报区级非物质文化遗产名录。争取经过不断努力，使上峰插花羊肉烹饪技艺，受到《中华人民共和国非物质文化遗产法》的保护。另外，在技艺上可以不断推陈出新，创造出插花羊肉的新品牌，打造出插花羊肉精品，回馈广大消费者，为江宁区非物质文化遗产工作增光添彩。

江宁街道红烧肉烹饪技艺

基本概况

红烧肉，是以五花肉为制作主料的红烧系菜肴，广泛流布于江宁街道。

成品红烧肉肥瘦相间，香甜松软，营养丰富，入口即化，多为深红、浅红或枣红色。红烧肉所选的原料五花肉，又称肋条肉、三层肉，位于猪的腹部。猪腹部脂肪组织很多，其中又夹带着肌肉组织，肥瘦间隔，故称“五花肉”。在接近猪后臀尖部位也有五花肉，其三层分明，肥瘦肉厚度相当，一整块五花肉厚度为一寸左右，是最好的五花肉。而猪肋条上的瘦肉则最鲜嫩，且最多汁。选择优质五花肉，可用手摸，略微有沾手感觉，肉上无血，肥肉、瘦肉红白分明，色彩鲜艳。五花肉连皮烹饪，肉皮能让汤汁浓稠，让肉光亮，让个中生发不同的风味变化。

红烧肉

根据对当地知情者的访谈，江宁街道红烧肉烹饪的特点在于肉料的选材。要选取当地农村自养土猪的五花肉，肉质紧实，有咬劲，成品更香。江宁农村地区自养土猪多，一般以南瓜、野草等为饲料，而不用甘薯。土猪自年头养至年尾，自杀自吃，营养放心。在烹饪技艺上，先将五花肉切成小块，焯水后放入生姜、八角等香料进行煸炒。煸炒至颜色发白后放入老抽、生抽调味，盖上锅盖后大火烧开，最后转成小火焖烧，其酱汁浓缩了猪肉的精华，故香味扑鼻，营养价值丰富。

历史传承

成书于北魏末年的贾思勰《齐民要术·蒸焦》就记载了红烧肉的具体做法：“净焊猪讫，更以热汤遍洗之，毛孔中即有垢出，以草痛揩，如此三遍，梳洗令净。四破，于大釜煮之。以杓接取浮脂，另著瓮中；稍稍添水，数数接脂。脂尽，漉出，破为四方寸脔，易水更煮。下酒二升，以杀腥臊——青、白皆得。若无酒，以酢浆代之。添水接脂，一如上法。脂尽，无复腥气，漉出，板切于铜铛中焦之。一行肉，一行擘葱、浑豉、白盐、姜、椒。如是次第布讫，下水焦之，肉作琥珀色乃止。恣意饱食，亦不腻，乃胜燠肉。欲得著冬瓜、甘瓠者，于铜器中布肉时下之。其盆中脂，练白如珂雪，可以供余用者焉。”这是目前传世文献中关于红烧肉的最早记录。其做法是以大块煮，然后切成小块继续换水煮，将猪肉的油脂逼出来，达到肥而不腻的口感，与今日红烧肉烹饪大同小异，可见其历史之悠久。

宋朝大文豪苏轼是东坡肉的发明人。他被贬黄州时曾做《猪肉颂》一首：“净洗铛，少著水，柴头罨烟焰不起。待他自熟莫催他，火候足时他自美。黄州好猪肉，价贱如泥土。贵者不肯吃，贫者不解煮，早晨起来打两碗，饱得自家君莫管。”这首诗详细记录了红烧肉的做法，其核心的秘诀就是小火慢炖。

晚清以来，金陵市场上江宁南乡猪肉大受欢迎。凡各肉铺出售者，皆标称“南乡猪肉”，与售米者标称“南乡熟米”相同。所谓的“南乡”，主要指旧时江宁县的南部乡村。南乡猪有腿短、爪小、皮白、毛黑等特点。张通之《白门食谱》曰：“南乡人家备猪，皆喂以杂谷，或米野菜，熟以食之，从不饲以不清洁之物，亦不许卧于污水中。故其毛润泽，皮硗薄而肉肥香，入釜一煮即烂，最滋养于人身。金陵各处肉铺出售者，皆标曰南乡猪肉，与售米者相同也。”又据《上元江宁乡土合志》记载，南乡猪因躯短而肥，故俗名“驼猪”。每年岁暮，乡人始宰之，或以之祭神，或以之招待来年宾客，故市场上并不常见真正的南乡猪。市场上一般所见之皮厚肉粗、间杂以恶臭之肉，多是贩自江北之猪。因猪肉为国人所喜食，故南京市场销售量颇大，宰、售、烹不仅各有分工，还有专门的称谓。以宰猪为业者，称为“屠户”。天亮时，踞厚砧板以分售者，称为“案子”。取猪蹄、舌尾、肠、肚等置釜中久熬烹熟，再列案出售，称为“熟切”。取肉数片置小瓦缶中，入水灌满，不用盐，放在灶火中与饭同熟，称为“罐肉”。这种“罐肉”常出售给往来的行旅。

江宁街道的红烧肉烹饪技艺来自南京，相关记载见于清代《随园食单》，其“红煨肉”一目云：“或用甜酱，或用秋油，或竟不用秋油、甜酱。每肉一斤，用盐三钱，纯酒煨之；亦有用水者，但须熬干水气。三种治法皆红如琥珀，不可加糖炒色。早起锅则黄，当可则红，过迟则红色变紫，而精肉转硬。常起锅盖则油走，而味都在油中矣。大抵割肉虽方，以烂到不见锋棱，上口而精肉俱化为妙。全以火候为主。谚云：‘紧火粥，慢火肉。’至哉言乎！”在红烧肉的各类做法中，北方用炒糖色上色，南方则多用酱油、老抽上色，从中可见其技艺传承。

1950年江宁县人民政府关于刘顺兴猪肉铺开业申请的批复

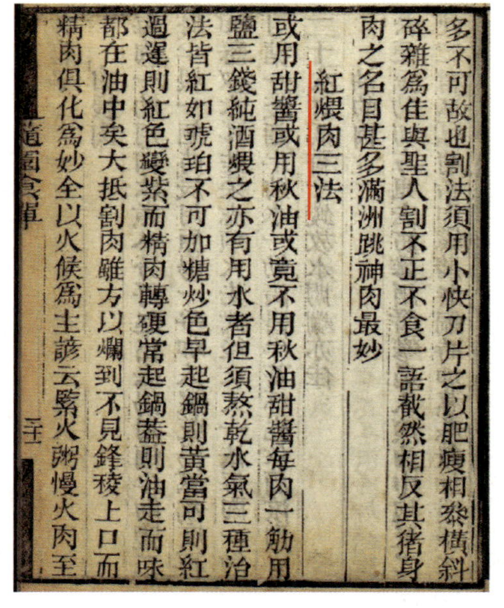

多不可啟也割法須用小快刀片之以肥瘦相參橫斜碎雜爲佳與聖人割不正不食一語截然相反其猪身肉之名目甚多滿洲跳神肉最妙

紅煨肉三法

或用甜醬或用秋油或竟不用秋油甜醬每肉一觔用鹽三錢純酒煨之亦有用水者但須熬乾水氣三種治法皆紅如琥珀不可加糖炒色早起鍋則黃當可則紅過遲則紅色變紫而精肉轉硬常起鍋蓋則油走而味都在油中矣大抵割肉雖方以爛到不見鋒稜上口而精肉俱化爲妙全以火候爲主諺云緊火粥慢火肉至

隨園食單　三十

《随园食单》中记载的红煨肉三法

旧时南京的生猪

屠宰，多为分散的个体手工进行，屠宰活计含看猪、赶猪、锅上活、铺里活等。现今手工屠宰生猪在郊县农村仍可见，其操作方式也没有多大变化。1954 年，南京成立国营食品公司，郊县乡镇也相继成立食品站，因之屠宰业中便有了“生猪定级”的新内容。“生猪定级”需要根据生猪的膘情、产地等情况，估算出肉率。准确地定出等级，全凭眼看、心算和经验，没有过硬的技术和丰富的经验是不行的。

随着南京肉联厂的成立，出现了现代化屠宰方式，大致经过电麻法致昏、刺杀放血、烫毛除毛（机械剥皮）、开胸、剖腹、割肛、拉直肠、刮膀胱、出肠胃、出心肝肺、机械落头、下蹄尾、劈猪片等工序。这一系列的生产过程，均由机械传动，流水线作业，体现了大生产的社会化，与人工屠宰相比，劳动强度和劳动量大为减轻。近年，从有利于环境卫生和方便管理的角度考虑，包括江宁在内的南京地区，除肉联厂的现代化方式屠宰外，小刀手分散屠宰已逐步改为集中定点屠宰，屠宰和销售也在逐步分离。

当代影响与价值

尽管生猪饲养及屠宰已经逐步产业化，但江宁街道的红烧肉烹饪技法仍然基本依循传统。调查资料显示，江宁街道红烧肉仍选取“喂以杂谷，或采野菜”的当地农村自养土猪的五花肉，仍是每年岁末宰杀。在烹饪技艺上，江宁街道的红烧肉亦不炒糖色，而用酱油上色，其工序亦无变化，故一直深受当地民众喜爱。

东善桥扣肉烹饪技艺

基本概况

东善桥扣肉烹饪技艺主要流行于秣陵街道东善桥社区。

扣肉是一种以猪五花肉为主料的传统菜肴，在全国各地均很常见。扣肉之精华在于其名称中的“扣”字，所指是先要将五花肉皮朝下码放于蒸碗中，蒸至熟透后，再倒转蒸碗将肉倒扣入盘中成菜。正宗的东善桥扣肉色泽金黄，肉香浓郁，入口即化，肥而不腻。根据配菜种类的不同，扣肉可以分为五香扣肉、梅菜扣肉、糟扣肉、南乳扣肉、虾酱扣肉等。

扣肉

扣肉的原料以南京地区的黑毛猪最佳。老南京一般把淘米水、麦麸、菜搅拌在一起煮熟了喂猪，如此喂养的猪比寻常家猪更加精实，五花肉纹理分布均匀，红白分明，肉质细嫩。薄皮猪五

东善桥林场今貌

花肉中比较厚实的部位最适合做扣肉。

扣肉的制作流程大致分为以下五步：

第一步，预处理与预煮。将扣肉放在铁架上烧皮，以去除猪皮中的腥臊味。猪皮烧好后，放入温水中清洗干净后下入锅中，加入适量的姜片、大葱和黄酒去腥，大火烧开后撇去浮沫，然后转小火烧至八成熟，用筷子能扎透肉块即可捞出。

第二步，上色油炸。五花肉块猪皮朝上放置，用竹签在猪皮上扎眼。为了防止炸制时爆油，需要擦去猪肉上多余的水分，并在猪皮上抹少量食用盐，油温 180℃到 210℃时，猪皮朝下滑入油锅中烹炸，至猪皮表面颜色金黄即可。经过油炸的猪肉，可以进一步去除油脂，减少肥腻感。将炸好的五花肉块放入煮肉的肉汤中浸泡一小时，可以使猪皮表面起细密的小褶，使成品卖相更加好看。

第三步，切片、码放。用刀将泡好的五花肉切成 4 毫米左右的薄片，皮朝下放入碗中码放整齐，如需加梅菜等配菜，此时可均匀铺在码好的肉上方。

第四步，蒸制。扣肉宜反复长时间蒸制，以形成入口即化、肥而不腻的口感，先中火蒸 1 小时，然后小火慢蒸。

第五步，出品。取一个比蒸肉碗直径更大的碗或菜碟，盖在蒸肉碗上，然后将肉倒扣在碗中即可出品。扣肉成品应块型完整，排列整齐，切片均匀。

历史传承

扣肉做法的具体起源已无从可考，但毫无疑问，扣肉一直是南京地区著名的传统菜肴。《清稗类钞》中提到各省特色肴馔，对江宁利涉桥畔（今南京秦淮区桃叶渡旁）的便意馆大加赞扬，而便意馆的特色菜即以扣肉为首："即以江宁言之，乾隆初，泰源、德源、太和、来仪各酒楼之肴馔，盛称于时。至末叶，则以利涉桥之便意馆、淮清桥河沿之新顺馆为最著。别有金翠河亭一品轩诸处，则大半伧劣，不足下箸。新顺（馆）盘馔极丰腆，而扣肉、徽圆、荷包蛋、咸鱼、焖肉、煮面筋、螺羹及菜碟之鲜洁，酒味之醇厚，则便意所制为尤美。"清代茹菜的《新年竹枝词》中，也曾提及扣肉："画船对坐两夫妻，儿靠船窗手自携。安放中舱双盒子，一盘扣肉一盘鸡。"

由于制作工序比较复杂，旧时家常制作扣肉不多，一般是在酒店宴请客人，或是逢年过节才会制作。早年江宁平常人家偶尔才能吃上肉类，故在制作扣肉时会将五花肉切得更厚，以彰显待客之道。

当代影响与价值

如今，扣肉的制作已经遍及全国，任意走进一家餐馆，都不难见到餐桌上的扣肉，人们不必盼着节假日才能吃到扣肉。随着食品加工工艺的进步，市面上已经出现大量的家常扣肉调味类罐头产品，只需拆开加热即可食用，省去了制作扣肉繁复的步骤。不过，江宁东善桥社区的居民仍然坚信，在屋头厨房热灶制作出的扣肉方才不失其本味，才有"家"的味道。

现代人追求健康，怕胆固醇摄入过多，不敢吃太多扣肉，故从营养学的角度做出一些改进：搭配富含膳食纤维和磷脂的杂粮、薯类和蔬菜；在没有肉皮的一面划些花刀，以便水煮时帮助油脂溶出；在肉的表面抹上老抽，用少量新油煎炸，油温不要超过 240℃，这样上色快，可以尽量减少蛋白质和脂肪的过度变性，防止产生过多的有害物质。由此可见，为适应当代人的需求，饮食类"非遗"可以适当创新，在创新中升华其价值所在。

南乡猪的喂养与烹饪技艺

基本概况

南乡猪分布在江宁南部地区，因产区在南京中华门外南郊农村而得名。

南乡猪是江宁本地的传统猪种——山黑猪。这是一种性情温顺，耐粗饲，适用于山区饲养，是既可圈养也可放养的猪种类型。南乡猪多为自选种，自繁殖。母猪泌乳力强，仔猪早期生长较快，多在 30 天到 40 天断奶，30 天平均头重可达 5 公斤左右。母猪每年可产仔 2.5 窝。育肥猪能大量利用青绿饲料，精料消耗较少，但生长期较长。

南乡猪在江宁乡村的普遍饲养，与该猪种散户养殖成本较低的特点有关。南乡猪的原有中心产区在秣陵、禄口、周岗、龙都四地交界的秦淮河两岸，周边分布区包括陆郎、铜山、谷里、横溪、江宁等乡镇的丘陵山区，盛产野菜野草，加

1987 年的淳化养猪场

1987 年的秣陵养猪合作社

上河汊水塘中的水花生、水浮莲、水葫芦、浮萍等水生植物，都是天然的猪饲料。南乡猪适合喂青绿饲料，过去农村孩子每天必做的事情就是打猪草喂猪。又因为是农户散养，拾猪粪积肥便是江宁南部乡村的又一传统农事。秦淮河两岸的圩区是江宁主要稻米产区，山芋、南瓜、玉米等是丘陵山区的主要农作物，这些都是农户养猪的必备条件。

据《金陵琐志九种》记载，南乡猪“岁末始宰，以祀神、供宾客、给年用……”因为是岁末宰杀，南乡猪的烹饪又以春节菜肴为主。江宁农村过年杀年猪也是个传统习俗，杀年猪时必做杀猪菜。杀猪菜制作粗放，猪血是这道菜的精华。猪骨、五花肉、猪血等用本地腌菜炖，新宰杀的猪肉新鲜味浓，炖杀猪菜无须多少调料，就能释放出菜品的鲜香与醇厚。宰年猪人家一般会将大部

分猪肉售卖，自己留下一些过年或腌制。南乡猪制作的另一个方法，就是腌制咸肉、火腿，腌制过的猪肉在常温下能保留半年甚至更长。猪的内脏副产品，一般人家会留作自家用，用腰梅肉、猪腰子汆汤，猪头做成猪头糕，荸荠炒猪肝等。过年时的肉丸子、扣肉、蛋饺、猪大骨炖汤等系列菜都是南乡猪制作的范例。

1987 年上坊乡农田管理

禄口地区还流行用白糖腌制南乡猪的猪板油。猪板油切成丁，用白糖浸渍，正月十五元宵节的时候，用浸渍好的荤油白糖作馅料包元宵，味道口感香润甜糯。熬制荤油后的油渣，也是一道特别的菜，可以直接蘸点食盐吃，油香四溢。油渣烧青菜更是一道家家喜爱的菜。油渣与当地野菜荠菜搭配，斩碎用食盐拌匀，做元宵馅料，做出来的元宵油香而又不腻。瓦罐炖肉是南乡猪肉烹饪的又一家常做法。将肉放入瓦罐内，加入水、生姜、盐等，放入大锅锅膛内，利用锅膛内柴火的热度炖熟瓦罐内的猪肉。瓦罐肉口感酥烂，汤汁鲜美，是农村常见的烹饪方式。

历史传承

江宁养猪历史较长，殷巷出土的青釉瓷猪圈是西晋时代养猪的真实写照。生猪一直以来皆为私人养殖，直到 20 世纪 20 年代，才出现国有农场养殖。农户养猪，饲料差、管理粗。过去成批养猪的都是槽坊、砻坊、豆腐坊等加工作坊，利用加工坊的麸皮、米糠、豆渣、酒糟等喂猪。

南乡猪的饲料自然纯净，用麸皮、米糠、山芋、南瓜等煮熟后喂养，或农户自田畔畦间采来野菜，洗净后拌以稻糠，煮熟喂养，加之适时散养，其肉品上乘，肥瘦兼得，自然受到讲究食材的城里人的喜爱，也难怪《金陵琐志九种》对其他猪种有偏见："其皮厚肉粗，兼杂以恶臭者，皆贩自江北之猪……"

南乡猪养殖时间长，所以岁末始宰，非市中所常有之说，由于出栏时间临近春节，在烹饪上的特点也就以春节菜肴为主。

袁枚《随园食单》称：猪用最多，可称"广大教主"。南乡猪一般长得不肥，75 公斤左右便宰杀，因而瘦肉多于肥膘，易煮烂，香味诱人。南乡猪猪肉味道醇净，没有猪毛恶臭味，无须精湛厨艺就能烹制，即使是白煮肉都能吃出猪肉的鲜香，所以各家可以采用对肉品有高要求的烹制手法，形成特色。如《清稗类钞》云："白片肉者，以猪肉为之，不用一切调料也。入锅煮八分熟，泡汤中两小时，取起，切薄片，一温为度即以小快刀切为片，宜肥瘦相参，横斜碎杂为佳。食时，以酱油、麻油蘸之。"清朱彝尊的《食宪鸿秘》有套肠、炒腰子等关于猪内脏的很多烹饪记载。猪内脏烹饪，一是讲究处理干净，不能有

2000 年淳化乡农田管理

内脏的恶味；二是要选择饲养讲究的猪品，饲料不好或圈养的猪，内脏品质也不好。还有“骰子块”烹饪方法，就是蒸猪肥膘肉，这道菜对猪品的要求也高。品质上佳的南乡猪肉做上述这些菜式都非常适宜。

新中国成立后，由于恢复农业生产需要大量肥料，以及城市人民对肉类，首先是猪肉有需求，江宁地方政府相关部门一直把生猪列入发展畜牧业的首位，“六畜猪为首”。到 1952 年，生猪饲养量 9.4 万头，比 1949 年增加 59.32%。到 1957 年第一个五年计划结束，生猪饲养量已达到 12.64 万头。经历“大跃进”的挫折以后，江宁贯彻“公私并举，私养为主”的养猪方针，允许社员养母猪，对肥猪实行派养派购，并实行奖售政策，调动了社员的养猪积极性，生猪饲养量很快回升，到 1966 年达到 28.27 万头。

当代影响与价值

从 21 世纪起，江宁的生猪饲养量稳定在 80 万头左右，规模化养殖大户增加，生猪的品种也出现多元化。除了长期驯化形成的山黑猪，江宁地区又有国内著名品牌，还有出于杂交改良目的从国外引进的良种。但南乡猪作为江宁本土的传统优质猪种，一直保留在江宁良种猪的目录上。

随着时代变迁，农副产品产业化、规模化、工厂化生产势在必行。1997 年，江宁境内第一家现代化猪场——金象集团象山种猪场建成投产。2010 年，按照现代化标准建成汤山古泉生猪养殖场。如今，江宁地区农民散养猪越来越少，传统饲养方式必须与时俱进，适应标准化、产业化的方向。尽管如此，猪肉作为老百姓餐桌上的主角不会因为时代变化而消失，好的猪种还是会保留下来，并根据市场需求不断改良。

铜山狗肉烹饪技艺

基本概况

铜山狗肉烹饪技艺，流布于禄口街道的铜山、浣溪、曹村及东山等地区，也影响到周边的溧水区石湫、洪蓝等地。传承人张小春、周兴国。

狗肉是传统的肉类食物，不但营养价值高（高蛋白、低脂肪、低胆固醇），还有补肾壮阳的功能，冬天吃可暖和身子，而且特具一种肉香，细而不腻人，是其他肉类不能媲美的。

过去曹村农民三三两两围坐在小桌旁，一边用手撕抓着熟切狗肉，蘸着细盐辣椒，一边喝着地瓜干酿制的白酒，还一边嚼着狗肉，吃得有滋有味。镇上的人们逢年过节或宴请贵客嘉宾，都把狗肉列为名菜，招待客人。如今在“铜山狗肉馆”仍可见到宰杀狗用的刀、棒槌、腌制狗肉用的缸、圈存的活狗和生熟肉。

铜山狗肉烹饪技艺有四个步骤：套狗、宰杀、净毛、煮肉。详细介绍如下：

第一步，套狗。过去只要职业打狗人一出现在村上，一犬吠形，百犬吠声。打狗人可不管狗声鼎沸，套狗时身手敏捷。狗被他套住，只用棒槌在鼻尖轻轻一磕，便昏迷不醒。

第二步，宰杀。宰杀活狗的方法各有不同，有的用刀从狗的胫部放血；有的用水灌，使狗窒息而死；也有用棒槌击打狗的头部致死，但通常是把活狗用绳索拴紧颈部后吊起来再杀，否则很难杀死，跑掉后还会伤害他人。据说狗是属土星（心）的，必须使之离开地面才能杀死。

第三步，净毛。为了把狗毛除净，杀后要用草木灰擦遍全身，再用80℃—90℃温开水浸烫，去掉狗毛和内脏，用清水洗净，按头、颈、四脚分开，即成生狗肉。现在多烫好后在脚跟处斜割一小口，然后用电子打气筒鼓气，将狗吹得如气球一般，形同过去杀猪、杀羊的去毛方式，然后再对其全身进行刮毛。

第四步，煮肉。传统规矩，狗肉不得上灶，故锅子架在小锅腔上。生狗肉放锅中煮，煮到用筷子一戳即穿为熟，拆去骨头，冷后切成片。此时的狗肉原汁原味，闻起来香味扑鼻，如用麻油、酱醋、辣椒作佐料食用，美味可口。人们常说：天上龙肉，地下驴肉，也难比铜山的狗肉。第一

位于东山翠文路的铜山狗肉馆旧影

次煮沸的汤汁留待后用，汤汁越陈越香。

至于吃法，一直以来都是清水煮，仅蘸食盐食用，这也是一种古法。也有蘸辣椒作佐料，用手撕，吃肉，喝汤。狗肉很少红烧，火锅则是在20世纪80年代兴起的，佐料有面条、粉丝、芫荽、大蒜、辣椒、酱等，那时的狗肉身价也逐渐抬高。近年，还兴起了腌制狗肉。每到冬季，取狗的四条腿，用食盐、十三香等佐料腌制个把月，晾干后装箱。经过加工的狗肉，很受人们的欢迎。春节时期，人们常用这腌制的狗肉作礼品来送给亲朋好友，经营者也从中获得较高的经济收入。

过去人从不说杀狗，多言打狗，用家里的粪桶烫。粪桶壁上有尿碱，中药名为人中白，有清热理肺功能。人们相信经粪桶泡过的狗肉，味道更鲜美，也更有药用价值。

再说狗的内脏。狗肺是不吃的，过去说“狼心狗肺”，狗肺不能吃。狗肝与狗肠是美味，过去狗心、狗肝不单独卖，都是切片放狗肉汤里。而狗鞭与狗肾可是宝贝，人们一般不吃，要卖给收购站的。

此外，旧时曹村的农民喜用狗胫骨（小腿骨）做烟嘴，农妇则将锁骨挂在钥匙上。他们把家里晒好的苎麻卖到供销社，再买一块狗肝和一点狗肉打打牙祭，都是用荷叶包着的。那种香味即使是过了三四十年，还是回味悠长。

历史传承

狗是先民很早就饲养的家畜，狗肉是汉人传统的食物。《孟子·齐桓晋文之事》有：“鸡豚狗彘之畜，无失其时，七十者可以吃肉矣。”可见早在春秋战国之时，狗和鸡、猪一样，被普遍饲养，是人们的肉食来源。

屠狗是个古老的职业，这个行业不乏名人。舞阳侯樊哙以屠狗为业，为荆轲击筑送行的高渐离也是屠狗辈，张飞出道前干的也是杀猪屠狗之事。

清代《清嘉录》“冻狗肉”条云：

（二月）八日为祠山张大帝诞。相传大帝有风山女、雪山女。归省前后数日，必有风雨，号请客风、送客雨。虽天气甚温，又必骤寒。俗有“大帝吃冻狗肉”之谚。案：张司直《太仓州志》云：“二月八日为张大帝生日，必有风雨酿寒。”《常昭志》亦云：“大帝吃冻狗肉，逢辰日，上天有接客风、送客雨。”考晋詹仁泽《祠山家世编》、宋程棨《三柳轩杂识》俱引《祠山事要》：“化身为彘，督阴兵浚河，为夫人李氏所觇，工遂辍，是以祀之，避豨用犬。”刘绳庵《重修庙记》：“每春阴多寒，折俎用冻脯。”此殆俗所传冻狗肉之说欤？

此条材料说祠山大帝张渤爱吃狗肉，而且就等着吃“冻狗肉上天”。冻狗肉正是曹村当地冷藏狗肉的方法。文献记载二月八日张大帝生日、三月初三的三郎庙庙会日，当地都会以狗肉祭神，所以形成了独特的狗肉饮食文化。

铜山制作、销售狗肉以谢村、曹村、浣溪等地为主。民国时期，铜山和曹村镇上都有专门经营狗肉的小摊小贩。搭着布篷，下设小灶，两张小桌子，一张放肉切肉，一张供客人坐。一大早要打狗、吹气、刮毛、煮肉等，再出摊，直到晚上收摊回家。

20世纪80年代以来，由于膳食习惯的改变，这里的狗业更为兴盛，既有活狗的交易市场，也有生、熟狗肉的销售点。如谢村的孙家发、曹村的周兴国、浣溪的张小春都经营生熟狗肉。当时周兴国每年要销售五百多条狗，张小春每年下半年都要腌制销售一千多条，主要销往南京、东山、禄口、溧水等地。

铜山人在东山等地开设的“铜山狗肉馆”门庭若市。铜山狗肉烹饪技艺传承人张小春，1965年出生，禄口街道石埝社区下浣溪村人，主要从事餐饮业。传承人周兴国，1972年出生，禄口街道曹村街道曹村人，主要从事餐饮业。此外，还有沈庆生等十余人，也是铜山狗肉烹饪技艺的传承人。

铜山狗肉影响了溧水区石湫、洪蓝等地。石湫狗肉也颇为出名，在靠近石湫的曹村附近有一个三郎庙，每年农历三月初三是庙会日。据说三郎神喜欢吃狗肉，一些虔诚的信徒就以狗肉作供品祭祀三郎神，同时在庙会上也就出现了卖狗肉的摊铺。这对石湫人是个启发，后来石湫镇常年都有狗肉卖了。

洪蓝也吃狗肉。即使在“文化大革命”中，洪蓝大街上还是有摊子卖熟切狗肉和狗肉汤，洪蓝木桥两边桥头的狗肉摊子可谓一景，用酱油、辣椒酱等佐料蘸熟切肉吃，或放在狗肉汤里喝。这种卖狗肉汤的摊子，都是搭的布篷，篷下有个小灶、两张桌子。早上不出摊，从中午到晚上九十点营业。歇业后收摊收篷，明天再来。

当代影响与价值

10多年前，南京及江宁各地的大排档还卖狗肉，每到深秋的时候，还会推出与徐州地区类似的“狗肉煲”“红烧狗肉”等菜品。如今,在《国家畜禽遗传资源目录》之中，狗未列入，已不算家畜。随着爱狗人士的增长，狗已“特化”为伴侣动物，狗肉将被全面禁食。在疫情期间，这一趋势越发明显，狗肉行业已逐渐转入地下，曾经爱吃狗肉的食客,只能通过电话私自联系打狗人，满足一下口腹之欲。这是时代的进步，看来对铜山狗肉烹饪技艺情有独钟的江宁人只能把这种怀念存放在记忆的深处了。

“公鸡蛋”烹饪技艺

基本概况

“公鸡蛋”是江宁民间流传的一道名菜，分布于江宁区南境的小丹阳、禄口、湖熟等集镇和乡村。

公鸡自然是不会下蛋的，这是常识。除了江宁外，在各地的菜肴中，也确实见到“公鸡蛋”被端上餐桌的。不过，厨师所用公鸡蛋的食材主要为俗称的公鸡腰子或鸡肾，实质上是公鸡的睾丸。随着人们生活水平的不断改善，民众的口味不断发生变化，过去端不上大桌的禽类四件、牛羊下水等渐渐成为普遍受欢迎的佳肴，这样的“公鸡蛋”就属于此列。

但江宁南部地区所流行的传统名菜“公鸡蛋”，与上述公鸡腰子所做的菜肴有着本质的区别。江宁的“公鸡蛋”不含任何动物蛋白成分，其原料主要为老卤水、面粉、辣椒、菜籽油等。因为老卤水自然起鲜，且其中含有盐分，所以在制作中不必再加入盐等其他佐料。

据知情人王宁邦、魏巧珍介绍，“公鸡蛋”是一种面食，老江宁人又叫它“面糊水”。因为这个东西像蒸鸡蛋，又不是蒸鸡蛋。说它是鸡蛋，又不是母鸡下的，只能往公鸡身上靠，打擦边球。“公鸡蛋”制作成本很低，一点点面粉，加上大半碗水，再来点腌菜卤子，撒上一小撮葱花就好了。旧时，富贵有钱人家是看不上这种东西的，但却是穷人家填饱肚子的宝物。

知情者王宁邦从小生活在江宁南部，对“公

“公鸡蛋”制作

“公鸡蛋”

鸡蛋”的制作工艺并不陌生。从制作方法看，先将面粉用老卤水调匀，再加入剁碎的青椒与菜籽油充分搅拌，放入饭锅中蒸熟即可。好吃的“公鸡蛋”看起来颜色青青的，闻起来有点臭，吃起来香辣可口，特别下饭。

“公鸡蛋”制作工艺并不复杂，但要做到美味爽口并不容易。老卤水的选择十分讲究。理论上说，越老的卤水越好。卤水一般选用腌制的雪里蕻（雪菜）经一个年头的抑氧陈腐而成。如果制作得不好，腌菜坛里生蛆的话，这样的腌菜就不适合作卤水了。取卤水时，一般会用白纱布将腐败的碎叶滤去，过滤后的卤水以稍清澈而半透明为好。

王宁邦的老家至今仍保留有祖传下来的百年老卤，据说是他已经去世 10 多年的奶奶的外婆出嫁时，从外婆的外婆家陪嫁来的。他奶奶如果健在的话，已经有 100 多岁了。用王氏家族的这种老卤来腌制鸭蛋，蛋黄容易变黑出油，特别好吃。王宁邦曾听奶奶说，新制的卤水中加入一点百年老卤，做成的“公鸡蛋”特别香。

制作“公鸡蛋”的面粉与菜籽油，最好选用新鲜的，陈年的面粉与菜籽油制作出来的并不好吃。选用的辣椒以稍辣的青椒为宜，这样既改变口味，做出来的菜也更中看。卤水和面时，也较为讲究。卤水太多，则“公鸡蛋”不易成形；卤水太少的话，面粉不易化开，做成的“公鸡蛋”黏度太大也不好吃。

历史传承

关于江宁地区“公鸡蛋”的起源与传承历史，地方文献未见记载。据知情人王宁邦介绍，江宁各地流传的民间故事中，就有不少关于“公鸡蛋”的传说，大多是吃惯了山珍海味的皇帝、财主故意刁难臣下或长工，结果其难题很快就被臣下或长工的妻子以巧妙的方式破解：男人以在家待产为由，向皇帝或财主请假。皇帝或财主不准假，诘问男人怎会生产。随后由妻子出面怼以公鸡下蛋，并制作可口的“公鸡蛋”化解难题。

关于“公鸡蛋”名称的来源，王宁邦小时候曾问过他的奶奶。奶奶说，鸡蛋对农村人来说是好东西。农民虽养鸡，一般人家却舍不得吃鸡蛋，而是用来换取盐、酱油、草纸等生活资料。因为蒸“公鸡蛋”与蒸鸡蛋在制作工艺上有一定的相似性，而且成品看起来又存在一定的相似度，“公鸡蛋”因而得名。如此看来，“公鸡蛋”得名，还寄托了老一辈人对美好生活的一种念想。

据魏巧珍介绍，至少到清末时，江宁的“公鸡蛋”就已经有了。她的手艺是跟自己母亲学的，而其母亲又是跟她的外婆学的。制作“公鸡蛋”在魏家，至少传承了五六代人。制作“公鸡蛋”需要有小麦面粉，腌青菜卤，用温水加菜卤搅拌，加点葱花与菜籽油，搅和均匀，不能太干，也不能太稀，以恰到好处为宜。最好是陈年老卤子，越是臭卤子，吃起来越香。“公鸡蛋”上锅蒸后，看起来和真的蒸鸡蛋一模一样，可以作主食，也可以凑成一道菜。困难时期可以救命，多加水就是一道神仙汤。当然，这个也可以给小孩子解馋。从前鸡蛋不是天天能吃到的，小孩子嘴馋了想吃鸡蛋，就给他吃这个。小孩子吃了会问：“为什么和鸡蛋味道不一样呢？”“因为这是公鸡下的蛋！”

不仅江宁有“公鸡蛋”，溧水老百姓用烂腌菜水炖豆腐制作而成的一道土菜也叫“公鸡蛋”。在物资匮乏的年代，农村没有肉吃，母亲为了给孩子们解馋，就用烂腌菜水炖面糊。端上桌子后，虽然初闻起来味道有些臭，但就像臭豆腐一样，闻着臭，吃的时候却很香，余味无穷。

孩子们不肯吃，母亲们就哄骗孩子说：“这是公鸡下的蛋。”

那时的农村，几乎没有什么食物，更何况肉。一年能吃一顿肉，就已经是很幸运了。过年时，全家只有斤把肉票，怎么能满足孩子一年之中对于肉类的渴望呢。于是大人们就想了一个办法，将青菜放在坛子里进行腌制，长期发酵后，在微生物的作用下，青菜全部成了烂冻子。于是母亲们就用烂了的腌菜水和上面粉，放在饭锅里蒸或在铁锅里熬，熟了之后端上来。孩子们听说是“公鸡蛋”，当然是高兴无比了。

当代影响与价值

如今，江宁人早已普遍实现小康生活，昔日上不了台面的“公鸡蛋”也堂而皇之地进入了酒店餐馆，甚至连一些名气较大的江宁饭店，也将其作为一道地方名菜，用来招待顾客了。按照民间流传的说法，可口的“公鸡蛋”除有健胃开脾功能外，还有清火败毒的功效。当然，随着科技的发展，公鸡蛋制作原料卤水中的亚硝酸盐已被医学界视作致癌物，故它虽然好吃，也不宜频繁食用。

丹阳羊头烹饪技艺

基本概况

丹阳羊头烹饪技艺，主要流布在小丹阳集镇及周边地区。

小丹阳民众历来有吃羊肉面的习俗。羊肉面的汤料需要用羊杂骨熬制汤底，羊头作为羊下水比较便宜，所以在制作羊肉面汤底时会用羊头与骨头一起熬制。在长期的操作中，厨师们发现羊头里肉较多且质感好，就试着把羊头单独做成一道能登上大雅之堂的菜肴。20 世纪 80 年代，诞生了卤羊头这道极具地域特色的美食。

据有 40 多年制作卤羊头经验的吴师傅、王师傅介绍，客人要吃羊头，需提前一天预订。他们当天凌晨去宰羊场订购羊头，用秘制的卤料炖煮两三小时。时间把控很重要，时间短，羊头不入味，时间长，羊头太烂不成型，一般以半个羊头为例份。羊头卤料有 14 种之多,除了姜、茴香、花椒、桂皮等常规调味料外，还用七八种中药材。这些中药材除了起到调味、滋补作用外，对祛除山羊的膻味也有很好的作用。

通常在每年阴历九月就开始制作羊肉面或羊头。羊肉性温，深秋或冬天吃，有驱寒温补作用，但吃多了也容易上火，中药材的添加能起到平衡作用，温而不燥。羊头较其他部位膻味更重，调味料与中药材的糅合完全消除了羊膻味，口感更佳。卤料以头天的陈料为基础，每天熬制续新，熬制时将上面的浮沫撇掉，当年的卤料只能当年用。天气热的时候，卤料每天要熬制两遍。

由于喜食羊肉面，小丹阳集镇周边的泗龙、许上、西岗等丘陵地带的社区还形成了饲养山羊的传统。本地山羊体格不大，净肉一般在 30 斤左右，毛重 70 斤左右。这些山羊由当地家庭自繁自养，以散养为主，生长期 2 年。据《横溪街道志》记载，1996 年小丹阳山羊饲养量达 3.63 万只，以后逐年有所增加。

历史传承

江宁的小丹阳集镇地处苏皖交界处，有 2000 多年的建镇史，是吴越故地上的重要城邑。

羊头

小丹阳集镇街景

有“一巷隔两省，半步迈双县”的独特地理位置和十分便捷的水陆交通，历来商贾云集、商贸繁荣。独特的地理位置与商贸繁盛的历史积淀，也形成这里兼收并蓄的生活方式与饮食习惯。

据口碑资料，清咸丰年间，太平军与湘军转战于此，丹阳镇大部分店铺民房被烧毁。太平军覆亡后，河南、安徽、江北等地游民落户丹阳，从事商业或手工业，并在丹阳集镇建立为其服务的“会馆”，如“江北会馆”“泾邑会馆”。小丹阳各类商贸活动逐渐恢复，各地饮食习俗继续在此交融。

其羊肉面的历史至少可以追溯至清末。当时东桥边马家开设茶馆，顺便开设一个面食店。马家两个女婿李明明、李道清在面条中加一些羊肉，食之口味独特，深受顾客喜爱，逐渐做起了羊肉面生意，并经不断研制改进，形成了火锅羊肉面的经典美食。最初火锅的炉子是用黏土烧制的，燃料是用安徽泾县上等木炭。

1956年以前，镇上有10多家羊肉面馆。20世纪60年代后，因政策原因，养羊及个体经营被限制，镇上的羊肉面馆一度消失。直到改革开放后的1980年代，随着个体经营的活跃，羊肉面馆也逐渐恢复，由此衍生出卤羊头制作技艺。因卤羊头受到食客的喜爱，这项技艺由北镇传到南镇。冬令时节镇上专门做羊肉面的店铺，也纷纷做起羊头生意。过去称之为羊下水、上不了大雅之堂的羊头也因此成为“舌尖上的美味”。

虽然现在小丹阳的羊头烹饪技艺仅有 40 多年历史，但在南京自古就有羊头食谱。清朝文学家袁枚在《随园食单》中曾记载有羊头的制作方法：“羊头毛要去净，如去不净，用火烧之。洗净切开，煮烂去骨。其口内老皮俱要去净。将眼睛切成两块，去黑皮，眼珠不用，切成碎丁。取老肥母鸡汤煮之，加香蕈、笋丁，甜酒四两，秋油一杯。如吃辣，用小胡椒十二棵、葱花十二段；如吃酸，用好米醋一杯。”

当代影响与价值

小丹阳的羊肉美食远近闻名，羊头制作是其中的经典技艺，羊头也因此成为小丹阳独具特色的地方冬令食品。据口碑资料，现在小丹阳集镇一般的羊肉馆每年 4 个月的羊肉经营期要消耗羊头至少 1000 个。除羊头外，每天还要宰杀两只羊用于制作其他羊肉熟食。目前小丹阳南镇、北镇几乎所有饭店都会做羊肉面、羊头，只是每家的配料秘方有所不同，口味也有很大区别，可谓百花齐放。

鲥鱼、刀鱼烹饪技艺

基本概况

鲥鱼、刀鱼的捕捞与烹饪技艺一直流布于江宁地区。

江宁地处长江下游南岸，境内有三大水系：秦淮河水系、沿江水系和石臼湖水系。江宁西界长江段长达 19 千米，水域面积广阔，渔业生物资源丰富。鲥鱼与刀鱼均属洄游类海鱼。鲥鱼平时栖息于海水中，春末夏初作生殖洄游，幼鱼在江湖内生长，一般长到 15 毫米左右再入海。刀鱼又称刀鲚、毛鲚，每年 2—3 月份由海入江，生殖洄游。临江的江宁、铜井两镇是二者的主要捕捞地，1987 年 4 月划给南京市栖霞区的长江、营房、花园三个乡亦紧靠长江，过去也是江宁县的捕捞地。

因江宁境内盛产江鲜，江鲜的烹制技艺自然独树一帜、独领风骚。鲥鱼、刀鱼作为长江江鲜之首，一直是京苏大菜的招牌菜肴，在江宁也素有“清明挂刀、端午品鲥”的说法。

鲥鱼烹制方法：因鲥鱼肥美，鳞片含有大量脂肪，传统的宰杀做法是不去鳞，也不破肚，而是用手从前腹撕开，拉出鱼肚肠再清洗。具体烹制分清蒸、红烧、做汤三种。清蒸时用笋片、火腿片覆于鱼身，以姜葱等调味料塞入鱼肚。根据鱼的大小定火候，10—15 分钟即可。鲥鱼上市时，正值当地春笋大量上市，笋性寡淡，最易与脂肪多的食材相搭配。笋片焯水，去除青涩味，覆于鲥鱼上清蒸，可以相互浸味。火腿则用金华产最佳，香味浓烈、肉质鲜艳、味道咸美，与鲥鱼搭配，不仅口感上佳，而且色泽赏心悦目。笋片与火腿片都不易多放，三五片足矣，既能激发鲥鱼的鲜味，又不喧宾夺主，还可增加菜肴美感。旧时临江的村镇小饭店及渔家清蒸做法更为简单，就用酒酿加少许清酱油清蒸，酒酿比一般料酒、黄酒甜度高，蒸出来的鲥鱼味道鲜美，还有酒酿的醇香。鲥鱼做汤，还是会用到笋片、火腿，并用少量的高汤（鸡汤）调味。红烧鲥鱼就用姜、葱、酱油、料酒焖烧，最后收浓汤汁。

20 世纪 60 年代前，江宁境内鲥鱼产量较多，烹制方法也更多，还有做鲥鱼圆子的。后来其产

1981 年禄口黄桥滩渔场捕鱼场景

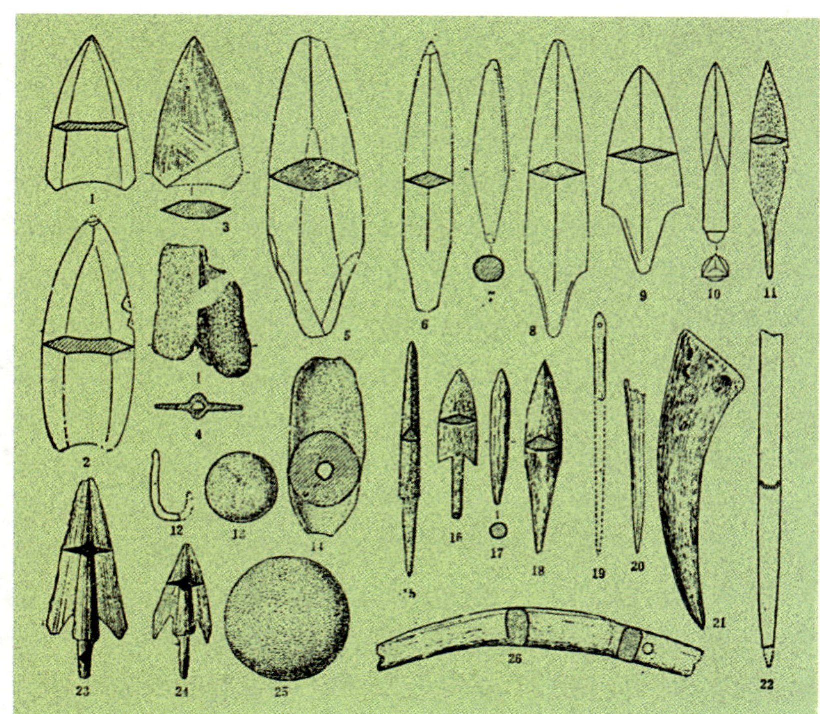

湖熟文化先民的渔猎工具

量越来越少，鲥鱼的做法就减少了很多。

江宁境内喜欢尝江鲜的老辈人，以前会找机会跟着渔家出江捕捞，为的就是在船上尝口活水煮活鲥鱼的滋味。鲥鱼离水就死，为保证新鲜，渔家会在船上支一铁锅。现捕的鲥鱼清理鱼肠后直接入锅清炖，不用调味料，汤汁会越炖越浓，鳞片也越炖越软糯。所以有很多老辈江宁人对五花八门的鲥鱼烹饪方法是不以为然的，因为他们尝到过真正鲜美地道的鲥鱼。

鲥鱼因为是带鳞烹制，上桌时服务人员一般会用勺子轻轻拨开一整块鳞片，让客人先吃肉，鳞片放入汤汁里浸一下再吃，这样会更松软入味。由于鲥鱼刺多，吃的时候也需要细心和耐心。

刀鱼的烹饪方法与鲥鱼大致相同。刀鱼体积比鲥鱼小，肉质更为细嫩。刀鱼同样刺多，但清明前鱼刺绵软，吃时嘴轻轻一抿，肉与刺就能分离，即使有的小刺不能剔净，也不会伤食道咽喉。因此，清明前的刀鱼被江宁本地人视为珍品。刀鱼因为体积小，一般会根据客人人数按条清蒸，无需加火腿之类的调味品，只需普通的姜葱料酒，或酒酿、清酱即可。

清明过后刀鱼刺变硬，价格也随之跳水。特别是个头小的刀鱼，临江的镇村或渔家就将其裹上面粉油炸，连肉带刺都能吃。

历史传承

鲥鱼、刀鱼都是名贵的食用鱼类。前者早在汉晋文献中就有记载，唐宋时始专称鲥鱼。明代开始，江东鲥鱼身价倍增，并成为贡品。曹雪芹祖父曹寅嗜食鲥鱼，还作有《鲥鱼》诗云："三月齑盐无次第，五湖虾菜例雷同。寻常家食随时节，多半含桃注颊红。"诗后有自注："鲥鱼初至为头膘，次樱桃红，予向充贡使，今停署十年矣。"明清鲥鱼上贡多在五月端午前，曹寅用雪船上贡北京。明何家明有诗："五月鲥鱼已至燕，荔枝芦橘应未熟。"清袁枚《随园食单》

鲥鱼

刀鱼

专门介绍当时南京的鲥鱼做法：鲥鱼用米酒蒸食，如治刀鱼之法便佳。或竟用油煎，加清酱、酒酿亦佳。万不可切成碎块加鸡汤煮，或去其背，专取肚皮，则真味全失矣。清代金陵文人甘熙《白下琐言》也称："鱼品以鲥鱼为俊，昔人当道之，然四月方出，他时则无。"

刀鱼就是《山海经》中的鮆鱼。北魏《齐民要术》就有六七月用刀鱼做鱼酱的方法，称"干脐鱼酱法""味香美与生者无殊异"。宋代，刀鱼已成为诗词中常见的美食，如梅尧臣的"已见杨花扑扑飞，鮆鱼江上正鲜肥"，苏轼的"还有江南风物否，桃花流水鮆鱼肥"，陆游的"鮆鱼莼菜随宜具，也是花前一醉来"，等等。清代李渔在《闲情偶寄》中赞美刀鱼是"春馔妙物""食鲥及鲟鳇有厌时，鲚（即刀鱼）则愈甘，至果腹而不释手"。

江宁旧时谚语说："正月河蚌二月刀，三月鳜鱼当走俏，四月鲥鱼肥又嫩，五月黄鳝蒜头烧。"江宁地区厨师乃至家庭主妇对鲥鱼、刀鱼的烹制都有各自心得，但有一点大家是共通的，就是要保存江鲜本真味道，调味料是让江鲜的鲜味更好地发挥出来，不能喧宾夺主。

当代影响与价值

江宁街道（原江宁镇）临江的仙人矶等渔村，村民大都为从事长江捕捞的渔民，以前每年到了鲥鱼、刀鱼的汛期，便结队扬帆出江捕捞，最旺时一网可捕千斤。上市的时候，村里卖鱼买鱼，人来人往，热闹非凡。当地人家有客到此，家家会以鲥鱼、刀鱼款待。鱼汛时，江宁人挂在嘴边的一句话就是"啊去江宁镇吃刀鱼的呀"。1974年，江宁鲥鱼产量曾达 157.5 万斤。1980 年代逐渐下降，近 30 年已难觅踪影。加之现在长江进入 10 年的禁捕期，野生的江鲜鲥鱼、刀鱼就无法成为餐桌上的美味了，而养殖的鲥鱼与湖刀已替代之，成为餐桌上的新宠。

烧青茄烹饪技艺

基本概况

烧青茄子是流布在江宁街道及周边地区的一道家常菜。

以往江宁农村家家有菜园子,四季蔬菜不断,茄子是菜地里最常见的品种,从初夏上市,一直能吃到秋天。主要品种有紫茄子、白茄子、青茄子、长茄子、圆茄子。紫色长茄居多,青茄子种植相对较少。过去农村自家自留地种菜,只能按时令节气吃到当地当季蔬菜。农业产业化后,温室大棚规模化种植,茄子一年四季都能品尝,但老百姓还是喜欢按照时令吃本地茄子。

江宁当地茄子的烹饪方法有多种,其中火烧青茄的传统做法比较独特。因为青茄子不是常规品种,大部分菜农不种它,因为它出果周期短,只有一两个月的时间,总产量偏低,而普通茄子能从初夏结果到秋天,相对产量高。老江宁镇地区食用青茄子比较广泛。

据江宁街道食堂的大厨曹家银介绍,老江宁镇上百姓喜欢食用自家菜园的青茄子,水分多,口感好。采摘青茄子,第一看颜色,要青嫩、光泽度好的;第二看茄蒂萼片,萼片与果实连接处有白色带着淡绿色的带状环,就像眼睛一样,环状间隙越大,茄子越嫩,老茄子就没有白色“眼睛”;第三是手感,嫩茄子手感饱满,略有黏滞感。鲜嫩的茄子,切开后没有茄籽,无论切丝、爆炒,还是切大块焖烧,都口感极佳。青茄子老了后,皮色会发白变硬,茄籽多,无论怎么烧都不好吃,甚至还有苦味。

在江宁镇流行的烧青茄方法有几种:一是清炒茄丝。现摘鲜嫩的青茄,切成茄丝,在热锅里放辣椒、蒜、姜,煸出香味,下茄丝翻炒断生,加盐、生抽等,简单调味即可出锅。此菜色泽美观清爽,口感最大程度保留了茄子本身的鲜嫩香甜,是一道非常家常的下饭菜;二是焖烧青茄。将挑选好的青茄切成滚刀块,与蒜、姜、辣椒(根据口味适量增减)一道下热油锅,煸炒至断生微焦黄,然后加水、生抽、本地黄豆酱,不加盐,大火烧开,小火焖烧 10—20 分钟,收汁;三是清蒸。紫茄子在清蒸时一般都会将皮刨去,青茄子皮薄水分足,无须刨皮,只需根据茄子大小剖

烧青茄

成几份，上锅蒸熟，然后加生抽、醋、蒜泥等调味即可，其软烂嫩滑，清爽可口，是夏季很受欢迎的下饭菜；四是油焖茄子。茄丝切成小块或滚刀块，下油锅过油，加蒜、姜、辣椒、酱油等调料，再煸炒，焖一下起锅，其口感润滑，色泽浓郁。据 1990 年代多次在江宁集镇开展考古工作的王志高先生回忆，他在集镇的多家小饭店吃过烧青茄，但都不及江宁镇政府食堂的口感纯正、鲜嫩爽口。

知情人口述红烧青茄烹饪技艺

历史传承

茄子入馔，最早见于北魏贾思勰《齐民要术》的“炰茄子法”：“用子未成者，以竹刀骨刀四破之，汤煠去腥味。细切葱白，熬油令香;香酱清、擘葱白与茄子俱下，炰令熟，下椒、姜末。”

北宋黄庭坚有《银茄》诗:“藜藿盘中生精神，珍蔬长蒂色胜银。朝来盐醯饱滋味，已觉瓜瓠漫轮囷。”描写了盐醋茄子的吃法。

清朱彝尊《食宪鸿秘》记录了茄子的三种食用方法:其中“糟茄”可久贮食用，有制作口诀:以霜天小茄肥嫩者，五糟、六茄、盐十七,一碗河水甜如蜜，做来如法收藏好，吃到来年七月七。其他还有“蝙蝠茄”与“香茄”做法。

清袁枚《随园食单》的茄子做法如下：去皮猪油炙，而后干煨；连皮切小块，入油灼，加秋油炮炒；茄子蒸烂撕开，用米醋、麻油拌。这些做法也延续至今。清李渔《闲情偶记》也记述了茄子的烹饪心得：“煮茄、瓠，利用酱醋，而不宜于盐。”

南京上秦淮假日酒店的烧青茄

过去物资匮乏，一般家庭不会做油焖茄子或鱼香茄子，因为消耗食用油太多。煸炒茄子时，茄肉非常吃油，所以茄子上市时，农村家庭的做法以清炒或清蒸的多。20 世纪 80 年代后，食用油取消定量，供应充足，茄子的烹饪方法就不太受限了。

当代影响与价值

现在江宁集镇上的人家还保留有喜食青茄的习惯，也吸收外来做法，比如咸鱼茄子煲、鱼香茄子、茄饼夹肉、地三鲜土豆茄子炒辣椒等。如果茄子收成好，吃不完，就摘回来，切成粗条，晒成茄干，可长时间储存。吃的时候用水浸软茄干，加佐料炒，也是一道别具风味的家常菜。如今，青茄这个品种在江宁集镇仍然比较少见，但还是有人家在自留地里种一些，一些传统的烹饪技艺也会被保留。一方水土养一方人，饮食更是如此。

什锦菜制作技艺

基本概况

什锦菜的制作技艺,流布于江宁及周边地区。

旧时春节前夕，江宁地区家家户户都会做什锦菜，又称八宝菜、元宝菜、十样菜、年菜、炒素菜等。

除夕的年夜饭菜肴丰盛，而斩肉圆子（豆腐圆子）、红烧元宝鱼、扣肉、什锦菜等，是江宁城镇乡村的必备之菜。“除夕名物，多取吉祥”。江宁人称“肉丸子”为“肉圆子”,寓意团团圆圆。“元宝鱼”一般用当地最常见的鲢鱼做,寓意“年年有余”，但除夕晚上是不能吃的，要等到初五以后吃。“年糕”取步步高升之意。“烧杂烩”又称“全家福”。而“什锦菜”则寓意“十全十美”，称“八宝菜”寓意“吉祥”。

江宁人做的“什锦菜”一般用当地当季的蔬菜，多达十几种，每家各有取舍。常用的有黄豆芽、菠菜、荠菜、木耳、香菇、千张、豆腐果、莲藕、胡萝卜、红萝卜、慈姑、腌菜、大蒜、黄豆等。

炒什锦菜时，每样菜要单独下锅炒，因为各种菜过热程度不一样，不能怕费事。虽然过年时每家有炸肉丸子剩下的菜籽油，但不能用掺有荤油的油品。春节气候还比较寒冷，荤油会凝固，那样炒出来的素菜就有一层荤油附着在菜品上。另外，炸过肉品的油腥味重，既影响素菜口感，也影响美观。因此，什锦菜必须用纯菜籽油炒。即使在物资匮乏的年代，大家在做这道年菜时，也毫不吝啬用素油。炒好的各种蔬菜放入大容器里拌匀，色泽美观，口感鲜脆，味道醇香。红黄白黑绿的各色搭配，与除夕宴上丰富的菜肴相互映衬，大快朵颐后有清爽的素菜过口，更彰显先辈们独创这道菜的智慧。

过年期间，江宁乡镇一直延续拜年、请年酒的习惯。各家各户几乎天天请亲朋好友吃饭。家庭主妇在年前就备好各类荤菜半成品，有咸货、肉圆子、鱼圆子、扣肉、爆鱼、红烧菜等，家里来客人很快就有十个碗八个碟的荤菜上桌。过去老习惯总认为蔬菜多没面子，做起来也费事，所以一般人家请年酒都是以荤为主。此时有一碗清爽可口的什锦菜搭配，也算给“年饱”的客人有解腻的下酒菜。

此外，江宁本地寻常百姓人家搭配早餐的小菜，基本上就是咸菜，很少有人家早晨炒点新鲜蔬菜。只有在过年的这些天，每家的早餐都会盛一碗什锦菜当作小菜，算是犒劳一年的辛苦。

什锦菜的具体制作量要根据每家人口、来客多少进行准备，因为要基本保证吃到初十，江宁人家过年总是用家里最大的钵子或面盆盛装什锦菜。

历史传承

“什锦”一词，原本来自天下闻名的“蜀锦”。宋朝时四川进贡的蜀锦有“十样锦”，每种锦都有自己的花样及名字，因此简称“什锦”，后多用来形容同一类型的不同花样。到了20世纪30年代，人们开始把这一名词应用到食物上。

什锦菜的影响流布南北，江浙地区特别是南京最多见。民国潘宗鼎《金陵岁时记》记载有“十景菜”，其文曰：“除夕人家，以酱姜瓜、胡萝卜、金针菜、木耳、冬笋、白芹、酱油干、百页、面筋十色，细切成丝，以油炒之，谓之十菜。又有所谓安乐菜者，干马齿苋也；如意菜者，黄豆芽也。盖取义吉祥尔。”

江宁地区选用的十几种蔬菜，各有讲究。有的取其寓意好。比如，黄豆芽寓意如意。据清末民国初的《金陵琐志》载，黄豆芽时称如意菜。莲藕寓意“生根”与“多子”。

有的取其贵重。如木耳、香菇等，这些菜过去普通百姓家平日里用得少，春节才把最好的最贵的菜拿出来。

有的取其正当时令。如萝卜、胡萝卜、大蒜、菠菜、荠菜等。江宁农村过去有句俗话：“正月菠，一分钱一棵；二月菠，垫猪窝。”《冶城蔬谱》里描述菠菜：“春雪初融，叶作老绿色，根红而味甜，俗诧为红嘴绿鹦哥。”正月里的菠菜鲜绿清甜，口感最佳。萝卜、胡萝卜也是冬日里农家经常食用的菜。两种萝卜制作时，先要将萝卜切成丝，太阳下晾晒半天，稍微脱水再炒。因为这个时令萝卜水分足，脱水炒制，更利于什锦菜的保存。另外，脱水后红萝卜的腥辣味减少，口感也好。春节时的大蒜经过霜打后脆甜嫩，是最好吃的时候，炒出来脆嫩鲜香。荠菜是江宁地区民众最喜食的野菜，如《冶城蔬谱》所记：“自生田野，

1931年秣陵关小饭馆旧影

不畏冰雪，味有余甘。”苏东坡所谓天然之珍不甘于五味，而有味外味之美。春节时的荠菜也是最嫩的时候，颜色碧绿。

有的取其搭配。千张、豆腐果等是千百年传承下来的传统豆制品。农村家庭过年时几乎家家磨豆腐、炸豆腐果，炒素菜里配点高蛋白的豆制品，增味增鲜。

有的取其习惯口感。腌菜是江宁城乡民众冬天里喜欢的下饭小菜，或作增味的辅菜。最传统的腌菜是雪里蕻、矮脚黄。“小雪腌菜，大雪腌肉”，从小雪节气腌到春节，腌菜已经发酵成熟，口感上佳。用酸咸相间的腌菜搭配在什锦菜里，增加了菜品口感层次，还能解荤散腻。

什锦菜什么时候在江宁民间开始流行无从知晓，只是老传少学，代代相传，一直到现在还延续这个传统。江宁人以前只有过年时才做什锦菜，现在物质丰富，生活富足，这道菜平时也会出现在平常百姓家的餐桌。

当代影响与价值

现在生活条件好，什锦菜已成为老百姓的家

常菜，江宁大街小巷的酒楼食肆，都有厨师自己搭配的什锦菜，千人百味。而且作为年节的饮食习俗，什锦菜一直深受百姓喜爱，历久不衰，哪怕自己无暇操作或技艺不精，也会去买些成品当作必备年菜，讨个好彩头。什锦菜作为一道传统时蔬，既营养丰富，又寓意吉祥，没有贵不可及的食材，也无须高超的烹饪技巧，却是反映江宁民众的生活习惯、岁时习俗、生活智慧的一个缩影。

西南乡圩蟹烹饪技艺

基本概况

西南乡圩蟹与普通蟹品烹饪方法基本一致，流布范围较广。

西南乡即今江宁区西部的江宁街道一带沿江地区，旧时属于江宁镇、铜井镇辖域范围。西南乡临江带河，水网密集，乡人圩田养蟹和食蟹已是传统。晚清陈作霖《金陵物产风土志》亦云："重阳饮菊花酒，剥巨蟹。蟹之肥者，圩田产也。"圩蟹过去是农户散养，没有规模化养殖的条件，所以产量也不多。此外，沿江出产的江蟹更为本地人称道。每值深秋，西北风起，内河蟹脐发痒，成群至下江产籽，此时江蟹多而肥美。现在市场出现的蟹基本品种为中华绒螯蟹。

九月重阳食蟹，此时母蟹最好，黄多不硬，蟹油香溢；十月公蟹味佳，膏满螯大。江宁人传统蟹类烹饪以清蒸为主，或水煮，水煮后锅里的蟹味汁水用来烧菜烧汤，也很鲜美。还有一种是用比较小的蟹剔出蟹黄、蟹肉，用铁锅炒制，做成蟹粉蟹膏，可以长期储存，用作下面条或烧豆腐之类的调味品。一些高档酒楼饭店还会做蟹黄包子。寻常百姓家一般就是活蟹清蒸，鲜有其他烹饪方法。

清蒸螃蟹简便易行，只要把控好时间即可。把螃蟹刷洗干净，用绳子捆扎，以免螃蟹受热挣扎，折断钳、腿，影响美观。锅上水，在蒸屉上放螃蟹，肚子朝上，可以减少蟹黄流失。大火10钟关火，再焖10分钟即可。

螃蟹性寒、高蛋白，食用清蒸或水煮蟹，要用味辛性温的姜和助消化的醋搭配,既丰富口感,又中和食物属性。

历史传承

中国是较早食蟹的民族。汉代学者郑玄注《周礼》有"扬州之蟹胥"，蟹胥据说是一种螃蟹酱。后来陆龟蒙《蟹志》、傅肱《蟹谱》、高似孙《蟹略》，都是有关蟹的专著。历史上很多文人雅士好食螃蟹，如唐代李白、皮日休，宋代黄庭坚、苏轼等。苏轼更是嗜蟹成癖，"堪笑吴中馋太守，一诗换

民国文人食蟹

得两尖团”，以诗换蟹成为佳话。

关于食蟹之功效及忌口，唐代孟诜所著《食潦本草》记载甚详：“蟹岁消食，治胃气、理经络，然腹中有毒，中之或致死。急取大黄、紫苏、冬瓜汁解之……蟹目相向者不可食……以盐渍之，甚有佳味。沃以苦酒，通利支节……不可与柿子同食，发霍泻。”

清朱彝尊《食宪鸿秘》记载的螃蟹烹制方法最多，煮蟹一法中介绍了倪云林、陶弘景等江南名人的煮蟹心得。倪云林即倪瓒，元末画家、诗人，号云林居士、云林子，无锡人，与黄公望、王蒙、吴镇为元季四家。他的煮蟹方法是：“用姜、紫苏、橘皮、盐同煮。才大沸便翻，再一大沸便啖。凡旋煮旋啖则热而妙。啖已再煮。捣橙齑、醋供。”又引陶弘景云：“蟹未被霜者，甚有毒，以其食水茛也。人或中之，不即疗则多死。至八月，腹内有稻芒，食之无毒。”该书还介绍了蒸蟹之法：“蟹浸多水，煮则减味，法用稻草槌软挽匾髻入锅，水平草面，置蟹草上．蒸之味足。”

清初寄居南京的李渔“以蟹为命”“嗜此一生”。他在《闲情偶寄》的“饮馔部”有专文讲螃蟹，“予因呼九月、十月为蟹秋。虑其易尽而难续，又命家人涤瓮酿酒，以备糟之醉之之用”“蟹之鲜而肥，甘而腻，白似玉而黄似金，已造色香味三者之至极，更无一物可以上之……”

民国南京张通之《白门食谱》专门采录“金陵城市乡村，及人家商铺及僧寮酒肆”“出产之佳、烹饪之善”的食品。西南乡圩蟹赫然在列：“金陵西南乡，滨江带河，为鱼虾之集处，而圩中多常稔之田，稻粱所遗之穗与粒。蟹来饱食，肥大异常，团脐黄多顶壳，尖脐油亦满腹。煮而食之，最为适口，不一定九月团脐十月尖也。其他莫愁之蟹，亦大而且美，但出产不多，不甚易得焉。”

当代影响与价值

过去蟹没有大面积养殖，产量少，重阳节吃的螃蟹都是黄满膏肥，吃新鲜蟹是江宁人的习惯。《白门食谱》上记载的南京城石坝街石府鱼翅螃蟹面，是过去富贵人家的讲究，一般百姓与普通酒楼食肆不会这样烹饪；桃叶渡全鹤美酒家的醉蟹，在江宁民间也不常见。现在时代进步了，生活富裕了，螃蟹养殖业也日渐风行。传统与科学相结合的养殖方法，使蟹的产量稳定了，质量更有保证，食蟹已不再是奢侈消费了，各种蟹产品早已亮相普通老百姓的餐桌，有花雕酒醉熟蟹、香辣蟹、蟹黄豆腐、蟹黄包子、蟹黄烧卖等。蟹的烹饪方法颇多，一般的饭店酒楼都能操作。现在吃蟹、饮酒、赏菊已经成为江宁寻常百姓金秋例行的节令盛事，螃蟹已成为饮食文化的重要内容。

萝卜雕制作技艺

基本概况

萝卜雕制作技艺是食雕艺术的一种，顾名思义，即以萝卜为原料雕制出或平面、或立体的种种形象的工艺，广泛分布于江宁区境。知情者汤勇。

萝卜雕手工制作技艺的要诀是因材动刀，即根据不同品种萝卜的形态、皮色、质地等特征，予以最佳的雕刻设计，其理念类似于玉雕工艺中的“俏色”。例如取用皮红肉白、质地脆嫩、网纹细密的红萝卜时，可将之雕刻为各种单、复瓣花朵，还可以刻制喜鹊、天鹅一类的鸟兽；如取用皮青肉绿的青萝卜时，可将其刻制成形态挺直的古塔、花瓶、山石、人物等形象。多种色地的萝卜雕，相互搭配得当，可以实现交相辉映、相得益彰的效果。

萝卜雕

专业厨师想制出精美的萝卜雕，各类特种刀具必不可少，而以平口刀、槽口刀最常用。刀刃平直锋利、刀背略呈弓形的平口刀，须要备齐大、中、细三种不同规格；刀身两侧和两端都有刀刃，刀面一头大、一头小的 U 形和 V 形槽口刀同样必备；此外，还需准备诸如圆柱刀、刻线刀、模型刀等其他刀具。

萝卜雕所采用的刀法以简练实用为原则，讲究切、削、刻、旋、戳、压六步技法。切，即以刀刃长约200毫米、宽约30毫米的大号平口刀(常称一号刀)，把作原料的萝卜放在案板上切成适用的小段；削，即将原料削得平整光滑，按需要去皮及削出雕品的轮廓；刻，即以刀刃长 65 毫米、最宽处 15 毫米的前窄后宽的中型平口刀（常称二号刀），雕刻出各种花朵等形象；旋，即旋刻，是制多种雕刻品所必须掌握的一种技法；戳，即用 U 型槽口刀刻出花瓣及羽毛一类的细节；压，即用各种模型刀将原料压制成型。

如用心里美萝卜雕月季花的做法：先用二号刀将萝卜外皮旋去，将萝卜旋成圆台形状，一个横截面大、一个横截面小，这样月季的红色就呈现出来了。将修好形状的圆台形萝卜块，用小刀削去一小片（呈花瓣状），使之平均分成五等份。再在削去一片的地方，再削去一道，呈花瓣状；再在花瓣之间，用小刀削成花瓣状；在花瓣与萝卜之间，再用小刀旋去多余的萝卜肉，使之层次分明。如此反复操作，直至呈现饱满的花芯。月季花是萝卜雕中最常见也最实用的花形，也可以用橙色的胡萝卜、肉绿的青萝卜制成不同颜色的萝卜雕，甚至可以用小巧的杨花萝卜。把雕刻好的白色萝卜花，放入火龙果汁中染色，就成为别具特色的一道拼盘。

即使是复杂的“孔雀开屏”一类萝卜雕，所需原料也不多：一根白萝卜、一根心里美萝卜、两根胡萝卜。将胡萝卜削成孔雀的尾巴“羽毛”部分，泡水备用；将外皮翠绿、肉色紫红的心里美萝卜，雕成孔雀的“身体”“翅膀”“头冠”，以及装饰用的“绿叶”；白萝卜主要用来固定支撑整个作品。成功与否，除了先期的形、色设计外，更重要的是雕刻技艺本身的精湛。

对于专业萝卜雕手来说，练基本功尤其重要。如雕花要掌握花瓣的倾斜角度、薄厚、大小、形状，想要传神必须苦练。练习雕一朵花，要每天反复练。雕上几个月，手上会满是刀痕。一位苦练后的江宁萝卜雕大厨，曾在比赛中以 10 秒旋七刀便将心里美萝卜变身一朵月季花。

萝卜雕技艺将烹饪技术与美术艺术巧妙地结合在了一起，雕制出的成品可置于餐盘中，凭借其鲜艳多彩的精致外观为美食佳肴锦上添花，在给人以极佳的视觉享受的同时，大大促进食客的食欲。在摆盘时，要根据菜肴的具体色泽和形状进行构思，起到良好的点缀作用，使人胃口大增，切忌喧宾夺主，节外生枝。

历史传承

萝卜雕是食雕中的一种。食雕技术历史久远，早在先秦时期，《管子 · 侈靡》中已有“雕卵然后瀹之”的记载，意即先对蛋加以雕饰，再煮熟食用。不过在当时，食雕技术应当是专门为社会上层服务的，寻常百姓并无太多机会接触。

这门技艺发展至南北朝时期，仍在贵族中流行。《荆楚岁时记》记载了画卵：“古之豪家食，称画卵，今代犹染蓝茜杂色，仍加雕镂，递相饷遗，或置盘俎。”由此可知，这一时期蛋雕作为一种寒食节时的礼品，被贵族相互赠送，且常置于盛放饭菜的容器中作为装饰。

唐宋时期，食雕技艺的形式更加丰富。据宋《东京梦华录》记载的七夕节盛景：“七月七夕，潘楼街、东宋门外瓦子、州西梁门外瓦子、北门外、南朱雀门外街及马行街内皆卖磨喝乐……又以瓜雕刻成花样，谓之化（花）瓜。”可见此时瓜也可用以制作食雕。随着商品经济的发展，食雕已经成为市井贩售的商品，可以进入寻常百姓家。宋代林洪所作的《山家清供》一书中，记载了一则有关食雕的故事：“谢益斋奕礼不嗜酒，尝自不饮，但能看客之醉。一日昼余琴罢，命左右剖香圆二杯，刻以花，温上所赐酒以劝客，清芬霭然，使人觉金樽玉斝皆埃溘矣。”香圆即香橼，又叫枸橼子，形状似瓜，被剖开雕花制成酒杯后，能使所盛的美酒格外清新芬芳，由此我们看到食雕的独特魅力。

明清以后，食雕技艺又衍生出更多花样。如清代《扬州画舫录》中提及的“西瓜灯”，即是在西瓜皮外镂刻人物、花卉、虫、鱼形象后，作为筵席点缀的独特食雕。

新中国成立后，萝卜雕这一食雕技艺仍以造型灵活多样、立意新颖而闻名。据《尼克松夫人传》记载，1972 年尼克松夫人访华时，曾被北京饭店大厨房中一名青年厨师雕刻的精巧萝卜雕菊花深深吸引，在厨房中端详许久。她十分入神观看的镜头被当时的记者拍下，并保存至今，已经成为中美外交史上珍贵的回忆。在这一奇闻趣事中，萝卜雕制作技艺不仅作为中华烹饪技艺的代表之一，在中美建交过程中发挥了独特作用，同时还向国际社会展现了中国传统饮食文化的无穷魅力。

目前，在江宁各地的烹饪技艺培训中，食雕技艺都是一门必修课，对提高厨师的美学修养、摆盘技艺大有裨益。其代表性传承人汤勇，曾师从北京著名食雕大师石溪教授，在多年的学习实践中，将这一技艺磨炼至炉火纯青的地步，现已被评为中厨特级厨师，其食雕作品多次参加市级以上饮食行业比赛，屡获嘉奖。如今师从汤勇学习传统萝卜雕技艺的有志青年有多位，其“非遗”传承前景乐观。

当代影响与价值

为了保护传承萝卜雕这一传统技艺，一些萝卜雕产品在经过科学处理加工后，被制成样本保存。相关资料也已得到整理，如2005年出版的《新编萝卜雕技法与应用》、2008年出版的《萝卜雕》等书，专门记载了萝卜雕的基础知识、常用工具、制作方法等。可以说，萝卜雕已受到普通大众广泛关注。

作为食雕家族的重要成员，江宁的萝卜雕技艺体现了一定的地域特色，为江宁土菜美食提高了附加值。近年，江宁的萝卜雕制品还频繁进入南京多家宾馆饭店的餐桌，以美化和点缀菜肴，衬托气氛。

郄坊村七坊传统饮食制作技艺

基本概况

郄坊村七坊是指村中的老酒坊、米糕坊、酱坊、油坊、粉丝坊、炒米坊、豆腐坊。七坊的传统饮食制作技艺主要流布于汤山街道一带，主要传承人有平合顺、王玉侠、王玉月、李永梅、薛义明、潘永宝与宣彩红等。

郄坊村位于江宁区汤山街道孟墓社区，村名的由来至少有四种说法：第一种说法，郄坊村以“郄”为名，并非因为此村的人家姓“郄”，而是因为地势特色。“郄”字意为山峦间的空隙，而郄坊村坐落在丘陵之间的平坦地带，各个作坊由一条曲折的山路连接起来，符合“郄”字之意；第二种说法，郄坊村原名“缺坊村”，“郄”字依照当地方言的念法与“缺”字同音。因此村手工业兴盛，除了酒坊、米糕坊、酱坊、铁匠坊、箩筐坊等作坊外，只缺少一家棺材坊，故而此村名为“缺坊村”。后来登录户籍的小吏颇嫌此名不雅，于是改为“郄坊村”；第三种说法，大约在晚清时期，太平天国败退南京，有一支队伍流落到了现在的郄坊村。因此地处于丘陵地带，远离都市，队伍里为首的郄姓将军决定驻扎下来。为了掩人耳目，逃避清兵的搜捕，郄将军命令士卒们伪装成逃难的难民，与当地的乡民结合。本就是农民出身的士卒们把自己祖传的手艺拿出来，各自开了手工作坊，生活慢慢变好了起来，他们渐渐地把反攻南京的念头也放下来了。他们的后人遂定居于此，村子就以郄姓为名。民国时期，驻扎句容县的日军攻打南京，唯恐郄坊村中藏匿抗日组织，竟将郄坊村屠村，仅剩端木氏一家，所以如今的郄坊村已经没有姓郄的人家了；第四种说法，郄坊村得名于抗日战争时期，其村曾遭侵华日军屠杀，仅余下端木一家，

汤山郄坊村路标

汤山郄坊村入口

而端木家的作坊原本就叫作“郄坊”，后来就以郄坊为村名。汤山郄坊村七坊传统饮食制作技艺基本情况如下。

老酒坊：郄坊村旧时流传着一句俗语“汤山七百个郎哩当（行当），卖酒的排行老大王”，足见酒业在汤山地区的兴盛。如今仅存的郄坊村老酒坊分为道源酒坊与米酒坊。道源酒坊已迁离郄坊村，现在是一家白酒工厂，走上了机械化生产之路。主营米酒的作坊成为今日汤山七坊之一。据知情人平合顺介绍，他们夫妻分别来自河南与四川，如今共同经营郄坊村中的酒坊。老酒坊酿造的米酒又名甜米酒，制作步骤共分三步：第一步，将洗净的生糯米浸泡三个小时，上锅蒸一刻钟，蒸熟的糯米须保证熟而不烂，颗粒分明；第二步，蒸熟的糯米倒入大木盆中，晾凉至井水温度。以井水少许，将老酒曲化在其中，一起倒入晾凉的糯米中，搅拌均匀，保证每粒糯米都能和老酒曲接触到；第三步，搅拌好的糯米饭倒入坛中，挤压成团，中间留出酒孔。如果在秋季酿酒，遇上秋燥，则须在酿酒坛子中淋上井水。如果在夏季酿酒，气候炎热，则须防止酒曲过度发酵，影响酒质。除米酒外，郄坊村还一度流行一种土酿南瓜酒。相传郄坊村土酿南瓜酒的最早技师是晚清遗留金陵的湘兵。土酿南瓜酒，又名天浆地露，其法是选择熟透的南瓜，用筷子

郄坊村全景

郄坊村雪景

在其表面打两三个孔，以甜酒曲少量多次倒入孔中，以黄泥封住孔洞，静置三天，待南瓜表皮起褶，即可剖开南瓜。此时南瓜软烂如泥，可用纱布挤压出酒。此法制酒简易，曾深得郄坊村村民的喜爱。

米糕坊：主要生产方糕，与南京地区传统的蒸儿糕、方胜糕不同。据传承人王玉月介绍，郄坊村米糕用米粉，较之于蒸儿糕用料略粗。以大个头饱满的米粒去壳，盛满竹篮子，用流动的井水冲洗干净，上石碾子碾压成粉。再将堆砌成山的米粉倒入方槽中备用。制作米糕时，需要两个工人彼此配合，一般分四个步骤操作：第一步，一人持十六格木模具，一人以蚌壳挖出适量米粉，倾入木模具中，每格保证只盛一半米粉；第二步，以花生米糖或黑芝麻糖作馅料，木模具每一格间平铺一层糖馅，接着再用米粉填满诸格，以蚌壳刮去多余米粉；第三步，用纱布严实封顶，一人迅速脱模，保证米糕不散；

酒坊

插花庙酒坊碑

第四步，上锅蒸煮。蒸煮好的米糕米香浓郁，甜而不腻，可保存三日不腐，老少皆宜。旧时，米糕坊在郄坊村地位颇高，家家户户都离不开米糕。开年之时，一家人一定要吃一块米糕，寓意步步高。无论结婚、添丁、过寿，皆以米糕作为喜食招待四方亲朋。若有孩童开蒙或参加科考，也一定要吃米糕，期盼学子高中。

酱坊：主要生产辣椒黄豆酱。据传承人薛义明介绍，黄豆酱的制作共分三步：首先将浸泡十二小时的黄豆煮至软烂；其次，将辣椒、香料等下入油锅中煸炒出香；最后，倒入软烂的黄豆，与辣椒、香料翻炒至三十分钟以上，待锅中的热油发色清亮，方可出锅。佐粥、拌面皆可用之。

油坊：生产小磨芝麻油，又名小磨香油。据传承人潘永宝介绍，制作小磨芝麻油，首先须将芝麻洗净炒香；其次，以石碾子将芝麻研磨成酱；最后为泼酱，即在芝麻酱中倒入开水，边倒边搅，静置沉淀，等待油、酱分离，取油留酱。制作小磨芝麻油有三忌：一忌糊，炒芝麻不可焦煳；二忌粗，研磨芝麻成酱一定要细致，粗者难以出油；三忌水，泼酱过程中开水与芝麻酱的比例是个秘诀，水多则酱稀，水少则油稀。

粉丝坊：所经营的商品为山芋粉丝。据传承人王玉侠介绍，他原籍为徐州，现为粉丝坊的老板。他所采用的粉丝原料为汤山本地山芋，优点是本地山芋淀粉含量高，出粉量大，味道醇厚。制作粉丝，须将芋粉与水调成浆子，具体调和的比例由师傅根据季节而定。粉浆倒入大火烧开的笼屉，摊成薄层，约半小时饼坯成型，待冷却后，将饼坯切、剥成条，扎捆晒干。山芋粉丝可蒸、煮、炒，在后厨、餐桌之上用途广泛。

酒坊蒸馏

米糕制作

炒米坊：凭借“耐储存，便携带，价廉味美”等优点，炒米在郄坊村诸多手工作坊中独占翘楚。据传承人宣彩红介绍，炒米讲究两大原则，即米色黄而不焦，米质脆而不硬。制作炒米，须先将大米浸洗干净，置于大铁锅中，锅中放置一定量的小石子，是为了让米粒充分受热。灶台下旺火，不断翻炒，至米色微黄，可闻见焦香为止。炒制好的米须再用滤网过筛，把掺杂的小石子筛除。炒米空口可食，可以给小儿作零嘴消遣，亦可冲泡鸡汤、红糖茶水，或给产后妇人滋补身体。

豆腐坊：据知情人平合顺介绍，郄坊村豆腐坊制作工艺保留了古法。首先挑选优质黄豆浸泡十二小时，再以人力推动石磨磨浆，接着“晃浆”，即提纯豆浆。然后，以熟石膏点豆腐，豆腐成型后则用纱布垫底，用石板压顶，以排挤水分。郄坊豆腐远近有名，甚至还有顾客从上海前来光顾。

历史传承

郄坊村的老酒坊至少在清代道光年间已颇具规模。据知情人郑富陈介绍，与郄坊村邻近的原插花庙大礼堂曾发现一通清代道光二十六年（1846）上元县衙所立的“酒坊碑”。其碑文虽饱经侵蚀，漫漶不清，但仍然保留了不少颇具史料价值的内容。据碑文所示，其时当地山乡酒坊发生纠纷，由“山乡酒坊高士会、朱承林、孟冠五等人赴府申请，江宁府宪批示”，规定山乡酒坊的相关事宜“从前旧章”，重大事项则由江宁府宪裁断，酒坊用工、买卖须公平公正，参与立约树碑的酒坊山民多达百人。

粉丝坊

炒米坊

油坊

据清《光绪续纂江宁府志》《同治上江两县志》记载，晚清时期郄坊村曾出过举人王延长，还出过一名贞女，系端木乐谦女，年十六，值太平天国之乱，遇乱军不屈，被杀，其事迹见载于旧志贞烈谱中。

郄坊村今虽仅存七个作坊，但旧时手工业十分繁荣，茶坊、铁匠坊、粉丝坊、老酒坊等三百六十行应有尽有，号称“百坊之盛”。当地知情老人介绍，今日郄坊村仅端木氏一家为原住民，其余居民均为外迁，其来源有二：其一，晚清时期，剿灭太平天国的湘军在战争结束后，少数士兵离开军队，流落至郄坊村，遂与当地山民结合；其二，郄坊村中的郑氏、王氏等族人，原为河南地区逃荒的灾民，于 1942 年落户郄坊村。

当代影响与价值

郄坊村七坊传统饮食制作技艺，在江宁、在南京都颇具盛名，主要原因在于：第一，郄坊村

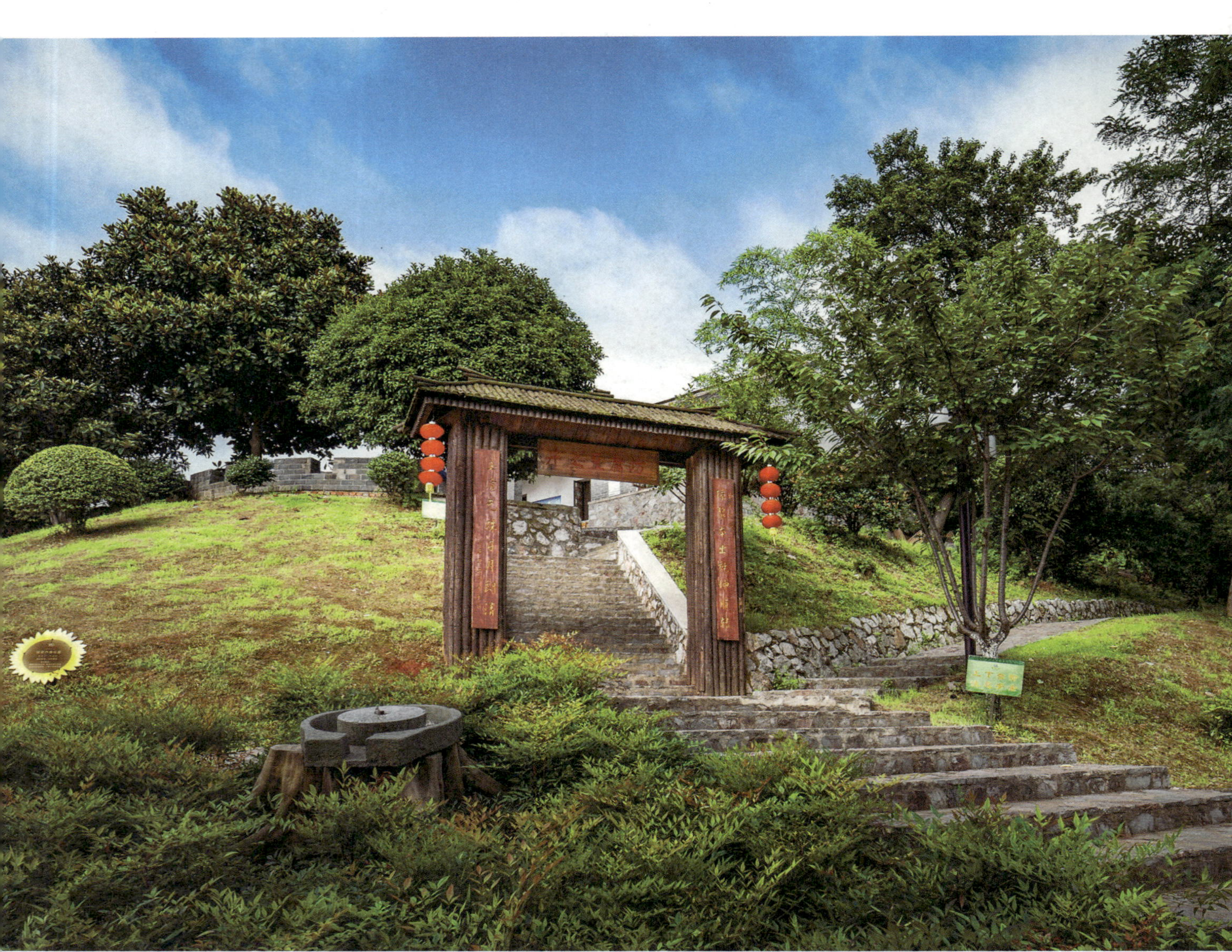

豆腐坊外景

的传统饮食制作技艺历史悠久，除保留汤山地区的本土特色外，还吸收了河南、山东、湖南等地的特色与优点，在时代潮流中不断成长进步；第二，郄坊村七坊生产的皆为绿色产品，纯手工制作，且价格亲民；第三，郄坊村七坊制作所用原料多为本地生产，如粉丝坊的山芋用的是本地山芋，其个头虽小，但淀粉含量高；第四，各坊传承人都有数十年的从业经历，最年长的酱坊主薛义明今年已有 70 岁，最年轻的豆腐坊主平合顺今年也有 42 岁，丰富的工作经验及对质量的严格把关，是七坊品质的保证。

如今，七坊、温泉及猿人洞是汤山地区的三块金字招牌，也是南京地区重要的旅游资源。2011 年，因地方旅游经济发展的需要，郄坊村集合当地传承较好的七家作坊，形成汤山郄坊村七坊农家乐。七家作坊皆采取前店后坊的形式，所涉饮食皆以传统手工制作。来访游客可在现场参观传统技艺，甚至参与其中，这是一种慢生活的体验，也是身临其境的怀旧方式。郄坊村七坊农家乐现为南京市 12 家农家乐示范村之一。

桂花鸭制作工艺

基本概况

桂花鸭制作工艺流布于江宁区全境。

桂花鸭一名盐水鸭，皮白肉嫩，肥而不腻，味美鲜香，具有香、酥、嫩的特点，是南京的代表性特产。关于桂花鸭的来历，民国《妇女杂志》载：“俗以鸭至八月中旬最肥美，故名桂花鸭。”也就是说，到了农历八月桂花飘香之时，盐水鸭的滋味最为肥美，故以月令得名。还有《白门食谱》一说：“金陵八月时期，盐水鸭最著名，人人以为肉内有桂花香也。”说鸭的口味有馥郁的香气，百姓误以为是添了桂花香，亦可聊备一说。

1925 年南京城内的鸭店

桂花鸭的制作是以净鸭为基础，实即以板鸭的制作工艺为基础，可参考本书“板鸭、盐水鸭制作工艺”内容。板鸭的制作口诀“鸭要肥，喂稻谷；炒盐腌，清卤复；烘得干，焐得足；皮白、肉红、骨头酥”同样适用于桂花鸭。只有讲究了用鸭的体质、杀鸭的刀口、净毛的温度等，才会产生真正的美味。故《金陵物产风土志》称“水晶鸭……烧鸭……酱鸭，而皆不及盐水鸭之为无上品也，淡而旨，肥而不浓”。

制作桂花鸭的必备用料是净鸭 1 只（约 1500 克）、花椒 12 粒、八角 2 个、生姜 5 克、葱段 2 根、精盐 85 克。其主要步骤如下：将净鸭去掉小翅和脚掌，在右翅肋下开一个 6 厘米长的小口，取出内脏，拉出食管和气管，疏通肛门，用清水浸泡洗净沥干。炒锅上火，放入精盐、花椒粒炒香后倒出待用。将鸭子放在案板上，取 50 克椒粒盐，从刀口处塞入鸭腹内晃匀。另取 25 克椒粒盐擦遍鸭身，再将剩余的椒粒盐，从刀口和鸭嘴内塞入，放入缸中腌制（夏天 1—2 小时，冬天 4 小时），取出后放入清卤内腌渍（夏天 2 小时，冬天 4 小时），然后挂在通风的地方晾干，用 6 厘米长的竹管插于鸭肛门内，取生姜 2 克、葱 1 根、八角 1 个，从右翅刀口处塞入鸭腹内。汤锅加清水、生姜 3 克、葱 1 根、八角 1 个烧开，将鸭头朝下放入汤锅内，让鸭全部淹

放鸭旧影

没在汤内，烧至锅边起小泡，用小火焐 20 分钟，将鸭捞出控净腹内汤汁后，再入锅中焐 15 分钟，取出沥干，抽出竹管，晾凉后切条装盘即成。

桂花鸭的制作，包括宰杀、腌制、烘干、煮熟等过程，因其腌渍、复卤期较短，故需店家现做现卖，顾客现买现吃，相比板鸭，不宜久藏。

历史传承

南京人吃鸭历史悠久，文献记载也相当丰富。

晚清陈作霖编《金陵物产风土志》云：“鸭非金陵所产也，率于邵伯、高邮间取之……栏池塘以畜之，约以十旬，肥美可食，杀而去其毛，生鬻诸市，谓之水晶鸭；举叉火炙，皮红不焦，谓之烧鸭；涂酱于肤，煮使味透，谓之酱鸭；而皆不及盐水鸭之为无上品也。”

民国卢前《冶城话旧·宴乐春鸭》云：“南京以善制鸭著，桂花鸭、盐水鸭、板鸭、酱鸭，名目繁多。沙湾濮恒兴、黑廊韩复兴，与武定桥刘天兴，皆名鸭子铺。然予犹取宴乐春，买一鸭可以成全席。”其中所言南京城内有四处“鸭子铺”，而且不扎堆，各有特色，可见南京鸭业之发达。

民国张通之《白门食谱》“七家湾西小巷内王厨盐水鸭”云：“金陵八月时期，盐水鸭最著名，人人以为肉内有桂花香也。王厨此鸭，四时皆佳，其肥而嫩，尤为外间八月所售之盐水鸭不能及。故金陵人士，无不知王厨盐水鸭之名也。”这里提到的王厨，是在卢前所论的四家以外又一家名铺。

民国夏仁虎《岁华忆语·桂花鸭》云：“金

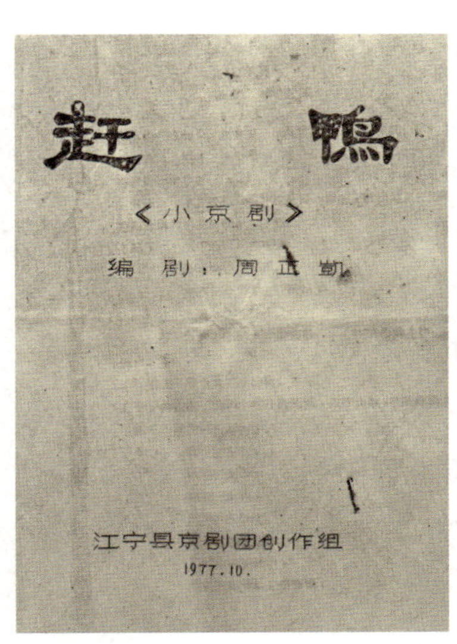
赶　鸭
《小京剧》
编剧：周正凯
江宁县京剧团创作组
1977.10.

1977 年京剧剧本《赶鸭》

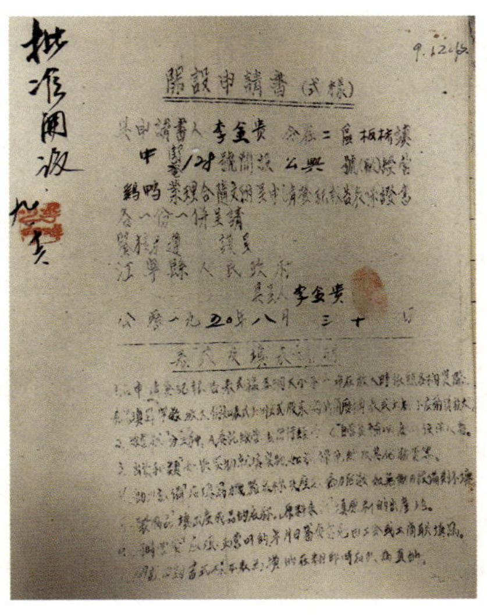
开设申请书（式样）

1950 年公兴鸡鸭店开业申请书

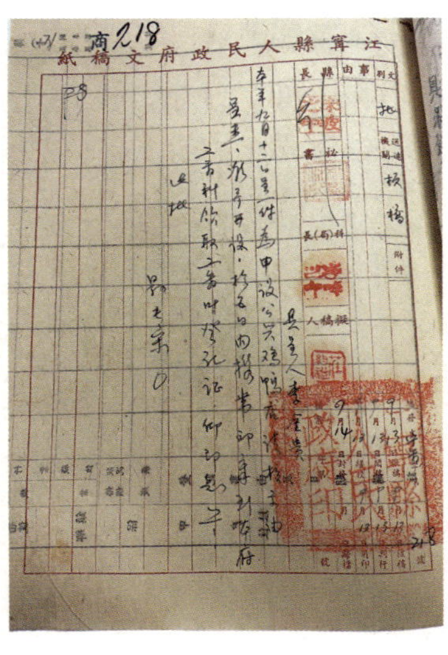
江宁县人民政府文稿纸

1950 年江宁县人民政府关于公兴鸡鸭店开业申请的批复

鸭棚

陵人喜食鸭，此已见于《南史》，由来久矣。鸭蓄之水塘，听自谋食，故胜于北方填鸭之痴肥。桂花开后，丰腴适口，故谓桂花鸭。当时物力贱，鸭四块曰一买，只青蚨十二枚耳。”夏仁虎所记为清末民初情景，可见当时桂花鸭并不昂贵，有普通人就能消费得起的鸭铺。

以上可见，随着清代、民国饮食条件的提高，桂花鸭深受人们的喜爱，在南京城内很多地方都能买到，而且名店铺也不算少。

当代影响与价值

目前，南京全市1年鸭子销量在数千万只以上，烹饪鸭馔的技艺，可谓精湛。桂花鸭深受南京及江宁人的喜爱，也是经常作为馈赠的金陵美食。遍布南京城里及江宁各地的卤菜店，一般都少不了桂花鸭的身影。超市里常见的真空包装桂花鸭，可作为旅游纪念品售卖，已成为一种独特的南京文化符号，这就是土特产的魅力。2005年以来，南京已陆续举办八届“中国·南京桂花鸭文化节”。

江宁人能传承桂花鸭的传统制作工艺，并进行创新发展，发挥出该品牌巨大的商业价值和经济价值。在淘宝上的江宁桂花鸭厂家文案中，有一句“因为一道菜，爱上一座城”，分明就是以桂花鸭为主题，讲好江宁故事，讲好南京故事。在鸭馔的巨大市场，江宁对于该项“非遗”的开发，尚有很大的空间。

江宁卤鸭制作技艺

基本概况

江宁卤鸭制作技艺，主要流布于江宁街道江宁社区。传承人吕昌清。

卤鸭是在酒煮的鸭肉上浇卤汁，取其肉鲜汁香的口感。晚清《金陵物产风土志》提到水晶鸭、烧鸭、酱鸭、盐水鸭，民国《冶城话旧》提到桂花鸭、盐水鸭、板鸭、酱鸭，它们都没提到卤鸭，似乎卤鸭在爱食鸭馔的南京人心目中，排不到前三名。然《金陵岁时记》却有这样一条记载："吾乡重九之夕，铺家治酒剥蟹，以犒店伙，佐以卤鸭，自是夕酒后，工人始夜作矣，至清明而罢，亦铺家俗例也。"可见卤鸭是店铺老板在重阳节犒劳伙计的美食，一年一度才能品尝到，且与时令的螃蟹一起上桌，自然是颇为隆重的一道鸭馔。

水晶鸭是杀好的生鸭，烧鸭要炙烤到皮红不焦，酱鸭是涂酱煮透，熏鸭是以烟燎出香，盐水鸭是腌制的板鸭复卤，淡而旨，肥而不浓，均各有特色。此外，尚有白拌鸭、水浸鸭之目。而卤鸭是现宰现烧的鸭肉装盘后，再浇上卤汁，各具特色，各擅其胜，体现了南京鸭馔的丰富性。

具体而言，江宁卤鸭制作技艺可分成以下三步工序：

第一步，备鸭。卤鸭一般都选用当年新肥鸭来制作。将鸭子宰杀、洗净。

放养的鸭群

第二步，酒煮。将鸭入水煮沸焯过，再入锅，投入带皮猪肥膘、红曲粉、冰糖、桂皮、茴香、葱、姜、盐等调料，煮沸后加酒，压盆加盖，烧一段时间，改用文火焖烧，至鸭肉八成烂即取出，冷透改刀再装盆。因为加酒，所以卤鸭有独特的香气。

第三步，浇卤。卤鸭另有一个重要环节，即装盆后要浇上卤汁，使鸭肉晶莹剔

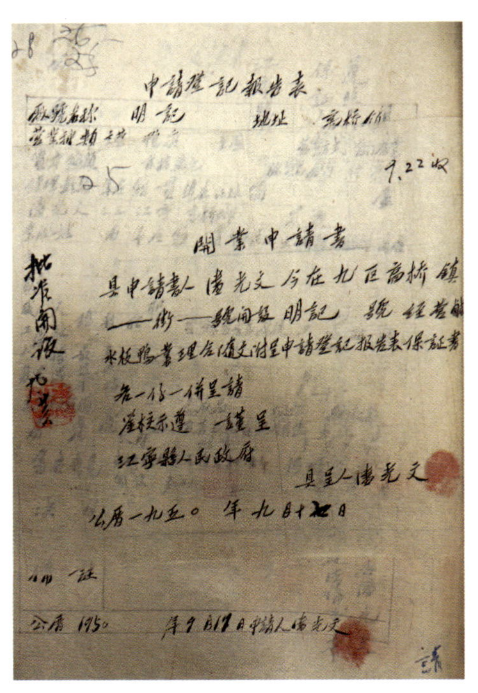
申請登記報告表

開業申請書

公曆一九五〇年九月

1950 年明记卤水板鸭店开业申请

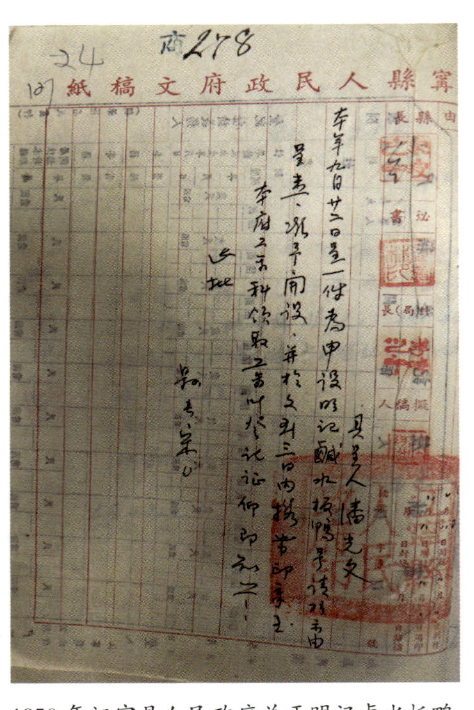
寧縣人民政府文稿紙

1950 年江宁县人民政府关于明记卤水板鸭店开业申请的批复

透、鲜味十足。其卤汁制作方法为将烧鸭余卤用绢网筛滤杂质，倒入锅中略加酱油及白糖，加水淀粉搅匀，冷透后加入麻油搅匀。

卤鸭色泽枣红，鸭肉鲜香可口，甜味突出，收口咸鲜，吃后更觉鲜美难言。

历史传承

清袁枚《随园食单》记卤鸭制法：“不用水，用酒煮。鸭去骨，加作料食之。高要令杨公家法也。”这是相关文献中最重要的一则，虽然简略到仅两句话，但“用酒煮”至今仍是如此，可与江宁现传技艺进行印证。不过，袁枚没有提到装盘后浇卤这一步，不知道是什么原因。他还记了“挂卤鸭”内容：“塞葱鸭腹，盖闷而烧。水西门许店最精。家中不能作。有黄、黑二色，黄者更佳。”似与“卤鸭”一则略有差异，且有黄、黑二色，与江宁卤鸭的枣红色描述有差异。但“塞葱鸭腹，盖闷而烧”一条，仍然与今天大体相似。看来当时南京的名鸭店，都有自己的独家手法，引得文人雅士忍不住流连巴望。

稍晚的甘熙在《白下琐言》中这样记录其时金陵鸭业之兴及文人之癖好：“粤东冯晋渔刺史蓁，侨居明瓦廊，……性嗜鸭，凡赴友宴，饮必先问有鸭几何品尝？谓金陵所产鸭，甲于海内，如烧鸭、酱鸭、白拌鸭、盐水鸭、卤板鸭、水浸鸭之类，正四时各擅其胜，美不胜收。予所以侨寓是邦者，正为此耳。”冯蓁可谓有鸭癖，一是四时皆鸭，二是赴宴先问有何鸭，今天南京宣传鸭馔，冯氏可谓最佳代言人。其中提到了“卤板鸭”，似是板鸭的别名，意即以盐卤的板鸭，当非今之卤鸭。

事实上，真正的卤鸭从袁枚、甘熙到民国诸先生，都是极受欢迎的鸭馔。徐鹤林在 1928 年《语丝》第 6 期《鸭——新都的赠品之一》一文里说：“南京，仿佛是鸭子们的屠场……过后，他们就被陈列在透明的玻璃橱中，或悬于古红的天花板下。他们光彩的外皮，他们修整的体态，他们浓郁的香气，他们肥美的肌肉，统使得人们热烈地吃鸭的欲望，统使人们赶快从口袋里掏出几角小银元掷在鸭店柜上，向那满身涂着油垢的掌柜掉换透熟的鸭肉。至于或是烤鸭，或是酱鸭，或是爊鸭，或是卤鸭，规规矩矩的，

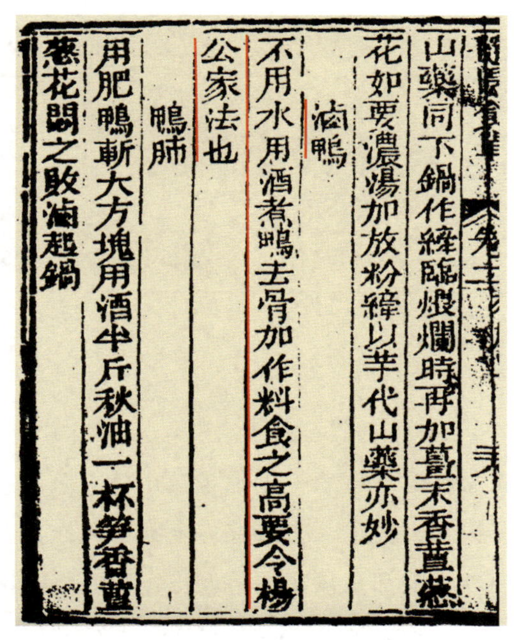
山藥同下鍋作縴臨煨爛時再加葱末香蕈葱
花如要濃湯加放粉縴以芋代山藥亦妙
滷鴨
不用水用酒煮鴨去骨加作料食之高要令楊
公家法也
鴨脯
用肥鴨斬大方塊用酒半斤秋油一杯笋香蕈
葱花悶之收滷起鍋

《随园食单》中关于“卤鸭”的制作方法

悉听尊便。”

江宁区档案馆珍藏一套1950年批准开设“卤水板鸭号”的档案，包括“批复”及“申请登记报告表”。“批复”的具体内容为：“具呈人潘光文，本年九月廿二日，呈一件为申设‘明记卤水板鸭号’，请核示由，呈照，准予开设，并于文到三日内，携带印章至本府工商科领取工商业登记证，仰即知照！此批！县长宋。”“批复”写在江宁县人民政府拟稿纸上，标明为“商278号”，上面还钤有时任江宁县县长宋波之印及秘书、科（局）长、拟稿人等人的印鉴，另盖有“江宁县人民政府印”。“申请登记报告表”，厂号名称为“明记”，地址在高桥镇；营业种类主营：鸭店。经营方式为“自行营业”。附一份标注9月22号收的《开业申请书》：“具申请人潘光文，今在九区高桥镇——街——号，开设‘明记号’，经营卤水板鸭业，理合随文附呈申请登记报告表、保证书，各一份，一并呈请，鉴核示遵，谨呈江宁县人民政府，具呈人潘文光，公历一九五〇年九月十七日。”在具呈人潘文光旁，还按有一枚鲜红的手印。旁有批注“批准开设，九月廿二”，并钤“李晫之印”方印一枚。按：1950年，江宁县行政区划调整，将上高镇划分为上坊镇、高桥镇、佘建乡，属江宁县第九区人民政府管辖，这与江宁区档案馆所藏“潘文光申请开设明记号”资料相吻合。这表明，新中国成立初期，高桥镇曾经营卤水板鸭业务。但似指板鸭,因资料宝贵，聊备于此。

需要说明的是，前文徐鹤林所提到的烤鸭、酱鸭、熏鸭、卤鸭，可能也是一家鸭铺多种经营的证明，则高桥潘光文的“明记卤水板鸭号”未必不是如此，徐文所言“古红的天花板下，光彩的外皮，修整的体态，浓郁的香气，肥美的肌肉，吃鸭的欲望”，亦可作今日卤鸭的注脚。

当代影响与价值

今日江宁各地集镇街头和菜市场，都开设有卤菜店，卤菜店的重头戏，当然少不了卤鸭。来半只，或是四分之一鸭子，再搭个鸭头或鸭脖，已成为人们买鸭时的标配。在卤制品零售高歌猛进之下,卤味餐饮这两年也成为投资的热门行业。乘着这股东风,街市上出现了不少卤菜连锁品牌，从食材、做法及营销模式诸方面对传统卤味进行改革，走上了创新发展的道路，让这一古老烹饪美食重新焕发勃勃生机。

总之，卤鸭是不可或缺的平民菜肴，具有不可多得的历史文化价值。再加上它可为金陵鸭馔增光添彩，故具备明星气质。如果在制作方法、宣传包装的再设计上多下功夫，则将具有更广泛的开发前景，相信可以成为江宁“非遗”中的一抹亮色。

查富有白油盐水鸭烹饪技艺

基本概况

查富有白油盐水鸭烹饪技艺，流布于小丹阳集镇。传承人查桂英。

制作盐水鸭,首先要选鸭子。据查桂英介绍,鸭子要选当地的麻鸭。分量不重，一只毛重在三四斤左右。小丹阳地区河网较多，放养的鸭子吃河塘里的螺蛳、小虾，养鸭人家喂食稻谷等天然饲料，故鸭子的品质好。选鸭子时，他们会用手捏鸭脖子上的喉嗓部位，选喉嗓软的鸭子，这样的鸭子生长期短，肉质嫩，做出来口感好。湖熟等地稍大点的板鸭、盐水鸭作坊，一般都有自己的养殖基地，俗称“鸭棚”。查家不一样，因为是小本经营，一般一天最多买到四五十只鸭子，天热时更少，只能到周边养鸭子人家挑选。宰杀鸭子也是技术活，杀鸭、烫鸭、拔毛、搓白、去内脏，全手工操作，费时费力。内脏都是从鸭肋下取出，还要将鸭四件取下，单独处理。宰杀好的鸭子要在老卤中浸泡 3 小时，捞出放入锅中，再加盐水调料煮制。火候非常关键，过去是柴火锅煮制，对火候的把控更需要经验。

查桂英说，制作盐水鸭老卤最重要。卤水的调味料其实很简单，只用生姜、八角、桂皮、花椒等普通的天然香辛料,以保留鸭子原本的味道。盐与香辛料炒制后磨碎，再熬制卤水。在制作盐水卤菜时，需要用盐卤不断泡生胚鸭子或老鹅，会有血水留在卤水中。高温熬制时，血会将卤水中的杂质及微生物不断黏合在血沫中。撇掉卤水上面的浮沫后，卤水清透。老卤与动物血糅合一

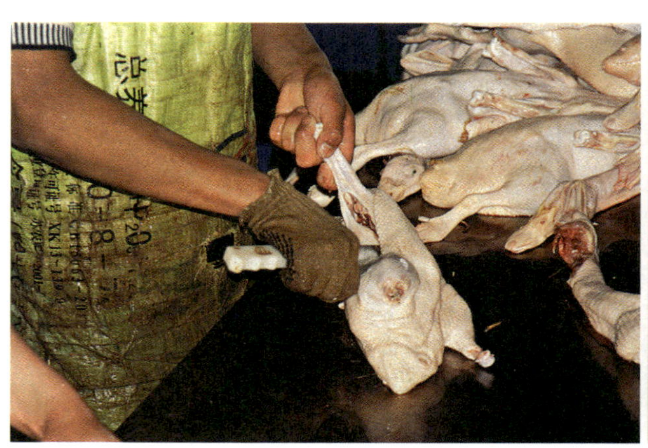

制作盐水鸭

起熬制，可以起到净化卤水的作用。同时动物脂肪及蛋白质也会留在卤水中，让卤水中原有的香辛料与之生化出香气。老卤在长期使用中会有消耗，故需不断熬添新卤，循环往复，但总有老卤的卤基。

要制作好吃的盐水鸭，除了老卤外，鸭子的选用、盐与调味香辛料的配比、炒制、煮鸭子的火候等步骤一个都不能忽略。查家的盐水鸭之所以叫白油盐水鸭，是因为鸭皮与肉之间的脂肪薄厚适中，脂肪白嫩紧实，肥而不腻，吃的时候带卤，回味无穷。

此外，查家腌制的咸鹅、咸鸭子也别有风味。其做法是，先将鸭、鹅用盐腌制几天后晾置。晾置时，将淋下来的血水用盆接住，将血水倒入卤水缸中再熬制。将阴晾至半干的鸭、鹅浸入清透的卤水中 2 至 3 小时，再捞出晾晒。

历史传承

南京人食鸭有悠久的历史。早在南朝建康（今南京）就出现咸板鸭。到宋代，烹饪鸭肴的技术有很大提高，形成食鸭之俗，品种有板鸭、盐水鸭、烤鸭等。据《中国鸭肴》所述："宋代……金陵盛行用鸭制菜，并有'金陵鸭馔甲天下'的美称……其中'金陵盐水鸭'，历史悠久，风味独特，享誉中外，故有'六朝风味、白门佳品'之誉。到了明代，鸭子上了朝廷宴席。当时流传一首民谣：'古书院，琉璃塔，玄色缎子，咸板鸭。'"把板鸭与高等学府国子监、享有世界奇迹的大报恩寺塔和南京特产珍品黑色锦缎并列。

到了清代，南京人食鸭更为普及，而且研制了很多佳品，如进贡的"贡鸭"和馈赠的"官礼板鸭"。鸭席上也出现了套鸭、八宝鸭、炒鸭肝、鸭四件、鸭血、鸭羹等 80 多个品种。民国期间的全鸭席就是在此基础上形成的。板鸭、盐水鸭制作技艺在清代被誉为"江苏三宝"之一。

查富有白油盐水鸭，是小丹阳集镇上查富有卤菜店的招牌卤菜之一。1918 年出生的查富有，18 岁就拜师学艺，然后在小丹阳镇开起了卤菜店。从 20 世纪 30 年代开始做盐水鸭及各种卤菜，还熬制鸭油，做鸭油馄饨。一般鸭油都会有鸭骚味，查家的鸭油处理得当，只有香味，没有异味。他还利用自家制作鸭子富余鸭油的优势，制作鸭油馄饨，口感别样。鸭油馄饨也是老丹阳人的传统记忆，在小丹阳老一辈街坊邻居中有很好的口碑。

改革开放后，个体经营重新活跃起来。随着年岁越来越大，查富有就让大女儿查桂英跟着做。查老先生 93 岁高龄仙逝，此后由查桂英继续卤菜店的生意。如今，她已有 77 岁高龄，也无法经营卤菜店了。我们在查家看到了已存放近 50 年之久的小半缸老卤，仍是那么清亮通透，卤香扑鼻。

当代影响与价值

众所周知，湖熟镇是板鸭、盐水鸭的发源地。据相关资料，旧时只有两三千人口的湖熟镇上，大小鸭店就有二三十家，由此可见受欢迎的程度。除了湖熟镇外，江宁其他地区也有制作板鸭、盐水鸭的手艺人，其技艺不少就是传自湖熟镇，就像民国张通之《白门食谱》中提到的七家湾西小巷内的王厨盐水鸭一样。在江宁的乡镇小街深巷中，到处都有这样技艺精湛的手艺人，查富有白油盐水鸭就曾经是小丹阳镇人最喜爱的鸭馔。

如今 70 多岁的查桂英虽不再继续经营查家盐水鸭，但每年家里还要用老卤为子女、亲朋、邻居腌制过年的咸鹅、咸鸭等咸货。遇到重大节日,老人也会做家传的白油盐水鸭送给他人品尝,这是老卤能保留至今的原因。事实上,小丹阳镇南、镇北卤菜店,很多店主都是师从查家学艺的。如镇南小有名气的吴家卤鹅,生意兴隆,就是师从查桂英,也用老卤浸制,口味独特。

江宁制酱技艺

基本概况

江宁制酱，是以黄豆等豆类发酵制成调味品，其技艺流布于江宁全区乡村。知情人张志喜、潘秀华等。

有道是“柴米油盐酱醋茶”，酱为居家生活必备的七事之一，煎煮蒸炸都能用得上，全国各地均有制作传统。在长江中下游地区，人们利用黄梅时节，将黄豆、蚕豆煮熟、发酵、上霉，加入水、食盐进行搅拌，晒至一个月左右成酱。酱，既可以当小菜，也可以当炒菜或烧菜时的配料使用，可口下饭，味道鲜美。如果以黄豆为主要原料，做出来的是黄豆酱；若以蚕豆为原料，做出来的便是蚕豆酱。此外，以大青豆、豌豆为原料，也可制酱。

制酱要经过选料制饼、育霉、晒霉、下酱、晒酱、保管等流程。以下略做介绍：

第一步，制饼。将豆类原材料黄豆、大青豆、豌豆、蚕豆等冲洗干净，放入锅中煮熟至用手能捏烂，加入小麦面粉，掺和均匀，用手捏成一个个小圆饼状，然后放入盆中。尽量不要用塑料产品的盆具或器皿。

第二步，育霉。将装有圆饼的器皿放到不通风、不见光，且干净卫生的地方，用新鲜荆条叶枝遮盖，使其发霉，霉越绿越好，越厚越好。这一步没有添加米曲霉，是利用空气中的天然菌种进行多菌种制曲。

第三步，晒霉。这是制酱的重要环节。育霉过了一周，就能看到豆子变干，表面从白色变成黄绿色；第二周过去，酱饼即长出毛茸茸的、绿茵茵的霉。揭去荆条叶后，将其放在太阳下晾晒，晾晒干后再曝晒。在晒的过程中，记着每天收回家中，切忌不能翻动，直到霉饼晒干，成为硬硬的干巴饼。这一步中，切忌淋雨。

第四步，下酱。将开水冷却，与晒干的霉饼一起放入陶制的敞口罐盆中，加入适量的盐，用筷子或勺子搅拌均匀。酱下好后，每天置于阳光下曝晒至颜色乌黑即可。

因为酱在烹饪中用途广泛，所以很多地区都

酱

做酱

会制酱。而江宁人自己做酱，可根据喜好选择原材料及口味，想吃什么味就调什么味。

历史传承

中国是世界上最早制造和食用酱的国家，早在西周时期就已经出现了使用肉类、鱼类发酵而成的“醢”，以及在酿造时加入动物血液制成的醢。如《诗经·大雅》中就有“醓醢以荐”的句子出现；《周礼·天官冢宰·酒正》记录了有关“醢人”“醢人”的职位；而《史记·货殖列传》提到了“通邑大都……醯酱千瓨”的说法。这说明酱类调味品酿造技术在周代时期就已经普及开来，而且制作流程由专业人员负责。

到秦汉时期，出现了类似于酱油的调味料，东汉崔寔《四民月令》有“可作诸酱、肉酱、清酱”之记载；北魏末年贾思勰编纂的《齐民要术》也记录了调味料“豆酱清”。根据中国农业遗产研究室农史学家缪启愉先生考证，所谓的豆酱清或清酱是从豆酱中提取出来的清汁，与酱油类似，

汤山郄坊村酱坊生产用缸

在当时是一种常见的调味品。

在宋代，酱油一词开始出现，最早出现于南宋两本著作中：一为《山家清供》，记载有酱油、芝麻油炒春荀、鱼、虾；一为《吴氏中馈录》，记载用酒、酱油、芝麻油清蒸螃蟹。此后，酱油一词还出现在《云林堂饮食制度集》《易牙遗意》《饮馔服食笺》《食宪鸿秘》《养小录》《醒园录》《随园食单》《调鼎集》等文献之中。

宋朝人将加工酱和豉得到的各种酱汁，称为酱油，作为调味品开始在中国的饮食中流行。到清代，酱油的使用远超过酱。在 1790 年《随园食单》中酱油已经取得重要地位。

民国夏仁虎《岁华忆语》“玫瑰酱”一条记录了其时南京城里的玫瑰酱：“四月间人家妇女，采取鲜玫瑰花，细杵捣烂，和以梅子糖霜渍之，为玫瑰酱。夏秋间，沸水冲饮，色香味均绝。又有晒干为玫瑰糖霜者，用以醮角黍，风味亦佳，均可存至隔岁。此外食品，以萵苣盐渍晒干，卷若钱大，曰萵苣圆；笋并豆，以酱油略加糖，煮熟晒干曰笋豆；姜芽渍酱油生食之，曰漂芦姜，风味皆致美。”细细品读，一缕浓浓清香扑面而来，令人回味无穷。

当代影响与价值

据知情人介绍，江宁朱氏制酱技艺至今已经家传 16 代，其家族曾保存一块“朱家酱香”匾额和一副“江宁记忆秦淮源，传统制酱杨柳香”的对联。除朱氏外，汤山街道的七坊村也一直沿用酱、茶、糕、油、炒米等传统制作技艺。其酱坊中可见到制酱器具灶台、篮、筐、缸、钵、盆、罐、瓶、盒等。不仅江宁制酱技艺在这里得到传承，而且能使游客得以体验这一古老的手作方式。

酱是我们每个家庭餐桌上必不可少的调味品。江宁酱是纯手工打造，除了自家留用外，还可以送给亲戚朋友。从一粒黄豆到一滴酱，这个过程见证了农人寒暑劳作的艰辛，见证了数千年匠师经验的积累，见证了日常生活中“非遗”的传承。

酱菜制作技艺

基本概况

酱菜制作技艺，流布于江宁街道江宁社区。传承人吕昌清等。

制作酱菜的原料有黄瓜、莴苣、茭瓜、大头菜等数十种。“大雪腌肉，小雪腌菜”，这是江宁地区一句流传已久的俗语。腌肉需要大缸，猪、牛、狗、羊、鸡、鱼都可以腌。到了6月，如果腌肉还没吃完，则需要用酒醉一下，就是把腌肉在酒里醉一下，这样就会有酒香，不至于有不好的味道。

酱菜一般用腌的蔬菜，不用叶子菜。酱菜的质量高下与酱直接有关。据说禄口街道马铺老房子里做的酱，用原汁原味的自家黄豆及当地的小麦面粉，亲自动手，纯手工。做酱的时间，多选择黄梅天。先做霉饼，一般选用黄豆、大青豆、豌豆、蚕豆，将豆类冲洗干净，放入锅中煮熟，

江宁酱菜

用盆盛起来，冷却后保持水分。然后把小麦面粉等与其掺和均匀，用手搓捏成扁扁的小圆饼状。随后放在竹匾上，接着把装上圆饼的器物放在不通风、不见光、没有虫子的地方，用荆条叶枝遮盖，让其发霉。大约两个星期，做酱的霉饼开始长毛发绿，发得越绿越好。此时，先揭去荆枝叶条，切忌不能动霉丝、霉饼。用手端着竹匾，放到太阳下去晒，先小晒，后曝晒。此后，每天晚上都要拿回家，但不能翻动，直到霉饼晒干。这时的霉丝已经变为绿灰，霉饼已晒成硬硬的干饼了。

霉饼做好后，就可以做酱了。把晒干的霉饼掰开，搅和均匀，放入陶制的罐盆中，罐盆中有烧开后冷却的凉水。用手拿筷、勺向罐盆中加盐，咸淡可以适时调整，这是下酱的程序。为了防止下雨，罐盆要准备盖子或搬回家中避雨，因为生水制酱会生蛆变质，更不能吃了。

做好了酱，再把腌制好的萝卜条、胡萝卜、白萝卜、红萝卜及黄瓜、菜瓜、冬瓜皮、莴笋等与酱炮制。腌制的酱菜主要是自己吃，也可以送亲朋好友。除蔬菜外，以辣椒制作成的辣椒酱，也是一道可口的小菜。

江宁地区青菜有高梗子菜、二茬子及矮脚黄3种，各有各的用途。高梗子又叫寸菜，在3个品种里属于最长的那种。梗子白白扁扁的，可以晒菜干。二茬子很矮，但是最好吃，菜采下来，

江宁酱菜中的豇豆

酱菜中的酱料

制酱菜的原料

洗干净，切碎了，用盐揉一下，冲掉盐，直接下锅和毛豆一起炒，很下饭的。矮脚黄，只能切碎了腌菜，这是它少有的用途。

腌青菜的方法，是先将青菜洗干净，切碎了，用盐、生姜、八角及适量糖（这个其实不固定，看个人口味）放入密封的瓶子里，看它发酵、出卤，出泡泡。以高梗子腌的菜可以保存 1 年。一个季节的青菜，腌制可以吃 1 年，可谓是蔬菜里的压缩饼干了。江宁乡村还有与腌青菜有关的号子。旧时耕地的时候要喊短号子给自己打气："高梗子寸菜啊！"这是一锄头，跺一下脚；"二茬哎！"再下一锄头，跺第二下脚；"矮脚黄呀！"这是第三锄头，跺第三下脚。种菜翻地是力气活，号子不能长，要短。攒力气的活，嘴巴张开唱得长了，力气就散了。

历史传承

江宁酱菜，历史悠久。据清袁枚《随园食单》介绍，旧时南京人喜食酱菜，习以为常，其品种颇多，有"喇虎酱"："秦椒捣烂，和甜酱蒸之，可用虾米搀入。"有莴苣："食莴苣有二法：新酱者松脆可爱；或腌之为脯，切片食甚鲜。然必以淡为贵，咸则味恶矣。"有"酱瓜"："酱瓜腌后，风干入酱，如酱姜之法。不难其辞，而难其脆。杭州施鲁箴家制之最佳。据云：酱后晒干又酱，故皮薄而皱，上口脆。"有"茭瓜脯"："茭瓜入酱，取起风干，切片成脯，与笋脯一似。"有"酱王瓜"："王瓜初生时，择细者腌之入酱，脆而鲜。"

进入民国后，包括江宁在内的南京地区，对酱菜仍然情有独钟。民国王孝煃《续冶城蔬谱》"黄瓜"词条载："近人又取其最小者，渍以酱，或腌以虾卤，名卤虾瓜，又名酱黄瓜，味极鲜美，亦可蜜饯作糖饵。"该书所记的"酱瓜"更是别有风味："夏日初晓，清露未晞，乡人荷担，成群入市，肥碧满筐，谓之菜瓜。卖酱者剖成片，以甜酱渍之，味清腴，色若黄石，莹透鲜脆，为下粥小品。吾乡小菜中斯为美味。齐俗谓之酱齑，不宜生食。然乡人行路生渴，柳阴坐嚼，亦若味夺蔗，酱甘逾石蜜。"

当代影响与价值

江宁酱菜是会让人产生满满幸福感的家制土产。从口碑材料中可知，其制作技艺是通过一代代人自然传承的，所以多有着特别的回忆与情感。因为其制作过程并不复杂，制作时间也不算长，所以不少老江宁人至今仍然习惯于自己制作酱菜，那一种脆、鲜的口感，食之，既是一道美味佳肴，也是一种精神享受。

大头菜腌渍技术

基本概况

大头菜的腌渍技术，流布于江宁的上坊门、高桥门以及双桥门一带。

老辈南京人都知道南京城门“里十三，外十八”之说，“里十三”是指南京京都城城门有十三座，“外十八”是指外郭城门有十八座。上坊门与高桥门，都属外郭城门，毗邻“里十三”之正阳门（民国以来称光华门）。因紧邻城区，进城非常方便，周边乡民以种植蔬菜为多，经济效益比种植粮食更好。高桥门、上坊门的菜农，一直以来在江宁地区很有名声，一年四季，季季不同的蔬菜，源源不断地供应南京城区。

大头菜，十字花科，为芜菁的俗称，又称诸葛菜。上坊门、高桥门一带土壤属于菜园土与潴育型水稻土，疏松肥沃、排水性好，非常适合大头菜的土质要求，同时江宁的气候条件也适合其生长需要。江宁其他地区也种植大头菜，但一般以农家的自留地种植为主，仅供自用。

江宁地区有俗语“小雪腌菜，大雪腌肉”。冬天腌制食品非常流行，家家户户腌菜、腌肉、腌鸡鸭鹅，成为生活习俗。城镇居民的腌制菜品，则靠周边农民供应。腌菜的原料有江宁传统的雪里蕻、矮脚黄、大头菜、红萝卜、胡萝卜、菘菜等。大头菜适宜盐渍而食，可当小菜，可与荤菜搭配，是百姓喜爱的传统小菜。高桥门、上坊门一带种植大头菜时间久、种植面积大，不仅供应周边地区，也远销广东、湖北等地，种植与腌制良性循环，带动更多乡民加入其中，历久不衰。

腌渍的大头菜，称酱大头菜，也称酱芥菜头，主要原料就是大头菜、粗粒盐、酱油、黄豆酱、甜酱、糖稀等。做法是，选用新鲜肥嫩的芥菜头（以内不起筋、外不抽薹者为佳），用盐渍好的芥菜头装入竹篮中。淋卤后，用刀削去咸芥表面根须、老斑。入缸，加入清水漂淡，间隙搅拌，至浸出液为宜。捞出，晾晒 2—3 天，使表皮略显

民国时期南京的菜贩

干燥即可。再用稀甜酱（或糖稀）、黄豆酱、酱油配成酱，进行酱制。酱制前要将晒干的大头菜，用刀剖成菊花形状，以便入味，但不能切断，以保持外形美观。每天翻搅一次，半个月左右即为成品。腌好的大头菜呈深褐色，具有酱香味，口感清脆。

大头菜腌制还有用的蒸煮法，如《续冶城蔬谱》中介绍的："根巨而味美，以茴香椒盐久蒸，经十年不变，小菜品之最佳者。"其具体方法与江宁地区的梅干菜制作类似，即先将盐渍脱水的腌菜晾干，然后加水、八角、茴香等煮制，再取出晾干。这种梅干菜色泽深褐，再次烹饪时，比直接晒干的干菜口感更好，根茎部位也容易入味。但是在江宁民间，直接腌制大头菜的方法更为普遍，也更简单。

历史传承

据萧梁宗懔《荆楚岁时记》记载："仲冬之月，采撷霜芜菁、葵等杂菜，干之，并为咸菹，有得其和者，并作金钗色。"芜菁晒干作腌菜，这可能是关于大头菜的最早记载。南京腌制的大头菜早负盛名，并被载入古代的方志文献。清《乾隆江南通志》中有南京大头菜的介绍："芥之属也，

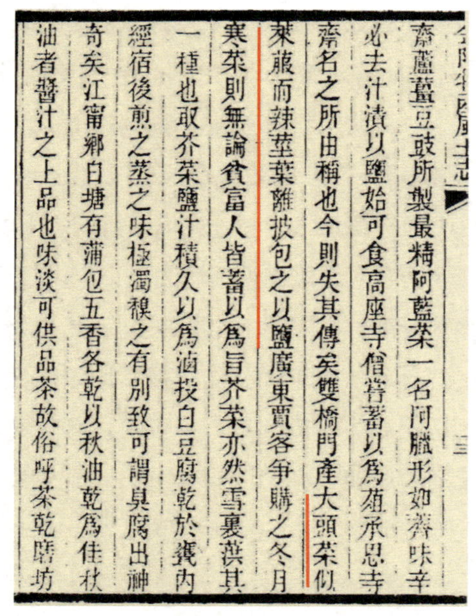

齏蘆薑豆豉所製最精阿藍菜一名阿臘形如蕣味辛
必去汁漬以鹽始可食高座寺僧瞀蓄以爲葅承恩寺
齋名之所由稱也今則失其傳矣雙橋門產大頭菜似
萊菔而辣莖葉離披包之以鹽廣東賈客爭購之冬月
寒菜則無論貧富人皆蓄以爲旨芥菜亦然雪裏蕻其
一種也取芥菜鹽汁積久以爲滷投白豆腐乾於甕內
經宿後煎之蒸之味極濁穠之有別致可謂臭腐出神
奇矣江甯鄉白塘有蒲包五香各乾以秋油乾爲佳秋
油者醬汁之上品也味淡可供品茶故俗呼茶乾曙坊

《金陵物产风土志》关于"大头菜"的记载

其根大如萝卜，以炒盐、茴香制之，香脆异常，唯上元、江宁二邑有之，四方用相馈遗。"清《嘉庆重刊江宁府志》记江宁特产时，也专门记录了大头菜："其根甚巨，盐食之。"《同治上江两县志·食物考》将大头菜列为双桥门的特产蔬菜。1935 年出版的《新南京》还说"皇城大头菜甚著"。

江宁的大头菜因其品质上佳，除了供应本地城镇，还能远销外省。清光绪三十四年（1908）刊印的陈作霖《金陵物产风土志》，在盐酱小菜中介绍了双桥门大头菜，"似莱菔（即萝卜）而辣，

上坊集镇旧貌

茎叶离披，包之以盐，广东贾客争购之。冬月寒菜，则无论贫富人皆蓄以为旨”。据《续冶城蔬谱》记载，当时大头菜被“乡人率贩湖广等处，名曰正菜，擅厚利己”。1916年出版的《江宁乡土志》所记更明确：“蔬菜之中……尤以双桥门、上坊门、高桥门等处之大头菜，为出口之大宗，以盐渍之，运至粤省销售，每岁出口之数，约值银十万余元。”

在没有公厕的年代，江宁很多城镇居民家中的粪便是让周边农民收集，不仅可以顺带清洗马桶、尿桶，还能在冬菜上市时节，收到农民回馈的各类腌制冬菜，也包括大头菜。

当代影响与价值

高桥门、上坊门，包括双桥门这几处明代外郭城门遗存，民国以来，因城市建设需要，其地或用作道路、高架桥，或已为新城区，原有村庄陆续消失，世居的农民也分散各地，过去种植大头菜与制作大头菜的乡民已难觅踪影。

通过阅览史籍、寻访制作者，我们基本上可以看出大头菜的腌制技术不算复杂，大头菜的食用也以腌制为主。江宁本地百姓日常生活中也少不了腌制小菜，腌制的大头菜就是过去与现在百姓餐桌上的家常小菜。江宁传统酱园、包括供销社时期的酱菜制作场，大头菜都是腌制菜品中的拳头产品。如今，在农贸市场购买成品腌渍的大头菜，还能看出往日的传统方法：大头菜因个大肉厚，为盐渍入味，将其切成菊花或片状，但相连不断。腌渍好的大头菜呈酱褐色。食用时将大头菜顺着菊花形状直接用手撕开，或用刀切成条块，可直接食用，也可炒制，或配荤菜食用。

横溪小西瓜栽培技术

基本概况

小西瓜栽培技术，流布于横溪街道。传承人于行阳等。

横溪是西瓜种植大乡。横溪西瓜栽培科技第一人于行阳，用葫芦嫁接西瓜苗防病，解决西瓜重茬死苗问题，成为当地西瓜产业化发展、科技致富的引路人。

横溪种植普通西瓜的历史可追溯到20世纪80年代初，当时分到田地的农户开始少量种植西瓜。最初种植的品种是江苏省农科院研发的优良新品种红瓤苏蜜一号，不需要大棚，可以露天栽培。1980年代末，横溪开始使用小工棚种植，西瓜可以提前到6月上旬上市，而一般露天种植的西瓜6月中下旬才上市，因此销售价格更高。横溪苏蜜一号的种植一直延续到1990年代初。此后，还先后引进过金钟冠龙、安徽的京欣一号（俗称爆炸瓜）等新品种。1990年代末，当地还种植过8424。这些西瓜品种的种植时间都不长。

1997年，横溪西瓜苗“葫芦”嫁接及早熟高产栽培技术研究与推广获得成功。同年，横溪农业技术推广站与南京市农林局、江宁区蔬菜技术推广站合作研究977101西瓜嫁接及早熟高产栽培技术也获得成功。同时，又摸索了大棚西瓜上架法，这是继西瓜苗“葫芦”嫁接技术之后的又一项技术革新。通过此法，一亩田可栽瓜苗1200株，比原来一亩栽300株增加了900株。每苗平均结瓜3公斤，亩产达3600公斤。大棚西瓜上架栽培，还能使西瓜抗病能力增强，无须使用化学农药，而吊瓜含糖量在15%左右，高出大棚普通栽培的西瓜2—3个百分点。

2000初，横溪街道引进了西瓜新品种——“台湾小兰”。这个品种黄瓤、小果形，品相好、口感佳，水分足、糖分高，加之每个瓜最重不过

横溪大棚西瓜的生长情况

知情者在口述横溪小西瓜栽培技术

3 斤多，非常适合现代家庭食用需求。“台湾小兰”在管理方面与其他品种相同，但其种植需要增加密度。其他品种西瓜一般每亩 400 株，“台湾小兰”则要 600 株。“台湾小兰”刚开始收成上市，因每亩产量不高，而种植与管理成本高，每斤的售价要比普通西瓜高出 2 倍。当时普通西瓜如 8424 每斤最高售价 8 角，“台湾小兰”售价要到 1.2 元至 1.5 元，消费者不容易接受。因此在引进之初，农户大都不能接受，街道把种子免费提供给农户。又经过几年的市场培育，才被消费者逐渐接受。“台湾小兰”是个特早熟品种，6 月初就能上市销售，包装后还能作为礼品，填补了市场需求的空白。如今“台湾小兰”西瓜供不应求，农户的种植积极性高涨，是横溪西瓜最重要的一张名片。

历史传承

唐末五代时，西瓜在中国北方已有种植。《新五代史・四夷附录》记载，五代时县令胡峤被契丹俘虏，居七年始返，作《陷虏记》，称其始食西瓜，传说是“契丹破回纥得此种，以牛粪复棚而种，大如中国冬瓜而味甘”。南宋初年，洪皓出使金国，留居 15 年而归，撰《松漠记闻》，称“西瓜形如扁蒲而圆，色极青翠，经岁则变黄，其瓞类甜瓜，味甘脆，中有汁尤冷。《五代史・四夷附录》云以牛复棚种之。予携以归。今禁圃乡囿皆有”。明王世懋著《学圃杂说》也提道：“西瓜古无称，金主征西域得之。洪皓自燕中携归。”

但李时珍认为西瓜传入中国时间更早，其《本草纲目》引南朝陶弘景注瓜蒂言：“永嘉有寒瓜甚大，可藏之春者即此也。盖五代之先，瓜种已入浙东，但无西瓜之名，未遍中国尔。”

南宋洪皓引入西瓜后，很快风行江南。当时的诗人范成大有《咏西瓜园》诗：“碧蔓凌霜卧软沙，年来处处食西瓜。”朱元璋建都南京，太常寺于明洪武元年（1368）拟定每月太庙荐新祭品，西瓜被列入六月份的品目。

包括江宁在内的南京郊区，旧时出产过一些知名西瓜。其中以“马陵瓜”名声最盛，其皮薄，味甘，瓜形长圆，似马铃。民国卢前《冶城话旧》称其因种于明朝马皇后陵园（即明孝陵）而得名，后来朝阳门（今中山门）外出产的长圆形瓜，皆袭称之，日久讹称“马铃瓜”。朝阳门外地属孝陵卫，故该地之瓜又称“卫瓜”，作为金陵特产被民国初年《江宁县乡土志》物产篇收录。民国时期，孝陵卫划归中山陵园，所产西瓜品种很多，卫瓜等在内的西瓜遂被市民统称“陵园瓜”。此外，清《乾隆江宁县新志》还记载了另一种名瓜，即聚宝门外龙窝地方的“冰雪洋瓜，瓤有红黄二种，大红者固佳，淡黄色尤美”。

清末民初徐寿卿《金陵杂志续集》记载了南

京“啃秋”习俗：暑天食瓜，所以解暑。初伏前不食西瓜，因系霉天所结，食之易生病。立秋后亦不食瓜，防患肚泻之疾。唯立秋日，家家户户必食西瓜，谓之为啃秋。民国夏仁虎《岁华忆语》也有类似记述：“预藏西瓜，于立秋日食之，曰啃秋。”这一习俗流行至今。

2001 年，横溪镇被南京市政府列为万亩优质西瓜生产基地。2001—2002 年，横溪绿桥瓜果专业合作社销售西瓜 260000 吨，产值 2634 万元，占农业总产值 8.1%。2001 年，“大自然”牌西瓜获中国绿色食品发展中心绿色食品证书。

从 2001 年开始，横溪街道每年举办为期一两个月的西瓜节，引来成千上万的客人来横溪游玩，品尝甜美西瓜，成为横溪地区融商贸、科技、文旅于一体的综合平台，终于打出横溪西瓜的品牌。2019 年 1 月 17 日，中华人民共和国农业农村部正式批准对“横溪西瓜”实施农产品地理标志登记保护。当年，横溪街道西瓜种植面积达到 5.5 万亩，设施种植规模达 4.2 万亩，全年种植新品种 30 多个，繁育西瓜嫁接苗 7000 万株，种植优质礼品瓜 4 万亩，其中“台湾小兰”西瓜种植 3.2 万亩。

当代影响与价值

夏季南京旧称“火炉”，三伏天暑热，尤为难挨，西瓜是包括江宁在内的南京人的解暑神器。孝陵卫农田变为城区后，高品质江宁横溪西瓜在激烈的竞争中脱颖而出，成为南京西瓜市场的热销品种。如今，西瓜种植已经成为横溪地区种植业的支柱，除主栽“台湾小兰”外，方形瓜、情侣瓜、三角形瓜、圆柱形瓜等新、奇、特造型瓜也有大量种植。横溪西瓜高品质的原因，不仅在于品种的不断迭代创新，更在于全部使用有机肥料，并按绿色食品标准进行生产管理，这是横溪西瓜获得成功的关键所在。

横溪吊瓜子加工技艺

基本概况

横溪吊瓜子加工技艺，主要流布于横溪街道的陶吴一带。知情者李平生、李庆和等。

吊瓜是一种葫芦科植物，民间之所以如此称呼它，是因为它总是悬挂在高高的支架上，因此又叫瓜篓或栝楼。作为其籽实，好的吊瓜子，外形像西瓜籽，但味道独特清香，故近年备受消费者喜爱，一般的零食商店都有销售，其中以浙江长兴所产最有名。

陶吴是千年古镇，横溪是西瓜之乡。2002 年 3 月，吊瓜子根茎种植管理及其相关加工技艺被引入横溪街道的陶吴地区。这一套工艺流程可分九步，分别为：育苗，一般每亩种 40 株；栽莆头；绑蔓上架；修剪架下叉枝；防疫治虫；人工扒出吊瓜子；机械脱皮；用水漂洗后晒干；炒制成品。如此制出的吊瓜子香润可口，在市场上常年供不应求。

炒制用较大型号的铁锅。第一步，锅煮。把瓜子洗干净，加点盐和花椒、大料等配料，放到锅里煮约半小时。

第二步，浸泡。瓜子留锅浸泡一个小时，让味道充分进入到瓜子里，将瓜子捞出。此步的关键在于腌制要入味。

第三步，将瓜子置于太阳下或者暖炕上晒干，以两日为宜。

第四步，将晒好的瓜子放到锅里翻炒，加入适量盐、糖，注意加热要均匀，不能炒煳。

第五步，包装。

作为一种风味别致的零食，吊瓜子还具有较高的营养价值。据《本草纲目》卷十八记载，栝楼子可“润肺燥、降火、治咳嗽、涤痰结、止消渴、利大便、消痈肿疮毒”，炒制的栝楼子则有“补虚劳口干、润心肺、治吐血、肠风泻血、赤白痢、手面皱”的功用；《药性类明》亦载：“栝楼仁，昔人谓通肺中郁热，又言其能降气者，总由甘合于寒，能和，能降，能润，故郁热自通。”现代医学研究表明，栝楼子中含有脂肪酸、甾醇、三萜皂苷、氨基酸、蛋白质等化学成分，食用栝楼子，有润肺化痰、滑肠通便之功效，可治燥咳痰黏、肠燥便秘。由此可见，栝楼子确实是零食或保健的上选佳品。如今，横溪吊瓜子和横溪西瓜，已成为远近闻名的特色产品。

历史传承

2002 年 3 月，陶吴镇政府分管农业的领导带领陶吴社区十亩地村书记一班人到浙江长兴县参观考察，对当地特产吊瓜子带来的综合价值感受颇深，于是选择引进其种苗，在陶东村用地 40

吊瓜子

亩进行试种植，由村民李平生（1956年生）具体负责管理。同年，陶吴镇将产出的吊瓜子投放市场营销，其香脆的口感深受顾客欢迎，成为当年陶吴销售市场的一大亮点。

2003年，陶吴镇建立10公顷吊瓜示范基地，更多的农民开始尝试种植吊瓜。至2004年，种植农户已达300户，种植面积达66．67公顷，吊瓜种植为当地增收150万元。由于吊瓜子生产基地紧邻陶吴甘泉湖度假区，为全面推广吊瓜种植，扩大陶吴吊瓜子的影响力，陶吴镇申报创办了“甘泉湖”品牌，并成立了南京桃盛农副产品开发中心，实行上门技术服务指导。在产品回收上，政府承诺以保底价回收，统一加工包装上市销售。为激励农民种植吊瓜，政府出台了优惠政策：凡种植吊瓜的农户，其种苗费由自己垫付，秋后验收再由政府全部补偿。为进一步扩大规模，实现规模效应，陶吴镇加快了农业结构调整，并建立了吊瓜子生产基地。2007年，陶吴街道重点发展吊瓜等产业工程，种植农户达到315户，种植面积达76.67公顷，吊瓜总产量69吨，年收入414万元。这一年，吊瓜子被江苏省农林厅认定为无公害农产品。

当代影响与价值

目前，陶吴社区各村都可以见到吊瓜种植，“甘泉湖”牌吊瓜子现今已成为陶吴的地方特色产品，但在淘宝上无法查到，其经济效益远无法与广德、杭州、芜湖等地的品牌吊瓜子相提并论。如果将肉厚清香的吊瓜子，与年轻人喜爱的奶油味结合起来，设计包装，多种经营，积极与品牌零食合作，坚持走市场路线，庶几能发挥更大的经济价值。

横溪吊瓜子发展起步较晚，相比于号称“中国第一商贩”、收入《邓小平文选》的“傻子瓜子”，横溪晚了30年。因率先炒售西瓜籽、白瓜子、葵花籽，年广久曾以“投机倒把罪”“牛鬼蛇神”“流氓罪”3次入狱，邓小平这样提到他：“安徽省芜湖市的一家个体户，他雇工经营，制作和销售瓜子，称为‘傻子瓜子’，得以致富。”

据说当年的年广久，每天晚上七八点钟开始炒瓜子，一口气干到第二天早晨5点，洗洗脸，稍微睡一会后，7点钟左右又起来，开始把炒好的瓜子分包包好。等到下班时间，他就出去偷偷地卖。和别人不一样的是，年广久卖的瓜子味道香，个儿大，分量足，利薄得很，同行都称他“傻子”。

现在的优质淘宝货，讲求好吃易剥、不粘手、果实清香、轻调味；甄选好材，要求颗颗甄选，无坏籽差籽。光是后者，就需要有一定的技术条件才能做到，否则一颗坏籽吃进嘴，就会被顾客差评。至于饱满的籽仁是如何诱发果实清香的，那是食用盐用得恰到好处，才能美味解馋到一磕停不下。现在的包装一般是用500克的透明塑料罐，缺少设计的引诱。这方面值得陶吴人多做文章。但凡一项“非遗”产生了审美价值，就会形成在市场上竞争占优的附加值，千万别吝惜设计费用。再来一条好记的文案，对其发挥经济价值，更有画龙点睛之效。

牛首山云雾茶制作技艺

基本概况

云雾茶制作技艺，主要流传于牛首山及其周边地区。

牛首山云雾茶，又称海峰茶、牛首春、仙阙茶。因明嘉靖四十一年（1562）进士、江宁人朱润身（号海峰）在山中辟园植茶、炒制茶叶，用以待客而著名。近代以来，牛首山地区屡经动荡及战火，其制茶技艺已逐渐失传。

1985 年，在各方努力下，“牛首春”茶研制成功，重新跻身南京名茶之列。2000 年，东善桥林场牛首分场，利用牛首林场的 100 亩茶园研制“仙阙茶”，成功推向市场后广受好评，连续多次获得各类茶叶评比的金奖，现亦成为江宁名茶。据介绍，该茶园为 20 世纪 80 年代种植栽培，位于牛首山风景区南边的祖堂山。其土壤为黄沙土质，内含丰富的矿物质及微量元素，加之牛首山气候温和、雨量充沛、空气清新，雨后或清晨云雾蒸腾，特别适合茶树的生长，故鲜叶品质好。

包括牛首山云雾茶在内的江宁当地绿茶的传统制作工艺有杀青、揉捻、搓条拉条、毛茶烘焙等流程。现在茶叶的炒制过程，有的环节已用机器替代手工。据牛首山茶场负责人陈文林介绍，普通茶叶多半采用一芽一叶制作，“仙阙茶”为独芽，称之为芽茶，每年 3 月底采摘芽尖制作。每年“仙阙茶”的春茶产量并不高，成茶 450 公斤左右。茶叶的制作过程 40% 为手工操作，60% 为机械控制。杀青、揉捻为全机械，烘干为半人工、半机械，其人工操作主要是负责茶叶的造型。“仙阙茶”外形介于江宁地区盛产的碧螺春与雨花茶之间，既不特别卷曲，也不过分刚直，芽叶细小，显毫柔嫩。

历史上的牛首山云雾茶起源于朱润身，他从云南按察佥事职位上退隐牛首山，用从云南带回

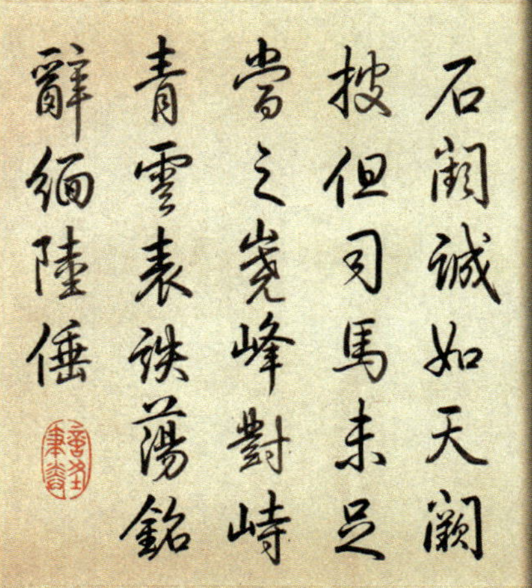

《金陵十八景图》之“牛首山”（明人绘）

清代制茶图：揉茶筛茶（清人绘）

清代制茶图：炒茶（清人绘）

的滇茶树种栽培制作。明朝顾起元形容牛首山茶“味多辛而辣，点之似椒汤，故不胜也”。从中可以推断，牛首山云雾茶最初可能采用了云南滇茶的方法进行制作。清朝上元人朱绪《金陵诗征》介绍其茶“至今名海峰茶”，书中还收录了朱润身《天阙种茶》诗：“宦海归来两鬓华，傍山筑圃立生涯。惭元遗爱留栽竹，剩有闲情比种瓜。嫩掇雨过光宅寺，香烘火借懒融家。旁人若问滇南事，笑啜双峰一椀茶。”诗中写道，冒雨采摘鲜嫩的茶叶，借寺庙里的锅灶来烘制，笑着喝下一碗清茶，只是为了忘掉滇南的仕宦经历。种茶、饮茶于他而言是避世良方。

朱润身虽居牛首山中，但常有老友来访，兴起写诗，客至奉茶是山中简单、清雅的待客方式。罗焘，字元溥，上元贡生，任光泽（今属福建省南平市）主簿，他曾去牛首山造访朱润身。《金陵诗征》收录了他的诗《天阙山居次海峰韵》：“石磴云深路转斜，地临天阙隔尘哗。秋来信步闲寻寺，晓起科头自灌花。诗就小童知捧砚，客来邻叟为供茶。山林莫道无交接，门外时停长者车。”这首诗就是步朱润身《天阙种茶》诗韵所作。

在历史上，江宁并不是著名的产茶区。在明朝以后，除了朱润身等文人士大夫试种茶叶外，牛首山各寺在寺辖山地，也会种植茶叶，以制茶待客。这些茶产量应该都不大，制作也不会太讲究，成不了名茶。至清朝，牛首茶在规模和工艺上虽有所突破，但仍仅限于文人、僧侣饮用，影响有限，但牛首茶融合了文人意趣、方外人的禅意，则别有一种独特的滋味。

历史上的牛首山云雾茶如何制作、口感几何，我们只能从留存在史志、诗文里的片言只语找寻其味。

历史传承

江宁境内的牛首山以佛教文化和自然风光著

称。南朝早期就有高僧在此修行。梁代，山上开始建造寺庙。唐朝法融创立牛头宗，宗风远播，佛教典籍中称牛首山为“江表牛头”。南京地区山脉普遍不高，牛首山算不上高大广袤，但山形独特，风光绮丽。东西双峰相向挺立，东晋丞相王导指为天阙。山中有险峻的兜率岩、白云梯，有古老神秘的文殊洞，还有人文气息深厚的昭明太子饮马池、味极清冽的虎跑泉，皆为胜迹。

牛首山与栖霞山并列为南京郊区最著名的风景名胜地，有“春牛首，秋栖霞”之说。牛首山在南京城南三十里处，古代交通没有现在这样快速、便捷，人们游览牛首山，往往需要在山中食宿。他们的行李中，除了美酒佳肴，还会有茶叶。茶有消渴解乏、醒神清心之功效，是远足登高、与僧人论道参禅的理想饮品。在山中支小炉，燃松枝，汲泉烹茶，尤具雅人深致。

明人盛时泰，字仲交，上元（今南京）人。嘉靖年间贡生，工诗文，善书画，所著《牛首山志》称：“三春莺花调簧布锦，九秋杞菊缀金散朱，每于斯时，携陆羽之新芽，则香生空谷。”无论春秋，人们进山游玩，总会带上当年当季的新茶。书又称：“当春夏之交，渐近浴佛，含樱正夥，城内外茶会极繁，而牛山踈寮之中，又自有幽闲之趣。”临近四月初八浴佛节，牛首山中与南京其他地方一样，也举办茶会，自有一番山林佳趣。

明人李万实，字少虚，南丰（今江西省抚州市）人。嘉靖甲辰（1544）进士，官至浙江按察司副使，作有《幽栖寺海天僧老茶话》一诗：“为问西来几祖风，道场开傍最高峰。不妨好事延狂客，见说谈经听老龙。落叶平铺秋色淡，浮云飞尽海天空。他年拟结东林社，一笑攒眉与尔同。”幽栖寺在祖堂山南麓，山因称法融为牛头宗祖师得名，与牛首山似断实连，仍处牛首山脉范围之内。“佛祖西来意”是禅宗常参的话头，讨论这

《南巡盛典》中的牛首山图

样经典高深的主题，需要一杯清茶在手，才能体会“浮云飞尽海天空”的意境。

人们在山中煮茶饮茶、开茶会，牛首山出产茶叶吗？明人顾起元，字太初，江宁（今南京）人。万历二十六年（1598）会试第一人，殿试一甲第三名，官吏部左侍郎，兼翰林院侍读学士，后退居故里，屡征不起。顾起元学识渊博，留心桑梓文献。他在所著《客座赘语》一书中说：“金陵旧无茶树，唯摄山之栖霞寺、牛首之弘觉寺、吉山之小庵，各有数十株，其主僧亦采而荐客，然炒法不如吴中，味多辛而辣，点之似椒汤，故不胜也。”顾起元接下来介绍，金陵茶叶五方杂至，产地主要有吴门、宜兴、越地、六安和福建武夷山等。他的观点是，牛首山茶树极少，且茶叶炒制不得法，味道远不如外地茶。《牛首山志》还记载，弘觉寺下辖的“广缘寺有山茶，不在寺封内。独春时桃李盛开，则红自弥望”。山茶不在广缘寺封域内，似乎处在自然野生状态。

文人士大夫在牛首山中辟园植茶始于明人朱润身。他在会试时，严嵩当道，曾许他以状元，期望将他招致门下，朱润身拒绝了，可见其刚正不阿。后来，他授官南吏部考功主事，进兵部郎中，迁云南按察佥事。在云南平叛有功，反遭贬谪。据清人路鸿休所辑《帝里明代人文略》记载，朱润身“告病以归，筑室天阙山之侧，莳花木以自娱，至今手植滇茶及诸名卉犹存”。天阙山即牛首山，朱润身种茶和种花一样，用以娱情，所种为滇茶，一直留存至清朝。

在牛首山种茶的还有明人姚履旋。姚履旋，字允吉，上元人，万历丙辰（1616）选贡，任扬州训导，升巴东知县。其诗法唐人，书传古体。顾起元为其诗集作序，说“允吉每奏一篇，以为在开元、大历之间。六书篆搯得李如真法”。李登，字士龙，号如真，上元人，精六书。姚履旋曾协

江宁茶农

助李登编《摭古遗文·再增摭古遗文》，且尽心公事，处置精当，惜未及大用而病归。他在牛首山建有山园桃花涧。清金鳌《金陵待征录》云：“牛首山桃花涧，姚履旋别墅，有桃花涧、净香岩、垠菜圃、芋栗园、古滕墩、瓮泉、茶径、梅龛、雀皋、谡谡坡、听涧石。”从这些景点名称可知，桃花涧因山设置，保留原有物产，颇饶野趣。顾起元写有组诗《姚允吉桃花涧十二咏》，其中《茶径》云：“一径入阳林，茗枪白于絮。共喜摘云腴，相将品泉去。”“云腴”是宋代贡茶名，系用天然生长的白树茶叶烘制而成，此处指肥美的茶树鲜叶。大家都知道，茶叶摘下来，需经多道工序制作。诗中说，摘下茶叶，就去用山泉品茗，固然是出于诗人美好的想象，但此诗告诉我们，姚履旋桃花涧茶迳中的茶叶，芽片上覆盖茸毛，白过棉絮，品质拟于宋代贡茶。

明代的牛首山又有菊茶。盛时泰《牛首山志》即载：“（牛首）山多甘菊，春时生满岩谷，僧采以饷客，即陶隐居所谓‘根枝花叶，皆可饵

茶圣陆羽

者’。好事人移植栏槛，则经年弥茂。是时吴（造字65页）初至，汲涧泉烹而啖之，固为二绝。”牛首山甘菊之来源即与朱润身有关，《牛首山志》又载：“僧素不艺菊，以去城远，苦无佳本。比时，朱职方润身近山寺构天阙山房，从玉田卢先生分种，故僧房多因以供佛。香生盂水，朝炉减薰，根留椰（土旁）盆，夕苔破色，遂使人弃潭英而不珍，抛篱枝于不把矣。卢名璧，字国贤，性嗜菊，著《东篱品汇》，家有万花草堂。每过朱时，则一游山寺。”

清朝以后，志书中仍有牛首山茶介绍。《乾隆江南通志》记载：“江宁天阙山茶，香色俱绝。”《同治上江两县志》载：“（牛首）山产茶，香色俱绝，名天阙茶。”清末民初，南京方志学家陈作霖所编《上元江宁乡土合志》称：“牛首、栖霞二山皆产茶，生于山顶，以云雾名，寺僧采之以供贵客，非尽人所能得。”此时的牛首山茶是否传自朱润身、姚履旋，不得而知。但此茶制作讲究，用以招待贵客。或以山名，或因山中常常云雾蒸腾得名，因人得名的海峰茶反而少有人提起了。

牛首僧人会用山中所产茶赠送宾朋。严长明，字冬有，江宁（今南京）人。清乾隆二十七年（1762）高宗南巡，以诸生献赋，召诗，赐举人，授内阁中书，旋入直军机处。他善诗文，精于金石文字，有诗《药根上人以山中产茶见饷，诗以奉答》，全诗如下：“天阙霜华夙未闻，一囊亲赠荷殷勤。沁心香似芙峰雨，入手轻于佛窟云。丹灶暗传声习习，息泉秋听碧沄沄。漫忧消耗清无寐，剩欲谈诗坐夜分。”药根上人是寺中方丈。芙峰指芙蓉峰，在祖堂山南麓献花岩，明人陈沂《献花岩志》赞芙蓉峰“在岩之东上数丈，巨石叆聚，若芙蓉然”。佛窟是山巅的弘觉寺古称。严长明赞美牛首山茶，香似芙蓉峰顶雨水，沁人心脾。条索纤细轻盈，如佛窟寺山巅生出的云雾。饮了这样的茶，清热醒神，谈论诗歌至夜半，也不倦怠。

朱绪曾所编《国朝金陵诗征》，收录有清朝江宁庠生刘芳荫的一首七绝《牛首茶花》：“牛头山上万株茶，素蕊攀来石磴斜。开放数枝清照雪，不须篱外问黄花。”作者秋冬之际来到牛首山，适逢万株茶树开花，茶花和菊花一样，经霜不凋，诗人觉得在这里登高，欣赏如雪般洁白的茶花，足以遣兴。看来，在清朝，牛首山茶树数量很大，颇具规模。

当代影响与价值

宋人黄儒在所撰《品茶要录》序言中说：“夫体势洒落，神观冲淡，唯兹饮为可喜。”饮茶与人们的仪态、精神相关联，被注入了洒脱、冲淡等精神内涵。确实，在牛首山，从朱润身、姚履旋开始，人们种茶、品茗，以茶相赠，不是为生计，为致富，他们追求的是一种超脱尘俗的文人雅趣，洋溢其间的是一股淡淡的岁月清欢。数百年来，青青茶树，洁白茶花，为这里的佛教文化、自然美景增添了一丝芬芳。今牛首山云雾茶制作工艺虽已失传，但与其关系密切的“仙阙茶”茶园就在当年朱润身亲植茶树的牛首山南，“仙阙茶”正以另一种方式继承了消失在历史长河里的牛首山云雾茶。

方山紫雾茶制作技艺

基本概况

方山紫雾茶制作技艺，主要流布于秣陵街道的方山地区。自 2001 年起，紫雾茶的生产加工集中于方山茶场内。知情者丁永春、陶纯清。

方山是南京地区的名山之一，海拔 209 米，地属亚热带季风气候，山中气候温和，雨量充沛，林木茂盛，空气清新，多是由玄武岩发育而成的紫色沙壤土。方山的气候和环境为茶叶生长提供了极佳的条件，也赋予这里的茶叶以独特的内质。方山清晨多雾，古代又是离别送行的重要渡口，南朝诗人何逊曾在离开建康时作诗《下方山》一首，以“繁霜白晓岸，苦雾黑晨流”描绘方山内外的景象，成为传之后世的名句。方山紫雾茶的得名，即源自山中的雾气景观。

从鲜叶采收到分级包装，紫雾茶的加工步骤颇多：采茶叶时，一般只选用清明前的单芽，采叶时还须避开中午高温，鲜叶采集后应摊开晾晒 4—6 小时，让其自然减少水分。晒好的茶叶须进行杀青处理，过去是以升温至二百多度的大锅盛入茶叶，以抛闷结合、多抛少闷的方式处理；如今则采用高效的筒式杀青机作业。杀青完毕，须再将茶叶均匀摊放在竹席上晾晒，令水分重新分布，促使内质进一步理化。其后，再对茶叶进行初烘、整形、灼烘三步处理，每两步加工之间都需要将茶叶摊开晾晒一次，使茶叶的水分逐步减少。最后一步灼烘结束后，茶叶中的芳香物质形成，即可将茶叶筛分为不同的品级，包装上市销售。

方山茶场出产的紫雾茶成品，外形扁直光滑，色泽翠绿，白毫显露，香气清新。以之泡入茶水中，

《金陵四十八景》之“天印樵歌”（清版画）

所得汁色嫩绿明亮，茶味鲜醇而甘甜，茶香浓而持久。细观水中茶叶，可见芽头在杯中挺直竖立，在杯口处犹如倒挂的翠针，在杯底处则形似雨后春笋，茶叶在杯中三上三下，浮动不止，极具美感。

历史传承

方山是南京地区一座闻名遐迩的佛教名山，山阴的名刹定林寺以至今遗存的“斜塔”而广为人知。史载南宋乾道(1165—1173)末年，高僧善鉴将钟山“上定林寺”匾额移至方山，募资重建方山定林寺，寺址就在八卦泉旁。在定林寺的影响带动下，此后方山大小佛寺渐多。相传诸多寺庙中僧人常采集山上野生茶叶，加工后用以泡制清茶自饮，是为方山制茶的发端。

茶农捡茶

方山不仅出产优质的紫雾茶，同时还有极佳的泉水用于泡茶。明代文人盛时泰作《金陵泉品》，品评金陵泉水，选出最为甘洌的“金陵二十四泉”盛赞之，位列其中的八卦泉、葛仙翁丹井均坐落在方山内。明人许谷还作有诗句“深岩芨草秋仍茂，绝顶清池旱不消”，对方山的山泉作了生动

茶园采茶

1960 年代方山地区卫星图

的描述。如今在方山景区内，游人将上好的紫雾茶，配上极佳的山泉水，就可以纵享中华茶文化的魅力，获得身心的放松与享受。

到了晚清民国时期，南京周边战乱不断，方山屡受战火摧残，寺庙荒芜，林木无存，方山传统的茶叶制作工艺一并失传。

1982 年，方山公社重建方山茶场，引种茶蓬宽大、芽叶特嫩的新品茶树，并将这一时期研制出的茶叶命名为“天印山茶”。2001 年，在江宁县林副业局工程技术人员刘小腊的指导下，茶场丁永春、陶纯清等人参与攻关，研制出新品茶叶，即今日所见之方山紫雾茶。

当代影响与价值

方山紫雾茶今已成为江宁名茶之一，虽在南京茶界声名远播，且销路畅通，但因条件所限，扩大种植面积较为困难，产量无法大幅度增加，因此主要供应南京及周边地区的宾馆饭店，用以接待贵宾，在市场上则较为少见。

由于其绿色无公害的品质，方山紫雾茶已顺利成为江宁区首批获得 QS 食品安全认证的产品之一，并于 2007 年获得了中国绿色食品认证证书。截至 2014 年，方山紫雾茶已在江宁市地方名茶评比中先后获得 2 次金奖、6 次银奖。

城雾茶制作技艺

基本概况

城雾茶制作技艺，主要流布于淳化街道的土桥镇及其周边，集中传承于周子、滨淮、民主、祝庄、柏树、周郎等茶区及周边种茶户的茶园中。该技艺在近 60 年来发展势头极佳，培育出的“城雾牌”茶叶在制茶业内名声卓著。知情者朱礼祥、石祥华。

土桥地区有着优越的自然条件，春季雨水充沛，光照、温度条件佳，山地土壤又多呈酸性，十分适宜绿茶的生长，为城雾茶的培育提供了先天优势。除此之外，城雾茶制作技艺特别重视对每一步生产流程的把握，从选种到茶园管理，从采摘到茶叶制作，无不严格要求、精益求精。

在茶种的选择上，从福建引进的“福鼎”无性系茶苗，长期以来都是淳化种茶的首选。试点种植的结果表明，这种茶最能适应淳化的环境，在当地能生长得极为繁盛，所产出的茶叶无论是在数量上还是质量上均属一流。

常态的茶园管理工作，主要包括开沟、除草、施肥、治虫和修剪等内容。在开沟时，需以畦宽间隔 1.3 米为标准作业，每沟宽 50 厘米、深 60

淳化西城茶场采茶

厘米，每亩园地的沟底还需铺设稻草 400 千克，复层土后，再施复合肥 150 千克，菜籽饼 250 千克，再复表层土后，方可插苗浇水定根。这一系列工序，可起到保证土壤不板结、不渍水、肥力时效长的作用，有助于茶叶获得旺盛的长势。对于茶园中的老树，须采用台刈法修剪更新。台刈又称“砍棵”“斫蓬”，是一种将茶树上部的树冠全部剪截，只保留部分树桩主干的工艺，可起到促使老茶树复壮、改善老树产茶数量和品质的作用。更新后的茶树及新茶苗春发后枝小叶嫩，要想使之茁壮成长，治虫是关键。需要注意的是，虫卵应在头年入冬前喷杀，忌春发治虫。

江宁制茶展示

淳化百果园茶馆

在土桥地区，茶叶的采摘过程也十分细致讲究。采摘时节可分春、秋两季。其中，春茶采摘时间一般以 4 月 1 日左右至 4 月 10 日左右为主，采摘以一芽一叶为标准，所摘茶叶可用于制作碧螺春；若在 3 月 25 日至 4 月 1 日间，就采摘芽尖，则可用于制作芽茶；此外，4 月 10 日至 4 月 20 日间，可采摘一芽两叶的茶叶，制成雨花茶;4 月 20 日后采摘的鲜叶，可用于制作炒青，按采摘时间的早晚，可分级为特级炒青、一级炒青、二级炒青。摘茶时节，采摘人员必须携带健康证进入茶场，茶场负责提供专门的篓、匾、筛等器具，并对所摘得的茶叶进行严格筛选、剔除杂物。

由于山坡晨露多，茶叶又多在清晨采摘，茶叶的保鲜就尤为重要。如茶叶送晒不及时，未能及时晾开，则可能有堆积叠压变色的风险。只有第一时间甩开、晾干茶叶，才能满足保证颗颗芽嫩叶青的要求。

在加工制茶过程中，需注意掌握好火候。杀青时，应根据鲜叶的干湿程度适时调节温度，确保茶叶在翻转过程中，既不焦边，也不结块；烘干茶叶时，更需注意温度的调节，既不能温度过高导致焦边，又要保证茶叶水分被烘干，只有如此才能得到色泽、口感俱佳的成品茶。茶叶制成

1990 年 2 月，淳化青龙茶场茶农劳作

1990 年 2 月，淳化青龙茶场冬季管理

后，在包装过程中需及时抽氧，以起到保鲜作用。

过去传统的手工制茶过程，须用到土灶、铁锅、竹扒、小木磨、不同筛眼规格的专用竹筛、茶油等工具和材料。随着技术的进步，如今城雾茶的制作过程中已越来越多地引入诸如甩水机、杀青机、揉捻机、烘干机一类的机器，显著提升了产品加工的效率。

成品的城雾茶气味清新，有淡香。饮用时，以 78—80 度的温开水冲泡，茶叶便会一沉到底。3—5 分钟后，叶片慢慢舒展，芽尖随之朝上，呈现出亭亭玉立的飘逸姿态。此时，茶水呈现清中微黄的色泽，细细品茗，会有舌根甜津、舌喉顿润之感。若泡二开，则茶味更加醇浓。

历史传承

新中国成立以前，土桥地区并未发展规模较大的种茶业。1957 年，土桥公社副业公司从福建引进“福鼎”茶种，时任西城茶场场长的陈利前试点种植 60 亩后，发现生长状况良好。自此，茶业发展开始起步。3 年后，土桥首批茶叶问世，但最初因本地无茶叶炒制经验，制茶的火候把控不佳，茶叶进入市场后效益并不出色。

1978 年，在西城林茶场有 10 年工作经验的朱礼祥接任场长。他亲赴栖霞、六合等地的大茶场学习制茶技术，改进了工艺。1979 年春，茶场开始制作名品茶。1980 年又将茶园扩大到 150 亩。为使加工效率与新扩的生产规模相适应，这一时期茶场也开始购置机械，几年内便摸索出了一整套机械炒茶的技巧。随着茶场分期生产的“碧螺春”“雨花”“炒青”出锅，其市场销路被逐渐打开。而培植茶树及制茶的技艺，也慢慢地被推广到了境内有坡地的各村社中。至 1997 年，西城茶场已扩大到 500 亩，加上周边村民自留山地和各村社茶园，土桥茶园面积已达到 2000 亩。至 2005 年，土桥共有茶地 4000 亩。

城雾茶这一品牌创立于 1996 年。该年，师从朱礼祥学艺近 20 年的石祥华继任场长，凭借对市场行情的敏锐把握，他决意推动本地茶叶走上品牌化的道路。2002 年，西城茶场申报的“城雾牌”商标正式通过注册。自此，土桥地区出产的茶叶影响力日益提高，在南京内外获得了广泛的知名度。

当代影响与价值

自城雾茶这一品牌打响之后，原土桥镇科委开始将以茶叶制销为核心的“绿龙经济”列入“科教兴镇三条龙”计划，积极帮助茶园专业户引进新品种、开发销售市场，同时请院校专家制订规范的绿色茶园生产和产品制作流程。至 2005 年，土桥镇 11 个茶园 200 多公顷茶地基本形成了镇茶园、村茶园、户茶园三园并进的格局。目前，制茶业已经成为土桥地区重点推动建设的产业之一，城雾茶制作技艺的推广，对地方经济的发展起到了极为有力的推动作用。

21 世纪以来，城雾茶以其出色的品质获得了多项嘉奖：2003 年，城雾茶顺利获得“江苏省无公害绿茶产品”认定；2004 年，城雾茶又获农业农村部无公害认定，并在同年成功申得农业农村部 A 级绿色食品绿茶证书；2005 年，城雾茶在中国茶叶学会“中荣杯”评比中荣获一等奖；2007 年，“南京城雾茶叶专业合作社”成立，城雾茶制作技艺的传承发展获得了新的助力和保障，以更好地彰显其品牌价值和经济价值。

七仙银芽茶叶制作技艺

基本概况

七仙银芽茶叶制作技艺，主要流布于横溪街道丹阳社区台子石林场。知情人刘孝明、陈斌。

在江宁小丹阳社区，流传着董永和七仙女的传说，当地还有董村、七仙山的地名。七仙银芽茶场规模不大，主要在七仙山种植、生产，故其茶叶得名七仙。又因茶叶在采摘过程中，只摘取茶叶尖端嫩芽，最多不超过两三厘米，且都采取独芽，在经过一系列加工工序后，泡出的茶叶形同银针，故名七仙银芽。

七仙银芽茶叶条索细紧，外形直中带扁似织梭，其色翠，披毫如银，汤色绿而清澈，叶底嫩匀明亮，茶味鲜爽醇甘。七仙银芽茶要求采摘单芽，嫩度均匀，长度一致（2—3 厘米），通常炒制 500 克干茶需 5 万多个芽头。以春茶为主，一般不制夏茶，秋季生产白露七仙银芽。其制作工艺分为若干步骤：鲜叶摊凉、杀青；摊凉、揉捻；整形、干燥、复火、摊凉；筛分、包装。以下略做介绍：

第一步，杀青。在鲜叶摊凉一定时间后，以高温蒸发部分水分，钝化酶活性。以大锅炒、闷结合，后期降温，杀青至叶软、色暗、青草气消失，再摊凉。杀青起锅前，以手将茶叶合拢并轻搓几下，反复数次，使叶子初步卷起，为下一步揉捻打下基础。起锅后的杀青叶，应均匀地摊放在洁净的竹席或匾上降温，注意切不可堆积，否则会闷黄杀青叶。

七仙银芽茶场

第二步，揉捻。以双手在竹帘上往返推拉滚揉，中间解块散热 3—4 次，揉捻 8—10 分钟，使叶初步成条，茶汁微出。为防止出汁过多，影响色泽的鲜翠，应采取轻压搓揉法，推滚的诀窍为“先慢后稍快，来轻去稍重”。

第三步，整形。搓条是

七仙银芽茶场外景

成形的关键。在 85—90 度锅温下投叶，先翻转抖散，理顺茶条，将茶叶置于手中轻轻滚转搓条，不断解散团块，待叶子稍干不粘手时，降低锅温至 60—65 度，手掌五指伸开，两手合抱叶子，使茶叶顺一个方向用力滚搓，轻重相同，同时理条约 20 分钟。待茶叶达六七成干，再将锅温升高到 75—85 度，手抓叶子沿锅壁来回拉炒，理顺拉直条形，并进一步做紧做圆，使其条形直中带扁似织梭，表面光润，如是操作 10—15 分钟，达九成干时起锅。再自然摊凉。

第四步，筛分。用圆筛分出长短，用抖筛分清粗细，去掉片、末，用 50 度左右的文火烘焙 30 分钟达到足干，分级后进行保鲜包装，并贮存于阴凉干燥处。

七仙银芽茶

除复火工序外，七仙银芽茶叶制作全是以手在热锅中操作，技术难度和工作强度都很大。近年来，随着技术设备的更新，台子石林场也开始使用专门化的茶叶炒制机械。

历史传承

七仙银芽茶叶为江宁区丹阳镇林业站 1997 年研制，2001 年其产品通过市级鉴定后成为地方名茶。目前，丹阳社区有大小茶园面积 270 公顷，可向市场提供大量优质七仙银芽名茶。2001 年，七仙银芽茶参加江宁区全区名茶评比，获特等奖 2 项、一等奖 4 项。同年参加南京地产名茶评比，获金奖 1 项。2002 年，七仙银芽茶获得江苏省无公害农产品称号。2005 年，七仙银芽茶荣获国家级无公害产品称号。2011 年，它还被《江宁质量技术监督志》列入“十一五”南京市名牌农副产品培育发展目录表中。据丹阳台子石林场陈斌介绍，该厂目前有茶田 210 亩、炒茶师傅 5 位。

当代影响与价值

七仙银芽茶作为江宁茶业大家庭中的新成员，虽然其历史不是很长，但如果积极开发，则有着非常可观的商业潜力与价值。当前，江宁“非遗”资源中的地方名茶品类较多，有关管理部门可以考虑共同规划、差异化发展的思路，以体现七仙银芽茶的特色与优势。

黄龙岘制茶技艺

基本概况

黄龙岘制茶技艺，流布于江宁街道陆郎牌坊社区黄龙岘林场。传承人赵鹏里。

黄龙岘四周茶山、竹林环绕，环境优美，属于典型的丘陵山区，海拔高度200米左右。这里四季分明，常年气候温和，冬无严寒，夏无酷暑，年平均气温20℃，年无霜期300天左右。这里雨水充沛，土壤肥沃，呈酸性，非常适宜茶叶的生长和发育。

黄龙岘茶叶一般3月中下旬开采，较陆郎其他茶叶提前一星期左右，这是黄龙岘林场独特的小气候环境造成的。

传统的黄龙岘炒茶工艺大体经过杀青、揉捻、毛火、搓理、烘干5道程序，而每道工序中的细节，完全靠炒茶工的经验，以掌握时间及火候。若炒茶技术不过关，成品质量则明显受影响。如今杀青、揉捻2道工序采用机械操作，其他3道工序仍沿用手工生产，确保了黄龙岘茶叶品牌质量的稳定。

黄龙岘村远景

黄龙岘茶园远景

黄龙岘晏湖远景

口感上也略有差异。其茶树主要是福鼎大叶品种，采摘后的鲜叶芽粗叶厚，炒制后的干茶白毫浓密，浸泡出的茶叶汤色清亮，味醇香浓，被誉为“绿色牛奶”。

历史传承

黄龙岘的岘读“xiàn”，是指秀美峻峭的小山。黄龙岘青山绿水，景色迷人，在城市化发展的背景下，这里依然保持了天然、纯朴的世外桃源般的气质。

黄龙岘大规模开发茶园，源于1976年冬，原陆郎公社党委书记陶凤英亲自带领5000多名社员搞起了茶园，号称“万人大会战”。20世纪80年代后，黄龙岘茶叶在南京周边地产茶叶中已初负盛名，深受消费者青睐，成为市场上供不应求的抢手货。1997年，“黄龙岘”牌茶叶通过工商部门登记注册，成为黄龙岘茶厂的产业品牌。2002年，经过农业部检测审验，黄龙岘茶叶被认证为无公害食品。2007年3月初，黄龙岘茶厂进行大规模的厂房扩建和设备改造，下半年通过QS食品安全质量认证。这一年，其茶园面积达到1200亩，年产干茶3万公斤。近年，其茶园面积已近2000亩，其中村集体茶园450亩，村民种植茶园约1500亩。

黄龙岘地处南京西南部的千年古官道，是南京中华门通往皖南的必经山道，承载了厚重的历史和人文。如今，这里建有黄龙岘茶文化村，规

多年来，黄龙岘茶园管理，一直沿用人工除草、人工翻地、人工修剪、加施有机肥的生产方式，确保了黄龙岘茶叶的品质特征。经过40多年的探索实践，这里已云集炒茶师傅13位、炒茶能手上百位。

黄龙岘茶叶大都采用手工炒制，绝大多数炒茶工都经过专业培训，经过3年以上实际操作，才能练就一身好手艺。此外，林场与南京农业大学茶叶研究所合作，对茶园进行生态管养和标准化管理，确保茶叶的纯正口感和优良品质。

黄龙岘茶叶主导产品分为“龙针”（单芽无叶）、“龙毫”（一芽一叶）、“雨花”（一芽两叶）三大系列：“龙针”形如银针，“龙毫”比较蜷曲，

美丽的黄龙岘村

黄龙岘茶文化村内景

划定位为“南京最具茶文化魅力的美丽乡村休闲体验区”，以茶产品与“非遗”为核心，打造融品茶、休憩、茶道、茶艺、茶俗、茶浴体验、茶叶展销—研发—生产、茶宴调理、特色茶制品购买为一体的乡村特色茶庄。已建成的茶文化村设有千年古官道、茶园观光采摘区、茶文化博物馆、茶文化风情街、黄龙大茶馆、黄龙仙竹道、果蔬采摘体验区、荷塘湿地、晏湖雅园等景点。晏湖雅园让游客体验采摘茶，有专人讲解白露茶采摘技巧。在茶缘阁，可品

黄龙岘茶文化村

黄龙岘制茶设备

尝以茶叶做成的特色茶餐。在茶文化风情街，可寻茶谜、猜茶谜、领奖励。在黄龙大茶馆，可欣赏白露茶炒茶表演，倾听茶道知识。

当代影响与价值

黄龙岘茶尽管开发较晚，因其地利、人和，改革开放以来才渐有名声，但与著名的雨花茶、城雾茶、七仙银芽茶叶一样，其品牌因为有地方政府不断地积极助推，才会产生这样好的经济社会效益。如今的黄龙岘茶文化村，立足自身优势资源与自然生态环境，以农业为基，以茶文化为魂，细致化设计了从赏茶、泡茶、闻茶到饮茶、品茶的全过程体验，深受游客好评，已有“扬子江心水，黄龙岘上茶”之美誉。

黄龙岘手工制茶

黄龙岘现已成为江宁地区最有影响的茶文化旅游名片之一，但在茶叶销售上似乎还有更大的潜力可挖，可以通过搭建平台，整合相关资源、资金、信息，形成自己的茶叶全产业链，以此实现自身价值的最大化。

禄口桑蚕养殖技艺

基本概况

禄口桑蚕养殖技艺流传有自，主要流布于禄口街道铜山、桑园、张家、埂方、陈巷、谢村、浣溪、曹村等社区。

禄口地区养蚕的饲养时间短而紧，故对养蚕技术要求较高。根据季节，可分为春（早蚕）、夏（晚蚕）、秋（桂花蚕）三季。其桑蚕养殖过程如下：

1. 栽种桑树。蚕仅吃桑叶，养多少盏纸（是蚕种的计数单位）的蚕就必须具备多少亩桑树。蚕农们说：“树少叶少，蚕难长老（成熟）。”

2. 蚕房。蚕房要求干净、干燥、避风和阳光。养蚕前必须把蚕房打扫干净。用干石灰撒在地上，还专门配制消毒药进行消毒，以防病菌传染。

3. 选好蚕种。铜山人常用“蚕宝宝”来称呼蚕，这是对蚕的崇拜。蚕的种子是蚕蛾把黑色的卵产在准备好的一盏盏的蚕纸上。蚕农购领回的蚕种用蚕匾子放好。下面垫上白纸，上面盖好布，放在蚕房里进行孵蚁。遇上冷天气，蚕房里必须升温保暖，用适当的温度进行孵蚁，三天左右就从蚕卵中孵出黑色的幼蚕来。幼蚕吃桑叶很讲究，要干净切碎才行。经过一段时间后，幼蚕慢慢由黑色转变成白色的蚕宝宝。这时就用大匾子或用纸糊好的箱子分装，约一周时间，蚕就进入到休眠期。

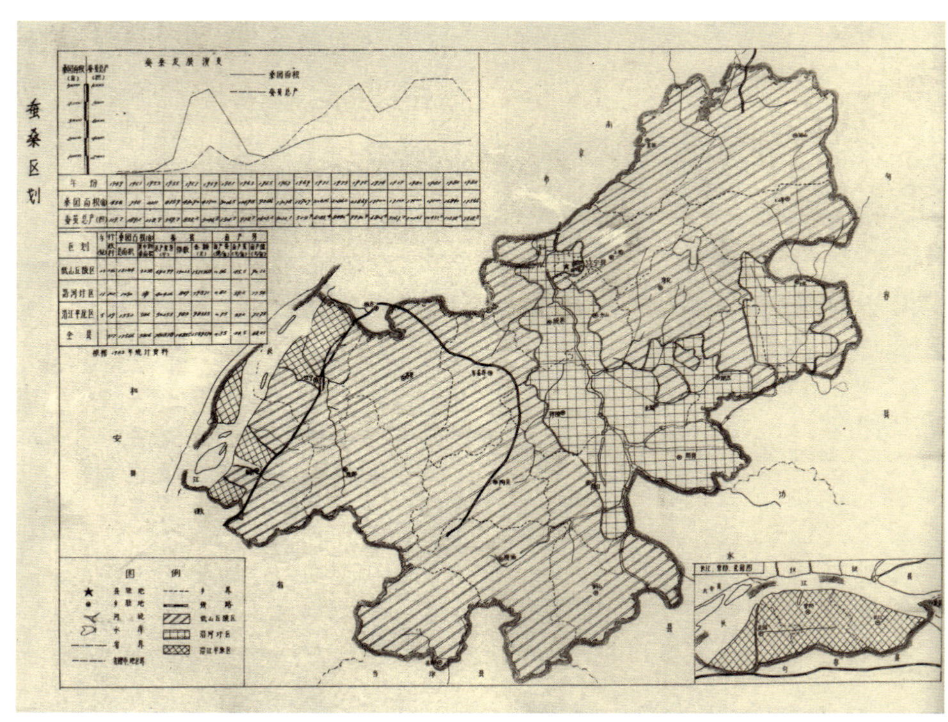

1983 年江宁县蚕桑区划图

4. 休眠期。眠就是睡觉，当蚕停止吃叶时即是眠，这时的蚕不吃也不动。蚕有四个眠期，一眠也叫头眠，四眠叫大眠，一般是每到七天就是一个眠。这时蚕长大了，有养的多的就把大蚕放养在蚕房的地上，也叫作“放躺”。这时的蚕需要大量吃桑叶，夜晚也要喂上好几次，蚕吃叶时听起来就像下雨一样哗哗直响。

5. 着山。当蚕成熟时，即蚕作茧时，蚕农就把蚕很均匀地撒放在准备好的草滚龙或菜秸秆等所谓的山上，让其作茧。一个星期到十天，蚕就会结成一个个雪白亮眼的茧。

6. 采摘蚕茧。雪白的蚕茧，用手工采摘下来，卖给收购单位。每盏春蚕约能采摘一百斤蚕茧左右。其间要经过35天左右，蚕农才能收获蚕茧。

7. 抽丝（缫丝）。采摘下来的茧，必须在出蛾前抽丝。这里的人们抽丝（缫丝）技艺，个个都娴熟自如。由于饲养量大，现在一般都用机械进行缫丝了。

禄口养蚕人称呼蚕为“蚕宝宝”或“蚕姑娘”。养蚕还有不少禁忌：孵出蚕蛾直到着山时都要“蚕关门”；有相关的口语禁忌，如蚕死了，不能说“死”字，只能悄悄地除掉，蚕房中不能说“姜”（僵）、“温”（瘟）之类的语言。另外，还禁忌怀孕、月经期的妇女进入蚕房，喝酒的人也不能入蚕房。今日桑园、张家、埂方等社区还有400多人种桑养蚕，有多位养蚕的传承人。

历史传承

江宁地区种桑养蚕历史悠久，至民国时期已蔚为大观。有资料显示，1929年以前，江宁县每年生丝产量高达300万两，占国内外生丝市场份额的相当大一部分。禄口镇的情况，1929年《农业周报》创刊号《江宁县蚕丝业之调查》一文有

蚕歌图（元版画）

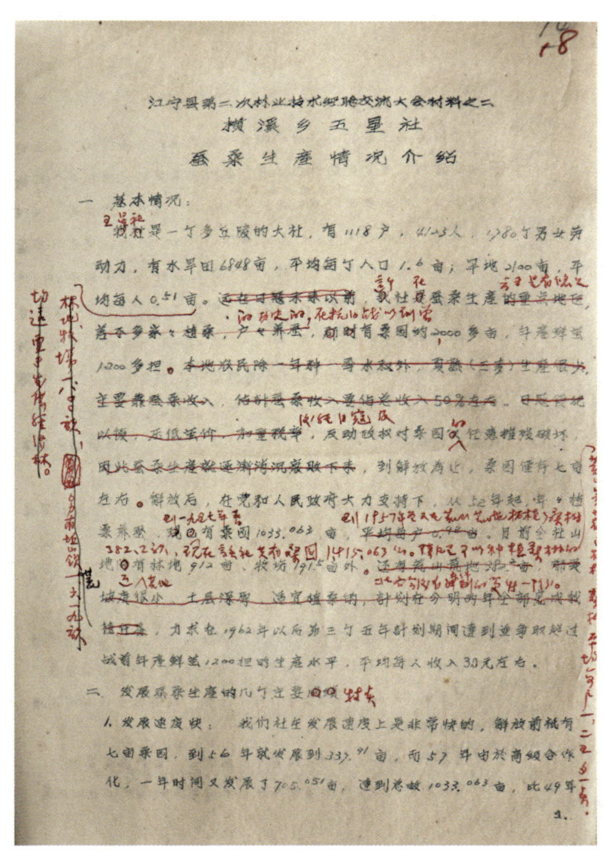

江宁县第二次林业技术经验交流大会材料之二

横溪乡五星社

蚕桑生产情况介绍

一 基本情况：

我社是一个多丘陵的大社，有1118户，4123人，1780个男女劳动力，有水旱田6848亩，平均每个人口1.6亩；旱地2100亩，平均每人0.51亩。[illegible]我社是蚕桑生产的[illegible]，[illegible]前时有桑园约2000多亩，年产鲜茧1200多担。[illegible]，反动政权对桑园[illegible]任意摧残破坏，[illegible]，到解放为止，桑园仅存七亩左右。解放后，在党和人民政府大力支持下，从52年起，年年栽桑养蚕，现已有桑园1033.063亩，[illegible]。目前全社山地已有林地912亩、牧场191.5亩外。[illegible]，力求在1962年以后第三个五年计划期间达到并争取超过战前年产鲜茧1200担的生产水平，平均每人收入30元左右。

二、发展蚕桑生产的几个主要[illegible]

1. 发展速度快：我们社在发展速度上是非常快的，解放前只有七亩桑园，到56年就发展到337.91亩，而57年由于高级合作化，一年时间又发展了705.051亩，达到总数1033.063亩，比49年

1.

1950年代五星农业社蚕桑生产小结

《申报》1933年7月14日江宁自治实验县政府招商收茧的通告

所介绍：“从前禄口镇华裕一家，茧灶三十二具，自茧行取缔条例取消后，四乡新茧行之添设，去年已达三十二家，共收鲜茧约万余担……禄口镇收集鲜茧烘干运沪者，今岁计春干茧三百担……横溪桥谢村等处之丝，去岁由中华门进口约十五万两，价值十六万元。”新中国成立后，禄口地区蚕业仍有发展。1984年，因禄口地区蚕茧多、质量高，江苏省电视台曾来这里拍摄“丝绸之乡”专题片。1994年，禄口的养蚕大户业绪本还被评为南京市劳动模范。

而据口碑资料，明嘉靖年间（1507-1566），铜山的桑园村由于村民普遍种桑养蚕，故得此村名。至晚清民国时期，作为蚕桑模范基地的铜山地区兴建有大量的桑园苗圃，其蚕茧质优量大，远近闻名，乃至有“铜山丝”之誉。1923年蒋汝正《溧水县实业视察报告书》云：“蚕丝以西北乡为最佳，因地近江宁县境之铜山，故号称铜山丝，专销江宁，供缎织业之用。”又说：“铜山丝出品甚良，颇受江宁缎业家之欢迎，则其土质之相宜，已可概见。该县现办之苗圃，仅有桑数百株，且半已长成，与苗圃性质，殊属不合，俟所筹经费奉准后，拟请饬县将苗圃另行增辟，即以其地点改为蚕桑模范场，酌拨款项，逐年购办桑秧散放，并于场中补种。一面向浙省雇觅良工二三名，除在本场培植外，仍令随时分赴四乡，巡回指导，每届蚕时，即由场中选购佳种，实地试验，广劝乡民，来场学习，以期普及而资改良。”二十世纪八九十年代，铜山地区蚕业发展一度达到高峰。桑园村蚕茧量突破千担（10000斤），桑树种植面积突破千亩；埂方村以千亩桑地与南京顺达公司（缫丝厂）联营，形成了生产、销售、加工等一条龙产业。

除禄口、铜山外，陶吴镇也是民国时期江宁县蚕业发达之区。民国初年，陶吴镇一带（杭村、甘西、上穆、钟村、甘村、红星）几乎家家养蚕，户户缫丝，并开办有小型缫丝坊和丝织坊。其时桑、丝、茧三种是陶吴镇的岁入大宗，蚕业就是他们的正业。即使与江浙地区相比，这里的蚕桑丝织业也算十分发达。除了浙江海宁的蚕丝，陶吴镇在江苏染织界可谓久负盛名，所产茧丝大多出口供销，享誉国内外。

1929年，为推广饲育秋蚕，苏农厅派专人赴陶吴镇进行指导，所获成绩可圈可点。1933年春，江宁自治实验县政府与当时的国立中央大学农学院合作，在陶吴、元山合办蚕桑指导所，以改进技术，提高质量。指导所共发出改良蚕种400余张，结果每石茧价可高出土茧10多元，倍受农民欢迎。至当年秋，发出的改良蚕种猛增至2000多张，饲育又获成功，蚕种改良工作取得良好开端；1934年2月，江宁自治实验县成立蚕桑改良委员会，于陶吴镇设立第三蚕桑指导所，专门研究蚕种改良问题，以图从源头上改良丝织

1958 年蚕茧丰收

业。当年春季共发蚕种 18385 张，每张平均收茧 25 斤，鲜茧共计 4596 担，每担价格为 27 元 8 角，共计银 128688 元。

其蚕业盛况，《农声旬刊》谢醒农《江苏陶吴镇的蚕业》一文有详细介绍：“（陶吴镇）居民业农，蚕业很有普遍性，算很发达，除了海宁（浙江）的产丝，在苏省染织界久负盛名外，其次便推到这个地方了（出品均当作纬丝用）。就中横溪桥一带的农民，每年的生活费，差不多要靠这一次春蚕（中部各省，大概每年只养这一次）的收入来维持。庄稼若是旺盛呢，便个个满面笑容，喜欢到了不得。万一遇着庄稼不好，那就处处露着懊丧状态，愁眉不展了。因为桑丝茧三种，就是陶吴镇的岁入大宗，蚕业是他们的正业，所以每年到了三春，东风解冻，气候和煦的时候，我们可以看见一望无际的桑树芽苞怒发的光景。不多几时，便绿叶成荫，一碧万顷，更加上了几道河流蜿蜒贯通其间，无数小桥跨在河上，直是一幅绝妙的天然美景图呵。倘使你到那块登高一望，自然会激动你感美的心怀。”

关于养蚕信俗，是文这样介绍：“在未养蚕以前，就要到（陶吴镇）西陵宫内去，跪在殿前，敬香祈祷，卜个签卦，以睹将来庄稼的好坏。求得一张灵符，和一对鞋子、一朵纸花，来家里保佑，初一和十五的良辰，便要向它烧香磕头。真恭敬呀！这个宫是纪念黄帝元妃西陵氏累祖的地方，我曾进去看过，正座有三尊坭巴做成的神像，听说是西陵氏和她的姊妹们。在她的面前，摆着

1933 年陶吴镇公赠之匾额

1950 年代后期，溧水县妇女筛选蚕茧

几千对纸、粗布、粗绸做成的鞋子和几千朵纸糊成的花。两旁挂着数数多多的签诗，约莫有几百种。因为凡是向她求得一对的、一朵的，将来就要还她四五对、四五朵，所以宫内才有这样多的鞋子和纸花。并且要把一条柳枝或是桃枝，悬插在门楣处，用来驱除虫蛇恶物，将来庄稼就可以丰收了。”陶吴人还迷信蜈蚣为“蚕王”：“蜈蚣这个东西，是专门吃蚕子的。不知道农家养蚕，一见蜈蚣，并不把它弄死，反说是蚕王驾临，兴隆之兆，它是来报红的，将来庄稼必定旺盛，还要向它敬香磕头哩。”

当代影响与价值

禄口地区种桑养蚕的历史十分悠久，养殖技术传承有序，是当地的主要经济来源之一，也是禄口地区传统乡村文化的重要组成部分，具有重要的历史价值。蚕业在今日禄口、铜山、陶吴经济中的比重应该是非常之低了，可能只有当地的老人才能回忆当初的蚕业盛况了。我们挖掘整理有关桑蚕养殖资料，既是保存地方记忆，也是希望利用这些文化资源，可以推动相关地区桑蚕养殖业的发展及传统特色养殖文化的弘扬。

江宁织染技艺

基本概况

织染技艺，曾流布于江宁地区，尤以秣陵、陶吴地区为最。

南京丝织业发达，有秣陵之民善织的美称，因而历代王朝及官府十分重视江宁丝织。元代南京东、西织染局和明代神帛堂在横溪都曾设点收购蚕丝。“金陵之业，以织为大宗”。在南京地区，从宋代的织罗务，到清代的江宁织造局，都设有掌管织造的官府机构。其职能主要是出样、订货、收购和征税，没有直接开办织造工厂进行规模化生产，从种桑、养蚕到缫丝、染色，再到纺织、刺绣，均分散由机户或农户经营。志载，清代中叶以前，“向来机户散处，无所谓厂也”。这种生产、经营体制催生了江宁地域丝织业的普遍发展，“宁工织户多在秣陵关和孝陵卫”。

据清《同治上江两县志》记载，乾隆、嘉庆年间，金陵织机数量有3万部以上，“其后稍稍零落，然犹一万七千多部”。一部织机连副工至少3个织工，加上绘图、制板、染色、机修、货运等工序的人员，按最少的1.7万部织机推算，累计用工应在10万人左右。这些人大多聚集于江宁城东郊、南郊和秣陵关一带。而收茧、抽丝、染色等集中于江宁城西南秦淮河两岸。整个江宁城内，机房鳞次栉比，最盛时郊区乡民家里也自办土机，自织绸缎上市销售。

江宁织工在制作工艺与技巧上也是不断发展的。织品种类主要有花素、摹本、宁绸、西沙、天鹅、卫绒等。除官府订制缎、云锦、绒、绸等各色丝锦织品外，民间使用绸类、缎类也很多，而且产量最为大宗，尤其是缎。据《同治上江两县志》载，缎有锦缎、闪缎、装花、暗花、五丝之别。此外有线缎摹本,花色繁多,“其花有二则，八宝、仙人，芝鹤、夔龙、芙蓉、牡丹、鸾凤、云霞、其彝（麒麟）、麕鹿、阁楼、荷渠、琐纹回复，流波杂沓”。除了绸缎，还有“西纱、实地、芝地、直纱”，以及“妇人领标、襁裾、襞积、缚裼”，衣缘有“金线、阑干、旗带、花边之属”,“彬璘镂采,而皆出于织纴”。至清末民初，秣陵、陶吴、江宁镇、殷巷、禄口等地的织工除了生产上述各种摹本花色的丝绸锦缎及附带的妇女领标、襟带装饰，还学会了织各色爱国布、手巾等行销城内。

染色是纺织品加工过程中一个很重要的环节。没有五彩缤纷的色彩，精工细软的丝绸也会变得单调平庸。长沙马王堆汉墓出土的丝织物，包括刺绣所用的丝线，染色有20多种。《天工开物》一书里记载的色谱与染色方法多达20多种，明清时染色技艺已达到一定高度。据清《光绪续

1987 年江宁县丝织厂丝织车间

江宁县丝织厂

纂江宁府志》记载，当时的染工“染元色以溧水人为佳，禄口人次之”。染色技艺也是江宁民间一大传统。稍大的集镇都有染坊，而普通百姓家白坯布的染色，是利用身边的植物进行操作。直到 20 世纪 60 年代，江宁各地民间还保留着这种植物染色方法。譬如，禄口乡民用槐米（未开的花蕾）染黄色，用稻草灰（俗称锅沿灰）染黑色，用苋菜染红色，用蚕豆叶染绿色，等等。

机织人家的工作流程，是先到总账房即总会计处领料。织之前的工序是染，织品分经纬，染色先染经，经以湖丝为之。“织成送缎主人，校其良楛，谓之雠货”，即织成成品后送给负责验货的负责人验收。

历史传承

长江下游的古扬州地区，早在先秦时期就以织锦为贡品。《尚书·禹贡》：“（扬州）厥篚织贝。”孔颖达疏引“郑玄云：‘贝，锦名。’《诗》云：‘萋兮斐兮，成是贝锦。’”

江宁、上元两县位于古扬州腹地。历史上，境内除深山水网地区外，低处丘陵遍植桑树，尤其以陶吴、横溪、铜山、陆郎、小丹阳、谷里等地为最，现江宁横溪街道西岗社区还保留着一棵 130 余年的乔木桑。清咸丰元年（1851）前，全县有桑园 4000 公顷，年产茧 90 万公斤。同治年间，左宗棠在江宁置局兴桑，江宁郭城内外皆桑田。光绪二十七年（1901），南京创办江南蚕桑学堂。宣统二年（1910）《上元江宁乡土合志》描述当时蚕桑生产之盛：“南乡之民朴勤，率以饲蚕为业，朱门及横水桥人比户皆然。每当春季，遍野绿荫，雨润叶浓，罗纨争腻，登梯采之，筐筥、翦刀相属也。茧成缫釜，负以入城，行户收买，谓之土丝。”

1933 年，江宁县政府与中央大学农学院在陶吴、元山两地合办蚕桑指导所，推广先进技术。1935 年，江宁县政府设蚕桑委员会从事蚕种改良。新中国成立后，1951 年，在陶吴成立第一个蚕茧收购站。1958 年，在陶吴首建蚕种催青室。

秣陵、陶吴乡民历来有种桑养蚕善织的传统，

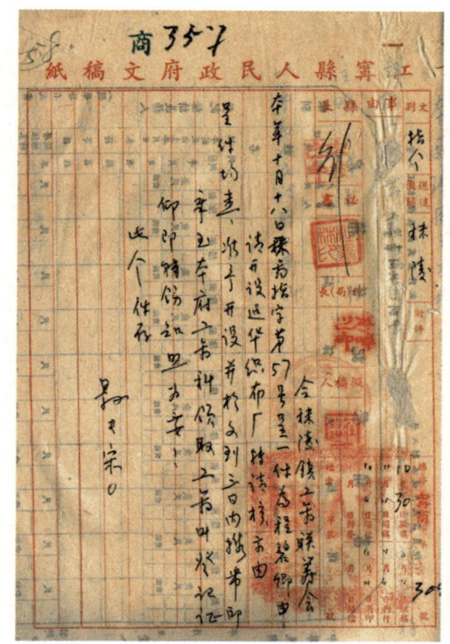
江寧縣人民政府文稿紙

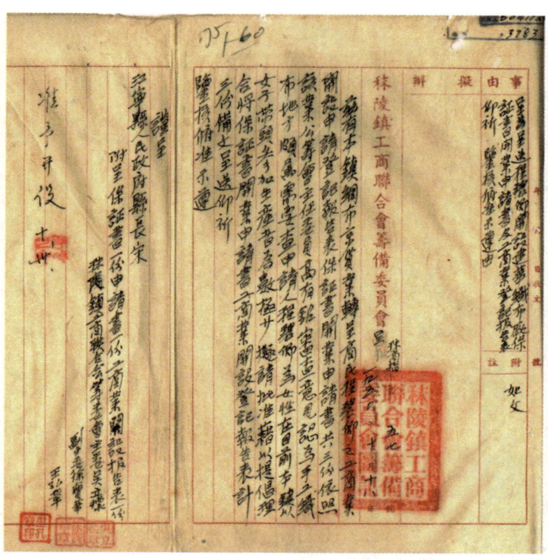
秣陵鎮工商聯合會籌備委員會呈

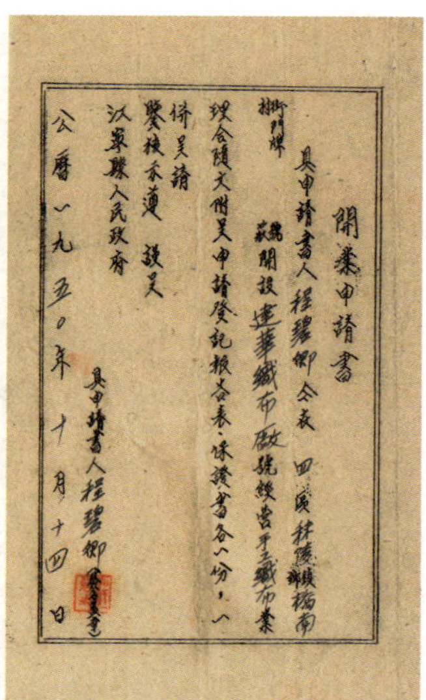
開業申請書

公曆一九五〇年十月十四日

1950 年秣陵镇建华织布厂开业申请的材料

同时也很大程度影响了周边的乡村，带动区域缫丝、织缎行业的发展。周边市镇上都有规模较大的机房，农民家里也置办土机，自制绸缎上市销售。横溪丝曾经名闻远近，江宁府的贡缎、宁绸都是以横溪丝精加工而成。

清宣统二年（1910），常州人姜亮夫在小丹阳镇创办茧厂。此后，小丹阳地区农户十有八九种桑养蚕，缫丝织缎业迅速发展，镇上有机坊，农民家也有土机进行纺织加工。民国时期，江宁县开展自治实验，横溪从汉口引进抽丝设备，创办抽丝厂。铜山谢村、大埂头等村设有茧厂，定期开业收购。1932 年，禄口马铺村业主韦庭创办丝绸作坊。

魏家骅（1862—1932），秣陵关新丰人。清光绪十七年（1891）举人，光绪二十四年（1898）戊戌科进士。其家族经营的“魏广兴”是南京纺织业巨头，拥有织机 3500 张，产品畅销国内外。虽然“魏广兴”缎号在城区，但魏家骅在陶吴有上千亩桑地、良田，产品加工、仓储也在陶吴大庄，对当地纺织加工业的影响非常深远。魏家骅还被推选为南京总商会会长，其墓地在今陶吴后石塘村。

1935 年农妇正在织造云锦

民国初年，陶吴镇杭村、甘西、上穆、钟村、甘村、红星一带几乎家家养蚕，户户缫丝，并开办有小型缫丝厂和丝织厂。1914 年，陶吴仅有棉纺业 1 户、腰机 1 张，自

云锦织机

种棉花，自纺自织自售。至1937年，全镇有木机27张，从业人员40人，棉布销于周围各乡镇。

当代影响与价值

新中国成立后，江宁县人民政府采取积极措施发展传统丝织业。1955年成立陶吴纺织合作社，有木机30多台，社员90人，由小丹阳、禄口、铜山个体纺织加工小组与陶吴织布加工小组合并组成，后改为国营江宁县纺织厂。1970年创建了江宁缫丝厂，1975年又建起江宁丝织厂，初步形成了养蚕、缫丝、丝织一条龙生产线，为传统工业再度崛起打下了坚实基础。江宁轻纺工业自20世纪70年代问世，到1980年代就初具规模。1985年的江宁县统计数据显示，轻纺在各行业中位居第三，产品从传统的丝织、纺织扩展到服装、针织、坯布、毛纺、麻纺、化纤等领域。但这时的纺织业已经实现机械化，秣陵、陶吴的传统织染技艺被全面替代。

虽然产业现代化的进程，使得中国传统服饰的手工织染技艺普遍面临传承和发展困境，但是传统技艺中的思想智慧、精神内涵和处理手法仍然可以带来宝贵的灵感启示和创新性应用，因此很多国际品牌都非常注意挖掘“非遗”文化资源，借鉴传承传统织造工艺和设计元素。曾经辉煌一时的江宁秣陵、陶吴地区的传统织染技艺，相关部门应该组织力量加以系统整理，让土法与现代融合，重新焕发新的生命。

麒麟竹编技艺

基本概况

麒麟竹编技艺，即以竹篾或竹丝编制成器的工艺，主要流布于麒麟街道袁家边一带。

由于竹子品种数量多、生长速度快、易于加工，过去江宁民间广泛使用各式竹制器物用具。竹编竹制手工艺人在民间一般被称作篾匠，遍布江宁各处，而过去的麒麟镇北的袁家边村，更是远近闻名的竹编村之一。袁家边村坐落于龙王山脚下，全盛时期，全村百余户人家中有三分之二都做竹编。在二十世纪五六十年代，麒麟镇周边常有“要买竹编，到袁家边”一说。

江宁地区山丘颇多，竹类资源十分丰富，明《正德江宁县志》载地产有金竹、紫竹、凤尾竹、萧墙竹、慈姥竹、东坡竹等佳竹品种。其大小、质地、颜料、光泽不尽相同，在清盛期常以此编出满工花色的竹器，价值高昂，如竹编提盒、竹编鸟笼，以应南都达官贵人的需求。而农村田间劳动、日常生活也离不开竹编器物，袁家边村生产的菜篮、鱼篓、竹箩、簸箕、筛子、箩筐、粪箕等产品质量可靠，可以满足各种使用需要，因此前来定制和购买的人络绎不绝。

竹编技艺貌似简单，其实从采竹、破竹到编织,每一步都大有文章。选竹是制竹编的第一步，选好竹材是制好器具的前提，一定要选取青黄适度的竹子，若竹子过老则竹编时容易折断，若采用嫩竹又会因质地不坚影响竹编质量。因此，竹子既不能选三年以上的，也不能选新竹，大约以生长了一年半的为最佳选择。

选竹后，即进入到砍伐和加工环节，须配备三把刀具：砍刀、剖刀、篾刀。在采竹环节，须使用刀背较厚、刀身较大的砍刀，将竹子砍倒后，再去掉枝叶和竹梢。随后的修整环节，须用轻薄、锋利的剖刀和篾刀进行加工：首先是“旋剐”，即将竹节筋用剖刀旋剐平；再进行破竹，将竹子劈成两半；其后是劈条削篾，即以刃口锋利的篾刀将竹子劈成篾条片，并削去篾黄，留下可用的篾青部分；再后，则要进行刮光，即把削成的竹篾逐条抽刮，以去除毛刺。

竹编制作（一）

整个削篾的环节都是在匠人的双腿上完成的，由于剖竹时磨损较大，一般的裤子很容易磨破，因此，依照传统，匠人会将一块专门制作的皮底绑在腿上，之后把竹片放在皮底上面，用篾刀进行加工。

竹编制作（二）

完成了上述工序以后，即可得到厚薄均匀、光滑细腻、宽窄一致的篾青片或细如粉条的长竹丝。这些篾青片质地坚韧，边缘像刀片一样锋利，是竹编的主要材料。以其为材料，即可进行最后的编制加工，把竹篾或竹丝纵横交错，按照一定的条理顺序，在编织、穿拉之下，制成各种精致耐用又环保的成品竹器来。

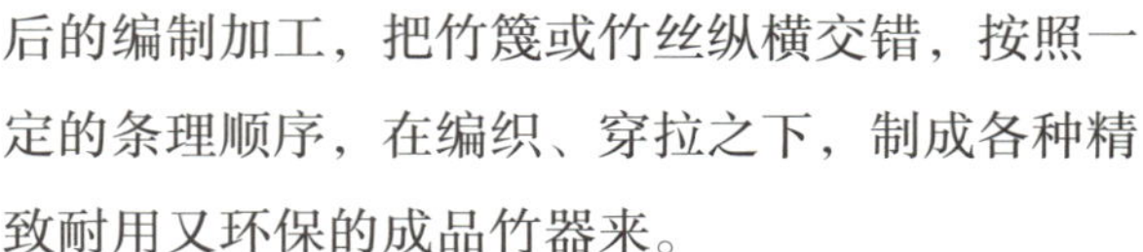

竹器在江宁乃至南京之普及，小到蛐蛐笼、捕鳝笼，大到夏日使用的凉床，几乎家家户户，皆需用到。过年用的灯笼、数百人舞起的龙灯，也均需篾匠的巧思，才能将一种想象中的造型编织得惟妙惟肖。所以在过去，无处不见竹编匠人的身影。

2019 年江宁农村物资交流会上的竹编制品

历史传承

我国传统的竹编产地极多，且各地的竹编工艺各具风格。在编织方法上，有的精巧细密，有的粗犷豪放。国内较为知名的竹编产地有浙江东阳竹编、湖北竹编、川西崇庆竹编、浙江嵊州竹编、成都瓷胎竹编等等。

由于文人爱竹，举凡画盒、游具、鼻烟壶、花器，各地都有以细竹编成的作品，轻巧雅致。如王世襄珍藏过的清提盒竹制，以木板胎制成，作双层，篮身铺人字纹编篾丝板，口缘刻规整的几何回纹。盖面隶书“左右流芳”，提手纹饰精雅，两侧拼合三段粗竹片，并雕刻花卉及暗八仙纹饰，有八仙贺寿寓意。提手及四边包角皆设铜包角，在起到加固作用的同时又起到装

1986 年 8 月 26 日，湖熟镇工会和文化站举办珠算比赛

1987 年陆郎乡的竹编工人

饰效果。以此盒存放绘事所备笔墨纸砚、印泥盒、颜料盘等，实为陈设案头之文具箱。此类木板胎竹编提盒，多以人字纹编篾丝装饰盒身，另以深色棕篾丝穿成福禄吉祥纹样，提手或用鸡油黄色篾丝，烘托出站牙铜包角錾刻花卉的金属质感。

在麒麟街道周边流布的竹编技艺以袁家边村为代表，代代相传，具体起源于何时已不可考。清宣统二年（1910）刊刻的《上元江宁乡土合志》物产卷中，已专辟有“木竹器具”一节，记录了江宁地区长期习用的竹制产品。据口碑资料，在二十世纪五六十年代，袁家边村几乎每家每户都有成片的竹园，建于屋后或村边；袁家边村大半的人家都掌握着竹编技艺。当时的乡村经济不发达，许多村民一年到头编竹制品，待到第二年庙会的时候挑到镇上去贩售，将所挣的钱拿来补贴家用，虽收入不算多，但也能稍微改善村民生活。

当代影响与价值

在商品经济时代，机械生产及塑料制品的流行，使得竹编器具失去了竞争力，逐渐退出了商品市场。麒麟街道的年轻人大多不愿意学习这门传统技艺，选择外出进城打工，而掌握竹编技艺的村民又逐渐老去，村中篾匠的数量逐渐变得寥寥无几，竹编事业愈发冷淡，各家的竹园也多已败落，在一些人家仅有竹篮、竹筐等少数物品留存。

其实麒麟竹编蕴涵着巨大的审美价值、经济价值。近年便有文化人以时兴的日本禅风进行格调包装，产生出可观的经济效益。毕竟在收藏界，日本大正、明治时期的竹编花篮已经被炒到数万、数十万元一个。在低成本仿制、高档山寨货充斥的情况下，市场呈现出多样化生产的局面，商家往往会添加简单彩饰、宫廷复古风、日本职人风、清新花篮风等系列，使得市场的接触面更大，页面展陈更加多样化和个性化，更有私人订制的样貌。

搜索淘宝可知，“1000+ 收货”的名目有厨房葱姜、生姜、大蒜头、收纳盒、越南手工藤编

麒麟竹编技艺知情人接受采访

早餐篮、手工创意酒店多层圆形小篮，等等。竹、藤编已经从实用消费，转变成空间装饰性的审美消费。带点东南亚风格、日系风格的深色篮多被人拿来拍朋友圈照片，与喝奶茶、打奶泡、早餐厨艺秀等结合起来打组合拳，凹个好看的造型用来集赞。所以年轻人多以之进行审美消费。麒麟竹编的年轻一代，或者说竹二代、竹三代们可以勇敢地拾起这一古老“非遗”技艺，在市场中深度冲浪，磨炼手工水准，为之创造出更大的经济价值。

竹制品加工编制技艺

基本概况

竹制品加工编制技艺，主要流布于禄口街道石埝社区、谢村社区、溧塘社区、桑园社区，谷里街道石坝社区及其周边地区。主要传承人有禄口的张存模、甘凤英，谷里的蒋明福等。

江宁地貌呈现为“六山一水三分田”，丘陵和黄土岗地约占总面积的 2/3，沿河沿江平原约占 1/3，境内山林、河湖众多，大小山体约 400 座。境内竹类资源比较丰富，竹制用具、器具很多，使用十分广泛。

竹制艺人在江宁很受欢迎，当地称为竹匠、篾匠。其中，直接用竹子制作筏、床、椅凳等器物或搭建茅草屋、亭阁等建筑的称为“竹匠”。造桥、建房虽然一般不用竹类材料，但仍需请竹匠搭建高大的竹制脚手架，以方便施工。旧时搭脚手架，从不用铁丝或铁钉，而是用毛竹劈成坚韧的竹篾进行绑扎，十分牢固。把竹子破开成篾，编成各种器具的，则称为“篾匠”。

篾编制品的种类，大小不一，可以说应有尽有。家庭用具有菜篮、米箩、蒸笼、凉席、竹匾、竹筛、斗笠、篾扇等；农具有稻箩、秧箩、笆箕、竹筐、连枷、鸡笼、鹅笼等；捕鱼用品有鱼篓、罩笼、张笼、黄鳝笼；其他还有量米的升子，小孩吃饭的竹碗，笔筒，竹花灯，鸟笼、蟋蟀笼等

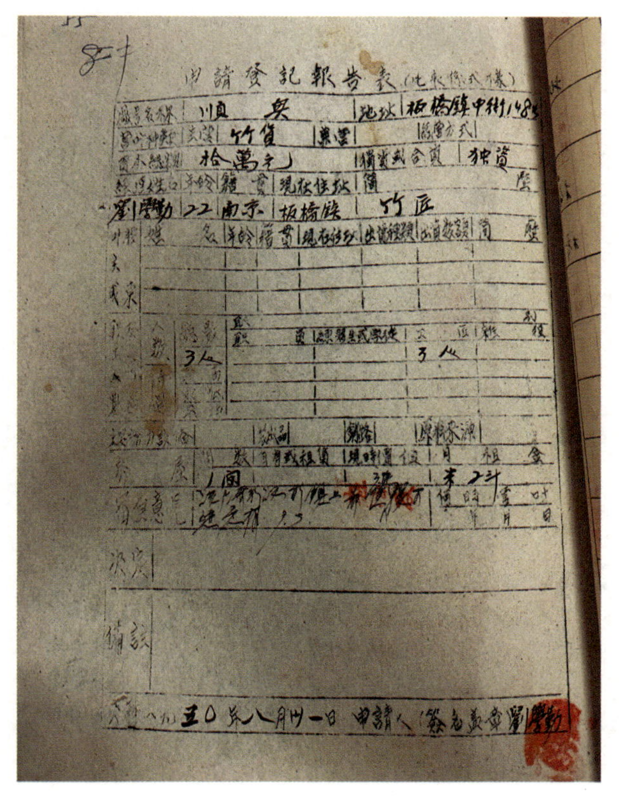
申請登記報告表

1950 年的顺兴竹货号申请登记报告表

等，涵盖了生活的方方面面。竹编技艺的材料为毛竹、山竹、子竹、担竹。所用工具为锯子、篾刀、刮刀、刻刀、挖锯、凳子、铁丝。

竹编工艺流程如下：先将砍伐不久的毛竹放入水中浸泡两三天，然后用锯子按所需尺寸锯断，再用篾刀劈成竹片或竹丝。篾片或篾丝有篾黄与篾青两部分，根据产品需要，选定好篾的类型与颜色。刮篾片、刮篾丝是竹编的一道重要工序。

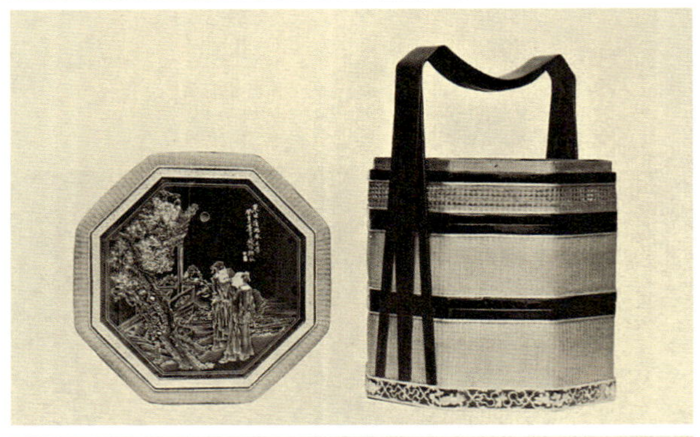

民国时期的竹编制品

用两片锋利的小刮刀固定在板凳上，把劈成的篾片、篾丝粗胚放在刮刀间，平稳地从头到尾快速抽刮。两片刀间的间隙，根据篾片、篾丝厚度需要而定。有的篾片刮得薄如蝉翼，有的篾丝刮得细如钢丝。手艺不到功，刮出的篾片、篾丝厚薄不一、粗细不匀，有的甚至被刮断，浪费材料；制作篾圈，是竹编产品形成式样、造型美观和经久耐用的重要一环。像稻箩、淘米箩、菜篮子等是圆形圈口，摇篮、吊箩等是椭圆口。根据产品的需要，确定篾圈的宽度、长短和大小后，用铁丝扎制各种产品所需的篾圈。编制是最后一道工序，也是最关键的一环，工艺水平要求很高。有些产品要求篾片薄，篾丝细，编制的成品严密光滑，不漏一丝缝隙，没有一点瑕疵，如淘米箩、稻箩、凉席等；有的产品要求不十分讲究，用篾黄即可，如鸡笼罩、采桑箩等；有的产品要形象逼真、栩栩如生，如兔子灯、马灯、荷花灯、蛤蟆灯等。成品的造型也各有千秋，有正方形的、长方形的，还有多边形的。

历史传承

中国竹制品发展历史十分久远，可追溯到新石器时期。湖州吴兴钱山漾遗址出土文物中就有竹箩、竹篮、簸箕等竹编器。甲骨文中也有竹制品的记载。据 1934 年编印的《江宁县政概况》统计，当时江宁县境内竹器经营店 16 家、篾匠经营店 1 家。这是有证照的经营店铺，不包括乡间零散的家庭作坊。

在计划经济年代，江宁各乡镇都有从事生产生活用具加工制作的手工业社，竹制品也在其内。其中铜山地区浣溪村张存模、甘凤英家的竹编业在当地享有盛誉，主要以家庭经营为主，至今已有 100 多年历史。从张存模的爷爷张上印传给其父张本元，又由张本元传给其子张存模和儿媳甘凤英，后再由张存模夫妇传给其子张仁南、张仁雄和张仁人，至今已传至第四代。谷里街道的蒋明福 1948 年出生，父亲蒋玉荣老人终身从事竹制品制作，技艺娴熟精湛，并将手艺传授给儿子。

当代影响与价值

随着工业化的迅猛发展，很多竹编的生活用

具、生产用具被新型工业材料制品替代，竹制品加工在江宁地区逐渐萎缩，手工艺人也急剧减少。江宁地区目前从事竹编技艺的人数不多，2007年、2009年对江宁区境内从事竹制品加工技艺的手工艺人进行了调查，并对禄口街道的张存模、甘凤英、周得来、李道财，谷里街道蒋明福等12人，作为传承人进行了采访。被调查人目前家里都有竹制品实物，他们不仅能制作日常生活生产用品，如淘米箩、稻箩、竹凉席、菜篮、竹床、笆簸、黄鳝笼、鸡笼等，还能制作精致细巧的鸟笼、花灯、竹扇、竹窗帘、竹画等，是江宁竹制品技艺传承的主要代表人物。传统的竹编用品虽然市场萎缩，但利用传统技艺进行创意开发，制作创新产品，仍然有广阔的前景。

甘村竹林旧影

竹编捕鳝技巧

基本概况

竹编捕鳝技巧主要流行于湖熟街道一带，是以手工竹篾制作捕捉黄鳝、泥鳅等淡水无鳞鱼诱笼工具，并进行渔猎活动的技艺。

湖熟自古便为“鱼米之乡”，鱼类品种繁多，有鲢鱼、鲤鱼、草鱼、青鱼、鲫鱼、鳙鱼、白鳝、黄鳝等。其中黄鳝，江宁人称为“黄蛇”，因其肉质精细、入口鲜嫩，故人们爱吃爱捕。据《本草纲目》记载，鳝鱼肉甘，大温，无毒，可治内痔出血与湿风内气。为了捕捉到鲜活的鳝鱼，湖熟人发明了以竹编捕鳝笼，一笼最多可以捕到四五斤黄鳝。

江宁人将破竹成篾、编制各种器具的工匠称为篾匠。篾匠制作的竹篾品类多样，大小不一，分为家庭用具如菜篮、淘米箩、蒸笼等，农副产品如稻箩、秧篮、竹筐等，以及虾笼、鱼篓等捕鱼用品。与木匠不同，篾匠可以同时掌握多种竹篾器具的编织技巧，但年长的工匠往往对某一类器物的编织最为熟练。

捕鳝笼也是篾匠产品中的一类，是一种底宽口窄，呈长颈酒瓶状的竹篓，最早为渔民所使用，由前笼身、后笼身、笼帽和倒须四部分组成。为防止笼帽脱落，其上还需用竹签扣拴，否则黄鳝还会跑掉。笼帽内勾藏饵料，也有将整笼浸入饵料桶，使整个笼身散发饵料的气味。

竹编捕鳝笼的主要工序有：

第一步，选材。竹编捕鳝笼需要在竹林中手工砍伐适宜的竹材，须选用 3 年生或者 5 年生的老竹，才能制作出经久耐用的捕鳝笼。因为老竹子比较结实，韧性强，且纤维较厚，竹笼长期浸水后不易受潮腐烂、破洞，下笼后可以在水中完好保存数天，而用嫩竹子制作的捕鳝笼很难在水中保存 1 天以上。

编制黄鳝笼子（一）

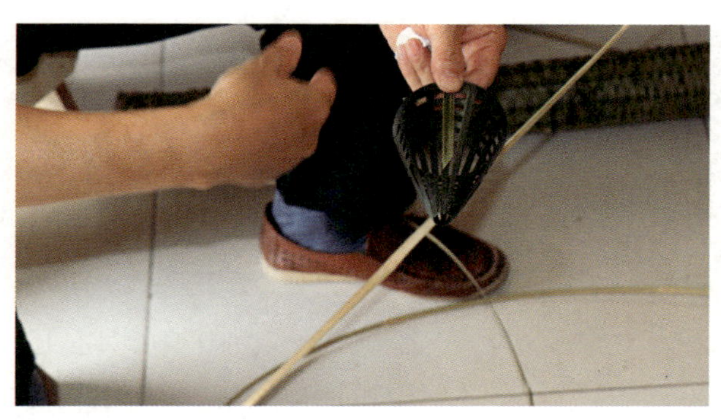
编制黄鳝笼子（二）

第二步，劈竹。选好竹材后，用锣刀将竹材劈为细长的竹篾，称为“劈竹”。刚劈好的竹篾边缘十分锋利，为防止黄鳝进笼时刮伤鳝体，还需预先去棱、打磨，再行编织。

第三步，编织。编织时以长颈玻璃酒瓶为模具，用以固定捕鳝笼的形状。以竹篾贴着酒瓶，以上下交织的方法编织，必要处还要使用细绳固定。酒瓶的大小即为成品捕鳝笼的大小，是捕捉黄鳝这类长身无鳞鱼类最合适的尺寸。

第四步，制笼帽与倒须。这是整个捕鳝笼最精巧的部分，以物理机关的方式与笼身卡合，使得黄鳝只能从竹笼的一侧游入，而无法从另一侧游出，从而被困在笼内。

江宁捕鳝笼，是根据黄鳝的习性制作的。黄鳝是夜行性动物，捕鳝下笼一般选在下午，过一夜或几夜后再来收取。如何使用捕鳝笼呢？一般寻找河边淤泥较多的地方固定好捕鳝笼，下笼时，将放置好饵料的竹编前笼身半埋入淤泥中，切忌将整个鳝笼全部浸入水中。因为黄鳝的鳃已经严重退化，必须借助皮肤等辅助呼吸器官进行呼吸，如果将鳝笼完全没入水中，则黄鳝进入鳝笼不久后就会窒息而亡，无法食用。正确的放笼方式是让捕鳝笼前笼身平卧于水底，半埋入淤泥中，后笼身上翘露出水面一小段，作为透气孔。笼身需要用石块或泥块进行适当固定，并用水草遮掩，不然笼身上浮，可能捕不到黄鳝，或被其他人偷走。除此之外，还要在笼口用手指划若干道小沟槽，引一些河水进入，以便黄鳝滑入。待到收获时，只需要打开笼帽，将黄鳝倒入水桶中即可。下笼地点多选取河边淤泥滩或者水草丛根部水体浑浊的地方，有经验的捕鳝者还会通过寻找黄鳝粪便来下笼。

江宁旧时农家用竹笼

竹编黄鳝笼子

历史传承

以竹编笼捕鳝在江宁湖熟地区有比较久远的历史。当地有一个著名的谜语“来时兴冲冲，回去路不通，喊声长大姐，死在竹园中”，谜底就是竹编黄鳝笼。该谜语描绘的就是湖熟竹笼捕鳝的场景，谜语首句“来时兴冲冲”，指的就是以

秣陵观音殿民间竹编艺人张先明手工竹编

蚯蚓做饵，让捕鳝笼散发出腥臭味，可引诱黄鳝兴冲冲来吃食。“回去路不通”，指黄鳝被诱入笼中后无法后退，被困在捕鳝笼中。“喊声长大姐，死在竹园中”，黄鳝的俗称就是“长大姐”，但实际上捕黄鳝并不会让其“死在竹园中”，而以黄鳝仍生猛活跃为佳，因此及时收获也是非常重要的。

当代影响与价值

随着时代的发展，塑料、化纤网制捕鳝笼的技术逐渐成熟，对竹编捕鳝笼的市场造成了一定冲击。在淘宝上，这类现代产品的价格已经极尽低廉。网上有一种所谓踩不坏的“L”形捕鳝笼，可挑颜色，配件可以自由搭配，其抗压能力强，而价格仅有五元钱，还赠送独家饵料。这种竞争性，是地方手工艺品无法企及的。这种时代景观，凸显出传统手工制品的弱点，不具备定制性，也不很灵活，所以大多不能适应新的市场需求。另一方面，尽管竹编捕鳝笼消耗的人工和时间成本更高，但是从捕捉黄鳝的效果来看，远比塑料类捕鳝笼好，目前仍能占据一定的市场。不过，也有少数鳝笼商贩贪图方便，不严格遵守制作工序，偷工减料，导致部分竹制捕鳝笼的品质下降。

谷里陶瓷制作工艺

基本概况

谷里陶瓷制作工艺，主要流布于谷里街道东善桥社区。知情者曾德胜、徐海明等。

谷里街道东善桥地区是当代南京瓷土最主要的产地，其瓷土广泛应用于南京的陶瓷制品生产，仅 1985 年，其年产量已达 5869 万吨。今谷里街道箭塘行政村皮库山尚有谷里瓷土材料厂，仍在开采瓷土。该厂立足于当地的瓷土资源，经过长期的实践发展，精于生产加工各类陶瓷器，尤以制作各类陶瓷娃、古典娃、维多利亚娃及中国古代传说中的人物塑像（如牛郎织女、白蛇传、八仙过海、西游记人物）为特色。

谷里陶瓷制作对生产工序及产品质量都有极佳的把握。其生产制作环节需要配备的材料，包括石英、长石、高岭土、石膏、色料等；需要用到的工具，包括制模刀具、雕模竹签、整修笔、彩绘笔、油漆等。制作的工序共可分七步：

第一步，坯料制备。即将石英、长石和高岭土按比例制出坯料，依坯料成型方法可分为可塑法和注浆法。

第二步，制模。即设计制作出产品相应的模具。

第三步，成型。即将坯料在模具中制成陶坯，常用的方法有可塑成型、注浆成型、干压成型和静压成型。

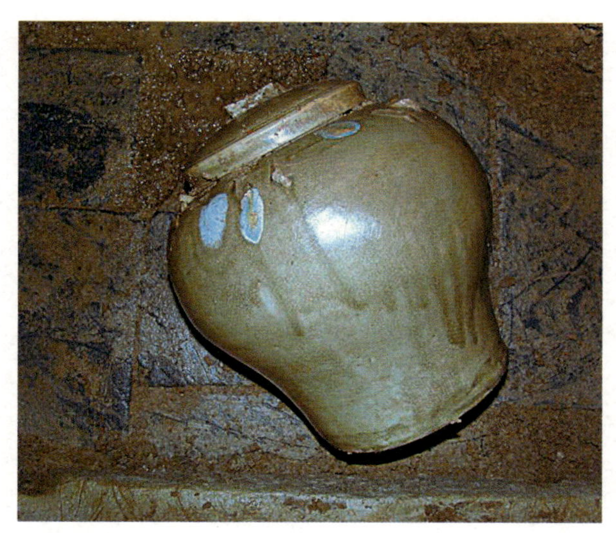

谷里南朝墓出土的青瓷罐

第四步，干燥。传统的方式通常采用晒坯，即在晴天将陶坯置于开阔透风处晒干。

第五步，上釉。可根据不同产品坯件大小、厚薄及釉料性能，选择采用浸釉、烧釉、刷釉、喷釉等不同方法。

第六步，装烧。即将器坯置入窑中烧结。

第七步，装饰。即对出窑的成品作最终的润色加工。

如此制成的谷里陶瓷产品，除了具备良好的实用性能外，也具备收藏、观赏和装饰的艺术价值。改革开放以来，谷里街道东善桥陶瓷工艺厂（永鸿礼品公司）继承了江宁地区古代制作陶瓷的传统技术与经验，并在前人基础上不断开拓创新。他们采取手工与机械生产并举的方式，制成的产品样式新颖，做工精细，色彩明丽，款式多样，质量上乘，深受国内外顾客欢迎，是当代江宁陶瓷制作工艺传承的优秀代表，为江宁传统文化的继承发展做出了重要贡献。

历史传承

江宁地区的陶瓷生产源远流长。早在相当于中原商周的湖熟文化时期，生活在江宁地区的人们就已经掌握了纯熟的陶器制作技艺，相关遗址中大量陶质鼎、鬲、罐、豆、钵的发现，揭开了距今三四千年前江宁陶器的面纱。六朝时期，从考古发现来看，南京的陶瓷制作技艺有了进一步的发展，墓葬和遗址中出土的大量形象生动、造型各异的陶瓷器即是这一时期工艺的突出代表。到了明代，外观全部用白瓷和五色琉璃构件砌筑的大报恩寺琉璃塔代表了当时江宁地区陶瓷工艺的最高水平，被誉为“中国之大古董，永乐之大窑器”。

谷里烟厂工地南朝墓出土的黑釉瓷瓶

江宁盛产瓷土。江宁方山是南京地区重要的瓷土产地之一，明人方以智《物理小识》卷八记载：“南京报恩寺琉璃塔中具五色，则方山冈琉璃门泥土所作也。”今天方山周围虽不见琉璃门地名，但方山地表仍可见一层由火山灰发育的暗红色黏土覆盖，可用作陶瓷胎土原料。从眼香庙出土的明代大报恩寺塔拱门琉璃构件来看，大报恩寺建设所用的建筑原料，很可能取自方山的这种黏土。此外，据《清世宗宪皇帝硃批谕旨》卷一百七十四之八记载，当时“江南句容县（应为上元县）秣陵关地方有积贼奚桂卿，别号滋（即磁、瓷）泥大王”，秣陵关处在方山山麓，奚桂卿号称“滋泥大王”，很可能与方山附近出产瓷泥有关。除方山外，早年的地质调查结果显示，江宁区谷里王府山、祖堂山及云台山等地均分布有可作陶瓷原料的高岭土。

自古以来，陶瓷制作工艺在江宁即有传承，直至 20 世纪，江宁区范围内还随处可见依山而建、用于烧制陶瓷器的小土窑，到二十一世纪初方完全被取缔。

随着社会经济的发展及城市经济体制改革的进程，今天谷里街道的陶瓷制作业取得了长足的发展。随着技术上的不断创新，谷里地区的陶瓷产品质量日渐完美，生产效率和水平都获得了极大提高。在相关企事业单位的技术培训下，掌握陶瓷制作工艺的人才辈出，他们传承和发扬了古代陶瓷制作技术。目前谷里地区最优秀的陶瓷制作工艺传承者有黄铭海、陈传钦等人。

知情者曾德胜，1970 年出生；徐海明，1971 年出生。他们均从事陶瓷制作 20 多年，对其制作工艺流程非常熟悉，是东善桥陶瓷厂永鸿礼品公司的技术骨干。

当代影响与价值

谷里陶瓷制作工艺在 2007 年获得了第一批口碑资料，除了少数知情者外，人们对于江宁地区曾经存在过的陶艺已经陌生了。而相隔不远的高淳陶瓷，现名江苏高淳陶瓷股份有限公司，打出的口号是“当代官窑”，以高档实用器与礼器对标英国威基伍德瓷。高淳陶瓷创建于 1958 年，当时仅是一家生产日用粗陶的手工作坊式山区小厂，改革开放后才大力发展炻器出口餐具。看来思想观念的解放，有时比传统技艺更能发挥作用。

资料证实，谷里街道的王府山、祖堂山及云台山等地丰富的瓷土，是适合做陶瓷原料的高岭土，亟待发挥其用武之地，将其可观的经济价值发挥出来，如同当年秣陵关号称“瓷泥大王”的奚桂卿一样，做出一番雄伟的产业布局，为江宁创造新的经济增长制高点。

砖瓦烧制技术

基本概况

砖瓦窑业及砖瓦烧制技术，广泛地流布于江宁各处。考古发现证实，江宁地区东汉时期流行砖室墓，不少属于制作精良的花纹砖，所以本地区砖瓦业的发展历史至少已有2000年，是历史悠久的传承技艺。

江宁地区丰富的黏土资源，为砖瓦烧制提供了优越条件。在境内许多黄土矮丘岗地上，都可以找到宝贵的风化壳型粘土矿产。除此以外，长江沿岸的江滩上沉积着大量淤泥，土质粘腻，亦是烧制砖瓦的良好原料。

民国以前，江宁砖瓦业的主体基本是散落在各地的民间小型作坊，小农经济时代几乎每十里左右都可见砖瓦窑，处处可见窑烟。这些土窑的规模较小，一般依山坡而建。其窑体往往是在山体上挖出的一个直径一丈有余、深二丈上下的大坑，坑口和坑底略小，中间略大，呈竖起的腰鼓形。一个窑门开在窑体下坡处的底部，高度和宽度仅够一二人躬身进出，既是工匠装窑、出窑的进出通道，也是加柴燃火的炉膛。土窑的圆筒形墙面须用较纯的优质黏土建起，不能混有岩石，否则久烧便会坍塌；也有平缓处用砖砌窑墙的，往往在墙周围用黏土夯实，使之不漏风、不跑火，以保证烧窑效率。

江宁妇女参与劳动

江宁地区传统的土窑砖瓦烧制技艺，其工艺流程可分为制模、做坯、晒坯、装窑、烧窑、出窑六步。各步具体操作大致如下：

第一步，制模，即以木头或其他材料预制出砖瓦的模子。

第二步，做坯。取黏土捣碎，加水拌匀，掼入模子内，摁实边角，再裁去多余部分，即得所需的砖坯、瓦坯。如要制作琉璃瓦，还须在坯的表面按需要上一层琉璃釉，可以是红、黄或蓝色。

第三步，晒坯。将做好的砖坯整齐排码在晒场上，码砖坯的长埂（土埂）下用砖头垫高，防止地面流水；上方架设顶篷遮实，防止淋雨，天晴时揭开顶篷日晒。新做的砖坯，刚开始时不可暴晒，码坯也不可留有间隙，否则便会开裂变形。每隔两三天翻坯一次，即将上下层砖坯位置互换。

1936 年铜山镇小学学生制砖活动之练黄泥

1936 年铜山镇小学学生制砖活动之挑泥

此时在各块砖坯之间留出一定空隙，以便通风透光。每翻坯一次，坯与坯之间的空隙加大。这样翻两三次后，待到砖坯拿在手中较硬，比最初的重量有所减轻时，即可装窑煅烧。需要注意的是，新坯如因天寒结冰上冻，便会变得十分酥松、影响质量，所以冬季一般不做砖坯。

第四步，装窑。把干透的砖坯，从底层码起，旋转式依次放入窑内，一层搭一层，直至窑顶。每两块砖坯之间需保留一定间隙。其后，在窑顶覆盖的杂草上再铺上一层黏土，均匀地留出三至四个出烟口。装窑这一步最重要的是保证窑内通风良好，且堆放的砖坯不可中途坍塌，否则砖坯损坏，前功尽弃。

第五步，烧窑。这一过程须白天黑夜连续加柴，燃烧十至二十天，由窑师傅定时查看火候，直至烧透烧熟。古时江宁地域基本不用煤炭，烧窑的燃料多取树枝（主要是松枝）柴草。一般每年正月十五开工点火，到冬季第一场雪时停工封窑。如冬季无雪，则最迟可到腊月二十七日封窑。

第六步，出窑。砖瓦烧成后即停止烧火，揭

1936 年铜山镇小学学生制砖活动之做砖

行窑祭，要摆上三牲、焚香叩拜，向祖师及上天祷告窑事顺利；决定建窑前，往往要请风水先生慎重选择窑址，设香案，选吉日，请盘窑大师用公鸡血酒驱邪神、祀窑址，女子不得进窑门，等等。

在古代，居室、陵寝、城墙等建筑的建设过程中，均需用到大量的砖瓦，南京作为六朝古都，对于砖瓦的需求更是格外之大。因此，江宁地区很早便已发展了较为成熟的砖瓦业体系。

较早涉及江宁砖瓦业的史料文献可见于唐代许嵩所撰的《建康实录》，其中记载东晋兴宁二年（364）晋哀帝“诏移陶官于淮水北，遂以南岸窑处之地施僧慧力，造瓦官寺”，即哀帝下令将原本砖瓦陶窑所在之地，让给僧人慧力建寺；《高僧传》对此事亦有记载：“释慧力……至晋兴宁中，启乞陶处为瓦官寺。”“瓦官寺”之名的得来，很可能就与该地先前的用途有关。

文献以外，考古所见的江宁六朝砖瓦更多，遍布境内的六朝砖室墓可为其证，不少砖面上还模印有精美的图案，从中可见当时砖瓦制作工艺之精良。

到了明代，随着明太祖朱元璋定都南京，江宁的砖瓦业又迎来了一个高峰。为了推进都城建设，明朝政府在聚宝山设置官窑的同时，征调各地工匠至南京烧制砖瓦，且命工部及驻军在今雨花路西首的窑湾街及今中央门外窑上村一带设窑烧造部分城砖，供应城垣的修筑。在当时，上元、江宁二县都是城砖的重要供应地。2016 年，考古工作者于栖霞区官窑村发现大型明代砖窑遗

去窑顶盖土，冷却半天至一两天后开始出窑，将砖块从窑中搬出，整齐码放在平坦空地上。一般每层码 20 块，摆成方形，码 12 层半为一墩，顾客来购时即以墩为单位售出。

传统的砖瓦烧制是十足的体力活，窑工长期经受烟熏火燎、风吹日晒的露天作业，为了保证工作效率以多烧出一两窑砖瓦，时常一天连续工作数十小时。在长年的劳作之下，老窑工的皮肤往往红里透黑，江宁民间常以“窑黑子”称之。负责监管的窑师傅又叫看火工，其工作虽说相对窑工较为轻松，但须对一窑成品的火候质量负责，一旦失误则将承担名誉及经济的损失，因此担任窑师傅对经验、技术的要求很高。“世上三样苦，打铁拉纤磨豆腐，外加窑工窑师傅”的说法，在民间广为流传。

历史传承

江宁民间的砖瓦业，传统上尊太上老君为祖师，窑匠们认为老君炼丹用的八卦炉即是自己砖瓦窑技术的源头。

旧时砖瓦行业的规矩和禁忌颇多，如一般新建成的窑第一次点火及每年的第一窑点火均需进

址，窑址数量多达 110 座，窑址内还出土了大量明代城砖残块，这些残砖质地细密坚实，一侧模印有“应天府提调官……上元县提调官县丞”，另一侧模印有“总甲赵才甲首……造砖人夫……”等铭文，这一重要发现为其时南京地区的大规模砖瓦生产提供了实物支撑。尽管江宁区目前还未有类似考古遗存发现，但据文物专家判断，官窑村这样的“造砖厂”，在江宁应当同样是存在的。今天屹立于南京的明城墙，饱含着江宁窑户的汗水，其可谓是江宁砖瓦烧制技术历史的见证者。此外，明代南京地区还大量制作琉璃砖瓦，相关建筑以大报恩寺琉璃塔为代表。文献记载和考古发现都已经证实，烧造大报恩寺琉璃构件的窑址就在今雨花台以西的窑岗村一带。明代南京的琉璃砖瓦实物至今仍有留存，极尽华美，代表了明代砖瓦业的最高工艺水平。明代中期以后，随着“青砖小瓦马头墙”的民宅兴起，民间自行烧制砖瓦的土窑日渐增多，遍布江宁全境。

清代以后，砖瓦业在江宁仍保持着前代的地位。据《上元江宁乡土合志》记载：“乌龙山、西善桥人，皆善陶，取江滩之泥，范而烧之，盖屋乘墉，各适其用，谓之窑户。近则钟山之麓，有土腻粘，陶为砖瓦，质尤细致，凡造洋式房屋者，咸资于此。”在清代，江滩的淤泥、钟山的黏土均是取来烧制砖瓦的好原料，当时南京地区建筑房屋所用的砖瓦，许多都来自江宁窑户的生产。

民国初期，江宁的砖瓦生产还是以小作坊生产为主，资本投入规模不大。1935 年刊印的《首都志》记载，民国南京砖窑业最初“散布于仙人居、窑头上、六郎桥、油坊桥一带，共有大小砖窑约十三座。资本微薄，每家各约百元，雇用工人各六七人。泥土就地取给，每年烧窑三次，产值共约五万余元”。随着国民政府定都南京，首都的大规模建设使砖瓦需求量激增，一些实业家开始投资兴办现代化机械制砖厂。其中，1930 年江宁县落成的金城机制砖瓦厂是规模最大、最具影响力的制砖厂之一。其由钱文英集资 11 万两建立，引进了当时极为先进的砖瓦生产机械，制成产品质量优良，除了供应南京城外，还远销上海、北平、天津、汉口等地。但 1937 年以后，由于战争及时局动荡，金城机制砖瓦厂经历了多次停产停办。直到南京解放后，华东军区和省市公安系统先后接管其场地和设备，将其改建为生建砖瓦厂，逐步发展为南京地区最大的砖瓦厂。

除了大型制砖厂的恢复运转，新中国成立后，江宁县一度停产的砖瓦窑户也恢复了生产，仅 1950 年 1 年，江宁县砖瓦窑户总产值即达 6.24 万元。1958 年，江宁县又办起 15 个集体经济性质的小型砖瓦厂，当年生产黏土砖 1026 万块。1979 年以后，随着政策的开放和资金的流入，江宁县乡镇砖瓦工业出现第二次发展高潮，两年内增建轮窑 24 座，开始采用小板车、矿车和轻便铁轨运土运坯，改变传统肩挑人抬的落后状况；同时改进生产工艺，在冬季储存干坯，使得季节性生产发展为全年性生产。江宁砖瓦制作的机械化、工业化程度不断上升。

当代影响与价值

曾几何时，江宁地区砖瓦业生产的组织形式，从农村副业发展到现代工厂，生产工艺从手工制坯、土窑烧制，发展到机械制坯、轮窑焙烧。在产能提高的同时，江宁砖瓦业保持了一直以来产品的高质量，在全国范围内屡获殊荣。1990 年，江宁生建砖瓦厂因其长期以来坚持“土地复垦、用土还田”原则，在取土制砖的同时注意农田生态的保护、重视当地农民的利益而受到国家土地管理局、国家建筑材料工业局的表彰，其理念和经验向全国砖瓦行业推广；1998年，江宁县淳化镇砖厂被评为全国砖瓦工业节能、节土先进单位。长期以来，江宁的砖瓦业为江宁地区的经济发展，做出了极其重要的贡献。

不过近20年来，因为环保问题，情况有180度转弯。由于黏土砖的烧制需要消耗大量土地资源，且不可避免地会对自然环境造成损害，自1990年起，江宁依照国家有关规定，成立墙体材料改革领导小组及其办公室，采取加强领导、广泛宣传、依法行政、投入资金、引进先进技术等多种举措，将黏土实心砖改为空心砖，后又改为多孔砖。1998年发布的《江宁县计划与经济白皮书》中规定，凡“擅自新建、改建或者扩建黏土实心砖（瓦）生产线的，由县国土管理局责令其限期改正，并按违法占用土地查处。擅自批准新建、改建、扩建黏土实心砖（瓦）生产线的，批准文件无效，所造成的损失由批准机关承担，对直接责任人和单位领导人由其主管部门或者监察部门给予行政处分”，黏土砖的烧制受到了全面抑制。近年来，随着混凝土等传统砖瓦产品的替代品得到大力的提倡和推广，砖瓦产品的产量萎缩尤为显著。约在2002年前后，延续了千年的传统小土窑在江宁区范围内几乎完全绝迹。

当下，能够完整掌握传统砖瓦烧制工艺的工人已经十分稀少,这一传统技艺面临失传的风险。尽管当代城市建筑业的发展已脱离了对砖瓦的大量需求，生态保护的需要也对更替传统砖瓦烧制方法提出了要求，但对于砖瓦烧制技术这一古老的技艺，做好相关资料的收集整理、相关工艺的传承保护还是十分必要的。

土砖制作技艺

基本概况

土砖制作技艺，旧时流布于江宁区境。

土砖是用黏土制成的砖，是旧时民间建房的一类材料，呈长方体，体积与现在烧制的建筑用砖相差不多，一般厚约 13 厘米，长约 30 厘米，宽约 16 厘米。其制作方法,先用木板制作成砖模，挖黏土填于模具内，用木榔头夯实，再拆下模具，将砖坯晒干即成。由于伏天雨水少，温度高，太阳辣，土砖干得特别快，所以制作土砖一般会赶在三伏天。

这种土砖可保存数十年不坏，且挡风寒。据张玉山主编《环境陶艺设计》记载，制砖选择的坯土一般要有一定的黏性，草则以细长柔软的稻草为好，要用铡刀将其切成短段，也有用稻谷取代稻草的。制作时，先用铁锹挖土，使泥土松散，并将其中的疙瘩打碎，围成一个凹形的圈，四周堆高，然后加水搅拌，使中间的泥土和稻草混合

特土坯制作

在一起，有用钉耙、四齿耙来回搅动，也有赤脚在泥水中踩踏的，使泥水变成糨糊状，俗称“踩熟”。然后“闷”上几小时或十几小时，使泥和草黏合，俗称“闷透”。制作土砖的模子，一般有大、中、小三种类型。为什么要大中小三种型号呢？原因是砌墙用砖要下大上小分类堆砌。特别是像禄口一带旧时的民国及清代老祖屋内的隔间墙高高在上，底部放几层烧制砖，以阻隔地上的潮气，砖头上面就用大号土砖，再上用中号土砖，最上面放小号土砖。这样的墙体结构比较稳固，即使土砖受潮也不易倒塌。由于土坯建筑有就地取材、盖造方便的特点，还具有厚墙厚顶、冬暖夏凉的实用性，它在乡村非常流行，并长期存在，使普通农民能有一处保证基本居住条件的“家”。

除上述方法外，还有一种制作土砖的方法。在稻子收割结束后，稻田内会留下十几厘米的稻根。有些人家会等到稻田晒干，然后用石磙反复碾压稻田，使其平整。等泥土完全压实，就按照一定的规格划出方格，顺着方格的线用刀子切割，再用铁锹一铲，一块块土砖就被铲起来。土砖堆好晒干，几个月后就可以用来砌墙了。这种方法北方使用的较多，南方则少见。

1986年铜井乡农户建房

1983年花园、长江、营房干部群众参加静坛圩堵决口现场

历史传承

旧时，大多数人属于贫寒人家，盖房时无钱购买砖瓦，于是就想到了用泥土制作土砖，然后再建房，屋顶再铺上一层稻草，一幢房子就算建成。这种房屋实质上就是土坯草房，是用泥和草混合制作成的土砖所建。土砖砌墙是对古老的夯制土墙的改进，工艺简单，垒砌灵活，结构强度也更高。与烧制砖相比，其成本则低廉很多，因此除了少数富户人家，土砖长期是乡村建筑的主流建材。直到二十世纪六七十年代之前，在江宁县农村，土砖房屋仍比比皆是。据知情人魏巧珍介绍，她丈夫的父亲朱承保就是一位制作土砖的能手，而且夫家在他之前的几代人都会制作土砖。用土砖砌出

来的墙比夯土的要好，特别是大瓦房里需要建造隔墙，用这种土砖砌墙，再用石灰抹一下，整洁清爽。

当代影响与价值

改革开放以后，农民日益富起来，原来的土砖建筑，纷纷被性能更好的红砖、青砖和混凝土建筑所取代。据调查，在江宁区某些农村里，仍存有少量的土砖垒砌的草房，已经成为不可多得的“标本”。作为建筑史上曾经广泛应用的传统泥工技艺，没有了现实的“用武”环境，江宁本地制作土砖与其他地区一样，已经很少听说，但其制作方法中体现出来的基础、朴素的材料工艺学思想仍然经久不衰。

禄口民间陶土制品制作技艺

基本概况

禄口民间陶土制品制作技艺，主要流布于禄口街道埂方社区、陈巷社区及其周边地区，是一门以纯净的黏土经过精细加工制成罐、盆、钵、壶等用品的传统手工技术，与旧时人们日常生活的需要息息相关。知情者周广财。

在禄口地区，传统技艺制陶器须建一座小陶窑，准备上好的黏土及茅草柴一类的燃料。工艺流程可分建窑（又叫盘窑）、和土、制坯、晾晒、烧窑数步。

第一步，建窑。一般是在小山坡上或菜园地埂坎旁挖出小土窑。

第二步，和土。用作制陶原料的黏土须选用土质极为细腻的优品，不可含有杂质。将这种黏土用水和拌后，通过用手搓揉、用棒捶打或用牛踩的方式，把土搅拌得软硬得当，便于后续的加工和烧制。

第三步，制坯。禄口民间制作陶土制品，一般采用纯粹的手制，制作过程中不依靠任何模具，全凭制作者在头脑中规划出要制作产品的模样。捏制过程中一般先塑出陶器的主体部分，再单独制作把手、提梁一类的附件粘贴到主体上。捏成的半成品陶坯须保证表面整洁光滑，零部件与主体结合严密、浑然一体。

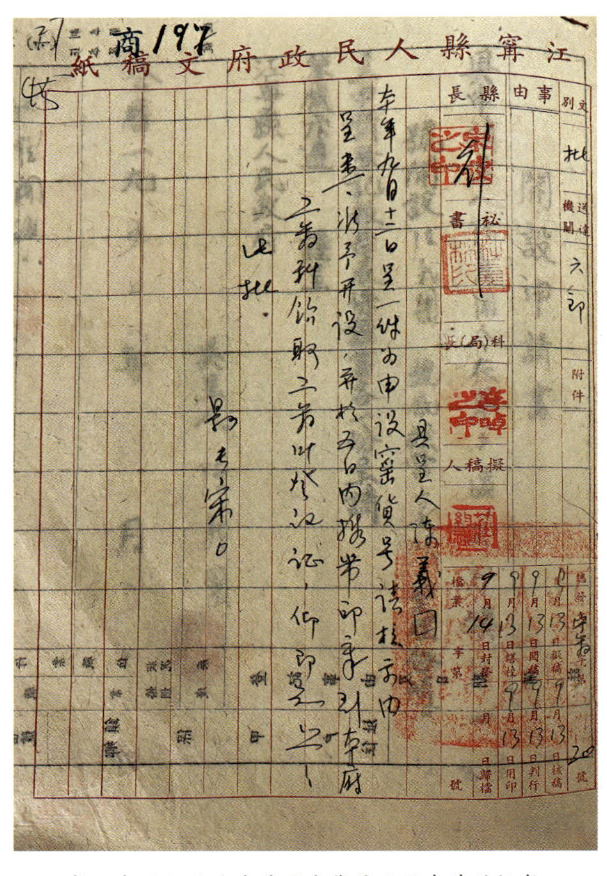
江寧縣人民政府文稿紙
商197
事由：本年九月十二日呈一件為申設窯貨號請核示由
呈悉。准予开设，并于五日内携带印章到本府工商科领取工商业登记证，仰即遵照。
此批。
县长宋□

1950 年江宁县人民政府关于窑货号开设申请的批复

第四步，晾晒。陶土半成品制成后，须在适当的阳光下晾干，不能暴晒，以防开裂。因此，根据器物类型和大小选择合适的天气和晾晒时间十分重要。

第五步，烧窑。半成品晾干后，装入自制的小土窑中烧制。须先将陶土半成品有次序地装入窑中，大而重的装在下层，小而轻的装在上层。装好后，将窑顶封起，点火烧制。烧制的火势不宜过大，防止陶器开裂，大约烧至三四天即可熄火，向窑内适量喷水、闷窑，使成品变为黑色。待冷却后，陶土制品便成功了。

传统工艺制作陶器灵活性很强，可根据需要制出水壶、瓦罐、瓦盆、火钵、手炉、脚炉、锅盖、花盆、花钵等不同的生活用器，制出的产品外表美观大方，质地坚固耐用，别具匠心，在民间很受欢迎。在二十世纪五六十年代，常有“卖窑货”的人挑着挂满各种陶器的竹担子走街串巷叫卖，边走边以竹竿敲打所携的陶器，发出清脆响声以吸引顾客，这些“窑货”在乡间往往很快便销售一空。

历史传承

江宁地区民间的陶器制作技艺，自四五千年前的史前时代至今，可谓源远流长。南京地区史前至商周时期的北阴阳营遗址、陶吴昝缪遗址、遍布全境的湖熟文化台形遗址均有大量手制的各式陶器出土，罐式鼎、双耳罐、高柄豆、圜底钵、圈足碗等器型各异，用途多样，是早期农耕时代的人们生活中必不可少的用具。史前的陶器最初以粗糙夹砂、器壁宽厚的红陶数量较多，在发展的过程中，逐渐形成了精致、光亮的黑陶，这些黑陶在制作过程中采用“渗碳”工艺，即在陶器出窑前通过加湿柴生烟的方式，令碳渗入陶器中，使陶器外观呈现沉稳的黑色。这一技艺流传至今，仍在禄口地区的陶器制作流程中得到使用。

禄口地区的制陶手工业曾经长期作为家庭农业生产之外的副业补充，在制陶人家中代代相传。20 世纪 80 年代以后，随着农村推广家庭联产承包责任制，一些掌握制陶技艺的乡民办起了陶土

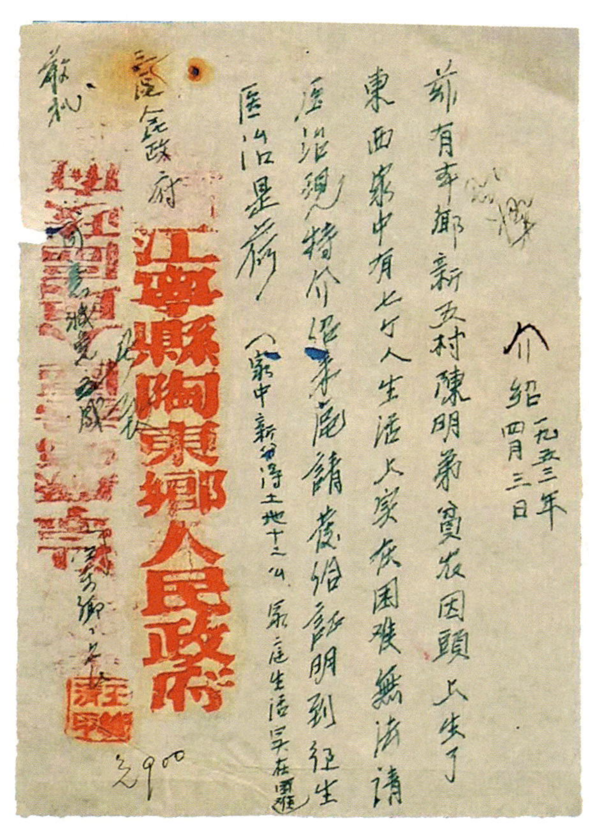
介紹
一九五三年四月三日
江寧縣陶東鄉人民政府

1953 年江宁县陶东乡人民政府公函

制品小作坊，专门从事陶器烧制工作，生产规模及产品种类相比此前有了较大的发展。

当代影响与价值

如今，随着工业的发展和日用品的更新，传统技术生产的陶器已经大多被塑料、不锈钢等现代工业制品取代，只在少数乡村人家仍有家用陶器留存。当下仍然在运营的陶制品作坊，其生产出的产品更多地被人们作为稀奇的工艺品收藏，已很少再发挥实用功能了。

根据调查，景德镇售卖的带有简装修风格花纹的陶器摆件，售价在 10 元至 100 元不等的店铺，售出量至少在 5000 件，销量十分可观。小红书上的同城打卡点介绍，也多以民宿或酒店中的陶器陈设吸引眼球。打着日本“艺术侘寂”风的陶

器从来不欠缺销量。禄口陶土制品欠缺的，是与时俱进的审美,与坚守的传统作坊式的加工技艺。没有面向市场的眼光，而满足于闭门造车，只能把土生土长的“非遗”撂荒。如今的江宁，年轻大学生很多，如果有某几处社区的一批批青年，发扬温州人小商品买卖的精神，发扬小强般的淘宝村精神，江宁既不缺劳力，又不缺原料，是能干出一番名堂，发挥出禄口陶器的潜在经济价值。

陶吴刻工的雕版技术

基本概况

陶吴刻工的雕版技术，曾流布于横溪街道陶吴一带。

古代雕版刻书的刻工，常自称“刊字人”“刻书人”“铁笔匠”，民间多称之为“剞劂氏”“梓匠”“匠氏”。在民国铅字印刷普及以前，雕版印刷术是刻印图书最主要的方式，为士大夫阶层所喜爱，为广大学子所接受，为贩夫走卒所敬重。在整块木板刻上颜柳等书体文字，蘸墨印刷于白纸上，精致雅丽，墨香溢纸。相比一般的工匠，掌握雕版技术的刻工常常是识字的，且因职业之便，可接触到一些文人士大夫，文化素养相对较高。

陶吴地区在明清两代长期以刻工技艺精湛闻名，地方志书屡见“陶吴之民善剞劂”的记载。清徐康《前尘梦影录》说“（汲古阁）剞劂工，陶吴、湖熟、方山、溧水人居多，开工于万历中叶……所刻经史子集、道经、释典，品类甚繁”，可见当时陶吴刻工的业务范围绝不仅限于南京，至少能达到苏锡常。

其雕版技术可分以下工序：

第一步，制版。先写样，将待雕刻的内容用毛笔写到誊印纸上。再勾描，用一张透明度较高、质地薄韧的纸张蒙在原稿上，用笔按照原稿一笔一画细心复制一份。这要求书写者能熟练掌握宋体、仿宋、楷书等各种字体，尤其是宋体字要求“横平竖直，点似瓜子撇如刀，钩如皂刺捺如锹”，特有的“鹅头勾”“腰子点”“兔眼点”更要表现到位。

第二步，校对。为减少错误，由专人负责对眷写稿进行校对。如发现误笔，将誊写稿上的谬误处直接挖去，补贴上白纸后再誊写正确即可。

金陵刻经处

错误过多则重誊一遍。

第三步，雕刻。先刮板上样，将誊写稿反贴在表面已打磨光滑的木板上。一般用棠梨木板，稀糨糊刷于其上，涂抹均匀，上纸后用棕刷由中间向四周轻刷，将气泡全部赶出，使纸与板紧密粘贴，并静置干燥。接着进行刻版，务必使刻出的一笔一画都与眷写稿一致，技术要求握刀要稳，下刀要准，走刀要流利，切忌凝滞剽轻。“（左）发刀深透，（右）挑刀快速”。然后敲空，即用木槌敲击曲凿，凿去版上无须保留的部分。最后检查一遍。

第四步，刷印。将纸张放到印版上，用擦子在纸背上自左向右、平整均匀地刷动，务必使雕版上的图文都能完整清晰地转印到纸上。纸张上版的位置，全靠目测经验，版框处的上面留七分，下面留三分，所谓“三分脚子七分头”。用墨匀净，要求“四角到，中缝黑”。

第五步，装订。揭起晾干后，装订成册，有分页、折页、撮齐、捆扎、压实、数书、齐栏、串纸捻、贴封面、封底、配书、切书、打眼、线装、贴签条、装函套之目。至此，雕版印刷才成为可以售卖的商品。

清同治四年（1865）建成的金陵书局，由曾国藩、李鸿章主抓，聚集了一批学者一起编书、刻书，既为善本精品而又平价销售，为晚清最为知名、最有影响的官修书局。据校书之一的《张文虎日记》载，拟聘用写手 6 人、发刀 15 人（刻字的左边）、挑清 40 人（刻字的右边）。《金陵物产风土志》则称：“金陵书局所刊之经史亦在他省上，盖陶吴镇人善于剞劂也。”将金陵书局的名声归功于陶吴刻工。民国出版的《江宁乡土志》也说：“陶吴镇人善于剞劂，故京师雕刻书板之匠，江宁南乡人居其大半。”也对陶吴刻工赞赏有加。

历史传承

陶吴刻工及雕版技术的兴起，与明代以后南京出版业的繁荣相辅相成。南京是明代首都，朱元璋将一大批技艺娴熟的雕版工匠集中到南京，为国子监的雕版图书贡献力量。宋代的南京雕版尚未出名，到了明代则一鸣惊人。明代《五杂俎》指出：“宋时刻本，以杭州为上，蜀本次之，福建最下；今杭州刻不足称矣，金陵、新安、吴兴之地剞劂之精者，不下宋板。楚蜀之刻，皆寻常

陶吴集镇旧貌

之封缸酒也又土製燒酒謂之大麥沖城中飲此者甚
鮮窖糟則甕貯之漬魚肉於中夏日食之謂之糟魚糟
肉與醉蟹之不能經久者異矣
本境用物品考
金陵圖書之府也明時有南監板較北監為精工厥後
豆巷（即焦狀元巷）焦殿撰竑家五車樓馬路街黃檢討虞稷
家千頃堂栞書與毛氏汲古閣等即近時金陵書局所
栞之經史亦在他省上蓋陶吳鎮人善於剞劂也故京
師刻木之匠江甯南鄉人居其大半若北鄉石埠橋人

《金陵物产风土志》关于陶吴刻工的记载

耳。”南京出版业发展的态势，可见一斑。

清《金陵物产风土志》又载 ：“金陵，图书之府也。明时有南监板，较北监为精。”认为南京国子监的雕版，比北京国子监要更胜一筹。

此类文献极多，甚至“四大名剧”之一的《桃花扇》中出现了三山街书商蔡益所。孔尚任写道 ：“天下书籍之富，无过俺金陵 ；这金陵书铺之多，无过俺三山街 ；这三山街书客之大，无过俺蔡益所。你看十三经、廿一史、九流三教、诸子百家、腐烂时文、新奇小说，上下充箱盈架，高低列肆连楼。不但兴南贩北，积古堆今，而且严批妙选，精刻善印。”可谓是陶吴刻工的最佳注脚。

尽管雕版的行业发展极为利好，但刻书的工钱却并不高。《书林清话》载，明嘉靖三十三年（1554）“……每叶（页）合工资壹钱伍分有奇，其价甚廉，至崇祯末年，江南刻工尚如此”。《前尘梦影录》载，崇祯末汲古阁的刻工雕刻每百字得钱不过二十文而已，即一般刻工的一日所得。到了晚清的金陵书局，工钱则优厚得多，“一日出字六千，一月出字十八万，计刻资二百八十八千”，算来每百字可得 160 文钱，实在不少。当然，陶吴刻工能够进入高薪行列，正反映了他们技术超群。可惜当时雕版不时兴署名，所以未留下陶吴刻工的姓名，确是一大遗憾。

清末民初以后，在活字印刷、石印、铅印等技术的冲击下，传统雕版印刷技术渐趋衰微，陶吴刻工的踪迹也渐渐杳闻了。

当代影响与价值

1990 年出版的《江宁县县属工业志》在提及江宁传统的陶吴刻书等手工业时，曾经总结认

陶吴集镇古柏旧影

江宁中学生学习雕版

为“上述诸种工艺，历经变乱，又乏扶持，能工巧匠多流往外埠谋生，工艺若存若亡”，所言甚是。如今，江宁地区的木刻行业，只剩下木刻版画、年画等一部分种类还有留存，雕版印刷的历史已不为人知。在南京的雕版印刷发展史上，对陶吴刻工以及湖熟、方山、溧水等地的刻工，也少有研究。

如今在收藏家手中的实物雕版上，还可依稀得见金石枣木之气，见证着一度辉煌的陶吴文脉。金陵书局遗址在冶山的飞霞阁，即今朝天宫的最高处，便是陶吴刻工剞劂梨枣之处，也见证着太平天国运动后南京文化事业的复兴。

2009 年，南京金陵刻经处与扬州广陵古籍刻印社、四川德格印经院捆绑申报的“中国雕版印刷技艺”，被联合国教科文组织正式列入人类非物质文化遗产代表作名录。这也提示着江宁人，陶吴曾经辉煌过的雕版印刷业，因为与文字和文化直接相关，所以蕴涵着巨大的历史和审美价值。如果有心把陶吴刻工的书籍作品收集起来，哪怕仅仅是复制本，其数量已经可观，会在人们心中产生震撼的效果。复兴已经失传的陶吴刻工技艺，前有金陵刻经处，后有扬州雕版印刷博物馆等，都是值得效仿和学习的案例。

小丹阳铅活字印刷技术

基本概况

铅活字印刷技术主要流布于小丹阳集镇。

铅活字印刷，即利用铅、锑、锡三种金属配比熔合而成的铅活字，排成完整版面进行印刷工作，是结合了中国本土发明的活字印刷术与西方的铅字印刷术二者优势的印刷技术。

提到活字印刷，最著名的便是北宋庆历年间毕昇发明的泥活字。北宋沈括《梦溪笔谈》云："庆历中，有布衣毕昇，又为活版。其法用胶泥刻字，薄如钱唇，每字为一印，火烧令坚。先设一铁板，其上以松脂、蜡和纸灰之类冒之。欲印则以一铁范置铁板上，乃密布字印，满铁范为一板，持就火炀之，药稍熔，则以一平板按其面，则字平如砥。若止印三二本，未为简易；若印数十百千本，则极为神速。"这是关于活字印刷术工艺流程的珍贵记录，从中可以得知：活字印刷首先需要用胶泥制阳文字模，一字为一印，用火烧硬。排版时先预备一块铁板，其上箍一铁范，称为一"板"。再用松香、蜡、纸灰等将板填平，之后将字模按位置依序放入铁范中，用火烘烤，将混合物熔化，与活字块结为一体，趁热用平板在活字上压一下，使字面平整，便可进行印刷。印刷完毕即可拆板，要印其他书时不必重新刻板，将拆下的字模重新摆字印刷即可，是为"活字"。中国历史上曾使

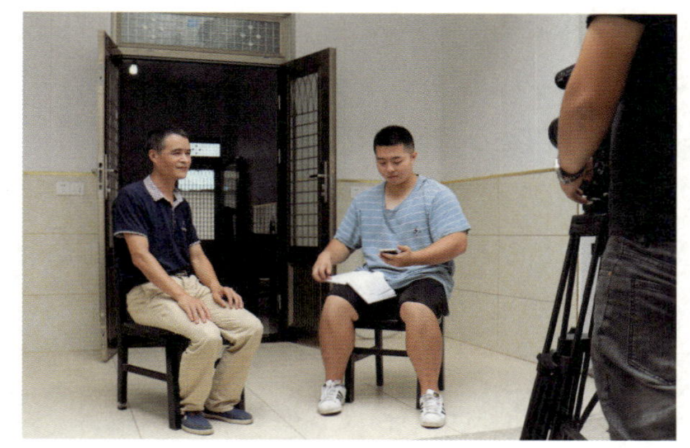

小丹阳铅活字印刷技术知情人接受采访

用过木活字、泥活字、铜活字、铅活字等，因字模材质不同而有差异。其中江宁使用的铅活字法，与沈括所述的泥活字法大同小异。

活字印刷自北宋出现后并没有取代雕版印刷的市场，这是因为活字印刷比雕版印刷多几点缺陷：第一，活字印刷前需要校对；第二，活字印刷在印制结束后需要将字模按序归位；第三，活字印刷如需再版重印，就需要二次排版，而刻制好的雕版则可以立即投入使用；第四，中国汉字数量浩繁，而每一次印刷会对字模产生磨耗，除非需印刷的书籍达到一定数量，刻制字模的综合成本比雕版更高。

江宁小丹阳地区在二十世纪八九十年代曾开设过规模较大的印刷厂，仍然使用铅活字印刷技术进行书籍、发票等纸品的印制，铅字印刷的字

铅活字印刷工具

体有宋体活字、楷体活字、仿宋体活字等，其中以宋体活字应用最为广泛。

张惠明是小丹阳铅活字印刷技术的知情人之一。他于 1987 年初中毕业以后进入当地的印刷厂从事铅活字印刷工作，后在小丹阳自己开设铅活字印刷店铺。至 2006 年，他的店铺购入一套小胶印设备，完全取代了铅活字排版。与此同时，禄口街道马铺村已故村民袁福根搞的印刷厂也曾用铅活字印发票。

历史传承

小丹阳铅活字印刷技术是中西文化交流的产物。铅活字最早由德国人谷登堡在 1450 年前后发明。谷登堡最早创制了钢字冲—铜字范—铅锑合金活字三位一体的字模铸造方法，用于印制赎罪券、圣经等宗教纸品。以钢做冲刻制铜范，再以其浇筑铅合金字模，既降低了铸造字模的成本，又保证了模范的耐久性和印刷的清晰度。比起泥制和木制字模，铅合金的优点在于熔点低，熔融后流动性好，凝固时收缩小，铸成的活字字面饱满清晰。

谷登堡创制的铅活字仅有 21 个古拉丁文字母，汉字被制成铅活字的时间则已晚至 19 世纪。有关中国最早的汉文铅活字出现的时间，学界观点不一。主流的观点是十九世纪初英国伦敦布道会派来中国的传教士马礼逊为了传教需要刊印汉文《圣经》，开始刻制汉文字模。由他主编的《华英字典》，也是由汉文铅活字印制而成。此外还有汤姆司中文铅活字、英国伦敦布道会的牧师撒母耳（Samuel Dyer）等诸说。

江宁地区刻版印刷历史渊源悠久。《江宁乡土志》卷下第四十四课《刻字 · 印刷》云：“在昔金陵为图书之府。明时有南监板，较北监为精工。即近时金陵官书局刊印之经史，亦在他省上。陶吴镇人，善于剞劂，故京师雕刻书板之匠，江宁南乡人居其大半。”可见江宁刊刻书籍的能工巧匠技艺之高超。同书又云：“近日摆板及铅印、石印之法盛行，印刷之业渐发达，除省立之印刷厂外，排字印刷之铺，亦日渐增多矣。”说明民国时期江宁铅印技术已经颇为发达。

当代影响与价值

铅活字印刷术虽然在特定的历史时期具有很大的优势，但随着印刷技术的进步，尤其是胶印机和电脑激光照排技术出现后，铅活字因步骤烦琐，成本高昂，技术明显落后，很难再有市场；再加之铅合金字模中含有大量金属元素，长期在印厂工作，容易对身体产生副作用，因此铅活字印刷术逐渐被时代淘汰。但是作为印刷史的重要一环，铅活字印刷仍具有一定的历史价值。

佘村烧制石灰技艺

基本概况

佘村烧制石灰技艺，主要流布于东山街道佘村社区。

早在明代时，佘村的石灰制造业已经相当成熟繁荣，传承至今，已有不下600年历史。知情者陈大恩、孙兴寿。

江宁地区丰富的优质石灰石矿产，是佘村石灰烧制发展昌盛的重要支撑。1985年江苏省地质矿产研究所测算结果显示，南京市石灰石远景储量可达45亿吨，其中仅江宁区的上坊至汤山一带储量便高达20亿吨，并且品质优良，氧化钙储量多在50%—60%之间。江宁已探明的大型石灰石矿藏有孔山、青龙山、龙王山、老虎洞、大连山等七处，其中青龙山正处于佘村西侧，是佘村烧制石灰原料的直接来源。青龙山一带采石烧窑历史久远，许多史料文献都对此有所记载，如清代的《同治上江两县志》卷三中便记有“青龙山……产石材，质甚良，郡人竞采为碑础，或煅以取灰”。

佘村烧制石灰技艺包括建窑、装窑、烧制、出灰数道工序，需要用到的材料和工具包括砂石、黄泥、石灰石、山柴、铁叉、铁锹等，具体步骤如下：

第一步，建窑（又叫圈窑）。为便于原料和产品的运输及满足通风透气的需要，窑址应选在距离开采石灰石矿不远的半山腰上，以窝风朝阳之地为佳；为使窑体地基扎实，建窑必须紧靠山体。修造窑的材料需采用耐热的砂石。窑体内部结构呈高约10米的截锥体，窑体底部是直径约3米的圆形。随着窑体升高，圆的内径逐渐减小，直到形成内径为1.5米的圆形窑顶。窑体下部须开一窑门作为供燃料与制品进出之通道，窑门一般做成高约3米、宽约2米的拱形，拱顶用楔

民国时期南京城内送石灰的车夫

江宁佘村潘氏住宅

形砂石嵌紧。此外，窑体下部还应砌出一道宽约 0.5 米、高约 1.5 米的圆形腰箍，以备后续装窑之用。最后需要注意的是，窑体内壁与外壁之间要用黏性好的黄泥夯填结实，以保证窑内密封性

佘村雪景

能达到要求。

第二步，装窑。装窑是在窑体内装满石灰石原料，这一步虽看似容易，实则充满着技术含量。为了让山柴充分燃烧，烧制出合格的生石灰，需要先在窑体底部的腰箍上用三角形状的石灰石垒成一个圆圈，然后如此重复一层层向上叠加，逐渐收小圆的直径，直到形成一个形似底朝天铁锅的结构，再用一块锥形石块将空隙嵌紧。此后，即可把大量的石灰石原料从窑顶倒入。为了便于热空气流通，一般往底部倒入大石块（俗称大片），中部倒入稍小的石块（俗称二片），上部倒入道砟和碎石。装满窑后，将窑体底部与窑门交界处用砖砌严实，并在距地面约一米处留下一尺见方的火门，这道工序被称为封门或过门。

第三步，点火。这一步骤有四个要素要注意：其一，挑对天气，即点火时要避开雨天，以防窑温不足，拖长燃烧时间，同时造成燃料的浪费和成本的增加；其二，山柴要干，须采用见火就着的干柴；其三，燃料备足，因为窑内点火以后就不能停火，更不能熄火，否则成品外熟内生，内部含有石块，将成为废品；其四，看火候。概括来说，看火就是看炉内石灰石被高温燃烧以后颜色发生的变化。一般来说，当连续燃烧八九天以后，炉内石灰石的颜色即由白变红，犹如炭火一般，在黎明时分从窑顶往炉内看，全窑石块像一个个熟透的红柿子，里里外外不含一丁点儿黑色时，方可停火。看火候对时间的要求很严格，若是白天光线过强的时候，很容易判断失误，致使产品报废。

第四步，出灰。窑火熄灭后，冷却二至三天，

佘村雪景

石灰即可出窑了。首先应当拆去封门，其后以特制的长铁钩，钩倒那“倒扣着的锅底”，大块大块铜青色的石灰即会从窑内倒出。此时即可将产品装车，运出售卖了。

石灰的生产是一门耗费精力的活计，佘村经营此业者，往往要伴鸡鸣启行，黄昏方归，因此民间一度流传“佘村人卖石灰,早出晚归”之说。

由于佘村出产的石灰品质优良，长期远销江宁县境内外,口碑极佳。石灰用途广泛,如不加水,粉状的生石灰可以用于搅拌桐油、鱼油；可用作防水吸潮的保护剂，保持周遭环境的干燥；也可铺撒在地面上，起到杀菌消毒的作用。如将生石灰放入池中，加水沸腾，制成泥糊状的熟石灰，则可兑入草木灰，用于建房造屋时涂抹砖缝、粉刷墙面。除上述作用以外，石灰还可作止血药用，据李时珍《本草纲目》记载:“石灰，止血神品也，但不可着水,着水即烂肉。”清吴仪洛《本草从新》亦载“火毒已出之顽疮，脓水淋漓”，此时以石灰“敛疮口尤妙”。

1933 年任美锷等考察江宁青龙山石灰岩

历史传承

明代洪武年间，青龙山优质的石灰

佘村雅丹地貌

石资源，开始得到大规模的开发利用。其时都城南京大兴土木，所用优质石灰的原料大多取自青龙山、阳山一带。大约自此时起，佘村百姓响应圣谕，开始广建石灰窑，大烧石灰。佘村在青龙山的大规模取石烧窑制石灰，一直持续到清道光十六年（1836）上元县立碑禁止在青龙山一带采石烧窑，方才短暂中断。其时金陵城内文庙、衙署、民房频繁遭遇火灾，“民物无复昔年之盛”，官府对此束手无策，遂取信一些士绅提出的风水之说，决定禁断青龙山采石。

至太平天国失败后，为重新建设金陵，清政府方才开放禁令。1918 年成书的《江宁乡土志》中便记载有此事：“（石灰）矿产向以土人惑于风水之说，立碑禁采，嗣经厉禁大开，摄山、青龙山、象山、圆山一带均已试办……青龙山之石为烧石灰之原料，定林一带石灰窑甚多，每岁所出石灰约在六七万石左右。”由此文献可知，至民国初期，江宁的石灰烧制又达到了比较繁荣的程度。

随着抗战爆发和社会动荡的加剧，江宁地区百业萧条，同时社会对石灰的需求也大为减少，石灰制造业遭受到了极大的打击。到新中国成立前夕，江宁县境内仅余下 2 个个体经营的石灰窑还在生产石灰，总产量很小。随着新中国的成立，石灰产业产能稍有恢复。1950 年，全县石灰生产产值为 7.44 万元。

二十世纪七八十年代，江宁石灰制造业开始有较大的发展。这一时期，更多的先进技术被引入了石灰生产，如传统的土式窑被发展为鼓风群窑，后来又发展成今天的自然通风组合窑，实现了节电、节煤、增加产量的效果，在降低成本的同时，提高了生产效益。当时的佘村大队依托周边丰富的石灰石资源，在“无工不富，无农不稳，无商不活”的号召下，经上坊乡政府批准，先后兴办了采石一厂、采石二厂、石灰厂三家企业。大队选派骨干人员对企业进行管理，招聘技工。

江宁老地名佘村解读碑

1996 年岔路口古采石场遗址

到了 1985 年，佘村仅上坊乡炼灰厂一处，年产石灰量便超过 5.2 万吨。在改革开放的推动下，国家建设突飞猛进，各地石灰生产都呈供不应求之势，佘村三家企业效益日增，至 1988 年石灰及采石业产值已达 350 万元，利润超 70 万元，产业内人均纯收入近 2000 元。

二十世纪七八十年代开始的大规模开山采石，虽然为江宁的经济建设做出了极大贡献，但也引起了生态环境方面的诸多问题。青龙山地区的山体及植被在高速开发的过程中受到了严重的破坏，在山体土壤受到破坏的同时，山体景观也严重破碎化，江宁生态廊道内的山体及林地景观的生态和美学价值明显降低。为了协调生态建设与经济建设的关系，2007 年，江宁区政府出台了关停采石采矿企业政策，佘村地区的炼灰厂和采石场均受此影响而被关停。

当代影响与价值

佘村的石灰制造业颇为知名，曾为江宁的经济发展做出过积极贡献，生产的石灰供应到南京各地区，在城市建设中发挥了重要作用。如今出于环境保护的需要，佘村石灰生产规模已远不如前，甚至有关停之势。陈大恩、孙兴寿、陈大树等传承人，基本都是曾从事石灰生产的技术人员，目前年事已高。随着产业的逐渐消亡，石灰烧制这项“非遗”既不能发挥其经济价值，而且也将因没有传人而消亡。

目前，青龙山麓小茅山尚有数座土式石灰窑遗存，它们是记录佘村烧制石灰技艺历史的重要实物，有待获得有关部门的开发与保护。其独特的历史文化价值，既与青龙山的石质和地貌有关，也与古人对风水的理解相关，更与南京重要的历史建筑息息相关。近年汤山地区利用昔日矿坑建成的文化旅游项目，已获社会大众的普遍赞誉，这为佘村石灰烧制遗存的未来保护利用提供了学习与借鉴的案例。

淳化民间锻石技艺

基本概况

淳化民间锻石技艺，主要流布于淳化街道土桥社区。新中国成立前后，淳化锻石技艺以营建桥梁、涵闸、水坝等工程而闻名。知情者赵衍锦。

在20世纪中叶，一般的乡间桥梁、涵闸、水库大坝及护坡等建筑普遍以石块砌筑，建造过程中工匠需要对石料进行锻磨锻碾、雕琢栏杆等加工。淳化土桥一带的石匠，因技术纯熟、工程质量好，在南京地区远近闻名。二十世纪七八十年代，江宁县内外许多重要桥梁、水利、道路工程的建设，都是由土桥工匠参与完成的。

淳化传统的锻石建筑工艺，须用到各式石锤、凿子、铁锹、泥刀、泥桶等工具。所需准备的材料，除各种规格的石块外，还应配有石灰及稻草斩碎后揉捻制成的纸筋。具体的工艺流程可分为如下两部分：

第一步，凿大石块。首先在石料上画线，确定用料的多少；随后，在石料上钻洞眼，嵌入铁塞后以铁锤敲塞，凿出所需的石块。这一步的要诀，可概括为“眼要正，塞要正，用锤要匀”。

第二步，垒砌。这一步根据所需制造的对象有所差异。当砌护坡时，须就地势选取大小薄厚不同的石块，用锤凿稍加修锻，按坡比（吊线）垒砌，以砂浆合缝，每隔一段需注意嵌入一截竹管以便渗水；当砌墙时，须使用大小规格统一的条石，拉线垒砌，用石灰拌以纸筋、水泥填合缝隙；若砌拱桥，则必须先搭支架，土层脆弱时应当用横木垫在支架下，桥较大时则应先打桩做垫底，以保证支架不松动。支架完成后，从两侧以50至60厘米长、20至30厘米厚的条石，同时向中间垒砌，最终合拢于拱顶，以石灰、纸筋拌和水泥嵌缝，桥建成半月后方可撤去支架；砌涵闸时，须在闸两侧用大石块垒砌出宽2至3米的门柱，再锻造一块大青石做闸门，青石顶部须注意凿一圆眼，以便系扣铁索，供拉放闸门时使用。闸门制成后，在门柱上凿槽，再将闸门顺槽置入门柱间即可。

土桥工匠设计建造的建筑，大多十分坚固稳健，经久耐用。如20世纪50年代造的周子涵闸、

窦村老巷旧影

五城圩十字桥

同带到了当地。在淳化，潘红庆以专营石匠活计为生，周边地区多来找他造涵筑闸、砌护坡、砌墙基等。其由于技术扎实声名远播，不少年轻人都拜入潘红庆门下学艺。

新中国成立后，淳化的远景大队请潘红庆及其徒弟组成石工队，承包当地的石匠建筑业务。到 1966 年，潘红庆的建筑队伍规模已达到 70 多人。土桥乡政府便以他的队伍为核心组建土桥建筑站，统揽全乡范围内的农田公路的桥梁、涵闸建设。这一时期，由于更加便捷、稳固的钢筋混凝土材料开始推广普及，建筑站逐渐以此替代原先的石材作为建筑的主要材料，但造桥的理念技术仍与原先一脉相承。

此后，淳化民间锻石技艺为江宁农田水利及水陆交通建设，做出了极大贡献。二十世纪六七十年代，由淳化土桥工队承建的土桥周郎桥、秦淮新河麻田桥、五城圩十字桥、汤水河水门桥等桥梁至今仍存，已成为当地的地标性建筑。以较为著名水门桥和五城圩十字桥为例：水门桥全桥长 75 米，单拱跨度达 50 米，当时江宁县建筑工程队不敢承接，而土桥建筑站顺利建成，可见淳化锻石建筑技艺之精；五城圩十字桥桥拱呈十字交叉，桥面分东、两、南、北四个方向分布，是独特的双拱敞肩型桥梁，外观极具设计美感，充

70 年代造的五城圩十字桥等等，经历了半个多世纪的风雨仍然屹立原地，并且依然可以发挥其作用，其中一些甚至已成为文物保护单位。

历史传承

淳化民间锻石技艺，渊源在著名的“石匠村”窦村。在新中国成立前，将石工手艺传入淳化地区的潘红庆即是窦村人，他年轻时即掌握了开山凿石的技艺，后入赘至淳化一带时，将技艺也一

玩石锁

窦村石匠旧影

1960 年代末淳化地区卫星图

市、县三级政府嘉奖。此后，潘红庆带出的队伍越发壮大，于 1989 年成立江宁县桥梁建筑工程总公司；2005 年，又成立润盛集团有限公司，拥有一级建造师 29 人，二级建造师 39 人，中初级专业人员 600 多人，员工总数达 4500 多人，业务范围不断扩展，现已获得国家二级桥梁建筑资质。

分反映了土桥工匠的智慧。该桥桥栏上还刻有“抓纲治国”“自力更生，艰苦奋斗”“农业学大寨”等富有鲜明时代特征的口号，是 20 世纪农田水利建设历史的珍贵记录。2011 年 1 月，五城圩十字桥被江宁区人民政府定为区级文物保护单位，受到了社会广泛的关注。

1982 年，随着淳化的建筑队伍扩大到 800 多人，“江宁县桥梁建筑工程公司”正式成立，并开始承接江宁内外的中小型桥梁业务。公司所造的桥梁建筑保持了一贯的高质量，如建于梅山铁矿南端、长 176 米的格子桥，在验收时受到省、

当代影响与价值

近年，继承了淳化民间锻石技艺、精神与理念的南京润盛建设集团有限公司发展势头良好，先后获得“市政公用工程施工总承包壹级资质”“国家优质工程银质奖”“江苏省建筑业百强企业基础设施类十强”等多种殊荣。目前，集团总注册资本为 1.2 亿元，年施工产值超 30 亿元，企业的市场网络逐步扩大，还在洛阳、合肥等地设立分公司，并在苏州、无锡、镇江、徐州、连云港、盐城、宿迁、淮安、南通以及合肥、宣城、唐山等十多个城市获得了市场，使此项“非遗”逐渐发挥了更大的经济和社会效益。

丹桂石匠技艺

基本概况

丹桂石匠技艺，主要流布于湖熟街道丹桂社区。传承人徐远如，知情人赵阳春。

徐远如是湖熟杜桂村香林寺的僧人，他所传承的丹桂石匠技艺与窦村有所区别，其工具非常简单，就是一把锤子、一把錾子，但制作的石刻类别却较为广泛，可分为农具、建筑构件、丧葬用品、其他类等。农具类有石磨、石臼及石碾子等，建筑构件有房屋磉墩上面的柱础、铺路用的块石及石桥栏板、望柱等，丧葬用品有墓志、墓碑等，其他类有门前的石鼓、体型庞大的石狮子及各类小动物石雕等。其制作流程如下：

1. 选材。按照石刻的以上分类选择石材，其色彩及纹理要与相关器具的功能大体相符，也可根据主家的指定要求选材。民国时期制作的石桥栏板，一般以青石为主，多来自江宁。湖熟周边盛产青石、白帆石、太阳红等石料，在不同的场所也多有应用。

2. 打粗坯。用锤和錾先对石材加工出石刻的大体轮廓，其原则是宁多勿少。

3. 细作和打磨。即在前期打造的石刻粗坯的基础上，用糙石、金刚石等打磨工具进行手工打磨、抛光，以显示石材的质感，增加石刻作品的光彩，提高其艺术感染力。根据具体需要，通体打磨、局部打磨皆可。

历史传承

据口碑资料，丹桂石匠技艺至少起源于晚

窦村石刻

1926 年开采石料场景

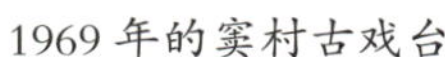
1969 年的窦村古戏台

窦村石宅

清，在民国时期及新中国成立后的 50 多年传承较好。

据赵阳春介绍，徐远如原来是杜桂香林寺的僧人，他的石匠手艺是香林寺里的老师父教的。后来寺庙毁了，庙里的僧人大多散了。徐远如等少量僧人舍不得离开，就靠着庙里祖传的石匠手艺讨生活。僧人做石匠是湖熟集镇的一大特色，可以说，早年是一代代僧人负责湖熟地区的石匠活。新中国成立后，杜桂村周边的石匠活，不少是由徐远如承包的。他差不多会加工各类石刻用品，这也印证了“一把锤子、一把錾子，石匠打天下”那句话。他手艺好，为人忠厚，收费又不高，故深受杜桂村居民爱戴，大家多数喜欢叫他“和尚”“徐师傅”或者“徐和尚”。早年，他一直住在距香林寺不远的杜桂石拱桥边。此桥始建于清代，为纵联分节单孔石拱桥，东西偏北走向，桥长 17 米，宽 3.6 米，矢高约 4 米，由石灰岩垒砌而成。桥下“荷花沼”原是秦淮河支流之一，

杜桂村石拱桥

窦村方长顺师傅刻“泰山石敢当”

因河流改道,遂成村旁一口大水塘。1983年6月,列入江宁区文物保护单位。杜桂石拱桥修筑的细节虽难以究明,但曾运用丹桂石匠技艺当无疑问。

因为传统的石匠手工技艺需要一把子苦力气,工作辛苦,效率不高,也挣不到多少钱,近若干年石刻制作大多已改用机械设备了,只有很精细的雕刻才偶尔使用小錾子进行修饰。丹桂石匠技艺的绝迹也自在情理当中了。

当代影响与价值

2009年7月,在江宁区非物质文化遗产资源线索普查过程中,赵阳春曾对传承人徐远如进行了专门的采访。10多年后,当我们计划对丹桂石匠技艺这项非遗资源开展深入调查时,却发现徐远如已经去世多年,这令赵阳春唏嘘不已,并生发诸多感慨与遗憾。由于徐远如生前没有招收徒弟,这项传统技艺随着传承人的去世已经消失了,只是不知道湖熟老街是不是还保留有他所经手的石刻艺术品。类似丹桂石匠这样近年急遽失传的传统技艺类"非遗"资源项目应该还有不少,这一现象在南京、在全国也很普遍。就此而言,江宁"非遗"资源的保护与传承确实是任重而道远。

油坊桥造桥技艺

基本概况

油坊桥造桥技艺，流布于横溪街道小丹阳勇跃社区油坊桥村。

油坊桥古称甘府桥，始建于元代，清乾隆年间复建。现存石桥为1917年重修，长19.4米、宽5.8米，单孔拱形，拱径8米，如“垂虹玉带”，全以青石为之。

油坊桥至今仍是当地的主要通道，桥上保留的清代早期石狮子多是窦村石匠的雕刻作品。据窦村石匠介绍，在民国时期和新中国成立后，建造石桥的技艺被传承下来，形制以单孔石桥为主。一般的建桥程序为：备料、选址、聘匠——打桩、砌桥基——砌桥墩——安置拱圈架——砌拱——合龙——雕刻装饰——落成。其中备料包括建筑材料（石材、木材等）和黏合材料（桐油、米汁等），从坚固程度考量，建筑材料多用花岗岩条石，以之砌筑桥基，可获万年永固。聘匠这一步骤中，最重要的是聘请到造桥的石匠，其次是刻字和雕花的匠人。如果是三拱大石桥，石匠还要在桥墩

油坊桥（一）

油坊桥（二）

前后分别设分水尖，以抵消流水的冲击力。所以在江宁地区，石桥多能保存到百年以上，某些营造技艺高超的单孔拱桥，已经存世 300 年以上。

相传造桥中最关键的是合龙（又叫压顶）的步骤，即安放桥梁最中间的石头——桥心石。过去的老石匠往往将桥心石的空位提前留出，专门等人来喊他的名字，喊过后这个人的灵魂就会收在该地镇桥。这一民俗称为“喊魂”。喊完魂，这个桥才算是正式落成了。

“雕刻装饰”这一步骤，可从油坊桥现存的两个莲花型桥柱和一只清代早期石狮子找到珍贵的实例。用猛兽装饰桥梁，寓意能够保护桥梁不受损坏。明清之际流行以石狮镇宅，石狮也成为镇桥的猛兽。油坊桥上原有四只石狮，现保留清代石狮一只，余下三只石狮很有可能是后来窦村石匠补足的。莲花型桥柱的雕刻，是当时的吉祥纹饰，反映当时喜闻乐见的民俗。在雕刻时，要注意大体的轮廓准确，造型生动，细节丰富。

油坊桥上的车辙痕迹

历史传承

在油坊桥向北 20 米的房屋内，镶有清雍正八年（1730）刻《古梅庵亭》、乾隆九年（1744）刻《乾隆甲子所收乐输碑记》、乾隆二十四年刻《重建油坊桥碑记》、1917 年刻《重修油坊桥碑记》四块石碑，均保存完好，对研究造桥历史及技艺有较大的参考价值。

油坊桥是旧时南京通往安徽宣州、歙县等地的重要交通要道，其始建年代，据乾隆九年残碑，特别是碑铭中“至正正月重造”等字样分析，该桥元代已经存在，原名甘府桥。“甘府”之名，推测与东晋名将甘卓有关。甘卓为孙吴名将折冲将军甘宁之曾孙，任东晋梁州刺史，镇守襄阳，为老百姓办了很多实事，深受百姓拥戴，之后因王敦谋反被诱杀，归葬丹阳。元代此处为甘氏所居，故有此名。

乾隆七年（1742）夏，洪水将桥冲毁，过往行人只能蹚水过河，河水湍急，当地百姓在河上搭建了一座简易桥梁。九年夏，丹阳镇吴德远、程北瞻、朱治山三人倡议募集银两重新造桥。后仅募集100余两，购买石料后经费尚缺不少。不久，吴、程二人相继去世，造桥一事因此中断。二十二年秋，程昭凌继承父亲遗愿，同史尔炽、史心怀、叶廷佐等人，先在桥旁边建亭供行人休息，并向休息者募集银两。同年十月中旬，修桥工程动工。他们不顾天寒，轮番监督施工，终于在次年冬末完成任务。新桥更加高大，总共耗银1000多两。咸丰（1851—

清乾隆二十四年（1759）刻《重建油坊桥碑记》

洪水中的油坊桥

油坊桥（三）

修缮中的油坊桥

雍正年间有关捐资建造油坊桥茶亭的功德碑

1917 年立《重修油坊桥碑记》

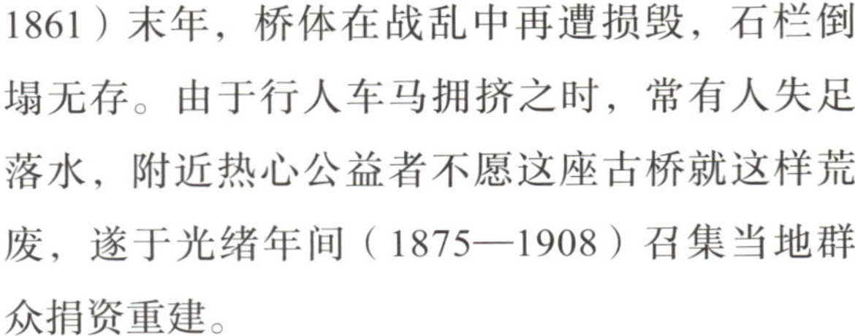

1861）末年，桥体在战乱中再遭损毁，石栏倒塌无存。由于行人车马拥挤之时，常有人失足落水，附近热心公益者不愿这座古桥就这样荒废，遂于光绪年间（1875—1908）召集当地群众捐资重建。

当代影响与价值

作为江宁地区已发现的有准确纪年、重修资料详细完整的一座古桥，油坊桥具有较高的研究价值，并于 2006 年 6 月列入南京市文物保护单位。2013 年，文物部门对油坊桥桥身进行加固，同时调低拱桥的坡度，以保证村民安全通行。近年，地方政府出资修建宁鲍路，分流村民的出行压力，以更好地保护古桥。如今，这座古桥只允许行人和小型车辆驶入，不允许大车通行。其桥面的青石板路已被磨得光滑锃亮，仿佛在向游客诉说当年的人来人往。据调查，关于油坊桥传统的造桥技艺，目前仅有一些知情人了解，因为没有需求，故难以得到传承。

铁匠技艺

基本概况

铁匠技艺，主要流布于谷里街道的石坝、向阳、亲见、东善桥、吉山、霞辉庙等地区。

从事铁器制作工作是很苦的差事，过去被列为“撑船、打铁、磨豆腐”世上三苦工作之一。打铁匠人一要身强力壮，二要心灵手巧。旧时，铁器制作技艺传承都是师徒制，徒弟首先要练习拉风箱、添煤清渣、夹热铁、抡铁锤、剪裁铁板等基本技能后，才正式跟着师傅打铁。师傅一手用铁钳钳着火红的铁块，一手拿着小铁锤，根据需要不断地在铁砧上敲着不同声响。徒弟则抡起大铁锤使劲敲打着火红铁块的不同部位，直至铁块被敲打到所要打制的铁器基本成形为止。然后徒弟站在一旁看着师傅淬火、回炉、精敲细打、剪修，使粗坯成为成品。就这样，经过3年艰苦的千锤百炼，徒弟方能初步掌握打铁的要领。

制作铁器的材料有生铁、废铁、钢、各种铁具原件的废品、煤、柴油等，工具有铸铁炉、风箱、大小不等的各式铁锤、刨刀、裁剪刀、各式铁钳、水缸（以备淬火用）、铁印等。其制作工序是先把回收来的各式旧铁具、废铁、废钢材放入熔炉加热，使其熔化成铁水，再把铁水倒入各式铸模中进行翻砂，得到各种各样铁具粗胚。再将翻砂好的铁具粗胚放入平炉中加热到一定程度，取出后进行敲打，使之成为一定形状和尺寸的制品。接着把锻造成型的铁制品进行退火、再锻造、镶钢、回炉、淬火。最后把锻造成功的铁具进行人工切削、研磨，使

打铁的工具

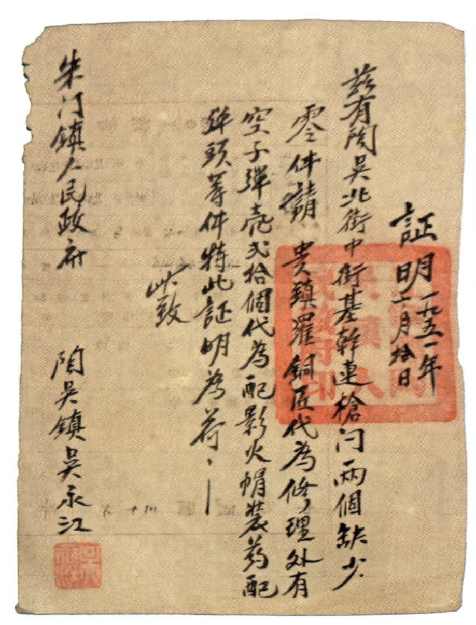
證明　一九五一年十二月拾日

茲有陶吳北街中街基幹連槍閂兩個缺少零件請吳鎮羅銅匠代為修理外有空子彈殼弍拾個代為配彩火帽裝藥配彈頭等件特此証明為荷！

此致

朱门镇人民政府

陶吴镇吴永江

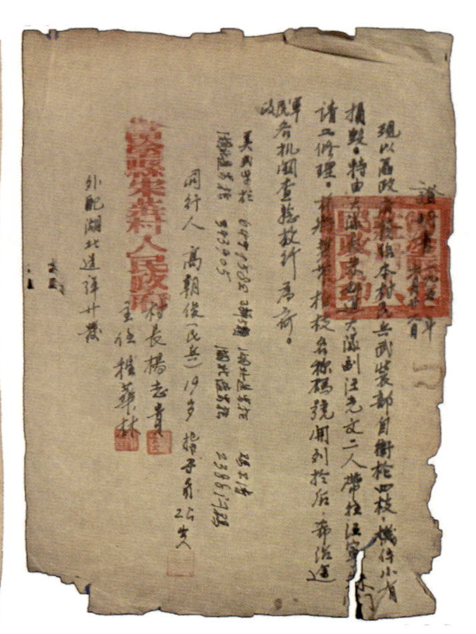

1951 年陶吴罗铜匠公函

之造型美观大方。

“工欲善其事，必先利其器”。从事劳作，就得制作工具、机械。一般常见的铁农具有钉耙、锄头、锹、犁、耙、耖、镰刀、铲子等。还有日常生活、交通运输和建筑方面，也需要各类铁制品。旧时江宁各乡镇及周边分布的大量民间铁匠铺，就是为了满足这些需求，其中谷里街道数量最多，还涌现了不少技艺精湛的铁匠，如东善桥地区的王全福、张良得师徒二人，石坝地区的邓可荣家族在当地都颇为知名。邓家铁匠铺历经五代，前后传承百年。

历史传承

江宁地域盛产铜、铁矿，在交通运输较为困难的情况下，往往就地开采，就地冶炼制造器具。早在春秋时期，江宁境内已有对铜矿的开采和冶炼活动，这就是 1987 年在与句容市交界的汤山街道东北约 3 千米的九华山铜矿伏牛山矿区发现的古铜矿遗址。共发现了 4 个古采矿场（采空区）、10 个天井（用于通风和提升矿石）和 28 个爬窿口（巷道）。在距采场爬窿口不过百米之遥的东沟砂子坡还发现大量废矿石堆、炼渣及冶炼遗迹，可以证实当时开采的矿石就在附近进行粗选和冶炼。值得一提的是，伏牛山古采矿场采用的空场留柱、分层切割及分段螺旋道（又称“之”字形斜坡道）矿采技术比较特殊，尤其是后者，在西方采矿技术、设备均处世界领先地位的瑞典等国，直到 20 世纪 50 年代才完成从试验到应用和推广。

除伏牛山古铜矿外，从文献记载可知禄口街道的铜山采铜的历史也可以追溯到南朝早期，刘宋鲍照《过铜山掘黄精》诗云“铜山昼深沉，乳窦夜涓滴”可以为证。又据唐《元和郡县图志》卷二十九，当涂县“赤金山，在县北一十里。出好铜，与金类，《淮南子》《食货志》所谓‘丹阳铜’也”。当涂县北的赤金山与江宁东南的铜山本属汉六朝丹阳县地，出土的汉代铜镜上就常见有“汉有善铜出丹阳，和以银锡青且明”等镜铭，故可推知出善铜的“丹阳”当即包括江宁地区。此外，江宁元山胭脂村沟墩等商周时期台形遗址上都发现有铜炼渣，而铜井镇不仅是古代铜矿井所在，而直到新中国成立初期仍在开采铜矿。这些发现足以说明江宁地区是长江下游古代青铜冶炼铸造的重要地区之一，其历史至少可以推前到春秋时期的吴国乃至更早的湖熟文化时期。新中国成立后，江宁多地还出土了数量可观的春秋时期青铜器，一些青铜器的造型和装饰颇具地域特色，很有可能就是为当地所铸造。

民国时期，南京城郊及江宁县发现并开采的铜铁等矿产资源更多。据《首都志》及《江苏省通志稿 · 矿物志》记载，太平门外蒋王庙后的紫金山有铁矿，其地名皇心埂，占地四十余亩。江宁县域内的铁矿有牛首山、前山洼、凤凰山三处，铜矿有横溪磨子山、汤山伏牛山，锡矿有牛首山，铅矿有愚公庙石山等四处。谷里、东善桥地区紧邻牛首山铁矿、吉山铁矿、凤凰山铁矿，具备冶铸发展与传承的自然条件，其地冶铁业一直比较发达，当与此相关。

当代影响与价值

新中国成立后，江宁地区从事铁器加工的部分铁匠加入手工业社集体企业。“文化大革命”期间，大多个体私营铁匠铺被当作“资本主义尾巴”，被迫停业。改革开放后，随着农村实行经济体制改革，农村市场开放，江宁私营老铁匠铺又呈现出红红火火的态势，一度焕发出勃勃生机。近年，在大规模城镇化的浪潮下，人们对一般的铁农具的需求大大减少，加之铁制品工业化生产的趋势，江宁大多铁匠铺生意萧条，古老而传统的铁匠技艺或在不久的将来逐渐退出历史的舞台。

丹阳锯镰刀制作技艺

基本概况

丹阳锯镰刀制作技艺，流布于横溪街道小丹阳集镇及周边地区。传承人许修云、李昌顺等。

镰刀，也叫禾镰、镰，俗称禾钩，是一种收割农具，一般由镰刃、镰头、锯齿、锯体、手柄等部分构成。旧时的镰刀用途较广，每到庙会或者物资交流大会时，包括镰刀在内的农用器具就会摆放在街头，任参会人选购。镰刀主要用于收割水稻、大豆等作物，也用于割草割柴，还用于驱邪祈祥。《丹阳镇志》载："清明节前后浸种，浸种的缸或盆子里要插上柳树条，并放一把镰刀，意思是秧苗像柳树一样茁壮成长。"

据传承人李昌顺介绍，丹阳锯镰刀的制作虽然简单，但工艺要求比较高，需要采购钢、铁、锌等原料，其制作有加工初坯、加热打造、钉制锯牙、印打商标等工序，简要介绍如下：

第一步，下料。即选择用料，一般用 45 号钢，60 号钢最好，但最难打。小王山炼铁厂就是旧时丹阳锯镰刀所需的原料生产地。此外，还需要备好锌、木炭、风箱、炉灶、铁子、铁台等生产器具。

第二步，丫钢。"丫"是南京话，是添加的意思。这一步主要是为了节省材料。俗话说好钢用在刀刃上，由于好钢的成本高，就必须用在刀刃上。至于其他部位，没必要用好钢，可以在一般的材料上加一点好料子，就可以打了。这就是丫钢。

第三步，烧火。火不能太大，也不能太小。

李昌顺演示打铁

打铁工具

锯镰刀铺子

打铁时，眼睛里看的，手里面夹的，耳朵里听的，都是掌握的尺度，不偏不倚，不温不火，恰到好处。

第四步，淬火。就是将烧热的锯镰刀塞到冷水或者冷油里，“刺啦”一下，其成品急速冷却后更加坚固了。

丹阳锯镰刀可分为两类：一种是夹锯镰刀，简称“夹镰”；一种是贯锯镰刀，简称“贯镰”，或称“罐镰”。两者各有优缺点。夹锯镰刀小巧玲珑，像小匕首，一小片铁棒子上，刻上密度适当的牙齿，另一头安插在小木柄中间，用一根铁钉作轴即可。其缺点是耐用性不高，易折断，会生锈，只能收割一次，用一季。贯锯镰刀像弯钩，比夹锯镰刀结实，耐用性强，缺点是偏大偏重，锋利性稍微差一点，价格也要贵一点。至于制作工艺，夹锯镰刀铁质偏硬一点，贯锯镰刀延展性强一点。它们的锯齿，一个是錾子錾上去的，一个是用专门的锉刀锉上去的。

在加工制作时，先要选择材料。需要什么类型的锯镰刀，就选择什么样的铁料，镶嵌什么样的钢，其等级有上、中、下三等。至于锻打、成形、淬火、锤打等，都是技术活。打铁时，眼睛看的，手里夹的，耳朵听的，都需要掌握一定的尺度，不偏不倚，不温不火，才能恰到好处。

历史传承

旧时江宁本地铁匠较多，均祖辈流传，多为一脉单传，各地打造的锯镰刀基本用于本地生产。民国时期，锯镰刀均为纯手工制作。新中国成立，特别是改革开放后，包括小丹阳集镇在内的江宁地区锯镰刀的打造，已逐步改用机械化、电动化制作了。

丹阳锯镰刀制作技艺传承人李昌顺，1943年出生，1960年毕业于江宁师范学校。18岁时，他拜李学明为师，学习打铁。李学明的手艺则传自清末民初。李昌顺现在耳朵近聋，他认为这与

锯镰刀传承人李昌顺接受采访

长年打铁有关。他已将打铁这门手艺传给了徒弟蒋义福。

当代影响与价值

改革开放以来，随着农业生产向技术密集型转化，农业生产方式也由传统的人畜力为主，转变为以机械化作业为主，一般的江宁人家已经很少用到镰刀了。特别是近年来农业结构调整、大规模农村拆迁等，原来常见的铁匠铺早已难觅踪影，以传统技艺加工的锯镰刀，则需要到各地的村史馆才能看到了。

谷里农具锻造技艺

基本概况

谷里农具锻造技艺属于铁器制造技艺的一种，主要流布于谷里街道东善桥地区。日用产品以王全福菜刀最出名，传承人张良德。

江宁区农业历史悠久，资源丰富，稻麦豆茶、瓜果蔬药、林竹桑麻、菱藕鱼虾等应有尽有，早在战国至秦汉时期，江宁区的前身秣陵县就已被誉为“阡陌纵横，鱼米甚丰”之地。江宁地区错杂分布大量冲田、圩田，据《金陵物产风土志》记载，圩田“筑土御水，而耕其中”，是中国传统农业有效利用河湖泥滩资源的方式，通过围湖造田的手段而形成的人工地貌。圩田的开发创造了大量的可耕农田，但也带来了频率较高的水灾

谷里街道徐家院村今貌

农耕图（明版画）

旱灾。

为了制作符合江宁地区土壤特性及农业传统的生产工具，谷里农具锻造需选取优质的钢铁，一般农具的器身部分，选用含碳量适中的低碳钢，但是遇到带有锋口的农具，低碳钢质地太软且无法淬火，难以满足锋利耐用的需求；如使用高碳钢则脆性太高，锻造时极易变形，容易崩裂。因此谷里农具锻造创造性地使用了一种名为“贴钢”的特殊技法，以平衡高碳钢与低碳钢性能上的矛盾。“贴钢”即在农具刃口上夹上特殊的高碳精钢，锤打成形后再进行淬火等步骤。

谷里农具锻造一般工艺流程分为以下七步：选料、下料，以高温将钢块烧红后，按图纸锤打成形状各异的毛坯；夹钢、贴钢，在刃口处夹接高含碳量的精钢，再将本体钢与刃钢经锻打接为一个整体；成型；平整；热处理淬火，需注意防止坯件过热或过烧；冷却与修整，人工铲剪，保证作品精良；验收。

使用谷里农具锻造技艺制作的手工铁器，主要包括农业耕作工具、生活用品（刀、铁锅等）、工业机械（螺丝等）。其中用成品的钢铁打造而成的各种农耕工具有铁犁、铁耙、铁耖等，经久耐用，不易损坏。在谷里农具锻造产品中，尤为受人欢迎的制品为王全福生活用菜刀，以传承人王全福命名。王全福菜刀最突出的优点是刃口既锋利且耐用，是谷里钢铁锻造代表性的精品，已经成为享有一定声誉的菜刀品牌。时至今日，像谷里农具锻造技艺一样的高水平铁器手工制造，在整个南京地区都很少见。

王全福，东善桥地区铁匠技师，继承并发展了铁器铸造的手工技艺。他自 16 岁开始就在陶吴云台山地区学习手艺，有 30 余年的铁匠经验。新中国成立后，他一直在东善桥开设铁匠铺，为当地农民打造各类农具，由于产品精良，积攒了一定的声誉。王全福退休以后，其徒弟张良德继承了他开的铁匠铺继续经营。

历史传承

我国南方长江流域矿产资源丰富，自古以来就是矿冶业的主要基地，与江宁临近的皖南铜陵、南陵等地就发现有多处商周时期的古铜矿遗址。江宁地区同样盛产铜、铁矿，且种类丰富，仅铁矿即有 30 余处矿床，且包含赤铁矿、磁铁矿、菱铁矿、褐铁矿等多类品种。比较著名且成规模的矿山有凤凰山、灵山、吉山、牛首山等。江宁地区向来为南京铁器铸造业重镇，铁器冶炼源远流长，历史上曾出现多个铜铁铸造场，制造兵器、钱币、铜镜等产品。江宁地区优越的物产资源和历史悠久的矿冶传统，为谷里农具锻造技艺的发展奠定了良好的基础。

江宁农作用具

20 世纪 80 年代江宁农民在收割水稻

我国是世界上最早发明生铁冶炼技术的国家，春秋晚期生铁冶炼技术的产生，使得铁制工具的制造进入一个崭新的阶段。早在春秋晚期，吴越地区已有相当水平的冶铁技术。公元前五世纪的战国早期，吴越先民已经发明了将坯料加热至一定高温然后缓慢冷却的退火技术，能够柔化钢铁以利于锻打，同时为淬火技术的产生奠定了基础。生铁冶炼技术及生铁柔化技术的发展使得铁制农具在东周时期逐渐取代石制或青铜农具，成为大规模使用的农具之一。

农业生产机械化的江宁农民

《世说新语》注引《丹阳记》云："丹阳冶城，去宫三里，吴时鼓铸之所，吴平犹不废。"又云："孙权筑冶城，为鼓铸之所。"古冶城在今朝天宫后山一带，此为三国吴孙权所立，并形成了一定的规模。东晋时，冶城被迁徙于今光华门外的七瓮桥一带，为与朝天宫原冶城相区别，将县东的新冶城命名为"东冶"，旧冶城命名为"西冶"。南北朝时期，"灌钢"技术的发展又让使用高碳的钢材制作农具成为可能。

唐宋时期，农具制作又跃升至新的阶段，生产力的高度发展，农业经济稳步提升，使得钢刃熟铁农具大范围被推广使用。钢刃熟铁锻造技术的出现意味着摆脱了传统铸铁农具的大小限制，可以制造大型农具。锻造技术运用的重心也逐渐从兵器转移至犁、耙、耖等农具。

明清以来，随着对钢铁性能的认识更加深入，产生了一种名为"擦渗"技术的锻造技艺。明《天工开物》中将这种技术称为"生铁淋口法"，并记录了详细的操作工序："凡治

1930 年代的土桥农场铁工打造农具

地生物，用锄、镈之属，熟铁锻成，熔化生铁淋口，入水淬缝，即成刚劲。每锹、锄重一斤者，淋生铁三钱为率。少则不坚，多则过刚而折。”明代使用将生铁加热至熔融状态再涂擦的方法，融合生铁、熟铁二者的优势而规避其缺陷，已经有谷里农具锻造技术中“贴钢”的雏形。

当代影响与价值

自 1962 年起，张良德跟随师傅王全福在东善桥手工业社学艺，艺成后一直与王全福共同从事铁器锻造行业。手工业社解体后，张良德自己在东善桥集镇开设了一家私人铁匠铺，与师傅王全福同为谷里农具锻造技艺的传承者。王退休后，其铁匠铺为张良德所继承，王全福菜刀因受人喜爱仍有销售。张良德今年事已高，尚无传承人。

2002 年，蒋明龙在谷里街道石坝开设了谷里农具加工厂，运用谷里农具锻造技艺进行规模化生产，使当地阡陌农田中依然可见谷里农具的身影。在谷里以外的江宁其他地区，今偶能发现一些铁匠铺，但因为相关需求渐趋于无，大多显得十分冷清。

湖熟补锅技艺

基本概况

湖熟补锅技艺,流布于湖熟街道及周边地区。传承人陈文喜、赵阳春等。

锅是日常生活的必需品。旧时江宁大多人家经济条件不太好，一口锅会使用很长很长时间，用久了，锅壁会越来越薄，甚至可能有破损。又或因家里的小孩子人多嘴馋，拼命地铲锅巴吃，也会把锅弄破。那时候是穷苦岁月，买新锅要花更多的钱，一般人家都是能省一笔则是一笔，故对破锅的处理方法，往往是修了再用。

锅的质地有铁、搪瓷、铝之别，补锅的匠人有专门补铁锅的，有专门补搪瓷、补铝锅水壶的，或者兼补各类者，其技术也各不相同。补锅所需的工具有坩埚、火炉、风箱、煤块、砧凳、小锤、钻子和棉布卷等。

补锅的时候，一般先要安放好连着风箱的小炉子，在其中填入焦煤或者其他柴火。然后在小坩埚内放几块碎铁片，拉上几手风箱，等待铁片熔化。趁铁片尚未熔化的间隙，可以清除铁锅上的烟垢。铁片熔成铁水后，将铁水顺着锅的裂缝一点一点地补上去。补好了锅洞,工作并未结束，还得用粗砂轮将锅内凸起的补疤略加打磨，然后用细砂纸平整一遍，使之不妨碍锅铲的搅动。最后，再抹上一些黄泥浆，才算大功告成。

如果是补铝锅，则相对简单多了，可以无须开炉，先清理干净破洞处，用自制的铝质补丁铆在破洞上面，再仔细敲打，使之密合。铝水瓢、搪瓷碗、搪瓷口盅，一般都是用这种方法修补。

湖熟地区旧时比较有名的补锅匠人有陈氏、赵氏两支。赵氏补锅用的是祖传的材料和方法，比较特别。他们补锅不是用铁片熔化为铁液，而是将家里实在没法用的破瓷碗敲打为碎片，再磨成粉，然后把烂猪肝捣碎，与之充分混合。修补时，可以将锅反扣过来，将之前调好的猪肝瓷粉涂抹在漏洞处，干了就能用。据赵阳春介绍，一般的小洞都可以用这个土方子补漏，修补后的铁锅能用很久，甚至能一直用下去。

补锅（漫画）

民国初年四川的补锅匠

历史传承

生铁补锅是一门传统手艺。据赵阳春介绍，其家族祖传下来的用瓷粉加上猪肝补锅的土方子，是其祖父传给他的父亲赵月根的。而其祖父的祖父，是从山东迁过来的。其堂号是天水堂，在山东老家的祠堂还有一副对联："琴鹤家声远，天水似泽长。"因此，赵氏补锅技艺应该是清代随赵氏由山东带来湖熟的。这个补锅土方子一般用于临时救急，在战乱及自然灾害频繁的时期用得比较多。

除了赵氏补锅技艺外，湖熟街道的陈氏补锅技艺传承人是陈文喜，相传其技艺亦早见于清末、民国时期。

当代影响与价值

补锅匠人，在旧时的江宁集镇乡村比较常见，他们挑着工具箱走街串户，为人家分忧解难。"有破了的锅拿来补！"这是民国时期及新中国成立之初江宁补锅匠人经常吆喝的一句话。今日江宁经济社会全面发展了，民众的生活条件大大改善了，各类锅的质量也有彻底的改观，人们已经完全不需要补锅了，补锅的匠人也逐渐消失了，当然知道湖熟赵氏补锅土方子的人就更是凤毛麟角了。那昔日热情的补锅匠人的憨厚笑容及他那绵长悠扬的吆喝声，只会出现在老辈江宁人的回忆及相关的文字记录中了。

湖熟集镇鸟瞰

江宁木工技艺

基本概况

木工技艺，广泛流布于江宁地区。

江宁自古木制原料丰富，为木工制作提供了物质基础。经过长期发展，木工制品分类日趋细致，多种多样。

木匠的基本功是一锯、二刨、三打眼。锯又以拉大锯为主，将一大段大圆木弹好墨线，绞紧于大树下或支架上。师傅在上，徒弟在下，一推一拉，将圆木锯成板材，俗称“脯子板”。再将板材根据需要弹线，用二料锯子锯开，成方木条或扁木条（俗称“方子”）备用。锯木时左脚着地，右脚踩于脯子板上，右手握锯把，左手护右手，上拉拉到头，下推推到底，要求挺胸、直腰，以上体前倾后仰带动双臂来回拉锯，切不可上体不动，仅靠臂膀用力。无论二人拉大锯，还是一人拉二锯，锯时都不能跑线，使锯缝上下平行，木料的正反两面都在同一条直线上。

用刨子刨平木料表面时，双腿一前一后成大步状，挺腰，双臂弯曲，向前猛地平行推出，使刨子保持水平直线前移。先用粗刨子刨去锯痕，并刨平、刨直，再用细刨打光。

用凿子打眼时，上身侧坐直，臀部压住木料，左手握凿，右手挥斧，从近处打起，逐步延伸。这就叫“想要打得深，近处打个坑”。打好的榫眼要求平正光滑，不歪不斜，榫眼两头齐线，中间略凸，投榫后就会紧密无缝，久用也不会松动脱榫。

木制家具的制作材料，普通人家一般以楮、檀、樟、栗、松、杉、柳、榆等木材为主，忌用桑、楝木。俗话：“桑树不登堂，楝树不上床。”因为“桑”的谐音为“伤”或“丧”，很不吉利；楝树为苦树，预示受苦、痛苦和苦难，也使人感到晦气。江宁一带，高级家具多用红木、柏木、花梨木制成，甚至用紫檀、楠木、鸡翅木等名贵木材。槐、栗、榆、楝、椿等地产杂树，虽易变形，但木质坚硬结实，多用于制作农具。

建房的木料，民间多以杉木为梁柱，因其木质较硬，而不易变形腐朽。常接触蒸气、热冷水的盆桶，或蒸笼屉、蒸锅圈、锅盖、槽坊、糖坊、豆腐坊木制品，也多由杉木制成。杉木还是家具镶板的最好板材。

树木全身都是宝，“只有无用的木匠，没有无用的木料”。木匠们常说，直木直用，弯木弯用，粗木作板，细木作桄（小木撑子），带杈的树枝做叉秧，弯拐的杂木做犁梢，又短又粗的做榔头，歪斜的边角做大凳，寸把长的头脚料还可以做木楔。所以，木尽其用，配料适当，是木匠手艺高超的重要标志。

木匠做活讲究精细。俗话说：“瓦匠怕木匠，

1991 年 5 月，淳化手工业社小农具生产

家伙），一般不会轻易借给别人。其工具多是自己选料、自己制作，连师傅也只是指点而已，不会亲自为徒弟制作工具。一套木匠家伙做好了，学徒也就快满师了。装配、使用、放置工具都有一定的规矩。例如，斧头柄只能装半榫，不能满榫，前面要留空，以表示谦逊。斧、刨刀等刀口不能着地，不能“歪着斧子乱砍”，不能敲击硬物，行路中锯齿、刀口不能向外，工具刃口不能互相碰撞。夜间行路，必须携带五尺（木匠用的长木尺）或斧头，传说能辟邪，不会被“鬼”迷住。

木匠怕漆匠，漆匠怕近视眼。”建房中瓦匠砌墙，开门留窗皆有尺寸，稍有大意，木匠制作的门窗就很难安装。排山、横梁若有走线现象就得返工，所以瓦匠常找木匠商量。但油漆匠若觉得木匠活粗糙，也会有牢骚怨言，所以木匠常向油漆匠打招呼。讲究是为了让主家满意，所谓“活如主人意，必定好手艺”“货如主人意，必定好东西”。

木工产品品种极多，凡是成形的家具、用具、农具及房屋、宫室等，没有木匠做不成的东西。家具有床、柜、橱、桌、花架、梳妆台、茶儿、香案、凳、箱、盒、架、盆、桶、糕盒等；农用器具有车（取水灌田用的）、车轴、车水板子、水口、牛基（即支撑轴和伏杠的木架）、木耙、犁、耖、鹿车（独轮车）、风车、翻耙、抛箕、叉秧、夹泥盆等；掼稻用的掼盒（亦称“掼桶”）；碾米用的风婆、筛架；槽坊做酒用的大蒸子、大榨；豆腐坊用的豆腐盒、千张盒、磨凳等。真是应有尽有，凡能想得出的就能做得成。

江宁木匠特别爱惜工具（俗称

历史传承

恩格斯《家庭、私有制和国家的起源》认为，人类最初的武器是棍棒和戈矛。人类社会的初期

江宁自治实验县铜山镇小学学生学习瓦木工艺

1956 年，江宁县东山镇成立了木业生产合作社，这是合作社的木匠们正在为春耕生产制作农具

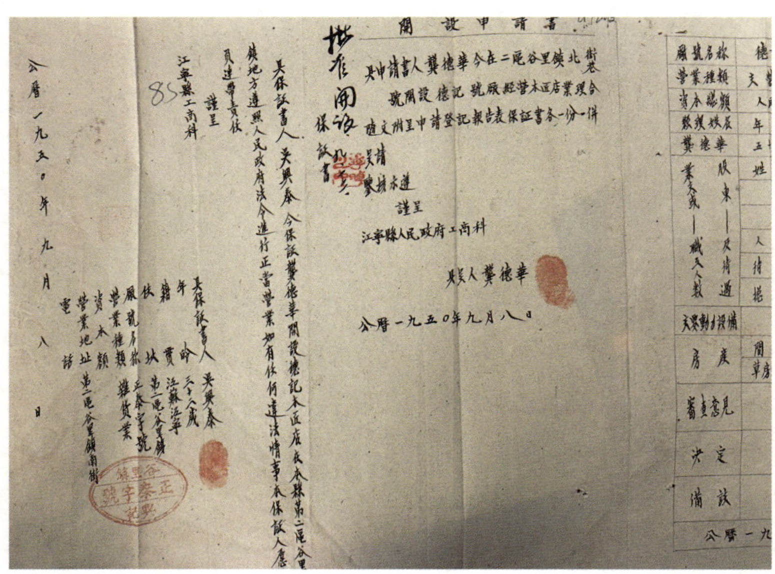

開設申請書

具申請書人龔德華今在二區谷里鎮北街巷號開設德記號廠經營木匠店業理合隨文附呈申請登記報告表保証書各一份一併具請

鑒核示遵

謹呈

江寧縣人民政府工商科

具呈人龔德華

公曆一九五〇年九月八日

批准開設

保証書

具保証書人吴興泰今保証龔德華開設德記木匠店在本縣第二區谷里鎮地方遵照人民政府法令進行正當營業如有任何違法情事本保証人願負連帶責任

謹呈

江寧縣工商科

具保証書人 吴興泰

年齡 三十八歲

籍貫 江蘇江寧

住址 第二區谷里鎮

廠號名稱 正泰字號

營業種類 雜貨業

資本額

營業地址 第二區谷里鎮南街

電話

公曆一九五〇年九月八日

1950 年德记木作店开设申请书

就有木制品的生产，石器时代的先人们就是木石并用。

中国的木匠都尊奉鲁班为祖师爷。农历七月二十一日是鲁班生日，也是各行木匠祭祀鲁班之日。这天，木匠们在老师傅的带领下，依照师徒辈分，分别向鲁班祖师爷像下跪磕头，顶礼叩拜。旧时江宁城内有鲁班庙，各路木匠都来到祖师堂参加聚餐，喝酒吃面、交流技术和增进感情，讲述鲁班钻研技术为民造福的故事。即使有的木匠在主家干活，难以脱身，也必事先告知主家多备些酒菜，于餐前象征性地祭拜。

南京为明代都城，因大规模城市建设需要征召了大量优秀木匠进城，留下了老地名“木匠坊”“木匠营”。民国《首都志》记载：“旧有木匠坊、饮酒亭，洪武中立。”明代《南京都察院志》则记载：“石城门里之罗囊巷、螺蛳湾、木匠营，多外来匠作之结党健讼。”

江宁县的雷氏家族世代为木匠，明末由江西迁居江宁。清康熙二十二年 (1683) 雷发达和堂弟雷发宣应募进京，参加皇宫修建工程，以精湛技艺，得到康熙赏赐，任工部营造所长班。其子雷金玉继承父职，参与圆明园设计修建，任楠木作样式房掌案。此后，雷家六代均掌样式房，负责皇家宫室、园林、陵寝建筑样式的设计制作，世称“样式雷”。雷发达和雷金玉死后归葬原籍，墓在江宁县安德门外。

自古江宁木匠，分水、旱木匠，高、低木匠，方、圆木匠，又分“大作”和“小作”。在江宁地域，水木匠从事造船和水上木制器具的制作；旱木匠制作家具和陆上木用器具；高木匠指在高处作业，反之为低木匠；方木匠指制作桌椅柜橱等方形器具，圆木匠俗称箍桶匠，专做脚盆、面盆、水抽、粪桶、马桶之类圆形、椭圆形用具。大作，指建房，做梁柱、排山之类;小作，指做家具或小件及雕刻之类。制作棺材，有的也称为“大作”，也有的称为“方木匠”。《康熙江宁县志》记载了明末清初各行当的“工技著名者”，其中木工方面的名匠为刘敬之,以“小木”出名，小木即小作。

一般木匠，方、圆的分工较为明显，因为盆桶类的横截面为圆形或椭圆形，每块木板的横截面又为扇形，其主要工具不同，制作要求也不尽相同。所以箍桶匠是比较专业的一种木匠。其他大木、小木、高木、低木、方木基本都是直板直缝，主要工具基本相同，因而专业分工不够明显。即盖房子的也能打家具，做农具的也能盖房子。但是，手艺做到一定程度后，往往专攻一行，精益求精，渐而出类拔萃，名扬一方了。

木匠师傅一旦在某个方面成名之后，则不再兼顾他行，分类也更为明确。有的专攻家具，有的只做桌椅，有的专打花板床。还有的专攻木雕刻花，用优质木板刻成各种规格、各种图案的浮雕或镂空雕，四周留好榫头，可用于安装在花板床、格扇、八仙桌、太师椅之上。山水、花鸟、虫鱼、百兽、人物均可刻于木板之上，镶嵌于家具或柱梁之上。木刻手艺如何，往往是决定其技艺名声的关键。木刻手艺精湛，所刻图案精美，栩栩如生，往往声名鹊起，业务应接不暇。

旧时木匠都是拜师学徒，代代相传，也十分讲究世系传承。学徒期限一般为 3 年。年轻人想学木匠，一般由家长事先请中人介绍，订立拜师契约，办拜师酒。学徒期间没有工钱，跟师傅干活期间，随师傅在主人家吃饭住宿，逢年过节还得买东西谢师傅。学徒期间，除了各类技术学习外,主要任务是练拉锯、刨木料、打眼三项基本功。

当代影响与价值

如今在现代工业的冲击下，木工技艺大多已经被机器替代，榫卯接合改成了胶水和钉子，以个体为主的木匠，在江宁已经不多了。目前江宁境内有不少知名品牌的家具企业，他们所传承的木工技艺则是传统与机械兼收并蓄。

传统木工技艺非常复杂，需要聪慧天资、长期训练才能熟练掌握，因此在各种行当里，木匠往往以精明能干著称。传统木作蕴含了许多中国匠人的智慧，尤以极为精巧的榫卯接合为代表，是可以传承光大的精华部分。国内已有一些厂家和匠人重拾传统，制作古法家具，成为手工精制的高端产品，非常受欢迎。此外，木作技艺的体验活动也能吸引很多人，学习木艺文化和匠人精神，感受匠心之美和传统之智。

水北木工雕刻技艺

基本概况

水北木工雕刻技艺，流布于湖熟街道水北老街。知情人赵阳春、周红生。

过去湖熟街道的水北木工雕刻是面向普通老百姓的手工技艺。它广泛吸收了苏州香山派、京派、广派的手艺特点，选材更为大众化，雕刻的内容和题材也更接地气。

水北木工雕刻，以锯、凿、锉、弓等为雕刻工具，用料以杉木为主。水北雕刻可大可小，可阴可阳。大的物件，比如大型的房屋建筑，水北木工可以承接，屋中的牛腿、雀替，窗户上的雕花，梁柱上的一些人物、飞禽走兽等都必须高质量雕刻。中等个头的物件，比如圆桌、八仙桌及香几均能完成，特别是后两者，一般带有花卉类、神仙人物类纹饰，要能传达出装饰的意味。

木床也是水北木工常做的类型，他们把木床做出苏派简素的味道来，引得江宁、句容、丹阳一带的人都来买。在交通不便的年月里，把笨重的木床从湖熟买回家，这是对当地木匠技艺的认可。

小的物件如文房类，水北木工能做得雅俗共赏。举凡镂空雕的笔筒、简朴的小水盂、毛笔杆子、带花样的木头镇纸，都能拿得起来，以满足当地需要。

做用于丧事的棺材的人，在江宁土话中称“方木匠”，而做面盆、脚盆的叫“圆木匠”。方木匠也是很有技术要求的，以前棺材上是有纹饰的，最简单的也有个寿字、福字纹，精美一点的棺材要有文人气，棺材周边有围栏、小假山之类的东西。

从技法传承上来看，水北木工雕刻讲求扎实的基本功。比如用刨子，首先姿势要标准，两腿成弓步状叉开，腰身要挺直，注意发力点从腰背发出，不能伤着自己。而两手抓刨子自然屈曲，

明代《鲁班经》版画中的木匠做工图

然后用力向外推，但工具要始终保持水平，这样才能把木头刨平。只有动作正确了，干活才不容易累，也不容易受伤。刨得平不平，这是出师的关键。学会用粗刨子，还要学用细刨子打光。制作任何木器，都离不开这一基本功，这是从鲁班那里就传下来的木匠看家本领。

水北木工雕刻的工具

还有锯法，也就是如何拉大锯。在历史传承上，一般将圆木固定好，师傅在上面推拉，徒弟在下推拉，一来一往，圆木进来，木板出去，便成了“脯子”的佳材。因为是全身运动,且比刨刨子幅度更大，所以更要注意身体姿势。以左脚踩实，而右脚踩在板子上，仍然要腰部发力，全身俯仰，两手两臂要服从身体的运动。同时，左手要注意护住握把的右手，拉大锯要拉到底，不管是上推还是下拉，师傅要推到位，徒弟也要送到位，使木料正反两面的锯缝保持在一条直线上。说到底，这还是个配合默契的问题。

从水北木工雕刻可以窥见质朴的民间手艺气息，以及中国木工悠久的历史。

历史传承

据口碑资料，明清时期的一些大户人家，常常聘请水北木工。但真正的水北木工雕刻，是从清末民初，经历了百年时间，产生了以周红生为代表的木匠艺人，一代一代传承水北木工雕刻技艺。可惜周红生已去世，这项手艺早已式微。

据知情人赵阳春说，过去学木工手艺，有3年的学徒期，期间不能独立接活。师傅不仅要教徒弟手艺，还得管着他的吃住。木匠有时要打长工，师徒就一起在东家那里干活，徒弟做以刨和锯为主的打下手工作。有的活计因为要人搭手，所以常常是师徒齐上阵。二人名为师徒，而情同父子，师傅要把真功夫教给徒弟，徒弟逢年过节也要向师傅表示孝心。

水北就是号称“回民一条街”的湖熟老街，因在秦淮河北岸而得名。由于历史悠久，这里做生意的回民多，老街的商贸比较发达，附近乡镇的人都会跑到这里来赶集。一些大户人家，如今还能在老街上见到踪迹。正是在这样的需求下，面向中下层群众的水北木工雕刻技艺应运而生。

水北木工能上能下，对于大众百姓，实惠耐用，价格便宜。纹饰也多以儿女满堂、健康长寿、发财富贵一类为主，喜庆而祥瑞。对于讲究一点的大户人家来说，科举题材、历史题材、神仙人物都是有点文化底蕴的，也是他们精神及社会层面上的一种需求体现，希望子孙能考中进士、尊崇祖先的美德等等。

据说水北木工曾受到清末民初周岗人黄传庚的影响，但已没有具体资料可以证明了。黄传庚是苏州香水派，讲究细致精巧，尤其注意造型美，20 世纪 70 年代成立的周岗工艺厂木雕车间有他的传人。

当代影响与价值

传统工艺对木工师傅有要求，既有造型方面的,也有技术方面的。把木工师傅请到家中做活，一连就是几个月，这在旧时是常见的。随着木工电器化的普及，现在一般年轻人多不屑于做传统木工了，真正的手工雕刻也越来越少。传统木工题材与内容，也很难得到今人的认同。

目前，略显萧条的水北老街，虽然也有木工，但既没有师徒制的传承，也失去了传统工艺。所谓木匠，大都是不用雕花的现代化木工了。这一点不像周岗红木雕刻，因为需求量大，后来又建厂，列为“非遗”保护传承也比较早，现在发展态势非常好。可以说，水北木工雕刻技艺已濒于消亡。有鉴于此，为了保存相关历史记忆，编者将此项“非遗”资源汇录在此。

摇车制作技艺

基本概况

摇车制作技艺，流布于江宁地区。

摇车即手摇水车，形状小巧，多用于水位落差较小的，俗称平水位的田地，使用非常方便。脚踏水车一般三人或多人操作，而手摇水车一人即可。江宁地区的西部丘陵地区使用手摇水车较多，尤以陶吴、横溪、小丹阳等地为最。

江宁西部丘陵地区，因地势原因，耕种上与东部圩区稍有不同，灌溉排水是农事中的一个重要环节。在没有机械化的农耕时代，水车十分重要，有脚踩水车、手摇水车、牛拉水车、风力水车等多种。江宁历史上使用最多的是脚踩型水车，也有少量的手摇水车。

手摇水车呈长形龙骨状，长 2 米左右，由车筒、板子、水口、车键子、摇拐子组成。

车筒，也称“车桶”。其底部和两侧由薄杉木板组成。固定两侧薄木板的方条在车筒外侧，筒内光滑整齐。方木条下端与车筒底下的方条木榫接，以承接车筒上部的长条木板轨道，再上端有与车筒平行的长横木相榫接。车筒进水口两侧各装一个中间有圆洞的木耳子，俗称“龙耳”。龙耳洞中装有木制转轮，即可以自由转动的“六桫子”，转轴上插入六片竖木板，以承载板子。手摇车的车筒内径要比脚踏水车的小点。

板子，俗称“车水板子”，由龙骨和长方形

扳车图（明版画）

筒车（明版画）

翻车（明版画）

踏车图（明版画）

水转高车（明版画）

《天工开物》中的水车图（明人绘）

木板组成。龙骨约 8 寸，一头为公榫，一头为母榫。公母榫插好，可以转动 90 度。公母榫中间各有一圆洞，可以插入木键子相连接。母榫下口还有个斜坡，可以括住轴上的木杪头与六杪子上面的竖木板。龙骨一般由木质坚硬耐磨的桧树制作。长方形木板正面为平面，反面四周薄中间略厚。板子中间有个方洞，正好套入龙骨的公榫，并用木梢子固定。

水戗，俗称“水口”，也称作“水梯”，为木梯形，下端固定为一体，底下为尖角，两边为扁方形木料，中有洞眼。两侧方木柱上套入一个可以上下移动的横板，固定横板仍用木键插入横板下的圆洞中。用时将水戗插入河中的车头处，支撑调节入水高低。

1930 年代南京郊区农民在旱日车水

1961 年江宁县清修大队社员在车水抗旱

知情者口述江宁摇车制作技艺

车键子，是根据龙骨公母榫圆洞上的尺寸做成的小圆木。一头光滑，另一头较粗。多为檀木、栗木做成，十分结实。若干块板子用木楗相接，塞入车筒内，并由车筒入水口翻转到车筒上的走板轨道上。

轴杪，俗称“摇拐子”，是固定在车筒上的摇柄。抽水时，人用摇拐子摇，带动水车运行。

历史传承

江宁先民的农业生产开发，从湖熟文化遗址中发掘的石刀、石镰、石斧等文物中可见一斑。在南京建立了第一个朝代的三国东吴政权，十分重视都城近郊的农业开发，通过兴修水利促进秦淮河流域农业的发展与繁荣。经过历代开发，江宁农业非常成熟。清宣统《上元江宁乡土志》记述，县境内的牛首、天印、朱门等丘陵山区，“皆耕其平者为田，溪涧所经，筑塘以蓄水，非大旱潦，率得中稔”“田之滨江者，筑土御水而耕其中，曰圩滨，秦淮者亦然”。

水车是中国古代农业的常用器具。北京故宫博物院藏（宋）杨威画《耕获图》、（明）仇英画的局部《清明上河图》、（清）焦秉贞画《御制耕图》都清晰画有水车劳作场面。

手摇水车轻便灵巧，容易搬动。过去小丹阳、陶吴、横溪等地一个村或生产队基本都有手摇水车。水车的制作十分考验木匠师傅的功底。农具里面，水车的技术含量最高，不仅考验木匠的基本功，也有机械原理在里面，环环相扣，以卯榫链接龙骨，带动车水板子与其他部位的活动，让纯手工农具具有机械化作用，这是时代需求的结果。

当代影响与价值

众所周知，农业机械化的进程势必会淘汰传统的农耕用具。目前在江宁农村，有很多农具已完全消失，包括灌水排水用的各种水车。但旧农具让我们能够知晓先辈们的智慧与精湛的手工技艺，让我们了解我们是从部落时代走向文明、现代的漫长历史。如今，在横溪街道石塘人家等江宁各地的村史馆，还能见到保存基本完好的手摇水车，作为农耕时代的农具遗存留给后人参观。

湖熟箩匠技艺

基本概况

湖熟箩匠技艺，主要流布于湖熟街道姚东、龙都及周边地区。传承人邱安来、笪本才。

箩匠哪里都有，方法大同小异。箩匠就是拿竹子之类的植物，编一些农用、日用的工具，以容器为主。江浙沪皖一带，所用材料、工艺方法还是比较一致的。湖熟街道姚东大街邱箩匠技艺的传承人邱安来，已经年近 90 岁，湖熟人。据他介绍，湖熟当地箩匠都是用竹子编制物品。如果当地的竹子不够，会从安徽泾县的山里采购一些竹子。所采购的竹子都是要三年以上的，这种竹子不容易被虫蛀。竹子质量怎么样，在老箩匠心里都有一杆秤。自己拿刀劈竹子，手上分寸够了，下刀就是自己要得到的尺寸。竹子要划丝、线、条，用以编出不同的东西。比如说，稻箩就要用丝，一般要五尺多的外围，两条竹子划的线之间要插木条子，届时拔出来，好收紧整个稻箩。邱安来还编过挑肥的灰篮、筛子、竹床、小板凳等竹制物品。

旧时，湖熟箩匠编制的器具，主要在门面店里销售。以前有个手工社，叫竹编门市部。由于竹制品用途广泛，因而湖熟的箩匠数量还是很多的。过去也没有太多塑料和不锈钢制品，简单易得的竹子制品备受欢迎。邱安来等众多箩匠们，也就靠这门手艺养家糊口。随着社会的发展，传统的竹制品前景并不被看好，基本上很少有人再用，箩匠们没有了用武之地，其技艺也逐渐失去市场。

历史传承

箩匠的历史很悠久，湖熟邱箩匠的技艺，至少源于清代。据邱安来介绍，他从 20 世纪 40 年代初，就和他的师傅学习箩匠手艺。邱安来的师傅名字叫戴如玉，戴如玉的手艺是由其父传授的，属于家传技艺。戴如玉是湖熟人，也可称得上是

箩匠邱安来演示编箩技艺

竹椅子

“老湖熟”。从戴如玉的父亲，到戴如玉这一辈，再到邱安来这一代，箩匠这门手艺至少在清朝已经稳稳当当在湖熟扎下了根，至今已有100多年历史。龙都杨柳后张村的箩匠技艺，起源时代不明。与其他同类“非遗”传承面临的境地一样，由于社会的不断发展，人们的日常生活用品发生了巨大改变，淘米箩、竹筐、粪箕、腰箩等竹制用品，虽然价格低廉，但不耐用的特性逐步显现，渐渐被铝制品、不锈钢制品等替代，因而箩匠这门手艺的传承，也成了无可奈何花落去的现实。

箩筐

当代影响与价值

现在各地的箩匠基本上不再从事老本行，不少已经转到从事手工工艺品制作上，让实用竹制器具变成艺术品、装饰品。邱安来说，可惜他不会做艺术品，只会编老一套的东西。使用环境、用户需求变了，传统箩匠的竹编产品只有推陈出新适应市场，传承人完全可以主动适应变化，根据竹制品编制工艺的基本原理、基本技艺，对具体工艺和流程作出适应性调整和变革，这样才能赋予这项传统技艺继续传承的生命力。

邵氏箍桶技艺

基本概况

邵氏箍桶技艺是江宁邵氏家族世代传承的一种用于制作木制盆桶的生产工艺，目前主要流传于淳化街道土桥集镇一带。传承人是邵贞生。

据相关资料，江宁木匠分类繁复，有水旱、高低、方圆、“大作”“小作”之别，木工种类的命名往往与成品的功能或形态有关。其中“大作”又称“大木作”，是指制作中国传统木构建筑中用于承重的梁枋、斗栱等构件的木工技艺。“小作”又称“小木作”，与“大作”相对，是负责制作建筑中非承重的装潢构件或日用家具、木雕的技术。俗话说隔行如隔山，由于各类木作技艺工序技巧差异较大，一般来说一位木匠一生只专精一类木作技艺。箍桶技艺属于“小作”中的“圆木技艺”，因其成品截面为圆形或椭圆形而得名。从事圆木技艺的木工被称作“圆木匠”,也叫“箍桶匠”。

制作木桶，首先要将木块锯成大小相同的木板。为了确保特别的弧度，使得拼接时能够严丝合缝，每块木板都需要仔细校对尺寸及角度。处理木板需手持小木棍作为参照，再用木刨刨成合适的弧度，稍有不慎很容易使手受伤。拼好木板后需要插缝、打插。刨木和打插是最考验圆木匠技艺的工序，对尺寸最精准的拿捏往往凭借工匠

禄口铜山物资交流会上的木桶、木盆

多年积累的经验与手感。木条间采用竹销连接，竹销是用竹子削得两头呈尖状的签子，长约 6 厘米、宽约 5 毫米。其固定一般不使用铁钉，因为铁钉长期接触水汽容易上锈，会腐蚀木桶。上箍之前，要在桶底铲槽，为安装桶底预留空间。上箍后还需要再进行打箍、刨面、打磨、刷桐油等步骤，方能制成一个朴素而又不失实用的木桶，总共有几十道工序。

邵氏家族制木桶所使用的原料，一定是严格挑选的杉木料。杉木因其质地坚硬，且具有防虫蛀咬的特性，从前往往用于营造老式木构建筑。以杉木作为制作木桶的原料，可以使木桶在长期接触冷热水或蒸汽的情况下不会腐朽变形。

邵氏箍桶技艺不光工序复杂，所使用的工具也具备极高的专业性和多样性。如用于钻洞的拉

传承人邵贞生接受采访

钻子、用于刨削弧度的圆刨子，以及斧、锯、大小刨、粗刨、弓刨、平刨等30多种工具。江宁地区的每一位木匠，大都十分珍惜自己的工具，将其视作自己的生命，不会轻易予人。因为这些工具往往都是木匠自己亲手选料、制作、调试的，也是使用得最为称手的。甚至在木匠行业中，工具的装配、使用、放置皆有一定的规矩与忌讳。

邵氏箍桶技艺的制品包括洗衣盆、洗脚盆、面盆、水桶、马桶等，分为小、中、大三种型号，还有为老年人专门设计的带有连体架子的木盆。洗脚盆会附带木盖，洗脚时盖在桶上，可防止热气逸散。

虽然现在塑料桶、工厂流水线制作的木桶已经占领市场，但现代木桶制品往往用胶水黏合，不够牢固。而使用邵氏箍桶技艺手工制成的木桶虽然价格较高，但是木桶经久耐用，一经售出，箍桶匠往往提供终身质保维修，因此手工木桶仍然深受江宁地区中老年人的欢迎。

历史传承

传统的木匠技艺对于工具的使用十分讲究。如拉锯时“轻提条，欢杀锯，锯锯不跑空”，要求提锯时要轻，送锯时要相对用力。若要不跑线，两线并一线杀锯时要眼睛瞅着，使锯条与墨线重合。如用刨时“立一卧九，不推自走；立一卧八，费力白搭”，指刨刃与刨底的角度小，刨子能吃上力，使用比较省力，但容易戗茬；若角度大，则推起来费劲，但不容易戗茬。刨木时“前要弓，后要绷，肩背着力往前冲”，即在前的左腿要稍弯曲，在后的右腿要绷直，用力后蹬，双肩两臂和手腕同时发力向前推。

衡量一个木工基本功的准则，叫一料二线三打眼，就是要看刨料要平整、光滑、方正，画线要准确、正确，打榫眼要方正、垂直。歪劣弯曲的木料，木匠去弯存直后，可成为有用之才。木匠需要合理选材，劣材巧用，以提高木材的利用

邵贞生制作的木桶

率。要辨别木材的表里和木纹，刨的时候要顺纹，避免戗茬。这些都是江宁木匠师傅长年总结的经验。

旧时江宁木匠十分讲究世系传承，学习木匠技艺需要拜师。作为学徒需要练习拉锯、刨木料、打眼三项基本功，此阶段不允许参与木桶的实际制作。学徒期限一般为三年，过去有“三年学艺，三月补艺，何时出艺，看你手艺”的民谚。邵氏箍桶技艺为邵贞生与父亲、祖父三代人代代相传的技艺。邵氏父子之间既为血亲关系，又为师徒关系。

邵贞生的父亲自十几岁起，就在学校跟随师傅学习制作锅盖，逐渐积累了制木经验。二十世纪五六十年代，邵父随生产队搬往七星桥一带，继续做工，分田到户后就在土桥镇的家中制作木桶等产品，至今已有30余年。邵父的箍桶手艺同样传自父辈，即邵贞生的祖父。可惜的是，邵贞生祖父究竟师承何人已经难以考证。邵氏为江宁区大姓，江宁邵氏来源较为复杂，主要从丹阳、常熟、宜兴等地迁徙而来。今江宁区仍有“邵村”等地名留存，在今湖土路与茶园路交叉路口往东北约140米处，还有邵氏宗祠，供邵氏族人祭祀先祖。

当代影响与价值

从实用价值来看，邵氏箍桶技艺所生产的成品，主要的销售范围包括南京市区及周边的城市如上海、常州等，其受众以城市中生活的中老年人为主，农村的购买量较少。其中手工制木桶比起工业制木桶更加结实耐用，且可以送至购买木桶的木匠店铺免费维修，因此一些老年人愿意支付略高昂的费用购买手工木桶，以供日常使用。

近年来，由于人力成本高昂，手工木桶销路受到塑料桶等廉价工业产品的冲击，箍桶技艺鲜少有人愿意继承，已濒临失传。但在江宁的少数木桶店和老宅中，仍能发现邵氏箍桶技艺制作的木桶实物。

秣陵盆桶制作技艺

基本概况

盆桶制作属于传统木匠行业下的一个分支。秣陵盆桶制作技艺，目前主要流布于秣陵街道建东社区。知情者芮伦左。

昔时木匠分类标准繁多。按工作的性质，可分“大木作”和“小木作”（或称“大作”“小作”），其中大木作指专门做梁造枋、营建屋舍的木工，小木作则指做家具日用、小件雕刻的木工。在此分类下，盆桶制作属于典型的小木作。木匠又有“方”“圆”之分，二者制作的物件有别：方木匠专门制作桌椅柜橱等方形器具；圆木匠即是掌握盆桶制作技艺，专做脚盆、面盆、水桶、粪桶、马桶之类圆形、椭圆形用具的工匠，又称“箍桶匠”。

制作盆桶，一方面需要将木料加工出一定的弧度，使成品横截面呈圆形或椭圆形；另一方面又需要保证各块木板间严丝合缝，使之盛水不会漏。过去的好盆桶，即便不刷桐油，往里倒水也照样不会漏。所以圆木匠的技术要求比方木匠更严苛，如方木匠、圆木匠都常使用锯（分大料锯、二料锯、挖锯、爬头锯等）、刨（分推刨、弯刨、圆刨、擦刨等）、斧、锤、铲（分弯铲、扁铲、窝铲）、凿、尺、钻、钳（巴箍钳、钢丝钳）等工具，而圆木匠还会用到滚刨、边刨、里刨、擦刨等十数种专门工具，其中最重的滚刨，可达十公斤重，对工匠的力气有很高的要求。

制桶技艺大体可以分为以下几道工序：

第一步，选材。制盆桶的木材宜选用南京上新河在水中浸泡一年以上的优质杉木，这种杉木虫卵已杀死，不会被虫蛀。杉木本身木质较硬，不易变形腐朽，是用来制作盛水容器的最佳选择。其中红杉质量尤为上乘，其次选择柏木，虽然耐腐，但质地坚硬，不易加工。

第二步，劈料。根据盆桶的大小、型号，将杉木锯出所需的号度，再用弯刀或锯子将杉木劈成半成品材料，一般厚度 2 厘米左右较为合适。

第三步，刨料。劈好的材料，先以斧子砍成所需的形状，然后用擦刨粗加工，再将砍成的木板刨成一定的角度，使之能连成圆形。

第四步，上竹销。竹销为毛竹制成的固定物，类似于钉子。将擦刨好的木板用木钻钻眼，钉上竹销使十余块木板连成一个圆形。

子孙桶

第五步，打箍。旧时常用篾箍，后

改为铁丝、铁条箍。将圆形桶边用箍收紧后，再用圆刨刨光。

第六步，做桶底部汤槽。用爬头锯锯一木料，再用挖铲挖出槽来。

第七步，做盆底。将多块刨光的木板拼成方形，以圆木尺量出盆底的直径后，再用二料锯将木板锯成圆形嵌入沟槽，其后打一道底箍加固。

第八步，检验。做好的盆或桶应成圆形，表面光滑，不漏水。一般在盆桶加工好后，工匠会用锤把轻轻敲打，听是否有异样的声音，以判断成品的质量。如若检验中发现成品底部漏水，可在盆桶底部四周撒上锯木屑，以凿子将缝隙塞紧。

娃娃桶

秣陵盆桶制作的产品种类颇多。以盆来说，有澡盆、脚盆、下鱼用的腰子盆、采菱角用的圆盆、挟泥用的挟泥盆等；以桶来说，则有拎桶、粪桶、水桶、饭桶、蒸桶等。诸多产品中，以腰子盆最复杂、最有特色，因形如猪腰而得名，是江南一带传统的水上交通工具，若制作得当，可在水中移动迅速、灵活自如。

历史传承

自古以来，民间木工一直尊鲁班为祖师爷，圆木匠也不例外。盆桶作为民间常用容器，与人们的日常生活息息相关，因此盆桶制作技艺便顺应人们的需要代代相传。

明清时期，盆桶制作技艺在南京一度达到高峰。明代初年，出于都城宫阙建设的需要，大量木材流向南京。为了便于集散木材，便在城西开辟上新河、中新河、下新河等河道，作为木排进城之水道，并在上新河畔建设规模巨大的“皇木场”，以堆放皇家的木材。直到民国时期，上新河一带还集中着几十家箍桶店，并涌现出许多盆桶制作的高手。

随着箍桶业的发达，箍桶匠人在江宁民间的形象日渐高大。据载，清同治年间，毁于战火的秣陵关祠山庙戏台需要重修。相传在开工之前，有一位箍桶匠对配料和工程设计提出了许多合理建议，在戏台建成后又神秘地不辞而别，引得当

水桶、算盘

卖木桶

地父老一时间议论纷纷，将之传为神人，认为他是鲁班的化身。戏台竣工后，安徽石埭籍翰林陈艾还特地为戏台题写了“神人以和”的大匾，悬挂在正台的前檐上。从这则事中不难看出，当地本领高超的民间箍桶匠，除精通本业外，甚至也掌握“大木作”之法门。

旧时江宁地区箍桶技艺都是师徒相授，学徒时间长达三年。年轻人想学木匠，须由家长事先请中人介绍，订立拜师契约，再办拜师酒才可入门。学徒期间，徒弟跟随师父做活一般是没有工钱的，每至逢年过节还得买东西谢师父，直至出师才能有稳定收入。改革开放以后，机器生产的塑料制盆、桶大量上市。如此激烈竞争之下，传统箍桶匠收入急剧下降，因此有意拜师学艺的年轻人变得越来越少。

据 2009 年调查资料显示，当时整个秣陵地区制作盆桶的艺人仅约十余人，其中芮伦左及其徒弟芮五保、贾德全、蔡稻平等多从事一些零星的修理业务。

当代影响与价值

今日之江宁秣陵的农村，尽管还有少数人家保留有以传统技法制成的盆、桶，却已少有人使用。如果发现漏水等使用问题，也无法修补。过去因为生活日用的刚需催生了发达的明清箍桶业，如今已没有用武之地，让位于塑料盆桶是必然的。道理很简单，塑料便宜，不怕摔，又极为轻便，方便用水，还不容易产生臭味。总之，除了实木用料所蕴含的审美意趣及所传递的淡淡乡愁外，传统盆桶几乎无法对一般的年轻人产生足够的吸引力，它的命运就是最终进入博物馆、文化馆、村史馆，更不用说当年这个木工小行当里的脚盆、面盆、粪桶、马桶了。

不过，在一些僻远的江宁乡间，偶然还能看到秣陵盆桶制作的特色产品——腰子盆。在秋季下水采菱的时候，或稍晚一些采“菱母儿头”的时候，往往划着这仅载一人的猪腰子形木盆，用一支或两支短柄木浆，轻松灵活地在水中穿梭。在色彩丰富的秋季群山的映衬下，采菱圆盆往往让人有穿越时光的错觉，可谓乡间一道独特的风景线。

丹桂弹棉花技艺

基本概况

丹桂弹棉花技艺，主要流布于湖熟街道丹桂社区。传承人赵月龙、赵阳春。

弹棉花，又称“弹棉”“弹棉絮”“弹花”，是为了让棉花更加松软，更适合使用。弹过的棉花被，冬天盖起来十分暖和。丹桂弹棉花技艺有着浓厚的地方特色，其工作流程如下：

1. 去棉籽。将新采收回来的棉花，用手撕出棉籽，过去是人工，现在采用机械脱籽。

2. 铺板上棉。要先铺好木板，以前木板紧张，多用几扇门板替代，铺垫面积一定要超过棉被。木板铺好后，用秤称棉。在湖熟这里一定是半数，寓意吉庆有余。

3. 弹棉。弹棉郎背好弹弓，左手持弓，右手用木槌轻敲弓弦，弓弦即在铺好的棉花上颤抖，粘抽棉丝，逐渐形成棉絮状。

4. 放纱。用竹竿挑住纱头，来回放纱，纵横交错地在弹好成形的棉被上织成网状，起固定棉花的作用。如遇人家办喜事用，还用红纱织出“喜”字，以示喜庆。

5. 压棉。把纱放好后，弹棉郎双手持磨盘，用力压棉，让蓬松的棉被平整而结实，压好后折叠棉被即可。

据赵阳春介绍，丹桂弹棉花和当地习俗之间，有着千丝万缕的联系。旧时，江宁人家女儿出嫁，作为陪送嫁妆的棉絮一定要新棉所弹。毕竟女儿金贵，大姑娘上花轿是头一遭的大事，也有少数人家用旧棉，然后重新弹制加工。按照湖熟地方上的民俗，一般弹棉花所用的纱，都用白色。但用作嫁妆的棉絮，必须用红、绿两色纱，以示吉利。如旧棉新弹，须先除掉表面的旧纱，然后卷成捆，用双手捧住，在满布钉头的铲头上撕松，再用弓弹，表示去晦气、图吉兆之意。

传统弹棉花技艺

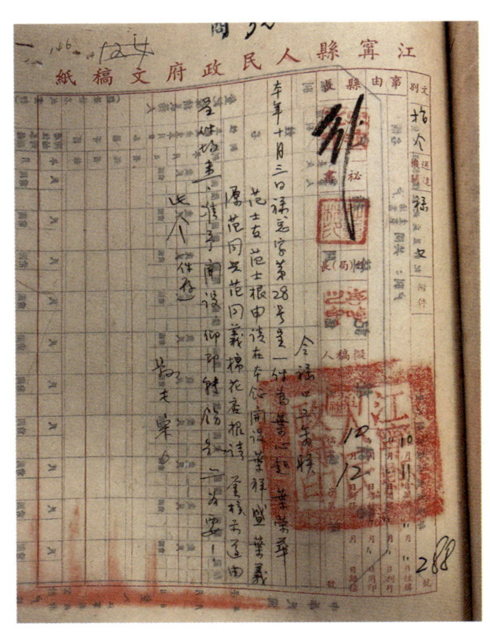
江寧縣人民政府文稿紙

1950 年江宁县人民政府关于范同义号棉花店开业申请的批复

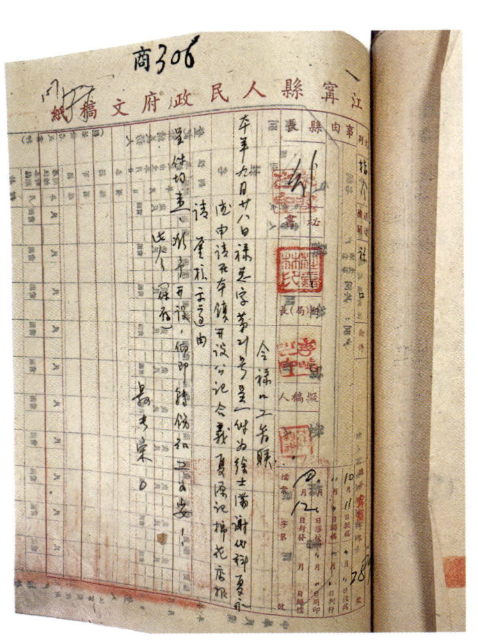
江寧縣人民政府文稿紙

1950 年江宁县人民政府关于公记合义夏源记棉花店开业申请的批复

历史传承

弹棉花技艺，由来已久。元代王祯《农书》就有关于弹棉花器具的记载。据 2009 年《江宁区非物质文化遗产资源普查线索清单》介绍，丹桂弹棉花技艺源于清末、民国时期。传承人赵月龙是湖熟街道丹桂圩东村人，年轻时拜万双喜为师。万双喜师傅是句容县东昌荡村人，离湖熟街道很近。新中国成立前后，不少贫苦农民和工匠因生活所迫，常年在外地为人弹棉絮，他们被称为“弹棉郎”。旧时，一床新的棉花被价格颇高，一般的家庭承受能力有限，所以都会将旧的棉被拆开，重新弹一床棉被，弹棉花因此成为较为普遍的一个行当。“绷绷绷，棉花弓。清早起，弹到中。又白又干净，又软又空松……恐怕天寒人受冻，弯着腰，曲着背，用力自赶工”。这是发表在 1922 年《儿童世界》上的《童谣:弹棉花》，形象生动地展现了当时“弹棉郎”辛苦劳作的场景。1937 年的《勤奋体育月报》也有一首《弹棉花》的歌曲：“咚咚当，咚咚当，弹出棉花白如霜。咚咚当，咚咚当，好像催人做衣裳。穷人的衣裳没钱做，富人的衣裳满皮箱。咚咚当，咚咚当，你催谁人做衣裳？”歌曲之中，更多的是无奈的酸甜苦辣。

当代影响与价值

现在作为寝具的被子种类越来越多，除了棉被，还有羽绒被、蚕丝被、大豆纤维被等。而且大多人家生活条件好了，很少有人需要翻新旧棉被了。因此，弹棉花的需求迅速减少，江宁本地的弹棉郎也就几乎消失了，那种有节奏的弹棉花“绷绷绷”的回响只能留存在那些年长者的记忆里了。目前国内弹棉花的行当，大概仅存留于一些偏远的地区，或者通过互联网才能满足一些手工制作新棉被的个性需求。

皮匠技艺

基本概况

皮匠技艺，曾广泛流布于江宁区境。传承人王乐喜、吴开玉等。

王乐喜是湖熟街道河南社区姚东“王皮匠技艺”传承人，今年已经 81 岁。而吴开玉则是禄口地区著名的皮匠，有着一手的技术活，是“吴皮匠技艺”的传承人。

据知情者介绍，吴皮匠有一整套皮匠工具，平时在家修补布鞋、皮鞋、反毛皮鞋，还有冬天穿的皮钉鞋。从前，在农忙时，他会帮人家打长工，做短工。农闲时，则挑着皮匠担子上南京城去修补皮鞋，补贴家用。他家的土屋门口，挂着许多鞋子帮的样品，有布的和皮的。屋内的土墙上有一个又一个的板格子，格子上放着或挂着鞋楦头。他的匠桶里，装着各式各样的制作工具，如锤子、夹钳、锥子、刀等，用的线绳则是自己搓的苎麻线。

王乐喜很谦虚，他认为皮匠手艺就是补鞋子、纳鞋底。穷人家穿破了鞋子，舍不得丢，补补是常态。破了洞，皮匠们就用线把猪皮缝上去，鞋子里头抵住一个盾头，把破处露出来。皮匠们会从皮革市场进皮料子，一般牛皮、猪皮、羊皮都能补，是手工缝制的，采用麻线缝纫，缝合完了还要用小锤子敲打一阵子，以保持平整、舒适。现在有了补鞋机器，工作更加方便了。

历史传承

据口碑资料，吴开玉的皮匠手艺是祖传的，其先辈自清代来到葛仙乡后就一直在此定居。新中国成立后，南京成立了万里皮鞋厂，禄口地区好多做皮鞋的人，都去了南京万里鞋厂。到了 20 世纪 70 年代，这批人纷纷返回来，并在禄口马铺社区办了一爿大厂，最多时有一两千人，买皮、制革、划样、制帮、配底，像模像样，获得了“只只鞋扬金鹿万里美名，双双手绘马铺千年锦绣”的美誉。

据 2009 年《江宁区非物质文化遗产资源普

湖熟姚东皮匠技艺传承人王乐喜接受采访

王乐喜与他的手推车

王乐喜的制作工具

查线索清单》介绍，湖熟姚东王皮匠技艺源于清末、民国时期。王乐喜的皮匠手艺是从他的父亲王康荣那里学来的。王康荣的手艺，则是王乐喜的大伯教的。晚清民国时期，湖熟皮匠还是很兴盛的，王东喜父亲那一辈人几乎都是皮匠。王东喜大伯的师傅是湖熟镇赫赫有名的巴子师傅。那时候巴子师傅年纪很大了，在王乐喜的印象中，巴子师傅只收了他大伯这一个徒弟。旧时，生活在底层的老百姓，很多人没有名字，只有一个外号，因而巴子师傅的本名恐怕无从追寻了。王乐喜的大伯学艺归来后，把手艺教授给了王乐喜的爸爸王康荣和王乐喜的三伯,还有他的堂哥等人。湖熟街道杜桂村的老寨子也曾经是皮鞋厂，老赵老师的父辈就是当地有名望的老皮匠。

王乐喜介绍说，皮匠以前还是很挣钱的，属于薄利多销，困难的时候一天挣个两三块，但相比二十世纪六七十年代的工人一个月才 30 块的收入，已经很多了。王乐喜的舅舅也曾向他的父亲学过皮匠手艺。皮匠这个行业在那个年代的繁荣，恰恰说明人民的生活水平不够富足。王乐喜曾经带过一个徒弟，叫李吉平，不过现在已经改行了。

当代影响与价值

过去皮鞋价值昂贵，鞋子坏了舍不得丢，修修补补还能穿。后来机器修鞋兴起，对手工修鞋形成冲击。如今的消费观念已经变化，生活条件好了，一般的皮鞋不会再拿去修补。只有在奢侈品行业，皮具护理修复仍然很有市场，但需要的已不是传统的手工修补技艺了。湖熟姚东皮匠技艺的传承人王乐喜，年龄虽然很大，但思路清晰，还能回忆出皮匠技艺的诸多要素。由于没有了需求，曾随着他学习的徒弟已经改行。如果没有特殊的干预，此项“非遗”技艺或许在不久的将来就会消失。

皮编技艺

基本概况

皮编技艺，主要流布于禄口街道铜山社区。传承人沈志贵。

皮编，顾名思义是用皮革编织的物品。江宁区境的传统皮编，由于受物质条件所限，其实大多数都是由草、藤的皮编出来的，很少真正用皮去编什么东西。但最早的皮编，是货真价实的牛皮编的，采用交叠法编织，就像是姑娘的辫子一样。

皮鞭是用熟牛皮截割成细筋后，以手工编结出各种镂孔花纹，再整形展平、喷漆烘干而成。仅以最简单的手环来看，其步骤如下：剪出一条长方形皮条，长度比手腕长 3 厘米，用钢尺从中间切割，皮革头尾留出 1.5 厘米；接着开始编织，如给小朋友编辫子一样，先从左向右编，再从右向左编，再从左向右编；将底部穿过左边的孔，继续将最下端的穿过右下的小孔；整理一下继续向上推。总之，皮编法同草编、藤编相似，只是原材料不同，外观、手感、使用年限也不尽相同。据介绍，旧时江宁地区的大户人家，动用家法，就是用这种真皮的鞭子，抽打起来很疼，打多了是要人命的。

从前江宁的秣陵、陶吴和横溪一带都有自己的小牧场，养牛养羊。一般村里干农活的牛，是不会杀的，等它老死了，甚至要埋葬。但草皮哪里都有，采集也不固定。比较稀有的牛皮，不是人人能用得起的，后来就用草皮等替代了。所谓皮鞭，名称没变，但实际上是草皮编织了。

除了皮鞭，还有皮带。旧时家境贫寒的人家，就用一根草皮编的带子系裤子，很廉价。真牛皮、真羊皮可以编成手套、围巾一类御寒的东西。知情人魏巧珍介绍，她家里几代人都会用草、藤编东西，偶尔条件好了，也会用皮去编些手套给孩子们冬天戴。小时候，她家里兄弟姐妹多，只有男孩子才能在腊月里用真皮编的东西，女孩不行。她的大姐 6 岁就给人家当童养媳了，没有用过真正皮编的东西。过去，江宁的一般人家都会编织皮料的钱包、皮包，卖给城里或者集镇上的大户人家，这样能够挣个小钱的。还有一些小玩意，也是草皮编的，比如说蝈蝈笼子（叫油子），很多人挑了担子去城里贩卖。

正在修补鞋子的皮编匠人

历史传承

旧时，皮编技艺在江宁非常普遍，会这种技艺的人很多，几乎所有村庄里的妇女都会皮编技艺。有人认为，皮编在江宁的历史至少可以追溯到元代。元朝建立后，对手工匠人有一定的优待政策。相传蒙古人喜欢骑马，需要马鞭子，因此各地汉人为了活命，就给蒙古人编皮鞭，这个有可能是江宁皮编最早的开始。

明朝定都南京，汇集天下皮匠，以满足对皮制品的大量需求，进一步促进了江宁皮革业的发展，特别是在禄口地区逐渐形成成熟的皮毛制作技艺和发达的皮毛制造业，为皮编技艺奠定了良好的发展基础和传承环境。

在长期的历史演变中，江宁皮编技艺逐渐形成了今天的格局。从刚开始为了生存的需要，到后来满足生产生活的需要，比如皮手套、皮鞋子、系裤子的皮带、装农作物的皮口袋等，再到晚清民国有钱人使用的昂贵皮包，成为身份与社会地位的象征。现在手工皮编的精巧小笼子，可以养鸣虫，则是一种审美的需求了。

江宁皮编艺人

当代影响与价值

如今禄口地区的皮毛制造业依然兴盛，但当地传统的皮编技艺及制品却早已声名不彰。其实皮编制品仍然有广阔的市场前景，关键是要有创新的思维，开发的产品种类符合当下的审美需求，还应该依托禄口皮毛业，借势将本地皮编技艺继续发扬光大。

传统布鞋制作技艺

基本概况

传统布鞋制作技艺，即以布为原料制鞋，旧时流布于江宁区境，曾长期作为家庭小手工业生产的组成部分，同时在匠人手中祖辈相传，延续至今。

唐代诗人姚月华有一首《制履赠杨达》，应该也是传统布鞋，却有引人注目的装饰，诗云："金刀剪紫绒，与郎作轻履。愿化双仙凫，飞来入闺里。"古代的"履""屐""舄"都可以是布鞋，"仙凫"也可以作它的代称。江宁淳化一带的民歌，过去也有如此仙气的表达："十月里来芙蓉花儿开，姐儿洗手做花鞋，大鞋小鞋总做起，做双花鞋望郎来。"可见过去如此制艺，在女性中间相当普遍。而且一身的行头，衣帽鞋履，似乎也只有绣花鞋可以作定情信物，其重要性可见一斑。

制鞋的工艺流程一般分为两个部分：一是做鞋底，二是做鞋帮。

做鞋底，须用到苎麻制成的麻线、大号钢针、锥子、拔子、面粉等工具。匠人一般用和好的面将一块整布粘于木板上（农村里多用门板），在其上铺四五层碎布后，再取一块整布盖住，放置到太阳底下晾晒。之后，将晒干的料子再叠上四五层布，按放好的鞋底样子裁剪，便可得到下面硬、上面软的基垫，这一过程在本地被称为"褙骨子"。"褙"即裱褙，就是把纸或布一层一层地粘在一起的意思。有的地方也叫"糊骨子"。

基垫剪好以后用布缝在一起是不牢靠的，这就需要纳鞋底。纳鞋底时需要用到苎麻晒干后搓成的细线。由于鞋底较厚，须先用锥子锥出小眼。然后，要先从鞋底四周开始固定，前掌、后跟部分针线须紧密，且要交错成行，线头要放在脚掌的中间，最好是搓揉接头，无缝对接，这样纳出的鞋底才结实耐用。

江宁老虎鞋

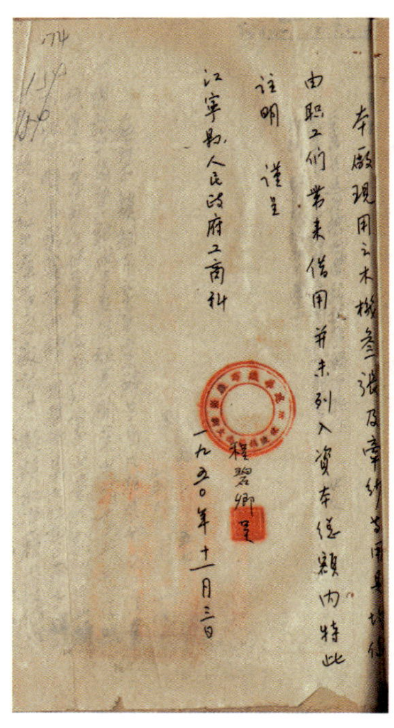
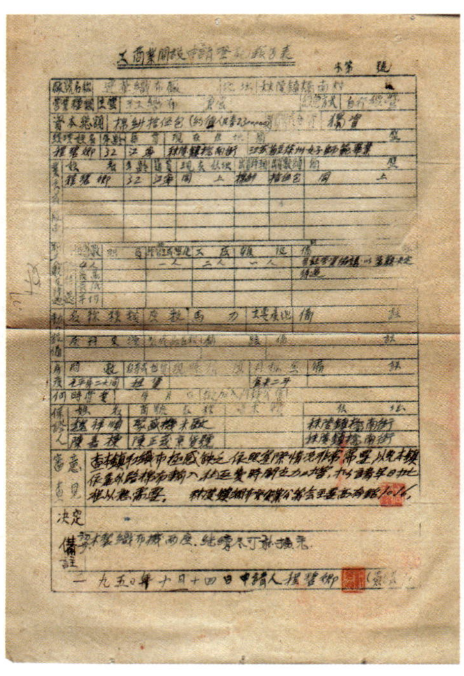
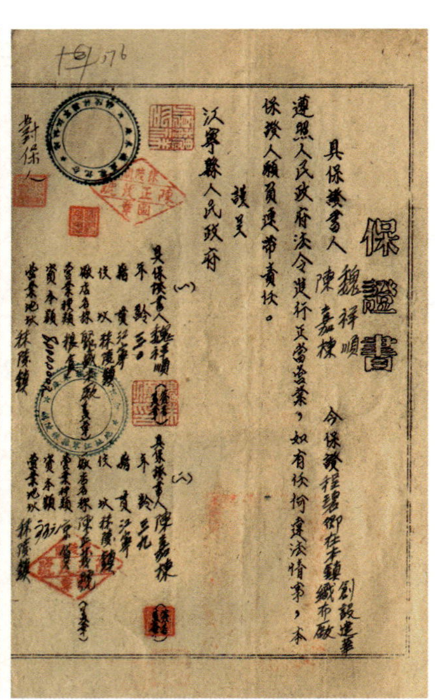

1950 年建华织布厂开业申请的材料

鞋帮是鞋子护住脚面四周的部分，要用缝制的方法与鞋底结合成为一个整体单元，一般有前帮和后帮。做鞋帮时，常以一层布衬底，中间置三四层布作骨，最外则罩黑布。做好了鞋帮后，须在脚上反复试穿，进行调整，这样才会舒适宜人，不会硌脚。江宁口头语说："鞋（hai）子做得好不好，只有自己（ga）的脚（jia）知道。"西班牙谚语说："鞋子在哪儿硌脚，只有自己才知道。"真有异曲同工之妙。

如果再加上合适的"鞋蹚底"（鞋垫子），勤于换洗，走出去没有异味，则会使穿鞋人相当有面子。唐人刘章《咏蒲鞋》有句："才自绣窗离玉指，便随罗袜上香尘。"令人神往。

传统技艺制成的布鞋，兼具经济、实用的特点。一方面，布鞋完全以布为材料，原料易得；另一方面，布鞋轻便而透气性强，各年龄阶段群体都比较适用。所以也成为过去广受欢迎的日常生活用品。

随着时代的发展，布鞋制作的工艺也发生了一些变化。第一，早期"褙骨子"的工序用到大量破布、碎布，是由于布料的紧张，如今物质条件极大提高，制鞋底均采用优质、耐磨的布料；第二，纳鞋底的线料改用尼龙材质，比麻线更加结实，且获取方便；第三，鞋底穿眼的工序由机器完成，更加高效；第四，胶底被采用到了布鞋制作中，使得布鞋更加轻便耐磨了。

历史传承

民国时期的南京，连叱咤风云的名人都时兴穿布鞋。1937 年的《论语》杂志刊载了冯玉祥当时穿布鞋的情景："冯副委员长二十日晨于一简朴之会客室接见往访之中央社记者，冯氏穿蓝布灰袄裤，足蹬布鞋，精神异常焕发。"据北京内联升的千层底布鞋制作资料，当时讲究"麻绳粗、针眼细、刹手紧"，每平方寸要纳九九八十一针，一双鞋要花 2100 多针。

在一篇关于廖仲恺夫人何香凝女士的采访文

章中，记者是这样写的："这位老太太戴着化学框子的老花眼镜，满面堆着笑容，穿着一个宝蓝色的长衫，一双布鞋子……这就是中国人民大众所时刻关心的革命前辈，同时又是革命者的母亲——廖承志先生的母亲，廖仲恺先生的夫人何香凝先生。"一代名媛，脚着布鞋，除了体现生活简朴外，方便实用也在考虑之中。看看今天存世的"百纳底如意纹面"小脚女人布鞋，可知布鞋也可以是奢侈品。

在抗战期间，全国发起过布鞋运动，各界妇女纷纷响应制作布鞋，以慰劳前线将士。如浙江开展的两万双布鞋运动及十万双布鞋、二十万双草鞋、布袜运动。1939 年《抗战十日》刊发了开展《一万双布鞋运动暂结》的文章,文中指出："计收到四千六百廿五双布鞋。"1940 年，中国妇女慰劳自卫抗战将士总会提出了征募五十万双布鞋的计划。

制作布鞋,也是妇女心灵手巧的体现。当时，每到新年，刚进门的小媳妇要给公婆、丈夫、嫂子及小叔子每人做一双布鞋。如果一个已婚妇女不会制作布鞋，是会被人瞧不起的。古罗马名哲绪儒斯说："同样一只鞋，并不是所有的人穿了都会合脚。"给家人都做上一双布鞋，而且都要合脚，确实要花上全副心思。如果不合脚，一番好心好意也会白费。

当代影响与价值

老话说"借衣不借鞋"，鞋子是标标准准的个人物品，私密性相当强。所以每人都使用自己的鞋，这使鞋的需求量就相当大。

1969 年 1 月，江宁建成土桥鞋厂，借用西来岸作厂房,专事手工布鞋、童鞋生产,年产量 1.8 万双。鞋厂产品因质量好、价格低、样式新等特点，畅销省内外，年产值达到 4.2 万元。1979 年，鞋厂搬迁至镇东街生产，有厂房 24 间，工人增至 160 人，但产品仍供不应求。1985 年，工厂又获投资扩建，由于生产经营良好，该厂曾连续 10 年受到江宁县政府嘉奖表彰,获评县级明星企业。但在 1992 年以后，由于市场竞争激烈，鞋厂产品开始滞销，最终于 1994 年停产。

在改革开放之前，受限于当时江宁经济社会的发展水平，能穿上皮鞋的毕竟是少数，因而制作、穿用布鞋十分普遍。近若干年来，随着生活水平的普遍提高，传统布鞋已经逐渐淡出了人们的视野，传统制作方法仅偶尔见到。江宁东山就有一位 70 岁老奶奶擅长纳鞋底，她使用藤做的圈圈——顶顶子（即顶针）穿针引线，还习惯性地在头上靠靠擦擦，这说明虽然现在用机器纳鞋底更普遍，但旧时的制作记忆还在。淳化徐盖村的一位老奶奶年年纳鞋底，使用铜或铁制成的顶针，约 1.5 厘米宽，上面密布小凹坑，便于顶住纳鞋底的钢针。据介绍，旧时江宁农村妇女纳鞋底时，习惯性地把针在头皮上擦擦，沾点头上的油脂，缝起来更滑溜些。

众所周知，非物质文化遗产为满足人们的生产生活需要而产生和存在，因而具有一定的天然经济属性。通过生产性保护、与文创结合的旅游产品开发，江宁传统布鞋制作技艺完全可以在获得较好经济效益的同时实现其技艺的活态传承，以实体布鞋、布鞋图案，甚至是动漫形象等多种方式融入现代人的日常生活中。近年，传统布鞋制作技艺越来越受到重视,如 2008 年、2021 年，北京内联升千层底布鞋制作技艺、四川成都唐昌布鞋制作技艺先后被列入国家级非物质文化遗产名录。我们相信，作为"非遗"的江宁传统布鞋制作技艺的价值也将会为社会所广泛认知。

麦秸编织技艺

基本概况

麦秸编织技艺，主要流布于淳化街道土桥社区和索墅社区。

麦秸编织以麦秆为原料，经过选料、染色、裱平、设计、编织等工序，以剪、贴、熨烫等方法制作出各类实用器具及工艺品。土桥和索墅的麦秸编织品种类比较简单，多仅见麦绳和草帽。

过去，每当麦子收割完成后，江宁有些地方会在田里就地燃烧麦秸，用于土地增肥和杀虫，但这样不仅污染环境，也容易引发火灾。在旧时，土桥镇和索墅镇的妇女，会以当季的麦秸为原料，制成麦索来捆扎收割的麦子；制成辫状的草帽辫，或自用，或出售，由此形成了一套经济实用的麦秸编制技术。

麦索或麦绳，是一种粗绳索。在备材阶段，为方便后续制作，先要将麦秸根部枯叶除去，理齐，用木榔头捶软。打麦索时需要三四人合作，一人坐在大凳上摇摇把，另三人每人负责绳子的一股，边添草边后退，然后三股合并成为小酒杯口粗的麦索。一根麦绳一丈五尺左右，可用于捆抬各种重物。割麦季节，一根尖担（两头装有铁尖的长扁担）配两根麦绳，男人到麦田中把妇女割下的麦子捆扎起来，尖担一头插一个麦把，挑到打麦场上。麦绳还可用作牛绳和牵引犁耙。

编草帽，则先将麦草去叶，用麦穗头至第一个茎节那一段。先用麦秆编成五股或七股麦草的扁形辫子，一般宽半寸左右。然后将麦草辫子盘起，逐盘用针线缝牢，从帽顶开始，一直缝至帽边即成。

历史传承

麦秸编织是历史悠久的传统手工技艺，在中

明代版画《南种牟麦图》

国已有数千年的历史。远古以结绳记事，人们对于绳艺编织并不陌生。《易 · 系辞传》有“作结绳而为网罟，以佃以渔”。《说文》称：“绳，索也。”《小尔雅》解释：“大者谓之索，小者谓之绳。”

麦秸编织的草帽与草扇

上古绳索多用麦穗、稻草作为原料，是草编制品的一种。考古发现中国最早的草编遗物是史前河姆渡人制作的，距今已有 7000 年之久。据《礼记》记载，周代已有以莞（蒲草）编制的莞席了，而且当时已有专业的“草工”，“作萑苇之器”。到春秋战国时期，已有用萱麻和蒲草编制的斗笠。秦汉时期，草编已在民间广泛使用，品种有草鞋、草席、草扇、草帘及僧侣信徒打坐的蒲团等。汉代至盛唐，草编亦较发达，除了蒲草编制蒲衣、蒲鞋外，还有蒲草编制的蒲帆。

草编在中国分布很广，四川的棕编、浙江的麻编，也以坚实耐磨、轻便舒适的传统特色著称于世，与江宁的麦秸编织异曲同工。

长江流域的草编原料，除了以人工栽培的农作物稻草为原料，还多用野生的黄草、苏草、席草（水毛花）、金丝草、蒲草、龙须草、马蔺草、蒯草、荐草、竹壳、箬壳等。其制品以草席、草鞋和其他日用品类最具特色。

总之，土桥、索墅的麦秸编织与中国广泛流行、经济实用的草编、竹编一脉相承，就是利用最便宜的生产资料加工编制的工艺品。麦秸生长地域广泛，易得易作，随处可取，且变废为宝，在江宁极受欢迎，是最实用的民间产品。除土桥、索墅外，司家社区的舞草狮子也是类似的产品。

当代影响与价值

麦秸是个宝，它不仅可以造纸、生产人造板、

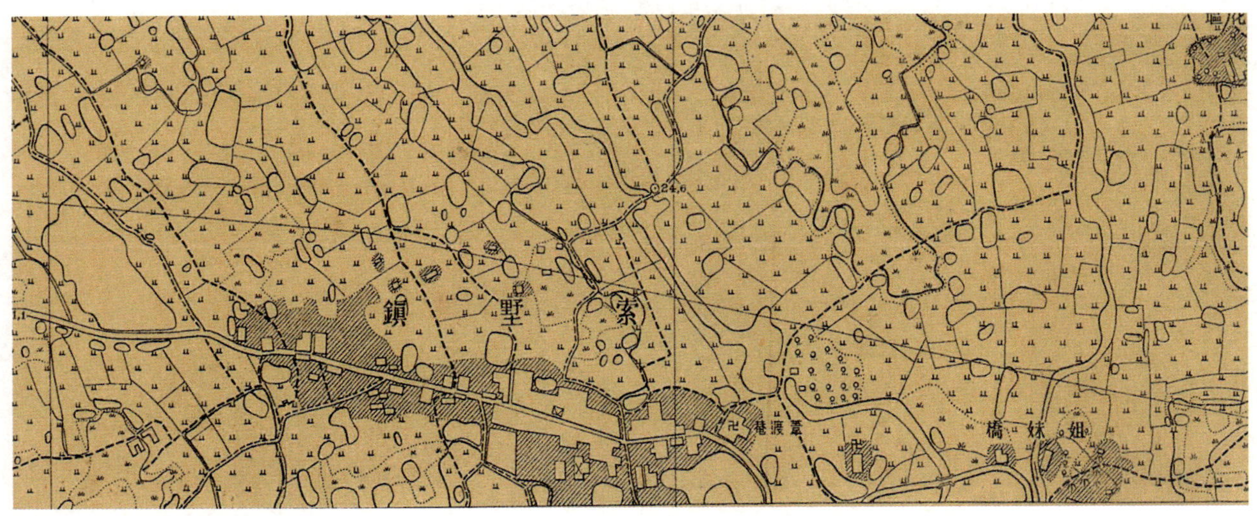

1933 年的索墅镇周边地图

1933 年的土桥镇周边地图

1955 年江宁六郎农业社社员学习农业技术

编织成实用美观的各种物品，而且还含有多糖成分，可以入药，味甘苦、性温、无毒，可以消肿、利湿、理气。

随着科学技术的发展，很多民间草编织物已被时代淘汰，有的几乎完全消失，今人在生活中一般也不会使用了。有些民间编织物作品，可能会在反映农村生产生活的博物馆里展出。但包括麦秸在内的草编制品仍然有相当的实用价值。据调查，现在仍有少数老人用土桥、索墅的麦秸编制技术制成家用工具，在江宁乡间仍然能够见到这些作品。

如今，一般的麦绳和草帽当然已经不受欢迎了，但据资料介绍，以麦秆编织的惟妙惟肖、栩栩如生的动物、花鸟、亭台楼阁等各类工艺品，因产品色泽鲜艳、图案千变万化、绿色环保仍有不错的市场。我们是否可以转变思路，学习其他地区相关成功经验，利用麦秸编制技艺开发符合市场需求的新产品，真正变废为宝，为乡村振兴，为扩大农业产出做出贡献。

进家庄草鞋编织技艺

基本概况

进家庄草鞋编织技艺，流布于秣陵街道西旺社区。传承人唐厚文，知情者张礼泉、戴本英等。

进家庄，据《江苏省江宁县地名录》“秣陵乡概况”载：“西旺村，前晋家庄，明洪武年间建村，为求兴旺发达，取名晋家庄。‘晋’即前进之意。后分前、后两庄。西旺村驻地。后晋家庄，在前晋家庄后。”可见，“进家庄”，当为“晋家庄”之别称。

旧时打草鞋一般是在冬天农闲时，动作快的一天能打十几双，然后用绳子拴起来，挂在墙上。也有靠打草鞋，然后到街上卖草鞋谋生的。打草鞋的工具叫草鞋扒（耙），它外形似耙子，丁字形，一横上面有 5 个或者 7 个小柱子（齿），中间一根稍大，两边对称，丁字钩反钩于板凳头上。打草鞋主要的材料是稻草，也可以用麻或者碎布条。稻草是糯稻草，需要提前捶打软和。

打草鞋的流程是，先搓草绳拉纲线，添草要搓揉压紧，让草头在底部交叉放齐。先准备编织草鞋的木扒，扒上之齿用于挂麻绳，即草鞋身线。齿的距离可调节草鞋的宽窄。草鞋身线的一头挂在齿上，要把草鞋织宽，就将挂在齿上的主线分开些，草鞋织窄些，主线就拢小些。主线的另一头挂在编织人的腰带连同钩板上，人在操作时，可以用腰身活动来调控。人向后靠，可把这几条主线拉紧；向前倾，可将主线放松。

编织过程中将稻草料、旧布料放在身边，先将主线的中部打一个结，拴上一支圆木，约 30 厘米，作穿带，俗称草鞋鼻。一般从鞋鼻织到后跟，草鞋前部分左右放两个穿带的搭扣，后跟左右又分别留两个搭扣。编织的尺寸要根据穿鞋人脚板大小而定。如果用于销售，则需编织多种型号，以方便顾客选择。放脚趾眼，要分为左右，以便适合脚形。至于什么时候收缩，什么位置放眼，除了经验外，也可以用手指和手掌丈量比画来确定。每织“两步”（即两层）或“三步”，要用叉子插在挡板上用力拉紧，还要用木榔头打几下，越结实质量越好。为耐用，脚板着力处和后跟，一般用旧布条搓成布索，代替稻草编织。尤其是草鞋后跟，要非常耐磨，需用三四根稻草搓成细草索编织。不干活时，草鞋能多穿一段时间。如要下地干活，那么几天就要换一双草鞋。据知情者介绍，有时候在外面做活，草鞋坏了怎么办呢？就用两个大脚趾当草鞋耙，弄点稻草临时修理修理。

历史传承

进家庄草鞋编织技艺，始于何时，已经难以

考证。但草鞋编织历史，在中国极为悠久，商周时期的遗址就出土有草鞋实物。《太平御览》引《世本》云："於则作履屝。注：'於则，黄帝臣。草曰屝，麻曰履也。'"意思是草鞋名屝，麻鞋名履，为黄帝臣子於则发明。汉时又名"不借"，汉文帝曾经"履不借以临朝"（《古今注》），宋人笔记《五总志》称："不借，草履也，谓其所用，人人均有，不待假借，故名不借。"魏晋以后称草鞋为芒屩、芒履、芒鞋，《晋书·刘惔传》称"（刘惔）与母任氏寓居京口，家贫，织芒屩为养"，苏轼《定风波·莫听穿林打叶声》有"竹杖芒鞋轻胜马"之句。

《水浒传》里还写有两个公差折磨林冲的故事。林冲入野猪林之前，两个公差为了折磨他，就用百沸滚汤给他洗脚，起得全是泡。第二天再给他穿上新打的草鞋，新草鞋全是芒刺，一下就把泡戳破了。用开水烫犯人的脚，再逼迫他们穿新草鞋走一段路，这般折磨人的法子在旧社会的江宁是常有的。

江宁禄口、横溪一带离秦淮河都不远，农田都是水田，下田需要穿草鞋，草鞋跟脚，干起来也快。所以江宁打草鞋就非常兴盛和热门了。这里务农的人家，家家都会打草鞋。据知情人朱庆舜介绍，他家里有水田，家里往前五六代人的女眷都会打草鞋。草鞋廉价实用，改革开放以后，江宁人家物质条件改善了，生活普遍好了，草鞋才完全绝迹了。

当代影响与价值

新中国成立初期，草鞋尚有一定的市场，采石场工作人员的劳保用品中就包含草鞋。但随着时代的发展，解放鞋、胶皮鞋、皮鞋等各种材料的鞋子的普及，传统草鞋早已经乏人问津，只是在民俗博物馆内或者某些纪念场馆内，以及演艺场所，才可以见到草鞋的出现。然而近年，草编竟然成为大热的鞋具时尚元素，加上现代制作工艺解决了耐用和舒适问题，草编凉鞋、拖鞋已成为热销市场的时尚新品。据说法国时尚品牌圣罗兰为 T 台走秀定制的带跟的草编鞋，曾经轰动一时。如此看来，江宁进家庄草鞋编织技艺还会有发挥用武之地的机会，只是时机未到而已。

汤山熟草鞋技艺

基本概况

汤山熟草鞋技艺，即为了编制草鞋，利用汤山温泉水来煮熟稻草的技术，流布于汤山街道。

旧时，农村人因家境贫寒，一般买不起鞋子，于是利用稻草打草鞋。打草鞋也就成了一门手艺，多数人都会学打草鞋，不仅自己穿，还会为全家人都打一双草鞋。勤快的人打草鞋数量多，每天可以打十来双，可以拿到集市上去卖，以贴补家用。

为家人打草鞋，也不讲究尺码等级，一双草鞋，男女老少是可以共用的。倘若是相差太悬殊，对于特大的脚，也只是稍稍地放一放绳子；特小的脚，也只是紧一紧绳子。刚开始穿草鞋，总会被它磨得皮破血流。后来穿得久了，经常穿了，就很少硌脚了。

草鞋的优点是耐磨、透气、把滑、零成本。打草鞋的原料是稻草，秋天收割后，产生了大量的稻草，都可变成制鞋的材料。除稻草外，其他地区也有用竹麻（慈竹皮）、竹箬、黄麻、蒲草的，但本地还是以稻草居多。

草鞋制作的时间一般在农历八九月份。这时的稻草比较干枯，容易折断，不扎实。人们想到了要用温水浸泡一下，然后再打草鞋。这样的草鞋耐磨，穿的时间会长一些，一般一双草鞋能穿上一个月左右的时间。《俗谚大全》中收了一句俗语，叫“熟草鞋不会打脚”。意思是说，水烫煮过的稻草编织的草鞋合脚而不拖沓。

民国时期市集上卖草鞋的小贩

江宁区汤山人很早就利用汤山温泉烫煮稻草，然后再编草鞋、草篓、绳索等用品。《汤山街道志》载：“温泉水的生活利用，历时已久，晋时便用来瀹鸡、烫鸭。冬季妇女用来洗衣洗被，农民用来煮熟稻草，编制草鞋。熟草鞋柔软耐穿，是汤山的特产，时称‘汤山熟草鞋’。用熟草编成绳索，用于牛绳和牵引犁耙。”

草鞋要想打得好，实践工夫不能少。还要准备一套简单的工具，包括长矮凳、鞋耙、围腰、木槌、码子、橇竿、弯子等。打草鞋一般要有三个步骤：

第一步，熟稻草。即在温泉处浸泡一捆稻草，时间不用长。为使稻草绵软有韧性，有的地方还结合捶打，将浸透的稻草放在平台上用木槌子打，捶打时要讲究均匀，以便下一步操作。

第二步，搓草绳。搓草绳全凭双手的技巧，两股草粗细松紧要一致。添草也要均匀，保持草绳直径大体不变，粗细一律，就可以上架了。

第三步，上架打鞋。骑坐在长矮凳上，一边固定好鞋耙（木齿架子），将事先备好的四股作经线的麻绳一头扣在鞋耙上，一头拴在腰间，再用稻草（为纬线）在麻绳上来来回回地编织，用拇指推紧挤压。打到五六道时，放出三个左鼻，再编三道后，放出三个右鼻，然后随着脚的形状，放大缩小，中间两边放一个穿绳耳，打到后跟处，要往上翘一寸收头，再用麻绳结股成束，以绳代帮。

鞋耙由座子、勾弓、松紧轴和耙齿及草鞋绊组成。草鞋绊就是一条用毛刺楸经火烤成型的弯木，两头有带子，打草鞋时系于腰上，随时调整身体与鞋耙齿间的距离。

第四步，穿绳。编制好的草鞋，鞋底板两头椭圆，前宽后窄，恰好合脚。用一根细绳将两排绳耳贯穿起来，即可套在脚上穿着。如果在脚掌和后跟处，再加些碎布条或麻筋，这样的草鞋就更经久耐穿。

清代有首《竹枝词》曰："柴扒一堆草一束，推得鞋成力用足。一双只卖几分钱，可怜推脱指尖肉。推草鞋人手指痛，着草鞋人脚趾冻。贫民一样父母生，受苦这般堪一恸。"打草鞋人、穿草鞋人的辛苦，读来令人心酸。

历史传承

打草鞋的历史，恐怕与"兽皮为裳，树叶为裙"的上古时期同时。但谁是发明者，则无从考证。在《诗经·葛屦》一章，说到"纠纠葛屦"。葛是一种麻类的草，用这种草做成的鞋穿在脚下，走起路来昂昂然的样子，看来是很舒服的。这是关于草鞋的最早记载。

《三国演义》的刘备就是卖草鞋出身，汉墓陶俑脚上也有着草鞋的。上古时代草鞋叫"扉"，相传为黄帝的臣子不则所创造，汉代称为"不借"。《五总志》解释："不借，草履也，谓其所用，人人均有，不待假借，故名不借。"古代穿草鞋相当普遍。据史料记载，贵为天子的汉文帝刘恒也曾"履不借以视朝"。草鞋业所供奉的祖师爷正是赫赫有名的刘备。过去打鞋的从业人员还要定期祭拜，以保证行业的兴旺发达。

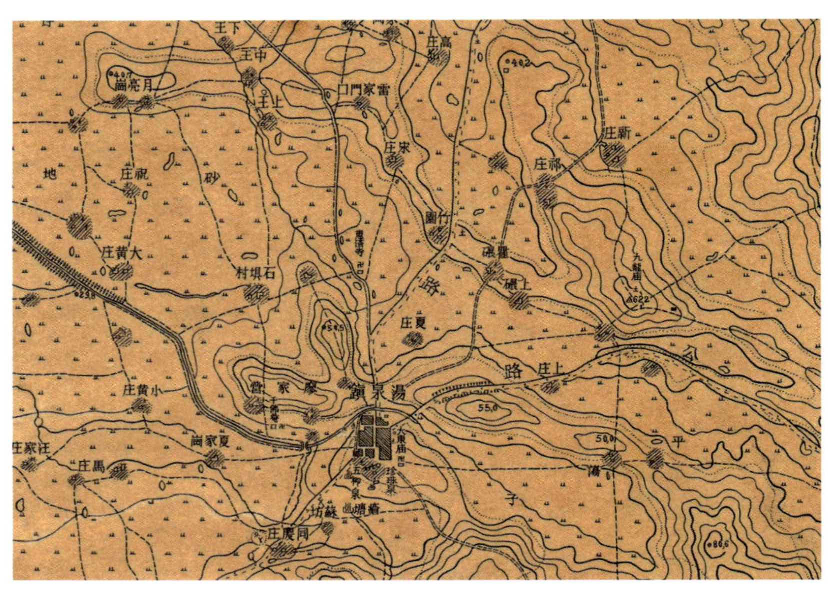

1931年汤泉镇周边地图

20世纪30年代中期，在两万五千里长征途中，红军战士们就是穿着草鞋，翻山越岭，北上抗日，因此有民歌唱道，"打双草鞋送给郎，南征北战

江宁草编艺人

打胜仗”“脚穿草鞋跟党走，刀山火海不回头”。当年，妻送郎、父送子参军，都少不了送一双家乡草鞋。如今，红军的草鞋已经成为革命先烈艰苦奋斗的象征。

草蒲鞋

又如贵州屯堡的妇女，打草鞋是拿手绝活，她们常常口中念念有词：“冬腊月里脚坐酸，东搓西捻不得歇。打季草鞋磨大难，气力使完到指尖。天亮坐其到半夜，苞谷稀饭顶几餐……”又有童谣：“幺妹吆咚排，天天打草鞋。天晴挑去卖，下雨挑转来。”少女遇上腼腆后生，所唱激将民歌云：“不会唱歌你耍来，不如在家打草鞋。一对草鞋半碗米，熬汤煮稀够你塞。”可见草鞋在各地文化中留下了丰富的印迹。

汤山熟草鞋历史悠久，特别是清代、民国时期及新中国成立初期，编制草鞋是一门手艺，因此，那个时期几乎农村人都会编草鞋。随着社会发展，解放鞋、皮鞋流行，草鞋早已无人问津了。在一些民俗博物馆，尚能见到草鞋样品。有一则草鞋的谜语云：“两只黄猫，四个耳朵，牵着不走，拴住飞跑。”现在人肯定是猜不出来了。

当代影响与价值

如今在汤山街道一带，知道用温泉煮熟稻草制作熟草鞋的人已经不多了。随着社会的进步，打草鞋已经成为历史。要想见到一双“汤山熟草鞋”，则是更加困难的事情。然而，近年在一些热门旅游景点，有人把草鞋当作有特殊收藏价值的民间草编工艺品购买。不仅如此，在淘宝上，各色草鞋竟然可以卖到十到三十元不等的价格，一些经营得不错的店铺甚至打着“消失的民间手艺”“农家编织”“红军长征复古”等旗号，其款式有人字拖、工字拖、包角拖、盖拖、红军麻鞋等多种，令人啧啧称奇。

过去，一双草鞋泥污踩过了，风雪踩过了，悬崖陡坡踩过了，石板路踩过了，田坎地头踩过了。进屋的时候，草鞋脱在门外，带着泥，带着水，带着风寒和燥热，静静地等待着新一天的召唤。这样的情景，这样特殊的辛酸之美，或许一些老江宁人仍然记得它。

2020年汤山街道汤泉湖全景

兰花种植技艺

基本概况

兰花种植技艺，主要分布在横溪街道陶吴社区的江宁台创园，依托以兰花新品种研发为目标的兰花研究院。

我国传统栽培的地生兰被称为“中国兰”，也叫“国兰”，如春兰、惠兰、寒兰、建兰、墨兰等。国兰的种植与中国传统文化关系紧密，由于国兰枝叶典雅纤细，且“生于深林，不以无人不芳”，一直被赋予深厚的文化内涵，成为中国传统道德青睐的君子花。在国人眼里，兰花是超凡脱俗、高洁典雅的象征。兰花又以其淡雅超逸的气质，与梅、竹、菊并列，合称“四君子”，又有“王者之香”的美誉。

就江宁兰花种植来说，需提前准备好兰花花株、花盆、培养土及栽培介质、有机肥等。其栽培要点大致如下：

1. 栽植。地栽应选优良品种、排水性能强的肥沃沙土壤。注意防止水分蒸发、防晒抗旱、保温防冻、防土层板结和隔离病虫源，确保幼苗茁壮成长。

2. 光照、除草、浇水、施肥。兰花喜阴，不宜照射过强的光线，夏、秋季要进行遮阴。兰花对肥、水要求较高，应随时保持湿润，按需求合理施肥，喷洒新高脂膜保肥保墒。

3. 整形修剪。兰花栽培需要剪去干枯枝、病弱枝、交叉枝、过密枝和明显影响树形的枝条，并剔除多余的花蕾。在剪枝伤口需要涂抹愈伤防腐膜，以保护伤口愈合，便于组织生长、防腐烂及病菌侵染。

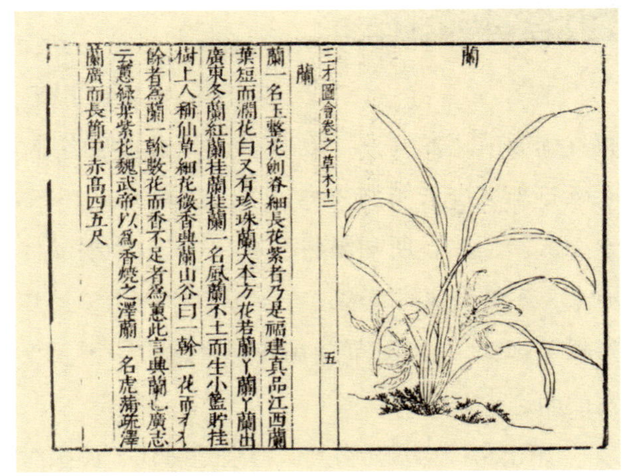
三才圖會卷之草木十二 五

蘭

蘭一名玉整花劍脊細長花紫者乃是福建真品江西蘭葉短而濶花白又有珍珠蘭大本方花若蘭丫蘭丫蘭出廣東冬蘭紅蘭桂蘭挂蘭一名風蘭不土而生小籃貯挂樹上人稱仙草細花微香與蘭山谷曰一幹一花而香有餘者為蘭一幹數花而香不足者為蕙此言與蘭也廣志云蕙綠葉紫花魏武帝以為香燒之澤蘭一名虎蒲疏澤蘭廣而長節中赤高四五尺

兰花（明版画）

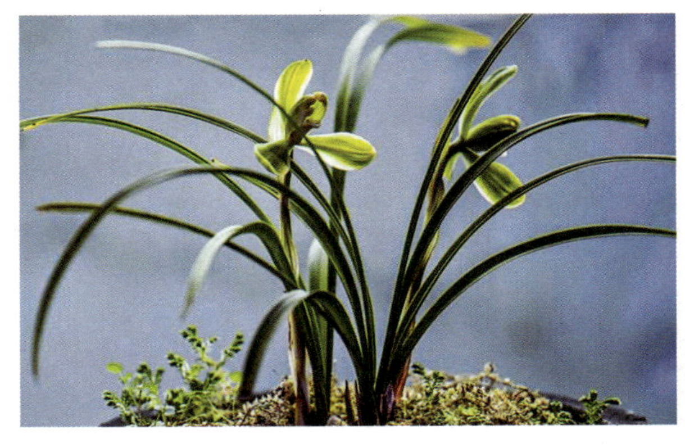

兰花

4. 病虫害防治。兰花常见病害有白绢病、炭疽病、蚧壳虫，需采取合理措施。兰花不宜用农药，但可以使用一些无公害的防治病虫害方法，取材容易，方法简便，不会污染，无副作用。

兰花种植，需时时注意兰花在光照、肥、水、虫等诸方面的状况，及时调整，如此培育出来的兰种，自然让人赏心悦目。

历史传承

兰花在中国的栽培已有数千年历史，歌咏兰花的传统相延不衰。早在春秋时期，著名教育家、思想家孔子就曾对兰花大加赞赏，将其与君子的品德情操联系起来。《孔子家语 · 在厄》云："芝兰生于深林，不以无人而不芳；君子修道立德，不为穷困而改节。"又《孔子家语·六本》云："与善人居，如入芝兰之室，久而不闻其香，即与之化矣；与不善人居，如入鲍鱼之肆，久而不闻其臭，亦与之化矣。"中国最早的古琴曲《幽兰操》，亦相传为孔子以幽兰言志，极受尊礼。著名爱国诗人屈原在其名篇《离骚》中多次提及"兰""蕙"这种香草，东汉《越绝书》载越王勾践尝于兰渚山种兰的传说。尽管陈心启、吴应祥等学者对唐代以前史料记载的兰蕙类植物是否是现在的国兰提出过质疑，但并不影响人们对兰花崇高的礼赞。

先秦古籍中有关兰花的内容集中于诗词、典故和名人身上，它们构成了兰花文化内涵的基调。至魏晋时期，兰花种植已经较为普遍，从宫廷庙堂到田野乡居，都可以栽种兰花。吟咏兰花的诗词也大量增加，如陶渊明即有诗云："幽兰生前庭，含薰待清风。清风脱然至，见别萧艾中。"唐代以前，兰花多于山林庭院中种植。唐宋以降，盆栽养兰逐渐盛行。唐杨夔《植兰说》是目前可见的种植兰花技术最早的记录。《植兰说》曰："或种兰荃，鄙不遄茂。乃法圃师，汲秽以溉。而兰荃洁净，非类乎众莽。苗既骤悴，根亦旋腐。"可见当时已经对兰花种植技巧有了系统性的认识。

金陵兰艺历史悠久。南宋《王氏兰谱》就记录了夏季开花的名兰"金陵边"，应是以其产地金陵为名。据文献记载，早在清代乾隆、嘉庆年间，江宁张山、朱门山、云台山、牛首山等处的兰花已渐负盛名。这些兰花被花贩从山上挖取后，集中到花神庙交易，以供应金陵城内。《白下琐言》载，春未及半，熊姓花贩在凤台门外花神会献上素心赣兰一箭，使众人惊叹。

江宁的乡野诸山多有野生兰花分布，晚清时其中的地产珍稀品种开始被地方志书所著录。如《金陵待征录》卷十提到，牛首山产兰，一茎十数花，谓之蕙兰。又云，"近有一花者，叶少而阔，色碧香细"。这说明在清道光年间，牛首山的兰花出现了新品种。牛首山盛开春兰，也成为南京传统"春游牛首"中不可错过的一景。袁枚作《春日郊游》诗，描写初春与好友结伴同游牛

民国时期江宁县花农种花

首观花赏草的闲情雅趣。《同治上江两县志》则载，江宁张山、朱门山产铁线兰，“茎细，花深，碧若有墨纹”；云台山产品字兰，“花句如品字”。此外，《金陵物产风土志》对南京城外的野生花卉仅记录了铁线兰和品字兰，可见这两种兰花确有特色，足资夸耀。

铁线兰属于春兰，其花与叶俱有观赏价值。明盛时泰有《送僧入朱门山采春兰》：“朔风吹雪片，洒落细于沙。独有春兰叶，于时吐玉芽。玉芽满谷君能采，忘却空山岁月改。归来赠我几多丛，遍种茅堂对烟霭。”品字兰则属蕙兰，一茎三花，奇异之处就在于花型，“春来作花，三勺并茁，合颖缀跗，宛若连理”。

江宁张山等处的花农娴熟花事，应该很早就对育兰有所心得，并持续保持着地方良种的记录。因为文人对于兰花的追捧，所以著名兰种为文人所知，也为文人所记录，形成了江宁的兰花种植文化。如《金陵待征录》，提到清代江宁盛产的铁线兰，享誉南京的文人圈子。铁线兰出朱门山，叶与茎皆细，叶与花皆深绿色，微近黑，故名。又云，品字兰出云台山，“花开必三勺，如品字”。乾嘉年间的诗人杨若偕有“墨写幽兰寻品字”的诗句，即谓此二兰。

当代影响与价值

拥有生态优势和广阔市场的江宁区，近年正有计划打造“国字号”现代兰花种植研究园区。2019 年 12 月，位于横溪街道陶吴社区的江宁台创园兰花馆举办了第三届江宁台湾农民创业园兰花展暨精品兰花馆开放新闻发布会，展出了约 300 个品种的 10 万盆兰花。这是兰花种植技艺审美与文化价值的集中体现。目前，江宁区台创园蝴蝶兰组培苗年产量可达 700 万株，开花株年产量可达 110 万株，年出口创汇达 500 万美元，蝴蝶兰年销量占南京市场的 80%。

2021 年 1 月，兰花研究院项目正式签约落地江宁台创园。该研究院将建设 1.1 万平方米的玻璃温室和 500 平方米组培室，以江苏省农科院专家团队为技术支撑，以兰花新品种研发为目标，逐步打通兰花产业上游产业链，提升园区兰花产业的行业效应，发挥其巨大的经济价值。该研究院还将持续推动兰花种植资源保护、新品种引进、新品种研发及新品种推广项目落地江宁区台创园，努力把兰花产业打造成园区在长三角地区乃至全国最大最有影响力的品牌标杆。

陶吴插花技艺

基本概况

陶吴插花技艺，流布于禄口街道陶吴、马铺一带。知情人邓雪。

陶吴插花多就地取材，因地制宜，其花式多样，可以美化家居环境，可以调整心境。旧时陶吴的大户人家，有重视调香者，有重视插花者，插花在一定程度上可以为文士活动添彩。其选材，与文人插花体系有异，除夏天插荷花、秋天插桂花、冬天插蜡梅外，更多的则是田野气息。在这里插花，农民唱主角，他们独辟蹊径，用果蔬充当插花原料。如将洋葱一瓣瓣掰开后，宛若娇嫩的紫色睡莲，用红红的辣椒一圈圈点缀四周，再配上绿色的蕨类植物和白色瓷盆，新颖清新，让人感觉亲切。甚至选取农作物插花，即使是金黄而饱满的普通稻谷，他们也可以制作出一瓶精致的插花。

陶吴插花对于器皿的要求也不高，田里长什么插什么，家里有什么插什么。插花的器皿，以前大户人家会用订制瓷、玉壶春、笔筒插花。后来不一定局限于瓷器，陶器也可以插花。在陶吴、马铺等地的乡村，村民下田翻地，偶尔能翻出来陶罐子、陶坛、坩埚、韩瓶，都可以拿来插花。坩埚不深，只能插一些小野花。而韩瓶虽然胎粗壁厚，但乡民却十分喜欢，与大户人家使用高档瓷器来插花风格迥异。

近年，陶吴乡民积极吸收现代插花技巧，从花色品种、色彩搭配，再到总结改善插花的步骤，都取得不少的进步，并形成了自己的特点：插花讲究高低疏密，错落有致；花枝不可太繁，亦不可太瘦。通过插花技艺，原本普通的花草，经过修剪、合理搭配，一束束生机盎然的作品展现出

南蛇藤插花

荸荠瓶插花

来了，令人赏心悦目。

历史传承

陶吴大王村王氏宗祠门额及圣旨节烈坊

晚清民国时期，陶吴、马铺有不少大户人家。这些人家瓦房多，甚至还有园林，需要用插花来装饰宅第。旧时陶吴的徐家、李家、朱家、张家都是富户，其中张家特别有钱，杨柳湾与马铺那边的张桥，就是他们家为了过秦淮河方便所修，可谓是大手笔。朱家属于朱熹后人的一支，也是清流门第、书香世家。他们家里喜欢摆弄些四季宜人的花草，无论客厅的茶几，还是书房的博古架，摆上几盆插花，其居家环境一下子就雅致起来了。

有了这些大户人家插花的审美需求，周围的农户会定时给他们送些插花的原材料。也有直接将插花成品送来的，可以卖的价钱更好，渐渐地不少农户们也都学会了插花的手艺。在晚清太平天国战乱后，虽然不少大户逃往他乡，但一般农户的插花手艺还在，名贵花草用不了，但山野常见的果蔬、药材、野花样样都可以用来插花。陶吴插花技艺就这样传承了下来。

当代影响与价值

插花可以提高村民文化素质，插花可以装点美化自己的生活。随着城镇化进程的加快，包括江宁在内的失地农民会越来越多，如何改善他们的生活品质，提高他们的思想审美趣味，这是摆在当下乡村管理者面前的急务。陶吴插花技艺，不同于文人插花，一般的洋葱、辣椒等果蔬都可以派上用场，又方便易学。通过开展插花技能培训，可以提升村民创业技能，增加就业渠道，在推进美丽乡村建设的同时，亦达到增收致富的目的，真正将绿水青山变成金山银山。

湖熟纸扎技艺

基本概况

湖熟纸扎技艺由扎花技艺发展而来，产品包括彩门、戏台、花灯等演出装饰用品，及花圈、楼房、轿车、电器设备及人物等吊唁祭祀用明器。主要流行于江宁区东南的湖熟街道龙都社区等地。传承人夏道亮。

湖熟自古有“小南京”的美誉，历史悠久，源远流长。湖熟纸扎技艺属于传统民间手工艺，以风格各异的灯笼为代表性制品。南京地区正月灯会全国著名，江宁地区制灯尤盛。以纸扎制的马灯、兔子灯、宫灯、金鱼灯、鹅灯等各色灯彩，惟妙惟肖，销路广阔。南京人历来重视治丧，凡遇出殡、祭扫等祭奠仪式，经常需要焚烧纸质冥品，以供死者在另外一个世界或者转世轮回使用，因此丧葬纸品的制作与销售也随之发展起来。

过去，湖熟纸扎主要以纸张、竹篾、糊精、彩笔、颜料、麻线、细铁丝等为原料。而现在，为了满足大批量生产的需要，纸扎店往往选择购买事先设计并印刷裁剪好的带图案的硬纸板，遇客户订单再在店内拼接成型。传统纸扎制作同样需要提前设计图纸,往往需要经过“看物”与“构思”两个步骤。

“看物”即仔细观察现实中的东西，如轿车、房子、洋楼、动物等，参考其结构形态，务求纸扎逼真还原。

江宁纸扎

“构思”即对现实事物的形态进行抽象化、结构化，细心推敲纸扎的结构，最终绘出纸扎图纸。图纸绘成后，按照图纸以竹篾或铁丝编织成骨架，裱糊上纸，最后进行彩绘装饰。纸扎制作时，需遵循“先里后外，先下后上”的原则，方能制作出精巧的成品。

现代定制的湖熟纸扎，则需要提前与印厂沟通，根据客户要求向厂方提交电子图样设计稿。电子设计稿在印制时，要注意比例、尺寸和规格。如果遇到需要定制大型或复杂度高的纸扎品，则可以分部件印制图纸，再行拼装。

如今，湖熟纸扎不仅品种范围逐渐扩大，而

且材料与工艺都有所改进，成为湖熟地区的一大特色产品。

历史传承

湖熟纸扎技艺起源于我国民间传统的剪纸、竹编、扎花、制灯等手工艺，早期主要用于制作丧葬用的冥品，或与扎花工艺结合制作彩灯。

六朝时期，南京地区已有灯节。南朝梁简文帝萧纲所作的《列灯赋》中就记录了正月之际南京地区列灯张灯的盛况。唐宋时，金陵灯节更盛。至明太祖朱元璋定都南京后，规定了灯节的时长为正月初八至十八日。此后，南京地区逐渐形成了正月八日、正月十三、正月十五 3 个灯节。现今一般以正月十五元宵佳节张灯最为普遍。除节庆用彩灯外，另有在中元节放“河灯”之俗，主要供信仰佛教的善男信女使用。河灯同样是用纸扎成，往往呈荷花状，下承荷叶托，花心处燃蜡烛，能浮于水面。一般认为在河中放灯，使其顺水漂流，可照河中渡溺鬼。《金陵岁时记》云:“金陵人家，延僧舟次诵经，剪五色纸为荷花灯，沿水放之，俗谓斋河孤。每年中元节，朱状元巷黄翼升宫保第内，特设水陆道场，其纸扎地狱变相，狰狞可畏。”每年农历七月十五中元节，湖熟百姓来到秦淮河畔放河灯，亦有寄托对故人哀思与怀念之意。

纸扎用于制作冥器最早可以追溯至宋代。宋赵彦卫《云麓漫钞》中，就已经有纸制冥器的记载：“古之明器，神明之器也。今以纸为之，谓之冥器，钱曰冥财。冥之为言，本于汉武纪，用冥羊马，不若用明字为近古。”其中特别强调冥器与明器之差别在于“以纸为之”。宋代造纸术的发展，使纸张成本降低，在民间普及后，人们越来越趋向选择更加方便实用的纸扎冥品，以代替传统的明器，所扎物品也多模仿逝者生前使用的物品，如牛羊等牲畜、房屋、仆从等。此外，随着宗教信俗对民众观念的影响，“冥界”“轮回”等观念逐渐深入人心，模仿生活用品的纸制冥器更加流行。“烧”与“捎”同音，人们认为通过焚烧纸扎可以将它们“捎”给去世的先人，此后这种习俗便流传下来。在南京传统民俗中，亲人去世还需于路边焚烧纸扎轿马，意为送其“上路”。虽历经千百年，此类习俗仍在延续。

1920 年《新青年》杂志对南京劳工劳动状况的记录中，就提到了从事纸扎业的纸扎匠:“做纸扎业的，共有三十三家。做事没有一定的钟点……平均每月可有七八吊文，看生意的多少而定。素食布衣，房屋也平常得很。还有衣食不周的，妻女做些针指添补。”1934 年的《江宁县政概况》中，提到江宁禄口街上有纸扎店，与槽坊、糖坊、

湖熟街道陡门口

木匠店等并称。可见民国时期，江宁仍有不少从事纸扎业的店铺，并与人们的生活联系紧密。

在甘博拍摄的民国老照片中，就有不少殡葬纸扎。除了传统的马和马车外，黄包车、汽车竟然也进入了扎花的世界，而且还有不同的款式，如凯迪拉克、福特等。透过老照片，我们不难看出，这些纸扎汽车制作得相当考究，除了司机、整体框架和大部件外，车标、车牌、摇杆等细节也都有体现。这与湖熟纸扎可以进行对比分析。

湖熟集镇的纸扎店一度随处可见，一般靠手工技艺、花色品种以及质量和性价比来赢得市场。出于对纸扎工艺的爱好，夏道亮 1976 年上半年即与同事共同做纸扎工作。1988 年，他从单位病退下来后在湖熟街道龙都社区开设店铺，专门出售纸扎品。一开始，他仅制作小型纸扎品，如花圈等，以后逐年扩大，形成了规模。如今夏道亮年事已高，其子嗣均无意继承纸扎手艺，故具有地方特色的湖熟纸扎技艺有濒临失传的危机。

当代影响与价值

新中国成立后，普遍提倡火葬，一扫旧时陈习，纸扎轿马的习俗一度渐废。至20世纪80年代，焚烧纸扎冥品等旧葬俗又有所恢复，但已大不如前。随着时代的发展，纸扎冥品的类型也有所变化，不限于传统的人物、动物、房屋等，还出现了别墅洋房、冰箱、彩电等具有现代气息的纸扎品。此外，春节期间湖熟向来有“荡湖船”的歌舞传统，其表演所用的花船同样以纸扎制成。可见，作为“非遗”资源的湖熟纸扎技艺，在新时代仍具有一定的价值。

彩灯扎制技艺

基本概况

彩灯扎制技艺，流布于江宁地区，其中以小丹阳地区为多。

传统的彩灯多以竹篾作架，以纱绢或纸裱糊，颜色鲜艳，花式不同，灯内有一个或几个烛台，装烛点火，通体晶莹透亮。除彩灯外，还有实用型灯笼，是一种照明工具，古时家家户户都有。家用时挂于墙壁或屋梁上，以当灯烛，晚上外出时提着照路。其制作方法比较简单，用竹篾扎成球形或竖筒形，下安烛台，上系提绳，周围用薄油纸裱糊（上下均不贴纸），可以防风防雨，比较耐用。路灯、手电筒问世后，民用灯笼完成了历史使命。

江宁花灯集扎制、糊裱、剪纸、刺绣、绘画、诗文等诸般技艺于一体，形成精细美观、多姿多彩、玲珑剔透的地方特色，因而远近闻名。

江宁地区的民间花灯有提灯、举灯、拉灯等多种类别。提灯体积小而重量轻，多以花卉、蔬果为造型，如荷花灯、莲藕灯、西瓜灯、球灯、小宫灯。举灯也称“挑灯”，体积略大，多为鳞甲昆虫造型，如鱼灯、虾灯、螃蟹灯、蝴蝶灯、秋虫灯、蛤蟆灯等；也有以人物、飞禽为造型的，如八仙灯、寿星灯、各种鸟灯等。拉灯亦称“牵灯”，体型最大，灯下有4个木轮，多为兽类造型，如狮子灯、麒麟灯、龙灯、虎灯、兔子灯等。另有灯会歌舞时用的花船灯、龙灯、河蚌灯等，体积较大，在众多节会灯展时集群走街串村，边走边舞，引来民众观赏。

扎制花灯

一般的农村集镇多扎制以几何形图案为主的花灯，如团灯、扇面灯、白果灯、排灯、小红灯笼等，粗犷简朴，别有风味，儿童尤其喜欢。商家富户与行会、商铺等，常常扎制大型灯彩，相互斗美赛富。这些彩灯花钱较多，扎工比较讲究，常以亭台楼阁作外部造型，用绫、纱、绢、绸为表面材料，灯内饰以山水、人物、花鸟等画面，四周镶嵌花边，显得精美秀雅。

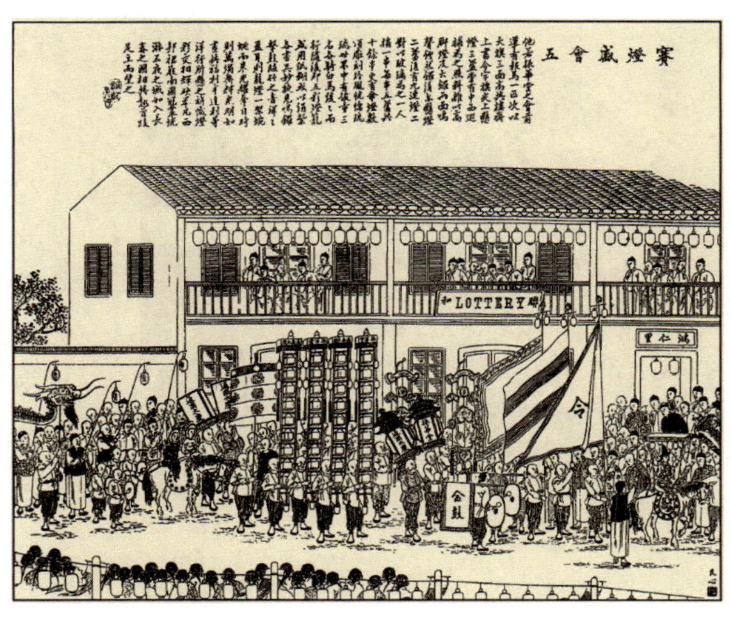

《点石斋画报》中记载的赛灯盛会

历史传承

六朝时期，南京已形成灯节。至明代，朱元璋定都应天府（今南京），金陵灯节延时十日，是中国历史上最长的灯节。明洪武五年（1372）元宵节，朱元璋下令在秦淮河燃放水灯万盏（后改在农历七月十五放水灯）。

元宵灯会、喜庆节日，张灯结彩的风俗各地皆同，民间扎制灯彩自古至今长盛不衰，各式花灯在街市上摆摊出售，悬灯、游灯、展赛灯彩，层出不穷，真可谓“东风夜放花千树”“夜市灯火连星汉”。

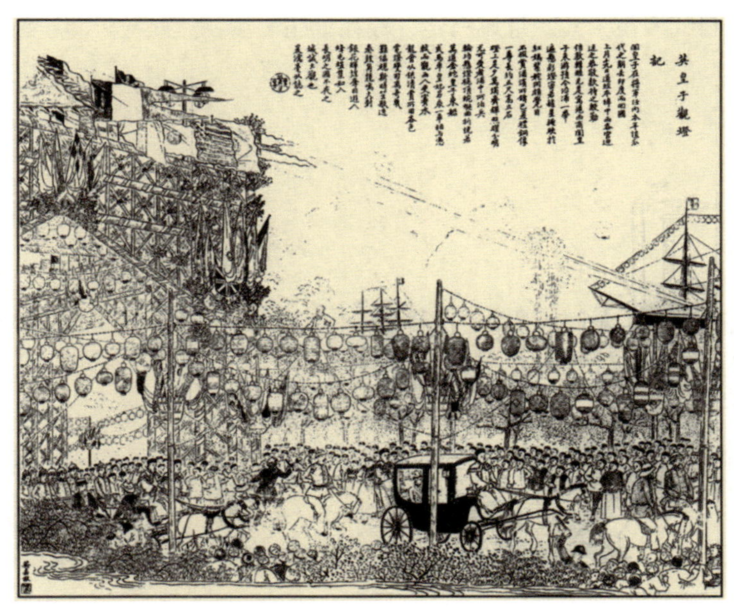

《点石斋画报》中记载的英皇子观灯记

明清两代，灯会为金陵第一胜景，其中笪桥、评事街与夫子庙地区灯火最盛。潘宗鼎《金陵岁时记》载，“俗以正月八日、十三日、十五日为灯节……府县学前、评事街，皆灯市也”。太平天国战乱之前，金陵灯节最盛处就在评事街等地。直到晚清民国以后，灯市才移到了秦淮河畔的夫子庙，其盛况空前，热闹非凡。据明《正德江宁县志》载：“上元作灯市，灯有楮练、纱帛。”又有母家于灯节送出嫁女儿灯节盒之俗。《金陵岁时记》载：“女子既嫁之初年，母家届灯节，即造以灯及元宵诸食品，名曰灯节盒。”可知，元宵节期间，新婚女子的母亲还得为女儿送灯，俗称为“长（读涨）灯节”或“长元宵节”。所送之灯大多自家动手制作，灯型多为荷花、金鱼、兔子等。

除了一般的彩灯外，江宁地区的琉璃灯也很出名，因以羊角或赛璐珞为材料，故又称“羊角花灯”“明角灯”，点灯后富丽堂皇。旧时，江宁扎制的折灯、宫灯、走马灯颇具特色，不但骨架

江宁小学生学习扎制花灯

精细，巧用绢纱裱装，而且造型多式多样，彩绘艳丽雅致，观赏性很强。走马灯内装饰有美丽的刻纸人物图案，灯燃马走，栩栩如生。

当代影响与价值

如今传统的彩灯扎制艺人在江宁已经不多了，偶见的扎灯老艺人多在一些乡村集镇，以扎制吊唁冥器与祭祀用品为主了。随着社会的发展，灯彩扎制技艺不断推陈出新，现在一般的彩灯，尤其是大型彩灯，都是规模化制作，采用声、光、电技术，如西游记人物、郑和下西洋、嫦娥奔月、白雪公主、孔雀开屏、金鱼吐泡等新型彩灯，虽灯景交融、动静兼备，但其趣味与传统彩灯已相去甚远了。不过，每年元宵节南京城内的秦淮灯会、江宁的杨柳湖灯会，还能看到以传统方法扎制的花灯，看到孩子们提着荷花灯、兔子灯快乐玩耍的情景。

扎花技艺

基本概况

江宁地区的民间扎花技艺，是民间剪纸扎花技艺的简称，是一种将剪纸、彩灯制作等多种手工技艺有机融合的纸艺创作技法，主要流传于江宁、谷里街道及其周边地区。传承人端礼和、管秀芝。

民间扎花技艺以南北朝时期出现的剪纸、制灯技术为基石，延续至今，长盛不衰。新中国成立后，端礼和在谷里街道东善桥一带开设纸扎店，将扎花技艺继续传承下来。如今在江宁的婚庆、节日、殡葬、演出等诸多场合，扎花产品仍然是不可或缺的一部分。过去“扎花”一词有多种含义，一指中国传统扎染技艺中，以捆绑、缝扎、折叠等方式处理织物，使之部分不接触染料，从而形成图案；一指以多层纸或绢经反复折叠后用细丝扎牢，末端修剪成花瓣状后展开制作成花形；在一些方言中，扎花也指刺绣。均与江宁扎花有所区别。

南京素有“秦淮灯彩甲天下”的美誉，每年正月秦淮河畔的万千璀璨灯火，正是民间扎花技艺最精妙绝伦的展现。随着时代的发展，扎花技艺的应用范围进一步拓展，其产品除灯会用的各种彩灯、演出道具外，还有为殡葬服务的各类冥器，如房屋、车辆、彩电、冰箱等。

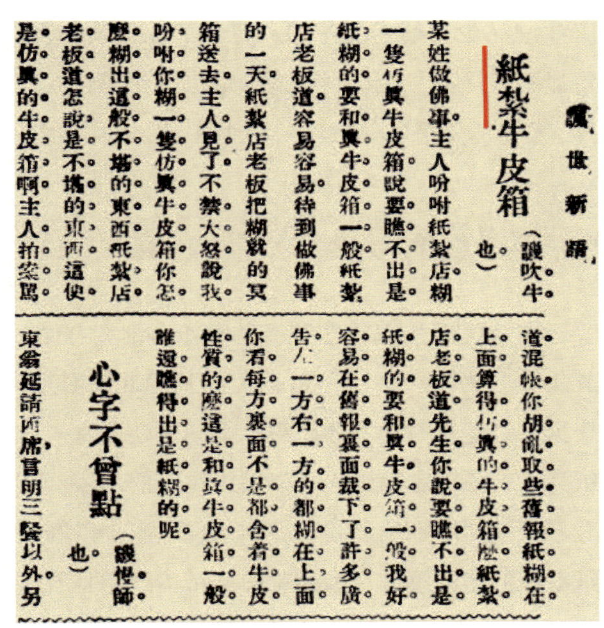
諷世新語

紙紮牛皮箱（譏吹牛也）

某姓做佛事主人吩咐紙紮店糊一隻仿真牛皮箱說要瞧不出是紙糊的要和真牛皮箱一般紙紮店老板道容易容易待到做佛事的一天紙紮店老板把糊就的冥箱送去主人見了不禁大怒說我吩咐你糊一隻仿真牛皮箱你怎麼糊出這般不堪的東西紙紮店老板道怎說是不堪的東西這使是仿真的牛皮箱啊主人拍案罵道混帳你胡亂取些舊報紙糊在上面算得仿真的牛皮箱麼紙紮店老板道先生你說要瞧不出是紙糊的要和真牛皮箱一般我好容易在舊報裏面裁下了許多廣告左一方右一方的都糊在上面你看每方裏面不是都含着牛皮性質的麼這是和真牛皮箱一般誰還瞧得出是紙糊的呢

心字不曾點（譏慢師也）

東翁延請西席冒明三餐以外另

《红杂志》中记载的纸扎

扎花所需准备的材料比较简单，仅需竹条、各色彩纸、剪刀与胶水即可。制作扎花，第一步需要设计图纸，精确的测量与对图案结构的把握是决定成品优劣的关键。

第二步，劈竹。即按照设计好的图纸，选用竹子劈成粗细适宜的小竹条。将劈好的竹条扎成各种形状后，就形成了扎花的骨架，将其用胶水粘贴牢固。

第三步，剪纸。这是扎花技艺中最为繁复精巧的步骤。用于制作剪纸的彩纸不能太厚，也不能太薄，应具有一定的韧性，以便后续粘贴。

江宁扎花技艺往往剪、刻结合，在大批量制作时，以刻刀刻纸为主，图案精美生动，惟妙惟肖。将彩纸修剪成各类需要的花色，并一一粘贴装饰上竹篾骨架后，即为成品。如需制成彩灯，则以纸裱糊骨架后再装饰剪纸图样，外罩轻纱，内燃蜡烛，也有夹纱为灯的方式。整个工艺流程看似简单，实则每一步都需要长年累月的练习方得精熟。

使用传统民间扎花技艺，可以制作出比机械工业制品更为精巧的花船、花灯等扎花装饰物。每逢秦淮灯会，扎花制作的纸灯也颇受年轻人追捧，尤其是荷花灯、兔灯等，造型生动，堪称一绝。

江宁剪纸

历史传承

作为民间扎花技艺渊源的剪纸与制灯技术，其历史颇为悠久，最早可以追溯到南北朝时期。根据《荆楚岁时记》的记载，南朝时就已有“剪纸为人，或镂金箔为人，以贴屏风”的习俗。在今新疆阿斯塔那的北朝墓葬中，也曾出土以麻料纸剪成的团花纹样。南朝梁简文帝萧纲在其所作《列灯赋》中，就曾描绘节日上灯的盛大场景：“何解冻之嘉月，直蓂荚之盛开……南油具满，西漆正燃。苏征安息，蜡出龙川。斜晖交映，倒影澄鲜。”说明当时已出现比较成熟的制灯技术，并且在选材上有一定的考究。

北宋《东京梦华录》载：“(清明节)纸马铺，皆于当街用纸衮叠成楼阁之状。”清代《燕京岁时记》亦载：“法船……有长至数丈者。”在民国甘博拍摄的照片中，有大量引人注目的显(一作险)道神，在长长的出菩萨队伍的前列作为开路神出现，就是十分高大的扎花。《金瓶梅》中有句歇后语，叫“踩小板凳糊险道神——还差着一帽头子”。可见在当时的普及程度。

民间扎花技艺的发展与南京灯节、灯市的繁盛关系密切。唐宋以降，南京地区观灯之风更盛，灯期堪称全国之最。《金陵岁时记》记载南京有三个灯节，分别为正月初八、正月十三和正月十五，逢此三日则庵庙皆上灯。明太祖朱元璋定都南京后，将金陵灯期延长至十日，从正月初八至十八。清代，为配合灯节大批量彩灯的供应，南京地区还逐渐形成了三个灯市，分别在评事街、夫子庙和笪桥，清代甘熙在《白下琐言》中盛赞笪桥灯市“为金陵一盛”。灯市之盛，亦是扎花技艺兴盛的表现。

新中国成立后，民间扎花师傅端礼和凭借自身多年的扎花经验，在今江宁区东善桥一带开设了剪纸扎花店，由自己及女婿经营，将民间扎花

扎花会场布置

技艺传承至今。而东善桥林场的管秀芝女士从事扎花行业近二十年，尤擅荷花灯扎制，因其形象逼真，风靡一时，每年正月可在夫子庙灯会出售花灯近千只。

当代影响与价值

随着时代的发展，灯彩扎花虽然受到了现代工业生产的塑料彩灯的冲击，但近年这一传统技艺与光纤、电子激光、计算机程序控制等现代科技相结合，创造性地制作出了形式更丰富的纸扎新品，而剪纸扎花的业务则已拓展至殡葬用品等。

如今，端礼和的女婿徐东民继承了其经营数十年的纸扎店，东善桥地区扎花经营前景向好。新春时节，在南京夫子庙的琵琶巷，既能买到江宁人制作的传统荷花灯、兔子灯、飞机灯、狮子灯，也能买到造型现代的生肖灯。通过扎花艺人的不断创新，带给游客的不仅仅是惊喜，还有过年时节景区的特殊风景线。

造纸技艺

基本概况

造纸技艺，主要流布于横溪街道陶吴地区。知情人王从坤。

据王从坤介绍，陶吴的造纸工坊叫舒雅乐，原来位于小王山车站，后来因为造纸污染环境，20 世纪 80 年代就搬迁走了，并分成了好几家企业，其中一家据说迁到广东了。

当年陶吴的造纸工坊，大多生产大白纸和草纸。其原料主要有麦秸、稻草、竹子、麻以及破布等，一般都是当地乡民自己种植的。也会制造少量的宣纸，制造时还要加入桑树皮。最初的造纸方法比较简陋，就是将这些原料堆积在一起，让它们自己发酵，自己烂成渣子。然后将它们彻底粉碎，用水泡起来，之后自然沉淀，再经过过滤，就成了纸浆了。在其底下兜一层布，抬起来就是一张纸了。相传当年陶吴的造纸工坊有一个保密的配方，可以用来造纸，也可以用来做军大衣。有知情的老人回忆说，1930 年代末，侵华日军占领陶吴后，曾在当地掠夺不少材料，用于制作大量军大衣。

陶吴的造纸技术，最早是手工，新中国成立后，逐渐改为机械造纸，其设备有分切机、涂布机等。除本地的原料外，还从山东青州等地进货，所进都是半成品，然后在工坊加工，也就是纸加工。

历史传承

纸是中国古代劳动人民的伟大发明，与指南针、火药、印刷术并称为中国古代科学技术的四大发明，是中国人民对世界科学文化发展所做出的卓越贡献。根据考古发现，西汉时期我国已经有了麻质纤维纸。南京、江宁地区的大规模造纸、用纸至少始于东晋。据唐徐坚《初学记》卷二十一《文部 · 纸第七》引桓玄《伪事》载，东晋末年桓玄篡晋后，曾下令："古无纸，故用简，非主于敬也。今诸用简者，皆以黄纸代之。"可知到东晋时期，随着造纸技术的进步和纸的质量的提高，纸已经逐渐取代原来笨重的简牍和昂贵

知情人口述陶吴造纸技术

1940年代汤山庙附近农民浸稻草的场景

的缣帛了。据《宋书》卷五十三，南朝刘宋吴郡吴人张永，字景云。他多才艺，既涉猎书史，能为文章，又善隶书，骑射杂艺，触类旁通。他颇有巧思，特别为宋文帝赏识，所用之纸、墨皆自己制造。文帝每得张永所上表启，总是把玩良久，自愧所用的纸、墨质量不及张永所造。

据知情人王从坤介绍，他今年80岁，当年由西阳大队公派到陶吴造纸工坊里担任会计，开始接触造纸技艺。其弟弟王从龙是工坊的技术员，专门负责生产工艺，是陶吴造纸技艺的传承人。那个时候，新中国刚刚成立，百废待兴，大多数年轻人都非常希望学习一门手艺，王从龙就拜师父邢佑东学习造纸。邢佑东的技术，有一部分是从位于中华门的南京永红造纸厂学来的。南京永红造纸厂历史悠久，在1990年《中国造纸年鉴》中，还可以查阅到该企业的名录，现位于雨花路。邢佑东所掌握的，正是晚清流行的那种最原始的造纸技术。王从龙后来去浙江办起了乡镇企业，并把造纸技术带了过去。不过，他后来使用的更多的是现代的机械造纸技术了。

当代影响与价值

虽然南京地区的纸张需求量巨大，但因为环境污染及制作成本问题，包括江宁陶吴在内的手工土产造纸技艺渐渐消亡已成为大势所趋。这一类特殊传统技艺在江宁的失传，是科技发展、区域分工及环境保护的必然结果，令人不必为此忧心忡忡，我们所要做的是要将相关资料进行搜集整理，为后世保存一份珍贵的“非遗”记忆。

秣陵小里渔网编制技艺

基本概况

秣陵小里渔网编制技艺，是一种以苎麻为原料制作网线，用竹制穿梭网眼牌等工具手工编织渔网的技术，主要流行于秣陵街道周里社区下属的小里、艾家、孔家、彭家等自然村，据传已有百余年的历史。传承人朱爱华。

江宁境内河网密布、水道纵横，拥有丰富的渔业资源，如青鱼、草鱼、鲢鱼、鳙鱼、鲤鱼、鲫鱼、鲶鱼等鱼种，种类繁多。为适应不同鱼种的大小及生活习性，江宁人所使用的捕鱼方式各不相同，各式渔网应运而生。据调查，秣陵小里的渔网主要有围网（俗称大网）、撒网（俗称线网）、拖网、探网、巴网（宝塔状的巴兜子）、赶网、段网等。以下对前 3 种略做介绍：

围网网眼分二指、三指，分片进行编织，每片长约 1 丈、宽 1.8 米。根据河塘的大小，用几片网连起来使用，主要捕捞家鱼（如鲢鱼、鲤鱼等）。

撒网网眼分 420、480 两种，长 1.4 丈或 1.5 丈，仅需一人操作，可用于河塘中捕捞各种内河鱼。

拖网分三层，网眼分顶指、二指，长 1—1.4 丈，可挂于船尾，利用船舶移动捕捞底层鱼，如鲫鱼、鲤鱼、虾等。还有一种俗称“老母猪过河”的特殊拖网，长 7 尺—1 丈，在收网时需要在鱼塘两岸各站一人，用绳子轮着来回将网拉上岸。

制作渔网的材料要求具有高韧性与高强度，还需耐磨、防腐，以免鱼将网挣破。秣陵小里渔网编制一直选用江宁地区特色的苎麻作为原料，以猪血作为浆网的黏合剂。20 世纪 70 年代后，聚酰胺纤维制造行业逐渐成熟，尼龙制的渔网比传统苎麻渔网更加强韧，成本更低，小里村居民即改换尼龙丝线编织渔网，但编织技术基本没有发生改变。

编制渔网的工具一般使用竹制，如用于绕线织网的梳子，用于固定网眼大小的网眼牌和蒸桶（用于蒸制浆好的网）等。传统苎麻编织渔网的

渔家撒网打鱼

工序分为以下几步：

1. 制网线。选取新鲜苎麻以竹片去皮，将其片为细丝线，再将二根细丝线用摇车绞成一股。

2. 编织。各种不同型号的网，编织方法也不相同。如围网、段网、拖网等上、下网眼等的编织方法基本相同，不需送眼。但撒网、探网、巴兜子等宝塔状渔网需送眼，起头时称“一把抓”，以后每隔一定的间距就要送眼，经过几次送眼，网越织越大，这样就可呈宝塔形。

3. 上纲绳。织好的网用粗绳子穿起扎好。

4. 浆网。用新鲜猪血将新网浸泡后晾干，再放入大蒸桶内蒸，约半个小时后取出晾干。

目前，在秣陵小里从事渔网编制的多是本地老年人，主要在秣陵街道及南京周边地区销售。

捕鱼

江宁境内的秦淮河

历史传承

苎麻俗称七麻，主要生长于长江流域，如湖南、湖北、安徽、江西、江苏等地。在棉花被引入前，苎麻主要作为制衣材料，新石器时代遗址即有发现。如浙江省吴兴县钱山漾遗址就发现了苎麻织物残片，证明了至迟在4700年前就已经出现了苎麻编织技术，同时出土了桑蚕丝线、丝带和平纹绢片，最早的苎麻与丝绸实物是一起被发现的。

先秦以前，苎麻被称为“紵”（纻），广泛出现于《诗经》《礼记》等典籍中。西汉《上林赋》最早将“紵”写作“苎”，此后“苎”与“紵”沿用至今。古人最早使用的纺织品就是麻绳和麻布，大麻布和苎麻布一直作为大宗衣料，宋代以后才逐渐为棉布所替代。

在麻纺织技术形成之前，人类用石器敲打，使麻类植物变软，然后撕扯成细长的缕，用以搓绳或编结成网状物。石灰脱胶法约在春秋时形成，用楝木灰汁或蜃蛤壳烧成的灰加上水浸泡，这样纤维分离程度好。秦汉时期，人们已能准确地掌握沤麻季节，即夏至后20日沤麻，麻的柔软达到类似蚕丝的程度。到明代，以半浸半晒与水洗反复交替进行，胶杂质在漂、洗的工序中被不断清除，可使纤维更加白净。这种方法至今在盛产夏布的四川、湖南、湖北、江西等地仍在应用。此外，中国南方有些地区还在苎麻煮练前先用硫黄熏白。

至唐代，日本遣唐使将苎麻引入日本。日本现在仍有将苎麻称作“南京草”“麻田草”者，因此当年日本引入的苎麻品种很有可能来源于南京江宁。如今在东山街道秦淮河西岸池田村委会附近，即有一名为“麻田”的村庄，可见过去江宁苎麻种植兴盛。

小里渔网编制已有百余年历史。在农闲时期，小里村居民世代都有编制渔网销售来添补家用的传统。编制好的成品渔网会在小丹阳、湖熟等周边庙会销售，也可按照客户需求的规格进行定制加工。由于秣陵小里村渔网商贩守信誉，渔网质量又好，故深受客户欢迎。在小里渔网制作最繁荣的时期，甚至有来自溧水、句容、铜山、禄口、陶吴等地的客户上门订购。

当代影响与价值

改革开放以后，农村实行生产责任制，塘、坝、沟等均有人承包，渔网销售量逐渐减少。随着城市化进程加速，大量年轻人进入城市工作生活，如今只有少数 70 岁以上的老人仍从事渔网编制。随着电子商贸和物流的日渐发达，淘宝上也能用个位数的价格买到渔网，这对传统老法制网也有一定冲击。

小里村目前仅有七八户人家经营渔网编织，掌握渔网编织技术的不超过 20 人，基本为在家赋闲的老年妇女，只能从事一些简单的小渔网编织工作。其中年龄最大的朱爱华已 82 岁，年龄最小的也有 60 多岁。朱爱华为秣陵小里渔网编制技术的传承人，在其家中仍可见编织渔网使用的竹梭、网眼牌等工具。

渔网编织技艺应用面广泛，在江宁的水塘、淳溧的圩田湖堰地区均有需求。作为江宁仅有的小里渔网编织技艺，如能传承下去，则可延续此项百年“非遗”，将产生更大的经济价值。

淳化青虾养殖技术

基本概况

淳化青虾养殖技术，主要流布于淳化街道五城圩、大埝圩、西城圩三大圩区的水产养殖基地及周边专业养殖户所在的水域，是当地重要的水产专业技术。知情者王承林。

江宁的圩田地区水资源丰富、水面广阔，自古以来便丰产鱼虾。江宁本地的虾多为两种：一种是小米虾，一种是草虾（也称本虾）。改革开放以后，随着人民生活水平的提高，人们越发重视日常饮食的质量，传统的虾种已无法满足大众日益增长的生活需要。于是，淳化街道从泰兴等地引进了肉味鲜美的青虾及配套的养殖技术，经多代技术改进和培育后，形成了本地独到的青虾养殖技艺。

青虾的养殖内容可分两部分，即育种和管理。在育种方面，淳化引进的虾种是原产于日本的沼虾，体长在 30—80 毫米间。在精心择优培养数代后，技术人员已培育出了具备头小、须短、肉丰特点的优质淡水虾，在淳化大范围推广。

青虾的养殖管理是一项十分复杂的工作。在环境的选择上，虾种应投放到池深不超过 4 米、有不同的分布层的土水池中，池底应保持少数水草生长，以维持池塘生态。投放虾种的时间一般以 6 月份左右为宜，雌雄比例以 1：2 为佳。虾种成长过程中，池水须始终保持清澈，肉眼能见深度达 30—40 厘米方为合格，因此保证有活水源可供经常换水、避免污染源流入是极为重要的。养殖过程中，饲料须选择购买专用的青虾饲料，平时也可掺杂投放如豆粕、麦麸、米糠一类的饲料，以丰富虾的食谱，可起到提升青虾肉质的效果。饲料的投放量，应以池中虾的总量为度，一般每 50 千克虾需下 1.5 千克料，早晨投放 500 克，晚上投放 1 千克。一只虾种一年可产

江宁农民捕鱼虾

江宁农民捞鱼虾

卵三次，单次产几千卵，每当虾苗长成，即须将之捕捞，放入大塘放养。老虾种的生命周期最多为 14 个月，因此在投放新一批虾苗时，须顺便把老虾捕捞卖出，绝不能让虾老死池中，影响水质。大塘放养一亩一般 5—7 万尾，每 3—5 亩水域须设一个增氧机，以备天气闷热气压低时增氧。

需要注意的是，成虾的捕捞以在 5—6 月或 9—12 月为宜。在此时节，温度气候较为适宜，既有利于塘中小虾继续生长，也可保证成虾肉质丰满、鲜嫩，达到最佳的口感。一般而言，长到 50—60 毫米长的青虾即可达到捕捞上市的标准。

淳化出产的青虾，不仅口味佳美、肉质松软、易于消化，适宜各种烹调方式，还兼具极高的营养价值。青虾肉中含有的丰富的镁，对心脏活动具有调节作用，能对心血管系统起到恰当的保护作用，有利于预防高血压及心肌梗塞等疾病；肉中富含的磷、钙，对人体有很好的补益功效，可起到补肾壮阳、开胃化痰、通络止痛等作用。从各方面来说，淳化青虾都是日常餐饮烹饪的不二之选。

从捕虾文化来说，很多江宁人都知道如何用虾兜子捕虾。兜子或称虾罾，用苎麻线丝勾编成小网，高 80—100 厘米，长 1 米以上，宽 70 厘米，三面包围与平底连成一体，进口底部有一细绳，两根细竹“十”字相绞，呈两个半圆形，竹的四端用绳固定。罾的网目约 1 厘米见方，可快速收放于水中。渔民往往用虾罾在河边捕捉小鱼虾，并用竹竿之类的用具从正面诱赶；也有在湍急的水流中将虾罾迅速放入，又马上提起，多有麦头虾、鳑鲏、小鲫鱼等捕获。谚语“早钓鱼，晚罾虾，不早不夜钓王八”，意思是说虾一般在夜间活动，罾虾也要选在夜里进行，提醒人们做事情要按照规律、讲究技巧。

青虾

历史传承

江宁地区水网密布、河流众多，养虾、捕虾、吃虾的传统渊源极早，已难追考。在江宁的民间俗语中，与吃虾有关的“烧虾子等不得红”一语，时常被用于日常生活中，与“心急吃不得热豆腐”含义相近，表达对心急的人或行为的调侃。江宁传统的五月端午“十二红”菜肴，由四冷、四炒、四烧组成，在四烧中便包括一道烧河虾。据陈作霖《金陵物产风土志》一书记载，虾是江宁民众日常饮食中常见的下酒菜，“面裹虾炸之”做成

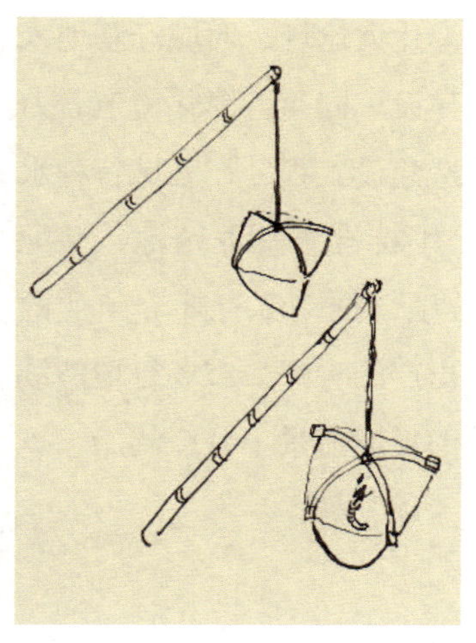
虾兜子

的虾饼在民间十分流行；清袁枚《随园食单》里，其中单就虾这一食材，便谈及了虾圆、虾饼、醉虾、炒虾等多种不同吃法；民国张通之在其《白门食谱》中，也以南京南门外销售的凤尾虾为绝佳美食，记述自己曾冒大雨出城专为品尝这一美味。

1995 年，青虾作为一种外来虾种被引入江宁淳化。该年，农户孙承林在周子村搞鱼虾水域面积承包，指导承包户在本地精养的青虾成功上市，销量极佳，于是迅速影响到周边地区，淳化境内的五城、大埝、西城三大圩区都开始建设专门的青虾养殖基地。1998 年以后，淳化镇副业公司组织开办青虾养殖培训班，请江苏省淡水所专家对养殖户进行技术培训，淳化的青虾养殖技术人员数量开始逐年增长，青虾产量、质量也随之不断提高。

淳化青虾养殖技术目前有较好的产业基础和品牌知名度。1999 年，淳化镇副业公司开始申报“五城牌”青虾品牌，2001 年顺利获得商标注册。淳化青虾养殖业在扩大市场、走出江宁的道路上，迈出了关键一步。2006 年，江宁区全区推进无公害水产品标准化建设，淳化水产开发成为建设重点之一，年内已建成湖熟东芦荡、淳化五城圩

淳化今貌

青虾标准化养殖示范区 333.33 公顷，新增青虾高产示范区 133.33 公顷，建立长江优质青虾繁育基地 53.33 公顷，年繁育优质虾苗 10 亿尾。

当代影响与价值

2009 年，江宁区又以青虾等水产品为主导推进高效渔业建设，淳化大埝圩、西城圩基地入选高效渔业示范基地建设；同年，淳化街道着力申报年度省级池塘改造建设工程，在五城特种水产品基地改建 76.7 公顷标准青虾养殖池，装配微孔增氧设施 13.3 公顷，推动了青虾养殖业的技术升级。目前淳化出产的青虾，市场行情持续高涨，青虾养殖技艺的发展前景十分广阔。

鱼苗养殖技术

基本概况

江宁是江苏重点鱼苗生产区域，鱼苗生产养殖历史悠久，技艺成熟。

江宁鱼苗养殖包括两个阶段。第一阶段是长江捕捞，又称张琼，从事鱼苗捕捞的渔民称作琼户。第二阶段是人工繁殖鱼苗。

江宁地处宁镇扬丘陵中部，溧水河、句容河交汇其中，西面临接长江，境内水网密集，水资源丰富，其气候温暖湿润，降雨充沛，日照无霜期较长，这些特点为渔业养殖提供了良好的自然条件。因此，江宁渔业资源丰富，种类繁多，历来为著名捕捞产地和鱼苗生产重点区域，1966年以前鱼种总产与单产一直居全省首位。由于有较长的长江岸线，且位于省内的长江段上游等原因，江宁具有琼捕长江鱼苗的优势，鱼苗质量也较下游的好。

张琼捕获的天然鱼苗来源于上江，即洞庭湖自然繁育的鱼苗，品种主要有青鱼、草鱼、鲢鱼、鳙鱼、鲤鱼、鳊鱼等，内含野杂鱼苗50%—60%。惊蛰后，成鱼自下游上溯至洞庭湖，于水草茂密的浅滩处交配产卵、受精、孵化，随后大量鱼苗随江流而下，在各处为琼户集中捕捞。这段时间又被称作江汛、发江、鱼汛。

1940年代的南京郊县捕鱼场景

正在捕食的鱼鹰

张弶时间一般在清明到夏至之间。清明一过，弶户们就先后在固定水口各自搭棚设弶（弶槁有杉木槁和竹槁）挂网（又称试网），等候上江响雷发水来潮。第一潮发水期捕捞的鱼苗称头潮，以后分别是中潮和尾潮，也称早水、中水、三水。头潮的鱼苗成色最好，尾潮最差。多数弶户只张头潮与中潮鱼苗。如果头、中潮生产不理想，才候尾潮。张完尾潮最迟不过芒种。早水能弶捕鱼苗总量的25%—30%，中水弶捕40%—50%，三水弶捕20%—35%。但1960年江宁县总结了两年的生产经验，发现弶捕鱼苗总量早水能最多达61%，中水为27%，三水可达29%。

张弶的鱼苗因为掺有野杂鱼，一般都要除杂后方能售出。除杂的方法为“三筛一挤”：第一筛，用竹制的稀筛筛去大野杂鱼；第二筛，用马尾棕筛或中竹筛筛除去较鱼苗大的野杂鱼；第三筛，用竹制密眼筛提出蜢子，此时家鱼鱼苗的纯度已经达到80%左右；“一挤”，是利用野杂鱼的耐氧能力小于家鱼的特点，通过加减新水、搅晃，分离出野杂鱼、死鱼苗与活鱼苗，给活鱼苗注入新水，待其安静后，喂食熟蛋黄，数小时后即可运输。

由于长江弶捕鱼苗产量丰歉不定，对渔业养殖的稳产影响很大，江宁地区很早就开始尝试人工繁育鱼苗。人繁鱼苗原来多采用室内用缸操作孵化，其优点是产量稳定性好，缺点是每缸只能一次产苗15万到20万尾，劳动强度大，不能大批量生产。

江宁地区人工繁育鱼苗情况如下：一是鲢鱼、鳙鱼。1963年，在秣陵后圩农场首次人繁鱼苗成功。到1966年，生产鲢、鳙鱼苗数量2000万至3000万尾。二是草鱼。1977年，在秣陵后圩农场人繁成功。三是青鱼。1979年，在秣陵后圩农场人繁成功。四是鲤鱼、鲫鱼。20世纪60年代前，为鱼卵采捕后繁殖。1970年代，秣陵后圩农场采取人工培育亲鱼进行繁殖。五是异育

鱼鹰

银鲫。1996年，江宁县禄口钓鱼滩渔场分别从江西兴国县兴国红鲤良种场、黑龙江方正县双凤水库（良种场）引入父本兴国红鲤200公斤、母本方正银鲫100公斤，进行杂交，产出异育银鲫苗2000万尾，约500公斤。六是加州鲈鱼。1994年，秣陵后圩农场首次人繁成功。

江宁地区还开展过两次秋季人工繁育鱼苗试验，均是在大雨成灾后养殖鱼类逃逸造成鱼种缺失的情况下进行的，试验单位均为秣陵生态农业公司。其中1991年，催生鲢雌亲鱼11组，繁苗280万尾；鳙雌亲鱼4组，繁苗370万尾；草鱼雌亲鱼5组，繁苗80万尾。2007年，催生鲢雌亲鱼15组，繁苗500万尾；催生鳙雌亲鱼5组，繁苗575万尾。

历史传承

江宁人从事长江弶捕鱼苗历史悠久，张弶源于何时已无从考证，但长江鱼苗作为资源利用的文献最早见于宋代周密的《癸辛杂识》。

据载，1947年成立的江宁县尚义山合作农场就拥有鱼卵池3处，可放鱼卵20万粒，并有渔船两艘专供运输。20世纪50年代后，江宁县建立了鱼种培育场。1952年，江宁县在谷里成立了国有谷里渔场，利用没收地主的2公顷多水面，建鱼池2公顷左右，选用长江弶捕鱼苗培育鱼种。1957年，在秣陵后圩利用原县国有农场藕塘低洼田新建成一个国有的秣陵水产养殖场（现南京秣陵生态农业有限公司），建成鱼种池40口，总水面24公顷，专营鱼种生产。后来，国有谷里渔场下放给谷里大队，仍以鱼苗生产为主。1960年代以前，国有秣陵水产养殖场是江宁县唯一的国有鱼种基地。1962年，该场下放给秣陵火炬、东旺、后圩三个大队联营，后被秣陵公社收回，改为秣陵后圩农场。渔业经营在该场占有一定的比例。以上这些农场、渔场都是以鱼苗生产为主，1960年代之前鱼苗的来源都是长江弶捕的鱼苗。据江宁区档案馆馆藏《江宁县1960年长江鱼苗生产总结》，当年从4月15日出弶，到7月25日结束，前后弶捕时间100天。从事弶捕的有15个公社、1个国营水产养殖场，共投入劳动力227人、弶网2316条，捕鱼苗34644.62万尾，超额完成南京市下达的32000万尾任务。平均单产15万尾，最高单产是湖熟公社龙王庙组，该组60条网总产2580万尾，单产43万尾，破历史纪录。

1960年，江宁县部分水产专业人员在省水产部门的组织下，赴广东学习家鱼人工繁育鱼苗技术。经过两年准备，于1963年在秣陵后圩农场首次试产成功，当年生产鲢鱼苗6万尾。1966

年起，人工繁育生产逐步扩大到秣陵三合渔场、秣陵火炬副业队、谷里水库渔业组（又称谷里畜牧场）、营房渔场、陆郎渔场、周岗渔场、禄口钓鱼滩渔场（现禄口黄桥滩水产养殖场）等7个单位。他们与江宁后圩农场一起成为江宁稳定的鱼种生产供应基地，时称江宁鱼种八大基地。此外，全县还有约280个初具规模并由一定鱼种培育技术的副业队和专业户作为县鱼种基地的辅助力量。

随着人工繁殖鱼苗的成功与扩大，加之长江鱼苗资源的严重衰退，从1993年开始，长江弶捕鱼苗逐渐退出历史舞台。

截至2007年，江宁区共有三家省、市级良种鱼苗繁育生产单位，一家为省级水产良种场（南京秣陵生态农业有限公司），两家市级水产良种场（南京市江宁区水产良种场和禄口黄桥滩水产养殖场），总水面35.67公顷，生产的种类有青鱼、草鱼、鲢鱼、鳙鱼、异育银鲫、鳜鱼、黄颡鱼、团头鲂、乌鳢等，生产能力大大超过以往。2006年，生产鱼苗6.15亿尾，生产鱼种5525吨。

当代影响与价值

由于大规模的长江弶捕鱼苗严重破坏了长江生态环境，不利于渔业资源的可持续利用，江宁渔业走上了人工繁育鱼苗的道路。1980年，江宁县总产鱼苗1.11亿尾，1982年1.04亿尾，1983年1.24亿尾,1984年1.4亿尾。同时人繁鱼苗在工具与技术上不断进步突破，由室内用缸孵化改为室外环道孵化,又由单环道发展为多环道、各型环道孵化，质量稳定产量高。1985年，实产鱼苗2.06亿尾。江宁的鱼苗、鱼种除自给和供应周边区、县外，还远销黑龙江、吉林、内蒙古自治区、四川、甘肃、云南、天津等地。

近年来，为改善和优化水域群落结构、补充长江鱼类种质资源、修复长江水生态环境，拥有近20千米长江岸线的江宁区连年开展增殖放流活动，截至2021年，年均放流鱼苗5000万至7000万尾，年均耗资300多万元。随着长江十年禁渔的开始，加上人工繁育技术的不断发展，相信江宁区长江水域生态修复将会加快，渔业资源也会进一步恢复。

划鱼技术

基本概况

划鱼，又叫锚鱼，在江宁区不同的地方，还有不同的叫法，比如在禄口一带称为划鱼，而在湖熟地区则叫刷鱼。知情者朱庆舜。

为什么不是钓鱼呢？原因很简单，钓鱼需要鱼饵，而划鱼是不需要用饵料的，属于空手套白狼的那种。一个人、一根绳子以及一把钓甲鱼的钩子就可以了。对于技术要求比较高，相反对装备的要求很低。

划鱼的杆子，一般以一米八到两米七的锚杆最佳，当然将海竿去掉前面两节凑合着也能用。划鱼适合湖库和江河，最好是水底干净没有障碍的水域。划鱼主要是针对鲢鱼和胖头。草鱼、鲤鱼等鳞片比较厚实的鱼类中钩率比较低。

据朱庆舜介绍，划鱼与蒙古族人套马有几分相似。划鱼的人在划鱼时，眼睛要紧盯着水面，一有风吹草动，或者发现有鱼吐着水泡，抑或有鱼的影子游过去，就要立马将手举过肩，迅速将钩子斜抛出去，勾中鱼拖回来。由于没有饵料引鱼，有的划鱼人就站在水里，这样可以更接近鱼群。划鱼的时候，尽可能抛得远一些，然后开始收线，没到线拉直的时候，就用力将锚杆往后使劲一划，这样鱼钩在水下才能快速穿梭，瞬间刺入鱼的体内。一旦有鱼中钩，一般都是比较大的鱼。这时候就根据鱼的大小来判断是直接拉上来，还是遛鱼了。遛鱼的原则是始终要保持鱼线的受力，这样才能消耗鱼的体力，并防止鱼的突然发力和脱钩。一般情况下，鲢鱼和胖头就算十多斤的，也只要几分钟就能遛翻。

秦淮河上的渔船

据说，划鱼的手艺是钓甲鱼的人发明的。钓甲鱼的钩子要比钓鱼的钩子大很多，划鱼就用这种钩子。有的人划鱼，会模仿钓甲鱼，对着水面，拍手拍三下，待甲鱼或者鱼露头，趁着它没反应过来，一钩子抛出去。

为何在湖熟会将划鱼称为“刷鱼”呢？这是因为“划”和“刷”都是很生动形象的动词，钩子斜抛出去，从水面上一划拉，一条鱼就勾上来了。不过就算是划鱼高手，也不是每一次都能钩中鱼的。钩子甩出去的频率比较高，手臂上的动作很像是粉刷墙面，所以也叫刷鱼。其实，很多老江宁是不分“刷”“划”，土话里两个字音很近。

秦淮河上独钓

历史传承

划鱼的起源，应该很早。湖熟文化遗址中曾出土商周时期的青铜鱼钩。一般认为，划鱼至少可以追溯到明清时期。这是祖祖辈辈传下来的捕鱼技术之一，靠水吃水，庄稼汉和渔民都会的，不过没人拿这个当回事。江宁地处长江下游，水网密布，水灾也很多，待大水退去后，有些泥泞的地方或者小水潭里都会留下鱼，像是所谓的干塘鱼。对付这些留置的鱼，最便捷的方法就是用鱼钩给划上来。

也有人认为，划鱼不用饵料，是因为大水时来时走，虫子淹死了，秋冬里虫子也会冻死，饵料是很匮乏的。再一个，水里物产丰富，划鱼很容易得手，比钓鱼效率高，比打鱼简单不费事。不过，现在河水脏了，鱼少了，也有人打窝子，弄香料吸引鱼来划，这纯粹是为了划鱼而划鱼。还有一个原因，以前没有饭吃，家里人多也吃不饱，于是就靠划点鱼来补充改善伙食。

旧时，划鱼主要在江宁的沿江地区或是秦淮河里，城里是没有人划鱼的。一般说来，下雨天，气压低，鱼儿容易上来冒头换气，容易被划鱼人发现，因而这时划鱼就比较容易些。另外，下雨的时候，在乡下一般是不用干农活的，属于小农闲。没事情干了，就出来划鱼，可以补贴一下家里的伙食。

有些小鱼贩空闲的时候，也会划鱼。划上来的鱼都是野生鱼，往往个头不小，很新鲜。附近的老街坊会在旁边看着他们划，然后就地买几条新鲜的鱼，回去开开荤。

当代影响与价值

划鱼，在很多地方都有，划到鱼有成就感，划鱼对治疗颈肩疾病也有一定好处，故深受钓鱼人的喜爱，现在还有很多人玩划鱼。毫无疑问，在传统技艺类非物质文化遗产资源里，划鱼历史久远，传承广泛。如今，由于长江及秦淮河禁渔，所以爱好者只能选择去鱼塘或者水面较大的小河中划鱼。

罾鱼技术

基本概况

罾鱼技术，流布于江宁区全境。

江宁区地处长江下游南岸，这里水网密布，除长江外，还有秦淮河、云台山河等多条河流及其支流，以及许多面积较大的水库和水塘，因此罾鱼技术应运而生。

罾，古代汉语意为渔网，作动词用则是用网捕捉的意思。罾鱼，即俗称的搬罾。据知情者介绍，江宁渔民罾鱼种类方法很多，主要是用一个木质的大爪子撑在水里。大爪子非常像一个饭遮儿，只不过没有饭遮的纱布，光有其骨架。大爪子底下是网兜，叫“罾套”。爪子连接岸上，利用杠杆原理抓鱼。网兜里的鱼儿满了，守在岸边的人就把大爪子升起来，网兜也升上来。

秦淮河上正在下罾的渔民

罾鱼对工具的要求比较高，唯一的技巧是把握撒网和升网的时机，对体力要求不高，因此很多老人也可以借助罾进行捕鱼工作。撒网需要技术，必须配合船只开到一定水域，对环境要求比较高。罾鱼其实是设下陷阱守株待兔，收获的鱼会比地笼更大、更多。

江宁东山街道的小里村，以织网技艺远近闻名，所制罾的种类有拦河罾、船罾、河边罾，还有小虾兜似的手提罾。简单原始的罾鱼配套工具有草兜、竹篓、网兜、虾兜等。河边罾放置于秦淮河边，发现鱼虾蟹鳖，随时可以拉起杠杆，用网兜抄捕。船罾则架在船上，可以自己撑篙、荡桨、摇橹、扬帆，去远一点的水域，只要能捉到鱼虾蟹鳖，即可垂挂船罾。拦河罾是用大网、拦河套网做的大型渔具，横置于河道中，定时提网兜捞。

历史传承

罾鱼是广泛流传且延续至今的捕鱼方式，熊国平在《渔文化生态保护区规划》一书中指出：“渔具

秦淮河上丰收的渔民

秦淮河渔民下网

是衡量一个地区渔业生产先进与否的硬性尺度。世界各地江河湖海自然环境差别较大，渔具以及由此而产生的各种捕捞技术也有明显差异。如中国古代所谓的渔网、罾鱼，现仍流行于广大汉族地区的围网捕鱼、抬网捕鱼……均反映出不同地域间渔业文化的差异。这些独具地方特色的知识与技能是我国渔业生产经验中的精华，也是非物质文化遗产保护的重点。”

罾鱼，由来已久。先秦文献《庄子》《楚辞》就已有记载。据清人徐灏的《说文》注：“罾为方制，以曲竹交四角而中系长绳，沉于水以取鱼。”《史记·陈涉世家》记述陈胜、吴广起义时，“乃丹书帛曰‘陈胜王’，置人所罾鱼腹中”。唐宋以来有不少题咏“罾鱼”的诗句。如唐白居易《松江亭携乐观渔宴宿》：“水面排罾网，船头簇绮罗。”唐末韦庄《渔塘十六韵》：“持竿聊藉草，待月好垂罾。”北宋诗人赵抃的《罾鱼》更加细致：“生涯罾一架，深浦势并兼。张目因知密，游鳞不漏纤。急收防力跳，轻语怕惊潜。持去全家乐，盈盘脍缕甜。”清雍正时期的诗人钱良择也有《罾鱼》诗：“罾举溪头凤尾多，瓦盆贮酒试高歌。不愁今夜仍风雨，借得邻船一领蓑。”明代全大训《春莫江行望留都作》一诗描写了南京一带的罾鱼：“芦汀棹转鼋犹曝，柳岸罾开鳞正鲜。会向金陵瞻王气，苍茫宫树老啼鹃。”

中国古代绘画作品中也多见罾鱼图像，如五代赵干的山水长卷画《江行初雪图》：在寒冷的冬天，河岸边几个孩子穿着单薄的衣衫走出窝棚，用尽洪荒之力压在杆子上，以提起那被称为罾的方形渔网。旁边还有一个简直可以称为“衣不蔽体”的儿童，呆萌地与观画者对视。

江宁罾鱼的历史具体起源于何时，已经无法考证。但先民生活于水网纵横之地，吃喝生存离不开水产品，相当于商周时期的湖熟文化遗址经常发现网坠、鱼骨等物，说明罾鱼的历史应该非常悠久。

当代影响与价值

近年来，为保护生态环境，保护水生资源，国家出台了相关法律法规，明确了具体禁用的捕

1981 年禄口黄桥滩拉渔网

鱼工具，罾就是其中之一，还规定了具体禁捕的区域和时间段。从 2020 年 1 月 1 日零时起，长江干流及重要支流的天然水域开始实行十年禁渔。江宁的长江沿岸、秦淮河等区域均禁止非法捕捞，这是面向未来摆脱“无鱼”之困的补救之策，是为了重现鸢飞鱼跃的美好生态。相信将来重新开禁之后，罾鱼还会江湖再现，但一定是适度有序，而非竭泽而渔。

塘泥做农家肥技术

基本概况

塘泥做农家肥，又称夹泥积肥，是通过捞取河塘中淤泥，将其置于田中用作肥料的技术，曾广泛分布于江宁地区，是一项常见的重体力劳动。

江宁地区河网密布，大量水生动物排泄物及动植物死亡后的沉淀物会在河底腐烂发酵，使得河泥中的有机质含量很高，这不仅使田地保持肥沃，而且能使土壤柔软透气。农民收集河泥的生产方式称为“罱河泥”，也叫“捻河泥”，所使用的工具叫作“罱泥夹”。

1987 年 9 月东善桥乡积肥造肥

塘泥做肥，首先需用夹泥船与泥夹子捞取河塘中的淤泥，用两只大木盆绞在一起，一人站于两盆间的踏板上，夹上的泥放于木盆中。若用专门的夹泥船，两头小舱各站一人，中间大舱则存放河泥。完成夹泥工作，通常需要花费二十到三十分钟。夹满一盆河泥后，可以通过抛箕抛到岸上。岸上多有泡泥池，泡在泡泥池中的河泥主要有两种用途：一为晒干后挑到田里用作干肥，二是与青草混合发酵后用作湿肥。当然也可以将河塘中的水全部抽干，直接用泥搭子或秧篮将淤泥挑到田里。这种塘泥做农家肥技术在很多地方都可见，谚语中“一季塘泥两季肥”指的就是这种技艺。

罱完一条宅沟、一个池塘要好几天，有的就两船同罱一条沟。罱泥得按沟主的意思，可重点

1990 年 2 月 12 日淳化镇王墅村民挑塘泥

搅深哪个地段，既要顾及沟脚防坍，又要讲究拓底均衡，一为生泥垩田，二为鱼塘清澈，夹泥船移动的位置只能凭目测定位，使船儿徐徐进退，卸完泥得撑回原处循序衔夹，靠估摸沟底已挖与未挖的结合部位置，每一夹都得恰到好处，使水下捞泥步步到位，这要靠罱泥工常年积累的经验与本事。也就是说，整个沟底要罱得均衡，掏挖得"公平"。罱完一处，要转移去另一家沟面了，沟主人（东家）自会喊几个壮劳力帮忙，将罱泥船推拉出沟面，罱泥术语里叫作"拔沟头"。

用塘泥做农家肥有三个好处：一是不污染农作物；二是环保；三是能够改善土壤。用塘泥做肥料，相较于普通化肥而言更加环保，但这种做农家肥的形式逐渐被动物粪便做化肥技术替代。当下更多的农家肥是将鸡、鸭、猪等家畜的粪便混合成有机肥，但江宁地区的老人仍了解并掌握塘泥做农家肥的技术。

有时罱泥夹里会有意外的收获，裹在泥团中卸进船舱的，既有"蹲塘"的鲫鱼、卧底的鳖，又有潜泥的鳗、鳝和黑鱼。那些虾、蟹、小鱼和泥鳅，几乎是常见的收获，只要不属东家投放养殖的，凡自繁自殖的"野沟鲜"，可算罱泥工的"外快"。

历史传承

成书于元代的《王祯农书》尚未出现罱泥夹的记载，最早关于罱河泥的记载是清初张履祥的《补农书》"逐月事宜"一节：正月、二月、三月的阴雨天宜罱泥。又其"运田地法"一节写道，"古人云：'桑不兴，少河泥'"。由此推断，塘泥做农家肥技术极有可能出现于元代以后。在清代，有一位叫钱载的诗人，是嘉兴秀水人，所著《箨石诗文集》有一首《罱泥诗》，生动形象地描述了当时农民使用塘泥做农家肥技术的情景："两竹分手握，力与河底争。吴田要培壅，河泥粪可成。罱如蚬壳闭，张吐船随盈。"生动描绘了江南罱河泥的景象，且与二十世纪七八十年代人们所见的景象类似。两根手臂粗的长长的毛竹竿做罱篙，罱头是会随着罱篙的夹紧和放松而起到张合的功能，把河底的淤泥夹住再取出，放置于中舱。民国时期用小木船挖塘泥的照片，可见其使用五米左右的竹制泥夹。

江苏南通浒通河一带曾流传有不少罱泥歌谣："笋破泥土柳展腰，罱泥河船撑呀摇，罱泥夹里满是宝，沟底肥泥逐夹舀""燕子衔泥为筑巢，我替春苗罱肥料，罱泥河船岁岁摇，担担肥泥变壮苗。"每到早春二月，就撑起罱泥船，一边夹起沟底的污泥，一边去除"瘟草"，便于鱼儿的生长、菱藕的丰茂。罱泥夹子状似挖土机的

1987 年殷巷乡大造自然肥（一）

1987 年殷巷乡大造自然肥（二）

1991 年冬季，淳化镇青龙村村民为小麦浇有机肥

抓斗，空夹就近十来斤，夹满烂泥，一夹子重量好几十斤，借着水的浮力，得从沟底往上提，并将污泥卸在船舱里。罱满一船后撑到泥塘边，再用长柄“千婆”（木锹），一锹一锹将泥甩上岸去。这是农村重体力活，力气小的人，根本干不了。

在 20 世纪 50 年代初之前，在江浙一带的江南水乡，农业生产基本保持几千年来不变的传统耕作方式。当时，农村条件很差，市场上也没有大量供应化肥，所以不管是生产队的大田，还是自家农田追肥，多是用天然肥料，比如人粪尿、绿肥、饼肥、沼气肥等，而使用最多的就是河泥了。

江宁地区塘泥做农家肥技术，一直使用到 1980 年代以前，制作肥料成为当时的一项重要劳动。通过这种技术，可以将粮食的产量提高至六七百斤一亩。随着化肥的出现，塘泥做农家肥逐渐被化肥所替代，在 1980 年代后逐渐消失。目前江宁地区老一辈居民虽然熟悉这种农家肥生产技术，但已很少使用在种植业中了。

当代影响与价值

塘泥做农家肥的技术，一方面能够提高粮食产量，且不污染环境与作物；另一方面也能够疏通河道，防止洪涝灾害，起到挖取烂泥、净化水质、保持良性生态系统的重要作用。如今塘泥做农家肥的技术早为工业化肥所替代，已成为一代江宁人的珍贵记忆。

目前在淘宝中能搜到天然荷塘泥，专供碗莲、金钱草等水培植物，一斤 10 元钱左右，如面粉一般细，据说是高温紫外杀菌、筛选干净细腻、无毒无虫。还有杭州的产品，说是采自山边无污染鱼塘，用大型挖机挖土晒干，没有异味。看来不是江宁的同类“非遗”无法传承下去，而是这个行业的起点已经水涨船高。“非遗”一旦有了需求，就必须重新上路，从头学习，这样才能够创造经济价值。

南乡米生产加工技艺

基本概况

南乡米生产加工技艺，发源于淳化街道土桥一带，历史悠久，饮誉江南。20世纪初，“土桥”牌珍珠米荣获国家颁发的绿色食品证书，这是南京第一家获此证书的品牌，是在传统制作技艺的基础上演变而成的。

江宁区秦淮河流域生态环境优良，自古素有“鱼米之乡”的美称。得益于优越的自然条件，江宁稻米自古质量极佳，在明清时期尤以南乡米为最。所谓的“南乡”，主要指古时江宁县的安德乡、凤西乡，这二乡都在江宁县南部，所产稻米均质量上乘，故明清时人取“南乡米”统称，渐得美誉。

南乡米之名，在明代《正德江宁县志》便有记载：“今稻有两种，有秔稻、糯稻，唯出南乡者为佳……南乡米，形圆长而色白，饭盛磁碗中，隐隐有绿色。”对之给予了极高的评价。明末，方以智在《物理小识》中记载了江宁南乡的银条米，称赞其味香。民国时期张通之《白门食谱》一书中，对南乡米的评价更为细致，言其“米色白如玉，颗粒极匀”，煮熟后“味香可口，无一

国家绿色食品“土桥”牌珍珠米生产种植基地淳化街道大埝圩万亩良田

“土桥”牌珍珠米水稻收割

沙稗”，且“于人身之营养，至为合宜”，可见南乡米在稻米质量、加工质量和营养价值上均属上乘。若一定要说南乡米有何美中不足，大概只有光绪年间成书的《江浦埤乘》上所提到的“金陵称米之美者曰南乡，以其白且熟也，然质软易饥”，也就是南乡米太过香软，叫人总觉得吃不够、吃不饱吧！

南乡米后来泛指南乡出产的各类稻米，其中最负盛名的则是“观音籼”和“到地南乡”，在清《乾隆江南通志》《嘉庆新修江宁府志》、道光《白下琐言》中均有提及，尤其是后者。“观音籼”在江南多有栽植，米粒长而白，《白下琐言》载其“做粥最良”，代表了甘熙的看法。“到地南乡”其实就是大名鼎鼎的“红莲稻”，《白下琐言》说它“色红而味香，作饭耐人咀嚼”。《红楼梦》第七十五回中，贾母所吃的红稻米粥，当指此物。

历史传承

早在元《至正金陵新志》中，便有岁贡土物“珠子米”的记载。明《正德江宁县志》说它便是后来所说的南乡米，这说明至迟到正德年间，南乡

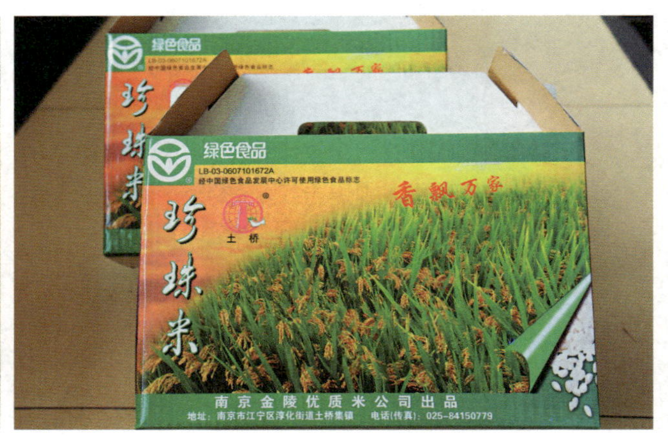

土桥珍珠米

“土桥”牌珍珠米荣获国家绿色食品证书新闻发布会

米这一叫法便已正式形成了。

南乡米的美名传到清代，起初以“观音籼”声名最彰。《嘉庆新修江宁府志》中说，“稻以南乡产者为美，金牛洞之‘观音籼’其冠也”。袁枚在《随园食单》中介绍了五种做饭的好米，其中也有“观音籼”。至迟到同治年间，情况发生了变化，南乡产出的“红莲稻”地位超过了“观音籼”，《同治上江两县志》记江宁特产时，称“稻米佳者曰南乡红莲，曰北乡观音门籼”，南乡红莲正式列入县志，而原来作为南乡特产的“观音籼”则转以北乡为佳。这一时期，“红莲稻”种植范围也大大超过甘熙时代。

据清末的《金陵物产风土志》记载：“稻米佳者，北乡观音籼，以产观音门得名；而金牛洞红莲稻，色微赤而香，上至溧水，率多此种，谓之‘到地南乡’，今曰‘黑稻米’‘洋尖颗’，其变名也。”此外还录有“南乡魁栗，大如儿拳”，或称“桂花栗”，也是旧时江宁特产。1915 年，《江宁乡土志 · 物产篇》载：“今如南乡之黑稻、洋尖颗，今仍保留，农村普遍栽植。”至 1930—1940 年代，农户多采取自选、自换、自留方式择优种植，产量甚丰。

可见清末以来，江宁水稻良种的增多，正是当地稻米商品化发展的结果。

当代影响与价值

新中国成立后，江宁地区生产的稻米可以“土桥大米”为代表，保持了与历史上南乡米一脉相承的优质。从 20 世纪 50 年代至 80 年代，“土桥大米”以土桥稻米加工厂生产为主。至 1992 年，土桥镇政府新建稻米加工厂厂房，新置加工设备，注册并成立了“南京金陵优质米公司”，自 1993 年开始实施无公害优质稻米产业化开发，1999 年将土桥大米注册为“土桥”牌珍珠米。

1982 年江苏省水稻专家陈永康在禄口永兴大队试验田

1989 年淳化咸田大丰收

同年，“土桥”牌珍珠米荣获国家绿色食品发展中心颁发的绿色食品证书，实现了南京地区绿色食品“从零到一”的突破。自 2001—2007 年，“土桥”牌珍珠米累计推广种植达 76 万亩。2002 年，企业再次新建稻米加工厂房，引进国外先进加工设备，扩大了生产规模，进一步提高了加工质量。

“土桥”牌珍珠米是江苏省首批认证的无公害农产品，2005 年荣获南京市名牌农产品，2007 年获评江苏省名牌农产品。此外，“土桥珍珠米无公害生产技术体系研究与产业化开发”项目曾荣获南京市 2005 年科学技术进步三等奖、江宁区科学技术进步一等奖。

如今，南乡米生产技艺已经发挥出重大的经济与商业价值，其深厚的历史文化也有重大的挖掘保护价值。相信经过未来的可持续发展，这块金字招牌将产生更多的技术创新和科技附加值。

江宁碾米技艺

基本概况

江宁碾米技艺，旧时流布于江宁区境。知情者朱庆舜。

民以食为天，江宁自古就是鱼米之乡，盛产稻谷。在没有现代机器加工的年代，江宁的先民们普遍使用石碾来将稻谷加工成又细又长的大米。至今，江宁区域内，还留存着众多碾坊和石碾。这些曾经忙碌的碾坊和石碾，是江宁劳动人民智慧的结晶。

碾米坊是如何碾米的呢？首先，将晒干的稻谷倒入砻木子（江宁人早期使用的可进行米、壳分离的农具），随着人力或畜力的推拉转动，稻谷的壳和米就这样分离开来，齐齐流出来。流出来的米称为糙米。这些糙米是可以做饭的，但色相难看，口感较差，质地紧密，煮起来也比较费时。

这时，人们又开始想，用什么办法将糙米变成又白又易入口的精米呢？于是，碾米工艺应运而生。碾米时首先要选石材，把石料制成石磨板。石匠师傅把石磨板按圆形排列平整，不留缝隙。石磨板外侧要用石头砌成护栏，不让米外溢，中间留个平台，立根柱子，可以使劲。石磨板凹槽上可以铺米，板槽上有一个石碌，叫碾砣。在石碾砣上套上枷，连着中心有个轴。石碾砣上有齿，可以转动，用绳子、牛驴可以牵引。

碾米的程度全凭手摸、眼观，碾时可以自由翻动，直到满意为止。同时，碾坊有露天的，也有室内的，这要根据各家情况决定。经过碾坊加工后，其成品或半成品有糙米、熟米（即白米）、碎米、粗糠、细糠等。熟米又有籼、粳、糯之分，以籼米销量最好。

历史传承

东晋以前，我国加工稻米大多使用石臼舂米，以及由杠杆原理创制的脚踏碓、水碓等机械。使

砻磨子

分谷器

用畜力的木砻、石磨碾米至迟在汉代已经出现，晋代则出现了水力驱动的水碾。明代南京有了专业的砻坊，人力畜力并用。旧时，江宁地区几乎每一个乡镇的村庄都有碾米坊，碾米也成为江宁农村一大特色。

1937 年第 2 期《国民经济》发表赵德民《南京市碾米业概况》一文，这是一篇调查报告。该报告指出："京市米谷，以苏、皖二省为主要来源。在苏省之主要产地为江宁、高淳、六合、溧水、句容、无锡、吴县、武进、溧阳、丹阳等县。"这说明，民国时期的江宁，是南京市粮食的主要供应基地，因而排在所有粮食供应县的首位。南京米谷来源地产量表显示，江宁县当时供应的粮食为 332385 千斤，江宁县的主要产地有湖熟、土桥、秣陵关、郭庄庙、葛村等。该报告还介绍："产地砻坊，收买稻谷，经砻为糙米后，再出售与南京米商……江宁本县湖熟粮食行或砻坊，糙米每市石约售七元六七角至八元二三角……江宁本县境内，距离较近者，运输工具以驴驮、人力肩挑及单轮车为主。凡此皆系农家自运求售，无运费可言。"由产地或集中市场运抵南京的米粮，以帆船为主。只是本市四乡及距离在百里以内的地区，可用驴驮、肩挑，及单输车运送，运费较少。根据统计，江宁县的秣陵关，路程为 60 里，时间需要一天，每市石运费 1 角；土桥路程 70 里，时间需要一天，每市石运费 1 角 6 分；禄口路程 75 里，时间需要一天半，每市石运费 1 角；湖熟路程 80 里，时间一天半，每市石运费 9 分。

旧时的砻坊和碾米厂是制造粮食的主要单位。砻坊即土式碾米坊，过去经营代客砻米及囤货业务。后来由于机米厂纷纷设立，城里所设的砻坊，遭到淘汰。而在市郊的乡村，除了专门为别人碾米的碾米坊外，还有一种被称为"乡稍"的客商，他们主要集中在乡下的小镇上或较大的村庄，并自备砻米器具，积有少量资本，即向农民采购稻子，碾成糙米，然后转运至南京城销售。

据镇江档案馆"江苏省镇江专员公署粮食

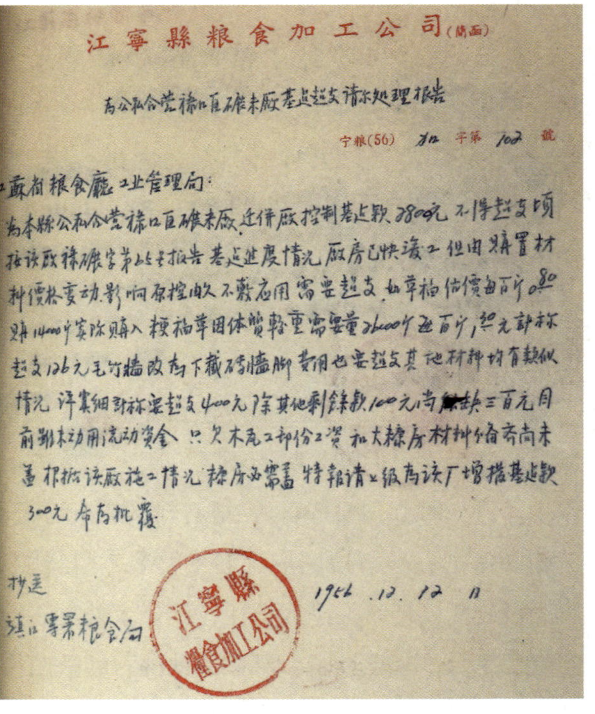
江寧縣粮食加工公司（簡函）

为公私合营禄口区碾米厂基建超支请示处理报告

宁粮(56) 加 字第 102 號

江苏省粮食厅工业管理局：

为本县公私合营禄口区碾米厂迁併厂控制基建款2800元不得超支一项，按该厂禄碾字第66号报告基建进度情况，厂房已快竣工，但由于购置材料价格变动，影响原控制数不敷应用，需要超支。如草柏估价每百斤0.80，购14000斤，实际购入粳稻草因体质轻重需要量26000斤，每百斤1.50元，计超支126元，毛竹墙改为下截砖墙脚，费用也要超支，其他材料均有类似情况，详细计算需超支400元，除其他剩余款100元，尚缺三百元，目前挪动用流动资金，只欠木瓦工部份工资和大[illegible]房材料价格尚未[illegible]，根据该厂施工情况，[illegible]房必需盖，特报请上级为该厂增拨基建款300元，希为批复

抄送
镇江专署粮食局

1956.12.12 日

江寧縣糧食加工公司

1956 年关于为公私合营禄口区碾米厂基建超支请示处理报告

管理局《各县市粮食局关于1956年加工经费管理、基建、迁建厂及机器设备的购买等通知、报告、批复》(全宗号1343)”显示，新中国成立后，为方便群众生产生活，江宁县境建起多家碾米厂。这些碾米厂隶属于江宁县粮食加工公司管理，如中央公私合营碾米厂，该厂设有禄口米厂（禄口米厂设有秣陵分厂）、汤山米厂、陶吴米厂、淳化米厂、麒麟门米厂、公私合营禄口区碾米厂、汤山区碾米厂（该厂设有在汤山区古泉乡侯家塘村的侯家塘分厂）等，为各地群众采购粮食提供了便利。

另据朱庆舜介绍，旧时仅禄口马铺村一地就有三四处碾米的地方，至今马铺村李家碾坊、朱家碾坊、宋家头碾坊等旧址尚在，碾砣、碾坊石板、风车等老物件在那里还能看到。1958年以后，马铺村开始通电，才有机器加工稻米，石碾米渐渐淡出人们的视线。

当代影响与价值

新中国成立后，江宁区域大多数农村种植水稻，因此这种传统的碾米坊，到二十世纪七八十年代仍然一直存在。随着各地国营米厂的设立以及粮食行业的放开，人们渐渐地不再自己碾米，而是从商店购买大米，碾米坊也就逐步消失了。如今，国内一些产米区仍然保留了以石磨碾米的传统生产方式，虽然生产效率和出米率都比机制米低，但保留的铁、钙、锌等微量元素更多，营养价值更高，受到市场欢迎。这为江宁乡村适当恢复石磨碾米产业提供了借鉴。

丹阳粉丝制作技艺

基本概况

丹阳粉丝制作技艺是一种用绿豆、红薯淀粉等做成丝状食品的手工艺，主要流布于小丹阳地区。

江宁地区的粉丝制作已经形成大规模产业，做粉丝的粉丝坊是当地粮食深加工的“八坊”之一。每逢秋收之后，农村粉坊即开始做粉丝、粉皮等。

丹阳粉丝类似细面条状，直径一般在0.5毫米左右。依据原材料的不同，丹阳粉丝可分为绿豆粉丝、米粉丝、山芋粉丝、蚕豆粉丝、菱角粉丝、藕粉丝等多种。其中最好的是绿豆粉丝，其次是蚕豆、豌豆，再次为山芋。绿豆中的直链淀粉最多，煮时不易烂，口感最为滑腻，食用前泡水软化更佳。这是玉米粉或地瓜粉无法比拟的。

绿豆粉丝中的蛋白质、磷脂均有增进食欲的功能，能促进胆固醇在肝脏中分解成胆酸，还能对葡萄球菌以及某些病毒有抑制作用，帮助清热解毒，含丰富胰蛋白酶抑制剂，可以保护肝脏，减少蛋白分解，从而保护肾脏。明末清初，招远人创造了绿豆做粉丝的新技艺，即今闻名全国的“龙口粉丝”。

山芋粉丝虽然制作方法上与绿豆粉丝相差无几，但因山芋粉丝黏性较差，做时易断，下锅易化，所以粉丝一般做得比较粗。山芋粉丝颜色发黄，透明度也差一些，不及绿豆粉丝好看、有卖相。但它下锅容易入味，吃口更好。所以烧青菜粉丝汤、鸡蛋粉丝汤等，多用绿豆粉丝，而火锅类则多用山芋粉丝。

丹阳人以大米为主食。大米食品主要有三

制作山芋粉丝

晾晒粉丝

类：一是米饭类，二是米粥类，三即米粉食品类，即将大米加工成米粉后制作的食品，其中就包括粉丝。

丹阳粉丝的生产工艺流程为：原料浸泡、清除杂质、磨制、浆渣分离、淀粉分离、脱水、烤团、成型、晒粉。先将原料浸泡磨碎，用纱布袋吊浆过滤，将过滤出的渣滓、皮屑等用清水反复搓洗后再过滤。将滤后的水浆存放一边，经沉淀、定清，撇去上层清水，将沉于底部的淀粉取出，入锅小火熬熟，不停地翻动，使其黏稠，然后放入高处漏斗中。漏斗底部为网状小圆洞，稍稍加压，从小洞中淋下的即为粉丝。将细软的粉丝剪断，挂于门前晒场的麻绳架上，快晒干时卷成一束束麻花状，再晒，干透后即可出售。

以下详细说明山芋粉丝的制作工序：

第一步，挑选红薯。挑选新鲜、光滑、无虫叮咬、大小适中的红薯，然后把它们装进箩筐或缸中，反复用水清洗，再去掉杂质、泥土及红薯两头。

第二步，粉碎红薯。将洗净的红薯分批倒入硬木盆里，用刀具将红薯剁碎成泥；或者用石磨磨成碎末；或者用打磨机器粉碎；粉碎得越细，出粉也就越多。

第三步，滤粉。在水源干净、充沛之处，把剁细的红薯倒入缸中，加入清水搅拌均匀；放入挂置好的过滤装置中，反复加水直至过滤出的水清，红薯滤渣放置一旁，再等待滤液充分沉淀；把沉淀上层的水舀出后再加入清水搅拌均匀，再一次过滤、沉淀；如此反复过滤，以保证它的纯正，无杂质。

第四步，晒粉。将上层水倒出后，还要把表层油粉取出来，可做成凉粉食用；把下层淀粉取出放置在簸箕上，并在里面铺上干净的布，在防风向阳处晾晒。

第五步，和糨糊。把粉末放入盆内加水和成白糊状，通常要四五个人一起合作，必须要有经验的师傅观察、糅合，才能让其大小、软硬合适，出来的粉条才能好吃。

第六步，成丝。待水烧开后，将和好的糨糊放入高处漏斗中，一手端漏斗，保持稳定及高度，漏斗的高低决定了粉条的粗细；另一只手轻砸捶打，才能让出来的粉丝顺利进入锅中加工，同时左右手配合。

第七步，捞出粉丝。锅中煮粉丝时不能停火，水要够，并且一直滚开，将飘起来的粉丝捞出迅速放入凉水中冷却。

第八步，挂杆晒丝。把冷却好的粉条一股股的挂到杆上滤水，再拿到背风向阳处晾干后封装保存。

以此粉丝做成“塘鳢炒粉丝”，过去在丹阳民间广泛流传，号称“丹阳四大菜”之一，是举办喜庆筵席等必不可少的上乘佳肴。塘鳢鱼在丹阳俗称“痴虎呆子”。每年二三月，塘鳢鱼在丘陵山区的小溪水里或湖塘沟边嬉水，遭捕时，常现傻乎乎状，不知逃脱，故此得名。制作菜肴时，取该鱼鳃边的两块肉，再用丹阳窦庄生产的全绿豆粉丝烧制。其特点是热而不烫，味道鲜美，具有浓厚的地方风味，是丹阳群众喜欢的一道菜肴。

历史传承

利用淀粉加工粉丝，在中国至少已经有 1400 年历史。北魏贾思勰所著《齐民要术》中记载，粉英（淀粉）的做法是“浸米”“淘其醋氮”“熟研”“袋滤”“杖搅”“停置”“清澄”。宋代陈叟达著《本心斋疏食谱》中写道“碾破绿珠，撒成银缕”，形象地描述了绿豆粉丝的做法。

而广泛制成粉丝的原料红薯，乃明朝中叶始由国外传入的番薯。据明万历年间福建巡抚金学曾的《海外新传七则》：“薯传外番，因名番薯。”又名甘薯、回回山药、山芋、山玉、地薯、海萝卜、饭芋、番瓜、番术、番茱、荒薯、翻薯、方薯、方寂、朱薯、红山药、番薯蓣、金薯、番带、番茹、红薯、红芋、红芋头、黄薯、白薯、土瓜、

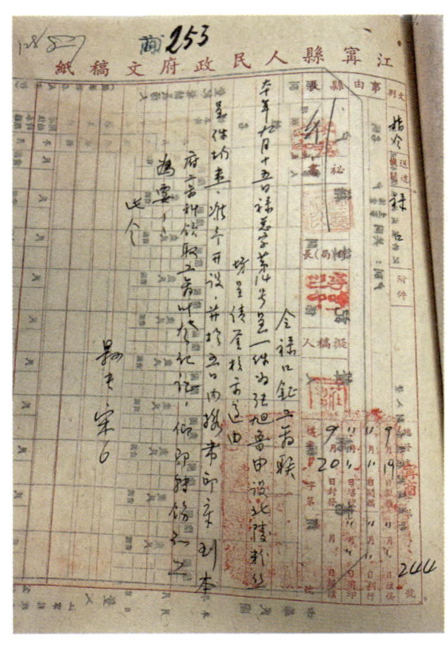
江寧縣人民政府文稿紙

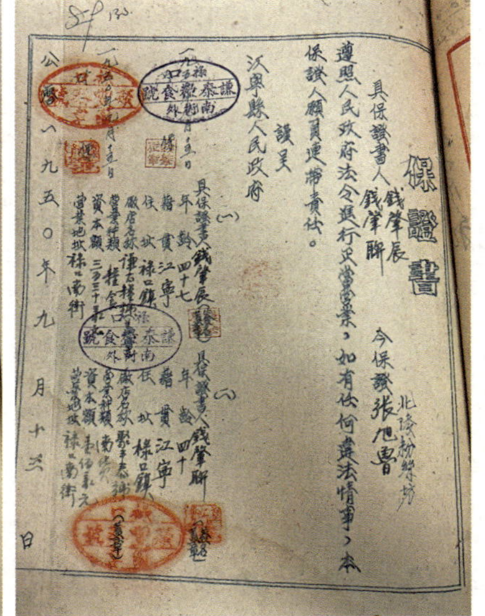
保證書

1950 年北陵粉丝坊开业申请书及保证书

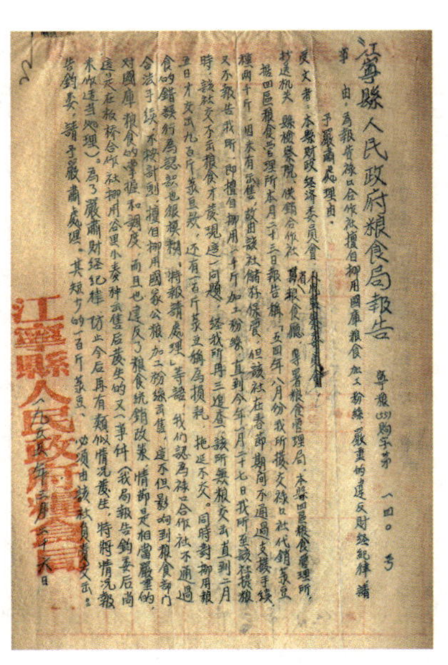
江寧縣人民政府糧食局報告

1950 年江宁县人民政府关于禄口公社挪用粮食加工粉丝的通报批评

地瓜、香芋、香薯、荷兰薯、地豆等等。在福建一带，人们为纪念金学曾，把番薯称作金薯，山西称回回山药，四川、贵州、云南及陕西南部、湖北西部一带俗称红苕，江苏、安徽、江西等地称为山芋或山薯。江宁人多称山芋。

中国原产的古甘薯，是指现在的山药，其块茎形状多样，有圆柱形、块形等，味道甜淡不同，也被称为山薯。明朝李时珍在《本草纲目》中就记载“薯蓣，释名：土薯、山薯、山药、玉延”。在先秦的《山海经》中就出现了“薯蓣”。西晋成书的《南方草木状》记载：“甘薯，盖薯蓣之类或曰芋之类。皮紫而肉白，味如薯蓣。”北魏贾思勰《齐民要术》记载：“甘薯，二月种，至十月乃成卵。蒸食，其味甘甜。甘薯似芋。剥去皮，肌肉正白如脂肪。南人专食，以当米谷。”

而龙口粉丝的历史，据说为明末清初发明，其出口最早可追溯到100多年前，1916年龙口港开埠后，直接把粉丝运往香港和东南亚各国。这时招远、龙口生产的粉丝，绝大多数卖给龙口粉丝庄，龙口港成为粉丝的集散地，因而得名龙口粉丝。其丝条匀细，纯净光亮，整齐柔韧，洁白透明，久煮不碎，吃起来清嫩适口，爽滑耐嚼，堪称人间美味。

当代影响与价值

除小丹阳地区外，汤山街道的七坊村也传承有豆腐、粉丝、酱、茶、糕、油、炒米等传统的民间制作工艺。七坊村的粉丝坊选用优质的红薯淀粉为主要原料，结合传统工艺制作，以最大限度保留红薯的营养价值。其丝条匀细，整齐柔韧。食用时清嫩爽滑，风味独特。如今，“塘鳢炒粉丝”“鸭血粉丝汤”等以粉丝为主要材料制作的传统美味佳肴，在江宁区家家户户、街头巷尾烹饪，为粉丝制作工艺留存了市场，有独特的历史文化价值。

在今日江宁的不少粉丝坊里，仍能看到石磨、大水缸、锅灶及过滤用具，其陈设虽然比较简单，但使游客能以传统的方式体验粉丝制作技艺，彰显其历史文化价值。大体而言，丹阳粉丝制作技艺工艺，仍与贾思勰记载的米粉工艺相去无几，是中国传统饮食加工技艺的活化石，是传承最久的舌尖美味之一，值得深度挖掘与研究。

回卤干制作技艺

基本情况

回卤干，又称回炉干，主要流布于淳化街道王墅、宋墅、新华、田园等社区，也常见于南京城区。

回卤干是江宁的大众小吃，是将普通油炸豆腐干的半成品加入清水（或鸡汤）、黄豆芽在小锅里煮沸，煮至豆腐干绵软出锅为止。油炸豆干在南京地区又叫豆腐果，在回卤干制作中颇为讲究，以去壳清浆压制成的豆腐为上乘，并且冲豆浆要恰到好处，过浓则食后涩嘴，过淡则豆腐软塌，炸煮后缺少韧劲。

回卤干制作的第一步是做干坯。将黄豆放在水里泡，夏天不能超过 6 小时，冬天温度低，泡豆时间略长也无妨。黄豆磨碎后用纱布过滤，分离出豆浆和豆渣，再以石膏水冲豆浆。冲豆浆有两种方法：一种是把豆浆放在缸里，将石膏放下去后搅拌；另一种是边放豆浆边用石膏冲。冲浆完成后，上箱（用木板做成一个正方形的框架），箱子底下必须放一块较大的白布，可以滤水，但不能滤浆。把冲好的豆浆放在锅里煮开，用大勺子舀到箱子里，舀多少则由操作人视情况而定。豆浆放好后，用箱子底下白布从四周将豆浆包好，布上用一块四方箱子大小的竹条架子盖在上面，然后在竹条框架上放一块或几块较重的石头重压。这样豆浆里水分就被挤压出来，成为豆腐干，压多少时间由操作者掌握。

第二步为油炸干子。先将油放在锅里烧热，把做好的干坯一块一块地放到油锅里炸，一方面进一步去除干坯里的部分水分，另一方面是让油吸收到干子里。这一过程的关键是要注意火候。另外，在用油时，最好是在锅里添加鹅油或鸭油。这样的混合油炸出的干子口感好。

第三步为煮干。炸好的干子放在锅里，锅里放水，烧沸，然后放入盐、生姜、干胡椒、八角、味精、白糖、小葱等佐料。煮的火候由操作者掌握。在煮好之前，再适当放一些黄豆芽、鹅油、鸭油，

江宁老卤干

秣陵街道观音殿度假村五香豆干

口味更好。这样，回卤干就制作成功，可以销售了。有时候也用鸡汤代替清水煮制，味道越煮越鲜，既清淡又入味。

南京人把黄豆芽称为如意菜（形状似如意），而烧回卤干需加入如意菜，所以回卤干又常被称为如意回卤干，取其吉祥如意的口彩。

历史传承

回卤干的起源，至少可以前推到明代。相传明太祖朱元璋在金陵登基后，吃腻了宫中的山珍海味，有一天微服出宫，在街头见到一家小吃店油炸豆腐果，香味四溢，色泽金黄，不由得食欲大动。他取出一锭银子让店主把豆腐果加工好给他享用。店主见他是个有钱的绅士，马上把豆腐果放入鸡汤锅，配上少许的黄豆芽与调料同煮，煮至豆腐果软绵入味送上，朱元璋吃后赞不绝口。从此油炸豆腐果风靡一时，流传至今。

江宁农村物资交流会

至清代，回卤干在南京更加流行。越剧《柳如是》有载："清顺治十七年秦淮故地，物是人非，郑妥娘叫卖回卤干；韩公公市民装束，擎鸟笼随兴闲步。"可以为证。

民国时期，有江宁人到南京做生意，吃过南京人做的回卤干后，回家开始学习做回卤干，自此回卤干在江宁流传开来。江宁地区现有的回卤干制作技艺传承人是李从才父子。1990 年之后，由李从才的大儿子李玉林接班。时隔不久，其次子李全春也参与其中。前若干年，李从才退休回家，由两个儿子轮流掌事。他们边做边卖，走村串户，生意兴旺。

当代影响与价值

回卤干在江宁、在南京深受普通民众喜爱。1994 年，南京清真奇芳阁菜馆的鸡汁回卤干在内贸部、劳动部、民族宗教事务管理局和全国烹饪学会联合举办的"全国首届清真烹饪大赛"上获风味小吃金奖，同时被评为全国清真名牌风味食品。回卤干还入选 2009 年公布的《"秦淮八绝"小吃地方标准》的八套小吃之一。在南京的夫子庙闲逛，即使是旅游纪念品商店，也能发现其中售卖回卤干。而在秦淮河边品尝回卤干，颇让人想起《桃花扇》的主角之一郑妥娘，曾在入清后叫卖回卤干的场景。

因为豆制品种类比较丰富，江宁回卤干的竞争优势并不突出。如何更好地创新发展，发挥传统回卤干的历史文化价值，无疑是一项有意义的课题，这需要今天的年轻人立足市场，进行多方位的思考与实践。

曹村臭豆干制作技艺

基本概况

曹村臭豆干制作技艺，主要流布在禄口街道曹村、彭福社区以及溧水区石湫等地。

曹村臭豆干为边长约 4 厘米的不规则正方形，厚度约 0.3 厘米。它的臭口味与老卤有关，其老卤主要用芝麻秆灰、芝麻、八角、茴香、桂皮等炒熟，研细，放入盐水中搅拌，即成黑色老卤汁，越陈越好。其配方与朱门臭豆腐不同，后者以雪菜卤为底料，加入荠菜、笋根等野菜制成。

曹村臭豆干制作工序如下：

第一步，泡豆。首先将黄豆淘净，放入清水中浸泡，夏天气温高，只需浸泡 4—5 个小时，冬天气温低，需浸泡 24 小时，浸泡的黄豆达到饱满即可。时间长会起泡沫，不仅影响产量，而且做出的豆腐、豆干口味也不好。

第二步，制浆。把浸泡过的黄豆淘净，放入电动磨浆机磨细后，用纱布过滤，使豆浆、豆渣分离，再将豆浆放入锅中或缸中，用蒸汽煮沸，既卫生，又不会结底焦煳。过去用人工磨，既费力，又费时；煮豆浆则用稻草烧，有灰落入锅中，不卫生，而且煮沸后锅里会结底产生锅巴，既浪费，又会有煳味，做出的豆干口味也不是很好。

第三步，制坯。豆浆煮沸后，用石膏粉点浆、冲浆，使豆浆凝成豆腐脑，豆腐脑装箱压榨后变成豆干白坯。一般的豆腐，用冲浆好，做出的豆腐鲜嫩；做豆干则用点浆，做出来的豆干细腻，吃起来有嚼劲，有滋味。

第四步，水煮。压榨好的豆干白坯先用清水煮，后用盐水煮，以去其黄浆水的味道。

第五步，泡卤。煮好的豆干放入老卤中浸泡 3—4 个小时（浸泡时间不宜过长），只要豆干的表面有三分之一黑即可，否则豆干不板扎，口味也不好。

曹村臭豆干含有丰富的维生素，低脂低蛋白，具有较高的营养价值，

1988 年江宁县委大楼

其口味细腻独特，烹饪后食用，往往能增进食欲。

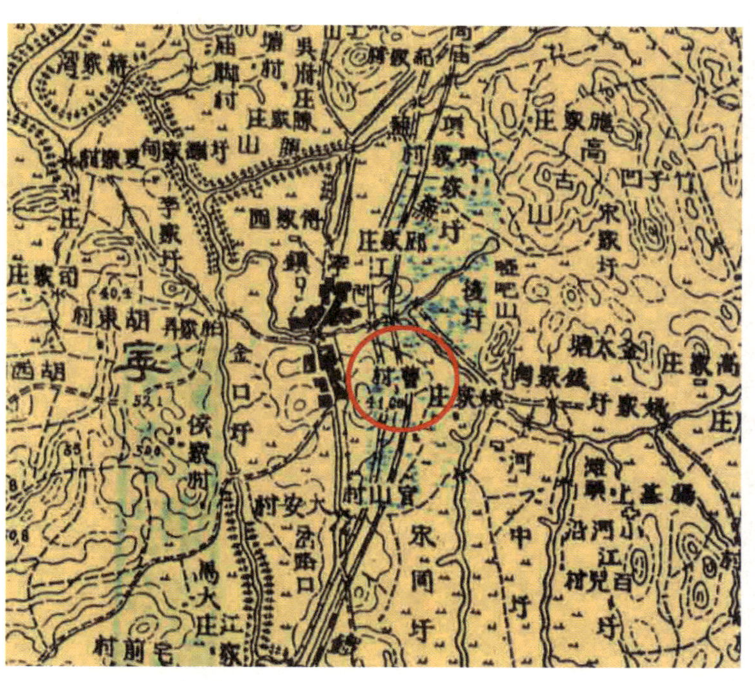

1937 年老地图中的曹村

历史传承

豆制品在我国有悠久的历史。在南京，臭豆腐干是街边常见的美味小吃，受到老百姓的热烈欢迎。汪曾祺曾经这样写道："夫子庙卖油炸臭豆腐干用竹签子串起来，十个一串，像北京的冰糖葫芦似的。"

据口碑资料，曹村臭豆干在民国初期就已经形成气候，当时豆制品作坊较多，竞争激烈。新中国成立后，以张昌双、蒋正洪、黄宗武、沈延俊、项成义、沈美珍、黄庆福等人为代表的传承人，相继在曹村兴办豆制品作坊，其中沈延俊、项成义制作的豆制品声誉最好。

传承人项成义经营的项记臭豆干已传给其子项胜。项胜，1957 年出生，禄口街道曹村社区人，初中毕业后，随其父项成义学习制作豆制品，已经有数十年的历史。现在项胜经营的豆制品，工艺水平较高，特别是臭豆干，不仅名闻乡里，而且还销往南京市区及江宁东山街道、溧水区等地，深受消费者欢迎。更有甚者，有些去美国、中国台湾探亲的人，也会带上曹村臭豆干。在项胜等几家豆腐作坊中，仍保存了一些与臭豆干制作相关的实物，如大石磨、大木桶、大木盆、缸、老虎灶、大铁桶、木榨、压板等，可供游人参观。

臭豆干

当代影响与价值

曹村臭豆干口味独特，可以做茶食，也可作菜肴，一直留存在江宁人的美好记忆中。臭豆干全国大多地区都有，但像曹村这样保持传统的制作技艺确实不易，它只用传统老卤炮制，所以没有异味，香得纯正。如今，曹村臭豆干虽然没有大张旗鼓地进行品牌化经营，却仍然可以在江宁各地豆制品店铺里看到，并深受当地居民喜爱。也许人们从淘宝上就可以轻松买到各地的臭豆腐干，但那不是家乡的味道，这才是此类传统技艺类"非遗"受人珍视的特殊价值所在吧。

臭豆腐制作技艺

基本概况

臭豆腐制作技艺，流布于江宁地区，其中江宁街道的朱门社区最为有名。传承人朱门杜家及王则平、熊广生、丰贤才、胡小八等。

朱门臭豆腐为民间手工作坊制作，最早由杜家传入，工艺独特，口感特别。烹饪后食用，味道鲜美，维生素含量全面，有高蛋白、低脂肪、气味清香等特点，流行甚广，受当地乡民的喜爱。

制作臭豆腐的主要材料是大豆、石膏粉和老卤。使用的工具有豆浆分离机（甩浆机）、压榨机、锅炉、水缸、水桶、淘箩、箱套、盆子、铁瓢、铁铲、刀、量尺、包装布、真空包装机等。

朱门社区路标

臭豆腐制作工艺流程繁杂细致，大体分两步：其一是先用黄豆磨成豆腐，其二是用秘制老卤制成臭豆腐。其主要制作流程如下：

1. 泡豆。将精选豆粒放入清水中浸泡，豆粒泡至平膛（胚芽胀平）为止。气温 10℃以下约需泡 10—12 小时，20℃以上约需泡 4—5 小时。

2. 制浆。将泡好的黄豆淘洗干净，兑水磨碎，再经豆浆分离机把豆浆和豆渣分离。然后用锅炉煮沸豆浆。

3. 制坯。把煮沸的豆浆倒入水缸，加熟石膏粉，反复搅动，使其凝成豆腐脑。然后用包装布分块包装，入压榨机榨出部分水分，即成豆腐坯。

4. 臭豆腐制作。将豆腐坯用沸水煮 5 分钟左右，见豆腐稍微浮起，即可捞出，久则太老，短则太嫩。最后，将豆腐坯放入老卤，炮制即成。泡制时间约 4—8 小时，视当时气温而定，气温越高，泡制时间越短。

臭豆腐的味道好坏与否，与老卤的关系极为密切，制作臭豆腐的老卤是以雪菜卤为底料，卤内加入荠菜、野山笋（或笋根）、野花椒头、豌豆头（或蚕豆头），经长时间泡制后即腐烂成卤汁。

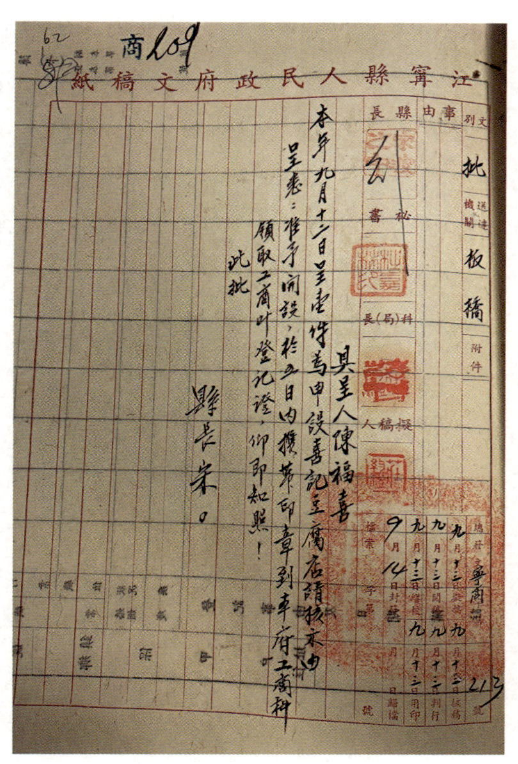
江寧縣人民政府文稿紙

本年九月十二日呈壹件為申設喜記豆腐店請核示由

具呈人陳福喜

呈悉：准予開設，於五日內携帶印章到本府工商科領取工商業登記證，仰即知照！

此批

縣長宋

1950 年江宁县人民政府对喜记豆腐店开业申请的批复

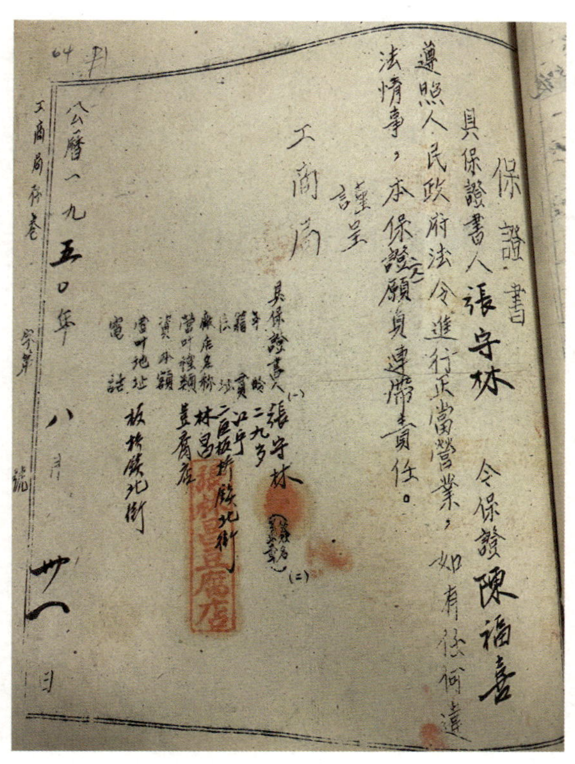
保證書

具保證書人張守林　今保證陳福喜

遵照人民政府法令進行正當營業，如有任何違法情事，本保證人願負連帶責任。

謹呈

工商局

具保證書人 張守林

公曆一九五〇年八月廿一日

1950 年喜记豆腐店开业申请保证书

因其愈陈愈好，故称老卤。

雪菜又称雪里蕻，江宁民间一般在小雪节气腌制，腌制后的盐卤水即是臭豆腐的底料。江宁人一直以来都有“食臭”传统，臭豆腐、臭腌菜、公鸡蛋等。这些“臭食品”都离不开腌菜卤水的制作。

历史传承

我国豆腐制作技艺历史源远流长，明李时珍《本草纲目》对其制作流程有比较详细的记载，主要是选豆、浸豆、磨豆、虑浆、煮浆、点浆、成型。臭豆腐便是在此基础上的衍生物。至于臭豆腐起源，传说是王致和于清康熙八年（1669）进京赶考失利，卖豆腐筹集盘缠时，无意中发现豆腐滞销霉变后稍加处理，就成了臭豆腐。清乾隆时诗人李调元曾写过《豆腐四首》以“逐臭有时人鲍肆”描写臭豆腐，并自注“霉者为臭豆腐”。嘉庆年间，沈复在《浮生六记》中回忆其妻陈芸：“每日饭必用茶泡，喜食芥卤乳腐，吴俗呼为臭乳腐。”民间相传慈禧太后老佛爷也喜食此物。

朱门臭豆腐最早由杜天金、杜天银、杜天才、杜天宝四兄弟，从安徽大别山老家将家传配方带到朱门。四兄弟将祖业臭豆腐经营得红红火火，很快朱门臭豆腐就名声远扬，流行甚广，受当地村民的喜爱，并很快发展到周边地区。后因战乱，朱门镇遭烧杀破坏，杜氏四兄弟流离失所，远走他乡，臭豆腐作坊被迫关闭。多年后，只有杜天银返回朱门重操旧业，并将臭豆腐配方传给次子杜国良。1949 年以后，各地纷纷成立生产合作社，按照当时的政策规定，杜氏臭豆腐作坊入公经营。20 世纪 60 年代之后，个体经营被取消，其作坊因无法维持而关闭，杜家臭豆腐一度再次消失。直到改革开放后，杜家才使保留多年的祖传工艺恢复，并得到发展。目前，朱门社区已启动了对臭豆腐传承人进行保护、培训、提高技能的计划。

当代影响与价值

杜家的传统制作方法及秘方已扩大到杜姓以外的作坊。现在经营较好的臭豆腐作坊有王则平、熊广生、丰贤才、胡小八等人，他们也是这项技艺的传承人。臭豆腐的制作、销售已从朱门发展到其他城市，是很多宾馆酒店的一道特色菜，有的取名为“千里香”，有的餐饮名店还制作“臭豆腐肥肠煲”，民间小吃更有煎臭豆腐、炸臭豆腐等，给这一特色食品赋予了更强的生命力。

丹桂豆腐制作技艺

基本概况

丹桂豆腐制作技艺，流布于湖熟街道丹桂社区及周边地区。传承人赵洪富、茅网成，知情人茅巧网等。

由于豆腐制作简便易行，一般的私人作坊均可作业，所以旧时将磨豆腐的作坊称为豆腐坊。旧时湖熟丹桂的豆腐坊比较多，有名的至少有赵、茅两家。据茅巧网介绍，制作豆腐是他家的老本行，他早年亲自做过，也给家里打过很多次下手。丹桂豆腐在湖熟当地闻名，是有原因的，它有自己的配方，这在从前非常不容易。豆腐的制作，首先要选料，一定要选当年黄豆，需要带光泽的、饱满的，切忌不能霉烂。豆子要用冷水浸泡一夜，至少在十个小时以上。湖熟人习惯说的“一汁豆腐”中的“汁”这个量词，是湖熟土话，也可以写作“只”，但茅巧网认为用“汁”更好，原汁原味，豆腐浆成豆腐前就是液体的。一汁就是一板的意思，八斤黄豆可以成一板豆腐。如果想喝多点豆腐花，就要下九斤黄豆。

豆子淘洗后，需要用两人推的磨子推，上下磨合成了浆。然后是吊浆，吊两次，每次都要冲洗，就是用一个十字架子，下面挂着一张纱布兜，底下有木桶接着，需要反复晃动，这个过程也叫“晃浆”。

接下来，是烧浆。浆子冷了，可以揭豆皮，一般揭下三四张最好，不然豆腐就稀了，不好吃。成豆腐要用石膏，他家喜用熟石膏三小酒杯来点豆腐。茅家制作豆腐，有个口诀叫“折角包浆、压板挤水”。意思是，豆腐要用纱布垫在底下，用布包好了压成豆腐。“路途遥遥而不远，雷声轰轰而不雨，雪花飘飘而不寒”，这是形容湖熟丹桂豆腐的谜语，很生动地把做豆腐的特色说明白了。

茅氏豆腐制作的主要副产品是豆腐皮，有的人爱吃，能把一锅浆子都挑成豆皮，还有油炸干子、豆腐卤、豆干、老嫩豆腐等等。

在湖熟街道，除茅氏外，赵家制作的豆腐也颇有名气，其传承人是赵洪富。

豆腐制作场景图

历史传承

据口碑资料，丹桂豆腐坊早在清末民初就已经形成。

据茅巧网介绍，丹桂茅氏豆腐的“老掌门”是他的祖父茅延荣，磨豆腐是他的本业工作。茅延荣将制作豆腐的手艺，传给了茅巧网的父亲茅世槐和叔叔茅世栋。只是他的父亲没有把磨豆腐当作主业。茅巧网的弟弟茅网成是茅氏豆腐的第三代继承人。

今日丹桂社区

别小看磨豆腐，这个在旧时是很能挣钱的一个行业，比种田收益大。民国时期，茅家就是靠着磨豆腐的手艺，养了一大家子人口。20世纪80年代的时候，茅家在湖熟镇上盖了四间大瓦房。这在当时来说，是很了不起的事，因为那个时代，大部分人都还住在草房子里面。那时候街坊很多人，都很羡慕茅家，还流传着这么一句话“茅家的家业都是豆腐磨出来的”，可见茅家豆腐的影响力。茅家大瓦房就盖在很显眼的位置，从圩东村到湖熟就要从茅家门前

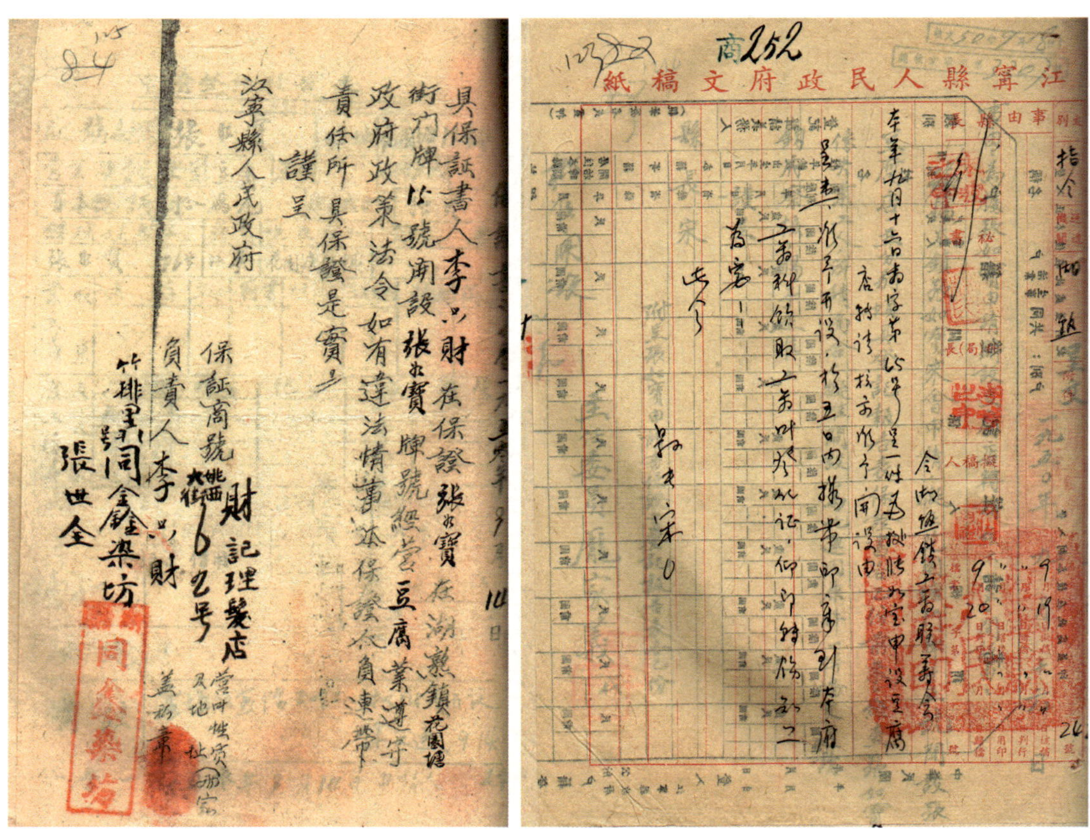

具保証書人李□財 在保證張□寶在湖熟鎮花園塘街門牌□號開設張□寶牌號經營豆腐業遵守政府政策法令如有違法情事保證人負連帶責任所具保證是實

謹呈

江寧縣人民政府

保証商號□財記理髮店
負責人李□財
同余鎰染坊
張世全

江寧縣人民政府文稿紙

1950年在湖熟花园塘街开设豆腐店的保证书及江宁县人民政府的批复

路过。

丹桂茅家豆腐制作技艺传承人为茅网成，知情人茅巧网1981年入伍，1985年复员后，在湖熟街道从事文化工作，由于从小耳濡目染，他也能制作豆腐。闲的时候，他会自己动手磨豆腐尝尝。

当代影响与价值

豆腐是最具代表性的中华传统健康美食之一，深受国人喜爱。豆腐内含人体必需的多种微量元素，还含有丰富的优质蛋白，素有“植物肉”之美称。现代医学证实，除有增加营养、帮助消化、增进食欲的功能外，豆腐对牙齿、骨骼的生长发育也颇为有益。豆腐味甘性凉，还有益气和中、生津润燥、清热解毒的功效。江宁人爱吃豆腐，豆腐制作比较普遍，各集镇皆有传承。作为其中的代表，丹桂豆腐不仅可以让我们熟悉江宁豆腐传统制作技艺的方法和讲究，还可以借此增加对湖熟老街文化的了解。

豆腐制作技艺

基本概况

豆腐制作技艺，流布于江宁全境。

豆腐及豆制品是百姓家常菜肴，无论单独做菜或与其他菜拌烧，都是必不可少又久食不厌的美味食品。豆腐坊在江宁农村最为常见，几乎村村都有，会做豆腐的人家也比比皆是。豆腐坊主要供应日常的生活所需，每逢重大节日或遇红白喜事，农村家庭常常自做豆腐。其主要制作步骤如下。

1. 泡豆。江宁农村几乎家家种黄豆，所谓黄豆就是毛豆、大青豆，每年 10 月份收获，晒干即成黄豆。取适量黄豆先挑选，去掉石子、杂物及坏豆子，放入容器中浸泡。浸泡时间因季节不同有所区别，冬天泡久点，需要一天半，其他季节一天即可。水应适量，以豆子泡涨后不突出水面为宜。

2. 磨豆。农家一般以手推小磨为主，一人推拉，一人扶磨头，并添加豆与水。一般小磨每转两三圈即添加一小勺豆子。添豆要均匀才能磨得细腻，添得过多过快，黄豆磨不细，影响所出豆浆质量。

3. 吊浆。将磨好的豆子连渣带水舀入吊带内。吊袋用白纱布做成，四角系在十字形木架子上，木架中心系于屋梁上，吊袋下面放置一口缸或其他容器。袋中的豆浆流入缸内，豆渣则存于袋中。握住木架两脚转动，使袋内豆渣转成圆形，以确保豆浆最大程度过滤出来。吊干豆浆后，可在豆渣中再加入一两瓢水，搓揉豆渣，再转动木吊架，以充分获取豆渣内有用的蛋白质浆水。

4. 烧浆。将缸内豆浆入锅煮沸。这个程序一定要有两个人合作，豆浆沸点低，容易溢浆。此

秣陵观音殿村蒋阿姨的老豆腐店

时需要留一些冷浆，随时加入即将溢浆的锅内，保持火候与温度的稳定。一旦溢浆，就前功尽弃，无法获得成品豆腐。所以烧浆火候的把握非常重要，也是制作豆腐的关键步骤。有的豆腐坊会在这个环节挑豆腐皮。待豆浆煮沸后改文火，此时豆浆上面会结成一层皱皱的油皮。用直径适中的细竹竿，从锅中心一抄，即成一张半圆形的豆腐皮，一锅豆浆可抄出 10 张豆腐皮。

5. 点浆。也称冲浆。这是制作豆腐最重要的一步，也是豆腐好吃与否的关键。以 10 斤黄豆的量来举例：10 斤黄豆需要 125 克左右的石膏粉，用一小碗冷豆浆将其均匀化开，放入缸底，将烧开的豆浆装入木桶，举起，从高处冲入缸内，使之与石膏粉充分融合。然后给缸加上盖子，约 20 至 30 分钟，豆浆即变成了豆腐脑。

6. 沥水成型。将制作豆腐的方形木框放在豆腐板上，铺一层方形纱布，纱布四角要超出木框，舀入豆腐脑，二寸厚左右即可。将纱布四角拉直盖好，加上盖板，在盖板上面压上十来斤的重物，使豆腐脑渗出水分。约半个小时后，一板豆腐即成。然后将豆腐切成等分方块，放入冷水桶里保存。

历史传承

关于豆腐的起源，历来说法很多，比较普遍的是汉淮南王刘安发明。相传汉文帝十六年（前 164），刘安在八公山上炼丹时，偶然以卤水点豆汁，从而发明了豆腐。明朝李时珍《本草纲目》一书，对豆腐制作流程有比较详细的记载：“凡黑豆、黄豆及白豆、泥豆、豌豆、绿豆之类，皆可为之。造法：水浸，硙碎，虑去渣，煎成。以盐卤汁或山矾叶或酸浆、醋淀，就釜收之。又有入缸内，以石膏末收者。”其生产过程就是选豆、浸豆、磨豆、虑浆、煮浆、点浆、成型。

传统的豆腐制作方法，自汉以来，宋、元、明、清，直到现在没有发生大的变化，只是因时、因地不同，生产工艺有所区别、改进，出现许多不同风味、不同特色的豆腐品种。

在江宁城乡，过去粮食深加工离不开“八坊”，即碾坊碾米、磨坊磨面、槽坊酿酒、糖坊做糖、油坊榨油、酱坊做酱、豆腐坊做豆腐、粉丝坊做

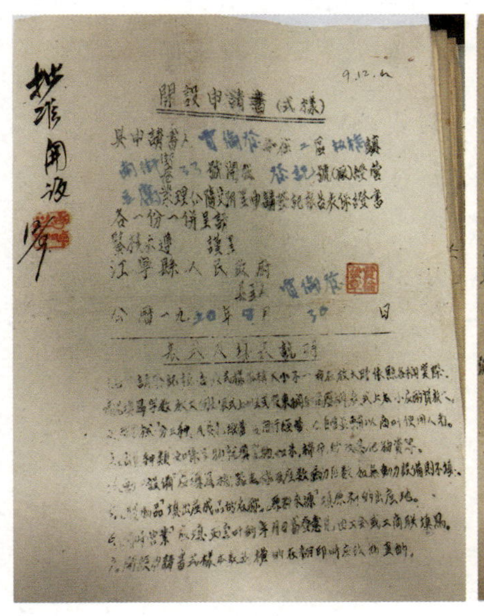
開設申請書(式樣)

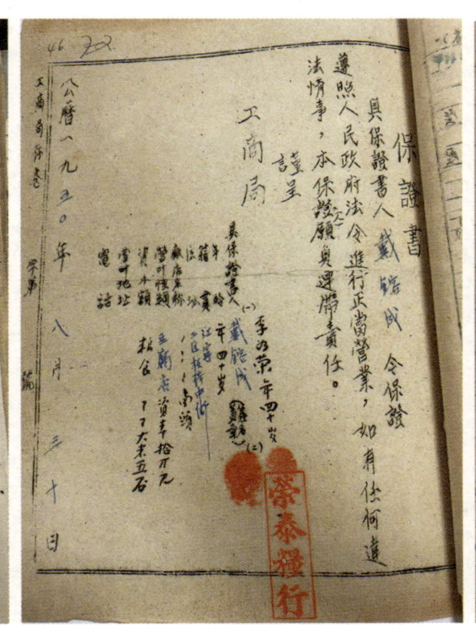
保證書

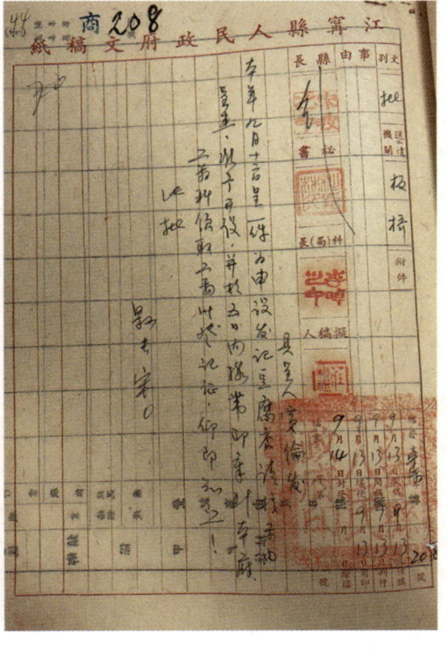
江寧縣人民政府文稿紙

1950 年发记豆腐店的开设申请书、保证书及江宁县人民政府的批复

汤山郄坊村豆腐坊

粉丝。这些既是小农经济时代自给自足的必然产物，也是传统中国社会关乎国计民生的实在要务，更是中华民族农耕生活的重要组成部分，是数千年来劳动人民智慧的结晶。

江宁制作豆腐比较著名的地区有上峰、小丹阳、高桥门等地。《上坊乡志》记载高桥门的豆腐果闻名南京城。小丹阳的臭干、陆郎的茶干、朱门臭豆腐等都是现在江宁民众喜爱的豆制品。豆腐作坊虽然有些工序可以机器代替，有些环节则仍然保留着手工操作。小丹阳镇的豆制品加工作坊，制作豆腐干，全是手工捆扎，工人手法十分娴熟。

当代影响与价值

随着时代的进步，工业化、机械化几乎全部覆盖食品加工行业，如今豆腐制作也更加科学，配料点浆程序已经实现计量化。但在广大农村地区，仍然保留着传统手工制作的习惯。在江宁乡村，豆腐的传统制作同样是一项普遍的手工技艺，只是有些环节可以用机械替代，比如磨豆，现在即使自家制作，也是用机器碾豆，以省时省力。

毫无疑问，豆腐是对当代影响与价值最大、传承最好的传统食物之一。传统技艺的传承，不仅是物质层面的需求，更有精神层面仪式感的融入。本书编纂团队在对部分乡村开展“非遗”资源调查时，很多乡民说，现在过年完全不需要自己做豆腐，市集上物资丰富，自家收获的黄豆也可以由豆腐坊代加工成豆腐。但在传统乡村社会，腊月里磨豆腐是一种过年的仪式，年味是从热腾腾的豆浆里一点点滋生的，是从一块块洁白如玉的豆腐里慢慢升腾的。我们的先辈一路走来的艰辛与智慧，通过当代不同形式传承，或许可以感受到更特别的味道。

糯香糕制作技艺

基本概况

糯香糕制作技艺，主要流布于湖熟街道，其中栾家村是赫赫有名的“糯香糕之村”。

糯香糕，又名软香糕，软香可口，松糯美味，流行于江宁地区已有上百年，是夏日消暑传统风味特色糕点，深受老江宁人的喜爱。

湖熟街道从前为湖熟镇，自古便有“小南京”的美誉，既有代表4000—5000年前江南灿烂文明的湖熟文化，又是江宁地区的经济重镇，以丰富的鱼米资源闻名。故而湖熟人因地制宜，灵活运用米粉制成各式糕点，如雪花糕、栗糕、沙糕、蒸团子等，糯香糕便是其中追求原始米香的一个分支。

制作糯香糕的主要原料是糯米粉和粳米粉，调味则使用薄荷汁和绵白糖，因而具有米的醇香与薄荷的清凉。糯香糕的制作并不复杂，虽为一种家常点心，但要做出地道美味，还是要看制糕师傅的手下功夫，米粉比例、蒸制时间、火候控制，哪个都少不了，哪个都重要，环环相扣，才可以成就美味。

精选原料是制作糯香糕必不可少的前期准备，绝不可大意待之。糯米选择白净浑圆的品种，粳米亦如此。除了使用湖熟本地产的优质稻外，也多选用高淳产稻，以达到米粉白、细、爽、香的效果。其具体制作步骤如下：

第一步，将上好的糯米与粳米清洗好，分别用石磨或石臼将其磨碎或舂成细粉，并按照一定比例配比。传统做法中糯、粳米粉的比例多为3：7或4：6，而现在由于稻米产量高、价格低与消费者口味变化，市面上的糯香糕比例为五五分，口味更香，口感更佳。

第二步，将配比好的米粉混合在一起，进行“擦酥”，即反复搓擦米粉团，使米粉混合，但保持粉状。经过擦酥的米粉，在蒸制后才能保持香软松酥的口感，入口糕团再次散作细密的米粉，这便是糯香糕的一大特色。

第三步，用细筛网将米粉筛入特制的木质糕盒中，用糕尺刮平糕面，并清除多余米粉，合上盖后翻转糕盒，敲打盒底，以固定糕体与模印图

制作糯香糕

制作糯香糕的蒸笼

案，然后揭去糕盒，便可得到一屉糯香糕坯。糯香糕所使用的糕盒是特制的，每格为方形，格内顶部刻有多样繁复的花纹，如十二花卉、吉祥纹样与文字，制作者可以根据喜好、场合，使用不同的糕盒图案。

第四步，将糕坯放入蒸笼中蒸熟，出炉后可以根据图案点缀上相应颜色，即成色香味俱全的糯香糕。一般而言，传统的糯香糕吸引人的便是米香原味，不常夹馅，但也可根据个人喜好在其中加入芝麻、花生等各色馅料，以增加风味。

除了赏味之美，糯香糕还是串联江宁地区传统乡村人情的纽带。在江宁地区传统的民俗文化中，每逢年节或家中大事，人们都会制作与赠送糯香糕，以示同喜同贺之意。糯香糕上不同的吉祥图案，可以传达不同的祝福，如盖房架梁、子女满月、老人寿诞、修祠祭祖、男娶女嫁等。在你来我往间，淳朴的情谊就日渐深厚了。

历史传承

我国糕类制作的历史已有两千余年，《周礼·天官》中便有："羞籩之食，糗饵、粉餈。"郑玄注："糗，熬大豆与米也；粉，豆屑也；茨字或作餈，为乾饵饼之也。此二物，皆粉稻米、黍米所为也。合蒸曰饵，饼之曰餈。糗者，擣粉熬大豆为饵餈之黏著，以粉之耳。饵言糗，餈言粉，互相足。"据汉人记载，这大约是现在的糍粑、米糕一类的食物。而糯香糕之属的"花糕"，则起源于隋唐时期。那时的江南地区，由于米糕制作技艺的新发展，花糕深受百姓的喜爱，其图案精美，寓意和美，品种丰富，更重要的是用料家常，是寻常人家也能享用的美味点心。

至明清时期，花糕的发展更加发达，品种更趋丰富。软香糕，也就是糯香糕，便在这一时期出现在了南京地区，并成为当地名产。有学者认为，明清两代，江南鱼米之乡花色糕点更多，苏州、扬州、南京一带有脂油糕、雪花糕、软香糕、百果糕、三层玉带糕、沙糕、茯苓松子糕、水晶糕、八珍糕、喇嘛糕等。其时，糯香糕还形

用细筛网将米粉筛入特制的木质糕盒

糕坯放入蒸笼中蒸熟

蒸煮糯香糕

成了口碑品牌，以苏州都林桥为第一，其次虎丘糕、西施家为第二，南京南门外报恩寺为第三，各有特色。

据调查资料，至少从清代开始，湖熟栾家村便代代做糕、卖糕，依靠本地稻米的优势，栾家村糯香糕在当地已拥有一定的名气。到民国时期，糯香糕发展愈发迅猛，栾家村已出现“家家制糕、家家吃糕”的盛景，因而成为栾家村极具代表性的地方特产，远近闻名。

新中国成立后，五花八门的花糕涌入市场，对栾家村糯香糕的地位造成了巨大冲击；同时随着乡镇开发，人们的口味也发生了变化，糯香糕这样传统的老式节庆糕点已不再受到青睐，主要存在于当地早点铺子的一角，逐渐淡出市场，在时代的洪流中已难以生存。

当代影响与价值

从事糯香糕制作三十余年的栾富权是栾家村现今为数不多的制糕师傅之一。自从他接下家中糯香糕制作的重担后，就有志于将这门手艺发扬光大，延长其生命，扩大其影响。为此，他扎实地学习制糕技术，由于悟性极高，逐渐摸索出了一套自己的米粉比例，并调整口味，最终收获了不错的口碑。根据市场调查，他还尝试迎合现代口感，创造性地加入肉松、青红丝等配料，拓展了糯香糕这一老式糕点的风味。尽管糯香糕制作技艺传承前路漫漫，但以栾师傅为代表的这种创新精神，对于该技艺的保护与传承无疑将起到积极的推动作用。

禄口玉带糕制作技艺

基本概况

禄口玉带糕，是以糯米、桃仁、青梅、桂花、麻油等为原料，用“四镶法”精制而成的糕点，其制作技艺流布于禄口集镇、铜山集镇等周边地区。传承人朱玉才、王小平等。

禄口玉带糕是江宁名特产，相传与乾隆皇帝下江南有关，加上糕与“高”谐音，有“步步高升”的寓意，故大受民间青睐，江宁人家不管是过年自备，还是馈赠亲友，总能见到它的身影。

禄口玉带糕吃起来略有黏性，但又片片不粘，其制作工序如下：

第一步，备料。以成品49.5公斤为计，需要炒糯米粉15公斤、绵白糖15.75公斤、核桃仁15公斤、饴糖1公斤、麻油0.7公斤、开水2.25公斤。此外，还会加入一点苏式的红绿丝。

玉带糕

制作玉带糕的禄口门店

第二步，过筛。将炒米粉与湿糖拌匀，过筛备用。

第三步，入模。先将核桃仁略加切碎，加入饴糖拌匀（饴糖主要是增加黏性）。再将过筛后十分之八的炒米粉，拌入核桃仁内；接着将余粉的一半平放在糕模内垫底；随后放入拌匀的核桃仁按紧，再用另一半粉覆盖表面，用“铜奈”压平，越紧实越好。这即是所谓的“四镶法”，因为八成米粉混合了糖与果仁，所以比起垫底与覆盖的纯白米粉要略暗一些。玉带糕切片后，每片均如“四镶”了白纸的书页，雅致美观。

第四步，炖蒸。将模内糕坯切成三条，连同糕模放入水锅中炖制8分钟，复蒸（回气）也需8分钟。

禄口玉带糕是糕点食品的一种，其包装美观大方，营养丰富，口感香不冲鼻，甜而不腻，是馈赠亲友、孝敬老人的上等礼品。

禄口老街旧影

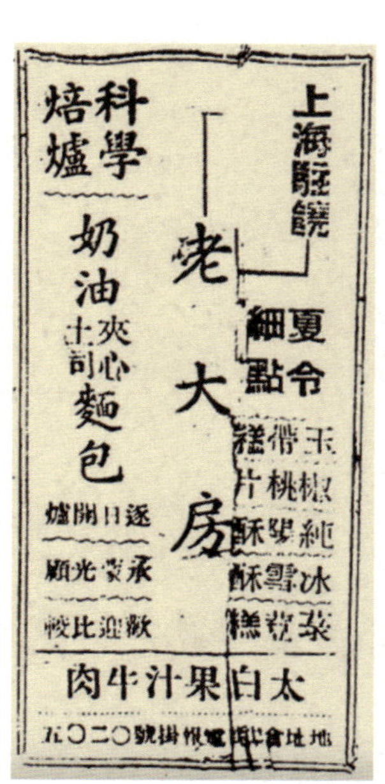

1943 年《前线日报》有关玉带糕的广告

历史传承

玉带糕原名白云片糕，和麻圆、冬糖、雪片糕、芙蓉糕等组成禄口地区传统特色名特产。相传清乾隆年间，乾隆皇帝下江南来到江宁，准备去溧水，路过禄口镇，当地僧侣献上白云糕当点心，皇上品尝后赞不绝口："此糕白玉味美哉！"并收于腰间道："此糕，乃朕之玉带也！"玉带糕由此而得名。

据口碑资料，旧时禄口镇私人经营的糕点多自产自销，以茅亭庙探子街一带店铺最多。民国时期，禄口地区的糕饼店在传承的基础上又有发展。《卫生半月刊》1935 年第 10 期《禄口通讯》记载："距京 30 千米的禄口，居民有七千四百余人，可算是江宁自治实验县第四区的首镇……都买些香烛、纸马、糕、粽之类。"这里的"糕"应该就是玉带糕。

新中国成立后，禄口玉带糕的制作基本保持传统的工艺。近年，禄口食品厂每年生产的玉带糕有 2 万条左右，有时还供不应求。其传承人朱玉才，1930 年出生，1985 年退休。他制作玉带糕的手艺特别好，是禄口食品厂较有名的师傅，曾带徒多名。王小平，1965 年出生，1984 年进入禄口食品厂学徒，现在家自办白云社区赵娣食品厂。除上述传承人外，还有邱序怀等 20 余人。

当代影响与价值

玉带糕的名称，各地不一，但都体现了过去国人将糯米糕作为珍贵食物的传统。如今，老江宁人逢年过节，不论是走亲访友，还是祭灶供土地，仍喜用玉带糕，似乎没了红红的禄口玉带糕，就少了点节日氛围。在普遍以旅游业带动地方经济发展的当下，很多特色美食产品都刻意美化包装，但白如雪、柔如云的禄口玉带糕似乎没有多大变化，其包装仍然沿用"传统老式包装"，虽然看起来很土，但当地人看着就是亲切，似乎成为一种文化符号。至于实际的品尝，大多人出于健康的考量，一般不太愿意摄入过多的糖分了，他们购买、馈赠禄口玉带糕，更多的是满足一种心理需要吧。

“金安奇”制作技艺

基本概况

“金安奇”是一种马蹄形的小烧饼，其制作技艺主要流布于禄口街道马铺社区。传承人李益钱、李本海等，知情人朱庆舜。

据朱庆舜介绍，“金安奇”是简化的俗名，其本名叫“金鞍蹄”。江宁土话里，“奇”与“蹄”同音，“鞍”与“安”同音。旧时，江宁乡村一般的居民文化程度不高，将比较复杂一点的文字简化是常有的事，都是为了方便老百姓使用。新中国成立后，规划使用简体字，“金鞍蹄”遂正式被俗名“金安奇”取代了。

金安奇是一种点心，属于烧饼的一类。其整体外形是马蹄形，表面金黄色，饼面上还有一道道花纹（凹槽），故称为“金鞍蹄”。金安奇的制作比较复杂，其流程大体如下：用上等小麦一缸，在头一天的夜里，将面发酵好，第二天凌晨就可以解酵了。然后反复搓揉摔打面团，并用手揪面剂子，再用手一个个握成小饼的形状。也有的师傅不用手握，而用模印。模印后再用竹篾子刀在饼面上划出一道道类似梅花状的花纹。下一步就是在其两面刷油，并将它贴在打烧饼的炉内，一圈一圈地贴满。炉子底下有个火盆，烧得是干净的木炭，不能有杂质。一旁的师傅要把握好时间，及时将炉子的盖子揭开，将事先调制好的糖浆（其比例一般是白糖多红糖少），迅速朝下面浇下去，再迅速盖上盖子，然后风箱一拉，木炭盆的热力很快会将糖浆蒸发，并充满整个炉内，这就给金安奇上了一层金色。这样出锅的金安奇又脆又香。朱庆舜回忆说，在 1980 年代，金安奇三分钱一个，每次排队买的队伍都会很长。

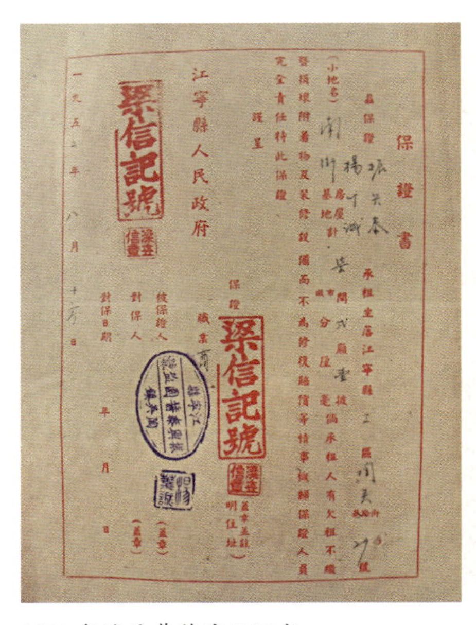
保證書
江寧縣人民政府
謹呈
保證人
被保證人
對保人
對保日期 年 月 日
一九五二年八月十六日

1952 年陶吴酱菜店保证书

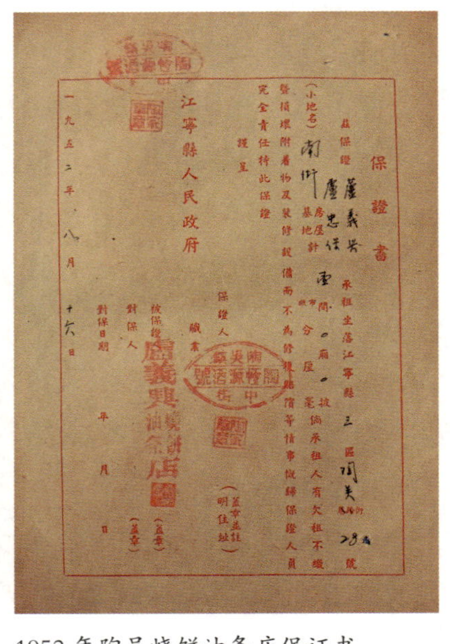
保證書
江寧縣人民政府
謹呈
保證人
被保證人
對保人
對保日期 年 月 日
一九五二年八月十六日

1952 年陶吴烧饼油条店保证书

历史传承

关于金安奇在江宁地区的起源，因为没有确凿的材料，还不能给出答案。有人推测很可能起源于南宋时期，至少明清时候就已经在江宁地区流传了。其制作技艺一般都是家传,除了江宁外，南京主城及雨花台区、栖霞区也普遍流传，江北的六合区也有，再向北就没有了。

金安奇虽然好吃，但制作技艺比较复杂，所以会制作的人不多。据朱庆舜介绍，禄口集镇原来有两个老师傅制作金安奇有名气。一个叫邱师傅，他如果还在世，已经100多岁了。他的本名大家都记不得了，只记得他的绰号是“邱秃子”。邱师傅本职就是打烧饼的,其手艺系家传,已经好几代了。还有一个师傅，红案白案都会，是个大厨师，叫李益钱。李家在禄口马铺是大户，房屋有九十九间半。后因兵燹，家道中落，到了李益钱这一辈，只能学厨子养活自己。

2009年，在非物质文化遗产资源普查过程中，江宁区有关部门组织人员对金安奇制作技艺的知情人李益钱、李本海等，进行了专门的调查采访，并形成了调查资料。10多年过去了，当年的传承人李益钱如今也去世了，这项传统技艺恐怕真的要失传了。

当代影响与价值

对禄口马铺人来说，金安奇不仅仅是一种极具特色的小烧饼，更是一种回味无穷的集体记忆，一种别有滋味的乡愁。因为社会的巨大变迁，因为传承人的故去，这项技艺已经无人问津，甚至连知情者也所剩无几了。所幸，参加2009年“非遗”资源调查的朱庆舜老师有感于其制作技艺的珍贵与地域特色的代表性，曾经千方百计学习掌握了其制作方法，使其保护与传承还有一线的希望。

水北刻章技艺

基本概况

水北刻章技艺，流布于湖熟街道的水北老街一带。知情者许顺祥、赵阳春。

水北即指湖熟老街，因在秦淮河以北而得名。湖熟为南京东南重镇，地理位置十分重要，经过明、清及民国时期的发展，其商业发达，城镇面貌焕然一新，故有“户口繁多，人烟稠密，实金陵一大镇市”的评价。

旧时，在湖熟老街上有一批老师傅为人捉刀刻章，如今年过花甲的许顺祥老人仍能说出一些始末。据他介绍，他的刻章生意特好，顾客盈门，甚至是熟识的朋友、地方的领导、名人看得起，自己带来好的印料、章材登门求刻。因为刻刀系自制，所以许顺祥订了个规矩：玉料太硬，不刻。如果是用自己的料子，以矾石最多。其刻章步骤如下：

第一步，楔紧章料。刻印时，先用木夹子把料子夹在里面，为了更好地固定住料子，要加木楔子，湖熟土话里“楔”念“萨”。湖熟人讲“越楔越紧”，可能就是源自水北刻章。

第二步，起稿。在料子上打格子，划分区，再用毛笔写好要刻的字，注意章法布局，视觉上能够平衡。刻章师傅们一致认为，毛笔字是刻章的基础。

第三步，刀刻。章分阴刻与阳刻。阴刻不要边，阳刻“先边后字”。下刀要果断，按起稿的章程挪刀，第一遍走刀之后，按起稿再加修饰。

第四步，试钤。刻面上打好印泥后，将白纸贴上，用指腹和指甲略做刮磨，用力均匀，再看一下纸面的效果。据此再进行一定的修改，直到满意为止。有的刻章师傅还会刻上边款。

顾客求刻名章（私章）、闲章的都有。后来靠这门手艺吃饭的，又加上了公章。为了接地气，闲章会刻一些文人题材与农业生产紧密结合的内

水北刻章工艺演示

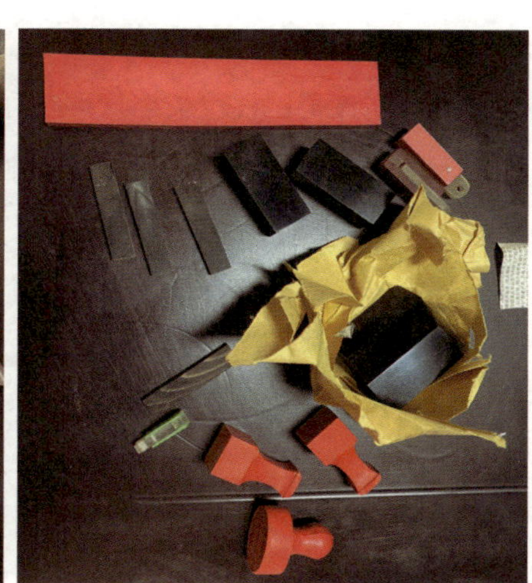

水北刻章工具及章材

容，如“芝麻开花”“雨后春笋”等，这可算是水北刻章的一大特色。

历史传承

水北属于老湖熟镇的核心范围，当年很有名气。湖熟古县城遗址就在秦淮河北，相传古城门位于水北街，门外为高 10 余米的城岗头，与梁台同属湖熟文化台形遗址。《元和郡县图志》卷二十五记载：“在县东南七十里。”至宋代，古城遗址尚存。《景定建康志》卷十五云：“今在上元县丹阳乡，去县五十里，淮水北，古城犹在。”

旧时的湖熟集镇，以水北街最为热闹。每年农历五月初三、初四，姚东街准备好雌、雄二乌龙（雄龙尖鼻子，雌龙塌鼻子）；姚西街准备好二条黄龙；水北大街准备好白龙、青龙、火龙。初五比赛正式开始，河上飞桨竞渡，轮番竞技，岸边的观众不断向河中抛粽子。在龙尾，“吊艄”的人表演“吊脑袋”“挂下巴”“挂脚背”等惊险绝技。是日正午，秦淮河两岸围观的人成千上万，万人空巷。

有了这么大的人流量，自然会产生刻章的需求。闲章是文人雅客在舞文弄墨时随兴所至，盖戳一下，以显示自己的文雅与格调。名章则是个人身份的象征，20 世纪很多人都有自己的名章。

许顺祥的水北刻章，始于 1989 年，他通过请教老街的刻章名师，逐渐掌握了一些刻章技巧。此后，他刻苦钻研，刻章技术逐渐得心应手。据许顺祥介绍，他在水北刻章界并不是代表人物，只是大多数刻章老师傅都去世了，现在湖熟街面上快找不到刻章的艺人了。

他的外祖父叫胡恩灿，民国时期在湖熟地方颇有影响力，当时曾有一条街都是胡家的产业。胡家以卖面粉为业，后来有点钱，除供家里孩子们写字画画，自己也弄些小文玩。外祖家的“文人气息”，对许顺祥产生了无形的影响。他小时候非常喜欢写毛笔字，家里有很多帖子可以临，写过行、草、隶及楷书，为刻章打下了良好的基础。近年，许顺祥收了一个刘姓弟子，他的刻章事业算是有了传承。

当代影响与价值

作为文人的专技，刻印属于诗书画印的重要组成部分。水北刻章曾经是湖熟集镇繁盛时期的百业代表之一，如今则是知者甚少。水北刻章技艺的传承与保护，仅仅依靠像许顺祥这样几个刻章艺人的努力远远不够，更需要当地政府的有计划扶持。我们相信通过江宁有识之士的弘扬与传承，水北刻章技艺一定能够重新焕发生机，成为江宁“非遗”的杰出代表。

江宁印章雕刻技艺

基本概况

江宁印章雕刻技艺，主要流布于东山、秣陵街道及周边地区。知情人薛马宁。

诗、书、画、印，是我国四大传统艺术形式。江苏是书画大省，南京是省会，江宁的印章雕刻，从师承、教学到展览组织均与南京有关。近年，印章雕刻技艺在江宁的传承则离不开区教师进修学校的教学。该校有两位篆刻老师，一位叫祝颂，一位名林世诚，多年致力于江宁地区篆刻艺术新人的培养，颇有成就。在他们的影响带动下，又涌现出吴刚、顾少锋等有一定成就的篆刻艺术爱好者。其代表者介绍如下。

祝颂，1941 年生，苏州人，南京市书法家协会会员。1950 年代末，受苏州篆刻家张寒月的影响和指点后兴趣大增，刀耕不止。在南京上大学期间，经常伏案操刀，乐此不疲。1960 年代初篆刻作品曾入选江苏省首届书法印章展览。大学毕业后，来江宁工作，常参与江宁文联的书法篆刻活动，多次参加省市县的各种展览。1990 年代，其篆刻作品曾在《中国书画报》举办的书法篆刻大赛中荣获优秀奖。

林世诚，金坛人，在江宁教师进修学校教授中国画，其篆刻作品两次参加市教育系统举办的“园丁书画展”。

吴刚，绍兴人，江宁印社首任社长。20 岁始自学篆刻，以汉印入手，犹喜元朱、古玺一路印风，擅长以甲骨入印。兼任南京印社社员、江苏篆刻研究会会员、江苏甲骨印社理事。篆刻得马士达、苏金海诸先生指点。其作品数次参加省市区及行业系统书画展。

金福成，自幼酷爱书法篆刻，师承西泠印社篆刻家高式熊先生。兼任江苏省书法家协会会员、南京市书法家协会会员。近年来在江宁开设篆刻培训班，培养了一批青少年爱好者。

刘昕，1970 年 12 月生，江苏南京人，号西禅书生，研究生学历。曾为空军某部上校，现供职于江苏省体育局。兼任南京印社理事、创作委员会委员，江苏甲骨印社理事，江苏省书法家协会会员，南京市青年美术家协会会员。作品多次在全国、全军书法篆刻展和大赛中获奖入展，在专业报刊上发表文章和作品较多。著有《墨舞云天》《追梦兰亭》《金石缘》等。

顾少锋，1962 年 6 月生于江苏省宜兴市，自幼酷爱书画，尤嗜金石，倾心秦汉印，工吴昌硕、齐白石印风，后得马士达等名师指点。2008 年被著名篆刻家韩天衡先生收为入室弟子，耳濡目染，旦夕亲授，印艺大进。现为江苏省篆刻艺术研究会会员、南京江宁区书法家协会理事。

薛马宁，1988 年入中国书画函授大学江苏

刻章工具

分校学习书法篆刻，师从庄希祖、王宜早、陈仲明。1990 年入南京市业余书法篆刻学校书法篆刻研习班学习书法篆刻，黄惇先生授以书法，徐畅先生授以篆刻兼班主任，课间亦请教于苏金海先生。1996 年入江苏省文化学校，师从庄希祖先生学书法，师从孙洵先生学篆刻。

历史传承

迄今为止，江宁境内各时期古墓葬中出土的印章较多，从湖熟汉墓出土的“臣柱”“黄帝神印”汉印，到江宁街道建中南宋墓出土的“墨元”玉印，再到将军山明代沐英墓出土的“沐英”石印等，均说明印章在江宁的流传历史很长。

太平天国木玺

江宁县立初级中学钤记

这里以“黄帝神印”为例加以说明。道教是我国土生土长的宗教，对我国古代政治、经济、文化的发展，起到了非常重要的作用。东汉末年，南方早期道教活动已经比较盛行，曾有于吉、李宪两个道教领袖先后深入吴兴、会稽一带传道，但文献记载较为简略。1995 年 7 月，湖熟经济开发区一座编号为 M120 的东汉早期墓中出土了一枚木质道教用印，是道教在东汉早期已传布于今江宁地区的重要物证。这枚木印印面边长 3.4 厘米，两侧有直径 0.5 厘米的对穿圆孔。无印纽，两面皆有阴刻印文，一面刻“黄帝神印”四字，另一面印文共 5 行，每行 4 字，计 20 字，并有界格，但印文刻画浅细，已漫漶不可辨识。从印文内容看，此印为汉代方士或巫觋祭祀作法时使用的驱鬼镇邪之物，系原始道教用印，俗谓“方士印”。“黄帝神”即“黄神”，是东汉以来人们心目中辟邪驱鬼的象征，甚至被幻化为主宰人间生死的山岳之神。除“黄帝神印”外，汉代道教用印以印文作“黄神越章”四字者更为常见。

存世的汉代道教印，数量虽颇为可观，但对其使用年代的认识，却不是很清楚。主流观点认为道教印最早出现于东汉中晚期，但根据湖熟出土的这枚木质“黄帝神印”，可证至迟在东汉早期，道教用印就已经出现了。

当代影响与价值

印章雕刻技艺在江宁具有一定的影响力。2019 年 6 月，江宁区书法篆刻爱好者发起成立东山印社，并举办了江宁区首届篆刻艺术展，邀请了部分篆刻艺术家参与策展、评审等工作。篆刻展依托江苏甲骨印社作为学术支持单位，得到了区委宣传部、区文联、东山街道领导的高度重视。此次篆刻展共征集到 50 人 55 件印稿，经过专家认真遴选，入展作品 48 件，反映了当前江宁篆刻艺术的多元化趋势和真实水平。

传统信俗

概述

不夸张地说，民俗部分也许最能吸引读者的目光。它烙刻了国人长年的仪式与生活，如今又在电器时代的冲击下渐趋沉寂。圆灶要炒豆腐、除夕炕元宝锅巴、上元节请紫姑、老人要打棺材，这类民俗如今都随着农村通煤气、电视手机普及、取消土葬等的进程，成为过眼云烟。潘宗鼎在清光绪末年写《金陵岁时记》,就曾感慨“见不逮闻，十未得一”。如今，老辈们的兴怀乐事，世殊事易，再也无法亲眼见到，只能把淡淡的说不清是忧愁还是乡愁的东西，留在书里了。

民俗因历史环境、生产方式、消费娱乐、民族性格、时令气候等因素的变迁，不断地流传、发展、演进、消亡、复兴着。在传统节日中，小埂头腊月二十九贴春联还传承着明代南京的传统，但1500年前插桃木板于门前的习俗早已被忘却，而贴上的春联，已经基本都是印刷品。这反映了人类社会中，变化是绝对的，不变是相对的。全南京人都知道“春牛首，秋栖霞”，春天必须来江宁的牛首山踏青，但在清代以前，尚没有形成这种广告语般的效应。

四月八日陆郎吃乌饭，而南北朝成书的《荆楚岁时记》，尚没有提到释迦牟尼生日这天除了浴佛还要吃些什么。联合国教科文组织强调“非遗”的“活态性”，最突出的就是人类的食物：二月初八吃冻肉、三月三吃鸡蛋、端午节吃“五红”、啃秋、腊八粥，传统节令中有一半都跟食物相关。就像日本京都所保存的时令习惯，到什么时令要吃什么东西，饮食有着强烈的仪式感。而如今，随着城市化的进程、手机带来的沉迷体验、科学观念的冲击，大家对于传统节日的解释、传说和叙事已完全不感到惊奇，甚至是毫无兴趣。陶思炎先生提到的“知识的淡忘”，已成为令民俗学家无奈的现状。

作为南京主城区之一的江宁区，自古以来既与南京有着不可分割的密切关系，又一直保留着非常明显的地域文化的独特性。其“非遗”资源十分丰富，在已开展普查的580项线索中，仅民俗部分便近100项。《隋书》所称誉的“旧京所在，人物繁盛”，杜佑《通典》所说的“艺文儒术，衣冠萃止”，都在这里得到有力的表达：周岗正月初二玩麒麟、彭福正月十三打神鼓、二月二家家门前接女儿、二月八玩亭子、秣陵关四月二“过关”习俗、立夏称人、五月不剃头、六月初六晒龙袍、六月十五插青枝、七月半放河灯、十月朝挂宗图、张桥冬至烧夹……很多江宁风俗仍可以观览体验，并有一种令人“快然自足，不知老之将至”的气氛。

夏仁溥曾说：“金陵龙蟠虎踞，历代都会之区，上与下习于华靡。岁时伏腊，春秋佳日，风流相尚，创为美举，递相沿袭，浸成风俗，数千百年，未之或替。”因为山水形胜而成为六代都会，南京到处都有华族招摇过市的痕迹。风气奢侈，好尚攀比，于良辰美景、赏心乐事历历在目，流风及于今日，可以说与历史的选择有莫大的联系。所以史家曰：“益以孙吴创业，人才萃于江东；东晋、六朝以还，居是邦者率衣冠右族；五季之际，中原鼎沸，江南差安；明祖定鼎，功臣甲第云连，典章制作，海内所宗。”此虽言金陵，江宁又何尝不如是！

观民俗类“非遗”，怎能不让人由衷地生出文化自信，感叹“礼失而求诸野”，感叹江宁为我们保留了那么多的中国痕迹。就拿小时候南京人都知道的夜啼郎来说，刚生的小娃儿哭闹一夜，吵得街坊邻居都不得安生，家长感到十分过意不去，就在十字街头的水泥杆上贴张符咒，恭恭敬敬地抄道：“天皇皇，地皇皇，我家有个夜啼郎，过路君子念一遍，一觉睡到大天亮。”似乎也没起到什么好作用，但这江宁风俗，据考在明代江盈科《雪涛诗评》就有记载，连符咒上的文字也大同小异，原来历史十分久远。

还有江宁人上梁说喜话，会结合满是干货的风水学知识：“一酒东方寅卯木，主家宝地造新屋。二酒南方巳午火，天造地设子孙多。三酒西方甲酉金，田地屋产是黄金。四酒北方子亥水，喜祥顺利见紫薇。再酒中间四季土，五谷丰登满仓库。”把东西南北中的五方都说了一遍，颇有特色。再如抢亲、闹媒人、三朝、送灯送夏、抓周、过干儿、撞干爹，都是江宁的喜庆民俗。

刘玉坤土法说天气，在过去没有电视节目、没有气象站的情况下，通过总结形成农谚后，代代相传，朗朗上口，再加上江宁方言的土味，很让人产生点穿越的感受。如“水缸淌汗，雨在路上”，要下雨时水缸的表面就会有水珠子渗出，农民就要准备雨具了。水缸就充当了天气预报，充当了晴雨表。再如“清明螺蛳端午虾，九月重阳吃爬爬”，爬爬是江宁人表达螃蟹的用词。两句话就把清明、端午和重阳节的时令食物都表现了出来，真是易记易懂。

宋代大诗人杨万里曾说金陵“有孙仲谋、宋武之遗烈，故其俗毅且美”。别看江宁不大，却保存了迁坟、讨寿碗、烧五七、跨火、上梁抢包子、桑蚕养殖、踩药渣等等丰富的民俗，体现了当地人尊重传统、待人真挚、刚强果断、古茂朴美的独特气质。在当下日趋现代化的乡村生活中，这无疑显得弥足珍贵，所谓“俗毅且美”，观此信然。

牛首山踏青习俗

基本概况

牛首山踏青习俗，又称“春牛首”踏青习俗。“春牛首”，即春天登游牛首山，与“秋栖霞”即秋天登游栖霞山赏红叶并称。“春牛首”踏青习俗主要流布于牛首山、祖堂山及其周边的狮子山，谷里街道的吉山、岱山和箭塘、公塘、石坝等区域，也是南京人的共同习俗，甚至辐射到句容、当涂博望等周边地区。

牛首山，一名牛头山、牛山、天阙山、仙窟山、佛窟山，位于南京城南约 13 千米处，以双峰对峙，宛如牛角，故名“牛首”。今仅余一峰，故牛首之形，已不明显。牛首山踏青习俗主要内容有：

一是踏青健身。人们利用闲暇时间，结伴同行，参加“春牛首”踏青活动，健身娱乐。旧时，农历正月至三月属于农闲时期，村民们利用农闲互相走动，探亲访友。茶余饭后，兴致勃勃地结伴前来牛首山踏青，既有无限乐趣，又可强身健体。

二是观光赏景。古金陵四十八景中的三景“牛首烟岚”“献花清兴”“祖堂振锡”都在牛首山。牛首山有拱北峰、伏虎洞、神蛇洞、摩崖石刻、感应泉、舍身台、沐英湖、弘觉寺塔、岳飞抗金故垒、南唐二陵、郑和墓等名胜古迹，周边的狮子山、吉山、岱山也都是观光旅游胜地。历史上，春天到牛首山踏青赏景的，除普通百姓外，还有慕名而来的达官显贵、文人墨客及外地游人。登上山顶，眺望牛首山西侧浩浩荡荡的长江，俯瞰南京城的繁华市容，赏景谈事，其乐融融。这些游客中就包括梁朝昭明太子萧统，南唐的三代君主李昇、李璟、李煜，宋代的大文豪苏轼、王安

2019 年春到牛首山

“春牛首”国际马拉松

江宁首届“春牛首”文化旅游节开幕式

石，明代的顾璘、王守仁，清代的康熙、乾隆两位皇帝，以及近现代的柳亚子、胡翔冬、赵朴初等人，他们或吟诗作赋，或泼墨绘丹青，或畅怀高歌，陶醉在青山绿水之间。

三是拜佛祈福。牛首山自古为佛教圣地，是牛头禅的发祥地，其创立者法融禅师，被誉为“华夏之达摩”。自古以来，虔诚的香客，借“春牛首”踏青活动之便拜佛祈福。

四是祭祀先人。由于牛首山、祖堂山风景优美，是块“风水宝地”，历史上不仅有许多名人安葬于此，而且，附近普通百姓去世后，也都葬于此。这其中就包括南唐先主李昪和中主李璟，明代航海家郑和、兵部尚书王以旂，民国时期的李瑞清等。清明时节，普通民众在牛首山及祖堂山开展祭祀活动。祭扫之后，人们踏青赏景，成为“春牛首”踏青风俗的重要组成部分。

历史传承

一般认为，牛首山踏青习俗始于东晋，盛行于唐代，流传至今。牛首山踏青活动是南京地区古老的民间习俗，每年春季慕名而来踏春的游人如织，遂成为享有盛名的南都旅游胜地，被誉为“春牛首”，与“秋栖霞”齐名。

关于“春牛首”踏青习俗，有研究者认为，自三国时期孙吴在建业（今南京）立都后，牛首山便开始不断地出现在各类文献典籍中。但直到明代朱元璋定都今南京以前，“春牛首”踏青这一风俗都处于萌芽阶段。因此，之前普遍认为“春牛首”踏青的风俗，应该是在明代中后期才正式产生的。明清时期，到牛首山踏青的游客，包括

在牛首山春游的游客

从皇帝，到文人雅士和乡野农夫的各个阶层。在人员数量上，踏青者已经形成了一定的规模。他们在健身、慕名礼佛的同时，也不忘欣赏自然风光。

“春牛首，秋栖霞”风俗产生于明代中后期的原因有多方面，归纳起来，主要原因有以下几个方面：

一是明朝南京的都城地位起到了关键作用。明洪武元年（1368），朱元璋定都南京后，南京成为国都，是全国的政治、经济、军事和文化中心。永乐十九年（1421），明成祖迁都北京后，南京成为留都（又称南都），地位仅次于北京。南京同北京一样，也有一套中央政权机构，这些机构的官员位重权轻，属于闲职。大凡受到排挤的官僚往往被安排到南京来做官，或在南京归隐，他们在政治上失意，也就乐得清闲，放情山水。

二是明朝人冶游成风，促使了这一风俗的形成。其时，上至帝王将相，下至文人墨客，多喜爱游山玩水。明太祖朱元璋曾于春天到牛首山狩猎，并写下《春望牛首》诗：“遥岑峙立势苍然，春听莺啼景物鲜。叠嶂倚天江月外，三山映带石城边。”随行大臣纷纷咏诗唱和。如大学士胡广《从猎诗》云：“晓从凤辇出龙关，偶寻牛首共跻扳。南唐古寺留碑在，西竺高僧振锡还……”明仁宗朱高炽也曾到牛首山游猎。正德年间，明武宗朱厚照南巡，驻跸牛首，并在牛首山狩猎。而一般的文人墨客，更乐与山水泉石为伍，以丘壑自娱。游踪所至，遍及五岳八川。明人尝言：“士人有三愿：一愿识尽天下好人，二愿读尽天下好书，三愿看尽天下好山水。夫此三者，皆身心性情之事，岂不快然至乐哉！”明人吴世杰写道：“是时，两京并建，天下无事。士大夫多筑精舍于山中，以娱清暇。”其代表者徐霞客，在游历山川的同时，创作了大量的诗文、游记、志书和书画作品。《牛首山志》就是在这个时代大背景中产生的。画家文伯仁画有《金陵十八景册》，牛首山、栖霞山名列其中。天启年间，朱之蕃撰文、杜士全绘图的《金陵四十景图考诗咏》，作者在“牛首烟岚”一景后面写有“舍身岩、弘觉寺、白云梯、天阙山”。概言之，明朝士人的大量作品对扩大牛

《金陵四十八景》之“牛首烟岚”（清版画）

首山的影响起到了推波助澜的作用。

三是南京城内外风景胜地多为皇家禁地或私家花园，对“春牛首”风俗的形成客观上起到了推动作用。由于皇家禁地和私家花园占据了南京城内外的风水宝地，人们的游览休闲空间遂被挤压到郊外，牛首山、栖霞山自然而然成为人们的休闲胜地。

虽然“春牛首”踏青习俗形成于明代中后期，但在明代的文献中，并没有见到“春牛首”这一说法。直到我们发现马曰璐编纂的《摄山游草》，才见到了“春牛首，秋栖霞”完整的描述。《摄山游草》收录了陈章作于清乾隆二十一年（1756）的《序》。《序》中说：“昔人有云‘春牛首，秋栖霞’。”从“昔人有云”推知，“春牛首，秋栖霞”的风俗在乾隆二十一年之前就已经形成，至少在乾隆时期，被提炼成“春牛首，秋栖霞”六字谚语。这是目前所检阅的文献中，最早提及“春牛首，秋栖霞”的，因而，我们认为，陈章应该是迄今所知在文学作品中最早提及“春牛首，秋栖霞”谚语的人。

明清时期，牛首山景色宜人，是南京最著名的风景名胜之一。清乾隆时期，“牛首烟岚”已被列为“金陵四十八景”之一。牛首山双峰直插云汉，浮图高耸，山上林木葱郁，泉石相映，故有“金陵多佳山，牛首为最”之称，兼之寺院林立，盛产茶、菊、兰等奇花异木，自六朝以来一直是金陵南郊最为民众所乐游的景点之一。其中弘觉寺尤为明代南都礼佛信众所亲睐。明代牛首山的游览盛况，仅盛时泰《牛首山志》一书中，就有相当多的春游牛首山的记载。如：“牛山每春杪秋初，及浴佛腊日，则都城缁素，担粇荷秫米者，动以百十。各投所经，爰以栖止，或宵而合掌三尊，或夕而执役千众。”或称“络绎途路者，虽劳顿不以为倦”。兜率岩前的叠石浮图更以祈福灵验著称，“游人每绕之，云当得福”。春秋两季，达官贵人和平民百姓纷纷前往牛首山参加佛教活动。同书又云：“由冬入春，则元日以后，便多游客。自试灯至清明，无一日无抵牛山者。”说明春游牛首已经成为南京僧俗的一项重要活动。

登游牛首山不是单纯的礼佛，更多的是欣赏自然风光。《牛首山志》还写道：“缙绅先生凡宦游南都者，每于政暇，有丰芑之思焉。故于牛山，

牛首山春游

在牛首山举办的大型活动

尤欲得一陟其址。”达官贵人竞相以一登牛首为乐事，时人甚至认为不到牛首山就不算在南京做过官，颇有“不到长城非好汉”的气概。王世贞《游牛首诸山记略》云：“余耳建业牛首之胜者久矣。至谓不陟牛首，不为宦建业。”游历牛首山已经成为官僚士大夫阶层闲暇时的“必修课”。

官僚士大夫在春天游历牛首山时，情之所至，常常咏诗唱和。如杨守址《牛山宴别分韵得岭字》写道：“龙蟠虎踞江东境，牛首昂然两峰并。表里山河真帝都，佳丽韶华正春景。蓝舆两两出郊行，林麓逶迤田井井。阳气方蒸动土膏，新秭已发荣枯梗。为呼田峻感农耕，此日春游即春省……”陈瑗《牛山宴别分韵得香字》写道：“野烧初青柳半黄，都城正是早春光。平明骑马来南郭，乘兴寻僧到上房……”

追及清朝，南京称江宁府，是两江总督署、江宁织造署、江宁将军署和江南贡院所在地，尽管不是都城，但仍是江南地区的政治、经济、军事和文化中心。就我们所寓目的清代南京地方文献中，牛首山与栖霞山被相提并论，并且已经出现“春牛首，秋栖霞”这一民谚。

民国时期，“春牛首”之郊游更是盛况空前。1912年孙中山在南京建立中华民国临时政府后，南京地位再次上升，牛首山迎来了新一轮的发展机遇。特别是到了1927年4月18日，国民政府定都南京，南京五方辐辏，人文荟萃，促进了这一风俗的定型。1935年出版的王焕镳编纂的《首都志》曰：“（牛首）山产茶，香色俱绝，名天阙茶。又产兰，一茎十数花，叶少而阔，色碧香细。又有佳菊，朱润身天阙山房种也。春时桃李盛开，红白迷望，风雨晴霁，无不堪游。‘春牛首，秋栖霞’之说，不诬也。”有人这样描写抗战之前牛首山的春天景致：“当年我游山时，却没有看见

1930年代牛首山远景

1935 年罗香林与友人在牛首山“牛鼻子”上留影

樱花，但仍赶上了‘山花如绣颊’的盛况。山上大树森立，藤蔓纠结，中间夹着许多绣球花。硕大的花团，高挑在树梢，白黑微透淡绿，映着浓青的树叶，颇似出尖的仙子。坡地绿草丛生，一簇簇野玫瑰怒放其间，红白相映，争相斗妍。山的高处，则更有各色杜鹃，开得那芳华横溢，热情奔放。这些绝艳殊色，给我们印象太深了，至今回忆，犹觉姹紫嫣红，灼然在目。”曾有游客在遍览牛首山后，发出这样的感慨：“听春雨潇潇，轻风剪剪，松篁漾荡，柯叶萧萧，又为恬静中无上消遣地。尤以春光明媚，柳翠花红时，黄莺子规，翱翔上下，花香馥馥，鸟语怡怡，更足滋人狂乐！”又传说弘觉寺后山顶的泉水洗眼可免目疾，故颇受游春的乡村妇孺青睐。漱霞发表于《励志》1932 年第 5 期上的《牛首山记游》即载：“再到寺后山顶，见有岩陡出，状类牛首，上有二孔，中潴泉水，据云此水四季不涸，乡村妇孺，每届清明，来此洗眼，可免目疾。”然而民国末年受政局影响，牛首山管理废弛，春景不再耀眼。南京籍文人卢前在 1949—1951 年发表的《柴室小品 · 何人能识旧牛头》中写道：“南京土谚叫做‘春牛首，秋栖霞’，游春的惟一去处，然而今日的牛首可不是这样了。”

当代影响与价值

“春牛首”踏青习俗是集郊游、拜佛、览胜、休闲、祭祀为一体的民间赏春文化休闲活动。它是民间自发的社会文化活动，游人不分男女老少，不分平民百姓、达官贵人，均可同时、同地游玩，互相包容，和谐相处。到牛首山踏青的民众登山赏景，尽享满山春色，饱览名胜古迹，既陶冶情操，又领略了民间文化、佛教文化。踏青习俗能够激发人们热爱家乡、建设家乡的热情，营造安定、祥和的氛围，对构建和谐社会起到一定的积极作用。

如今“春牛首”活动已成为南京的一张重要文化名片，它所具有的巨大历史价值和文化价值早已为地方政府重视。2009 年 4 月，江宁区人民政府主办了“江宁区首届春牛首文化旅游节”，影响甚大。近年来，为了打造“春牛首”这一民俗文化品牌，江宁区政府充分利用牛首山景区山、林、湖、佛、陵、塔六大优势，规划开发了约 10.5 平方千米，包括狮子山、祖堂山、隐龙山、隐龙湖、沐英湖、郑和墓等 20 多处景点。其设计以“补天阙、藏地宫、修圣道、现双塔、兴佛寺、弘五叶”为核心理念，全面保护牛首山历史文化遗存，修复牛首山自然生态景观，利用原有矿坑新建地宫，长期安奉佛顶骨舍利。今日之牛首山景区涵盖了“佛顶圣境”“宝相献花”“隐龙禅谷”“谧境禅林”“天阙小镇”五大功能区，已成为融佛禅文化、金陵文化、生态景观为一体的生态胜景、文化圣境、休闲胜地。

2008 年 1 月，牛首山踏春习俗被南京市人民政府列入首批南京市非物质文化遗产名录。

湖熟回民生活习俗

基本概况

湖熟回民生活习俗，主要流布于湖熟集镇及周边地区。

据《江宁县志》《湖熟镇志》等地方史料与湖熟回族保继堂《马氏宗谱》等家谱记载，明嘉靖年间，鲁密国（现位于土耳其的伊斯坦布尔城）使臣马白好五丁的七世孙马文泉及马古台的七世孙马近泰、马仪泰率众迁居湖熟，在水北街始建清真寺，其后子孙繁衍。马姓为湖熟回族第一大姓，分保继堂、赐香堂、大测堂、唯一堂 4 支。其中保继堂人数最多，据家谱记载，其辈分为“文应吾卿公，子世绍嘉成，玉庭名十兆，永正大端能”。他们在基本保留本民族特有生活习俗的同时，融合了湖熟当地的民俗传统，逐渐形成了具有湖熟特色的回民生活习俗，包括婚俗、饮食、葬礼、节日、其他 5 个方面。

婚俗：旧时湖熟回民婚姻，大致有以下几个程序：选择对象；邀媒妁提亲：如双方均有联姻之意，则由男方请来族中或亲友中德高望重的长辈与女方相识的人为主亲；定亲与纳聘：请定成亲日期；阿訇（清真寺主持宗教事务人员）主持婚礼仪式；女方铺陈婿定；迎亲与成婚；入夜玉成婚礼；新娘拜见舅姑；新婿拜见岳父母。

历史上，回族一般不和信仰不一致的民族通婚，如果与非回族等十个少数民族通婚，会要求另一方入教。如回族人娶了汉族姑娘，则需设法劝说姑娘入伊斯兰教，入教时在阿訇带领下诵念清真言和作证词。

资料显示，回汉通婚现象可以追溯到唐代。元代以后则更为普遍，且颇具特色：回民男娶汉族女性的情况居多；通婚后，汉族男性或汉族女性要改变自己的信仰，信奉伊斯兰教；通婚后，汉族男性或汉族女性一切要随回族风俗习惯。如今，随着国家《婚姻法》的普及，回民与其他民族通婚的现象比较多。

饮食：湖熟回民有严格的饮食习惯和禁忌。他们一般选择“食谷禽、食草兽”，且貌不丑陋、性不贪婪懒惰、蹄分两瓣能反刍的牛、羊、驼、兔、鹿、獐、鸡、鸭、雁、雀、鱼、虾等为食，并且

湖熟清真寺外景

湖熟清真寺第三进正殿前天井

须念“台思米”，断喉宰杀，方可食用（水产品除外）。狼虫虎豹熊、驴马骡猪狗、狐猫鼠蟒蛇、鹰鹞鸷鲨鲸等，以及酒、动物之血，均属禁食之物。在江宁茶文化影响下，湖熟回民还形成了以甜味为特色的饮茶习惯。

葬礼：在湖熟回民的风俗习惯中，最具民族特点的当属其浓厚伊斯兰特征的丧葬仪式，主要有以下七个流程：一、回民病势垂危或昏厥之际，由守卫身旁之亲属或阿訇提示病人念诵清真言。病人既终，家人要整好遗体，使其安位，即头北脚南仰卧，面稍向西〔朝向天房（克尔白）的方向〕，放入专门用具（俗称池、水溜子等），清除身上衣物，然后用洁净的白布单子覆盖在亡人身上。二、备殓。回民死后，丧主购来白布3丈，作为亡人之殓服，又称“开凡”“穿布”等。男亡人“开凡”有3件：大卧单、小卧单、衬衣（皮拉罕）。女亡人“开凡”有5件：大卧单、小卧单、衬衣（皮拉罕）、裹胸、盖头。三、净身。回民死后，必须将全身衣服脱光，用温水将全身洗干净后，用白布裹扎好遗体，不准佩戴任何贵重物品。四、挖掘墓穴，又称打坑：挖一个9尺多深的长方形直坑（俗称“槽米坑”），或从直坑内一侧再掏挖一偏坑（俗称“窑坑”），以便安葬死者。五、殡礼。族众一般在家里或者清真寺内为亡人向真主举行祈祷仪式，仪式庄严隆重。六、送葬及下葬。回族送葬，禁止鼓乐、纸人、纸马等，并且妇女不得前往墓地。到达坟地后，把亡人放入坟坑内，坑内禁止摆放任何物品，只撒上香料，以防虫蚁侵扰遗体。聆听阿訇诵经，最后大家一起接“杜阿（祈祷词）”。七、走坟：在亲人亡故的第7日、40日、百日、周年、3周年之日，丧家要请来阿訇诵经、走坟，以寄托哀思和慰祝亲灵。

湖熟回民的葬礼遵循简葬、速葬，一般埋葬不隔夜，早亡晚葬，夜亡早送。若子女亲人在外，临终前有遗嘱时，可以等一两天，但不得超过3

湖熟清真寺内景

天以上，以免尸体腐烂、发臭；不用棺木；亡者不埋葬在汉族和其他民族的坟场里，仅埋葬在本民族的坟场。

节日：湖熟回民每年有 3 个大节日：1. 开斋节，就是回民（穆斯林）在斋月封了一个月斋戒后，庆祝斋戒圆满完成的日子；2. 宰牲节，又称“古尔邦节”，就是在伊斯兰教历 12 月 10 日，通过宰牲（牛、羊、驼）向真主奉献自己的忠诚；3. 圣纪，就是在穆罕默德圣人诞生和归真（逝世）的伊斯兰教历 3 月内，集中宣讲穆圣的生平历史及其伟大功绩，宣扬穆圣的崇高品格，号召穆斯林学习圣人，效法圣人。在“圣纪”这一天，还专门举行聚会，诵《古兰经》，讲卧尔兹（演讲），念赞圣词等。

其他：每个回民做一切合法的工作赚取的钱，达到一定数量后，必须拿出四十分之一交纳天课，天课只能用于救济困难和贫穷的人等。回民还有礼拜（特定宗教活动），每天 5 次。每个星期五，聚集礼拜（俗称主麻）。每次礼拜前，须净身（即洗手、脸、脚等）。做礼拜时，阿訇讲卧尔兹、念呼图白（阿拉伯语的演讲）。每家遇到红白喜事，全家男女老幼都要洗澡，请阿訇念经。回民妇女产后即要洗澡。婴儿诞生的一个月内，请阿訇给婴儿取“回回名”（又称“经名”），并在一张红纸上写上婴儿的名字和祝福的祈祷词，随后念经，并由主家宴请亲朋等。

此外，湖熟回民生活习俗还有些讲究与禁忌：不准用脸盆入水缸舀水；不准反手倒茶水；不准迷信、烧香、拜佛、算命、相面、奸淫、偷窃等等。如有违反教规者，即召开回民大会，按照教规教义办理。

历史传承

据保继堂《马氏宗谱》记载，明洪武年间，西域鲁密国（今土耳其境内）使臣马白好五丁赍贡来京，明太祖朱元璋大喜，授马白好五丁和马古台分别为南京三山街净觉寺及长干门外回回营清真寺副掌教。明嘉靖年间，马白好五丁的七世孙马文泉及马古台的七世孙马近泰、马仪泰率众入籍上元，迁居湖熟。明嘉靖十六年（1537）建立清真寺于水北街，相传清朝著名爱国将领左宝贵曾为清真寺题写“亘古不朽”的匾额。自此以后，江宁马氏回民主要活动于湖熟地区，逐渐形成具有本民族及湖熟地域特色的生活习俗，涉及婚俗、饮食、葬礼、节日等方方面面。而湖熟清真寺建成后，亦成为当地回民以及周边的伊斯兰教信徒举行开斋节等宗教活动的场所。

新中国成立后，江宁县人民政府重视并尊重湖熟回民的生活习俗。1952 年，江宁县人民政府民政科专门组织人员，调查湖熟镇少数民族情况，并撰写了《江宁县湖熟镇“少数民族”调查情况报告》，

湖熟清真寺内景

内容分为“一般情况”“政治情况”和“发现的问题与回民的意见”三个部分。其中“政治情况”中的“风俗习惯和清真寺的情况”，即涉及当地回民的生活习俗。相关资料节录如下：

湖熟清真寺回民民俗活动

该镇回民中除姓马的占全回民的户数、人数大多数外，其余还有姓杨、张、陈、何等十余姓，都是从其他散居地区陆续搬到湖熟来住的。现共有回民 273 户，占全镇总户数 1421 户的 19.2%，人口计 1312 人，占全镇总人口 6137 人的百分之 21.4%，其中有农业户 40 户、工商业户 65 户、贫民 168 户。

其二阶级情况：共计有贫农 16 户、中农 12 户、小土地出租者 12 户、地主 10 户，内有 6 户是地主兼工商业，其余 4 户全被斗争，共被没收田一百六十一亩二分五厘，房子 18 间两厢。

其三经济情况：农业户共占有田二百一十五亩一分，地五十亩六分二厘，在投资工商业方面，自开店的有 50 户，合股开店的有 15 户，共有资金一亿四千一百另八万元（编者按：旧币，下同）。

其四文化情况：全体回民中除 489 名具有小学文化程度的回民，已在家种田、学徒、做生意外，现有 188 名回民子弟在湖熟本镇公立小学读书，占该校 880 多名学生总数的 21.2%，还有在南京和江宁中学读书的初中生有 42 名、高中生 1 名，参加民校的有 14 名，文盲 780 名（包括老、幼、妇女等）。根据一般回民群众及其阿訇介绍，新中国成立前，因家庭负担不起读中学的有四五成。新中国成立后，因政府对少数民族的关心和照顾，能同样享受到一切优待，如人民助学金等，帮助解决了很多困难，因此回民的学龄儿童都能入学读书了。

……

该清真寺是回民的领导机构，并在内过节做礼拜（又名礼拜寺），寺内共有三个人，分教长、副教长、宰夫即公员（又名叫阿訇、二阿訇、三阿訇）。其生活来源靠田和房子的租金收入为主，不足部分由回民中殷实富户补助之，每月付教长八斗、副教长七斗、公员四斗大米的工薪外，还有食米、柴油等杂用支出。在五区河北乡有田 45 亩，全部出租，每亩租额 95 市斤。另在湖熟镇街上有三间房子出租，每月租金可收一担四斗大米。其次，在过节日和做礼拜时，回民都要出

湖熟清真寺门鼓

献礼钱，这是无限量的，亦归阿訇收入。

……

清真寺内宰夫专与回民宰鸭、鸡、牛等，与回民宰一只鸭子要收 150 元，宰一条牛要收 14000 元(以上均为旧币)。阿訇与回民之间关系，系是领导与被领导的地位,是回教内的最高领袖，每个回民都必须要服从和尊重他的（编者按：原文如此，与现在不吻合）。

又据江宁区档案馆收藏的 1985 年《江宁县湖熟镇回民生活见闻录》介绍：

千百年来，湖熟镇回民，对活跃农村市场、繁荣湖熟经济，有着重大贡献。回民从事的职业，大都是第三产业，以饮食业、服务业、屠宰业为主，开设鸭子店、牛肉店、饭店、茶馆、宰坊等。

新中国成立前，全镇十一家鸭子店，全都是回民经营，其中资本雄厚、规模较大、远近闻名的有何聚沅、马鸿兴、岳阳楼、春华楼等，他们以一业为主，兼营其他，除经营饭菜、面条、鸭子、牛肉外，同时供应大饼、油条、小笼包、春卷、干丝等等。由于花色品种多、烹调口味好、服务态度热情，因此，从早到晚，顾客盈门，座无虚席。凡是回民经营的饭店、鸭子店、牛肉店，招牌上都写上“清真”二字。“清真”二字的解释是：清洁于外表，真诚于内心。回民经营的饭店，不光是为回民服务，汉民去就食，同样受到热情欢迎。

历史悠久的“白油板鸭”“五香牛肉”，是湖熟镇的两大名特产，也是回民祖祖辈辈留传下来的劳动结晶。至今，酒席桌上，板鸭和牛肉仍是两样不可缺少的名菜。

新中国成立前，回民人数日益增多，光靠饮食业、服务业、屠宰业容纳不了，于是，有一部分回民就向粮食行、五洋、南北杂货以及农副业等方面发展。其中马老利经营的顺昌祥粮食行、马庭铭经营的晋昌粮食行、丁德大经营的德大生南北杂货店，都是妇孺皆知的大商店，生意兴隆，财源茂盛。

重修湖熟清真寺碑

新中国成立后，通过对私改造，企业普遍实行合营合作，回民从业人员数量较多。人民政府按照民族政策，凡是有一技之长的回民，都分别安排到江宁县各乡镇的国营、集体企业中去，有的则输送到部队、学校、机关中去，擅长宰杀和腌制板鸭工艺的老师傅，更是受到各部门的欢迎……回民已成为振兴湖熟经济的一支重要力量。

2008年，江宁区人民政府对湖熟回民生活情况再次开展调查工作。调查显示，当时湖熟街道尚有回民180多户，共600多人口，原有的回民生活习俗基本上得以传承。

当代影响与价值

湖熟回民生活习俗是江宁传统文化的重要组成部分,是回族文化与湖熟地方文化融合的结果，兼具地方与民族特色，蕴含了丰富的历史文化信息。自明清以来,湖熟回民与当地汉民和睦相处、交流融合，共同推动了湖熟地区的经济发展和社会进步，构成了丰富多彩的江宁地方文化，具有不可忽视的历史、文化与精神价值。就此而言，保护和发展优秀的湖熟回民文化，对繁荣发展当地少数民族文化，维护社会稳定及民族团结，具有重要的现实意义。

2008年3月，湖熟回民生活习俗被江宁区人民政府列入江宁区第一批非物质文化遗产名录。此外，2007年3月列入江苏省非物质文化遗产名录的南京板鸭、盐水鸭制作技艺亦与湖熟回民生活习俗密切相关。

雨花茶饮茶礼俗

基本概况

流布于江宁地区的雨花茶饮茶习俗,对天时、茶器、水品、斟茶、冲泡等均有讲究，极具地方特色。

江宁人喜爱饮用绿茶，其吃茶有泡、煮、冲3种方法：泡茶是先把茶叶放在茶壶中以开水浸泡，再从茶壶中倒入茶杯里饮用，也有如白局里所唱的，直接从茶壶嘴里品饮的；煮茶是把茶叶放在冷水壶里直接烧开；冲茶也叫“沏茶”，是把茶叶放入茶杯中直接冲泡饮用，这种方法最为家常。究竟使用哪一张饮茶方式，要根据不同的情境、饮者的喜好而变化，不拘一格。

江宁不少地方，特别是温泉之乡汤山及一些较大的集镇,都有“早上皮包水,晚上水包皮（指洗澡）”的习俗。所谓“皮包水”，即指喝了一肚子茶。三餐之后，要泡一杯茶细细品味，以稍作休息；家里来了客人，首先要泡上一杯茶敬上；

1980年代东善桥采茶场景

采茶场景

请人办事或商量某事，泡一杯茶边喝边聊；发生矛盾纠纷时请人调解，理亏的一方倒茶双手捧上，以表歉意；闲来无事，到茶馆打发时光；四时八节待客，常用元宝茶，取吉祥如意之意。亲朋好友小聚、文人雅士唱和、经商者洽谈生意等社会交际活动，也多离不开喝茶。

旧时江宁一般人家饮茶，有早茶、晚茶之分。老年人黎明即起，第一件事便是炊（即烧）茶：在专烧水吊子的小炉灶上生火，烧上半吊子开水以泡茶，坐在八仙桌旁的太师椅上，边饮茶边思考着当日应打理的事项。这为喝早茶。如果附近有茶馆的话，老人们则顶着黎明星光，咳咳啰啰地赶去茶馆，占一个桌位，泡一壶茶，点几个荷叶蛋或茶点，直到日高二竿才打道回家。晚茶则在晚饭后进行，形式与早茶相似。无暇去茶馆吃茶的中青年人，则在上午劳动间隙和下午劳动中途吃茶，并顺便吃点茶食，以稍作休息。民间至今仍称上午的中间、下午的中间为喝茶时间。如上午9—10点钟为“上午喝茶时候”，也称“上昼茶”，下午3—4点钟则为“下午喝茶时候”，或称吃“下昼茶”。

泡茶、敬茶、喝茶，也各有讲究。旧时饮茶用的茶具主要为茶壶、茶碗、茶杯。讲究的人家用盖碗，分碗盖、碗、碗碟三件。茶具按质料分为两类：一类是瓷器，如江西景德镇出产的瓷茶具；再一类是陶器，以陶都宜兴的紫砂茶具为上品。将茶叶放入大茶壶，先泡片刻，再斟入各自的茶碗（杯）之中，来人时添加一只茶杯，但不用加茶；绿茶用白瓷杯泡，更显其绿，紫砂杯倒红茶更觉其浓。泡茶之水，一般以山泉水最佳，天落水较好，江河水稍次，井水因咸苦、矿物质多不宜泡茶；水要烧得滚开，待水面中间隆起俗称“宝塔水”的水泡，才可泡茶；隔日开水叫“停汤水”，为泡茶之大忌。如今为避免茶叶中的维生素被破坏，一般等沸水降温到80—90度时再泡。江宁人喝茶有较多约定俗成的礼节，如在斟茶时，要把茶杯把子置于客人的右手一侧，以便客人端茶方便；放置茶壶忌把茶壶嘴对着客人；斟茶时不可斟得太满；客人喝了几次后不得久久不斟。客人受茶后，以右手中指叩桌三下，表示还礼；喝茶时要轻端、轻放、轻喝，不可一饮而尽，更不可喝出很大的声响来。2006年出版的《江宁史话》中《皮包水与水包皮》一文，详细描述了江宁区境的吃茶习俗。

历史传承

江宁吃茶之习，由来已久。六朝时期，居于都城建康（南京）的豪门贵族大多喜好饮茶，这促使饮茶成为一种社会风尚。唐代陆羽《茶经》载，茶于“润州江宁县生傲山”。可见早在唐代，时人已认识到江宁县傲山产茶。明盛时泰《牛首山志》亦有江宁种茶的记载：“广缘寺有山茶，不在寺封内。”清《同治上江两县志》卷七：“摄山、天阙俱产茶。”天阙即牛首山，可见牛首山种植茶树，有着悠久的历史。晚清陈作霖《上元江宁乡土志》卷六提到：“牛首、栖霞二山皆产茶，生于山顶，以云雾名，寺僧采之以供贵客，非尽人所能得。”当时以春牛首、秋栖霞对称，而两

江宁茶农采茶旧影

山之茶均在山顶，所以都叫云雾茶，是寺僧奉客的珍品。到了民国时期，王焕镳《首都志》亦称："（牛首）山产茶，香色俱绝，名天阙茶。"

旧时江宁不少城镇街巷及较大村庄，都开有茶馆，或称"老虎灶"，或称"茶炉子"。茶馆以劈柴、砻糠、柴草、煤块作燃料，以风箱助燃，可以供应茶水，也向附近居民卖开水，同时还开着澡堂。每逢冬闲、春节时节，四乡八村农民上街，先去澡堂泡个澡，然后泡杯茶，点几块豆腐干或一盘花生米，悠闲自在地歇上半天。在没有热水瓶的年代，城乡住户都有"茶焐子"，又叫"茶闷子"，一般用稻草编成，大户人家则为精致漂亮的小木桶，内衬较厚的棉花，把烧开的水吊子或大茶壶放入盖好，可以保温。贫困之家多以陶罐装水放入灶膛内，在做饭的同时水亦烧开，并可用灰烬余热保温。

1934 年，著名学者乔启明在《金陵大学农学院丛刊》上发表了《江宁县淳化镇乡村社会之研究》一文，其中有一段描述"吃茶"的风俗："吃茶是一般农人认为最重要的生活的一部分，他们可以借着上茶馆的机会，使他们的生活社会化。因为乡村的茶馆，是农人交际的中心，个人间的接触、外交文化的输入，都是借着茶馆作媒介。有的时候，农人互相争执或间有口角，也都要借茶馆来调和。因为一般人认茶馆为公开的地方，是造成乡村舆论的中心，因此茶馆好似他们的法庭。茶馆在乡间如此风行，当然有它的存在的价值。所以近年来，许多从事乡村教育改良的人，多有改良乡村茶馆的计划，其目的就在利用茶馆，作为改良农村社会教育的一个有力量的中心。"可见民国时期江宁乡村的茶馆，仍然发挥着作为区域中心的重要作用。

当代影响与价值

中国是茶的故乡，茶在民众的社交往来中扮演着非常重要的角色，是人与人之间情感交流的重要媒介。江宁饮茶习俗内涵丰富，以茶会友是江宁人重情好客的美德和传统礼节，敬茶则表达对客人的亲切问候和敬意，茶已经成为江宁人社会交际活动的必需品之一。此外，江宁人对茶具、用水和饮茶方式颇多讲究，其中蕴含有较多的传统礼俗文化，需要我们在传承中理解其精髓。

2021 年 5 月，雨花茶饮茶礼俗被江宁区人民政府列入第三批江宁区非物质文化遗产名录。

祭灶习俗

基本概况

祭灶，或称“祀灶”“送灶”，是在过年前的腊月二十三或二十四送灶神上天言事的习俗，旧时流布于整个江宁地区。

从前江宁地区每家每户的灶头上，从打新灶那一刻起都设有一个神龛，其上供奉着一尊灶神。人们迷信认为：灶神是玉皇大帝派到人间监察善恶的神仙，掌管本户的火烛，保佑家人能吃上热饭熟菜，可以避免户主的火烛之灾，也可以按玉帝的旨意，将家室财产化为灰烬。

传说每年年底的腊月二十三或二十四，灶神要上天去述职，禀报人间善恶大事，承请玉帝新一年旨意。因为灶神喜“白人罪状”，即有喜欢向玉帝“打小报告”的习惯，所以在灶神上天述职临行之前，必须筹办酒菜为其饯行，称之为“送灶”。为了让灶王爷在玉皇大帝面前多说好事，少说坏事，或者尽量少说话，甚至不说话，一方面对灶王爷刻意奉承讨好，要求他老人家“上天言好事，下界保平安”；另一方面在饯行供品上作了刻意安排。如用糯米粉、麦芽糖做成黏性特大的甜粑粑，使灶王爷吃得甜在心里，粘住嘴巴，省得他言多必失；有的用酒糟做成酒糟饼，再酌上一大杯酒，最好让灶王爷喝醉，不能多说话；还有用特黏的糯米饭堆成馒头状，上黏花生、白果、栗子、莲子、枣子，顶端放一只桔子，插一个小松柏枝，枝上挂满红绿纸钱，谓之送灶饭；供品中又或有一小碟寸许长的马草和一小碟料豆，是为灶王爷坐骑所配的马料，也是为了让灶王爷的马跑得快点，也好早去早回。

送灶习俗知情人接受采访

民间祭灶活动，一般由男性操办，女性则要回避，以免与灶神产生“男女授受不亲”之嫌。先将祭品放到灶王神龛前，点烛焚香，作揖祈祷，再到门外鸣放鞭炮，以示虔诚供奉和送别之情。

“送灶”前后，家家户户开始筹备过年，俗称办年货，其内容包括：磨豆腐，做干子、千张，炸油豆腐果，到处香喷喷；磨糯米粉，打米糕，蒸团子，到处热气腾腾；村中某处空房子里来了炒炒米的人，架起大炒锅，家家户户送去糯米，炒成炒米后挑回家中，再用部分炒米加麦芽糖做成“欢喜团”，小孩子们高兴得合不拢嘴；有条件的人家杀猪宰羊，下塘拉鱼，一般人家也忙着上街打肉、买鱼，家家忙得团团转。整个村庄，一片迎接过年的喜庆气象。

灶王爷年画

江宁地区民间灶公菩萨像

有道是“有送必有接”。江南一带的“接灶”，多在除夕晚饭后的半夜进行，好在新一年刚开始的时候，灶王爷就能及时回来保佑一家福祉。“接灶”仪式较为简单，在灶龛两旁贴上“上天言好事，下界保平安”的红对联，在灶龛顶端贴一个端端正正的红“福”字，供上一杯绿茶，点上两支小蜡烛，换上新灶灯，同时打开院门、大门和厨房门，在门外挂放一挂小鞭、四个炮竹，就算把灶神接回了家。

历史传承

灶神又称灶王、灶君，还有东厨司命、司命灶君、护宅天尊、定福神君等俗称雅号。传说他是玉皇大帝封的“九天东厨司命灶王府君”，负责管理各家的灶火，因而广受尊崇。文献记载中的灶神信仰颇早，《礼记·礼器》孔颖达疏：“颛顼氏有子曰黎，为祝融，祀以为灶神。”《庄子·达生》：“灶有髻。”司马彪注：“髻，灶神名，着赤衣，状如美女。”《抱朴子·微旨》：“月晦之夜，灶神亦上天白人罪状。”江南民间送灶，大多地区都是腊月二十三日，也有的是在腊月二十四。又或有“官三民四”之说，即官绅权贵在腊月二十三日送灶，平民百姓在腊月二十四日送灶。每逢这天晚上，家家户户都要为灶神升天举行祭祀活动。

晚清民国时期，南京祭灶风俗尤甚。据夏仁虎《岁华忆语·祀灶》记载：“（腊月）二十三，俗谓之小除夕。是晚，人家祀灶神，供红枣汤，以饴和芝麻，曰灶糖；供料豆，云秣神马；取灶神像焚之，云送上天。祀灶，妇媪之祀也。是夕，厨娘皆换新衣裙，主妇主其祀，士大夫弗与也。然是夕炮竹声最繁。编户人家，则谓灶神主一家祸福，是夕上天廷奏善恶，故媚灶之风大炽。”潘宗鼎《金陵岁时记》也有“灶糖”词条：“灶糖，惟吾乡始有，其式如元宝。以芝麻和糖，焙焦之为金，以麦糖揉之为银，供祀灶神，祝家富也。”由此可见，其习俗与江宁地区相差无几。

当代影响与价值

“祭灶”是过年的序幕，是传统年俗的重要组成部分。新中国成立后，特别是随着近年城市

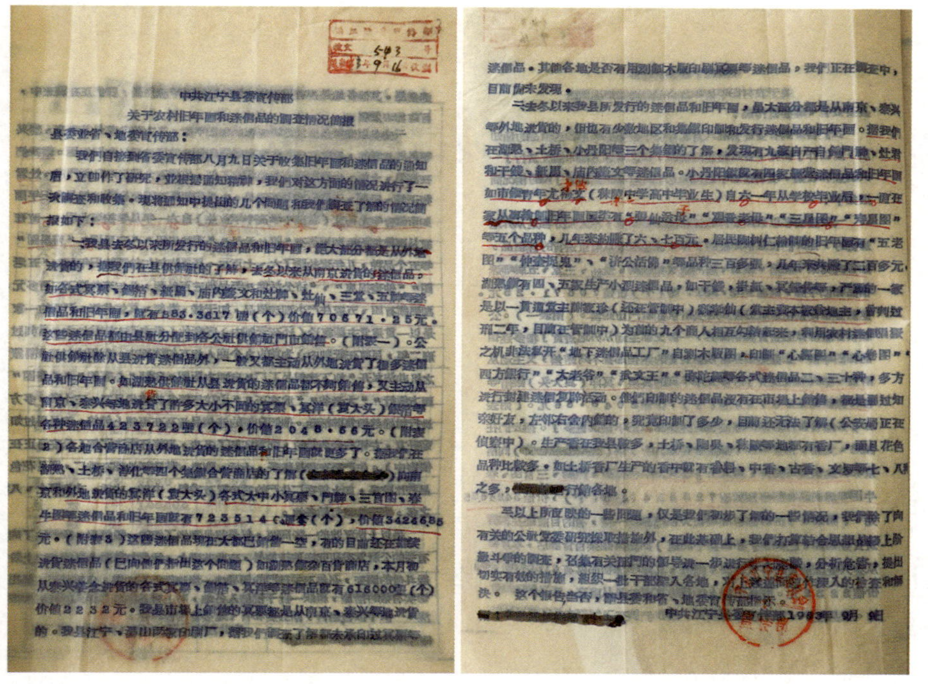
中共江宁县委宣传部
关于农村旧年画和迷信品的调查情况简报

1963 年关于江宁农村旧年画及迷信活动的调查报告

化进程的加快，乡村大规模拆迁，各家各户的土灶大锅变成了煤气灶、燃气灶，故送灶、接灶的习俗已经渐行渐远，仅部分尚未拆迁的乡村还有保留。这一习俗对于大多数江宁人来说，已显得有些遥远和神秘。然而祭灶习俗承载了旧时人们对于家庭的美好愿望，表达了对“家”深厚的情感，有助于构建积极向上的新时代家庭伦理观。作为年俗的一部分，祭灶的文化内涵早已潜移默化地融入到一般民众的心底，甚至已经成为我们传统文化不可分割的组成部分。就此而言，以适当的形式和内容来保护传承这一习俗在当下仍具有积极的意义。

小埂头腊月二十九贴春联习俗

基本概况

腊月二十九贴春联习俗，流布于禄口街道铜山社区石埝村小埂头。

旧俗从腊月二十三进入年关起，江宁区禄口街道铜山社区石埝村小埂头的人们就开始忙年，为春节做着各种各样的准备。年二十三，人们开始采购年货，旧时有官三、民四（也就是大年二十三、二十四两天）送灶的习俗，要烧香、烧纸钱、放鞭炮，祭拜灶老爷；年二十四，开始制作春节用的油炸食品，如油炸豆腐果等；年二十五，要蒸年糕、扣团子；年二十八，掸尘、打扫卫生；年二十九，贴春联。

春联，俗称对子、对联、门对，雅称“楹联”。每逢春节，一般人家都要在自家大门上贴上一副春联，以示庆贺。一般说来，绝大多数人家会在腊月三十除夕贴春联，这是自古以来的传统。但在月小的时候，如腊月二十九即是除夕（江宁人亦称三十晚上），便会在腊月二十九贴春联。然而，无论月大月小，旧时铜山社区石埝村小埂头的人家，一般都会在腊月二十九贴春联，并相沿成习，颇具地域特色。

小埂头为什么会形成在腊月二十九贴春联的习俗呢？传说在清末民初的时候，小埂头有一个专门为村民写春联的秀才，他为别人写春联分文不取，有的时候还将写好的春联送上门。有一年接近年关，隔壁邻居程先生做生意亏了本，这时讨债的人纷纷登门催要，逼得程先生东躲西藏。当得知此事后，秀才便在腊月二十九这天，写了一副春联，带上一些年货，送到了程先生家里。程先生见此情形，连连拒绝。秀才说：“你今天贴上这副春联，保管你这个年过得安生。”半信半疑的程先生，按照秀才说的话，硬着头皮在腊月二十九贴上了春联。令他意想不到的是，从贴春联那一刻起，还真没有一个债主上门讨债。原来这副春联写的是：“容我过年是君子，上门讨债是小人。”小埂头村上的人，知道事情原委后，从第二年开始，也纷纷在腊月二十九贴起了春联，以祈求平安祥和。之后，此俗代代相沿，一直延续至今。

关于这一旧俗的由来，又或说是因为小埂头贫穷人家较多，有些人家欠了一屁股债。为了能安稳欢度春节，每当腊月二十九，那些尚有债务的人家，吃过早饭后，就开始贴春联。这时若有债主上门讨债，看到这户人家已经贴上了春联，也就知趣地掉头走人，再也不好意思在年前上门催债了。

除腊月二十九贴春联外，小埂头还有其他一些习俗与众不同，如当地居民会在腊月二十八蒸

江宁书协书法家为居民写春联

馒头，腊月三十打灯笼。

历史传承

小埂头腊月二十九贴春联之习俗，相传起源于清末民初，之后一直流传下来。而春节贴春联的习俗，则源远流长。据文献记载，春联最早出现于五代时期。清代楹联学家梁章钜《楹联丛话》认为，五代时期，后蜀君主每年都命人题写桃符，桃符上的“新年纳余庆，嘉节号长春”是有文字记载的中国历史上第一幅“春联”。晚年寓居江宁的北宋宰相王安石的《元日》一诗亦描写了这一习俗：“爆竹声中一岁除，春风送暖入屠苏。千门万户曈曈日，总把新桃换旧符。”据清人陈尚古《簪云楼杂说》记载，明太祖朱元璋定都南京后，曾下旨“公卿士庶家，门上须加春联一副”“太祖亲微行出观，以为笑乐”。又传说朱元璋还曾微服私访，对民间张贴春联的情况进行督查。有了皇帝的提倡，春节张贴春联之俗遂逐渐风靡全国。江宁地区明代贴春联习俗之盛况，顾起元《客座赘语》卷四记载曰：“岁除岁旦，秣陵（今南京及江宁一带）人家门上插松柏枝、芝麻秸、冬青树叶，大门换新桃符。贵家房门左右贴画雄鸡。”

如今，春节期间，石埝村小埂头仍有部分居民会在腊月二十九贴上大红的春联，但已没有过去那样讲究了。

江宁乡村露天广场放电影贺新春

江宁迎新年

当代影响与价值

小埂头腊月二十九贴春联习俗，独具地方特色，有着丰富的历史文化内涵。该习俗承载了当地村民驱邪敬神、纳福迎春、欢度佳节的美好愿望，同时体现了浓浓质朴、互办互助的邻里乡情。就此而言，传承这一特殊年俗，对保存地方集体记忆，弘扬具有江宁特色的传统乡土文化，具有一定的现实意义。

除夕炕元宝锅巴的习俗

基本概况

除夕炕元宝锅巴，是流布于整个江宁地区的春节风俗。

“锅巴”之名，据说来源于安徽的“锅粑”，不过未得证实。在全国其他地方，锅巴还有不同的称呼，如江西人称“锅底饭”，广东人叫“锅焦”，上海人谓之“饭滋”。

旧时江宁人家每年除夕，餐桌上总会摆上一个用粘糯米“炕”成整锅圆圆的锅巴，锅巴上放一张红纸剪成的“福”字，寓意“招财进宝”，取名“元宝锅巴”。其中还有不少讲究：元宝锅巴须在腊月三十晚上做，那时家家户户除旧布新，门扇贴对联，门楣贴红钱，墙上贴年画，窗户贴春花，橱柜贴福字；吃年饭前，各家在堂心条案上备上供品，点烛焚香，作揖祈祷，跪拜祭祖；年夜饭后，每家都要焖饭炕一锅完整的元宝锅巴放在香几上，称之“贡岁”，留待正月十五以后才吃；每次吃饭总是先把饭勺挖到锅底，看看有没有黄灿灿的锅巴，小心地将黏附于锅巴上的饭粒刮干净，并慢慢取下整块锅巴，用嘴轻轻地凑上去咬一口，脆脆的香香的。

关于元宝锅巴的来源，在汤山地区流传着这么一个传说：南宋建炎三年（1129），即宋高宗赵构登基的第三年，金兀术带了大队人马来攻打建康（今南京）。朝中大将岳飞早有准备，带兵在东善桥牛首山一带，专门等候金兀术来此较量较量。

这一年的农历腊月十三，岳飞得到消息：金兵有 3000 人马过了句容，在汤山镇黄龙山下安

《点石斋画报》除夕夜“喜见龙光”图

营扎寨。他就派了百十个精兵，穿一身黑衣，半夜三更悄悄摸进金营。金兵一个个睡得像死猪，被宋兵东一榔头西一棒地一阵乱打，金兵乱成一团。临了，金兵自己打自己，死伤一大半。金兀术暴跳如雷，知晓已遭岳飞的暗算。他估计这支精兵还藏在黄龙山上，于是连夜召集部下，调兵5000多人，在各路口派兵把守，把整个黄龙山团团围住，想给这支宋军来个“连锅端”。岳家军被困在山上，百十名勇士几次想冲出去都没有成功。金兀术以为，天寒地冻，加之宋军没粮没草，3天一过，冻也要冻死了，饿也要饿死了！

与此同时，住在黄龙山周围的老百姓心急火燎，好几回派人偷偷向黄龙山送粮草，但都被金兵发现杀掉了。当时在黄龙山北边的芫䖏村（读音为元暴）中有个名叫却婵的姑娘，在吃饭盛饭的时候，偶然看见“锅巴”后突发灵感，说:“我们能不能把锅巴炕得厚厚的,顶在头上当斗篷？”大家都说：“好！”第二天傍晚，芫䖏村民人人头顶“斗篷”，一个个向黄龙山出发，还真混过了金兵关卡的搜查。

半个月后，金兵估计困在山里的岳家军一定冻饿死得差不多了,就派了300多人攻打黄龙山,哪晓得被宋兵打得丢盔卸甲，抱头鼠窜。打这以后，金兵就把各道门卡把得更严了。

眼看到了年关腊月二十七，芫䖏村的不少乡亲又头顶“斗篷”向黄龙山送锅巴来了，这一次被金兵查出来了。于是，金军派兵前往芫䖏村烧杀抢掠，以图报复。至腊月二十九夜，岳飞率领人马攻打黄龙山。听到这个消息，黄龙山四周48村8100多人赶来助威。他们在岳飞的统一指挥下,一起奋勇斩杀金兵。一夜之间,杀得金兵人仰马翻，余下的金兵慌忙之中从栖霞渡江逃命。

三十晚上，岳飞来到芫䖏村和当地百姓一起过年庆祝胜利，还亲手炕了一锅锅巴，叫它“芫䖏锅巴”，供在香案上7天，以纪念为抗金送粮死去的芫䖏村乡亲。之后，每年腊月三十晚上，当地家家户户吃过团圆饭后都要炕一锅“芫䖏锅巴”，供在堂屋香案上，到正月十五才吃。年代一久，就渐渐形成了本地的风俗，而“芫䖏锅巴”则讹传为现在的“元宝锅巴”了。

历史传承

锅巴，古称“锅焦”“焦饭”“铬馇”。最早的锅巴是在距今4600多年的龙山新石器时代文化遗址中发现的陶鬲上的熟食遗物，厚如纸，其色黄。唐宋时期在锅巴表面淋上汤汁作为小吃的方法就已经出现。清朝进士黄周星因为喜爱锅巴而被称为锅巴老爷,时人戏嘲“灶养幸无帅将号，锅巴尤得老爷名。尔曹相笑非无谓，惭愧西山有此生”。

清代，南京本土的美食家袁枚所著《随园食单》中也记载有锅巴的做法：“南殊锅巴，薄如绵纸,以油炙之,微加白糖,上口极脆。”以此观之,旧时江宁地区擅长将锅巴做成各式美食，乃至有除夕炕元宝锅巴的习俗也就不足为奇了。

除夕炕元宝锅巴的习俗在淮安亦有，且与江宁大同小异，并成为淮安本地的一道名菜。在淮安的除夕，各家主妇都要在灶间炕元宝锅巴。元宝锅巴做出来，上面的“厚脸膜子”朝里边卷，寓意财气朝家里跑。元宝锅巴朝家里端的时候，嘴里还要说：“恭喜大发财，财神老爷滚进来。”元宝锅巴里边还要用大红纸衬着，里面用红纸包着一本皇历（寓意“一本万利”）、两块洋钱（寓意“年年发财”）、一根葱（寓意“有头有尾”）、大糕（寓意“步步登高”）、枣子（寓意“早生贵子”）。这个习俗则与江宁不同。

当代影响与价值

旧时江宁农村，没有煤气灶和燃气灶，家家户户烧大灶，将锅里的饭吃完后，会留下一层锅巴。这时，再在炉膛添加少许柴火，直到锅巴起壳，一锅锅巴就完成了。如今，除了极少数乡村还使用大灶外，早已普及使用电饭煲烧饭了，那香喷喷的大锅锅巴已经难得见到了。

岳飞抗金与元宝锅巴的传说至今仍在江宁地区流传，而“元宝锅巴”已成为江宁的一道特色美食。这个习俗体现的是传统的生活方式及生活态度，寄托了当地民众对于未来生活财源广进、招财进宝的美好祝愿，丰富了当地的历史文化内涵。这一习俗还与家喻户晓的伟大民族英雄岳飞有关，故蕴含了特殊的精神价值，对于弘扬“精忠报国”的爱国精神、民族气节也具有重要的现实意义。当然，作为饮食类文化资源，“元宝锅巴”可以开发利用的文化元素还有不少。

玩麒麟的习俗

基本概况

玩麒麟的习俗，主要流布于湖熟街道周岗社区小前村一带。

旧时，南京有民俗，女子出嫁后，在新年内，娘家须备麒麟送子灯赠送夫家。因此，每到新年，南京地区的麒麟送子年画便十分畅销。周岗圩小前村的“玩麒麟”活动就与这类祈子民俗有关。

据当地老人回忆，每年的正月初二，小前村的村民就会开始玩麒麟。他们先用竹条扎成牲口状骨架，再拿五彩纸糊全身，做出鹿状的头，头上有一对角，还有龙鳞虎爪和黄蓝相间的尾巴，这便是民俗活动中玩的麒麟。

麒麟制作好后，用 3 米高的青竹竿举过头顶，旁边衬以扎成祥云状的竹条，边唱边舞。另有四人打锣鼓，轮流帮腔。“玩麒麟”的舞姿随意，动作多为前后跳跃、左右摆动。其唱词则见景生情，即兴自编。如果麒麟玩到尚未生育子女的人

麒麟表演

玩麒麟

舞麒麟

家门口时，会停留较长时间，并唱到：“锣鼓一打各台台，天上麒麟送子来，祝愿府上生贵子，状元及第栋梁材。”主人家听得高兴，就会拿来花生、糖果和喜钱奖赏艺人们。

玩麒麟的队伍，每到一村都要一户一户地拜到，一户也不能缺，否则就会被视为不吉利。玩麒麟以娱乐为主，其主要目的是给没有生育子女的家庭送去祝福，送去希望，送去吉祥，

2009 年麒麟献瑞

祝愿来年能添子添孙，讨彩钱则是次要的。新中国成立，特别是农业合作化后，此项民俗活动逐渐不再流行。

历史传承

麒麟在中国传统文化中一直被视为瑞兽，是吉祥的象征，存在于各种民间传说中，《山海经》《史记》《毛诗正义》等典籍中均有它的身影。是故自古以来，在民间一直流行各种与麒麟相关的传统信俗，“麒麟送子”是其中之一，小前村的“玩麒麟”就起源于此。

传说在古时候，小前村住着一户姓田的夫妇，他俩待人厚道，勤劳肯干，积下了万贯家产，虽无儿无女，但乐于行善，不仅救济穷人，还替村上修桥铺路。眼看老俩口快 60 岁了，他们心想这辈子恐怕是绝后了，于是把家产变卖，一半给了周边的穷人，一半捐给仪城寺作为香火钱。一天夜里，老太婆做了一个美梦，梦见天上下来一对麒麟，脚踏祥云，背上坐着一个胖乎乎的婴儿对她说：“你们夫妻一生行善，不该绝后，菩萨赐给你们一个儿子，好好抚养吧！”耳边还听到两句诗：“天上麒麟来送子，不绝人间贤惠家。”念完将婴儿往她肚里一推，又乘祥云而去。老太醒后将梦中情形一五一十地告诉了老头，老头认

为此乃神显，赶紧起身沐浴，下跪进香，朝天参拜。10个月后，老太果然生下一个胖乎乎的小子。麒麟送子的故事便这样传开了。

为了纪念这对夫妇和送子的麒麟，小前村人便以说唱的形式将此故事流传下来。后来索性扎起麒麟的模样，用竹竿托起头顶，从每年的正月初二起，挨家逐户地玩耍，以期盼新的一年吉祥如意、人丁兴旺。

新中国成立初期，小前村玩麒麟的尚有张步顺、张无成父子和吴左春、许成志、吴克勤等老艺人。后来随着社会的发展，这一民俗活动逐渐式微。现在小前村只有吴克勤老人还能玩一阵子，唱上几段。

麒麟舞蹈

1985年在江宁县政府大门外的文艺汇报表演

当代影响与价值

作为中国传统文化中美好吉祥的象征，麒麟一直存在于各种民间传说中。其中，麒麟送子的传说最为常见。“玩麒麟”这一民俗表现了人们对多子多孙的美好祈求。它所衍生出的麒麟送子灯、年画和民间麒麟舞等活动，是独具中国特色的传统文化的重要组成部分。时至今日，麒麟形象仍被用于新婚或是希望生育家庭的祈子活动中，这一意象所代表的含义已经融入人们的日常生活之中，成为精神民俗的核心内容之一，对现代社会也有着深远的影响。

正月十五迎请茅厕姑娘习俗

基本概况

正月十五迎请茅厕姑娘习俗，旧时流布于麒麟街道及栖霞山周边的乡村。

当地旧俗认为，正月十五迎请茅厕姑娘，可以为年轻女孩带来智慧、美貌及幸福姻缘。每年正月十五这天，午饭过后，麒麟街道及栖霞山周边的乡村，一般多由两三个中年妇女出面组织同村女孩子迎请“茅厕姑娘”。她们选定一处相对比较洁净的茅厕，把茅厕周围打扫干净，在里面放一个用竹子或麻杆扎成的小梯子。之后，让所有参加活动的女孩子围着茅厕坐一圈，一边拍手一边齐喊：“茅厕姑娘，请您上来，拜您为师，快给回响。”倘若此时茅厕冒气泡发出声响，就认为茅厕姑娘上来了。如果连喊数声没有反应，那就得一个一个轮流着喊。谁喊后有泛泡响声，才能站起身来；没有回应，还得一遍一遍地喊下去。

一般人家都希望自家女儿长得仙姿佚貌，秀外惠中，心灵手巧。所以在自家女儿呼喊的时候，会有站在一旁的家长悄悄地投一块小石子到茅厕里，发出响声后，大家趁势说：“应了，应了，茅厕姑娘应了。”那位女孩便兴奋地站起来，就像是完成了一项重要任务。

所有的女孩子喊应后，组织者先在茅厕上方点上一炷香，然后手捧着新簸箕、新筛子对着茅厕磕头，恭恭敬敬地将茅厕姑娘迎请回屋里。这个时候，簸箕就是茅厕姑娘的化身了。簸箕需要底朝上放置在八仙桌上，其上用一块红布盖着，簸箕前面插上一根簪子或筷子，犹如茅厕姑娘的一只手或一枝笔。八仙桌上还要放一个筛子，筛子里铺上红纸后，再撒些面粉或米糠，以备茅厕姑娘在上面写字画画。之后，簸箕由两个中年妇女分别在两边用食指悬空托着。相传茅厕姑娘非常神奇，她会引导托着簸箕的手指，在不知不觉中前后移动。如果有母亲向茅厕姑娘焚香叩拜后，询问自家女儿未来某事如何，茅厕姑娘回答的方式，就以簸箕点头数来表达。更神奇的是，你想问什么，茅厕姑娘就能在筛子里的面粉或米糠上面画上简单的画，或写几个字，能做到有问必答，

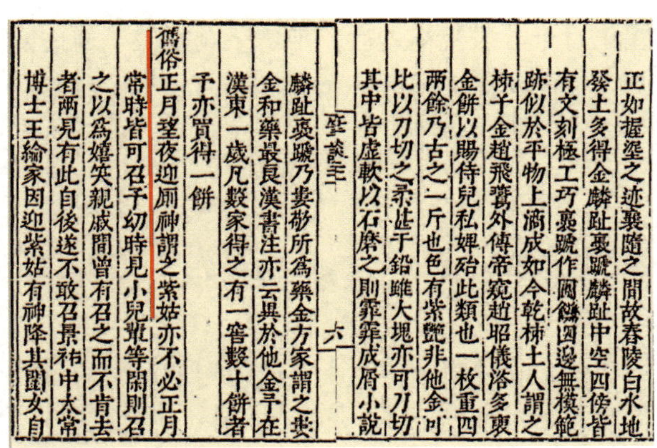
正如握塈之迹襄隨之間故春陵白水地
發土多得金麟趾褭蹏麟趾中空四傍皆
有文刻極工巧褭蹏作圓餅四邊無模範
跡似於平物上滴成如今乾柹土人謂之
柹子金趙飛燕外傳帝窺趙昭儀浴多褱
金餅以賜侍兒私婢殆此類也一枚重四
兩餘乃古之一斤也色有紫豔非他金可
比以刀切之柔甚于鉛雖大塊亦可刀切
其中皆虛軟以石磨之則霏霏成屑小說
筆談三 六
麟趾褭蹏乃婁敬所爲藥金方家謂之婁
金和藥最良漢書注亦云與於他金予在
漢東一歲凡數家得之有一窖數十餅者
予亦買得一餅
舊俗正月望夜迎厠神謂之紫姑亦不必正月
常時皆可召予幼時見小兒輩等閑則召
之以爲嬉笑親戚間曾有召之而不肯去
者兩見有此自後遂不敢召景祐中太常
博士王綸家因迎紫姑有神降其閨女自

《梦溪笔谈》中关于厕神紫姑的记载

有求必应。

因为茅厕姑娘很害羞，所以女孩子请茅厕姑娘时，不准有男子在场。男人只能在一旁静静地观看，不能大声说话。但往往有好奇的男孩子，会跟着凑热闹。如女孩子迎请茅厕姑娘时，男孩子会偷偷躲在角落，或爬到树上，或藏在草丛中偷看，并偷听姑娘们许愿的内容。一些捣蛋鬼还会突然跳出来狂呼乱叫，扮鬼脸捉弄女孩子，直到女孩子低头求饶才肯罢休。

正月十五迎请茅厕姑娘习俗的起源，在江宁民间有不少版本。除了本书“民间文学”单元介绍的禄口街道及周边地区流传的茅姑娘看灯的传说外，麒麟街道及栖霞山周边地区流传的版本是：相传很久以前，栖霞山山脚下有个聪明绝顶的姑娘叫紫姑，俗称“坑三姑娘”。她长得亭亭玉立，柳眉杏眼，如花似玉，心灵手巧，不论什么花，只要让她见过就能绣得栩栩如生。一次，为了绣杨梅花，她在正月十五晚上爬到杨梅树上等花开，一直等到夜半，因禁不住磕睡，失足跌落到树下茅厕的粪坑里溺死了。

起初，每年到了正月十五这一天，姑娘们只是抱着对这位巧女的青睐，来到茅厕边虔诚地悼念她。后来，玉皇大帝得知紫姑事迹，便封她为厕神。传说紫姑厕神可为世间姑娘占卜凶吉祸福，预测未来，免灾去难。于是，一般人家开始在正月十五祭祀祖先后，把“茅厕姑娘”迎请回家，久而久之便形成了正月十五迎请茅厕姑娘的习俗。

历史传承

据文献记载，正月十五迎请厕神紫姑的习俗由来已久。南朝宋刘敬叔《异苑》即载：“世有紫姑神，古老相传，云是人家妾，为大妇所嫉。每以秽事相次役，正月十五日感激而死。故世人以其日作其形，夜于厕间或猪栏边迎之。祝曰‘子胥不在’，是其婿名也；‘曹姑亦归’，曹即其大妇也；‘小姑可出戏’。投者觉重，便是神来。奠设酒果，亦觉貌辉辉有色，即跳躞不住。能占众事，卜未来、蚕桑。又善射钩，好则大舞，恶便仰眠。”由此可知，正月十五迎“茅厕姑娘”的风俗，至少南朝刘宋时期已有，其时需要在厕间或猪栏边迎接，还要奠设酒果。南朝梁宗懔《荆楚岁时记》引用刘敬叔《异苑》，并说荆楚地区正月十五晚上“迎紫姑，以卜将来蚕桑，并占众事”。

宋代，正月十五迎请茅厕姑娘习俗更加流行。宋人沈括《梦溪笔谈》载：“旧俗正月望夜迎厕神，谓之‘紫姑’……景祐中，太常博士王纶家因迎紫姑，有神降其闺女，自称上帝后宫诸女，能文章，颇清丽，今谓之《女仙集》，行于世。其书有数体，甚有笔力，然皆非世间篆隶，其名有‘藻笺篆’‘茁金篆’十余名。”宋江少虞《事实类苑》卷六十八《神异幽怪·紫姑神》：“旧俗，正月望夜，迎厕神，谓之紫姑。亦不必正月，常时皆可召。予少时，见小儿辈等闲则召之，以为嬉笑，亲戚间曾有召之而不肯去者，两见有此，自后遂不敢召。景祐中，太常博士王纶家因迎紫姑，有神降其闺女，自称上帝后宫诸女，能文章，颇清丽，今谓之《女仙集》，行于世。”

清代，南京及江宁地区正月十五迎请茅厕姑娘习俗见于记载。民国潘宗鼎《金陵岁时记》“迎厕姑”条记载：“正月望，迎厕姑，人家闺秀以香楮往迎厕上，果闻粪窖中有声，知为神降之征。迎入内室，铺米于盘，两人对执小粪箕，立一箸于中，其箸自动，能从盘上画米。如问事者，有吉兆，则书为字或画如意、双钱种种吉祥形式；凶则否。甥女余学文颇工其法。”

此外，晚清民国时期，还有不少学者发表相关文章，如清末的《紫姑神坑三姑》《迎紫姑》等，民国时期的《紫姑考》《迎紫姑神》《紫姑神考》《紫姑神》《再论紫姑神话》《迎紫姑之史的考察》等。

新中国成立后，至20世纪60年代，正月十五迎请茅厕姑娘的习俗在江宁地区仍然流行。据知情者介绍，当时麒麟公社的农村，每到正月十五迎请茅厕姑娘这天，姑娘们都会被打扮得漂漂亮亮地去参加。

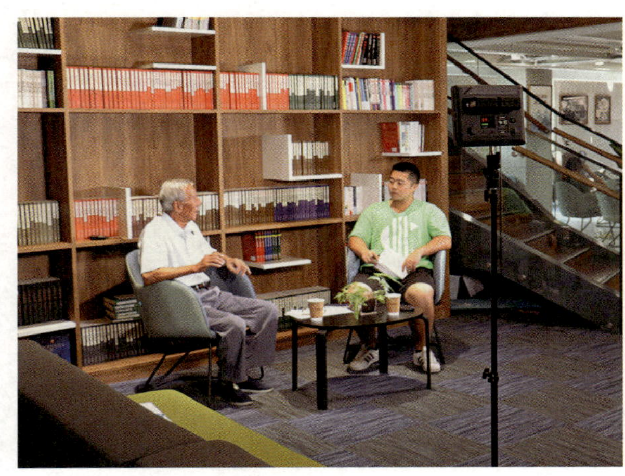
知情者陈家邦接受采访

当代影响与价值

正月十五迎请茅厕姑娘，是旧时江宁民间独属于女性的一种重要信俗活动，极具地方特色。它寄托了人们敬畏神灵、趋利避害、渴望平安的想法及对美好生活的向往，承载了老江宁人珍贵的乡土记忆，具有丰富的精神文化内涵。21世纪以来，随着大规模的城镇建设，传统乡村急剧减少，原来常见的乡村茅厕已变为各家各户卫生间中的马桶，这一习俗因此逐渐消失。如今，我们需要思考的是，如何才能留住这一份浓浓的记忆，感受这一份淡淡的乡愁。

二月二家家门前接女儿习俗

基本概况

二月二家家门前接女儿习俗，流布于江宁及周边地区。

旧时每到农历二月初二这天，江宁地区家家户户都忙着迎接出嫁的女儿回娘家欢聚叙怀。

江宁谚语云：“二月初二龙抬头，接回女儿诉冤仇。”意思是说，在农历二月初二，娘家将出嫁的女儿接回家，以了解女儿的婚后生活。如在婆家受到委屈，父母则要劝慰女儿，以化解女儿心中的委屈，让她回到婆家后，更好地做一名通情达理、孝老爱亲的好媳妇。或云：“二月二龙抬头，家家户户接活猴”，“活猴”即指已出嫁的娇女。还有一句相关谚语是“二月初二接女儿，女儿不来掉泪儿”，意思是说，如果二月二出嫁的女儿不能回家的话，娘家人则要伤心流泪。

为什么旧时江宁会流行在二月二接女儿回娘家的习俗呢？首先，二月二一般是农闲之时，之后则会雨量渐增，农事将忙，故趁农忙前，娘家接女儿回家闲聊叙情，排忧解难。其次，在传统社会，妇女地位较为低下。“嫁出门的女儿，泼出门的水”，出嫁的女儿在一年之中回娘家的机会很少。到了二月初二“龙抬头”这天，江宁旧俗认为妇女在此日做针线会刺伤龙目，故可以让她们回娘家休息几天。这时，娘家可以名正言顺地将出嫁的女儿接回来住上两天，好好歇一歇。由于接女归宁是习俗惯例，任何婆家都不好阻拦。

据口碑资料，旧时农历二月初二这天早晨，江宁乡村里鞭炮声此起彼伏。谁家门前噼里啪啦响起炮仗，肯定就是谁家的女儿、女婿拖儿携女回娘家来了。在这天，娘家会派人早早地来到姑爷家，接女儿回娘家。如果家中有小把戏（小孩子），则会跟着父母同行相伴。

另外一个相关习俗是，在二月二回娘家的前几天，小两口所生的小男孩一般要“剃头（理发）去旧”。有些小公鸡头（小男孩）怕疼不肯剃头，母亲就会诵唱一首流传颇广的童谣哄逗：“二月二，春开头，小孩子先剃头。到了外婆家里头，外公喜，外婆笑，伸出手摸你头，让你将来出人头。”那时，小公鸡头理的发型都是头顶留一撮

“二月二接女儿”习俗剪纸

像寿桃的头发，后脑勺留一撮像金龟尾巴的头发，俗称“剃龙头”，亦叫“剃喜头”，以盼孩子得到龙神的保佑，健康平安地成长，长大后出人头地。

据陈家邦先生回忆，旧时农历二月初二，幼时的他曾和父母一起被舅舅接往外公外婆家。他家离外婆家有十多千米的田间小路，一路上不是父母背着他，就是他的小舅舅用肩膀扛着。回到娘家后，母亲很开心，外公外婆也特别高兴。外公外婆端出来各种各样好吃的东西给大家吃，还给陈家邦脖子上挂一串铜钱，意味前程似锦，长命百岁。左邻右舍听说陈家邦母亲回到娘家了，便送来自家做的油炸果子，旧说吃了二月二油炸果腰不疼。而他的母亲也会将从家里带来的春饼、炒米团分送给人家。

回到母亲娘家后，除了吃喝外，陈家邦还要帮助外婆做点家务事，父母则是串门聒白（聊天），气氛轻松而愉快。在外婆家，陈家邦有时会和自己年龄相仿的表兄妹，一起跟在大人后面，到村前的土山坡上赏野景、挖野菜、采野花。他们头顶着秀丽的云彩，呼吸着纯净的空气，沐浴着温煦的阳光，尽情享受乡野的色泽和芳菲，充满着意趣和诗意。在外面疯玩够了，他们才回到家里。之后，外婆还会拿来几个鸡蛋放在八仙桌上，对大家说：“春分到，蛋儿俏，看谁能先把鸡蛋竖立起来。”如果将鸡蛋竖立起来，则预示着今后的生活更加美好。

历史传承

二月二家家门前接女儿的习俗，清代已有。民国潘宗鼎《金陵岁时记》即记载了清代二月二接女儿习俗的情况：“吾乡女子新嫁者率于是日归宁。谚云：‘二月二，家家接女儿。’途中香舆往来如织，随载朱漆提盒，以贮馈赠之品。”可见清代农历二月二，女儿女婿们一般会乘坐香舆，携带内装礼品的朱漆提盒回娘家。清末民初徐寿卿《金陵杂志》亦记载：“二月初二日，相传为龙抬头，有女出阁者，皆于是日接取归宁，俗谓之‘二月二，龙抬头，家家接女诉冤仇’。”

民国时期，二月二接女儿习俗，在南京及江宁继续流行。夏仁虎《岁华忆语》载：“二月二日，俗谓之龙抬头，不知何本，殆龙蛇起蛰之义欤？人家率于是日接女归宁，故谚云‘二月二日龙抬头，家家接女诉冤仇’，盖一岁妇工，以此时为最闲，可以展省叙情话也。”

二月二接女儿一俗在扬州更盛。民国吴索园《扬州竹枝词》中有一首词云：“二月初头祀典重，土地祠壁彩泥封。女儿尽作归宁计，响屧香车处处逢。”词后有小注云：“二月二日，土地生日。街头巷侧，凡有土祠处，其墙壁皆以彩笔绘戏文……又称是日为龙抬头日，凡已嫁之女，母家必备酒食，迎其归来，故是日自朝至暮，车水马龙。”甚至将这一天称为“女儿节”。近人胡朴安在《仪征岁时记》中记载：“是日（二月二）家家接女，留之过宿，二月空房不忌矣。”当时扬州民间还流传有两个童谣，一是：“二月二，龙抬头，接女儿，带活猴。接得家来吹笛子，接不家来捏鼻子。”按：小孩称为“活

“剃喜头”漫画

猴”，“吹笛子”是指喜庆的气氛，“捏鼻子”则是灰溜溜的不好情绪。二是：“巴掌、巴掌，打到二月二。割韭儿，摊饼儿，家家户户带女儿。女儿不回懒腿儿，不带女儿穷鬼儿。”

新中国成立后，祭神之俗废止，但江宁地区仍流行农历二月二接女儿回娘家叙怀之习。

当代影响与价值

近若干年来，随着经济社会的飞速发展，从拥有自行车到家家户户拥有小轿车，江宁普通人家的起居生活发生了巨大变化。出嫁的姑娘，只要有时间，可以随时回娘家，这一传统习俗遂逐渐淡薄，年轻人知晓者已经不多了。

二月二家家门前接女儿习俗，是旧时江宁人重视家庭亲情的直接体现，寄托了对出嫁之女幸福生活及家庭和睦的美好期盼。在这一天，父母接出嫁的女儿回家以叙天伦之乐，可以增添在亲情交往中的乐趣。就此而言，恢复和传承这一习俗，对加深家庭成员之间的情感交流，树立正确的新时代家庭伦理观，具有一定的现实意义。

二月二龙抬头习俗

基本概况

二月二龙抬头习俗，流布于江宁区境，主要盛行于湖熟街道龙都地区。

农历二月二日，是民间信奉的“龙头节”，又称“春龙节”“青龙节”“兴龙节”。农历二月初二已到惊蛰节气，春季来临，万物复苏，人们认为经过冬眠的龙，到了这一天被轰隆隆的雷声惊醒，抬头升天，故有“二月二龙抬头”之说。

旧时江宁人认为，农历二月初二，正是播种育苗的时节。农谚道“二月二，香瓜茄子齐下地”，这意味着田里的农活即将开始。此时，农人们要修理旧犁，换上犁底、犁把和犁头，并将家中的耕牛牵到田里耕几犁，以示春耕开始，寓意“丰年”。这一天人们还要祭祀土地神和到江河水畔祭龙神，以祈求今年风调雨顺、五谷丰登。此外，这一天人们还盛行吃面条，称为“龙须面”；还要烙饼，叫做“龙鳞”；若包饺子，则称为“龙牙”。

二月初二龙抬头之日，江宁地区娘家还需接出嫁的女儿回家。江宁旧谚云：“二月初二龙抬头，接回女儿诉冤仇。”又有民谚：“二月二，龙抬头，家家户户接活猴（女儿）。”二月初二龙抬头，娘家将已出嫁的女儿接回家闲聊叙情，排忧解难。这是因为，江宁旧俗认为妇女在“二月初二龙抬头”这天做针线，会刺伤龙目，故可以让她们回娘家休息几天。而且二月初二之后雨量渐增，天气转暖，农村即将开始春耕生产了，故娘家都趁着二月初二农忙前，接女儿回娘家。

此外，在二月二龙抬头这天，人人都要早起，不能睡懒床，意为不要压在龙头上，以免一年都精神不振。部分人家还会在这一天，将一些不爱读书的孩童送去私塾，让私塾先生收为学生，谓之“上鳌头”，寓意日后小孩会学业有成，独占鳌头。绝大多数人家还会特地在二月二日龙抬头之日给小儿剃头，称之“剃龙头”，亦是盼孩子将来有出息。

此外，旧时江宁地区正月里一般不起房造屋，都将建房开工日选在二月初二。

历史传承

二月二龙抬头的说法，由来已久。元代熊梦祥《析津志》记载大都（今北京）风俗时说：“二月二日，谓之龙抬头。五更时，各家以石灰于井畔周遭糁引白道，直入家中房内，男子、妇人不用扫地，恐惊了龙眼睛。”元代杂剧《朱太守风雪渔樵记》云：“我直到二月二那时，可是龙抬头，我也不敢抬头！”由此可见，二月二龙抬头的说法，至迟元代已有。元代释行秀《从容庵录》卷二《雪峰看蛇》记载：“此颂云门觌面拈出一条活蛇……我当时若作云门，以拄杖撺向雪峰怀里，拟议不来，随后教伊自作自受，亲遭一口。为什么如此，今朝二月二，暂放龙抬头。”这里的龙抬头则指的是蛇。明代沈榜《宛署杂记》云：“都人（北京）呼二月二为龙抬头，乡民用灰自门外蜿蜒布入宅厨，旋绕水缸，呼为引龙回。”明代都城北京地区，在二月二龙抬头之日，用灰从门外撒至房子及厨房内，再围绕水缸撒一圈，名为“引龙回”。从特意围绕水缸撒一圈灰来看，二月二龙抬头，可能是因为干旱，人们为求雨乃有是举，后来遂普及开来。

明清时期，在二月二龙抬头时，民间还有熏虫子活动。明刘侗《帝京景物略》卷二：“二月二日曰龙抬头，煎元旦祭余饼，熏床炕，曰熏虫儿，谓引龙，虫不出也。”清代林华皖《治鲜集》卷三云：“二月二日谓之龙抬头，各家以灰围宅舍谓之引龙。盖惊蛰节，则土膏其动，故引之也。”

民国时期，二月二龙抬头之日，江宁地区有土地会，现场十分热闹。在这一天，各村乡民一般会宰猪，一为祭祀土地神，祈佑近年可获丰收；二为招待回娘家的出嫁女儿。

新中国成立后，二月二龙抬头的相关祭神之俗渐渐废止，但吃龙须面、剃头等习俗仍然流行，关心农事的人会根据这一天的雨晴状况判断年成的好坏。

值得一说的是，在唐宋时期，二月二被称为“挑菜节”。唐代李淖《秦中岁时记》中就说：“二月二日，曲江拾菜，士民游观甚盛。”郑谷《蜀中春雨》一诗云：“和暖又逢挑菜日，寂寥未是探花人。”刘梦得《淮阴行》诗：“无奈挑菜时，清淮春浪软。”白居易《二月二日》：“二月二日新雨晴，草芽菜甲一时生。轻衫细马春年少，十字津头一字行。”北宋贺铸屡写挑菜节，《二月二日席上赋》：“仲宣何遽向荆州，谢惠连须更少留。二日旧传挑菜节，一樽聊解负薪忧。”《凤栖梧》词：“挑菜踏青都过却，杨柳风轻，摆动秋千索。”《薄幸》谓：“自过了烧灯后，都不见、踏青挑菜。”张耒《二月二日挑菜节大雨不能出》云：“久将菘芥芼南羹，佳节泥深人未行。想见故园蔬甲好，一畦春水转轳声。”

到了南宋，挑菜节活动更加丰富。宫廷里还举办蔬菜“有奖竞猜”。宋代周密《武林旧事》载，南宋时期，二月初二这天，宫中有“挑菜”御宴活动。宴会上，在小斛（口小底大的量器）中种植生菜等新鲜蔬菜，然后把它们的名称写在丝帛上，压在斛下，让大家猜。根据猜的结果，有赏有罚。这一活动既是“尝鲜儿”，又有娱乐，当时“王宫贵邸亦多效之”。

然而，唐宋时“二月二”的挑菜节与“龙抬头”是否有关，暂无明确证据。

当代影响与价值

二月二龙抬头，是旧时江宁民间传统习俗的重要内容。它寄托了人们对风调雨顺、五谷丰登及家庭和睦的美好愿望，一定程度上反映了旧时江宁人的生产生活方式，具有不可忽视的历史价值、精神价值与文化价值。作为一项重要的民俗文化事项，它可以联络家庭成员之间的感情，丰富人们日常生活及当地传统文化内涵。如今，二月二龙抬头这天，江宁民间的祭神仪式已经消失，但吃龙须面、剃头等旧俗仍保留了下来，同时还融入了新的元素，如在这一天全家出去游玩、拍照等。

二月初八吃冻肉习俗

基本概况

二月初八吃冻肉（或称“吃冻食”）的习俗，主要流行于淳化街道茶岗社区所辖花坝村、上合等地。

旧时，每年的农历二月初六至初八，庄头（旧时管理乡村田庄的人）都会在自家组织全社人，开展祭神吃冻肉活动。这三天的活动，具体流程是：

第一天，即二月初六叫“开盛”。上午，庄头负责杀猪宰羊，张挂“张王大帝”旗，旗上书有“国泰民安、风调雨顺、五谷丰登”等字。同时，还需准备好锣鼓、香炉、鞭炮和每根几斤重的蜡烛。其他社户则负责接自己的亲戚，亲戚们要带来金花红子、香烛、猪头等，献于“张王大帝”旗下；下午，庄头开始煨煮猪羊肉，晚上点燃香烛，燃放鞭炮。届时锣鼓齐鸣，众人齐刷刷跪拜祷告。

第二天，即二月初七是“敬神日”。早上，庄头放一张八仙桌于“张王大帝”旗下，桌上放两只大香炉、一大盘冻肉、猪头、鸡鱼等，金花红子点缀其中。众户领着家人、亲戚，向“张王大帝”旗磕头；中午吃“团岁酒”，仅限吃猪耳朵、鸡蛋、花生之类的“冷盘”，不吃冻肉，也不吃饭；晚上请当地六色班唱戏，不愿看戏的可陪亲戚打牌娱乐。夜里，庄头负责派人把各户亲戚奉献的鞭炮燃放通宵，场面十分热闹。

第三天，即二月初八叫“过盛”。上午，庄头将冻肉切成块，每户领一块，分给众亲友品尝；中午，庄头邀请户头吃过剩饭，同时商定明年的庄头。饭后，众人举着“万民伞”，扛着“张王大帝”神像，敲锣打鼓将神像送到下一任庄头家中，一路热闹非凡。

冻肉一般选用庄头饲养的大猪猪肉，其制作程序是：初七早上，先将宰杀好的整猪切成块，放入大锅里，加入八角之类的佐料，架上硬柴火煨煮。煮烂后，用钩子拉拽上来，冷 1 小时后拆肉，剁成碎肉屑，和上胡椒粉及其他香料，再放入大锅煨蒸成粘稠状。停火 6 小时后，将锅里的汤肉搅匀，用勺舀放到事先洗净的冻肉盆里。是

張惡子廟則知唐時無文昌之稱虞文靖相如院文昌
萬壽宮記云元初但稱七曲神君王宗沐續通考景泰
五年始勅賜梓潼爲文昌宮是梓潼張神之爲文昌帝
君或自此相沿與
凍狗肉
八日爲祠山張大帝誕相傳大帝有風山女雪山女歸省
前後數日必有風雨號請客風送客雨雖天氣甚温又必
驟寒俗有大帝吃凍狗肉之諺
案張司直太倉州志云二月八日爲張大帝生日必有
清嘉錄 卷二 七
風雨釀寒常昭志亦云又云大帝吃凍狗肉逢辰日上
天有接客風送客雨致晉爵仁澤祠山家世編宋程棨
三柳軒雜識俱引祠山事要有化身爲豨督陰兵浚河
爲夫人李氏所覘工遂輟是以祀之避豨用犬劉繩庵
重修廟記每春陰多寒折俎用凍脯此殆俗所傳凍狗
肉之說歟
百花生日
十二日爲百花生日閨中女郎翦五色綵繒黏花枝上謂
之賞紅虎邱花神廟擊牲獻樂以祝仙誕謂之花朝蔡雲

《清嘉录》所载“二月八吃冻肉”习俗

日晚，冻肉即制作完成。盛放冻肉的盘子是专门定制的，长约 2 米、宽 1 米，一般由上个庄头传给下个庄头使用。

祭神吃冻肉活动的经费，需社内平均摊派。一般是在正月二十，社长召集社员召开算帐会，摊派这一活动的钱粮，并由新任庄头主持筹备下一次活动的相关事宜。若有想入社者，就必须在这一天来申请。经社内同意后，可以插班轮庄，担任庄头。入社是自愿的，贫苦人家一般不入社。

这项习俗还有一些禁忌，如活动期间（三天内）不准讲不吉利的话；拆冻肉时不能品尝，据说一品尝，肉就冻不起来了；妇女不能靠近冻肉场所，更不准妇女动手拆切冻肉；活动参与者均为男子等。

历史传承

据当地口碑资料，二月初八吃冻肉是清初由北方移民带来江宁的习俗。这个说法可能不确。据《白下琐言》卷四记载，至清代，江宁、上元各乡祠山庙极多。仅是书所载，有夹冈门张王庙，又有朱门乡前埠大庙，均祀祠山大帝张渤。因祠山大帝身化猪形，故祭祀禁用猪肉。相传农历二月初八为张渤生辰，其日祭祀祠山大帝，称祠山大会，又称张王会。据潘宗鼎《金陵岁时记》，旧时夹冈门外张王庙祠山大会前后 3 日必有风雨，遂有“张王老爷吃冻食，请客风送客雨”之谚。会上乡民必进香作社，并由乡人推举公正之邑人为受祭象征，面罩黑纱，穿戴祠山神之冠服出游，仪仗皆备，演剧敬神，好不热闹。

民国时期，二月初八吃冻肉习俗在江宁更加流行。各地乡民纷纷自发组社，轮流坐庄，组织祭神吃冻肉活动。

新中国成立后，公开的祭神活动被要求停止，但民间不少人家仍然延续二月初八吃冻肉的习俗。改革开放后，淳化茶岗社区等地二月初八吃冻肉的居民越来越多。

当代影响与价值

二月初八吃冻肉的习俗，实质上源于民间自发性的祠山会祭神活动，蕴含了丰富的历史文化内涵。庄头统筹整个活动，大量庄户参与，活动热闹非凡，深受人们喜爱。人们通过祭拜“张王大帝”，贡献冻肉等祭品，以祈求来年国泰民安、风调雨顺、五谷丰登，这是传统时代一种朴素的心理需求，对当下构筑和谐社会也有一定的现实意义。除了民俗的价值意义外，这一习俗还涉及冻肉的烹饪，如果进一步挖掘，或许能为江宁留下一道独特的美食。

祠山张大帝像

二月八玩亭子习俗

基本概况

二月八玩亭子习俗，主要流布于谷里街道及周边的陆郎、铜山、铜井、板桥等地。

旧俗从农历二月初五至三月初六，江宁民间盛行玩亭子活动。当时谷里的红庙（现属张溪社区）至石闸湖（现属雨花台区板桥社区）地区，共有亭子十八张。各家亭子先在各自地区进村巡回表演。至二月初八，红庙的亭子、砖墙的亭子、眼香庙的亭子、石闸湖的亭子、梁塘庙的亭子等，各自集中到石坝庙、眼香庙等地进行集中表演，而后再到江宁五镇进行表演，场面极其壮观。这一习俗的主要流程如下：

一、准备。农历二月初五早餐后，阴阳先生、抬亭子的、敲锣打鼓的、扛旗帜打伞的、放铳放炮的，还有撒草、收草的，全部集聚在承办主家门口（一般选择在能容纳多人的大户人家门口的场地上）。各就各位，等候承办主家安排任务。

二、放铳。二月初五，日高一竿时，阴阳先生击鼓三通，口中念念有词。这时放铳者点燃左手中装满火药的钢管上的导火线，导火线立刻“丝、丝”作响，火花飞溅。瞬间，震耳欲聋的“轰”声炸开了，鞭炮声也响个不停。在铳声、鞭炮声中，承办家主人左手端着盛有酒的碗，右手提着公鸡，来到阴阳先生面前。这时，阴阳先生放下鼓锤，接过公鸡后，咬破鸡冠，将血滴入酒碗中，然后用手指搅拌血酒，再将血酒洒在亭子里悬挂的张天师画像上，这叫做“通神”。之后，阴阳先生又拿起鼓锤敲三下鼓，口中念念有词。这时四个绑腿穿草鞋抬亭子的人，起亭开步。顿时锣鼓喧天，旗帜招展，鞭炮齐鸣。

三、玩亭。活动正式开始后，按阴阳先生的指挥，抬亭子者需抬着亭子，在圈子里边跑边不

1930年代的方山大庙祠山大帝殿

2013 年谷里雪景

停地转圈子，进行表演。只见那四人抬着亭子，时而疾走如飞，时而倒行横步，时而翻跳，时而摔倒，时而摇转，跑、甩、跳、转、倒，花样众多。敲锣打鼓的也一阵紧一阵松地助威，挥旗舞伞的也跟着凑热哄。那些围观的人提心吊胆，生怕那亭子“犯怪”，出现意外而伤害自己，吓得一个个直往后缩。如果玩亭子当天下大雨，抬亭子的人在雨中泥泞的狭小路上也能疾走如飞，肩膀上似乎没有一点重量。

四、朝拜大仙。农历二月初八一大早，各路亭子都必须到石坝庙或眼香庙，上香朝拜大仙。因此，各村玩亭子者，在这时都要以最大的能耐各显神通，展示自己的本领。一般情况下，各村抬亭子者在一起都能和睦相处，不吵不闹，不争不斗。亭子里面挂张天师“软神”画像，万民伞下以白绫子做成围子的上面，书写捐钱求功德者的名字，头旗（蜈蚣旗）的旗面上书写“上天奏好事，下界保平安”。亭子每到一处庙宇，总得先拜庙、拜神像。就这样，从农历二月初五开始玩亭子，至三月初六结束，风雨无阻。

旧俗认为，在玩亭子过程中，如果出现某些神乎其神的特殊现象，则是“中邪”。据说，有一次抬亭子的四个人，突然东倒西歪，摇甩不停，一会儿跑，一会儿翻，一会儿跳，眼睁睁地往池塘里跑，直到水漫过肚脐。然而他们个个像是魔气缠身，扔是扔不了，甩是甩不下，如死王八咬着手，脱不了身。如果不是主家捧出猪头、鲤鱼等供品跪在地上求饶，阴阳先生击鼓念咒，他们还不知是怎样的下场呢！

所玩的亭子，一般是用上好的檀木雕成。外形雕成亭台楼阁状，亭顶双龙相对，亭沿四角翘首悬铃。亭内挂着一张绘在白绫布上的“软神”像，据说此神为道祖张天师。亭子周围塑龙凤栏，四脚呈狮足形。亭高五尺，宽一尺八寸，内深一尺五寸，外涂金银彩粉。

玩亭子需要的辅助道具主要有：

1. 锣鼓。大鼓一张，粗如泥盆，直径三尺三寸，高二尺八寸，须三人伺候（二人抬着，一人双手执锤擂鼓）；二号鼓一张，用架子撑着，是阴阳先生专门用来指挥亭子的；大锣一面，须二人抬着敲击；中锣一面，须二人抬着敲击；大钹二副，小钹二副。

2. 旗帜。头旗，呈蜈蚣状，也叫“蜈蚣旗”，长约八尺八寸，首宽三尺三寸，尾宽三寸。锯齿形蓝边，白绫旗面上书“上天奏好事，下界保平安”；五彩三角旗十面，每人举一面。

3. 万名伞一顶，即现在的布伞形加围子，拖下系之。伞面用绸布拼成，伞顶尖子缀上五彩绒球，围子用白绫布做成，上书捐钱求功德者的名字。围子下边拖着的五彩绒线串上的五彩玻璃球珠，真是琳琅满目、漂亮极了。

各村负责抬亭子的人有专门定制的服饰，各不相同。有的是红帽、红褂、红裤、腰系黄腰带；有的全身着黑色；有的全身着黄色，腰系红腰带；有的是上黄下绿或上红下绿。脚上一般都穿麻线编织的草鞋，腿上裹着绑腿布。

在正常年份，每年玩亭子的费用由地方会首筹措，有钱大户可申请独办，平民百姓家庭则按户收取。实行有钱出钱、有力出力、无钱无力则捧场的方法。

此外，据口碑资料，铜井地区的玩亭子习俗别具特色。旧时每年农历正月十五，为了求得“慈神大帝”的保护，保佑家家人寿年丰，户户六畜兴旺，铜井乡共和、牧龙一带杏塘、九车塘、王村、俞村、红庙等六个自然村，都需要开展玩亭子活动。届时，每村都需要用木料做成一个亭子，俗称“太位”。

铜井地区玩亭子习俗的主要流程是：每年正月十三扳亭子，正月十四夜里游村、过夜，在中堂祭祖。正月十五早饭后，由四个人抬亭子，亭子内悬挂“慈神大帝”神像，两个人吹喇叭。有两把伞、四面旗子，跟在亭子后面。亭子前后则各有一面大鼓、三片锣，大家抬着，吹吹打打地沿村游玩。然后，各村亭子（一般是六个）全部集中到移忠寺“玩几转”，之后再到牧龙亭玩一遍。最后回到本村。结束后，各村将亭子收藏起来，等到来年再重玩。玩亭子活动的主要经费，是按本村十二份土地的所有人家出钱出物，每年轮一次，反复循环。

历史传承

旧时江南农村，农历正月至三月属于农闲时期，村民们互相走动，探亲访友，游春看戏，在一起谈论家事、农事，其乐融融。

据口碑资料，玩亭子习俗已有200多年历史，至晚清时期，谷里地区已流行这一习俗。关于其祭祀对象，谷里亭子内悬挂的是“张天师”画像，铜井亭子内悬挂的神像称“慈神大帝”，但检索文献并无“慈神大帝”的相关记载。而据《白下琐言》卷四记载，至清代，江宁、上元各乡祠山庙极多。仅是书所载，有夹冈门张王庙、朱门乡前埠大庙，均祀祠山大帝张渤。而“祠山”与“慈神”一词发音相近，祠山大帝张渤又可称“张天师”。其次，相传农历二月初八为张渤生辰，其日祭祀祠山大帝，称祠山大会，又称张王会。而江宁玩亭子习俗活动时间，一般即在二月八日，与祠山大帝生辰完全相符，故推测江宁二月八日玩亭子习俗祭祀的对象很可能即是祠山大帝张渤。

民国时期，江宁地区玩亭子习俗最为流行。活动进行中，观者如堵，可达万人，场面十分壮观，热闹非凡。新中国成立后，玩亭子活动逐渐消失，至1956年农业合作化高潮时，相关活动完全停止。在“文化大革命”中，亭子及相关道具大多被当做“四旧”处理了。

如今，传承者大多已去世，少数知情人也年事已高，这一传统信俗已逐渐被今人遗忘。

当代影响与价值

玩亭子习俗，实质上是旧时江宁民间自发的一种祭神愉神的仪式，后逐渐演变成了当地群众喜闻乐见的娱乐活动，蕴含了丰富的历史文化内涵。相关活动开展期间，现场热闹非凡，深受人们喜爱。人们通过这一活动，取悦神灵，以祈求来年国泰民安、风调雨顺、五谷丰登。这是传统时代一种朴素的心理需求，其中颇具特色的民俗，以及健康的娱乐活动，对当下发展乡村旅游、助推乡村振兴也有一定的现实意义。

三月三吃荠菜花煮鸡蛋习俗

基本概况

三月三吃荠菜花煮鸡蛋习俗，流布于江宁区境。

荠菜，古称地米菜，别称地菜、护生草、鸡心菜，其根、花、籽均能入药，荠菜花又称“眼亮花”，食之可以清目，亦可用来做菜。旧时农历三月三这天，江宁地区即有用荠菜花煮鸡蛋吃的习俗，俗称“三月三吃荠菜花煮鸡蛋”。

用荠菜花煮鸡蛋的主要流程是：将荠菜花连根拔回，洗净后放入锅内与鸡蛋同煮。鸡蛋煮熟后，将蛋壳稍稍敲碎后，再煮一会即可。此时，荠菜花香与蛋香完美结合，清香诱人，别有一番滋味。

江宁地区还流传着三月三“女人不插（荠菜花）无钱用，女人一插（荠菜花）米满仓”的谚语。这充分说明江宁人对荠菜花的喜爱及采摘此花的普遍性。那么，为什么要插荠菜花呢？旧俗认为，农历三月三是荠菜花神的生日，如果在这天将田头地边荠菜开出的白色小碎花，插于自己的发间、鬓间，可以解除春困，消除疲倦。如果再摘上几束，插于床边、桌头或梳妆台上，据说可以去邪趋吉。有的人家还将一束荠菜花挂在门框上，谐音为“齐财”，寓意为“聚财”，可让财源滚滚而来。有的地方把荠菜花放在灶台上祭祀，可以防止蚂蚁上灶。

关于三月三吃鸡蛋习俗的来源，江宁民间还流传着这样一个故事。相传，从前有个姓王的瓦匠秃子。在盛夏六月的某一天，天气十分炎热。为了避暑，他睡在一个大户人家的屋檐下。大户人家的高楼上住着一个标致的小姐，不巧吐了口唾沫，刚好落在王秃子嘴里。小姐发现后，很过意不去，从楼上扔了块手帕下来给他揩。王秃子抬头一看，小姐的美貌把他看呆了。回家后，王秃子天天捧着小姐的手帕，害起单相思来，想将小姐娶回家。忽然，他想起在小姐村上曾拜了个卖白兰花的干妈，就一骨碌去找干妈，请她做媒娶小姐。

起初，干妈笑王秃子癞蛤蟆想吃天鹅肉，不愿帮忙，后来被秃子缠得没法，就答应试试看。在想尽办法见到小姐后，干妈以试探的口气把秃子提亲的事说给小姐听了，同时心里估摸着肯定要被小姐一顿骂。可万没料到小姐竟然没有直接

荠菜花煮鸡蛋

拒绝，还蛮爽快地说："要想娶我作妻可以，但要依我三件事。""哪三件事？"王秃子干妈急乎乎地问。小姐说："三斤重的金砖一块，三尺长的头发要三根，三尺长一节的竹竿三根。限他三年之内把这三样东西弄来，才答应成婚。"秃子听到这话后，十分欢喜，瓦匠生意也不做了，专门去找这三样东西。

在寻找途中，王秃子走到孤山里洼一座土地庙里。他把这事向土地老爷说了一遍，求土地老爷帮忙。他说："你帮我把三件事办成，我每天烧三炉香给你，还要把你的庙修得金碧辉煌。"王秃子一番话，把土地老爷说动了心。天黑后，王秃子睡在庙里。当晚，土地老爷托梦给王秃子。醒来后，王秃子照梦里情景，在土地老爷的身后找到了三斤重的一块金砖。他高兴得又是烧香，又是磕头地再三许愿，要土地老爷暂为保存金砖，回头来取。

六个月后，为寻找另外两件宝，王秃子走到一个村庄。村里有个开豆腐店的老者，他的女儿一夜间突然哑了,病情十分古怪。老人急得没法，站在村口，逢人求医，说："哪位先生治好我女儿的病，就许配给哪位。"王秃子见站在老人旁边的小女子长发拖地，长得娥眉凤眼，俊俊俏俏。于是，秃子上前向老人行礼后，围小女子身子绕了一圈，说："老人家，如若你能依我的话，你女儿的病，我手到病除"。"先生，你快快讲来！"老人的苦脸顿时开了笑容。王秃子说："你女儿头上有三根三尺长的头发牵着说话的神经，要拔掉这三根头发，她就能说话。"于是，王秃子走上前，拔下了老者女儿三根青丝。不一会，小女子真的能说话了，她开口喊了一声"爹"后，一头扑进父亲怀里。老人高兴得眼泪直淌，抓住王秃子的手跪在地上："多谢你，先生！你治好我女儿的病，请带上我女儿上路吧！"王秃子赶忙扶起老人，笑着说："这件事就免了，我只要这三根拔下的头发，不知你老人家肯不肯？"老者立马回道："这点小事还用得着问，尽管拿去。"王秃子包好这三根三尺长的头发后，继续寻找最后一件宝——三尺长一节的竹竿。

为了寻找三尺长一节的竹竿，王秃子来到一座方圆800多亩的荒山。他站在山头上，手搭眉头一望，只见整座荒山，只有一个小山头上长了三根三尺长一节的竹竿。他乐颠颠地找山主，要买下这三根竹竿。但山主不情愿地说："我这800亩山地的竹子三年不出笋，我再把最后的三根竹子卖给你，不是成心砸了我饭碗吗？"王秃子不慌不忙地说："我家里3000亩竹林都成材，你这三根鸡腿细的竹子，等到哪年才发旺？不如听我的话，把这三根竹子拔下，就能发成满山的竹笋。"山主将信将疑："好，你要是把我这800亩山地治了，我俩一人一半；如若治不了，你可要赔我的全部竹林。"王秃子满口答应，跑到山头，砍了三根竹子。这一砍可把山主惊呆了。只见满山遍野的竹笋破土而出。山主欢喜得要命，要和王秃子平分山地。王秃子只要了三根三尺长一节的竹子，一溜小跑地走远了。回来的路上，王秃子又到土地庙里磕头烧香，并拿走先前让土地老爷替他保存的金砖。三样宝物齐全后，王秃子高高兴兴回家了。

回家后，王秃子将找到的三件宝物，如数给了小姐。几天后,王秃子和小姐就结婚了。婚后，王秃子天天守着小姐左看右看，喜得恨不得能含在嘴里，搂在怀里。小姐拿王秃子没办法，只好请画匠画了张自己的画像给王秃子。画好后，王秃子捧着画像看个没完。

有一回，王秃子给人家屋面拿漏（即换瓦）。他坐在屋脊上，又不由自主地掏出小姐的画像来看。忽然，一阵风把画像刮飞了，不巧让皇帝的差官拣到，交给皇上。皇上看过画像，被小姐的美貌迷住了。回宫后，皇上传旨选妃，宣小姐进宫。这下把王秃子急呆了，搂着小姐哭得像个泪人。小姐却静如观音，对秃子说：“你对我的恩爱，我忘记不了，可违逆皇帝要杀头的。只有等到明年三月三这天，你拿着荠菜花到宫廷门口叫卖，到那时，我们两个会见面的。”王秃子和小姐抱头痛哭，小俩口难舍难分。小姐进宫后，王秃子天天盼着“三月三”。等到这一天了，王秃子拎着一篮子荠菜花来到皇宫门口。与此同时，为见到王秃子，小姐在宫里假装头昏，什么药也吃不下，这让皇上急得团团转。这时，小姐说：“皇上，我在家头昏时，郎中给我开过一剂偏方，荠菜花汁煮鸡蛋能治头昏，不知宫外有没有卖这种荠菜花的。”皇上听后，立即派人出去看。不一会功夫，一个破衣烂衫的秃头卖花佬被领进了宫。小姐一见他，就开心地笑了。皇上挺好奇，心想：小姐进宫封了妃子，还没有开过笑脸呐，今天遇到这卖花秃子，怎么这么开心？皇上正在疑惑时，小姐笑嘻嘻地说：“皇上，你如果能把龙袍和卖花秃子的衣服对换穿一下，一定好玩得很。”皇上平时宠爱小姐，只要能讨她一笑，什么事情都肯做，便爽快地答应了。随即，他和秃子在后殿换了衣服。换好后，两人回到金龙殿上来。小姐一见穿着破衣烂衫的皇上，脸色陡然变了，把手一挥喊道：“来人啊，这个叫花子胆敢闯进宫里，给我拖下去斩了。”皇上这才晓得上当，可已经来不及了。王秃子朝龙椅上一坐，就当上了皇帝，夫妻俩破镜重圆。从此，“三月三”这一天，老百姓就逐渐流行吃荠菜花煮鸡蛋的风俗，并一代一代传承至今。

历史传承

三月三吃荠菜煮鸡蛋的习俗，至迟清代已有。清代叶调元《汉口竹枝词》云：“三三令节重厨房，口味新调又一桩。地米菜和鸡蛋煮，十分耐饱十分香。”地米菜即指荠菜。可见清代人认为吃荠菜煮鸡蛋，又香又耐饱。

民国时期，三月三吃荠菜花煮鸡蛋的风俗仍然流行。1948 年 4 月 13 日《飞报》曾登载了上海人在三月三吃荠菜煮鸡蛋的习俗，并指出三月三吃荠菜蛋是湖南的风俗。由此看来，江宁三月三吃荠菜花煮鸡蛋的风俗，可能曾经受到湖南地区的影响。

新中国成立后，江宁三月三吃荠菜花煮鸡蛋风俗，继续流行。如今，尽管荠菜早已有人工栽培，城镇农贸市场上也有荠菜花出售，但是，江宁不少人家仍然喜欢在这一天去山野采摘荠菜花，回家后制作荠菜花煮鸡蛋，顺便到郊外踏青、野炊、聊天散心等。

当代影响与价值

荠菜花煮鸡蛋，是一道药食同源的美味佳肴，食之可以补虚健脾、清热利水，由于食材及烹饪简单，风味独特，且富含营养，故一直深受江宁民众的喜爱。此外，这一习俗还承载了旧时江宁人富贵安康、家庭和睦的美好心愿，在一定程度上反映了江宁人的饮食观念、生活方式及生存智慧，具有比较重要的民俗价值。如果能够进一步挖掘与研究，或许能为江宁留下一道独特的美食。

三月不洗被习俗

基本概况

三月不洗被习俗，流布于江宁区境。

旧俗认为在农历三月洗被子，会使家中男人犯桃花，给家庭带来坏运，故旧时江宁流行农历三月不洗被的习俗。因三月正值桃花盛开，故“三月不洗被”又称为“桃花三月不洗被”。

由于农历三月不能洗被子，旧时江宁一般人家都会在二月底之前，将家里所有的被子都拆开洗一洗。传统的被子由被面、棉花胎和被里组成，人们主要洗的是被面和被里。被面和被里清洗、晒干后，还要用针线缝起来。过去穷苦人家较多，能拥有一床七八斤重的棉花胎，即算殷实之家。

关于三月不洗被的习俗，江宁民间还流传着一则故事。相传旧时在栖霞陡山根的一个村子里，住着一对姓金的老夫妻。他们的儿子叫金喜，媳妇叫望月，一家人很和气。某年农历三月的一天，望月正在塘边洗被子时，金喜不知为何突然离家出走，七年来音讯全无。在这期间，家里全靠望月起早摸黑干活支撑。不久，金老夫妇病倒，双双去世。望月东借西凑才埋葬了公婆，这也使得

银杏湖春景

日子更加艰难。

有一天，盼夫心切的望月，跟着邻居杨二婶走了九沟十八湾，来到了观王婆（巫婆）家卜测金喜什么时候回家。望月给观王婆上礼后，便坐了下来。观王婆点上三支香后，便问望月："你丈夫是什么时间外走的，你当时在做什么？"望月回答说："七年前的农历三月，我在塘边洗被子。"观王婆听后，连打三个哈欠后说："三月桃花满树红，风吹雨打一场空。香径花下若洗被，郎犯桃色把妻坑。"意思是说，如果妻子在三月桃花满树的日子里洗被子，会使家中丈夫犯桃色而坑害自己。虽说观王婆是胡扯，但碰巧的是，就在卜测后的第七天，望月日盼夜想的金喜真的回来了。但此时，他已成了富商，还带了个打扮得花枝招展的女人。金喜回到家后，直接一纸休书丢给了望月。望月一气之下病倒了，自此以后她逢人便讲："三月洗被本为净，哪晓郎犯桃花心。"这件事在当地传开后，人们都认为三月洗被子会导致丈夫犯桃花。久而久之，三月逐渐成为了当地妇女洗被子的忌讳之月，并相沿成习。

值得一提的是，这一传说中的"陡山根"之地，又名豆山根。据 1928 年《江宁村制初编》记载，民国时期该地隶属江宁县江乘乡圣乘村，可见这一传说其来有自。

历史传承

文献记载表明，晚清民国时期江宁地区有正月、五月不洗被的习俗，但未有三月不洗被之俗。民国初年徐寿卿《金陵杂志续集》"不洗被"条记载："人家洗被，亦常事耳。唯正月不洗被，犯之则悖时；五月亦不洗被，犯之则受毒。"人们认为在正月洗被子违反时节，五月洗被则受毒害，这与三月洗被犯桃花的说法不同。资料显示，徐寿卿《金陵杂志续集》撰成出版于 1922 年，故江宁地区三月不洗被习俗的起源，推测应晚于 1922 年。结合口碑资料，可知这一习俗大致形成于民国时期。新中国成立后，这一习俗在江宁城乡继续流行。

清洗被子是一项劳动强度较大的工作，为了减轻劳动强度，后来有了四件套，其中就包括被套。需要清洗的时候，就把被套拆下清洗，而被子则不用像过去那样拆洗。过去制作棉花胎，曾成就一门手艺——弹棉花，也因此产生一条歇后语"棉花店失火——免弹（谈）"。近年，随着人们观念的改变及生活条件的改善，三月不洗被习俗已经消失。

当代影响与价值

毫无疑问，三月不洗被的习俗，没有任何科学依据。但这一习俗不仅仅流传于南京及江宁地区，也见于南方其他地区，承载了旧时江宁女性对于婚姻忠诚、家庭和睦幸福的美好愿望。如今，随着科学的进步及人们卫生意识的提高，江宁地区三月不洗被习俗已基本消失，仅少数偏远乡村仍有一定保留。而一般人家，会根据具体情况，选择一个星期或半个月清洗一次家中被子，以保证干净卫生。

立夏称人的习俗

基本概况

立夏称人的习俗，流布于麒麟门及周边地区。

立夏，预示告别春天，夏季正式开始。在知情人陈家邦儿时的记忆里，早年立夏这一天，南京周边的乡下有很多有趣的习俗，除了娘家要给新出嫁的女儿“送夏”外，家家还要改善伙食补充营养。那时农村虽然生活清苦，但一到立夏这天，每家通常都要做几个菜，每道菜都有一个对应的吉祥寓意。如吃肉烧竹笋，就是希望孩子能和竹笋一样，个子和学业节节攀升；吃蛋炒蚕豆，就是希望孩子能像蚕豆一样长得胖乎乎的；吃鱼炖豆腐（江宁人念“笃”），就是希望孩子长得跟豆腐一样白净丰润；吃新鲜苋菜，就是希望全家人日子过得红红火火。

立夏习俗中最有趣的当属“称人”。每年到了立夏这天，村里都会有一位德高望重的长者出面组织“称人”。操作者在村口树杈上悬挂一杆大秤，秤钩上用麻绳系吊一张凳子或竹筐，村里老老少少轮流坐在凳上或竹筐里进行称体重。掌称人一面打秤砣，一面根据称人的性别年龄，说着不同的吉利话。称老人时会说：“秤花一百一，活到九十七。”称男孩时则说：“秤花一打三十一，娃儿长大有出息。”称女孩时又说：“秤花二十向上翘，姑娘越长越俊俏。”值得注意的是，称人打秤花时，秤砣只能由里往外打，不能由外往里打。也就是说，只能越称越重，不能越称越轻。据说立夏这天称了体重后，就不怕炎热夏季，不会消瘦，否则会有病灾缠身。显然，人们希望通过立夏“称人”这个举动，达到祈求添福增寿的良好愿望。

陈家邦还记得那时候“称人”，男女是分开称的。在村口树荫下称人，大多是男人和小孩，称体重时男人们都大大咧咧地脱掉上衣，只穿一条裤头（短裤），黄毛丫头（小女孩）穿着朴素衣裤，公鸡头（小男孩）净屁股啷当（光着身子）。妇女们则在室内房梁上悬挂一杆秤，相互称体重。称人时，姐妹们品肥论瘦，嘻笑打趣，十分热闹。那场景正如清代诗人秦荣光诗句“立夏称人轻重数，秤悬梁上笑喧闺”中所描绘的一般。

立夏称人

历史传承

据《中国民俗通志·节日志》记载，立夏称人的习俗可能源于“孙夫人称阿斗”这一传说。相传三国时刘备要出征，带着阿斗很不方便，就把阿斗交给赵子龙护送去吴国，让孙夫人抚养。到吴国时正好是立夏时节。孙夫人一见白白胖胖的小阿斗，非常欢喜。但孙夫人也有顾虑，毕竟是后娘，万一有个差错，不仅夫君面上不好交代，在朝廷内外也会留下话柄。于是孙夫人想到：今天正是立夏，用秤把阿斗在子龙面前称一称，到翌年立夏再称,就知道孩子养得好不好了。从此，孙夫人精心照顾阿斗，每年立夏都秤一次体重，书告刘备，以表心迹。

关于“立夏称人”的来源，还有一个说法。据说三国时，孟获被诸葛亮收服，归顺蜀国之后，对诸葛亮言听计从。诸葛亮临终时，嘱托孟获每年要来看望蜀主一次，孟获当即去拜阿斗，而当日正好是该年立夏。从此以后，每年立夏，孟获都依诺来蜀拜望阿斗。过了数年，晋武帝司马炎灭掉蜀国，掳走阿斗。而孟获不忘丞相嘱托，仍于每年立夏亲往洛阳看望阿斗，每次去都要秤阿斗的重量，以验证阿斗是否被晋武帝亏待。他扬言，如果阿斗遭到亏待，就要起兵反晋。晋武帝为了迁就孟获，就在每年立夏这天，用糯米加豌豆煮成中饭给阿斗吃。阿斗见豌豆糯米饭又糯又香，就加倍吃下。孟获进城秤人，每次都比上年重几斤。阿斗虽然没有什么本领，但有孟获立夏秤人之举，晋武帝也不敢欺侮他，日子也过得清静安乐，福寿双全。

清道光年间刊刻的《清嘉录》卷四有“秤人”词条，称当时苏州人家会在立夏日用大秤权人轻重，立秋日又称之，以验夏中之肥瘠。在钱思元的《吴门补乘》和吴曼云诗作《江乡节物词》中

江宁麒麟门南和尚桥

也有关于称人习俗的记载，诗云：“悬衡一一判低昂，轻重休输蜡貌强。莫是菜人须论价，就中愁绝是猪王。”可见在清代时，立夏称人习俗就已广泛流行于江南地区。

到了民国时期，“立夏称人”习俗依然十分流行，并且被写入文章之中。如《小说新报》1917 年第 4 期发表《游戏文章：立夏称人记》，《游戏世界》1921 年第 3 期发表我国著名作家、文史学家郑逸梅的《谐林：立夏称人序（仿李白〈春夜宴桃李园序〉）》，《中国儿童（上海）》1943 年第 17 期发表笔名兰亭的作品《立夏称人》，这是一首儿歌，朗朗上口，通俗易懂，在当时很受欢迎。

如郑逸梅一文曰：“夫朱明者，祝融所司辅；长赢者，炎帝所执衡。(《尔雅》：夏为朱明，又为长赢礼其神。祝融，《汉书》：南方之神，炎帝乘离，执衡司夏。）而立夏令节，气候渐熏，古人服元冰丸（《抱朴子》：立夏之日或服元冰丸，或服飞雪散，乃六壬六癸之符，则不热），良有以也。况南方有特异之俗，吴地多相习之风，槎绳索以悬梁，称男女以上秤，硕大颀体，有如蛮牛；臃肿丰躯，不让肥豕。动荡未已，钩纽忽雕，

朝天穹兮勃屯,量地皮兮拍塌（俗谓跌曰量地皮，勃屯、拍塌，皆跌声也），欲以免病（俗谓立夏称人，可免病夏），反致受伤，贴上药膏，啊唷呼痛数日。”

当代影响与价值

如今“立夏称人”的习俗早已废除，但生活在麒麟街道的一些上了年纪的老人，对儿时经历过的“立夏称人”习俗至今记忆犹新，陈家邦老人就是其中之一。他还通过自己的笔，将“立夏称人”的习俗记录下来，使得这一习俗又重新被人们熟知。

立夏原本是我们中华民族流传下来的二十四节气之一，意味着夏季从这天开始，万物繁茂生长。在立夏这天称重，既表达了对美好生活的祈愿，又给人们的生活增添了一份热闹。人们借着称重来互相祝福，在嬉笑打闹中联络感情，这一古老的习俗是中华民族传统文化和古老智慧的体现。在现代科技十分便捷的今天，称重习俗已逐渐被人们忘却，我们或许不再需要用这种原始的方式去称重，但其中蕴含着乐观向上的精神和向往美好生活的朴素情感，仍是值得回味的。

秣陵关“过关”习俗

基本概况

秣陵关“过关”习俗，主要流布于秣陵集镇及周边地区。

旧时，每年农历四月初二庙会期间，秣陵集镇附近农村未感染过麻疹、天花的孩子，会由父母或祖父母领着来秣陵“过关”。过关之前的 3 天，须吃素食，不进荤。过关时，先直接到东岳庙烧香、叩头、上贡品，许愿并祈求自己的孩子一年内平平安安。出庙后，让孩子在庙门前石人身上骑一下，再买一双草鞋挂在石人脖子上。此后，大人、小孩方可继续探亲、访友、游玩。据说这个习俗自明代以来一直沿续至今，直到 2005 年庙会停办。

《康熙南巡图》中的秣陵关局部

历史传承

秣陵得名源于秦改金陵邑为秣陵县。宋景德三年（1006，一说景德二年），置秣陵镇。因位于交通要道，宋代以降在此设秣陵驿、秣陵铺。有元一代，在秣陵镇设巡检司，设巡检以加强巡守捕盗。又设有税务，置都监、同监官负责征税。及至明初，因通往南京的粮运航道被打通，离秣陵镇不远的秦淮河又成了重要的水运通道，由东南而来运载粮食、食盐的船只多在此停泊，因而

《康熙南巡图》中的秣陵关

1931 年秣陵关密集的商铺

1931 年的秣陵关老街

1931 年的秣陵关米市

这里商贾云集，酒楼、茶坊乃至各种服务行业也随之兴起，一派繁荣，为加强管理，朝廷在此置户分司，继续设关收税。到嘉靖年间，正式命名为“秣陵关”。清至民国时期，这里仍置镇，与陶吴镇、江宁镇并称为江宁县三大镇。

秣陵的东岳庙相传始建于明初。由于旧时医疗水平低，农村小孩患麻疹、天花的死亡率很高，因此家长常利用东岳庙会机会，带自家小孩来秣陵“过关”，祈求孩子一年平安。

东岳庙会所祈求的天花娘娘，又称“痘疹娘娘”，是民间信仰中司痘疹的女神，流行于全国各地。痘疹是一种传染性疾病，包括水痘和麻疹（俗称“疹子”或“天花”），通常在婴幼儿时期发病。在科学不发达、医药条件落后的情况下痘疹死亡率极高，曾被视为儿童成长过程中的一个重要关口。当时人们面对痘疹，除了竭力去医治外，就是到娘娘宫求娘娘保佑。

痘神之说见于明代。成书于明代的《封神演义》第九十九回称，余化龙及五子余达、余兆、余光、余先、余德为商代潼关主将。当姜子牙伐纣时，余德向周营撒播五斗毒痘，使周营兵众染上痘疹。幸好周将杨戬外出，未染上痘，得神农救助，化解痘毒，转危为安。最后周兵取胜，余化龙自刎，五子战死，姜子牙乃封一门死难的余化龙为主痘碧霞元君，封其元配金氏为卫房圣母元君即痘神奶奶，封其子达为东方主痘正神，兆为西方主痘正神，光为南方主痘正神，先为北方主痘正神，德为中央主痘正神，共同掌管人间之时症，主生死之修短，秉阴阳之顺逆，立造化之

秣陵关南关口

元神，授其权限是“任其施行”。清人亦十分害怕痘疫，宫廷及贵族宅第多建有痘疹娘娘庙坛。《红楼梦》第二十一回即载：“凤姐听了，登时忙将起来：一面打扫房屋供奉痘疹娘娘，一面传与家人忌煎炒等物，一面命平儿打点铺盖衣服与贾琏隔房。”

民间大多相信《封神演义》的说法，认为痘疹娘娘是痘神余化龙之妻金氏，也有认为痘疹娘娘是张纯、柳夫人、麻娘娘者。《三教搜神大全》以张纯为痘神，称张纯“兼理麻痘役，专以保童，为司命之官也”。这一说法主要流行于山东地区。《铸鼎余闻》称湖北以柳夫人为痘神，“乡人以为痘神，皆祀之”。《随园诗话》称瘟神是居住在峨眉山的三姐妹，叫麻娘娘。她们“身着麻衣，主人间痘疹之疾，人呼为麻娘娘云”。而据台湾学者郭立诚先生所著《东岳庙志》称，北方娘娘庙所祀九位娘娘，其中的瘢疹圣母保佑和慈元君、痘疹圣母立毓隐形元君，是专管小儿出疹子出天花的，这二位便是痘神。

当代影响与价值

作为民间自发且普遍流行的习俗，秣陵关“过关”习俗实质上是旧时江宁人民敬神畏天、祈求佑护心理的折射。通过带领自家小孩到秣陵关“过关”，去庙里烧香、叩头、上贡品等一系列祭拜仪式，以获取一定的精神慰藉，并借此调适因痘病造成的不安心理。如今，尽管天花这类疾病已经少见，但是这类习俗却依然保留了下来。它反映了普通民众对顽疾的恐惧，对生命的渴望，故深入挖掘其中的民俗文化内涵，不仅有利于总结与疾病抗争的经验方法，而且还可以从中汲取面对困境所依靠的精神力量等，具有一定的精神文化价值。

四月八吃乌饭习俗

基本概况

四月八吃乌饭习俗，流布于江宁全境，特别是江宁街道陆郎社区。

乌饭，又称青饭、青精饭、不落荚，旧时每逢农历四月初八，江宁家家户户必煮乌饭吃，陆郎一带还要拿乌饭祭神，妇女和小孩子吃了乌饭后，还会在门外或街上去看乌饭会。

江宁乌饭一般以青精树茎叶捣烂滤汁浸泡糯米，然后晾干蒸煮而成。其制作的主要原料有乌饭草（叶子与杏叶很像）、糯米。制作乌饭的主要步骤：首先是制草，即先把从附近山上采回来的乌饭草洗净，去掉杂物，用布包好，然后浸泡在水里（浸泡的目的主要是使乌饭草的根叶润泽，不至于枯燥），大约经过一二个小时后取出，放在石臼里捣碎，使之成为有液汁的碎草，然后把液汁压出来，盛起来备用，所剩下的草渣可以丢掉不用。随后，选用上好的糯米，未煮之前，先用清水洗掉其中的污质（有的地方不洗），然后将糯米放在桶内，加入适量的水，再将制好的乌饭草液汁放入，使其融化混合。第二天清晨，将带有乌草清香的糯米放在锅里煮熟，煮熟后的颜色呈黑色，故称为乌饭。一般 1 斤乌饭叶可煮 3 斤糯米。乌饭煮好后，头一碗要供奉灶王爷，之后人们方可食用。旧俗认为，每天煮食一碗乌饭，能强筋骨、益气力、固精驻颜，有“仙家服用”之誉。

关于乌饭的起源，江宁民间还流传有两个传说。

其一是南朝梁代薛连送乌饭救母的传说。相传梁武帝时期，在西边山上一个村子里住着一户姓薛的人家，有兄弟两人。老大叫薛连，老二叫薛林，父亲已亡，老母亲尚在，一家人都吃斋信佛。为了让菩萨保佑两个儿子平平安安长大成人，母亲平时烧香敬佛，吃斋放生，常年不断，十分心诚。某一年正月里，小儿子薛林突然暴死，她十分伤心，心想：“我这样信佛，菩萨也不保佑我，这信佛求神又有什么用呢？都是假的！”她一气之下将家中佛像、香炉砸了个精光，同时还开了戒，鱼肉荤腥样样吃。她非但吃荤，还变着法儿吃。有一回，她用火来烤活羊，并在东边放一罐子醋，西边放一罐子酱油。羊被烤得口渴后，就一刻儿奔到东头喝口醋，一刻儿奔到西边喝口酱油，来来回回，活活被折腾死了。此外，她为了吃新鲜竹笋，在春天笋子刚出土时，即用一个缸盖在竹笋上面，直到笋子盘了一缸才吃。她这样想着法子来吃，并不是嘴馋，而是有意出心里的气。

不久，附近一个寺庙的住持和尚知道薛连母亲开戒叛教后，十分恼怒，认为她得罪了神佛，坏了佛教规矩，便告到县衙，将薛连母亲下了大牢。在牢房里，薛连母亲不光受到狱卒毒打，连饭也吃不饱。薛连知道母亲经常挨饿后，就到牢房里送饭给她吃，可每次送去的饭都被狱卒抢光了。薛连很难过，但无可奈何。

这一年的农历四月初七，薛连上山打茶叶，无意中把一种圆形红色的叶子打回家，用开水一泡，水乌黑乌黑，喝着却有股清香。他想如果将饭染成乌黑，狱卒必不敢吃。于是，第二天四月初八，他将该叶子汁混合糯米制作成乌饭，给母亲送去。狱卒一看米饭乌黑不敢吃，便直接送给薛连母亲，这才使她吃到一顿饱饭。从此以后，薛连母亲每天都能吃到薛连送来的乌饭，再也没有挨饿。之后，薛连母亲遇梁武帝大赦天下，被释放回家。从此以后，每年四月初八，薛连一家都要吃乌饭，以不忘旧时之苦。当地民众听闻此事后，被薛连的孝心所感动，也开始在每年的四月初八吃乌饭。久而久之，相沿成习。

其二是唐代目莲送乌饭救母的传说。据说秣陵关有一男子傅崇献，娶妻强氏。夫妻二人常吃斋念佛，可人到中年仍未生育儿女。这年秋天，他家种了一地的萝卜，却只出了一棵苗。在夫妻俩小心培育下，这棵苗秋后长成了一个大萝卜，拔出来后如米斗一样粗壮。强氏见状忍不住咬了一口，顿感又甜又鲜。神奇的是，强氏吃了萝卜后，不久就有了身孕。一天，强氏迷糊间看见一朵莲花飘入纱帐中，不久便生育了一个白胖男孩。傅崇献因此给孩子取名“目莲”，小名萝卜。

目莲长到7岁时，恰逢秣陵关发大水，慌乱中他被水冲走。傅氏老夫妻因此哭得死去活来，心想：“天老爷不公，我们一辈子吃斋念佛，可连儿子也保不住。”为泄失子之愤，他们索性杀生开荤，先把自家养了多年的一条黑狗杀了开荤，然后又“渍羊”吃，即在巷子里预先放置酱油、生姜、料酒、花椒等配好的汁料，之后把羊赶进巷子用火烤，羊被烤得两头奔跑，渴得受不住了，就喝酱汁、醋汁等，直到羊把汁料喝光，再把羊杀掉。接下来，他们又“盘笋”，即未等竹笋出来，预先把一个小缸套在竹笋上，等竹笋长满一缸，再把缸敲碎，吃嫩笋。强氏的所作所为，触犯了家神。家神便带着黑狗的灵魂，将这些事告到阎王那里，阎王听后即把强氏打入十八层地狱。

事实上，发大水那年，目莲并没有死，而是被张氏救起，并被收为义子。18岁时，目莲辞别张氏，来到秣陵关寻找亲生父母，但见父亲已疯，母亲已故，他伤心至极。有一天，他在昏迷之中似乎听到有一神人说：“你母亲正在十八层地狱受苦。”之后，在神人的指点下，目莲经常来到阴间探望母亲，但每次携带的饭菜都被沿途的饿鬼狱卒抢吃一空，他痛苦万分。无奈之下，目莲请教一高僧，高僧嘱他用一种乌饭树叶煮成黑饭，这样小鬼便不敢吃。农历四月初八这天，目莲使用该汁混合糯米制作成乌饭，给母亲送去。果然，饿鬼狱卒们一见乌饭，避而远之，饿得骨瘦如柴的母亲终于饱餐一顿。当地民众听到这一传说后，被目莲的孝心感动，故每逢四月初八这天，家家户户必煮乌饭，目的即是宣扬孝顺母亲的美德。久而久之，当地逐渐形成了四月初八吃乌饭的习俗。

历史传承

吃乌饭习俗，与道家服食求长生的实践有关。明代李时珍《本草纲目 · 谷部》卷二五说：“此饭（乌饭）乃仙家服食之法，而今之释家多于四月八日造之，以供佛耳。造者又入柿叶、白杨叶数十枝以助色，或又加生铁一块者，止知取其上

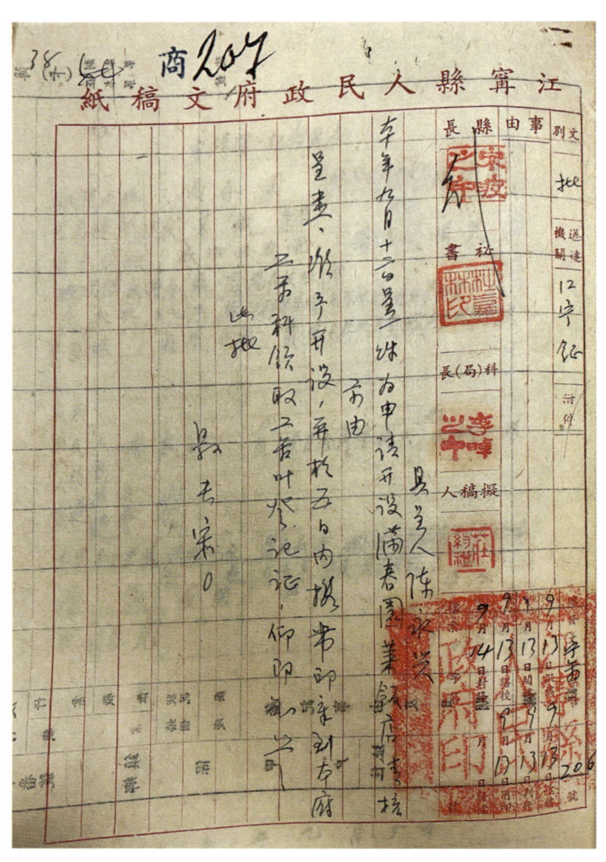
江寧縣人民政府文稿紙

1950 年江宁县人民政府关于满春园菜饭店开业申请的批复

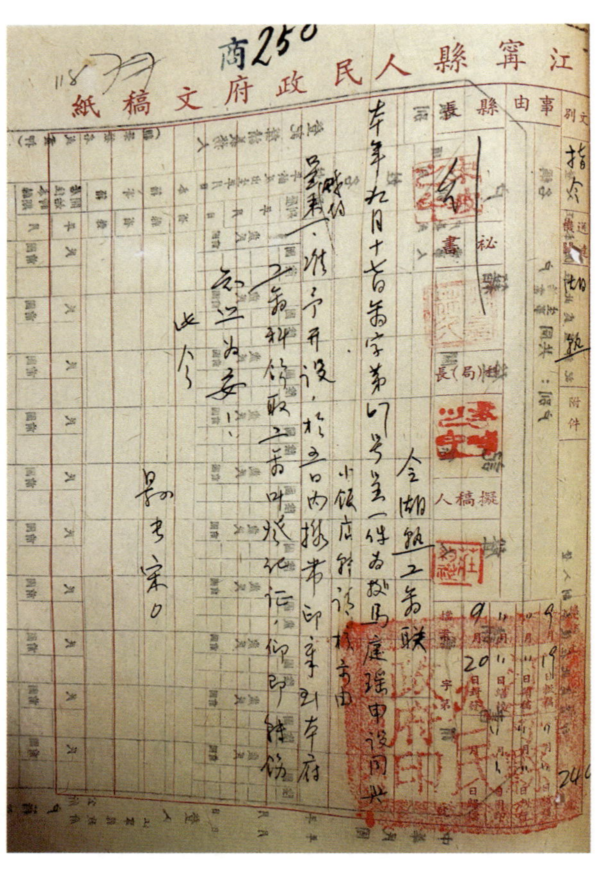
江寧縣人民政府文稿紙

1950 年江宁县人民政府关于同兴饭店开业申请的批复

色，不知乃服食家所忌也。”唐代王题河所编道家典籍《三洞珠囊》云：“王褒，字子登，汉王陵七世孙，服青精䭀饭，趋步峻峰如飞鸟。”王褒是西汉宣帝时人，或许证明汉代已有人服食青精饭，但相关证据尚不充分。南朝梁陶弘景《真诰・稽神枢四》云：“霍山中有学道者邓伯原、王玄甫，受服青精石饭吞日丹景之法。”

唐宋时期，服食乌饭的习俗逐渐流行。唐代杜甫《赠李白》：“岂无青精饭，使我颜色好。”唐陆龟蒙《四月十五日道室书事寄袭美》有“乌饭新炊芼臛香，道家斋日以为常”之句。宋代黄庭坚《陈荣绪惠示“之”字韵诗，推奖过实，非所敢当，辄次高韵》之三：“饥蒙青粈饭，寒赠紫陁尼。”宋代陆游《小憩长生观饭已遂行》：“道士青精饭，先生乌角巾。”宋代喻良能《中秋终日雾雨，予还自都下，宿分水岭，夜漏约七八》诗曰：“乌饭山边白玉团，瑞光千丈溢清寒。”

江宁地区四月八日吃乌饭习俗至迟在明代已有，当时制作乌饭的青精树叶被视为药草，乌饭则被称为“黑炊糕”。明代《正德江宁县志》卷二《风俗》即云：“四月八日，啖乌饭，用药草沁米为黑炊糕。”据明代申时行《大明会典》卷二百十七《南京光禄寺・大官署》记载：“每岁立春、正旦、四月初八、端午、七夕、中秋、重阳、冬至、腊八各日，奉先殿祭祀，各用猪一口、羊一只，酒果、春饼、乌饭、不落荚、粽糕、馒头等物，俱夜献。上元、江宁二县，办纳乌饭、叶粽、叶陈、蓑草。”由此可见，有明一代，上元、江宁二县在四月初八需要提供乌饭给南京光禄寺，以备南京明皇宫中的奉先殿祭祀之用。在当时，明代朝廷每年农历四月初八日，还赐文武百官在午门外吃乌饭。

清袁枚《随园食单》还出现了乌饭酒，即生女之后备嫁妆，用青精饭造酒一坛，口味甘鲜，妙不可言。晚清民国时期，每到四月初八，江宁沿街都在售卖乌饭，以作为点心。民国潘宗鼎《金陵岁时记》“乌饭”条载：“吾乡每届是日，沿途争卖（乌饭），以当点心。”

新中国成立后，江宁地区四月初八吃乌饭习俗继续流行。20 世纪 80 年代后，各乡镇到农历四月初八这天，除吃乌饭外，还举办物资交流大会，人们从四面八方集聚到一起，选购生产、生活资料，观看文艺节目，男女咸集，盛况空前。

当代影响与价值

米饭是江宁人最为熟悉，也最喜欢的主食之一。乌饭则是他们创造性地将植物汁液与米饭混合制成的，蕴含着非凡的饮食智慧，在一定程度上反映了当时人们的饮食文化与养生观念。清香可口的乌饭，沾一点糖味道极佳，既管饱顶饿，又健康养生，故一直深受江宁民众喜爱。如今，人们已不必盼着农历四月初八才能吃上乌饭，在江宁地区的早点摊中，经常可以见到乌饭，但已弃用原来石臼冲碎乌饭树叶的传统制作方法，改用小钢磨或粉碎机了，这似乎让江宁乌饭失去了原有的乡土味道。

送节习俗

基本概况

送节包括送灯、送夏、送秋、送冬，其习俗旧时流布于整个江宁区境。

旧时江宁人家在女儿结婚之后的第一个元宵节，娘家要为女儿送灯，称为“送灯节”，也称“送灯礼”“灯节盒”。

送灯的主要流程如下：在元宵节前，新婚女子的父亲亲自扎制各种灯笼，有荷花灯、兔子灯等，挑选较好的给新婚的女儿送去，余下的留给自家小孩玩耍。母亲则忙于磨米粉、调豆沙，亲手包元宵、打米糕等，同时配以果品等食物。礼品准备齐全后，由母亲带着弟弟、妹妹给女儿女婿家送去，也可由父亲送去或同去，一家人欢声笑语前往女儿家送灯及相关礼品。

送夏是指由娘家送细纱、细绸布料给女儿女婿家，以缝制女儿女婿夏天的衣物。送夏多在端午节前，故又称“长端午节”。除衣料、蚊帐外，送夏的礼品中往往还有粽子、咸鸭蛋、艾条、菖蒲等食品和传统避邪用品。

除了传统的送灯、送夏外，旧时江宁人家还有送秋和送冬的习俗。送秋又称“长八月节”，大多数是在中秋节前进行，礼品以自制月饼为主，还有雪藕、红菱、活鸭等。送冬又称“送重阳”，大多是在重阳节前后进行，其礼物，城区一般送木碳、手炉、脚炉等，乡村则送棉花、棉布和手炉、脚炉等。

送灯、送夏、送秋和送冬，属于娘家四时给女儿送节之习俗。这四节一般只在女儿婚后第一年送，如中秋后结婚，则送到第二年中秋节。满一年后，则不再送节。这实际体现了娘家对出门女儿的悉心关怀。送节期间，如得知女儿怀孕或生养，娘家可以连同催生、望月子诸礼节一道进

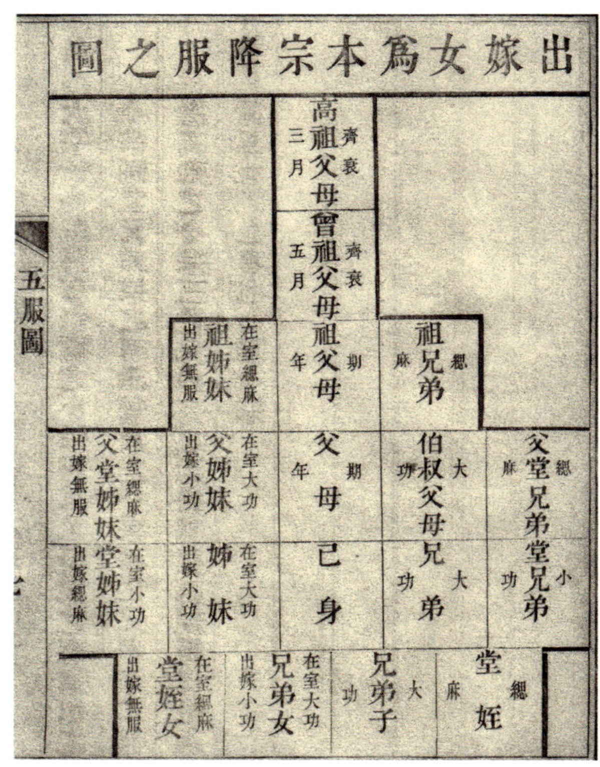

佘村《潘氏家谱》中的《出嫁女为本宗降服之图》

包粽子

香囊咸鸭蛋

行，所携带的礼品也各有区别。

历史传承

江宁地区的送灯等习俗，至迟在清代已有。民国潘宗鼎《金陵岁时记》“灯节”词条记载：“女子既嫁之初年，母家届灯节，则遗以灯及元宵诸食品，名曰灯节盒。”可见在清代元宵节时，娘家需要给刚出嫁的女儿送灯和元宵节传统食品，称之为“灯节盒”。是书又云：“与送重阳之旗同为玩具，不知所取何义，可供笑柄。俗以正月八、十三日、十五日为灯节。洪杨（指太平天国）未乱之前，凡庵庙皆上灯。同光间，唯天青街之白衣庵最盛。评事街之江西会馆、门东之天喜长生祠、堂子街之财帛司亦然。相传初八为阎罗诞，故汉西门之都城隍庙、府治前之郡城隍庙、仓顶之萧公庙香火不绝。从前亦有上灯之事，今则罕见矣。”

从以上记载看，在太平天国未建都天京（今南京）之前，江宁城内的庵庙里都会在元宵节上灯。到了同治、光绪年间，天青街白衣庵的元宵节上灯活动，最为繁华；其他的如评事街的江西会馆、老门东的天喜长生祠、堂子街的财帛司等处的上灯活动，也很热闹。从《金陵岁时记》“今则罕见矣”一句，可知民国时期元宵节上灯习俗已经很难见到。然而，民国夏仁虎《岁华忆语》记载：“八日为上灯节，人家始悬春灯，祀祖先，拜尊长，曰拜灯节。夜供元宵，其制以米粉裹糖。有女新嫁者，是日购彩灯及元宵送其家，曰送灯。”这样看来，民国时期，

江宁包粽子比赛

杨柳村香囊鸭蛋

江宁地区元宵节娘家送彩灯给新婚女儿的习俗，似乎仍然较为流行。

新中国成立后，送节习俗在江宁地区仍然流行。无论贫富，都要送节，仅在礼品的档次上有所区别。如今，每当元宵节前，老江宁嫁女人家仍会在街上卖灯的摊子上，挑选一只满意的灯，送到新出嫁的女儿家，谓之“送灯”。

当代影响与价值

送灯、送夏等送节习俗，是旧时江宁婚俗文化的重要内容之一，体现了娘家对新婚女儿的不舍及悉心关怀，寄托了对其婚后生活的美好祝福，具有丰富的精神文化内涵。与此同时，这一习俗可以加强娘家与新婚家庭的联系与情感交流，对构建和谐社会，树立正确的新时代家族伦理观，也有一定的现实意义。

端午节吃“五红”习俗

基本概况

端午节吃“五红”习俗，流布于整个江宁全境。

端午节，在农历五月初五，本名端五节，古称天中节，又称端阳节、重五节、龙舟节、浴兰节、地腊节等等，是集拜神祭祖、祈福辟邪、欢庆娱乐和饮食为一体的民俗大节。一般认为，端午节是为了纪念战国时期楚国三闾大夫、大诗人屈原的。相传他于五月初五这一天，含恨在汨罗江抱石投水而死，后人即用吃粽子、划龙舟来表示对他的纪念。

江宁民间十分重视端午节这一天的午饭，有吃“五红一白”的习俗。“五红”是指红烧黄鳝、虾子（熟后为红壳）、咸鸭蛋、苋菜、雄黄酒，“一白”指大蒜瓣。有的地方再加上黄瓜、火腿片等，称为“五黄”或“十样红”。

端午节这天中午，人们将新收获的大蒜头放进锅堂内，用底火烧糊，一家人吃了以后，据说整个夏天不会犯肚子痛。还有的人家用少许雄黄酒浸泡大蒜头后，置于烈日下曝晒多日，制成药剂。如遇有毒疮、痱、疖或毒虫毒蚊叮咬时，将其涂敷伤处，是杀菌消炎的应急良方。然据现代科学分析，雄黄酒对人体有害，且消毒作用不大。

与其他地区一样，江宁地区端午节亦有吃粽子习俗。旧时沿江一带的江滩河滨，盛产芦苇。每年五月，芦苇叶子又长又宽，远远望去，一片碧绿，正是采摘苇叶包粽子的最好时节。端午节这一天，妇人、男子会早早起床，去河滩里打粽叶，泡米包粽子。新叶包出的粽子清香浓郁，沾着糖吃十分可口。如今的粽子则加入豆沙、红烧肉、火腿片等馅心，口味更佳。而山区竹林成片，此时毛竹林中的新笋已成翠竹，用当年新的笋衣包粽子也别有风味。时至今日，粽子已逐渐演变成为人们喜爱的一种日常食品。此外，绿豆糕也是江宁人端午节爱吃的一道时令美食。

江宁地区为什么流行在端午节吃“五红一白”的习俗呢？旧俗认为，端午节正午时刻，

点雄黄酒

赛龙舟

所有鬼怪早已远远躲避。人们吃了“五红一白”，鬼怪更是不敢靠近。假如鬼怪误吃了“五红”，则会现出原形。故人们认为在端午节这一天中午吃“五红一白”，可以起到趋吉避害、防止鬼怪的作用，久而久之，相沿成习。

历史传承

文献记载表明，晚清民国时期，江宁地区端午节的相关习俗十分丰富。民国夏仁虎《岁华忆语》记载：“端午节人家，自五月一日，即用菖蒲叶剪作剑形，并艾叶悬户上，张钟馗像于堂，云可辟邪。戚友家多以鲥鱼、角黍相馈遗。往往一鱼，辗转数处，仍送回本家，则已馁不堪食矣！足为发噱。五日，以野花为束，蘸水洗目，曰洗火眼。洗毕，掷小鹅眼钱于盆中，倾向门外，曰抛火眼。酒中置雄黄，饮之曰可去毒。于小儿额用雄黄书‘王’字，以象虎形，云易长成。以雄黄书小纸条，其词曰‘五月五日天中节，一切蛇虫尽消灭’，于墙角倒贴之，谓避虫豸。午酒必一馔，则萱花、木耳、银鱼等五种炒之，曰炒五毒。午餐既竟，则相率至秦淮水滨看龙舟矣。”从上文记载来看，晚清民国时期，在五月五日端午节这一天，江宁地区有洗火眼、抛火眼、喝雄黄酒、在小孩额头写“王”字、贴雄黄符及炒五毒等习俗。民国潘宗鼎《金陵岁时记》“五毒菜雄黄豆”条亦记载：“端午人家，取银鱼、虾米、茭菜、韭菜、黑干杂炒，名曰炒五毒。是日必啖苋菜，谓可免腹痛。又取蚕豆和雄黄炒之，曰雄黄豆。”从“是日必啖苋菜”来看，民国时期，端午节江宁人吃苋菜已经相当普遍。

此外，1934年《金陵大学农学院丛刊》第23号发表的乔启明《江宁县淳化镇乡村社会之研究》一文有关于“端阳节”的介绍：“阴历五月五日，俗名端阳节。湘赣等处，为纪念屈原的汨罗自尽，角黍龙舟，非常热闹。淳化镇乡村社会里，这种概念，非常薄

包粽子

湖熟曹福和根据记忆所绘旧时秦淮河龙舟

弱，到了这日，农家门口，不过插点菖蒲和艾，以避五毒。这一天是农人比较快乐的日子，大家都一齐休息，不做农事，因为春季作物，已经收完，比较尚不过忙，不妨休息一日，以舒劳力。小孩子更为快乐，穿新衣，作游戏，有如新年一般。吃中饭的时候，农人们皆将艾叶同雄黄和酒以饮，且每以之熏洒卧房，以除五毒。按五毒即蜈蚣、蝎、蛙、蛇、壁虎。我们细心研究一下，这种节令，很有意义。因为五月天气渐热，正是各种毒虫及病菌活动的时候，借着这个节令，洒洒雄黄也未尝不可使农家把房子消毒呢，倘能因利乘便，与以普通消毒知识，其有利于农村卫生，决非浅鲜。”

从以上文献来看，民国时期仅有“炒五毒”，并没有端午节吃“五红”的说法，五红之中也仅见虾米和苋菜。由此推测，江宁地区端午节吃“五红”之说可能是从“炒五毒”演变而来。

端午节举办的活动

如今，江宁人家对“五红”的要求比较宽泛，有指红烧黄鳝、虾子、咸鸭蛋、苋菜、雄黄酒的，有的还加上了烤鸭、龙虾（盱眙）、杨花萝卜（东台）等食物，似更接近于旅游宣传。

当代影响与价值

吃“五红”，是江宁人家在端午节必有的民俗活动，承载了人们驱邪避毒、清热保健、家庭和睦的美好愿望及敬畏先辈的传统美德。“五红”食品既美味好吃，又健康营养，深受当地民众喜爱，在一定程度上反映了当时人们的饮食结构，蕴含了丰富的文化内涵。如今，随着经济社会的发展，在端午节之际，江宁一般人家餐桌上的菜肴品种虽越来越多，但五种带有红色的菜肴必不可少，不过已不限于黄鳝、虾子（熟后为红壳）、咸鸭蛋、苋菜、雄黄酒这五样了。

五月不剃头习俗

基本概况

五月不剃头习俗，旧时主要流布于麒麟街道及周边一带。

剃头，又叫理发、剪发，被誉为“顶上功夫”，又称“头等大事”，是许多人十分重视的形象工程。自清代以来，剃头与人们日常生活息息相关，并衍生出不少与之相关的习俗，江宁麒麟地区流行的五月不剃头习俗即是其中之一。

旧时麒麟地区的民众认为农历五月为毒月，这个月的孩子特别容易撞邪掉魂，只有保持足够多的阳气才能祛邪避祸，而头发上有较多的阳气，剪掉头发就是剪掉阳气，故民间流行孩子五月不剃头之习俗。

关于这一习俗，江宁民间流传着一则故事。相传元末明初的某一年，在一阵狂风暴雨过后，麒麟门东边的宝塔山黄泥洞里，出现了一条蟒蛇精。这条蛇精经常变成人样出洞伤人，糟蹋妇女，闹得方圆几十里的人都惊恐不安，以至于每天太阳还没落山，各家各户就早早关门，有的人家则拖儿带女逃到外地避难。

一天黄昏，蟒蛇精又化成人形，下山抢了一个叫慧娟的姑娘，做它的第九个老婆。然而慧娟姑娘不但漂亮，而且聪明，为了除掉这个害人精，她表面上表现得很顺从，但暗地里时时刻刻都在找机会除掉它。一天夜里，慧娟趁蟒蛇精高兴的时候叹道：“夫君，你是神仙，我是凡人，我要像你一样长远活在世上，就有福气了！”蟒蛇精一听，高兴得忘乎所以，搂着慧娟怪声大笑说：“我虽是神仙，但也有个短处，如若有人拔下我外甥的一根头发，勒住我的脖子，我就会死的。”慧娟听后暗暗记住。

等到农历五月初五时，蟒蛇精的外甥从栖霞山下十里长沟，来到黄泥洞过端午节。这天晚上，慧娟想方设法将蟒蛇精及其外甥用酒灌醉，然后轻轻从蟒蛇精外甥的头上拔下一根头发，往蟒蛇精脖子上一勒，顿时蟒蛇精就气绝身亡了。

第二天，四乡八邻的老百姓听说蟒蛇精死了，高兴得不得了。为了解恨，村民们还点起大火，将蟒蛇精的头扔进火里烧成了灰。不料，这年农历五月里，凡是小孩子剃头的，三天过后，他的舅舅就得急病死了。有人认为，因为蟒蛇精是在五月化成灰的，所以该月也就变成了毒月。自那以后，小孩子“五月不剃头，剃头死舅舅”的说法，就在麒麟地区传开来了。

正月不剃头，剃头死舅舅；剃头要等到，二月二龙抬头。这些江宁地区流行的信俗，其他地区也有。但麒麟地区儿童五月不剃头的习俗，则比较罕见，看来只有黄泥洞的蛇精传说能解释了。

历史传承

《孝经》云："身体发肤，受之父母，不敢毁伤，孝之始也。"在大多数情况下，在清代之前，剃发对于儒家及其影响下的汉族民众是一种禁忌，但儿童的发式，则较少受到以上传统礼制的约束。文献记载表明，儿童剃发习俗至迟先秦时期已有。《礼记·内则》即云："三月之末，择日剪发为鬌，男角女羁。"东晋顾恺之的《女史箴图》中有一儿童的头上留有四撮发根部剃成圆桃形的头发，互不相连，其余全部剃掉。唐代周昉《麟趾图》出现垂"髫"儿童，并且绘有大量光头的儿童。宋至明清时期，婴戏图中保留了大量剃发的儿童形象。儿童剃头亦反映于考古资料上，如安徽马鞍山三国朱然墓出土的彩绘漆盘上，绘有两个执棍对舞、脑部剃留有几撮毛发的儿童。由此可见，儿童剃发是自古以来的传统，与之相关的习俗也较为丰富，正月不剃头及儿童五月不剃头之习俗即属此列。

据口碑资料，江宁麒麟地区儿童五月不剃头的习俗，起源于元末明初，盛行于清代民国时期。新中国成立后，这一习俗继续流行。如今，在麒麟街道及周围地区，部分老江宁人家仍保留着农历五月小孩不剃头的习俗。

当代影响与价值

五月不剃头的习俗属于旧时江宁民间育儿习俗的一种，极具地方特色。它体现了人们驱邪避祸、渴望健康的朴素心理，以及对孩子茁壮成长的美好愿望，具有一定的精神文化价值。如今，这一习俗，在江宁麒麟地区已经不太流行，但仍有孑遗，是当地乡土记忆的一个缩影。

六月六晒家谱习俗

基本概况

六月六晒家谱习俗，旧时流布于整个江宁区境。

家谱又称族谱、宗谱、家乘、谱牒、家传等，是记录家族迁徙、发展的轨迹和家族人物的世系、传记的特殊文献。从古至今，保存保护家谱是每个家族的重要任务及家族使命。为了使家谱得以世代保存，旧时江宁地区流行在农历六月初六梅雨季过后，将家谱拿出来检验、晾晒的习俗。

“六月六晒家谱”，是旧时江宁地区各个家族的大事。农历六月初六之前是初夏的梅雨季节，这段时间阴雨绵绵，空气湿度大，家谱等纸质文献容易受潮发霉。到了“六月六”过后，天气转晴，艳阳高照，是晾晒书籍的大好时机，加之历史上有“六月六，皇室晒龙袍”的典故，故民间有很多家族便选择在这一天晾晒衣裳和家谱。在去除湿气的同时，还可防止衣裳和家谱受潮而霉烂生虫。

各个家族在“六月六”进行的晒谱活动，大多非常隆重，仪式感十足。但真正晒谱的时间却很短，一般在中午十一点左右就要收谱，最迟不能超十二点。可见旧时晒谱的目的，除了保护家谱外，还有展示以往荣耀显赫的家族历史，提醒后辈子孙勿忘家族历史，激励他们向先祖学习的作用。

随着时间的推移，现在晒家谱的很多流程都逐渐简化，仪式感也没有那么强了，晒谱的主要目的仅仅就是为了保护家谱，避免受潮罢了。

具体而言，江宁地区六月六晒家谱还有以下习俗，颇具地域特色。

1. 晒谱的时候，防止有小孩子来打扰。这是因为小孩好奇心强，看到家谱可能会用手去翻动、涂鸦或者撕坏，对家谱可能造成不可逆转的损伤。

2. 在晒谱的时候，不能用手去翻动家谱，应使用洗净的筷子挑起家谱，一页一页进行晾晒，

晒家谱

直至下午太阳落山，才算结束。之后，再把家谱收拾好，装入箱中收藏起来。

3. 晒谱的时候，四周不能让家禽靠近，免得家谱被家禽损坏。

4. 晒谱的时候，一般不让外人知道，只有持谱人独自一人去晒谱，免得泄露家谱中记载的重要内容。

除此之外，晒谱时还有验谱程序，即检查家谱的保存情况。旧时验谱极其严格，如未保存好家谱，收藏家谱者会受到惩罚。如有的家族就规定，凡家谱有虫蚀鼠咬水渍，收藏家谱的人家会受到罚办酒、罚钱等处罚。若有遗失则处罚极严，轻者重印家谱，重者拆毁房屋，驱除出家族，永世不得入祠堂。俗语所谓“六月六，水头伏（水断屋）”，强调的就是持谱人要小心保存族谱，以防受潮进水。

以前一般人家都是茅草屋，家谱易受潮。如今，家谱大多放在干燥的楼房阁楼上，晒谱只是意思一下，成了一种仪式或习俗。晒谱以后，有的家族老人们会餐，商量一些家族事务。

历史传承

六月六晒家谱及一般书籍的习俗由来已久，如清代顾禄《清嘉录》“晒书”条记载：“（六月）六日，故事：人家曝书籍图画于庭，云蠹鱼不生。”潘奕隽《六月六日晒书》诗云：“三伏乘朝爽，闲庭散旧编。如游千载上，与结半生缘。读喜年非耋，题惊岁又迁。呼儿勤检点，家世只青毡。”钱思元《吴门补乘》亦云：“六月六日曝书画。”沈德符《野获编》记载：“六月六日，内府皇史宬曝列圣实录、御制文集诸大函，为每岁故事。”由此可知，早在明代，皇家也在六月六晒书，而且等级极高。这样看来，无论是皇家，还是普通百姓，一般都会选择农历六月六进行晾晒书籍，其中包括承载家族记忆的家谱。值得一提的是，崔寔《四民月令》则以七月七日“曝经书及衣裳不蠹”。

江宁周边的高淳地区，在农历六月六也有晒谱的习俗。家族中的老人将整箱家谱请出来，铺在太阳底下曝晒。一般是早上晾晒至日上树头三尺即收起来，免得损坏纸张。

农历六月六除晒家谱外，还有以下有趣的民俗：

1. 晒龙袍。所谓龙袍，其实是戏袍，或舞龙、跑马灯等民俗活动穿的衣服。旧时江宁草台戏多，民俗活动多，故晒龙袍成为习俗。

2. 做包子。做包子主要是为了感谢神灵与祖先，同时期盼能保佑风调雨顺，阖府安康。

3. 赛棹（赛龙舟）。这是古代水崇拜的孑遗，除端午节外，也有在六月六举行者，有人认为其实际作用与巡圩相关，现多改为娱乐活动。

4. “狗醺浴”。据《清嘉录》记载，六月六有“狗醺浴”之俗，即在农历六月六给家养的

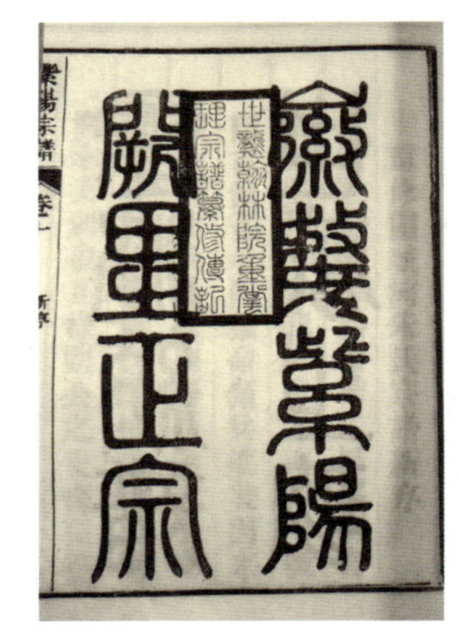

江宁街道朱氏《紫阳宗谱》

高氏宗谱

小猫小狗洗澡。“醮”音“会”，是洗脸的意思。江宁地方话则称“六月六，猫狗洗冷浴”，即把自家的猫、狗推下河塘，让它们洗个冷水澡，然后上岸晒一晒。这天中午，男子们也多会去水塘中洗浴，女子则去水塘边洗头发。

5. 女孩染红指甲，男孩剃光头发。旧时农历六月六，乡村的女孩子多喜欢摘取院内墙边盛开的风仙花，加少许白矾，捣成糊状后敷在指甲上，用篦麻叶包扎好，过一些时间即解去。连包几次后，指甲就被染得红艳光润，不容易褪色，水都洗不掉。男孩则选在农历六月初六这天剃光头发，认为这样可以躲过邪祟的侵害，不会成癞痢头。剃完头后，理发师常轻拍几下孩子的后脑勺，并说“新剃头，三个巴，不生癞子没有疤”。

6. “歇夏”。娘家将新出嫁的女儿接回过第一个六月六，称为“歇夏”。娘家一般将小麦炒熟后磨细，称为“焦面”，送给女儿带回去，作为在婆家饭后的点心。

7.“翻经会”。《清嘉录》记载六月六还有“翻经会”习俗，即寺庙僧人将庙藏佛经拿出来曝晒，并对来庙祈福的村妇说“翻经十次，他生可转男身”。

当代影响与价值

六月六晒家谱的习俗，有着悠久的历史，是江宁地区一项重要的民俗文化资源。这一习俗寄托了人们对祖先的敬畏之心，以及对家族文化的认同感，具有不可忽视的文化价值、精神价值与和谐价值。此外，在晒家谱时，人们可以了解先辈艰苦奋斗、开拓创业的特殊历史，有利于保存优秀的家族文化传统，有利于加强家族成员之间的联系与凝聚力，对树立正确的新时代家族伦理观和文化素养的提升，都有一定的现实意义。

六月初六晒龙袍习俗

基本概况

六月初六晒龙袍习俗，流布于江宁区境。

农历六月初六，称晒衣节、洗晒节、晒经节。晒龙袍，亦称晒衣、曝衣、晒霉。旧时人们一般会选择在这天晾晒衣服。民谚有云："六月六，晒红绿。"其中红绿即指五颜六色的衣服。

旧时农历六月初六这天，江宁一般人家会在自家门口、院内，拉起长长的晒衣绳子，将红的、绿的、花的衣服，统统挂上去，进行晾晒。家中的箱子、柜子也抬出来，翻过来晒晒底部，就连花板床上的垫草、皮褥子及冬季穿的棉衣、皮货等，也都拿出来晒一晒。直到下午四五点钟，人们将晒得发烫的衣被稍晾一下，再塞入樟脑丸，叠好打包后，重新装箱入柜。这往往会让家庭主妇们忙上一整天。

除此之外，在六月六这天，江宁藏书之家一般要晒书，即将容易长霉生虫的书籍、字画等纸质文献拿出去晒一晒，称"晒伏"。家藏宗谱者，这一日必由年长者（一般是族长）从密藏处将宗谱捧至太阳底下，放在铺上一层新布（未做过衣物的布）的竹匾子上，然后十分虔诚地将宗谱一册册分开来晒。晒宗谱时，族长头戴草帽，坐于一旁喝茶看守，直至晒好后将宗谱收回，继续秘藏。在这天，祠堂内保存的以大绸布做成的"宗"，也由族长亲自去晒。此外，寺观内的经卷、商铺中的账册、官府中的文案，常常也在此日晾晒，以防霉防虫蛀，故道、儒、佛三家均把六月六称为"晒经节"。

而江宁地区的这一习俗，一般认为与"六月初六晒龙袍"的传说有关。其传说有两个版本：

版本一：与唐太宗李世民有关。相传李世民当上皇帝后，他要求附近的大小国家要年年进贡，岁岁来朝。进贡的时间从正月初二开始，一直要到六月六。进贡者有的来得早，也有的来得迟，

宋真宗画像

晒谷

但再迟不能超过六月初六。如六月六仍不来，则定为反叛之邦。

为什么要定在六月六为最后上贡期限呢？农历六月初六之前是初夏的梅雨季节，这段时间阴雨绵绵，空气湿度大，家谱等纸质文献容易受潮发霉。到了“六月六”过后，天气转晴，艳阳高照，是晾晒衣物的大好时机。而来朝贡的人，路远迢迢，所携带的贡物难保在路上碰不到雨，故到了长安，所有贡品可集中在六月六进行晾晒。与此同时，这一天皇宫里也要晒一些容易发霉生虫的衣物，龙袍即是其中之一。

六月六晒龙袍这天，人们认为是不会下雨的。这是因为，旧时人们认为皇帝是“真龙天子”，龙王得罪不起真龙天子，所以就不敢下雨打湿龙袍。如果下雨，皇帝就会发怒说：“六月六晒龙袍，下潮我的龙袍，反晒七十二朝。”如果七十二天不下雨，就犯了天干，一犯天干，就要过荒年了，故江宁民间流传“六月初六晒龙袍，打湿龙袍干死谷”的谚语。因此，在六月六这天，人们期盼不下雨。

版本二：与宋真宗赵恒有关。相传农历六月六日这天，上天赐给宋真宗赵恒一本天书。宋真宗龙颜大悦，于是下旨定这天为“天贶节”，并在这天晾晒书籍、龙袍等宫中用品。久而久之，便有了“六月初六晒龙袍”的说法。

此外，江宁民间还传说，在六月六这一天，连天上的王母娘娘也得把玉皇大帝的龙袍、锦衣及宝典书籍等，拿到太阳底下晒上几晒。

历史传承

六月六晒龙袍的习俗，由来已久。众所周知，长江中下游一带每年的五六月份，正好是梅子成熟的季节，此时雨水较多，所以人们称为梅雨。梅雨季节，江南地区湿度大，又连续阴雨，如果长时间不晾晒，衣物就会出现霉斑。过了梅雨季节，即通常所说的“出梅”，随即进入三伏天，烈日当空，太阳暴烈，气候干燥，正好可以“晒晒霉”。

明清时期，上至皇家、下至百姓，均流行六月

晒粉丝

六晒衣服及书籍字画。明代刘侗《帝京景物略》记载了北京六月六皇宫晒銮驾、民间晒衣物的习俗："六月六日，晒銮驾，民间亦晒其衣物，老儒破书、贫女敝缊，反覆勤日光，晡乃收。"沈德符《野获编》亦记载："六月六日，内府皇史宬曝列圣实录、御制文集诸大函，为每岁故事。"可见明代皇家也在每年的农历六月六晒书。清代钱思元《吴门补乘》云："六月六日曝书画。"顾禄《清嘉录》"晒书"条记载："（六月）六日，故事：人家曝书籍、图画于庭，云蠹鱼不生。"据清代梁章钜《农候杂占》卷四记载，其时扬州流行"六月六下雨，龙袍反晒四十天"的谚语。

文献记载表明，江宁地区六月六晒龙袍的习俗，至迟在明代已有。明代《正德江宁县志》卷二之"风俗"一节即载："六月六日，出筐箧服饰晒之。"由此可见，有明一代，江宁已流行六月六晒衣服习俗。至清代及民国时期，这一习俗仍然盛行。

当代影响与价值

六月初六晒龙袍，是旧时人们在长期的生活实践中所获得的经验认识，蕴含了古人朴素的生存智慧，体现了人们热爱生活、渴望健康的美好愿望，具有一定的精神文化内涵。人们在这一天将家中的衣物、书籍拿出来晾晒，既能去除霉味，防止生虫，又能在晾晒东西的同时，与邻里相互交谈，沟通情感。如今，每年这个时候，不少江宁人家仍会将冬天的衣物拿出来晒晒，然后再收藏起来，等到下一个冬天再使用。

六月十五插青枝习俗

基本概况

六月十五插青枝习俗，流布于麒麟街道及周边地区。

旧时，江宁麒麟街道及周边地区，在每年农历六月十五这一天，许多农家都要在秧田里插上若干带叶的青树枝，俗称“插青枝”。

据口碑资料，旧时麒麟乡农家对“六月十五插青枝”的活动极为重视，相关流程如下：

首先是“选枝”。插青枝的前一天，农家在各自的房前屋后或山上选采好青枝树，其中楝树、桑树、臭椿枝绝对忌采。

其次是“分枝”。即把采来的青树枝，按每块田里插四种或六种不同的树枝进行分类，取意“事事如意”“六六大顺”。

再次是“送枝”。青树枝分类捆好后，当天晚上由年青人恭恭敬敬地将树枝顶在头上，送到每块田头。

第二天即六月十五正式“插青枝”，相关仪式极为讲究。活动当天，除放天地响（鞭炮）外，一般人家在下秧田插青枝前，还要在各自门前打上三根杏树桩，意思是忌客来访。有钱的人家还请来“喜爷”（会讲吉利话的人），边插青枝边讲“喜话”，如“六月十五插青枝，青枝伴着禾苗长。枝叶落田稻花香，六畜兴旺谷满仓”。

关于“六月十五插青枝”习俗的起源，民间盛行两种说法：

一种说法是起源于明代。相传在明朝洪武年间，虎山脚下龙岗（今袁家边村），有个名叫甜霞的姑娘，长得既漂亮又聪明，还会唱许多山歌。一天，她唱山歌挑水浇菜园时，被路过她家前往茅山烧香的一个财主看上了。财主要娶她做妾，但她宁死不从。为了反抗财主逼婚，这一年的农历六月十五晚上，甜霞独自来到以往和情人相会的一棵树下，在采下一些杏树枝插在秧田边之后，便上吊自尽了。周围十里八乡的年青人被她的纯

1970 年代末的江宁春耕

1980 年代的江宁街道

1940 年代江宁县农民插秧

洁、真诚的爱情所感动，便把这一天定为“插情枝”，年复一年，相沿成习。久而久之，“插情枝”被误传为“插青枝”了。

另一种说法则是起源于宋代。相传南宋末年，麒麟乡东流镇有个姓唐的大恶霸。他死后留下两个儿子，一个叫唐薄，一个叫唐利。兄弟二人各霸一方，欺负百姓，无恶不作。有一年，老天三个多月没下一滴雨，有一半农田插不上秧了。唐薄怕荒年佃户交不起租，在农历六月十五这一天，他带领家丁，见哪块田里的秧苗长得好，就插上青树枝，标明这块田收到的粮食要归他。就这样，当地不少人家被逼得逃荒要饭，妻离子散。

第二年的农历六月十五，唐利也学哥哥唐薄的办法，在秧苗好的田埂上插起青树枝来。第三年的六月十五前夕，当地佃户眼看到嘴的粮食，又要被唐家兄弟霸占，十分苦恼。这时，村里有个姓许的姑娘，想出了一个主意。她让乡亲们在六月十四晚上，在每块秧田都插上青树枝，让唐家两霸相争。大伙听后，觉得这是一个妙计，于是就聚集了附近大小十八个村的乡民，晚上一齐动手插青枝。

1998 年江宁镇妇女插秧比赛

六月十五一大早，唐家两霸各带一家丁，来占田插枝时，发现所有的秧田都插上了青枝，互相以为是对方干的。于是双方打得头破血流，最终告到县衙。为打赢官司，兄弟俩各派人偷偷给知县送去一百两银子。知县得了双方好处，左思右想，想出了一个两全其美的办法，说："兄莫争，弟莫闹，田插枝，都无效。"因此，兄弟俩这年一颗稻谷也没捞到。

历史传承

"六月十五插青枝"习俗，相传起源于宋代或明代。20 世纪 90 年代以后，麒麟乡一带的不少农家虽保持"六月十五插青枝"的习俗，但已完全不是原来的意思，仅仅是用插青枝来作为种红花草的标记了。近年来，随着城镇化建设步伐加快，麒麟集镇周边的乡村大多已经拆迁，成片的稻田基本消失，传统的六月十五插青枝的习俗已经不复存在。

当代影响与价值

六月十五插青枝习俗，是旧时江宁劳动人民在长期的农业生产中形成的一种具有娱乐性质的活动，寄托了当地民众对风调雨顺、五谷丰登的美好愿望及对富足生活的向往，具有一定的精神文化内涵。这一习俗的相关两个传说，分别宣扬了纯洁真诚的爱情及邻里和睦、团结友善、惩恶扬善的传统美德，具有一定的教育意义。此外，民间曲艺工作者还曾以"六月十五插青枝"为主题，编成皖南花鼓戏的唱词，在诸乡村广为传唱。

七夕节习俗

基本概况

七夕节习俗，流布于江宁全境，特别是横溪街道、淳化街道及周边地区。

所谓“七夕”是指农历七月初七的夜晚。七夕节，是民间传统节日，又称七夕会、乞巧日、乞巧节、女儿节。

江宁民间则称七月初七为“女儿节”。在这天，当地妇女会结彩缕、摆放瓜果在自家庭院中，然后对着月亮穿针，以此为“乞巧”。如果穿线过针，或有蜘蛛在瓜果上结网，即为得巧。

七夕节当天，男人是不参与乞巧相关活动的，江宁民间故有“女人不祭灶，男子不乞巧”的谚语。意思就是说女子在新春不可以祭祀灶神，男子则不参加乞巧节活动，以免男子学成奸狡溜滑的品性。

关于七夕节的来源，江宁民间流传着牛郎与织女的故事。相传王母娘娘的外孙女织女，曾私自下凡与凡间的一个名叫牛郎的贫苦孤儿成亲。王母娘娘知道后，勃然大怒，命令天神下界抓回织女，并用波涛滚滚的银河阻隔拆散他们，以致他们只能隔银河相望、对泣。不久，他们坚贞不移的爱情感动了喜鹊。于是，每年七月七日的晚上，无数只喜鹊在银河上搭起一座“鹊桥”，让牛郎与织女在桥上相会。人们被这个美丽动人的爱情故事所感动，于是姑娘、媳妇便幻想在每年七月初七牛郎织女相会之时，能向勤劳、聪明的织女乞得“女红”（女性从事的纺织、缝纫、刺绣等工作）的技能技巧。如此长期相沿成习，便有了一年一度的“乞巧节”。

杨柳湖上夜歌

历史传承

七夕节的传说，历史悠久，至少汉代已有。东汉应劭《风俗通义》即云：“织女七夕当渡河，使鹊为桥，相传七日鹊首皆髡，因为梁以渡织女故也。”东汉《古诗十九首》之一则专题咏唱了

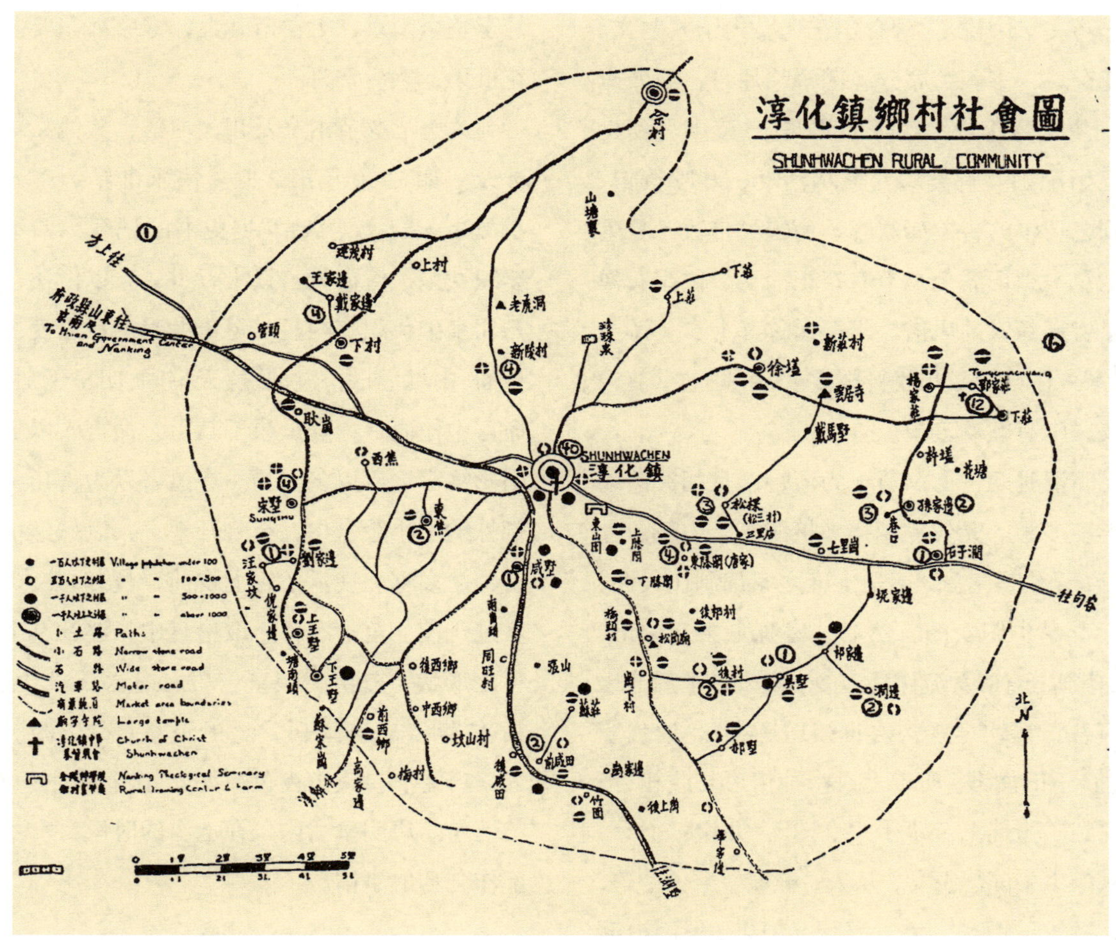

1930 年代淳化镇乡村社会图

七夕牛郎织女的爱情故事："迢迢牵牛星，皎皎河汉女。纤纤擢素手，札札弄机杼。终日不成章，泣涕零如雨。河汉清且浅，相去复几许。盈盈一水间，脉脉不得语。"晋代傅玄《拟天问》亦有七夕牛郎织女相会的记载："七月七日，牵牛织女会天河。"

关于七月七的相关习俗，东汉崔寔的《四民月令》记载有"作曲及磨具""合蓝丸及蜀柒丸、曝经书及衣裳、作干糗、采葸"等。西晋周处《风土记》记载："七月初七日，俗重此日，其夜洒扫中庭。然则中庭乞愿，其旧俗乎？"又说："魏时人或问董勋云：'七月七日为良日，饮食不同于古，何也？'勋云：'七月黍熟，七日为阳数，故以糜为珍。今北人唯设汤饼，无复有糜矣。'"这些习俗与牛郎织女的传说似乎关系不大。东晋葛洪《西京杂记》卷一记载了七月七日女性穿七孔针习俗："汉彩女常以七月七日穿七孔针于开襟楼，俱以习之。"南朝梁宗懔《荆楚岁时记》记载了荆楚地区乞巧习俗："是夕，人家妇女结彩楼穿七孔针，或以金银、鍮石为针，陈瓜果于庭中以乞巧，有喜子网于瓜上则以为符应。"这些活动已与江宁地区的乞巧习俗相近。

唐宋时期，乞巧风俗更盛。唐代祖咏《七夕》云："闺女求天女，更阑意未阑。玉庭开粉席，罗袖捧金盘。向月穿针易，临风整线难。不知谁得巧，明旦试相看。"权德舆《七夕见与诸孙题乞巧文》中说："外孙争乞巧，内子共题文。隐映花奁对，参差绮席分。鹊桥临片月，河鼓掩轻云。羡此婴儿辈，欢呼彻曙闻。"诗中写到少女和已婚配妇女都要参与乞巧活动，吵吵嚷嚷，为得到乞巧中的吉象而欢呼。南宋吴自牧《梦粱录·七夕》则记载七夕节有祭祀织女、供织女像及女子皆穿新衣的风俗。宋王禹称《七夕》诗中说："家人乐熙熙，儿戏舞娑娑。"可见七夕节祀织女仪式中有歌舞表演。

元明清时期，七夕节更为流行，且相关活动更为丰富多彩。元代熊梦祥《析津志》中载，七月七日，无论是皇家，还是士庶之家都制作大棚，张挂七夕牵牛织女图，然后"盛陈瓜果、酒饼、蔬菜、肉脯，邀请女流作巧节令，称曰'子刻节'，觇卜贞咎，宴饮尽欢，次日馈送还家"。清代窦光鼎《日下旧闻考》所记七月祀神情形与此相近，同样说到"张挂七夕牵牛织女图"，并说："七夕，各宫供像生牛郎、织女，从人、麒麟、象、羚羊、海马、狮子、獬豸、兔、海味、糖果，俱用白糖浇成。"

民国时期，江宁地区的七夕节基本沿袭清代习俗，同时又融入新的元素。在七夕节这一天，江宁妇女要结彩缕、在庭院中摆放瓜果。为求"奇巧"，妇女还需对着月亮穿针，如果有蜘蛛在瓜果上结网或者是穿上针线，即为"奇巧"。1928年第5期《军事杂志（南京）》发表的子清《七夕感怀》一诗云："香花瓜果设高楼，未卜今年得巧不。新月一弯斜照处，明珠十斛暂相投。竞夸乌鹊填桥累，谁解银河隔岸愁。岁岁此时离别恨，多情自古足千秋。"这说明，当时江宁地区乃至整个南京，七夕节晚上，家中都需要摆放香花瓜果，然后赏月。

关于七夕节由来及相关习俗，其他文章亦有涉及。如1930年第2期《快乐世界》作人《七夕故事》一文记载："据史书的记载，谓牵牛星娶织女星，曾借天宫钱十万贯，忘以偿还，天宫乃罚牵牛、织女两星，每年七月七日之夜，只会一面，由乌鹊搭桥渡河。唐天宝间，明皇于七夕日，命宫中作商台，陈瓜果于其上，命宫人以七孔针引彩线穿之，以乞天巧。穿过者以为得巧，又取蜘蛛纳于小金盒中，至晓开视之，以蛛丝稀密为得巧之多寡。现世俗之七夕前一夜，取井水一盆，雾过一夜，至七夕日，取诸日中，浮针其上成种种之形状，盖仿唐明皇乞巧之遗意云。"1939年第47期《立言画刊》沈正元《七夕杂谈》一文云："唐诗有'天街夜色凉如女，卧看牵牛织女星'的诗句。唐明皇宫内，在七夕的时候，宫女们全部作乞巧的事情。"

当代影响与价值

七夕节历史悠久，是独属于女性的传统节日，因与"牛郎织女"的美丽爱情传说相关，遂成为象征爱情的节日，曾受到历代诗人学者的关注和追捧，相关诗词及记载颇多，具有丰富的精神文化内涵。新中国成立后，七夕节习俗在全国大多地区一度废止。改革开放由来，这一传统习俗在江宁有所恢复。2006年5月20日，七夕节被国务院列入第一批国家非物质文化遗产名录，今则多被年轻人誉为"中国的情人节"。

啃秋习俗

基本概况

啃秋习俗，流布于江宁全境，特别是横溪街道。

啃秋，又称咬秋，指的是在立秋前一日吃西瓜，寓意炎炎夏日酷热难熬，时逢立秋，将其咬住，又有告别西瓜，迎接秋天到来的意思。旧时，每到立秋前日的傍晚时分，江宁地区各家各户就已摆出凉床，凉床上大人小孩吃着大片的西瓜，交谈嬉笑、纳凉避暑。当大片的西瓜送向口中时，男女老少都会收起往日的矜持，拿出北方汉子般的豪爽，大快朵颐。

江宁俗语说："老怕春冷，少怕秋燥。"因而啃秋之时，老年人总是劝年青人多啃一点西瓜，而且将西瓜皮啃得越薄越好。吃西瓜时，人们常提到青州、通州、光州。然而它们并不是地名，而是人们自嘲打趣的俚语。如果说"到青州了"，意思就是说啃瓜时，已啃到青皮了。"到通州了"，意思就是将西瓜皮啃通了！"到光州了"则更是戏语，意思说是将西瓜皮也吃光了！旧时，有的江宁人家还将西瓜皮削去薄薄一层青皮后，切成丝或丁，用盐稍渍一下，加入红辣椒丝炒熟，做成一道西瓜时令菜。或将西瓜皮切条，晒干后炖酱，便是一道早餐小菜，据说其有驱热祛

横溪西瓜大棚

知情人口述啃秋风俗

暑的功效。

为什么要在立秋前一天啃秋吃西瓜呢？人们认为西瓜性凉、清火、利尿，将其吃入肚中，可以尽去夏天暑热，增进秋季健康，以防秋燥，并且可以让人不生秋痱子。旧俗认为，吃秋瓜于人身体有伤害，故立秋后的西瓜，人们便不再吃。

关于啃秋习俗，江宁地区还流传一个故事。相传明代某一年的立秋前一天，南京城里许多人长了癞痢疮。为了治疗这一疾病，有人效仿庐州府崔相公之女食瓜让“癞痢”落疤自愈的故事，鼓励民众多吃西瓜。人们吃完西瓜后，瘌痢疮果真好了。久而久之，当地逐渐形成了在立秋前一天吃西瓜啃秋之习俗。

历史传承

先秦时期，人们已有在七月吃瓜的习俗。《诗经·豳风·七月》即云“七月食瓜”。宋代范成大《立秋二绝》小序中则明确提到人们在立秋日吃瓜的活动：“立秋日，戴楸叶，食瓜水，吞赤小豆大粒，皆吴中节物也。”清代张焘《津门杂记·岁时风俗》中记载，“立秋之时食瓜，曰咬秋，可免腹泻”。可见清人将立秋之时吃瓜的习俗，谓之咬秋，认为吃瓜可以免腹泻。顾禄《清嘉录》则记载在立秋前一日，街上已有卖西瓜的商贩。此日，人们用西瓜祭祀家庙及馈赠亲友，并将这一天的西瓜称为“立秋西瓜”。

晚清民国时期，江宁地区流行啃秋习俗。民国王焕镳《首都志》记载：“立秋前一日，食西瓜，谓之啃秋。”民国夏仁

爲三時。田家望雨最切。是日人家必權量老幼身體之輕重。

立秋前一日。食西瓜。謂之啃秋。七夕乞巧。

【正德江寧志】七夕曰巧節。飣果皆曰巧。如巧果巧餅之類。

【金陵歲時記】七夕前日。婦女取水一盂。曝烈日中。使水面起油皮。截蟋蟀草如針。泛之。勿令沉下。共觀水影中。如珠如傘。如箭如筆等狀。以驗吉凶。相傳南唐後主生辰。適當七夕。宮人以其時當酣暇。故預先期而乞巧云。

中元前後作盂蘭會。

【正德江寧志】中元。僧舍營齋供。薦亡。名曰盂蘭會。又謂之鬼節。

【金陵歲時記】吾鄉是月各街巷舉行盂蘭會。延僧道懺拜之外。獨有所謂蓮花鬧者。卽落字轉音方言也。所唱大半里謠。類如蘇白而不及其雅。昔開洪楊亂前。罵鴛橋以八月十六日舉行盂蘭會。齋。當時延僧道者。預有定期。以次遞舉。故該處獨後云。光緒間奉新許仙屏方伯振禕。任寧藩時。曾撰盂蘭會祭文一首。今僅記其一二。有云。新鬼大。故鬼小。玄武湖都是青燐。一姓姚。二姓王。白鷺洲

《首都志》中记载的啃秋吃西瓜习俗

虎《岁华忆语》“啃秋”条则云：“预藏西瓜，于立秋日食之，曰啃秋。”可见当时人们一般将夏天的西瓜收藏起来，等到立秋之日再吃。值得注意的是，《首都志》记载啃秋是在立秋前一日，而《岁华忆语》则称在立秋日，这可能是地域差异的原因，或是《岁华忆语》所称之立秋日实际上仍指的是立秋前一日。

新中国成立后，啃秋习俗继续流行。至20世纪90年代末，这一习俗仍广泛流行于江宁地区。当时中山陵附近出产的陵园西瓜，脆皮溜圆，瓤红味甜，是江宁民众的最爱，后来陆续推出的苏蜜一号、苏蜜二号等，也是供不应求的美味佳品！现在人们已经不再局限于在立秋前一日啃秋，许多人在立秋当天也吃西瓜，亦将其称作“啃秋”。

当代影响与价值

啃秋习俗，是旧时江宁民间在夏末时进行的一种休闲娱乐活动，体现了人们热爱生活及渴望健康平安的美好愿望,具有丰富的精神文化内涵。如今，江宁地区仍保留了“啃秋”的习俗。自2002年以来，以啃秋为主题的横溪西瓜节，在横溪街道已陆续举办20届。2015年12月28日，横溪西瓜还获得国家地理标志证明商标，成为南京第六件地理标志商标，是一种独特的南京文化符号，深受各地人们的喜爱。过去因交通不便，地产西瓜不能远销，需要啃秋时，江宁人有时还会顾虑买不到西瓜。如今，不仅是江宁地区，就连南京城内，啃秋时都可以吃上横溪所产的特色西瓜。

七月半放河灯习俗

基本概况

放河灯，又称放荷灯、放江灯、放水灯、放莲灯、斋河孤，是在农历七月十五傍晚于秦淮河放河灯的习俗，旧时主要流布于湖熟集镇秦淮河两岸的朱峰寺至龙王庙一带。

相传晚清时期，湖熟及周边地区水网密布，常受水灾肆虐，灾后霍乱、天花、血吸虫病等瘟疫时有发生，不少人暴病而亡。为了超度亡灵，寄托哀思，每逢农历七月十五，湖熟地区僧众即在盂兰盆会上，组织在秦淮河“放河灯”，并相沿成习。

还有一说，七月十五为中元节，湖熟当地人俗称“鬼节”，是道教三官之一的中元地官的生日。旧时，各地多有三官庙或三官殿，以祭祀上元天官、中元地官和下元水官，善男信女于这一日去三官庙烧香，以求祈福、释罪和解厄。这一天晚上，人们用木板或硬纸制成小船，上插蜡烛，点亮后放入河中，称之为“放河灯”。

在这一天，湖熟茅庵的尼姑会提前制作需要漂放在秦淮河上的荷花形河灯。傍晚时分，秦淮河两岸已是人山人海，场面十分热闹。人们齐聚秦淮河畔，为的就是观看“放河灯”活动。

在放河灯时，数十名尼姑坐在楼船上，手捻佛珠，诵经念佛。划桨手划起楼船后，小尼姑开始点河灯，并将其依次放入河中，每十桨放一次，直至五更天。除此之外，还有部分信仰佛教的民

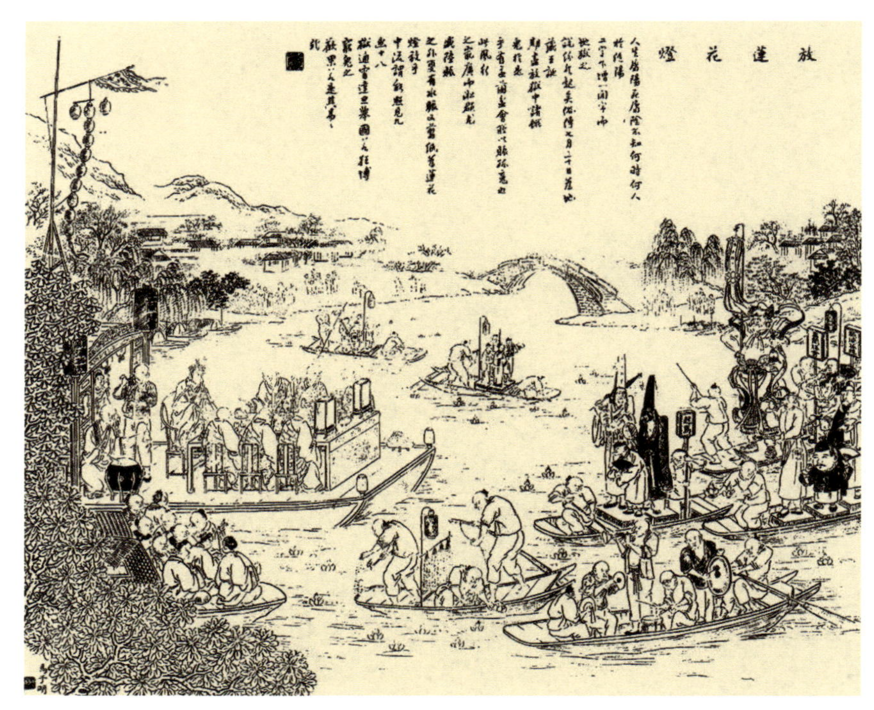

放莲花灯

放河灯

众登舟后，自己沿河放灯。数以千计的河灯绵延数里，使得秦淮河面灿若星辰，甚是壮观美丽。

制作河灯的材料、工具一般有彩纸（五色纸）、木屑、煤油、剪刀。河灯的制作方法较为简单：用彩纸剪出5朵花瓣，之后用浆糊贴制成荷花形状的灯，通高10—12厘米，内置拌有木屑的煤油，以作燃料。河灯所需要的燃料，是将木屑倒入煤油中拌匀，当点灯的燃料。放河灯时，将拌好的木屑点燃即可。放河灯所需要的费用，一般由当地若干巨商捐助，或由地方均摊。

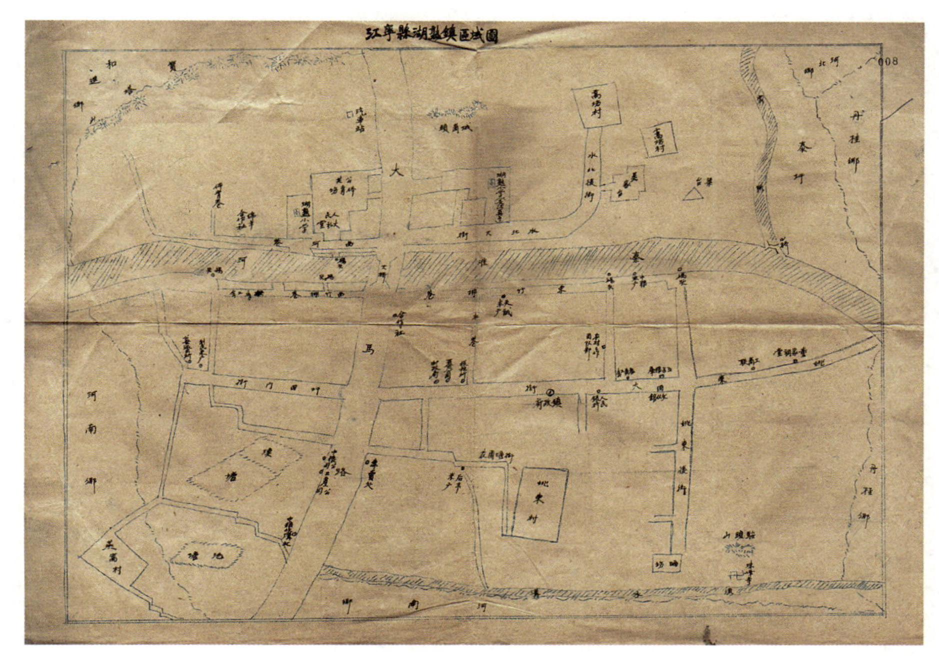

《江宁县湖熟镇区域图》

历史传承

七月半放河灯之习，由来已久，早见于宋代文献记载。南宋吴自牧《梦粱录》卷四“解制日”记载：“七月十五日，一应大小僧尼寺院设斋解制，谓之‘法岁周圆之日’。自解制后，禅教僧尼，从便给假起单，或行脚，或归受业，皆所不拘……后殿赐钱，差内侍往龙山放江灯万盏。州府委佐官就浙江税务厅设斛，以享江海鬼神。”案：“解制日”注为“中元附”，可见七月半放河灯习俗的起源，确实与佛教有关。

明清时期，七月半放河灯习俗更为流行。明代朱廷焕《增补武林旧事》卷三记载：“僧家建盂兰盆会，放灯西湖及塔上、河中，谓之照冥。”明代刘侗《帝京景物略》载：“七月十五，诸寺建盂兰盆会，夜于水次放灯，曰放河灯。”清代道光皇帝《中元河灯诗》还描写了“七月半放河

湖熟放河灯知情人赵阳春接受采访

灯”活动 :“万盏莲灯水面浮，中元佳节荡轻舟。繁星朗月光同映,点缀前汀一段秋。”潘宗鼎《金陵岁时记》之“斋河孤、荷花灯”记载 :“《帝京景物记》有中元放河灯之说，而不详其制。金陵人家，延僧舟次诵经，剪五彩纸为荷花灯，沿水放之，俗谓斋河孤。每年中元节，朱状元巷黄翼升宫保第内，特设水陆道场，其纸扎地狱变相狰狞可畏，法船、神马之具悉备，观者如堵。至十朔,亦有斋冬孤者,然不若中元之盛。”根据《金陵岁时记》的记载，放河灯又称斋河孤，在南京城内也有这样的风俗。每到中元节，在朱状元巷的黄翼升的府内，特地设置水陆道场，放河灯时“观者如堵”,可以想见当时这一活动的规模之大,影响之深。据夏仁虎《岁华忆语》之“河灯”记载 :“以纸糊灯作莲花状，荷叶托之，中燃小烛，顺河流放之，曰河灯，云以照渡溺魂。夜间推河窗观之，数星明灭，忽聚忽散，殊有幽趣。放此者，率为僧尼，或善男信女，羼聚一小舟，法鼓喧阗,群讽佛号,甚不足观。”《金陵赋注》云:“中元前后，村妪延僧舟次，诵经，剪五色纸为荷花灯，沿水放之，谓之斋河孤。”

民国时期，七月半放河灯习俗继续流行。1936 年 8 月 31 日上海《大公报》即登载了七月半中元节上海放河灯之事。其时，湖熟各街道都做盂兰会，请和尚、道士夜晚在广场上设坛诵经，超度孤魂野鬼。信众夜晚登舟，沿河放灯，绵延数里，颇为美观。抗日战争期间，侵华日军占据湖熟，盂兰会和放河灯活动都被迫取消。新中国成立后，这一活动又重新兴起，但在 1960 年代又渐止，至 1990 年代又略有恢复。

当代影响与价值

七月半放河灯习俗是旧时湖熟集镇宗教及民俗文化活动的重要内容之一，体现了人们对逝者的怀念、哀悼，以及对美好生活的向往。作为典型的岁时节日习俗，它拥有丰富的文化内涵，是旧时江宁民众表达内心深处情感的一种外在表现形式，展示了信众的感恩之心和敬畏之念，具有一定的精神价值与文化价值。人们在秦淮河面放逐河灯，大大小小的河灯满载着对逝者的思念及美好心愿顺流远去，水动灯摇，相映成趣，令人充满遐想。就此而言，保护和传承这一民俗，可为南京母亲河秦淮河增添美丽的人文景观与神秘色彩，对打造深具内涵与魅力的“秦淮河历史文化之旅”，助力江宁乃至南京社会经济发展都具有一定的现实意义。

重阳节习俗

基本概况

重阳节习俗，流布于江宁区境。

重阳节，农历九月初九，《易经》以偶数为阴，奇数为阳，九为最大之阳数，九月九日是两个最大阳数的重合，故称为“重九”或“重阳”，又称登高节、茱萸节、菊花节、敬老节等，是一个以敬老、登高为主题的传统节日。

旧时重阳节，江宁民间全家老小，或亲友相伴，携带酒菜徒步登上山坡高处，游山观景，饮酒赋诗，谈古论今。如遇相识友人，多会聚于一处，席地而坐，畅聊趣事，热闹非凡。重阳节这天，人们一般会身佩各种各样的茱萸香囊，所以江宁一带又称重阳节为“茱萸会”。茱萸有山茱萸、吴茱萸、食茱萸三种，多生长于山谷之中，是一种落叶小乔木，枝黑褐色，果实红色，叶对生，狭卵形。其可入药，味香浓烈，据说将茱萸插在身上，可避蚊虫叮咬，防止疫病。

在重阳节这天，江宁人还要吃重阳糕。旧时江宁的重阳糕一般用米粉或面粉制作而成，再用面裹着肉蒸熟，名骆驼蹄。如今的重阳糕多以米粉制成，其中以糯米粉为上品。一般先用米粉拌入少量开水和匀，放入糕盒，并嵌红枣于其中，制成上稍小、下稍大的四方梯形，入笼蒸熟。此糕制成后洁白如玉，清甜绵软，入口即化，十分可口，而且便于携带，易于保存，后逐渐成了江宁地区的早点佳品和逢年过节送亲朋好友的吉祥礼品。

此外，品赏菊花，也是江宁地区重阳节乐事之一。时至重阳，气温骤降，独菊花不畏严寒。各地的山畔田边，野菊盛开，朵朵白菊、黄菊满山遍野，争相竞放，灿若烟云，清幽芳香。人们在重阳节这一天，游山赏菊，别有一番情趣。除供人欣赏外，菊花放入茶中即为菊花茶，入酒称“菊花酒”，入肴可称“菊花菜”。其时，还有各种各样的菊花会，人们争相去看菊花、赏菊花、品菊花，以菊为主题的诗画不胜枚举。中医学认为，黄菊、白菊入药，性微寒，味甘苦，能散风清热，平肝明目，主治感冒风热、头痛、目赤等症，故深受江宁民众的喜爱。

这时的螃蟹最肥，味最鲜美，所以又时兴吃

舞起来的江宁老人

社区老人表演马铺锣鼓

螃蟹过节，有“清明螺蛳端午虾，九月重阳吃爬爬（螃蟹）”之说。全区圩田地区多产螃蟹，尤以沿江一带为最，而秦淮河上西北村的螃蟹更是首屈一指。

重阳节这一天，江宁街市上的商铺老板们都要宴请店中师傅和伙计，发红包，支付端午节以来的工钱，这是当年中的第二次结账，并决定伙计们的去留。又因为重阳节后昼更短、夜更长，商铺店家为了增加工作时间，多要求从重阳节起加夜班干活。

历史传承

文献记载表明，重阳节习俗起源于东汉。南朝梁吴均《续齐谐记》记载，东汉时汝南桓景从学费长房累年。某日，费长房谓桓景曰：“九月九日汝家当有灾，宜急去，令家人各作绛囊，盛茱萸系臂，登高饮菊花酒，此祸可除。”桓景听从了费长房的话，举家登山，等到晚上回家，见鸡犬牛羊皆暴死，而桓景一家人却躲过了一场瘟疫。久而久之，当地便流行每年九月九日登高的活动，相沿成习。东晋人葛洪在《西京杂记》中说：“菊花开时，并采茎叶，杂黍米酿之，至来年九月九日始熟，就饮之，故谓之菊花酒……九月九日，佩茱萸、食蓬饵（即重阳糕）、饮菊花酒，令人长寿。”可见在东汉六朝时期，已产生重阳节佩茱萸、吃重阳糕的习俗，与江宁之俗基本一致。唐宋时期，重阳节亦有吃糕食的习惯。北宋吕时哲《岁时杂记》云：“二社重阳尚糕食，而重阳为盛，以枣为之，或加以栗，亦有用肉者。”

明清时期，江宁地区重阳节习俗一般有城南登高、喝鞠酒、吃重阳糕、制重阳旗等。明代《正德江宁县志》即云：“九日出城南登高（亦多在雨花台），饮鞠酒，啖重阳糕。”是书又云：“啖重阳糕，或粉（米粉）或面为之。又用面裹肉炊之，曰骆驼蹄。”民国潘宗鼎《金陵岁时记》记载：“重阳旗，以五色纸镂为花纹，中嵌令字，或插门楣，或为儿童玩具，竞称庆贺重阳。吾乡女子新嫁，母家必遗以旗，而以时鲜佐之，谓之重阳节盒……谚云：吃了重阳糕，夏衣就打包。又云：重阳无雨望十三，十三无雨一冬干……吾乡重九之夕，铺家治酒剥蟹，以犒店伙，佐以卤鸭，自是夕酒后，工人始夜作矣，至清明而罢，亦铺家俗例也。”可见在重阳节这天，江宁商铺老板还要准备酒、螃蟹及卤鸭犒劳伙计。

民国时期，江宁地区重阳节仍有登雨花台、北极阁，以及吃重阳糕、螃蟹等习俗。《首都志》卷十三云：“重九登雨花台、北极阁，吃重阳糕。”民国夏仁虎《岁华忆语》“登高”条谓：“金陵人九日登高，北则鸡鸣山北极阁，南则雨花台，要以登雨花台者为最多……金陵人食蟹，谓‘九月团脐十月尖'，谓至时始肥美也。以捕自圩田者为佳，因食稻故。巨者两尖团重一斤，又曰对蟹，为他处所无。”是书“重阳”条云：“重阳宜雨。俗谚谓‘重阳无雨盼十三，十三无雨一冬干’，占亦屡验。盖冬麦无雨，不能下种，即春荒矣。是日，人家以糕饵供祖，上插小彩旗，曰重阳糕。儿童雕镂五色纸，作三角形，累贴成大旗，曰重阳旗。”可见在民国时期，除登高、吃特殊食品外，人们还用插上小彩旗的重阳糕祭祀祖宗，而儿童们会用五色纸剪成三角形，贴成大旗，名曰重阳旗。

1934 年《金陵大学农学院丛刊》第 23 号发表乔启明《江宁县淳化镇乡村社会之研究》一文，介绍了当地的重阳节习俗：“重阳秋，阴历九月九日，俗称重阳，农人家中，皆须吃重阳糕，以取步步登高之意。是日，农人多到山上旅行，近山者多登山，近城者则登城，效桓景避灾难的故事，萸囊未备，而避灾固自有心。”1934 年重阳节，南京励志社曾组织社员赴牛首山登高。为鼓励学员积极参与，励志社在 1934 年《励志》第 36 期发表《九九是重阳，登高牛首山》的消息，之后有 30 多人报名参加了重阳节活动。其学员黄仁荣在 1934 年《励志》第 37 期上还发表了《牛首山重阳登高记》。

新中国成立后，重阳节祭祖之习被废止，吃糕、吃螃蟹和登高之俗仍存。如今，每逢重阳节，江宁各级政府常开重阳座谈会，邀请当地高龄老者欢聚一堂，赏菊话旧，咨询发展振兴良策。社区则将 80 岁以上的老人组织起来一起过重阳，有看大戏、吃大餐等庆祝活动。在乡间，部分老人仍喜欢自做重阳糕以讨口彩，或到近处山坡登高。赏菊、吃螃蟹（一般是高淳大闸蟹）仍是江宁人过重阳夜的保留节目。重阳糕可在淘宝上买到，在蒸锅上一蒸即可。总之，在地域人口逐渐老龄化的今天，重阳节习俗越来越被人们看重。

当代影响与价值

重阳节是江宁重要的传统节日之一。传承至今，又添加了敬老等时代内涵。登高赏秋与感恩敬老是当今重阳节日活动的两大重要主题。在重阳节这天，全家老小一起登高、赏菊、吃重阳糕，增强了家人之间的情感联系，体现了浓浓的亲情，对树立新时代正确的家庭伦理观、构建和谐社会，都具有一定的现实意义。

十月朝习俗

基本概况

十月朝习俗，流布于整个江宁地区。

十月朝，或称“十月朔”，指的是在农历十月初一，江宁地区有烧纸、吃宗酒、赶庙会等信俗活动，民间一般将其与清明节、中元节并列为三大“鬼节”。

江宁旧谚云：“十月朝，家家送寒衣。”十月朝时，天已渐凉，江宁一般人家需要到坟前用红豆饭祭奠已亡亲人，然后再焚化纸制冬衣，一般有纸棉衣、纸棉裤、纸棉被，其意使亡者在冬日里有棉衣御寒，故十月朝又称“烧衣节”或“送寒衣节”。十月朝祭祖坟的习俗，类似于清明节。但不同的是，十月朝上坟时不做坟帽，不用白纸挂飘，只在坟前烧纸制冬衣等物品。

旧俗在这天，家族中的成年男性还要到宗祠拜祖，吃宗酒。吃宗酒时，一般是上午在宗祠内挂宗图，供祭品，焚香烧阴币，轮流跪拜。尔后聆听主持人（一般是族中长辈）讲话。吃宗酒一般是在中午摆桌，合族宴饮后则散去。吃宗酒的经费一般由每个家族成员均摊。祭祖活动时，族中长辈会受到晚辈礼敬。

此外，十月朝之际，秋收秋种已结束，旧时江宁地区的地主家会辞退雇工，故民间有“十月朝，老板伙计两开交”之说。

历史传承

文献记载表明，十月朝习俗，至迟宋代已有。宋代孟元老《东京梦华录》云：“十月朔，都城士庶，皆出城飨坟，禁中车马朝陵，如寒食节。”可见，十月朝时，上至皇家，下至士庶，都会前往家族墓前进行祭拜飨坟。《程氏遗书》则云：“十月一日拜坟，感霜露也。”

江宁地区十月朝习俗，在明代已较为流行。明代《正德江宁县志》卷二载：“十月朔……谚云‘烧十月朝纸’。”可知当时江宁十月朝，需要烧纸。

清代及民国时期，南京及江宁地区十月朝习俗更为流行。民国潘宗鼎在《金陵岁时记》“十月朝”条说：“吾乡清明、中元及十月朔，必奉

寒衣节祭拜祖先

知情人口述十月朝习俗

城隍神出巡，鼓乐前导，仪仗咸备，龙舟、凤辇、羽盖、香舆、灯伞之属，络绎于道。首为当今皇帝万岁牌位之亭，次则财神，次则善报司，次则恶报司，至是为城隍神，最后为城隍神后。所可嗤者，愚夫、愚妇服赭衣、青衣，身被锁枷，随驾出游，谓之罪人。自以生前发愿列入罪犯，冀死后宥其冥罚，故尔为此。其解犯人之差，名曰小解，涂饰面目，状如演剧之丑，沿途戏弄，以博嬉笑。”由此可见，清代民国时期的十月朝相关活动，规模较大，为出城隍的三大节之一。民国夏仁虎的《岁华忆语》“十月朝”条则记载：“十月一日曰十月朝，是日人家皆祭祖先，焚楮箔，亦有上坟祭扫者。”文中非常明确地指出十月一日是十月朝，有焚楮箔及上坟祭扫活动。

需要说明的是，有个别书籍将十月朝误记为农历十月初十。如《江宁区文化志》“十月初十”词条：“清代和民国初期的农历十月初十，叫‘十月朔’，俗称‘十月朝’，又称‘烧衣节’（即给亡者烧纸衣）或‘送寒衣节’。现今江宁一带一般将十月初十定为‘十月朝’。谚语：‘十月十，家家送寒衣’。”

当代影响与价值

十月朝习俗，是旧时江宁民间丧葬文化的重要内容之一，承载了人们对已故亲人的缅怀与哀思，具有丰富的精神文化内涵。在十月朝这天，家族中的成年男性还会借助在宗祠祭拜祖宗、吃宗酒等相关活动，聚在一起，叙旧交谈，以加强家族成员之间的情感联系，及对家族文化的情感认同。新中国成立后，因十月朝中的焚烧纸衣等活动涉及封建迷信，故被废止。如今，由于清明节、七月十五和冬至祭祀活动的影响力增强，十月朝相关习俗，知晓者已寥寥无几，已淡出人们的视线。

十二月初八喝腊八粥习俗

基本概况

农历十二月初八喝腊八粥的习俗，流布于江宁区境。

腊八粥，又称佛粥、八宝粥，是在腊八节用多种食材熬制的粥，其营养丰富，并具有生津液、畅胃气、易消化、暖身体等多种功效，被认为是冬令滋补佳品，故长期以来深受民众喜爱。

农历十二月初八，一般称为腊八节，江宁家家户户都要吃腊八粥，有庆祝丰收之意。江宁地区所流行的腊八粥，一般有咸腊八粥与甜腊八粥两种。大多家庭以咸腊八粥为主，有荤、蔬两种，称为“咸腊八粥”或“粗腊八粥”。主要原料有糯米、花生米、莲子、白果、赤豆、绿豆、豌豆、豇豆、山芋干、胡萝卜、茨菇、荸荠、藕、菱角米、豆腐皮、南瓜片等，少则几种，多则十几种。将这些食材煮熟煮烂后，再加入少量切碎的芹菜、菠菜、瓢儿菜、大蒜及适量的盐。吃的时候，可以不再配备其他菜肴。如果想制作荤腊八粥，则再加入切成方丁的咸肉、咸鹅、咸鸭、火腿、咸鱼等。无论荤素，咸腊八粥吃起来都十分可口。富贵人家则多以甜腊八粥为主，称为“甜腊八粥”或“细腊八粥”。其原料主要有糯米、赤豆、花生米、桂圆肉、红黑枣、莲子、薏米、白果、板栗、银耳等，煮熟后再加糖或蜂蜜。

腊八粥煮好后，江宁人家首先要先盛一碗供奉祖先，然后再盛几碗送给左邻右舍，特别是孤老、贫穷者或路过的乞丐。人们相信，在严寒冰冻时节，喝上一碗腊八粥，暖在心头，热遍全身。江宁俗谚云：“腊七儿，腊八儿，冻死寒鸦儿。”“腊八儿，腊九儿，冻死小狗儿。”“腊七腊八，出家冻杀。”都是人们对于消寒的期待。腊八这天，人们相互赠粥，各自可以品尝到不同配料、不同风味的腊八粥，有助于交流经验，同时可以分享友邻情谊和生活乐趣。此外，旧俗还认为，喝了别人家送的腊八粥，可以帮孩子消灾避难、健康成长，主家也平安吉祥，故人们很愿意接受左邻右舍及他人送来的腊八粥。

煮腊八粥时还有一些讲究：较硬的配料要先浸泡 4—8 小时，难煮的原料要先煮得快烂，确保吃的时候各种原料都软硬适中，切不可有的原料已煮化了，有的还咬不动，嚼不烂。此外，水量也是决定煮腊八粥成功与否的关键，一般是根据原料的数量来决定。一次放足水，不可太稀，更不能太稠。如中途多次添加冷水，则煮出来的粥不太好吃。还有一点就是需要掌握火候，各种原料配制好后，先开大火烧开，再文火慢熬。煮制过程中，需经常用锅铲操底，以免结底焦糊变味。腊八粥干稀适度的标准是：锅铲下锅没有多少阻挡；装在碗中堆不起来；一小碗粥，不用筷

太平天国时期施粥图

子，就能够喝到底。

那么，为什么要在农历十二月初八吃腊八粥呢？一般认为这一习俗与佛祖成佛之日有关。相传佛祖释迦牟尼即在腊月初八喝了一位牧羊女施舍的奶粥后不久便得道成仙。之后，每年的十二月初八，佛教徒都要在诵经的同时熬粥供奉佛祖。旧时在腊八节，江宁地区稍大一些的寺庙，都要把和尚们前几天化缘得来的米、豆等各种谷类，加上蔬菜熬几大锅稀粥。熬好后，和尚们在寺门前“放粥”，以接济乞丐、贫困者，并分送施主，所放之粥称为“佛粥”。久而久之，民间也在这一天煮腊八粥吃，相沿成习。

值得一提的是，旧时腊八节一过，人们就盼着过年，民谚有谓：“老妈儿，老妈儿，你别馋，过了腊八儿就是年”，“送信的腊八粥，要命的关东糖，救命的饺子”。可见旧时喝腊八粥，预示着新年的到来。

历史传承

腊月之称源自远古，其时人们往往在每年的最后一月中祭祀天地神灵和祖先，但不固定在哪一天，俗称为“腊祭”。直到南朝，才将腊八节确定为腊月初八。江宁及南京一带，旧时曾将腊月初八、十八、二十八日皆称为“腊八节”。

农历十二月初八喝腊八粥的习俗，由来已久，至迟在宋代已有。宋代吴自牧《梦粱录》云：“十二月八日，寺院谓之腊八。大刹等寺，俱设五味粥，名曰‘腊八粥’。”又孟元老《东京梦华录》：“十二月初八日，诸僧寺送七宝五味粥于门徒斗饮，谓之‘腊八粥’。”腊八粥一名“佛粥”，陆放翁《十二月八日步至西村》诗云：“今朝佛粥更相馈，反觉江村节物新。”由此可见，腊八粥确实与佛教密切相关。而周密《武林旧事》云：“寺院及人家，皆有腊八粥，用胡桃、松子、乳蕈、柿栗之类为之。”可见有宋一代，不仅是寺院，一般人家也煮制腊八粥，多用胡桃、松子、乳蕈、柿栗之类煮制而成。

据文献记载，清代江宁地区已有十二月初八吃腊八粥的习俗。民国潘宗鼎《金陵岁时记》“腊

腊八粥的原料

赶集的江宁居民

加果栗分送人家，曰送腊八粥。”

由于腊八粥清香甜美，健胃生津，老幼皆宜，至今江宁地区仍盛行吃腊八粥之习俗。如今，每到腊八这一天，江宁许多寺庙里仍会煮腊八粥，供香客们饮食。而一般人家也会早早准备食材，以煮制腊八粥。

当代影响与价值

八粥”条云：“吾乡先期各寺僧众庄严仪式，沿门托钵，谓之化腊八米。是日煮粥，佐以果实。供佛之余，分饷檀越。平时僧众募化米粮，谓之化月米。或施以熟饭，谓之打盏饭。”由此可见，清代江宁腊八粥的食材，是由僧人在腊八节之前，挨家挨户托钵化缘来的，这一行为称之为“化腊八米”。如果是平时僧众募化的米粮，则称“化月米”。煮成粥后，先供佛祖，再分给众人食用。

民国时期，江宁地区十二月初八吃腊八粥的习俗更为流行。夏仁虎《岁华忆语》“腊八粥”条记载：“腊月之初，寺庙僧众游行街肆及大家宅第，曰化粥米，辄提载而归。至八日熬粥，

腊八粥，是与佛教相关的传统美食之一，独具风味。作为一项重要的民俗活动，十二月初八喝腊八粥寄托了江宁民众热爱生活、渴望健康的美好愿望及和睦乡邻的传统美德，体现了淳朴的民风与浓浓乡情，具有丰富的历史、文化与精神内涵。近年，随着快餐时代的到来，腊八粥（八宝粥）已普遍采用现代化工业模式大规模灌装，不仅口味单一，其蕴含的文化内涵也丧失殆尽。但江宁地区的大多数人家在腊八节这一天，仍然保持着自家煮制腊八粥的习俗。就此而言，传承这一习俗，无论对于弘扬优秀传统文化，还是丰富现代养生饮食内容，都具有一定的现实意义。

江宁婚俗

基本概况

江宁婚俗，流布整个江宁区境。

江宁地区的婚俗，一般有合婚、送日子、前三朝、下大礼、过礼、暖房与陪嫁、婚礼、回门、会亲(后三朝)、谢媒等诸多程序。以下逐一说明。

合婚：又称定亲、订婚、定婚，是结婚前举办的仪式。旧时青年男女婚姻均由媒人说合，父母包办，即“父母之命，媒妁之言”。经媒人说合，两方父母同意，男女双方才可准备订婚。订婚的具体流程：首先，由媒人将男方的“红纸八字”即生辰八字，以及糖果、条糕、饰花和一套姑娘新衣等喜物送至女方，女方也将姑娘的“红纸八字”回送给男方。再由算命先生“合八字”(或称“押八字”)，如无冲突，便可订婚。如犯冲，需就此罢手。关于“合八字”，民间有“草纸八字满天飞，红纸八字如定规”之说。

订婚时，男方家中需备下酒菜，宴请家族成员等，以示庆贺；女方则需将男方所送的糖果、条糕等分送至亲戚好友，并告知喜讯。在女方家吃过酒席后，媒人需带着女方给男方的回礼，如米团子、米糕、红蛋和两棵表示吉祥如意的“吉祥草”等返回男方家。订婚当天，男方需先向女方支付部分彩礼钱，剩余大部分等到“送日子”或者“下大礼”时再付清。

送日子：又称看日子、通信、定婚期等，是指选择结婚的吉日。结婚前一两个月，男方家先请算命先生选择两个结婚办事的良辰吉日(一般是一年中除五六月之外，农历带“八”的日期)，然后将两个吉日写在婚帖上送至女方，让其选择一个喜日为婚期。一旦女方择定“佳日”，男女双方即着手婚嫁准备。在此之前，男方要先“起媒”，即宴请媒人，请其前往女方处转达男方之意，将男女双方家长提出的具体事宜协调妥当。

前三朝：结婚正日的前两天称为“前三朝”。“前三朝”时，男女双方要做好婚礼的准备工作，如邀请亲朋好友、媒人，特别是外祖父母、舅父母、司仪、厨师等，并提前布置好新房和婚礼中堂。同时，男方家要请媒人送给女方“上头菜”、鞭炮和新娘的全部嫁衣，女方则托媒人给男方带回新郎的一套礼服及鞋、帽、袜和腰带。

下大礼：在送日子当天，男方还要向女方家送礼，俗称“下大礼”，又称“下定”“下聘”“传红”，礼品一般有鸡鸭鱼肉、酒、鞭炮、茶叶、头绳、花、玉带糕、金银首饰等，数量不能离开“八”字，寓意“喜事大发”。下大礼时，男方托媒人带领挑喜盘的人，将剩余部分的“彩礼钱”及礼品送到女方家。当日男女双方都要办喜宴，宴请亲朋好友及媒人。

过礼：结婚正日的前一天，在媒人的带领下，男方安排未婚青年到女方家将女方陪嫁的嫁妆搬回婚房里，主要有被子、枕头、皮箱、日常用品等，俗称“搬嫁妆”，雅称“过礼”。其中子孙桶是较为重要的陪嫁物品。子孙桶即是马桶，主要有两种功能，一是供新婚夫妇大小便（小便一般在粪桶），二是供新娘以后生孩子用。马桶是传统时代日常生活的必须品，受条件的限制，过去江宁一般人家，只能在马桶上生孩子，故称之为子孙桶。

搬嫁妆时，子孙桶需要由10岁左右的健康男童背着，寸步不离，男方家则要在正门口迎接。女方在子孙桶内放七枚红子孙蛋与七颗糖果，男方接到子孙桶后，也要回礼给男童。受双份礼品后，男童要在子孙桶内尿泡尿，这是因为旧俗认为童子尿可以破邪气。子孙桶内放七枚红鸡蛋，寓意生七个孩子，放七颗糖果则寓意着甜甜蜜蜜。子孙桶一般会用麻布口袋包裹，寓意“麻布传口袋”，代代相传，一代更比一代强。

暖房与陪嫁：结婚正日前一日，男女双方家中都有宾客来贺。男方的外公、外婆和娘舅都要来“贺喜”，贺礼主要是中堂对联、喜帐、鞭炮、花、大红喜烛两对、米糕若干、肉一刀、鲤鱼一对、鸡（公母各一只）、鸭子（公母各一只）。晚上，男方需备下数桌酒席宴请来宾，俗称“暖房酒”。同时，邀请两位或四位未成年的童男在新娘新郎的床上就寝，俗称“压床”。女方亦要大摆酒席，宴请亲朋好友及众乡邻等，俗称喝“待嫁酒”或“陪嫁酒”。“准新娘”要由六位未婚姑娘陪同专设一桌，以示“尊贵”。

关于“压床”习俗，江宁民间还流传了一个故事。据说在明朝时，江宁的青龙山和黄龙山之间，有个龙山村，村里住着陈、丁两姓人家。陈家有个男娃叫陈士恭，丁家有个女娃叫丁芸。从小两家订了亲，陈士恭和丁芸都长得很标致，长大成人后相亲相爱。就在两家订日子成亲的那天，陈士恭和丁芸双双去赶集，撞见了本地财主赖荀生。这家伙娶了三房姨太太，都没有生养，想再讨个小老婆，为他生儿育女，传宗接代。他看到丁芸姑娘长得标致，起了坏心。第二天，就找个媒婆上门提亲，丁家不肯。他仗势把姑娘硬抢到家里，锁进一间小屋子里。接连几天，媒婆怎么说，也丝毫没打动丁姑娘的心。赖员外见软的不行，索性拉下脸来，恶狠狠地对丁姑娘说：“你不肯也行，只要你有办法叫我三房太太中，有一房在四十九天之内怀儿，我就放了你。”丁芸是个聪明的姑娘，听了这话，将计就计地说：“我表哥陈士恭是个有名的郎中，把他请来，有秘方能叫你太太怀儿。”赖员外奸笑一声说：“真的？如办不到，不要怪我无礼。”陈士恭被带到赖家，见到了丁芸，抱头痛哭。两人整整想了一夜，也没有想出个逃生的法子。快到天亮的时候，陈士恭才想出一个捉弄赖荀生救丁芸的办法。大清早，赖员外就赶来逼问：“有什么办法？”陈士恭说：“你先把丁芸放了，我再告诉你。”赖员外一心想着要生个儿子，就放了丁芸，押陈士恭做人质。陈士恭说：“你要想生儿子，须在三个太太当中选一个，再结一次婚。结婚的前三天，要找四个九岁的小叫花子在新床上睡觉，供他们吃喝，包你有喜。”赖员外一听，就照陈士恭的话去做了。赖荀生和三太太重新结婚以后，巧不巧，三姨太真怀上了。赖荀生高兴地跑进磨房，问陈士恭用了什么秘方？陈士恭随嘴编了两句：“婚前童子压床，婚后子孙满堂。”赖荀生头直点，把陈士恭也放了。

婚礼：举行婚礼仪式的当天为“正日”。正日最为隆重、热闹，从迎娶到闹洞房、送房，其内容丰富，程序较多，充满喜庆欢乐祥和的气氛。

1. 花轿迎亲。正日清晨，在鞭炮、鸣锣、

钱家渡婚庆表演

乐器奏乐声中，男方需委派傧相（也称夹拜盒的，通常由能言善辩、知书达理的中年男子担当），偕同大媒、迎亲少女（4 名）等，备一顶花轿，一路吹吹打打去迎娶新娘。迎亲途中，轿夫们负责抬着花轿，有人高举大红灯笼，有人提着大红色小灯笼在两边照着轿子，迎亲队伍浩浩荡荡来到女方家门前。至女方家门前，由傧相前去联络，同时需要喜话连篇。这时女方家门往往紧闭，为的是向男方索要开门、抢轿、梳头、洗澡、起床等开门礼钱及喜烟喜糖。双方一番讨价还价后，家门才得以打开。进入家门后，女方傧相出面接待，先后向男方敬上三道茶（糖茶、蛋茶、清茶）。为再次讨要开门喜钱，新娘闺房房门通常也是紧闭，房内众人得到男方喜钱才开。如时辰不早（有新娘要在中午 12 点之前到达婆家之乡俗），媒人便要催促新娘上轿。上轿之前，新娘要盖上盖头，由兄（弟）背（或抱）上轿，寓意“没带走娘家财气”。新娘要哭着上轿，俗称“哭嫁”。哭得越厉害，婆家越发财、吉利。新娘上轿后，轿夫抬轿出发回男方家，称之“收轿”。一般喜轿在前，女方送亲队伍（新娘兄弟、送亲少女、女方傧相等）随后，迎亲队伍次之，一路吹吹打打，缓步前行。途中若有桥梁，轿夫则会停轿向男方讨要“喜钱、喜烟、喜糖”，俗称“过桥礼”，如此反复。旧时有“不闹不发，大闹大发”之俗，故主家会陪以笑脸，不会做出埋怨之态。花轿到达男方家后，一般停在堂屋前。欢迎的鞭炮连天响，喜娘（或称全福婆婆，一般由夫妇双方健在者担任）笑容满面来迎轿，向众人打招呼：“不要挤，不要闹，犯忌的人旁边靠，请大家不要拥上前，好让新娘迈金莲。”随后，喜娘接过新娘手捧的“百儿香”，供中堂上席，给新娘套上新郎的鞋，叫“同鞋”，寓意新郎新娘“同偕到老”，即“永结同心”“百年好合”“白头到老”。在众人簇拥之下，新娘要走上一段用红地毯（也有用麻袋）铺就的通道（寓意“代代相传”），再由新郎与喜娘接入家门。

2. 拜门神。喜娘挽着新娘到堂屋大门前，礼仪先生喊，“新娘进门，先拜门神”“门神、门神，认认新人，从今往后就是自家的人”。

3. 传“代”。拜门神结束后，即需进行传代仪式。其时堂屋门里门外需放着几片麻袋、布袋，让新郎、新娘踩着麻布袋进堂屋。新郎在前，新娘在后，中间筛箩相隔，袋子一只接一只，从新郎、新娘头顶翻过后垫在地上，前后相传，直到堂屋正中。传“代”时，礼仪先生需喊喜话：“传袋，传袋，麻布传口袋，一代传一代，一代胜过一代。”寓意新人“早生贵子，传宗接代”。遇到门槛时，喜娘会说喜话提醒新娘：“请新娘步步高升。”新娘需一步跨过门槛，进入堂屋，否则会不吉利。

3. 拜堂成亲。新郎、新娘进入正堂后，需男左女右并排面向高堂站立。随后，礼仪先生高喊：“成亲仪式正式开始，吉时已到，请犯忌的离场。奏乐拜堂，一拜天地。”在欢乐的奏乐声中，新郎、新娘向高堂叩拜，在高堂花烛台下，垫着红纸，象征天地之位。礼仪先生接着喊“二拜高堂”，新郎、新娘需跪拜高堂上悬挂的中堂和对联，一般为祖宗之位。礼仪先生再喊“三拜家主长辈”，新郎、新娘接收长辈回礼（一般是第一次给新娘的见面礼）。紧接着，礼仪先生喊“夫妻对拜”及“成双成对，互敬互爱”，喜娘则喊“女拜男身，伴老终身”，又喊“男拜女身，女子多生”，接着礼仪先生又喊：“礼成，送入洞房。”

4. 坐富贵。新人进入洞房后，喜娘面对新人站立，并安排新人坐在床沿上，一般是新郎在东，新娘在西，俗称“坐富贵”。此时喜娘需说喜话：“千年姻缘，百年好合，夫妻恩爱，白头偕老！”语毕，喜娘示意新郎取秤杆轻轻挑去新娘盖头，寓意“称心如意”。随即，喜娘送上用枣子、花生、莲子等七味烹成的“七子汤”给新人吃，同时说喜话：“早生贵子，多子多福。”新郎要用汤匙先敬新娘，然后才能自己享用，且不能全部吃光，寓意“喜庆有余”。

5. 三道茶。拜堂成亲后，礼仪先生领着家主，出村迎亲至堂屋前，表示远迎有礼。礼仪四人双双站在门外门内，外说：“请进。”内说：“请上座”。迎进中堂后，茶厨立即倒“三道茶”，即糖茶、蛋茶、清茶，并以副食招待。新郎、新娘及全部来宾喝用花生、红枣和糖泡的“和气茶”，寓意新人合家欢乐、日子过得甜美、早生贵子等。喝完茶后，亲朋好友需吃常来常往面，之后主家便举行新婚酒宴。

6. 婚宴。举办新婚酒宴时，堂内需点燃香烛，摆三桌酒席，首席是新亲主宾席，一般是新娘的哥哥或弟弟（俗称舅爷，也称舅老爹）单人独坐上方，由六位年龄相当、知书达理之人陪坐。席间，陪客须举杯敬酒舅爷，以示尊重。舅爷若有酒量，可喝少许，若无则实言相告，仅端杯示意即可。其他两席则按亲戚辈份大小依次入座，坐席时有“父子不同堂入席，祖孙坐对席”的说法。上菜时，乐手根据上的菜名不同，吹出不同的音

1980 年代江宁桃红花炮厂广告

旧时江宁婚礼用的饼干罐子

乐，以渲染喜庆气氛。新房内，亦需设一席酒，新娘坐上方，由六位年龄相差不大的年轻女子相伴。新娘不随便动筷、吃菜、举杯喝酒，只会简单应酬、回礼，当鸡、鱼、肉、圆子等大菜装满了新娘的菜碗后，新娘即被搀扶出席，将菜饭送进主家米缸，第二天供全家食用，表示吉利、富贵。酒过三巡、菜过五味后，新郎、新娘向亲戚敬酒，喜娘则在一旁指导敬酒、奉菜，同时乡邻围观者不断嬉闹说喜话。

婚宴结束后，在离开之前，舅爷还须到新娘房中，撒一把铜钱（或硬币），出门时不得回头观看，意为把新娘放心地安置在这里，无担心之念。之后，傧相便携同舅爷等送亲人员向男方父母及族中长辈一一告辞，并由新郎等人送出村外，沿大路返回。

7. 送房。婚礼晚上最后一席酒叫“送房酒”。吃“送房酒”时，通常新郎独坐上席，几名成年男子陪席。在隆隆的鞭炮声、动人的奏乐声中，主家点亮新花烛，标志送房正式开始。此时新郎倌披红、拥红、插花后，开始接受陪者的敬酒、奉菜，以及祝贺新婚之类的喜话。喝完送房酒后，新郎入洞房，婚礼大典结束。

8. 闹洞房。旧谚“新娘房三天无大小”。新亲回府后，男方亲眷便开始闹新娘，要喝喜茶、抽喜烟、要喜果子（即花生、糖果、红蛋），尽情嬉闹。闹洞房结束后，整个婚礼正式宣布结束。

回门：婚礼次日，新婚夫妇需回娘家省亲，称之“回门”。回门时，新人须送上一桌酒菜孝敬岳父母（父母）大人，十包十条（白糖、条糕各十包）送于七姑八舅等至亲。若亲戚收下了包条，就表示认下了这门新亲，日后双方诸事便可往来；若没有收下，新人要谅解，不得追问缘由，但日后双方大小事可以两免，互不干扰。因旧时有“一月之内不得空床”之说，回门当天，新婚

民国初期南京的迎亲大花轿

夫妇绝不可在娘家留宿，须在日落之前赶回新房，否则是“大不敬”。有的地方则是在会亲时即婚礼的第三天的午后进行回门，届时新娘坐着花轿，新郎骑着高头大马或毛驴，带着礼品回到娘家。

会亲：一般在婚礼的第三日进行，亦称“后三朝”，主要内容是男方家长邀请女方父母、七姑八舅等亲家来家中做客，认门聊天。此日，男方一般要办酒席宴请双方亲眷好友，也就是“吃三朝酒”。在吃三朝酒的当天上午，新人还要完成新娘下厨、侍奉双亲和入祠祭祖的活动。

谢媒：即酬谢媒人，是男女婚嫁中最后一道程序。因为媒人在婚事中奔波劳碌，颇费口舌，辛苦不少，主人理应答谢。旧谚有“做媒做媒，（吃）

三十六回”之说，足可见旧时媒人之辛劳。谢媒时，除了酒席招待感谢以外，男方还需准备衣服一套、毛巾二条、肥皂二块、酬金（喜钱）若干相赠媒人，因此有媒人“新衣穿在身上长长脸，毛巾肥皂洗洗灰尘换换新”之说。此外，因“媒”与“霉”谐音，谢媒预示着主家为媒人卸去“霉”，即“卸媒”。如不谢媒，人们认为会给媒人带来霉运祸害，引来不必要的麻烦。如男方谢媒之后，媒人日后若有生灾害病之“霉”事，便与“做媒”无关，自然也就不找新人的麻烦了。因此，无论是主家，还是媒人，都非常重视“谢媒”。

此外，江宁婚俗中还有不少讲究与禁忌，如：重礼教、合八字、配生肖；选良辰吉日，同龄选单日，不同龄选双日（农历），不选带四的日子；女子出嫁时，禁止自己走出家门进轿门，必须抱上轿；忌六七月完婚，因六月是一年的一半，有半路夫妻之说，七月是鬼月，更为不祥；结婚当天，新娘出门，忌与姑嫂见面；凡生肖属虎或寡妇，不可观礼或进新房；新娘进新郎家，先踏门槛，再跨过去；新娘月内忌参加任何婚丧喜庆，忌串门及在外过夜；忌孕妇进入洞房，忌讳小孩在新房内哭闹；订婚喜宴完毕后，忌说“再见”。

值得一提的是，旧时江宁还一度流行童养媳习俗。童养媳，也叫养亲、养媳、待年媳，指的是由婆家养育，待到成年正式结婚的幼女。童养媳多因家境贫困，或男方兄弟多，怕日后娶不起妻子，故抱养一个女孩来做儿媳妇。江宁民间接童养媳时，需将女孩头上盖块红布，然后用土车或小毛驴接至男方家中，等长大成人后，再举行简单的婚礼成亲。

历史传承

据文献记载，上文所述之江宁婚俗，大致形成于清代中晚期。清代《嘉庆江宁府志》即载：“婚之亲迎者绝少，唯姑自往迎之。女家稍款以菜果。妇登舆，则女之母随送。至婿家，舅姑设宴款女之母。”可见清代早中期，江宁婚俗中的迎亲者较少，仅姑（男方母亲，即婆婆）前往女方家迎接新娘，届时女方需提供饭菜水果给婆婆吃。新娘上轿后，新娘的母亲跟随前往男方家。到家后，公婆需设宴款待岳母。这些仪式明显与上文所述的江宁婚俗不同。

成书于清光绪三十四年（1908）的徐寿卿《金陵杂志》，详细记载了当时江宁之婚俗，其中有发草八字、传红、送日子、行礼、铺嫁妆、求亲、发宝轿、作富贵、合卺、开脸、请会亲、煎豆腐、分大小、说媒、拜主亲、回盘、大开门、小开门、上头、代嫁饭、三请三邀、暖位、元饭，及送夏、送冬、送灯等诸多流程，十分庞杂，与前文描述的江宁婚俗已较为接近。

南京及江宁旧俗认为，新妇是不洁的，如果新娘子离家串门，不仅夫家忌讳，连她去串门的人家也不高兴。如徐珂《清稗类钞》载：“江宁之新嫁娘，非于一月以后不能入人家，如或误犯，必责令斋百怪，以祓除不祥。斋百怪者，须备香烛、纸马、牲牢、酒醴以往，且必男着女衣，女着男衣，夫妇双双顶礼，斋毕偕归。”1922 年徐寿卿《金陵杂志续集》“婚礼变通”条亦云：“宁俗旧礼，迎娶、三朝、会亲、望进、回门，分五次。近则参用新礼，五次仪节，尽一日之间完结，其较旧礼简便多矣。”由此可见，民国时期江宁婚俗较清代更为简便，迎娶、三朝、会亲、望进、回门等仪式均在一天之内完成。这应与民国政府变革繁缛复杂的旧式婚俗，推行简约的新式婚礼有关。

新中国成立后，江宁原有的婚俗逐渐被新的婚俗所取代，但仍有部分婚俗，如合婚、办婚宴、婚礼、起媒、谢媒等，一直保留至今。

当代影响与价值

江宁婚俗是江宁传统文化的重要内容，是维系社会稳定与发展的基石之一，属于必不可少的人生礼仪。其繁缛且模式化的仪式，集中反映了老江宁人的婚姻观、家庭观，具有一定的精神文化内涵，对当下婚俗改革，对提升人们对婚姻家庭的责任感，增进婚姻和美、家庭和谐，都具有一定的现实意义。如今的江宁婚俗，仅保留了合婚、婚礼、婚宴、闹洞房、压床、起媒、谢媒等仪式，其他则融入大量的新时代时髦元素，如拍婚纱照、用轿车迎亲、租用酒店宴会厅举办婚礼、由婚庆公司安排司仪主持婚礼、出国度蜜月，等等。

江宁传统婚宴习俗

基本概况

婚宴历来是婚嫁程序最高潮部分，是新郎新娘在至亲、宗族、四邻、友辈面前的正式亮相。江宁传统婚宴有很多讲究：一是菜肴，二是婚宴坐席，三是宴请宾客，四是回礼。

江宁传统婚宴的菜肴中整鸡、整鱼、整鸭、肉圆子、扣肉（也称梳子肉）及炒菜、蔬菜、米糕、团子、八宝饭、四喜元宵等必有。通常为四大荤、四小荤加四蔬，或六大荤、六小荤加四蔬，另有两羹汤。甲鱼、乌鱼、黄鳝、乌鸡、螺蛳、河蚌、野菜等绝对不能上桌，青菜、辣椒、咸小菜、稀饭之类食物也不能上桌。俗礼认为吃青菜说明男方家小气，吃辣椒会使新娘变成“辣嘴”，吃稀饭从此变穷困等。婚宴菜肴样数为双数，寓意“好事成双”。

上菜次序是先冷盘、继炒菜、再烧菜，鱼是大菜当中最后一个上席，最后上汤。端菜的人每上一道菜都要报菜名，讲吉祥话，如“孔雀开屏（整鸡）、龙凤呈祥”“鲤鱼跳龙门，主家福禄人”“鲤鱼跳两跳，很快就把儿孙抱”“狮子滚绣球（肉圆）、主家富得直淌油”“四喜丸子一大盘，金银财宝堆成山”“鸭子呱呱叫，郎才女貌配得好”，等等。

上鱼时，一般由大厨亲自端上桌。鱼在婚宴上的作用非常大，鱼不上桌，人不能离席。酒过三巡后，如果主家发现迟迟没上鱼，就会到厨房与大厨协商沟通，以喜烟、喜糖、喜钱伺候。江宁陶吴周边地区，大厨在端鱼上桌前，要给主桌的“新亲”打毛巾把子，就是用热水捂一下新毛巾，递给“新亲”，一般是新娘的父亲或哥哥。此时“新亲”要接过毛巾把子，象征性地在脸上擦一下，然后把喜钱搁在毛巾里递给大厨。如果大厨对喜钱的数额不满意，还会重复递毛巾把子，直到满

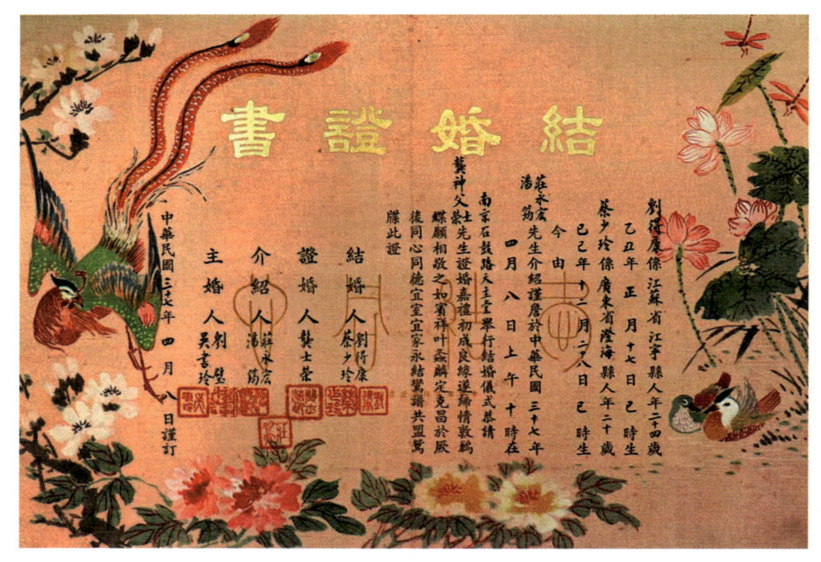
結婚證書

劉得康係江蘇省江寧縣人年二十四歲
乙丑年正月十七日乙時生
蔡少玲係廣東省澄海縣人年二十歲
己巳年十二月二十八日己時生
今由
莊永宏 潘筠 先生介紹謹詹於中華民國三十七年
四月八日上午十時在
南京石鼓路天主堂舉行結婚儀式恭請
龔士榮神父先生證婚嘉禮初成良緣遂締情敦鶼
鰈願相敬之如賓祥叶螽麟定克昌於厥
後同心同德宜室宜家永結鸞譜共盟鴛
牒此證

結婚人 劉得康 蔡少玲
證婚人 龔士榮
介紹人 莊永宏 潘筠
主婚人 劉壁 吳書玲

中華民國三十七年四月八日謹訂

民国时期江宁县人结婚证书

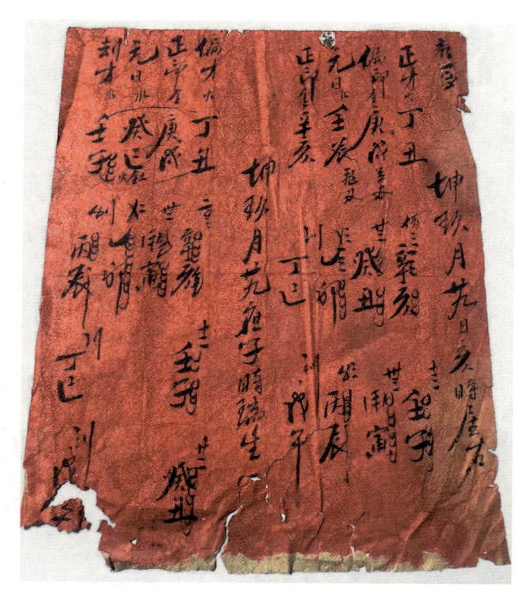

民国时期江宁婚俗中由算命先生合八字的红纸

江宁婚俗老物件

意时才上鱼。帮厨的人也有讨喜钱的绝招，会乘客人不注意时往客人碗里扣饭，不胜饭量的“新亲”会适时给喜钱，以停止扣饭。扣饭后来演变成酒桌上熟人之间喜闹的形式。

婚宴的坐席安排，在江宁地区历来有很大规矩，主家安排不好会产生矛盾。有句俗语是专门针对生女儿人家的，“生个女儿坐独席”。江南一带至今还流传着“抬头嫁女儿，低头娶媳妇”的说法。传统婚宴最终目的是陪好女方送亲者，以示男方对女方“新亲”的尊重。结婚当天女方送亲的父亲、兄长、弟弟等“新亲”，每人都要坐独席，即每人坐一桌的上首，八仙桌的其他三方坐 6 个人陪，江宁话称“上岗子”。陪同“新亲”的 6 人，一般与女方“新亲”辈分身份相当。结婚前一般由双方媒人沟通好，女方家来几位需要安排独席的男眷“新亲”。

百里一风，十里一俗，江宁各地的婚宴规矩也不尽相同。有的地方父亲、兄弟、侄子都可以送亲，有的地方父亲不送亲，但坐独席是相同的。陶吴周边地区，坐独席还有父子不同堂的规矩，即父亲与兄弟都参与送亲，男方在安排坐席时，父亲与儿子不能在同一个堂屋安排酒席，爷孙可以同堂，男方家就要准备 2 个有中堂的堂屋以安排坐席。

婚宴当天，男方负责陪“新亲”喝酒的人任务重、压力大，既要有酒量，还要懂陪酒的规矩。一个独席上要有一个酒司令，把握桌上喝酒的节奏，既要把“新亲”陪好，也不能让“新亲”喝醉，还要负责引导陪酒人的礼节。酒司令也要有酒量，开席后酒司令要先“四门大开”，从“新亲”的方位开始，即东南西北每个方位喝 2 杯，然后上顺 2 杯、下顺 2 杯。算下来，酒司令喝完 12 杯酒后，才进入陪酒的正常节奏。

传统婚宴上宴请的客人要比现在少，一般只限于男方家人和至亲参加，除宗族、四邻、世交每家只请一人外，旁人一般不予邀请。连女方父母、舅、姑、姨等长辈亲戚都不参加，因为有女方“新亲”参加的婚宴是在结婚当天的中午进行。江宁地区在婚宴邀请上有一句俗语：“亲戚不请不送，朋友不送不请。”意思是，通知亲戚参加婚宴，要准备好喜礼、喜帖登门邀请，喜礼一般是喜糖、喜糕，条件好的还会有喜烟、红鸡蛋。各家所备不同，但上门邀请是必须的。朋友要自己主动上门送喜礼，主家才会发帖邀请。这个传统也是尽量避免了朋友之间人情往来的负担。

婚宴结束时，主家要给每个参加婚宴的宾客准备一份回礼。回礼品种也是视男方家的经济条件而定，一般有喜糖、喜糕、喜团子、红鸡蛋等。江宁大部分地区喜糕、喜团子、红鸡蛋是由女方家结婚当天带过来，婚礼前由双方媒人协商好女方需要准备的数量。糕与团子均是糯米制作，糕做成方形，团子做成是圆形或心形，鸡蛋煮熟后染成红色。男方家一般也会打一些喜糕、喜团子，煮红鸡蛋，以备不足。

历史传承

婚宴是中国各民族普遍流传的风俗，其源头据说是氏族公社解体、私有制产生而引发的抢婚习俗，男方在同伙协助下抢夺妇女为妻室，成亲时当事人要备下丰盛酒宴酬谢同伙。其后，婚宴成为婚礼的重要环节，《礼记·典礼》有云：“男女非有行媒，不相知名；非受币不交不亲，故日月以告君，斋戒以告鬼神，为酒食以召乡党僚友，以厚其别也。”《太平御览》转引了应劭《风俗通》中关于汉代婚宴的记载，如“京师宾婚嘉会，酒酣之后，续以挽歌”，又如“有宾婚大会，母在堂上，酒酣，陈乐歌笑”，可见当时婚宴在喝喜酒之后还安排有乐歌。《清史稿》中的《礼志》“大宴仪”专门记载了皇帝婚宴礼仪：“大婚宴，顺治八年大婚礼成，设宴如元旦仪，并进皇太后筵席牲酒，嗣后仿此。”

由于婚宴日益隆重，出现了趋于奢靡的现象，官方经常为此出台律法予以匡正。如元世祖忽必烈于至元八年(1271)规定民间婚聘礼币，根据贵贱等级各有标准，婚筵也要求从简。《元史·刑法志》还记载了禁令：“诸嫁娶之家，饮食宴好，求足成礼。以华侈相尚，暮夜不休者，禁之。”

明代南京的婚宴仍然讲究排场，据明《正德江宁县志》记载：“及娶，又有设筵之费。是日，女家铺房，男家设筵，侈靡相高。”顾起元《客座赘语》对这类现象作了严辞抨击，“今则服舍违式，婚宴无节，白屋之家，侈僭无忌”。

江宁传统婚宴的菜式、习俗等起于何时，虽无从考证，但在20世纪的乡村还是很盛行。

当代影响与价值

随着时代进步、社会发展、现代与传统的交融，传统婚宴的内容与形式自然随之改变，约定俗成的程序、规矩，既有简化合并或摒弃，也有枝节蔓生的繁复演化。特别是近若干年江宁地区的快速城镇化，使得传统家庭住房格局发生了重大变化，举办传统婚宴的条件已经没有，新人婚宴多在酒店举办，整个婚礼及宴席有司仪负责。但也有延续的，如传统菜式中的扣肉、肉圆、整鱼等依然保留着，对女方家人的尊重、回礼上的讲究仍被传承。

嫁女习俗

基本概况

嫁女习俗，流布于整个江宁区境。

旧时江宁境内嫁女，一般要经过合婚、定亲、通信、婚礼、回门、会亲、谢媒等环节。

这些习俗，有些虽带有封建迷信色彩，但自古以来相延成习，不可草率。经媒人撮合后，在男女方准备谈婚论嫁之时，为确保女儿婚后幸福，女方家长往往采取暗访的形式，去了解男方及其家庭的真实情况。婚礼前一日，女方要大摆宴席，宴请亲朋好友、众乡邻等，俗称喝“待嫁酒”或“陪嫁酒”。“准新娘”要由6位未婚姑娘陪同，专设一桌，以示“尊贵”。出嫁时，母亲与新娘边哭边讲，边哭边唱。母亲往往哭唱：“娘劝女，出门去，孝敬公婆天地知，夫妻和顺百年好，叔伯兄弟要和气。”女儿哭唱：“女劝娘，多保重，父母和顺百年好，福寿到老天地知，教育小弟和小妹，子孙万代年年喜。”哭得越伤心，说明母女情越深。嫁女习俗重要的内容还有陪嫁。女方陪嫁物品，名目繁多，通常有棉被、枕头、床单等床上用品，盆、桶、橱、柜、箱、梳妆台等家用器具。富贵人家，还有房产、土地、店铺、现金等大宗资产。不论多少陪嫁，棉被、马桶、脚盆、针线匾、小箱子一般是少不了的，以下稍作说明。

1. 棉被。厚棉被、薄棉被、夏被等加起来，有的多达一二十床。即使在不产棉花的圩田地区，也得陪上六、八或十床。

2. 马桶、脚盆。陪嫁物品中，马桶、脚盆是必不可少的。马桶也称“子孙桶”，即一大一小2个。小马桶可放进大马桶内，大马桶还可放入一个小方木柜之中。大马桶为平常大小便用，小马桶则专供新娘生孩子时用。子孙桶中还得放进煮熟的红鸡蛋、大红枣、花生、葵花子各7个（粒），用红布袋扎好。

3. 针线匾。针线匾用藤柳编制而成，漆成红色，形似面盆，内盛针、线、剪刀、针箍、五色碎布片等女红用具。姑娘出嫁前还要自己动手，为公婆做一双“孝顺鞋”，为未来的小孩子做一双“虎头鞋”或“小狗鞋”。

4. 小箱子。陪嫁品中，最值钱的就是小皮箱或小木箱。除装有新娘的内衣内裤、金银首饰及

嫁妆盒子

陪嫁镜子

此前新娘收到的新郎所赠的信物外，小皮箱中还有新娘的妈妈、舅妈、姑妈、姨妈、婶母等长辈女性事先准备好的红包。一般在出嫁前一天的晚上，锁好箱子，由长辈将钥匙交给待嫁新娘，箱子随陪嫁物品送达新郎家（有的由伴娘随身携带）。

以上的这些陪嫁物品，意在勉励新婚夫妇勤俭持家，早生贵子，幸福生活。后来，针线匾换成缝纫机，马桶被痰盂替代，但其旧时含义仍然没有改变。

历史传承

嫁女习俗，最早见于周代文献记载及相关考古材料。《左传·成公八年》记载，周代“凡诸侯嫁女，同姓媵之，异姓则否”。案：“媵”，即是“送”的意思，也就是嫁女时，亲戚朋友送嫁妆。所送者可以是东西，如现在考古发现的春秋时期的青铜媵器簋、盘等；也可以是人，如古代名臣伊尹、百里奚，都曾是被媵送的奴隶。《战国策·触龙说赵太后》记载：“左师公曰：‘父母之爱子，则为之计深远。媪之送燕后也，持其踵，为之泣，念悲其远也，亦哀之矣。已行，非弗思也，祭祀必祝之，祝曰：‘必勿使反。’”上文中的“持其踵，为之泣”，就是作为母亲的赵太后，送别出嫁女儿燕后，抱着女儿的脚后跟哭，应属于当时的哭嫁。嫁女习俗也见于考古材料中，如1976年出土于陕西临潼县零口的西周陈侯簋，其上铭文载：“陈侯乍（作）王仲妫母媵簋，其万年永宝用。”文字表明，该青铜簋是西周时期陈侯在嫁女时，为女儿媵送的陪嫁器物。由此可见，嫁女陪嫁的习俗，至迟在西周已有。

汉唐时期，嫁女习俗极为流行。《汉书·王吉传》记载：“聘妻送女亡节，则贫人不及。”可见汉代陪嫁物品竞相攀比，奢侈无度。唐代显庆四年（659），唐高宗曾对出嫁女陪嫁绢匹有所限制，其曰：“仍自今已后，天下嫁女受财，三品已上之家不得过绢三百匹，四品、五品不得过二百匹，六品、七品不得过一百匹，八品以下不得过五十匹，皆充所嫁女资妆等用，其夫家不得受陪门之财。”

宋元及明代初期，民间婚俗攀比之风盛行。据记载，明洪武五年（1372），朝廷针对时风，

1955年，江宁县岔路乡青年农民朱发炳应征入伍，未婚妻王万英赶来送别

制定婚礼仪则，太祖朱元璋下诏曰："古之婚礼，结两姓之欢，以重人伦。近世专论聘财、习染奢侈。其仪则颁行，务从节俭，以厚风俗。"该婚礼仪则虽然详明严格，并多有限制，然而却"克遵者鲜矣"，很少有人按章办事。清代同样也有官定之制，但民风民俗难移。

民国时期及新中国成立后的 1950 年代，江宁民间嫁女奢侈之风仍广泛流行。20 世纪 60 年代起，江宁原有的婚俗逐渐被社会主义新婚俗所替代，嫁女奢侈之风明显好转，但仍保留其中不少旧俗。

当代影响与价值

江宁嫁女习俗至今仍保留了传统的形式，如定亲、通信、回门、会亲、谢媒等，摒弃了合八字、坐花轿、拜堂等繁琐仪式，充分体现了江宁婚俗在继承传统婚俗文化的同时又有扬弃。此外，在现代婚姻中，男女自由恋爱，婚姻自主决定，基本不要媒人，或为婚介所取代。但江宁人沿袭传统，崇尚"明媒正娶"，在快要结婚时，还要托一两个双方都熟悉的媒人，商谈双方不便直接开口的事宜，以帮助接亲、迎亲，俗称"现成媒人"。

江宁嫁女习俗内涵丰富，仪式感十足，相关的陪嫁物品，体现了女方对新娘出嫁的不舍及对其新婚幸福生活的殷切期待，其中哭嫁的部分内容相当于今日之婚前教育，具有一定的教育价值，对当下婚俗的改革具有比较重要的借鉴意义。

闹媒人习俗

基本概况

闹媒人习俗，流布于江宁区境。

旧时民间的婚嫁仪式大多因循封建礼教，男女婚姻皆听父母之命、媒妁之言，讲门当户对，以隆重为荣，好大操办。而请媒人是婚姻中重要的一环，媒人分为男方媒、女方媒和大冰三种。请媒人的帖子，是有固定格式的。

媒人，又称媒婆、大媒、大宾、红娘，一般多由丈夫健在的妇女充当这一角色，在旧时婚姻嫁娶中起着牵线搭桥的关键作用。旧时民间的婚姻，讲究明媒正娶，若结婚不经媒人从中牵线，就会于礼不合，虽然有两情相悦者，但仍会假以媒人之口登门说媒。媒人在男女双方间起到跑腿、联络、协调、细节调解、渲染气氛、说吉祥话等作用，直至婚礼结束。

在新婚当晚，除了闹新房外，旧时江宁地区还有闹媒人习俗。这是因为，江宁一带有着“新婚三天无大小”的说法。俗说“不闹不发”，在新婚当天，不分老少和班辈，都要大闹一下婚礼，烘托喜庆气氛。故在婚礼当天，媒人是跑不掉的，总是要被众人戏弄一番。闹媒人时，一般将媒人掀翻在地，然后拎着媒人的一只脚，让她双手撑地爬着走，俗称“耕田”；也有将媒人胡乱化妆，引起众人轰堂大笑的做法。直到新人圆房之后，媒人才算完成任务，闹媒人活动也就宣告结束。

此外，江宁民间俗称媒人“作媒作媒，三十六回”“吃圆了肚瓜，讲破了嘴，跑断双腿，两头都要糊糊圆，弄不好双方都要怪罪”。由此可见，在旧时江宁婚俗中，媒人这一角色十分辛苦。

历史传承

传统婚姻中媒人的历史，由来已久，至少周代已有。《诗经 · 豳风 · 伐柯》：“伐柯如何，匪斧不克。取妻如何，匪媒不得。”《中庸》：“执柯以伐柯。”可见在周代娶妻已经需要媒人，当时称之为“伐柯”或“伐柯人”，称做媒则为“执柯”。迨至汉代，已有媒人之称。汉代《孔雀东南飞》云：“阿母白媒人，贫贱有此女，始适还家门。”唐宋时期，媒人有红娘之称。如唐代元稹作《莺莺传》，写张生与崔莺莺相爱，经崔的侍女红娘从中设谋撮合，使这对有情人终成眷属。宋代的媒人称伐柯人，如吴自牧《梦粱录 · 嫁娶》云：“其伐柯人两家通报，择日过帖。”

晚清民国时期，江宁地区称媒人为大宾。清末民初徐寿卿《金陵杂志》“说媒”条记载：“俗云：‘一家有女百家求。’然必年貌相当，门户相对，方能结婚。说媒者多以妇人说合俱多，必先

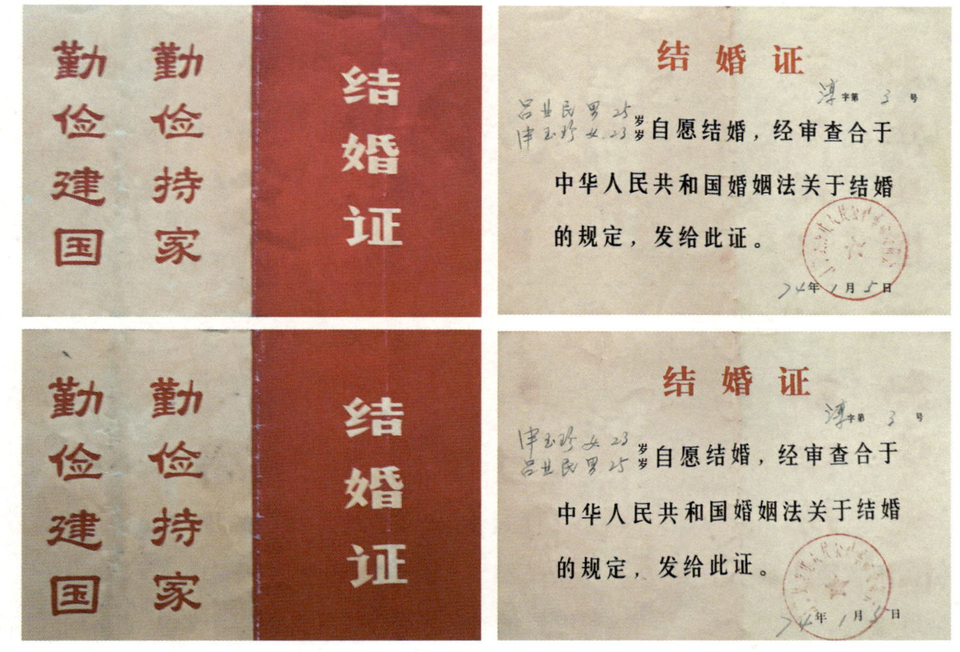
勤俭建国 勤俭持家

结婚证

结婚证

淳字第 3 号

岁 自愿结婚，经审查合于中华人民共和国婚姻法关于结婚的规定，发给此证。

年 月 日

1974 年江宁县淳化公社革命委员会开具的结婚证

言定聘礼、聘金若干，合婚后，男女家另择媒人，谓之大宾。”同书“拜主亲”条云：“主亲即大宾也。传红有日，女宅先拜主亲，届期盛筵款待。俗云：‘作媒作媒三十六回，一着有不到，嘴巴子（即掌颊）垒垒。’以故饕餮之徒，贪其大嚼，辄乐此不疲也。”从以上记载看，媒人在嫁娶中，充当着重要的角色。

关于媒人的作用，1927 年《国学月报》第 7 期刊载的达者《妇女史料译：东周的媒人》一文称：“周地看得媒人得贱，因为他两面夸扬：跑到男家去，便说‘女的很漂亮’，跑到女家去，便说‘男家很丰富。’但是很奇怪，周的风俗，自己不去选择老婆；而且处女若没有作媒的，便到老也不嫁；假使不用媒人而自己夸扬自己，嘴巴说烂了也没有人相信。所以顺人之情而不会失败，有人信而不会烂嘴巴的，只有做媒的人而已！”

据口碑资料，江宁地区闹媒人习俗，大致起源于晚清民国时期。新中国成立后，这一习俗仍然较为流行。现在的男女婚姻中，一般仍会请媒人。结婚之后，还会拎着东西上门谢媒。但闹媒人的习俗，基本上看不见了。

当代影响与价值

闹媒人习俗是旧时江宁民间婚俗文化的重要内容之一，是传统婚闹习俗的一种，承载了人们对新婚夫妇婚后幸福生活的衷心祝愿。它一方面表达了人们对媒人的感谢，另一方面也渲染了婚礼当天喜庆热闹的气氛。如今，虽然男女之间一般是自由恋爱，但在谈婚论嫁时也会假以媒人之口登门说媒，然而在婚礼当天，人们已将闹媒人活动，转移到伴郎与伴娘身上了。

汤山婚礼中说喜话习俗

基本概况

汤山婚礼中说喜话习俗，主要流布于汤山街道上峰社区寺后村及周边地区。

清末、民国及新中国成立初期，汤山地区结婚一般要租花轿来接新娘。正日前一天要请喜娘（搀新娘）照花轿。喜娘一手拿筷子，一手拿燃烧的香，从轿内到轿外一次又一次照轿，一圈又一圈地转，边转边讲喜话："一照长命富贵，二照富贵荣华。三照三元吉地，四照四四如意。五照五子登科，六照六六大顺。七照七子团圆，八照八仙过海。九照九九圆聚，十照十十周全。"用筷子照轿，意味着新娘百里挑一，早生贵子。用燃烧的香照轿，意味着喜福双全。照过花轿后，筷子架在轿顶上。新娘上花轿时，哭哭啼啼，娘家人同时也要哭哭啼啼。哭得越响，婆家越有财，将来大吉大利。

新娘上花轿离开娘家后，娘家人要泼一盆水，表示女儿如泼出去的水，故有"嫁出门的姑娘，泼出门的水"之说。新娘到男方家门口，要举行

汤山石地村

传代仪式：两个男童要用麻袋铺在地上，让新人踩袋走过去。新郎在前，新娘在后。袋口对袋口，一个接一个，前后相传。传袋时要说喜话："麻布传口袋，一代传一代。早生贵子，传宗接代。"

新娘到新家后的喜话："小小桌子四四方，四条板凳摆四方。八双牙筷共成双，八个银碗闪银光。手拿瓜子牙筷多，双手捧给新郎哥。新郎把它吃下肚，子子孙孙做高官。"又有："小小桌子四四方，瓜子茶食摆桌上。兄弟想吃果和籽，早把喜话来送房。手拿花生两头黄，生在土中你为王。一连三兄并兄弟，兄弟也是状元郎。""手提银壶亮堂堂，倒杯喜茶敬新郎。新郎把它吃下肚，早生贵子保国防。""手拿香烟两头黄，我拿香烟敬新郎。新郎把它叼上嘴，插根金火冒红光。""枣子生来黑又黑，本是白糖做的色。新郎把它吃下肚，早生贵子保祖国。"

敬酒时的喜话："一对花烛一对台，我请新郎站起来。一对花烛笑盈盈，我请新郎起步行。我请新郎无别事，我请新郎把酒敬。一杯酒敬天地，二杯酒敬家堂，三杯酒敬爹娘，四杯酒敬新郎。新郎把它喝下肚，早生贵子保国防。"

送新郎上楼的喜话："一对花烛亮堂堂，我请新郎进新房。一对花烛笑盈盈，我请新郎起步行。脚踏楼梯步步高，八洞神仙把手招。把手招来把手招，招得王母献蟠桃。"

到房口的喜话："一对花烛一对台，我请喜娘把门开。开开门来有两扇，八洞神仙撞进来。开开门来四角宽，四条金龙往里钻。金龙盘在台柱上，子子孙孙做高官。一对花烛鲜一鲜，鲜花插在左右边。插在东边生贵子，插在西边生状元。"

进新房时的喜话："一对花烛亮堂堂，照着新房好嫁妆。南边摆的香橱柜，北边摆的象牙床。象牙床上鸳鸯枕，绣得金鸡配凤凰。鸳鸯枕上凤和鸽，绫罗帐里赛天堂。一进喜房喜气厚，新娘生得真端祥。瓜子脸蛋桃红色，一嘴玉牙白如银。开口窈窕红一点，半吞半吐含笑音。一头乌云如墨染，脚上皮鞋真端正，两脚起起赛腾云。生产劳动称能手，劳动模范第一名，胜过当年西施女，赶过破天门阵的穆桂英。木兰充军效为父，安邦治国孟丽君。一进喜房说喜言，英男慧女结良缘。志同道合双飞燕，月圆花好并蒂莲，且看淑女成佳妇，从此奇男已丈夫，好好和和四季乐，恩恩爱爱百年长。一进喜房喜相连，相亲相爱结成亲，婚姻自主恩爱深，家庭和睦幸福多，地下人间成合璧，天上银河度双星。一对花烛亮堂堂，送进新郎会新娘，今日夫妻初会面，同偕到老喜成双。一进喜房出喜言，新娘好比是天仙。王母派她来相会，富贵荣华八百年。一进喜房亮堂堂，请进新郎会新娘。今日夫妻初会面，如同张生遇红娘。新娘好比百花逢春大开放，新郎好比蜜蜂飞在花心上。新娘如同梨花带雨印翠色，新郎如同紫燕穿梁上下忙。云雨巫山嫌夜短，东方送出太阳光。夫妇两人穿衣裳，高贵喜怀老年昌。今日洞房花烛夜，定生贵子保国防。若要好男生一个，若是好女凑一双。大公子参军为元帅，二小姐就把记者当。一男一女都深造，长大保国定边疆。"

旧时不论谁家办喜事，都希望把喜事办得圆满、和睦、完美。哪怕打碎一个碗，主家都不高兴，认为不吉利。故在婚礼进行时，大家要多说喜话，以讨吉利。

汤山婚俗还有其他讲究，如：花轿进门时，公婆要到厨房回避，厨师用菜刀砍在砧板上辟邪；在场所有人都不能站立在门槛上，要靠在墙一边；新娘的花轿到中堂后，轿帘不能马上揭开，新娘更不能马上出来，伴娘（搀新娘的）先要献上一盘糕、一盘花生、一盘枣子，让新娘在轿内尝一下，然后再由伴娘将新娘扶出轿；新娘出轿时，带孝的、夫妻不是原配的及寡妇要离开现场，因为旧俗认为此类人在场会冲喜，对新郎、新娘不吉利；喜娘不断提醒新娘，不能脚踏门槛，否则会不吉利；新娘房门上挂一只猪蹄子，寓意“早生贵子”；在新房里用餐不能吃光，寓意“百吃百余”。

历史传承

汤山婚礼中讲喜话习俗的起源，尚未见明确的文献记载。据口碑资料，这一习俗，至少清代已有。清末民国至新中国成立初期，汤山人家结婚礼节繁缛，讲喜话习俗广为盛行，是婚礼中必不可少的环节。改革开放后，传统婚俗虽逐渐被新式婚礼所取代，但结婚送房说喜话的习俗一直流传下来。

当代影响与价值

汤山婚礼中说喜话习俗，是江宁传统婚俗文化的重要内容之一，极具地方特色，具有一定的历史文化与精神内涵。它平仄押韵，朗朗上口，是旧时江宁民众创造的一类特殊语言，承载了一般人家对新婚夫妇的美好祝福，一定程度上反映了当时人们的婚姻观念，对当下的婚俗改革也有一定的启示与借鉴价值。

汤泉湖畔

抢亲习俗

基本概况

抢亲习俗，旧时流布于江宁地区。

抢亲，又称抢孀，是旧时乡村单身汉违反妇女意志，强抢成婚的行为，与一般恶霸地主、反动官僚、地痞流氓、强盗土匪等强抢民女为妻妾者不同。按照现代史学家吕思勉所分析，“抢孀”的习俗实为古代掠夺婚姻之遗留形式，“含有武力的、经济的两种成分”。

旧时江宁地区流行两种抢亲形式：一是因年岁已大或家贫无力娶妻，抢亲者乃邀请数人于夜间偷抢寡妇为妻；一是男女定亲后，原男方因遭天灾人祸，家境突变，无力置办酒筵迎娶未婚妻时，抢亲者遂邀数人趁女方逛庙会不备，抛撒红纸屑，强抢新娘成亲。被抢女方虽哭闹不从，但生米煮成熟饭及经人劝解，也只好依顺。

据口碑资料，旧时汤山地区抢亲，只抢寡妇，不抢未出阁的姑娘。抢亲时，抢亲者请几名壮汉，趁女方不备时，用大红布带拦腰捆住，背到男方家。之后，男方家备办简单宴席，草草成婚。如果相从，被抢妇女则会开口吃饭；实在勉强不愿意者，经几个妇女劝导，也就服从认命。

历史传承

抢亲习俗，由来已久。东汉后期王符在政论名著《潜夫论》之“断讼篇”中说：“贞洁寡妇，遭直不仁世叔、无义兄弟，或利其聘币，或贪其财贿，或私其儿子，则迫胁遣送，有自缢房中，饮药车上，绝命丧躯，孤捐童孩者。”又有“后夫多设人客，威力胁载者”。可见在东汉时期，已存在不仁义的叔叔、兄弟被抢亲者的钱财买通

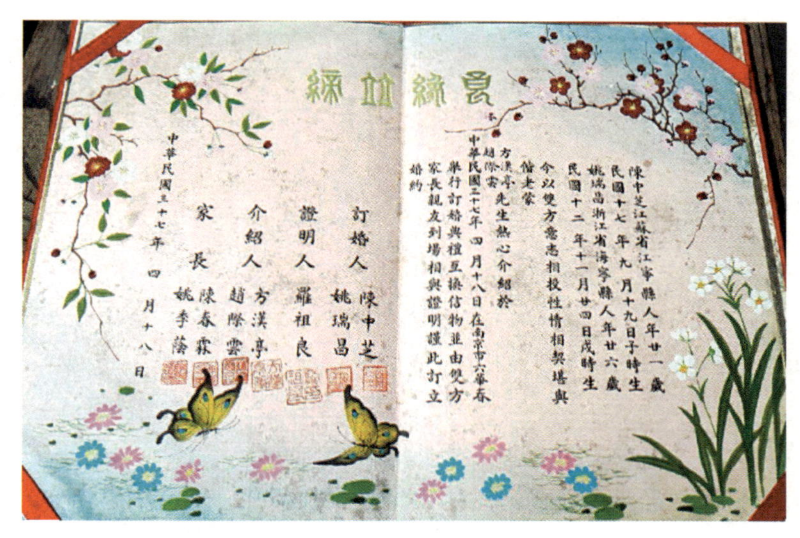
陳中芝江蘇省江寧縣人年廿一歲
民國十七年九月十九日子時生
姚瑞昌浙江省海寧縣人年廿六歲
民國十二年十一月廿四日戌時生
今以雙方意志相投性情相契堪與
偕老蒙
方漢亭
趙際雲 先生熱心介紹於
中華民國三十七年四月十八日在南京市六華春
舉行訂婚典禮互換信物並由雙方
家長親友到場相與證明謹此訂立
婚約

訂婚人 陳中芝 姚瑞昌
證明人 羅祖良
介紹人 方漢亭 趙際雲
家長 陳春霖 姚季藩
中華民國三十七年四月十八日

1948 年江宁县女子陈中芝订婚证书

后，迫胁、遣送寡妇至抢亲者家中，强行成婚的现象。魏晋隋唐时期，民间抢亲逐渐流行。《北史·吐谷浑传》中说："至于婚，贫不能备财者，辄盗女去。"《新唐书·吐谷浑传》中也说："婚礼，富家厚纳聘，贫者窃妻去。"

近代以来，抢亲现象在包括江宁在内的江南地区经常出现。吴友如《点石斋画报·抢亲恶俗》即记载，清代光绪年间，"沪上风气恶薄，动辄抢亲，致难悉数"。该画报还报道了一则《抢媳奇闻》："苏垣娄门塘有沈炳如者，开设灰窑，生涯颇旺。前年为子文定阊门外某姓女为室，迩以男长女大，屡托冰人传言，择吉迎娶，而坤宅紧索重聘，多方为难。沈忿甚，不得已乃循俗例，纠合机匠数十人作抢亲之举"。据《大清律例》："凡女家悔盟另许，男家不告官强抢者，照强娶律减二等。"由此可见，抢亲"不告官（而）强抢"的"强娶"行为，在清代是非法的。但这并没有起到什么作用，抢亲习俗仍然通行于民间。

民国时期，江宁地区抢亲习俗较为流行，以致造成社会动乱。1934年，抢亲陋习被江宁自治实验县政府申令扼制。江宁自治实验县政府认为江宁的抢亲陋习"不但蹂躏女权，且亦影响治安"，"孀妇再醮，法所不禁，但未得本人同意，胁迫成婚，不但违犯刑章，且亦有伤风光"。"为尊重女权，改善风俗起见"，江宁自治实验县政府屡次张贴布告，严加申禁，故"此风已稍杀矣"。

新中国成立后，国家颁布新《婚姻法》，抢亲、童养媳等旧俗已完全消失，与之相关的裹亲、招亲也极少见了。

当代影响与价值

抢亲习俗是旧时江宁民间婚俗文化的重要内容之一，是封建制度下产生的畸形婚姻类型。它以一种暴力的方式，违反妇女的意志与国家法律，强行成婚，影响了社会稳定。作为一类旧俗，它在一定程度上反映了当时江宁人的婚姻观，对研究旧时江宁的社会风气及婚姻制度，有一定的参考价值。如今，随着国家法律的不断健全及人们观念的变化，这一习俗在江宁已完全消失，仅存在极少数老人的记忆之中。

分娩习俗

基本概况

分娩习俗，旧时流布于江宁区境。

分娩，又称分免、分难、产难、分解、免难、免身。旧时分娩一般在家中进行，由接生婆负责接生。分娩是有前兆的，当孕妇肚子开始疼，或下身湿了，家人会立即去找接生婆接生。与此同时，家中需煮碗面条，打两个荷包蛋，加入红糖，让孕妇坐在子孙桶上吃下去，俗称“解（放松）腰面”，人们相信这样可以使婴儿平安出生。此外，还需洗锅烧热水，为接生做准备。

接生婆来后，一般会先观察孕妇身体情况，再看产前准备情况。为稳定孕妇产前紧张情绪，接生婆可能会说：“别急，还有好一会儿呢！”或安抚孕妇说：“别慌！别怕！小宝贝很快就出来了。”然后小心翼翼地打开“接生包”，包内装有襁褓、竹刀、熟白明矾粉、脐带肚兜、苎麻等，这些都是婴儿落地时要用的物品。另外，家里还需备有子孙盆（高腿木脚盆）和胞衣罐。子孙盆是妇女生养时坐的，胞衣罐则是用来装婴儿胞衣的小瓦罐，内盛石灰粉。生产时，除婆婆、妯娌外，其他人不能进入产房内。丈夫和公公一般会在堂屋中坐卧不安，踱来踱去，并默默地祷告：“菩萨保佑，顺生顺产；祖上庇荫，添人进口。”

随着孕妇一阵阵呻吟，接生婆轻声鼓励。良久，听到一阵婴儿的啼哭声，屋里人争看是男是女，屋外人则一块石头落地。紧接着，屋里接生婆会高声说：“恭喜添了一位公子哥儿！”或者说“添了一位千金小姐！”然后，接生婆将婴儿胞衣装入胞衣罐中，用红布扎好罐口。旧时多将胞衣罐埋于房内床下，有的人家把男孩胞衣埋在屋内，女孩胞衣则埋在后院或屋外，因为女孩终究要嫁外姓人家。如生了好几胎，埋胞衣罐时，则需按年龄顺序，一个接一个埋成一排。清末以后，胞衣罐多深埋于自家山地或菜园之中，不能埋于自家坟地上。

接着，接生婆指挥家人帮婴儿擦身，然后用小被包裹好。再给孕妇擦汗洗脸，扶上床躺下，喂红糖水，并让婴儿睡于母亲身边。

产房内忙清后，家人会用一枚铜钱压一红布条，钉在房门外木框上，作为产妇刚生孩子的标志。这告诉人们：产房禁地，不得进入。据说，这样可以使母子消灾避祸。早前，若生男孩，一般在门左挂一木制弓箭，象征男性阳刚；若生女孩，则在门右挂红色丝巾，象征女子阴柔。后来则演变为红布条加铜钱了。

孕妇分娩后，还有一些需要注意的事项：

1、旧时孕妇产后，常把门窗紧闭，放下窗帘蚊帐，以免受风寒染病。其实这是很不科学的做法，因为此时的产妇和婴儿都需要新鲜空气。

2、需穿内衣、棉袜，还得用红头巾将额头扎起来，防止风吹受寒。

3、不能喝冷水、冷茶，不能吃生冷、坚硬的食物和过咸的菜肴，起居及食物都要保暖防风防寒。否则，就会留下产后病根。如双脚受寒，今后手脚还会开裂；不能头部吹风，否则会染上头疼病；吃喝冷食就会胃疼；全身受凉，会腰疼。

4、月子里不能干重活或针线活，否则会筋骨疼，或影响视力。

5、不能受气悲伤，更不能哭泣，否则日后会害眼病，或见风流泪，还可能会导致得产褥热、产后风，甚至危及产妇及婴儿的生命。

孕妇分娩时，血水、羊水相伴而下，人们认为这是污秽之物，会亵渎神灵，带来灾祸，所以忌讳孕妇在自家以外的地方分娩，连回娘家分娩也不允许。而且，如果一旦难产或产后生病，娘家也担待不起。产妇未满一个月，旧时被认为是血秽之身，不能去邻居家串门，不能进寺庙烧香，也不能参加祭祖或敬神仪式，甚至不能出门上街，以免路遇熟人。如果需要到寺庙还愿，也得等满月之后，以免污及送子娘娘或神灵鬼煞，遭其报复而遇灾生病。如跨入别人家门槛（包括院子），则认为是污秽了人家，是不祥之兆。若有犯者，民间认为该孕妇死后，阎王爷会罚她跪在人家门前洗门槛。产妇分娩使用过的污血产褥，一般深埋地下，忌讳烧掉。坐月子期间，除丈夫、男女双方的父亲及孩子外，其他男人不能进入产房。陌生女人以及孕妇、寡妇、新娘子，也不能进入产房。如果家人中有属相冲克的女人，通常也需要回避。

历史传承

分娩的风俗，由来已久，传世及出土文献

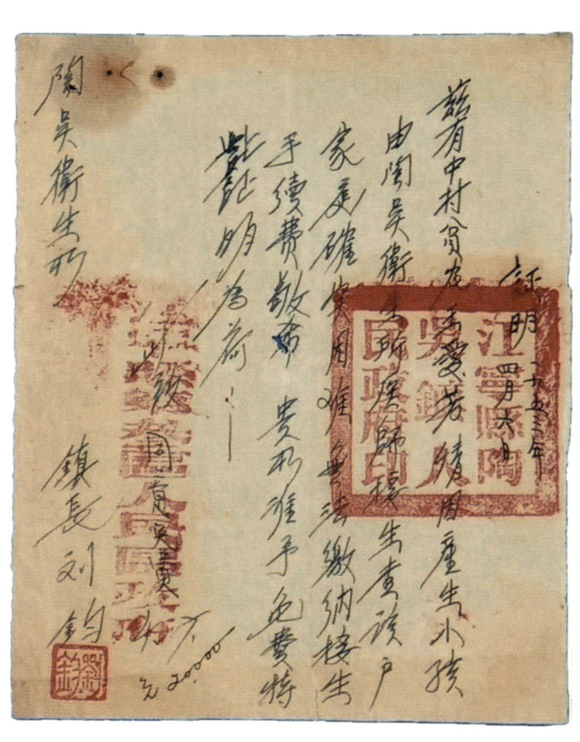

1953 年江宁县陶吴镇人民政府关于为困难家庭减免接生手续费的公函

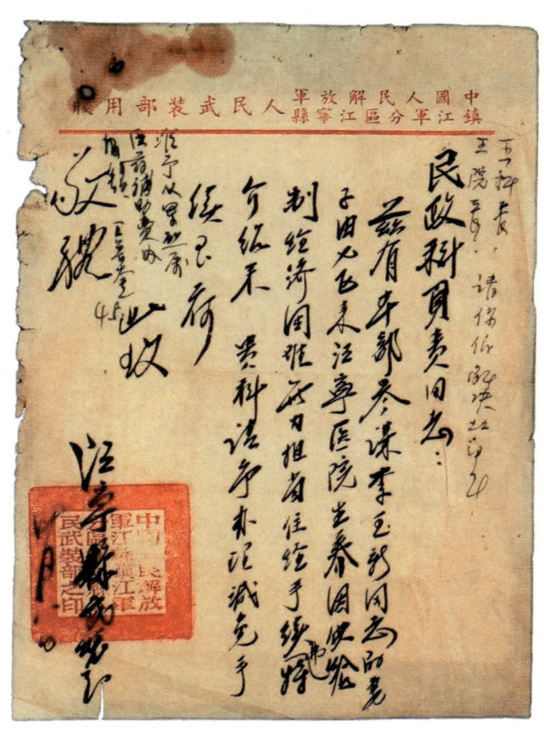

中國人民解放軍鎮江軍分區江寧縣人民武裝部用箋

民政科負責同志：

中国人民解放军镇江军分区江宁县人民武装部关于减免生育手续费的公函

多有记载。如长沙马王堆3号墓出土的西汉帛书《胎产书》，就记载了战国秦汉时期的养胎、埋胞、转胞、求子、产后处理等与生产相关的内容。东汉应劭《风俗通义》还记载了汉代孕妇产子的相关禁忌：孕妇“不宜归生，俗云令人衰”，正月生子“子杀父与母，不得举也”。又云：“五月五日生子，男害父，女害母。”北齐徐之才《逐月养胎方》详细记载了胎儿的形成过程：“妊娠一月始胚，二月始膏，三月始胎，四月六府顺成，五月四肢皆成，六月口目皆成，七月皮毛成，八月九窍成，九月脉续缕皆成，十月诸神备。”

晚清民国时期，随着医学的进步，多地设立了医院，分娩的方法，产后的处理等，越来越科学、安全。当时，极少数家境殷实的江宁孕妇会到医院分娩，但绝大多数孕妇仍在家中生产，沿袭分娩旧俗。

新中国成立后，国家将人民生命安全放在了重要位置，建立了一整套的孕妇生产规章制度。但直到二十世纪六七十年代，江宁部分地区产妇生产仍然由接生婆在家中接生。如今，产妇分娩基本上都在医院进行，代表旧分娩习俗的接生婆、胞衣罐、子孙盆等，已消失不见。

当代影响与价值

分娩预示着新生命的诞生、家庭新成员的到来，是一个家族繁衍兴盛的根本。从古至今，无论贫富，每个家庭都极其重视分娩，并由此衍生出一系列与分娩相关的仪式与禁忌，相沿成习。改革开放以来，随着社会的进步、医疗水平的提高，分娩基本上在医院进行，生育方式越来越科学。旧时的分娩习俗中，除了坐月子外，大多已不再延用，但它寄托了人们对新生命的期盼与敬畏，以及迎接家庭新成员的喜悦之情，在一定程度上反映了当时人们的生育观，保存了众多的地方历史记忆，具有丰富的历史文化内涵，对当下生育政策的调整也有一定的现实意义。

“三朝”习俗

基本概况

“三朝”习俗，旧时流布于整个江宁区境。

旧时所谓“三朝”者有二：一是男女成婚第三天，一是婴儿出生的第三天。

新婚“三朝”，一般要办酒席，也就是“吃三朝酒”。参加酒席的女方成员，主要是新娘的父母、舅舅、舅母、姑爹、姑妈、姨妈等长辈及送亲人员。这些人需由新郎父母事先发出邀请，一般不用请柬。酒席当天再由新郎亲自上门去邀请。在吃三朝酒时，参加酒席的亲眷多是空手而去，不需要携带任何礼品。

是时，新郎家也会邀请亲朋好友吃三朝酒。酒席上常常是亲家陪亲家、舅舅陪舅舅、姑爹陪姑爹、姨爹陪姨爹、老表陪老表。双方兵对兵、将对将，一醉方休，好不热闹。酒席间，双方至亲互通姓名、年庚和辈分，以分清相互之间的长幼，俗称“分大小”。吃三朝酒时，因为是一家人了，新郎、新娘出双入对，招待客人，敬酒陪酒。客人也没了结婚时闹新娘的闹劲，增添了浓浓的亲情。

三朝酒宴一般是在中午举行，有午饭、晚饭之分。在吃午饭之前，客人们要先吃甜酒鸡蛋，后吃油茶，然后再吃午饭。午饭一般比较丰盛，也很隆重。晚饭规模则相对较小，有不少食物是女家提供的，俗称“吃忍受家饭”。

之所以有“吃三朝酒”这一习俗，据说是因为旧时女方至亲长辈并不参加男方的婚宴，所以会在结婚后补上“会亲”这一礼节。因此，旧时江宁人又将“吃三朝酒”，当作认认门、会会亲、说说话的绝佳机会。

除吃三朝酒外，在当天上午，一对新人还要完成以下 3 项礼俗活动，即新娘下厨、侍奉双亲和入祠祭祖。

1. 新娘下厨。当天新媳妇最早起床，梳洗后即下厨房。因为是第一次下厨房，新媳妇需先在灶头神龛上点亮一对蜡烛，作揖拜神。此时由全福人或伴娘高声讲喜话，以图吉利。如“新娘进厨房，拜请灶神多帮忙。上天言好事，下界保吉祥。您看看，这里是锅碗瓢盆铲，那边是油盐酱醋糖。样样齐备，宜宜当当。”新媳妇洗锅动铲时，又说“锅铲一响，黄金万两。饭菜喷香，人人健康。”新媳妇点火时，则说“锅膛火亮，发家兴旺。添柴加把火，金银财宝往家掳。”新媳妇上灶烧菜，头道菜必是鱼，喜话则是：“新娘煎条鱼，年年大富余。”这鱼必是鲢子鱼，喜话则是：“连生贵子富有余，连子连孙代代富贵多有余。”

2. 侍奉双亲。早上，新媳妇需提前将洗脸水、毛巾和漱口杯准备好，等公公、婆婆起床后使用。新媳妇见到公婆后，则需要脆生生、娇滴滴地叫

“爹”“妈”。如叫声太大，显得不温顺；如叫声太低，公婆又会假装没听到而不搭理。这时候新媳妇则再叫“亲爹”“亲妈”。三声之内，公、婆会笑嘻嘻地响亮答应。等公婆洗过脸后，新媳妇双手捧茶，递至他们面前说：“爹，请喝茶。”“妈，请喝茶。”此外，新媳妇还得为大伯子（即新郎兄长）、新郎官、小叔子（新郎弟弟）泡杯茶，也说“请大哥喝茶”“请夫君喝茶”“请小叔叔喝茶”。吃茶后即是早饭，这顿早饭从烧煮到上桌、洗锅抹灶都是新娘一人动手，婆婆、妯娌、小姑子等都故意不插手。即便饭菜做得不合口味，家人也都称赞说：“好吃，真好吃！”特别是小叔子，更是一个劲地叫好，这是因为之前已被新嫂嫂用糖“买通”。如早餐确实不合口味，婆婆事后会悄悄告诉新媳妇“这要咸，那要淡，这要硬，那要烂”等。如今的待亲礼，新媳妇仅需向公婆敬茶即可。

3. 入祠祭祖。早饭后（也有在早饭前），在父母的带领下，新郎、新娘向祖宗牌位烧纸磕头，开始祭祖。旧时江宁一般人家都有祖宗神龛或先祖画像。祭祖时，祖宗画像已在正堂大红囍字之上挂好，接着点烛，在供桌上三盘、五盘或七盘菜，置酒杯三个、茶杯三个、筷子三双、饭三碗。由父亲酙酒，母亲酙茶，同时告之祖宗，新媳妇姓名、何村何人第几个女儿，拜请祖宗荫庇。新郎新娘则跪于案前地上，边烧纸边祷告，请求祖上保佑。之后，新郎新娘去供桌边，轮流用桌上的三双筷子为祖宗夹菜，每种菜及米饭夹一点点置于烧纸堆上。此时，如果有一阵旋风将火苗刮得乱窜，父母会说：“看，祖宗非常高兴，也特别喜欢新媳妇，来祝福你们了。”其实，这只是室内烧火、冷热空气对流的一种自然现象。如果新郎家此前三五年内有长辈过世，还得由新郎及其父带新娘上坟去祭奠这位长辈。如今江宁乡村多数新人，已改在婚礼之后的第一个祭祖日，如春节、清明或冬至，跟随家人一道祭拜祖先。

黄豆芽

百页

菠菜

旧时，新媳妇祭祖后，还得去宗族祠堂拜祠。因为女性不能跨进祠堂，往往是新媳妇烧几个菜、叠好纸钱，由父亲陪着新郎将这些物品带去祠堂拜祠。拜祠时需将新媳妇的姓名、八字及其生活的村名、父名，登记于祠堂公簿（即祠堂保管的一份家谱）中新郎的名下。之后的三天内，新媳妇足不出户，且一个月内不能到隔壁邻居家串门。如有事非去不可，也只能在人家门口叫人出来说话。否则，这户人家会认为晦气，是大不吉利，必须由新娘父母去挂红（买红布、糕、糖、茶等送去，并为其燃放鞭炮），并赔礼道歉。

旧时婴儿出生的第三天亦称“三朝”。婴儿“三朝”之日，要做三件事：一是“洗三”，一是起名，一是“做三朝”。

1.“洗三”。即为婴儿洗澡。因为婴儿身子特别柔软娇嫩，一般人不会也不敢为婴儿洗澡，这时要请接生婆来给婴儿洗澡。澡盆中要放长生果（即花生）、桂圆等口彩吉祥的物品，象征长生和圆满。为婴儿洗澡时，接生婆要边洗边说诸如“长命百岁”“聪明伶俐”之类的吉语祝词，也有用说唱的方式来祝颂的，气氛尤为热烈。

2.起名。俗话说“三朝上起名，长大了聪明”。但“三朝”时，距离婴儿出生才三天，故为婴儿起的是乳名，俗称“小名”。“大名”则要在三个月以后，请师长、族长等有学问、有声望的人来起。

3.“做三朝”。“做三朝”，又称“过三朝”，即于婴儿“三朝”日宴请至亲好友。在这一天，除酒菜丰盛之外，必吃“三朝面”，为的是预祝婴儿健康长寿。“三朝面”的浇头，必有百页、黄豆芽和菠菜。百页，即百叶，又称千张，百、千俱是吉祥圆满的大数，以示吉兆；黄豆芽，江宁人又称“如意菜”，因其外形极像“如意”而得名，色泽金黄，极为富丽，预示万事如意；菠菜，红根绿叶，民间称之为“红嘴绿鹦哥”，营养丰富，亦受青睐。

此外，婴儿“三朝”习俗，还有一些讲究。如要注意不能打坏杯、碗等物品；不能瞎说凶语，不但忌说“死”，连“瘦”“病”和不吉祥的话都不能说。

历史传承

新婚三朝习俗，由来已久，是江宁婚俗中较为隆重的仪式之一，至今仍有孑遗。文献记载表明，早在晋宋之时，已有三朝习俗。其时主要是新婚女子在初婚第三日，需见舅姑，其他宾客旁观。

唐宋时期，新婚三朝习俗逐渐流行。《金陵赋注》云：“婚之三日，行拜见礼。亦有于婚之明日者，谓之连朝作。案见拜之礼，宋时已行。《书仪》谓：‘长属虽多，共为一列受拜，以从简易。则今之一一受拜者主繁矣。’”这表明，宋代的三朝习俗主要内容是：家族中的长辈依年龄大小排成一列，由新郎新娘向他们下跪行礼。宋代以后，则由新人一个一个地行见拜礼。

明清时期，三朝习俗更加流行。清代褚人获《坚瓠集》卷五《毛烈妇绣帽》记载：“方子从京师来就婚，时患脾疾已剧。结褵甫三日，而方子殁。烈妇以三朝新妇，称未亡人，坠楼不死。”余金《熙朝新语》卷十一《婚夕》记载：“新妇悲啼不止……三朝后，夫妇叩谢而去。”徐珂《清俾类钞·风俗类》云：“俗所谓三朝者有二：一、儿生三日会客，设汤饼筵。一、男女成婚之第三日，亦肆筵设席以娱宾。”清末民初徐寿卿《金陵杂志》亦记载了清代新婚三朝习俗：“婚礼第三日，谓之三朝。于此日请会新亲，如岳翁妻弟之类。每有一男子，必有帖（请柬）一副，不计能来不能来也。然岳家辞谢居多，迟日登门视女，使男家出其不意，免其厚款。谓之会亲。”

新中国成立后，新婚三朝习俗仍然流行。至20世纪80年代之后，城区婚礼多在宾馆进行，又因男女方同时到场举办婚宴，所以这一习俗逐渐退出人们的视线。如今，江宁部分偏远乡村仍有一定程度的保留与传承。

婴儿“三朝”习俗，历史亦较悠久。文献记载表明，唐代已有在婴儿出生的第三日为婴儿洗浴的习惯，俗称洗儿、洗三。唐代李德裕《次柳氏旧闻》：“代宗之诞三日，上（玄宗）幸东宫，赐之金盆，命以浴。”北宋司马迁《资治通鉴》记载，天宝十载（751）春正月“甲辰，禄山生日，上及贵妃赐衣服、宝器、酒馔甚厚。后三日，召禄山入禁中，贵妃以锦绣为大襁褓，裹禄山，使宫人以彩舆舁之。上闻后宫喧笑，问其故，左右以贵妃三日洗禄儿对。上自往观之，喜，赐贵妃洗儿金银钱，复厚赐禄山，尽欢而罢”。

五代北宋时期，婴儿“三朝”习俗中的洗儿更加流行。《父母恩重经讲经文》云：“十月迢迢在母胎，乞求分娩诞婴孩，三朝为喜蒙平善，满月延僧息鄣灾。邻里争怜看不足，亲情瞻瞩意徘徊，从此阿孃伶不已，吐甘喂饲唱将来。”《父母恩重经讲经文》有后唐天成二年（927）题记，可见至迟在五代时期敦煌也出现三朝洗儿之俗。宋代苏东坡《借前韵贺子由生第四孙斗老》一诗亦描写了宋代婴儿三朝日洗浴的习俗：“今日散幽忧，弹冠及新沐。况闻万里孙，已报三日浴。”

明清时期，婴儿三朝习俗深入人心，极为流行。明代龚廷贤《小儿推拿方脉活婴秘旨全书》记载，婴孩“目陷无光兼直视，祸从三朝至。更有瞳人不转动，休将良药用。”可见明代民间俗信，三朝时婴儿如眼陷无光，则有祸事。清代《增广大生要旨》卷五《保婴》记载：“断脐不盈尺，或束缚不紧，则风湿入脐。或断脐用铁器，致冷气内侵，恒有脐风撮口之患，故不必更洗三朝也。如必洗三，庶乎时值暑天权宜亦可。”

民国时期，婴儿三朝习俗继续流行，并更加丰富。据 1929 年第 57 期《崇善月报》毛云翘《讨论：废除婴孩三朝、满月、百日、周岁之我见》一文介绍：“我国习俗，每生子女，必有三朝、满月、百日、周岁之庆祝。凡富贵之家，届期必结彩张筵。而猪、羊、鸡、鸭之类，大为宰杀，以谓庆其无灾病，有福寿也。呜呼，愚矣！诚可谓耗心神，费金钱哉欤。然则此举，不但有耗心神，费金钱，亦足以伤道德，折福寿也。盖天有好生之德，人有恻隐之心，今上天既赐子女与人，而人不仰体好生之意，反因区区子女，杀生害命，是上天赐一生灵，反伤无数生灵，天又何必再以子女与人乎？夫子女之初生，犹花草之

今日江宁儿童

初发，花草初发，能培以时，润其资，自能茂盛丰艳。子女初生，必积以德，修其福，自能福禄寿长，今以毫无紧要之事，杀无数生灵，耗许多金钱，已先伤其阴德，折其福寿，追悔尚恐不及，何能望其福寿，故往往贫寒子女，多享长年。富贵子女，每多夭折。揆其根原，未必不由此也。吾愿世之为父母者，以此种开筵耗费之资，尽行周济贫寒，行种种之善举，作种种之阴功。则不求福而福自至，不求寿而寿自长。所谓善能转祸为福，恶能转福为祸。《易经》有云：‘积善之家，必有余庆。积不善之家，必有余殃’。诚是理也。”可见民国时期，富贵家庭在婴孩三朝时要“结彩张筵”，宰杀猪、羊、鸡、鸭之类，以致奢侈之风盛行。由此可以看出，当时一般家庭重视婴儿三朝，所举行的相关活动规模大，用费奢侈。

新中国成立后，因涉嫌带有封建迷信，婴儿“三朝”习俗逐渐被废除。如今，产妇都在医院生养，“三朝”时还未出院，故“过三朝”习俗自然不再流行。新法接生，讲究科学，在医院中要经常给婴儿洗澡，流传千年的“洗三”也已消失。而婴儿出生须填写出生证，要到派出所报户口，所以其正式起名提前，而是否起小名也无过去那些讲究了。

当代影响与价值

新婚“三朝”习俗，是传统婚俗文化的重要内容之一，拥有丰富的历史文化内涵。通过这一习俗，可以使新郎、新娘各自的亲朋好友互相熟悉，同时使新郎、新娘得到双方家族的认同，正式成为各自家族中的一员。这一习俗还蕴含了孝顺长辈、敬畏祖宗的传统美德，对树立正确的新时代家庭伦理观，也有一定的现实意义。婴儿“三朝”习俗，则因庆祝新生婴儿安全度过危险期后祈求平安成长而产生，表达了人们对灾祸病害的恐惧，以及对新生婴儿未来生活的期待。如今，这一习俗虽已趋于消失，但其中蕴含的精神文化内涵，仍值得我们挖掘研究。

坐月子习俗

基本概况

坐月子习俗，流布于整个江宁区境。

“坐月子”，又称“做月里”“做生姆”，医学上称“产褥期”。旧时产妇生下小孩后，因为身体消耗很大，需要在家中连续休养一个月，俗称“坐月子”。其目的就是为了让产妇在产后身体得到恢复，以保证产妇与婴儿的健康。

一般情况下，坐月子时，产妇需要有专人伺候。这个重任一般会落在产妇的丈夫、婆婆，或者产妇母亲身上。坐月子期间，产妇母亲一般会前来照料，并带着婴儿的衣服、鞋帽、尿布等，还有活鸡、鸡蛋、大鲫鱼、馓子、老红糖、猪肝、猪腰子、炒米、挂面及其他营养品。

在坐月子期间，产妇的饮食极为重要，需要吃热乎乎的食物，如稀饭、泡馓子，还要喝一些红糖水等。因为红糖属暖性，有利于补血和下浊。为顺利下奶，产妇还要多吃鱼虾，多喝慢炖鲫鱼汤等浓汤。旧俗认为，如果是严重缺奶的产妇，可用牛鼻子熬汤吃，吃后奶水会如泉涌。猪肝汤为产后虚损之最佳食品，馓子泡开加入红糖，吃起来又甜又香又软，亦适合产妇食用。

旧时，江宁乡村产妇在“坐月子”期间还有吃粥的习俗，目的是给产妇滋补身体。煮粥时，多用上好的糯米，簸去糠屑，不用水淘，直接放在锅内，并加入桂圆肉、红枣、莲子熬煮成稀粥，起锅前再打几个鸡蛋搅成蛋花放入。

杨柳村江宁民俗博物馆展示的梳妆台

在分娩后的三五天里，产妇一般不吃硬米饭，不吃坚果类食品，否则今后会牙疼。整个坐月子期间，产妇饮食以汤汤水水的流汁、半流汁为主，后期逐步增加较软的干饭，亦可适时增加一些大荤。

旧说产妇“坐月子”的好坏，可影响其一生。

杨柳村江宁民俗博物馆展示的女性用品

如果坐得好，可消除产妇原有的痼疾，令弱者变得强壮。反之，则会给产妇落下许多新症，令壮者变得衰弱。故产妇在“坐月子”期间，禁忌颇多，以下加以说明。

1. 忌出门、走街串门，更忌夜间外出。产妇到别人家串门被视为不祥，夜间出门则会招鬼上身。孕妇也很少下床，大部分时间都在床上坐着。这其实还是为了让产妇少劳作、多保重、不受凉。

2. 忌吹冷风、捞冷水，否则会落下关节毛病。据说月子里受凉，容易落下腰腿酸痛等关节毛病，故产妇在月子期间不能受凉，特别是不能下凉水。因此，产妇的衣服、婴儿的尿布和其他物品，都会由伺候月子的人清洗。

3. 忌房事。房事后，可能会导致产后不洁而损伤身体，对男女双方都不利，这是坐月子期间最忌讳的事。

4. 忌食生冷、硬性食品。一般认为，生冷食品会损伤产妇身体，硬性食品会严重损害产妇的牙齿。旧说产妇身体中的钙质需要供给婴儿，故导致缺钙，其牙齿也较疏松。

5. 忌生气、受气。旧说产妇“坐月子”期间生气或受气，易损伤身体，且不易恢复。

6. 忌洗澡。旧俗认为坐月子期间，不能洗澡，但可以用热毛巾擦一擦身子，使皮肤保持清洁，血液流通。要勤换衣服，每天刷牙、大小便，房间内要保持空气流通。

除此之外，产妇坐月子的房间，被看作禁地，也颇多讲究。如不准生人进去，不准在窗外和产妇隔着窗子说话。有些地方在产房的窗子外面，挂上一块红布，目的是提醒人们这里有人坐月子，请勿打扰。据说犯了禁，婴儿会缺奶吃。事实上，这些禁忌与防止产妇缺奶并无关系，而是为了让产妇有一个相对安静的地方休息，以尽快恢复身体。

历史传承

坐月子的习俗，由来已久，最早可追溯至周代，《礼记·内则》即将产妇坐月子称之为“月内”。宋代王溥《唐会要》记载:“文武官妻娩月，并不宿直。”可见唐代官员在妻子分娩后的一个月内，晚上可以不用值班。这也反映了唐代对妇女生育的重视。宋代朱端章《卫生家宝产科备要》中称，产房要安静、封闭，“无令贼风游气可得而入”。南宋陈自明《妇人良方大全》“产后门”条，专门介绍了孕妇“坐月”的方法:“一腊之后，方可少进醇酒，并些小盐味。一法，才产不得与酒，缘酒引血进入四肢，兼产母脏腑方虚，不禁酒力，热酒入腹，必致昏闷。七日后少进些酒，不可多饮。”案：“腊”是宋人记录产后时间的单位，据《梦粱录》记载：“七日名‘一腊’，十四日谓之‘二腊’，二十一日名曰‘三腊’。”可见在宋代，时人认为产妇生产七天之后可以饮少量酒。《妇人良方大全》又曰：“一腊之后，恐吃物无味，可烂煮羊肉或雌鸡汁，略用滋味，作粥饮之。或吃烂煮猪蹄肉，不可过多。”同书同条还指出，在坐月子期间，产妇不宜“强起离床行动、久坐或做针线，用力工巧”，并反对产妇“不避风寒，脱衣洗浴，或冷水洗濯”。

明清时期，坐月子习俗更加流行。明代吕毖《明宫史》卷二《司监礼》记载：“凡宫中有喜，铺月子房，则生男生女各一二口，在文华殿外西北临河之小房住。”可见明代皇室在产妇生产后，要专门铺设“月子房”。明代柴石毫所著《张志公·三字经》云：“丁酉冬，尤溪寒，贫产妇，桶饭单，圣君赐，腌咸菜，饮红酒，月里安，历至今，利产妇，传邻县，保平安。”这表明产妇在坐月子期间可以饮用红酒、吃咸菜等。清代傅山《傅青主女科》指出：“新产后禁膏粱远厚味，如饮食不节必伤肠胃。”清代养生家尤乘则认为：“产后上床，只宜闭目静养，勿令熟睡。”清人轮印禅师《女科秘旨·临产须知》云：“产后月内宜戒怒气，勿受惊怒，勿劳神气，谨慎饮食。”该书特别强调产后未满百日，不可行房事。清代闵纯玺《胎产心法·产后禁忌论》云：“凡产后百日内，不詈骂，少劳碌，禁淫欲，终身无病。”又云：“凡新产骤虚，最忌着寒，寒则血气凝滞，诸变冗生。”

此外，小产后的妇女也需要坐月子。小产是指妊娠起至28周内，胎儿自然或人为淘汰。明代万全所撰《广嗣纪要》医书中提到：“小产甚于大产，瓜果生而摘之，岂不伤其枝蔓，养生可不慎哉？”中医认为分娩是瓜熟蒂落，顺应自然的行为。而小产则是在瓜生时摘之，是违背常理的行为，会导致妇女的身体受到损伤，甚至伤至根本。因此，要更加重视小产之后的调理。在小产后对妇女进行的调理，旧时一般称为“坐小月子”。

民国时期，许多从医学者，针对孕妇产后的生理、心理、饮食等方面进行了较为系统的有益探索，发表了许多关于孕妇生产后护理方面的研究论文。这些文章可为产妇在坐月子期间的身心健康及婴儿的护理，提供较好的帮助。如1944年，中国文化服务社出版的方白著《孕妇和产妇》介绍：“中国许多地方把生产叫做‘坐月子’，那是说，在产后一个月内，不准行动，产妇要坐下去，坐够一个月。月子里不准出门，这是很普遍的风俗，也是合理的风俗。”

新中国成立后，除旧俗、讲卫生的观念深入人心，这让大家更加重视产妇坐月子方式的科学性，以及其在月子期间的营养与健康。然而，与产妇相关的饮食习惯及禁忌，不少仍沿袭了旧时传统。如今，“坐月子”的方式更为科学，产妇在家可以得到全方位的悉心照顾，身体的恢复也较旧时更快，基本杜绝了“月子病”的危害，部分条件比较好的家庭还会聘请月嫂，或者直接让产妇住入月子会所。

当代影响与价值

坐月子习俗是千百年来人们在长期的生产生活中积累的宝贵经验，代代相沿。作为传统生育文化的一部分，它拥有丰富的历史文化内涵，体现了人们敬畏生命、关心产妇健康的思想意识，在一定程度上反映了旧时人们的生育观及社会家庭结构的变迁。虽然今天生育一般都在医院进行，但绝大多数产妇仍选择在家“坐月子”，并遵循饮食、禁忌等旧有相关习俗。旧俗所强调的产后注意休息、补充营养、注意卫生等，对当下女性的产后护理等具有一定的借鉴价值。此外，“坐月子”习俗与中医的许多理念一脉相传，蕴含了丰富的中医知识，是“未病先防”思想的一种具体表现，一直被视为中医体系内的养生行为，故对现代医学研究也有一定参考价值。

满月习俗

基本概况

满月习俗，流布于整个江宁区境。

满月，又称弥月、足月。从古至今，小儿满月是件大事，民间要举办满月礼，并由此逐渐形成一种习俗。江宁区境的满月习俗，基本上都相似，主要有送月子、三朝酒、送礼品、剃头、办酒等环节。

一、送月子。婴儿出生后，亲朋好友、左邻右舍会送营养品给产妇，名为“送月子”。送月子分为“大月子”和“小月子”。“大月子”，是亲戚朋友、本家长辈所送，一般送有4样大礼：老母鸡1只、鲫鱼4条、猪肚子1只、鸡蛋40个。“小月子”，是左邻右舍及平辈人所送，一般是送20—40个鸡蛋。

江宁儿童放风筝

二、三朝酒。主家在收到各家送来的“月子”后，于婴儿出生后的第三天早上下面条给左邻右舍吃，意为“常来常往”“长命百岁”。中午办酒席宴请亲朋好友，同时叩拜、敬告祖宗家中添人进口。

三、送礼品。外婆及长辈送的礼品多为婴儿用品，如虎头帽、虎头鞋、红肚兜、毛线衣、毛线裤等；娘家会打糕、蒸米团子，还要送肉、面、蛋等礼品，用元宝篮盛满；家境较好的亲戚会送手镯、脚镯、项圈和上刻“长命锁”字样的金锁、银锁，还有制作精巧的小算盘、小如意等。相关礼品上往往刻有“长命富贵”“状元及第”等吉语。最重要的礼物是摇篮，又称“摇窝”（竹制睡篮，嵌入木制底部为半圆形的框架内），其木材多为桃木，漆成大红色，是专门给婴儿休息睡觉的。

四、剃胎发。满月这天，婴儿要剃胎发。主家先请手艺高、人品好、全福的（有父母、子女、兄弟）理发师。旧时午饭后剃头，现改为午饭前。剃头时由孩子的爸爸抱着，在托盘内放喜钱、糕点、鸡蛋、香烟，再蒸一笼寿桃。第一次大多剃光头，有的男孩会留一块长方形或桃形胎毛在脑后或头顶，称为“达毛”，亦有将顶发梳成小辫的。

理发师一边剃一边要讲喜话。旧时剃下的胎毛要与狗毛、猫毛混在一起搓成球，用红绿带缝裹起来，挂在床头，意为孩子像狗与猫一样活泼。现今多数人家会请人制作一支“胎毛笔”，长期保存。剃好头后，将一个剥了皮的熟鸡蛋在婴儿头上滚一下，放入盘中，然后分发蒸好的寿桃给在场的人吃。这时长辈、亲友会给婴儿喜钱，数目不限，全由产妇收藏。孩子由妈妈抱着在大门口转一圈，然后再由爷爷、奶奶及众亲友逐个抱一抱。有的人家，在给婴儿剃胎发时，厅堂要点红烛及寿字香、供老寿星画像或塑像。

五、办酒。将婴儿抱入房内后，开始放鞭炮，开席。产妇抱着婴儿坐在女宾上席，若是男婴，产妇可抱着婴儿坐在男宾上席。酒席后，主家给每位亲友回赠一份礼品，一般 4 样：红鸡蛋 4 个、米糕 8 块、白糖 1 袋、米团子 8 个。娘家盛礼物的篮子、箩等要放糖果等，意即不能空来。

满月前，丈夫不管在外做什么事，都需回家。满月以后，产妇才能出自家门，或回娘家，或去亲友家。回娘家时，由娘家派人来接。回来时，由丈夫推独轮车或骑小毛驴接回。

当然，满月习俗也有些讲究。如生育前，需烧香拜观音菩萨及送子娘娘，盼早生贵子。满月后，则需去庙宇还愿。另外，还有一些禁忌：满月前，丈夫忌晚上不归，产妇忌外出串门，否则会有血光之灾；怀孕的妇女忌抱婴儿，认为不吉利，会导致婴儿生病拉痢疾。

历史传承

从古至今，人丁兴旺一直被视为一个家族的头等荣耀之事，故生儿育女极受重视，由此形成了各种形式的风俗，满月习俗即是其中之一。这一习俗，由来已久，多见文献记载。据记载，魏

麒麟送子枕饰

晋南北朝时期，皇族子孙在满月时，有举行宴会的活动。《北齐书》卷五十《恩幸传》记载：“男宝仁尚公主，在晋阳赐第一区。其公主生男昌满月，驾幸凤宅，宴会尽日。”唐龙朔二年（662），高宗在其子李旦（后来的唐睿宗）满月时，还曾赐酺三日，大赦天下。唐朝诗人齐己《送胎发笔寄仁公诗》中有：“内为胎发外秋毫，绿衣新裁管束牢。”可见唐代就有制作“胎毛笔”的习俗。宋代孟元老《东京梦华录・育子》则详细记载了北宋都城汴京（今河南开封）育子风俗中的“满月洗儿会”：

> 至满月则生色及绷绣线，富贵家金银犀玉为之，并果子，大展洗儿会。亲宾盛集，煎香汤于盆中，下果子、彩钱、葱蒜等，用数丈彩绕之，名曰“围盆”；以钗子搅水，谓之“搅盆”；观者各撒钱于水中，谓之“添盆”。盆中枣子直立者，妇人争取食之，以为生男之征。浴儿毕，落胎发，遍谢坐客。抱牙儿入他人房，谓之“移窠”。

清代，某些地区还流行在婴儿满月时，将蛋染红祭祀祖先的习俗。清代顾张思《土风录》曰：“儿生一月，染红蛋祀先，曰满月。”

民国时期，满月习俗更加流行。1941 年 6 月 12 日《顾兰君之子汤饼宴》记载了顾兰君之子在满月时，摆设汤饼宴的情况。有的还将子孙

娃娃桶、盆

杨柳村江宁民俗博物馆展出的儿童帽

民国广告中的满月酒

的满月资金捐赠做善事。如 1940 年 7 月 25 日《申报》报道，汪慕赓先生“节省女公子满月筵资”，向“难民救济协会普善庄绍萧救灾会”捐款，以救济难民。1920 年 2 月 15 日《新闻报》报道，费鸿生先生将“孙满月筵资指助鄂振洋一百二十元”。

新中国成立后，满月习俗仍然流行。俗话说“不孝有三，无后为大”。旧时江宁乡村居民将生育男孩视为喜庆之事，其满月酒操办的隆重程度胜过生女孩。1978 年改革开放以后，人们的生活水平大大提高，满月的大操大办之风愈加盛行。尤其是国家推行计划生育后，因一对夫妻只生一胎，大多家庭越来越重视满月习俗，生女孩满月酒的操办与男孩一样隆重了。

当代影响与价值

满月习俗历史悠久，是传统育儿文化的重要内容之一，是婴儿正式进入社会生活的第一次宣告，也是建立社会联系的起点。通过满月仪式，新生婴儿得到家庭和社会成员身份的正式认同，成为其中的一员。满月习俗内涵丰富，仪式感十足，体现了人们对新生婴儿健康成长的殷切期待，具有一定的精神文化价值。如今，随着社会的发展，人们的育儿观念已发生较大改变，过于繁琐的传统满月习俗不少已简化，如其中的洗儿礼等仪式已消失，但剃胎发、办满月酒席等活动仍然流行，并产生了新的满月习俗，如为婴儿拍满月照（或摄像）留念等。

百日习俗

基本概况

百日习俗，流布于整个江宁区境。

百日习俗，古称“百晬”“百岁”，俗称“做百日”“做百岁”，是婴儿出生满100天时，家人为其举办的一种庆祝活动。这是继满月之后的又一喜庆日子。百日之所以称为百岁，这是家人亲友希望婴儿健康成长，具有祈祝孩子长寿之意。

江宁婴儿的百日之庆，十分隆重，一般有穿“百家衣”、挂“百家锁”、吃“百家饭”等礼俗活动。

所谓的百家衣，是用各种颜色的碎布头缝接成块，再制成婴儿的衣裤、披风、小棉垫。这种百家衣，五彩斑斓，古色古香，很有传统意味。百家饭则由孩子的奶奶提个淘米箩，去同村每户人家抓上一把米，数十家凑成一淘米箩，回家做饭即为百家饭。穿百家衣、吃百家饭，寓意像和尚、道士一样好养活，同时又寓意长大以后能做官当老爷，管理百家、千家、万家，吃钱粮（即税粮）、吃俸禄。百家锁是乡村邻居挚友等数家、数十家，凑足一百文或数百文钱（或粮），打制一只带银链子的银锁，挂在孩子脖子上。锁上常刻“长命百岁”“富贵有余”等吉语字样。挂百家锁，寓意孩子被大家锁住了，不会中途夭折，会长命百岁。这种在孩子过百日时，由同村乡邻提供相关物品的活动，俗称“凑百岁”。

需要说明的是，所谓“百家衣”“百家锁”“百家饭”的“百家”，一般是泛指，并非真的一百家，而是象征性的十数家或几十家。做百岁时，家中要让小孩子“开荤”。有的人家会象征性地给小孩子喝一点肉汤、鱼汤之类的荤食，以示小孩子在吃奶的同时，逐渐增加了一些正常的饮食。

历史传承

百日习俗，流传久矣。文献记载表明，早在宋代就已有这一习俗。宋代孟元老《东京梦华录·育子》云：“生子百日置会，谓之‘百晬’。”南宋吴自牧《梦粱录·育子》记载：“生子百时，即一百日，亦开筵作庆。”周密《武林旧事》则记载，南宋时期宫中嫔妃生子百日，可以向内东门司领皇帝赏赐的银绢。这样看来，有宋一代，上至皇家，下至普通百姓，均有给婴儿过百日的习俗。

明清时期，一般人家都会给婴儿过百日，称之为“百岁”。明代沈榜《宛署杂记》记载：“一百日，曰婴儿百岁。”

民国时期，为婴儿过百日的习俗更为流行，且较为奢侈。1929年第57期《崇善月报》发表的毛云翘《讨论：废除婴孩三朝、满月、百日、周岁之我见》一文说："我国习俗，每生子女，必有三朝、满月、百日、周岁之庆祝。凡富贵之家，届期必结彩张筵。而猪、羊、鸡、鸭之类，大为宰杀，以谓庆其无灾病，有福寿也。……然则此举，不但有耗心神，费金钱，亦足以伤道德，折福寿也。……吾愿世之为父母者，以此种开筵耗费之资，尽行周济贫寒，行种种之善举，作种种之阴功。则不求福而福自至，不求寿而寿自长。所谓善能转祸为福，恶能转福为祸。易经有云：'积善之家，必有余庆。积不善之家，必有余殃'。诚是理也。"可知当时的富贵之家对婴儿过百日极为重视，会大张旗鼓举办贺宴。而普通人家有时则会利用婴儿百日贺宴，收取众多亲戚的份子钱，以解生活中的燃眉之急。20 世纪 80 年代后，一对夫妇只生一个孩子，无论生男生女，过百日礼仪都很隆重。

当代影响与价值

百日习俗，有着悠久的历史，寄托了人们对新生婴儿健康平安、快乐成长的美好期盼及长命百岁的衷心祝愿，蕴含了丰富的历史文化内涵。过百日时，婴儿家长会邀请亲朋好友、邻里乡亲来参加百日宴席，婴儿则需穿"百家衣"、挂"百家锁"、吃"百家饭"，这处处体现了旧时浓厚淳朴的邻里乡情与珍贵的乡土记忆，具有不可忽视的文化价值、精神价值与和谐价值。作为一项重要的民俗文化资源，它能够增强村民之间的情感，凝聚集体的力量，对树立正确的新时代家庭伦理观，也有一定的现实意义。如今，江宁大多人家仍保留着百日习俗，在这一天办百日宴，穿百家衣、吃百家饭、挂长命锁等旧俗在部分乡村仍有流行，但新的百日习俗也在不断形成，如为婴儿拍百日照（或摄像）留念等。

抓周习俗

基本概况

抓周习俗，流布于江宁境内。

抓周，又称做周、拈周、试周、试儿、试晬、周晬、期场等，是民间广泛流传的人生礼俗中的一个重要仪式，即在小孩满一周岁时，大人将日常用品摆放在孩子的面前，在无人指导的情况下，由其任意抓取，并根据最先抓到的物品来预测孩子将来的前途和兴趣。

旧时江宁地区，在孩子满周岁时，主家要宴请亲友吃面条，共同庆贺孩子的周岁生日，叫“过周”，或称“做周岁”。此日，孩子要穿扮一新，进行“抓周”。江宁有民谚“七坐八爬九长牙十讲话”，意思是婴儿七个月能坐稳，八个月能在床上爬行，九个月开始长牙，十个月时能蹒跚学步、开口讲话。而周岁的儿童，往往已会叫人、会走路了，故家中举行抓周仪式进行庆贺。

抓周这一天，抓周孩子的外婆、舅舅、姨妈等至亲好友都会前来祝贺，孩子父亲的亲友也会前来。旧俗认为，没有来望月子的亲友可以来参加抓周活动，但来望过月子而不来抓周，则被视为极不应该，除非两家有了天大的仇恨。

前来参加抓周仪式的亲友，一般会携带礼品。如外婆一般会为做周岁的外孙子从头到脚做一套新衣服，有虎头帽、虎头鞋、袜子、开裆裤、对襟褂、红肚兜等。舅妈、姑妈、姨妈等送来的礼物有衣帽鞋袜，也有儿童玩具和糕点零食。

参加抓周仪式的客人到达主家后，一般会一起逗孩子玩，要其叫公公、婆婆、舅舅、舅妈、姑姑等。孩子通常会被这个亲亲，那个抱抱，有时被惹毛了，有时又会被逗笑了。大家也会拿出玩具、糖块逗他（她）叫人，或者搀扶着他（她）走路，亲友中的小姐姐、小哥哥更是抢着带他(她)出去玩耍。

抓周这一天，主家需要准备午饭与晚饭。中午一般吃长寿面，晚上设宴席，民间俗称“中面晚酒”。午饭时，鞭炮齐鸣，客人入座后，开始午宴。父亲或爷爷往往抱着孩子入席，在席上需给孩子

晚清时期用于抓周的小物件

喂点饭、菜及面条，直到孩子不耐烦时，才由妈妈抱去。

午宴之后或当天晚上，举行“抓周”活动。抓周前，需将一个竹筛子（或针线匾）放于八仙桌上，里边放置纸、笔、书、金银珠串、小刀剑、秤、彩线、尺、算盘、脂粉等物，之后逗小孩子前来抓筛子中之物。看小孩子首先抓出哪一样，以此来判断孩子的前程。如孩子先拣钱财，表明孩子长大后能发财；如拣文房四宝之类，则表明孩子长大后有文才；如抓尺之类，则长大后有升官、执掌生杀权柄的可能;若抓脂粉或花朵之类，常被认为将来必是花花公子。其实，不论孩子先抓什么，家人都会很高兴，因为这毕竟只是一种家庭游戏。当然，家人在不过于认真的同时，今后也会根据孩子抓周时的表现，进行有方向性地教育和培养。

历史传承

抓周习俗，由来已久。相传三国时期，东吴孙权称帝不久，太子孙登就因病去世，其余各子结交权臣,争夺皇位,孙权一时束手无策。有一天，一个叫景养的平民向孙权进言：只看诸皇子的品德才学还不够，还要看皇孙们的表现。于是孙权择吉日，让皇孙们在一个盛满珠贝、象牙、犀角、翡翠、简册、绶带等物的盘子里随意抓取，只有孙和的儿子孙皓一手抓过竹简与绶带。孙权大喜，遂立孙和为太子。若干年后孙皓果然当上了皇帝。于是，民间许多人便效仿这种方法来考校儿孙的未来。北齐颜之推《颜氏家训·风操》记载，江南地区，在孩子周岁时，家中要为孩子“制新衣，盥浴装饰，男则用弓矢纸笔，女则刀尺针缕，并加饮食之物及珍宝服玩，置之儿前，观其发意所取，以验贪廉愚智，名之为‘试儿’。亲表聚集，致宴享焉”。

到了唐宋，这一风俗在全国逐渐盛行开来。宋吴自牧《梦粱录·育子》记载：孩子周岁，名为“周晬”，其时家中要“罗列锦席于中堂，烧香炳烛，顿果儿饮食，及父祖诰敕、金银七宝玩具、文房书籍、道释经卷、秤尺刀剪、升斗等子、彩锻花朵、官楮钱陌、女工针钱、应用物件，并儿戏物，却置得周小儿于中座，观其先拈者何物，以为佳谶，谓之‘拈周试晬’”。在这一天，亲戚朋友要馈送主家礼品，而主家则需开办酒席招待亲朋。

明清时期，抓周习俗更为流行。有明一代，在孩子抓周时，甚至连乌纱帽、紫金冠之类的物品也摆放在孩子的面前，任其抓取。清代曹雪芹《红楼梦》中则有贾宝玉抓周情况的描述：“那年周岁时，政老爹便要试他将来的志向，便将那世上所有之物摆了无数，与他抓取。谁知他一概不取，伸手只把些脂粉钗环抓来。政老爹便大怒了，说：‘将来酒色之徒耳！’”

民国时期，抓周习俗继续流行。当时的有钱人家在孩子抓周时，多大操大办，会办酒席、拍照片等。而一般的人家限于经济条件，相关活动大都比较简化，只是由大人抱着孩子进行抓周，所摆设的物品也比较简单，只是平时的一些日常用品。

当代影响与价值

抓周习俗历史悠久，寄托了人们对孩子健康平安、快乐成长的美好祝愿及望子成龙的殷切期望，蕴含了丰富的精神文化内涵。抓周时，孩子家长会邀请亲朋好友、邻里乡亲参加抓周仪式，孩子则会和大家亲密互动，相互熟悉，体现了传统家族温馨和谐的亲情及父母对孩子

江宁区民俗博物馆

的舐犊之情，一定程度上反映了当时的育儿观，具有不可忽视的文化价值、精神价值与和谐价值。如今，江宁大多人家仍保留着抓周习俗，在这一天吃长寿面、办抓周酒、让孩子抓取物品等习俗仍流行于部分乡村，但新的时代元素也在不断加入，如孩子抓取的物品中出现了信用卡、鼠标、车钥匙，抓周时全家还要合影或摄像留念等。

做寿习俗

基本概况

做寿习俗，流布于整个江宁区境。

做寿，又称拜寿、祝寿。旧时江宁人做寿，民间有“做九不做十”“庆九不庆十”之说，指的是老人需超前一年做寿，如在59岁生日时做60岁寿，俗称“劝九”或“庆九”。这是根据古语“天道忌满，人事忌全”而为。不为老人做“整寿”，正是祝其长生不老的意思。

民国之前，普通人的平均寿命只有40多岁，活到60岁花甲之年的人已为数不多，所以60岁生日，可称之为“做寿”。而以后的70、80、90岁都是逢整十做寿，而100岁生日则可以早在97岁时便大做一下，98、99岁再分别做一下，以示庆贺。60岁称“大寿”，70岁叫“康寿”，80岁叫“长寿”，90岁叫“高寿”，100岁称为“天寿”。

旧时江宁人做寿，特别是耄耋老人过生日，家属要为之大摆筵席，邀请亲友参加。届时，主家需要收礼品、放鞭炮、供寿桃、挂寿帐、煮寿面、办寿酒等，晚辈要跪拜祝寿。在屋内中堂上需要挂寿星画，两边挂“福如东海长流水，寿比南山不老松”的对联；做寿老人的女儿需要做寿桃、寿人（糯米粉做成桃形、人形）等类的米糕和点心，同时还采办鱼肉、衣服、鞭炮等礼品。

做寿需要办酒席，俗称“寿酒”。寿酒一般邀请亲朋好友、邻里乡亲参加。在寿酒开始之前，做寿老人端坐于堂屋的太师椅上，接受子孙们的磕头拜寿。一般从长子开始，每人磕3个响头，说些祝寿吉语。然后由长孙开始，同样磕头祝福。

《点石斋画报》之“寿翁吃醋”图

侄儿、侄女、女儿、女婿及外孙、侄孙等同样磕头祝福。孙子、重孙辈磕头拜寿时，老人应掏出红包，每人一个。做寿期间，家中鼓乐齐奏，宾客盈庭，欢声笑语，热闹非凡。

2000 年秣陵敬老院落成剪彩庆典仪式

此外，还有少数人家会为做寿老人预做寿材、寿衣。在欢乐喜庆的气氛之中，掺和着一些无奈的滋味，但老人家及家人们却认为这是同样的喜庆之事。不过，如两事合办，则子女们应该出 2 份礼品，女儿们还得买来寿布，并给做寿材的木匠师傅备一个红包，希望将寿材、寿衣做得更好些。

旧时江宁地区还有“一代亲、二代表、三代了”的说法，意思是到了第 4 代、第 5 代，如其祖辈已经过世，则很少出席寿宴了。若做寿时，老人的女儿女婿已过世，则其外孙的子女应来拜寿。然而，如果此时外孙的子女已经成家生子，往往不来拜寿。这种现象司空见惯，也就不足为奇了。

历史传承

做寿风俗，古已有之。早在春秋战国时代，人们就开始关注长寿了。在金文中有多种“寿”字的写法，《诗经》中亦有许多“寿比南山”“万寿无疆”等祝颂长寿之词。如《诗经·豳风·七月》：“跻彼公堂，称彼兕觥，万寿无疆。”《尚书·洪范》将“寿”排在五福之首，可见寿在当时人们心目中至关重要。《史记·项羽本纪》记载：“沛公奉卮酒为寿。”

2000 年秣陵敬老院落成

至魏晋南北朝，出现了做寿习俗的雏形。据颜之推《颜氏家训》云，江南地区每遇生辰，“尝有酒食之事”。唐人封演在《封氏闻见记·降诞》中说：“梁元帝少时，每以诞载之辰，辄

1980 年代江宁高庄社区居民的团圆饭

设斋讲经。”明代学者顾炎武认为：“生日之礼，古人所无”，至“齐梁之间”，乃行此礼。这说明在南北朝后期，民间庆贺生日渐成习俗。

宋元时期，做寿习俗更加普遍，文人还流行祝寿诗词。清人赵翼在《陔余丛考》中说：“寿诗盛于宋，渐施于官府。”著名文人陆游、文天祥、辛弃疾、李清照、关汉卿、元好问等，都作过不少祝寿诗词，内容涉及父母寿、友人寿、自寿、妻寿等各个方面。做寿的年龄有 50、60、70、80 等各个层次。做寿的规模越来越大，要布置寿堂、子孙拜寿、同饮寿酒，气氛相当热烈。

明清时期，做寿习俗达到鼎盛。无论是做寿的规模、贺礼的份量和形式，还是做寿的普遍性，都超过了以往任何时期。达官贵人、富豪之家，做寿之风愈刮愈盛。这在《儒林外史》《红楼梦》《三言二拍》等小说中有大量的描述。而庶民百姓家，因经济条件所限，做寿仪式一般较为简单。长辈生日，往往只在家中设一寿堂，晚辈及亲友送一些寿礼，向长辈拜寿，相聚吃一顿寿面，即算做寿。

晚清民国时期，做寿习俗继续流行。当时江宁地区的殷实、官宦之家，或者书香门第，会在做寿时邀请一些地方上的名人，为做寿的老人写寿序。如 1924 年纂修的《潘氏宗谱》卷四收录《东泉外舅大人暨德配耿太夫人六十双寿序》，《汤氏宗谱》卷二收录寿序 5 篇，《陶氏家谱》卷三十二收录《如九老姻台陶先生暨德配老姻母周老安人六十寿序》，《同阳周氏宗谱》卷八收录《周母夏太孺人七十寿序》《恭祝勅封孺人周母王老孺人六十荣寿》《周太亲母张老孺人七十寿序》《集赠周君奉章公八十华诞》《题赠周君兴臣公六十华诞》《题赠式翁学长先生六十荣寿兼祈赐教》《彭孺人六十寿序略》等，都是旧时替老人做寿时留下的作品。

此外，还有学者撰文讨论民间做寿情况。如 1925 年第 4 期《进德月刊》袁聚英《纪实：最经济的做寿法》一文：“今年的祝寿地点，先期由干事戴劼哉先生与各方面商量，均以战事甫止，一致赞成假功德林素斋。是日，由干事部先将寿星堂布置起来，当中悬挂 1 轴寿字，和 2 副寿联，四壁挂满 50 年前的寿屏，堂中燃着寿烛，铺着椅毯，摆着 17 桌寿酒，各人位置上还放着一张菜单。7 时左右，寿者祝者陆续到齐。寿者的两桌就在寿堂当中。”文章细致描述了民国做寿时寿堂的布置场景，一派喜气洋洋的景象。

1937 年 5 月 28 日《星华》发表的慧心《九八老人做寿：国际联欢社热烈之庆祝》一文，介绍了国府委员马相伯老人做寿的盛况：“国府委员九八

1980 年代东山食品厂桂花烘糕

人老丹徒马相伯先生，本月十六日为诞生之辰，国有斯老，引为‘人瑞’，所以衮衮诸公，特假南京国际联欢社，为老人祝嘏，车水马龙，盛极一时。这天午刻，复旦同学会欢宴老人暨热心维护复旦诸公，由同学会推定老同学于院长主席。十四晨，于院长亲书丈余大寿联，并送寿仪千元，联云‘大德照天下，雄心同少年’。林主席也亲题‘希世人瑞’大匾额，孙连仲送大银爵一尊，寿仪五百元。同时，复旦同学会镇江分会也派代表汪宝瑄赴京祝贺，另备寿诗祝词等物祝嘏。寿辰庆祝会礼堂，正中台上，用霓虹灯装一巨型‘寿’字，台前上悬林主席‘希世人瑞’匾额，‘寿’字的旁边列国民政府要人的寿联，布置极富丽堂皇。礼堂入门处，列一长桌，上陈鸡蛋寿糕，大小无数，沿边列烛九十八枝，这完全是西人礼节。寿堂的左面，用布幔间隔，中列寿筵，宴寿翁的所在。”

新中国成立前，地方豪绅和大小官员，惯用做寿或者为死人做冥寿盘剥佃户、乡领或下属。新中国成立后，人民政府倡导节俭新风，不再流行借庆贺寿辰大肆送礼收礼之俗，大多人家只是家族成员吃寿面以示庆贺。近年，随着人们生活条件的改善，做寿大摆筵席之风似有蔓延之势，应该加以劝谏。

当代影响与价值

做寿习俗，是为老人添福增寿的庆典活动，也是一个为全家祈福祛灾的仪式，反映了人们渴望健康长寿的一种朴素心理，蕴含了传统文化中的孝道伦理与长寿观念，具有丰富的历史文化内涵。作为一项重要的民俗事项，它能够增强家族成员之间的情感联系，凝聚集体的力量，对树立正确的新时代家庭伦理观，具有一定的现实意义。如今，江宁人家做寿习俗仍然流行，少数偏远的乡村还存在做寿唱戏等旧俗，但已无旧时的铺张浪费和讲究排场，一般是家族成员聚在一起吃长寿面、祝寿蛋糕等，有的富裕人家则会带着老人外出旅游，让老人在休闲中享受寿辰的快乐。

丧葬习俗

基本概况

丧葬习俗，流布于整个江宁区境。

丧葬是殓、殡、葬等仪式的总称，民间多称之“送终”“办丧事”。江宁境内的丧葬习俗总体面貌一致，但各地又具有一定的地域特色。以下以禄口街道铜山社区及秣陵街道凤凰社区为例，介绍相关习俗。

禄口街道铜山社区的传统丧葬习俗，主要包括初终、报丧、吊唁、火化、出殡等部分。

1. 初终。当病者临终之际，家人要将家中厅堂整理布置，以作为最后告别人世的正式场所，谓之“正寝”。同时为其穿好寿衣，为讨吉兆，寿衣可用棉、麻质料，但不能用皮毛；可用绸子，但不能用缎子；可用飘带，但不能用纽子扣。在咽气之前，家人给他穿上寿衣，并将其从卧室移至正寝中来。家人守候其左右，让他安详地寿终于正寝之中，即所谓“寿终正寝”。在病人临终前，家人要为其沐浴，使其干干净净到达阴间，被祖先收容。病人断气后，家人要痛哭，晚辈要跪拜，并为死者烧落地钱、点长明灯、设案焚香、点烛、供饭，其子孙晚辈要戴孝。死者遗体及火化后的骨灰盒置于厅堂时，家人及抬材人要为其守灵，通宵达旦，不得脱人。

2. 报丧。人死之后，家人即派人前去亲友家报丧。报丧人一般为本宗族家人或请邻里帮忙，需手持白布裹着的一条糕，前往亲友家报丧。到达亲友家后，报丧人把糕放在门口，只能在门外通报。亲友得知后，报丧人立即返回。如向路途遥远的亲友报丧，现在可用电话、微信等方式。

3. 吊唁。吊唁是丧葬习俗中比较重要的内容。依据与死者关系的远近、亲疏的不同，吊唁的礼数多有区别。出门在外的子女及至亲接到讣告后，要及时奔丧、吊唁。子女接到丧讯后，首先要哭悼，问明死因后，要不顾一切地上路奔丧，临到家门时要“望乡而哭”。到家后，先到死者面前跪叩哭悼，直到有人劝慰才停止。比较亲近的家族成员也应表现得比较哀恸。

亲友前来吊唁时，孝子要迎接、陪同。至亲上祭时，其所携带的祭品一般由祭方请两人抬着，径直前往丧家。祭品一般有鱼、肉、鸡、糕点、水果、酒、香烟等，还备有孝帐、花圈等，祭方家人同往。临近丧家要燃放鞭炮，亡者家人听到鞭炮声，亦燃放鞭炮，并由抬材人去迎接，将祭品供于亡者头前案桌上。同时上祭亲友在亡者头前跪叩、大哭，以示哀悼，待人劝慰后，方止。亲友吊唁的礼金、孝帐、花圈等均交由丧家请的帐房先生，登记人册，并张榜公布。孝帐、花圈落款署名后，将其置于厅堂。亲友、邻里前来吊唁时，亡者的长子或长孙等要跪于亡者身旁，以示对吊唁者的感激之情。

4. 火化。一般在亡者死后的第二天，即行火化。遗体出门前，晚辈、亲朋要有序地向遗体跪拜告别，同时大哭。然后由抬材人将亡者遗体抬入殡葬车内，由儿女至亲陪伴，其他亲朋亦乘车前往殡仪馆。其时，乐队奏哀乐、鞭炮齐鸣。殡葬车内有专人放鞭炮、撒纸钱。到殡仪馆后，由殡仪馆工作人员将遗体置于吊唁大厅，供子孙晚辈、亲朋好友作最后告别。吊唁大厅内哀乐回旋，一片肃静。告别仪式结束后，即将死者遗体火化。火化后，骨灰盒由长子双手捧入殡葬车，其他亲朋好友亦乘车返回。返家后，将骨灰盒置于案桌，同时焚香、点烛、焚烧纸钱，儿女至亲、抬材人日夜守灵。

5. 出殡。俗称“出材”。死者火化后，一般在第二天就要出殡，让死者“入土为安”。出殡一般在午饭后进行，其时开道锣在车前鸣锣开道，孝子手持丧棍，长子手捧死者遗像，长孙手捧粮饭瓶。接着抬材人抬着骨灰盒，骨灰盒置于小方桌上，上置花圈，另有2人抬着亲友送的孝帐、被面等。乐队奏哀乐，鞭炮手燃放鞭炮，有专人沿途撒冥钱和芝麻花。至亲紧随痛哭，其他亲朋亦相随，谓之“送葬”。最后一人扛“了旗”。待骨灰盒出村，子孙晚辈及送葬亲友再次到骨灰盒前跪叩痛哭。至此，骨灰盒由抬材人移至殡葬车内，儿女孙辈至亲陪伴，其余送葬者亦乘车前往墓地。至墓地下葬时，儿女及亲朋要向墓穴中投入钱币，谓之“暖坑钱”。骨灰安葬完毕后，送葬人乘车返家，进入家门前要跨火而过，到家后要喝甜茶。

出殡3天后，儿女要备酒菜到坟上祭祀，谓之“园坟”。家中要供“七单”，子女要烧“五七”，有的地方还行百日祭、周年祭、三年祭等。

秣陵街道凤凰社区的传统丧葬习俗，主要包括做寿材、制作寿衣与孝服、报丧、入材、上祭、守灵、出材与送葬、选坟、落葬、回煞与烧五七、斋饭与祭祀菜肴等内容。

1. 做寿材。寿材即棺材，旧时有人过半百就开始为自己做寿材之俗。在做寿材时，需要选黄道吉日，并请邪木（专做寿材的木匠）上门制作。有钱人做的寿材选用上等木料，用整棵木料去表皮后，成方形，俗称“十二朵园花”（即用12棵整木料做成）；一般贫民用木板制成的棺材称薄皮棺材。做棺木的费用由儿子们分担，喜钱则由女儿承担。棺材制好后要摆酒，燃放鞭炮，有的老人还会到棺材里坐一下表示已死过一次，预示着以后会长寿。做好后的寿材要用桐油作防腐处理（人死后再刷黑漆），放于屋角或寄放于庙宇内。

2. 制作寿衣、孝服。寿衣又称老衣，是人咽气后穿的衣服，由子女在死者生前制作完成。寿衣常为“五把领，三把腰”，即上衣5件，裤子3条，也有“七把领、五把腰”。其用料为丝棉制品，不用毛、麻制品，更不用动物皮毛制作。鞋子为软底布鞋，鞋底、鞋帮绣出各式花样。袜子用棉布制成，男性为黑色、女性为红色。上衣不钉纽扣，用布做成绊子。

旧时家中长辈死后，子女皆穿孝服，现只戴臂章，束腰带。孝服依据与亡者关系的不同，分别制作，款式不一：儿子用一丈三或一丈七尺（单数）的白布，于对折中间开口，套入肩头，披挂在身体前后，不缝边，不钉纽扣，用白布带子系于腰间。头上戴白布制成的孝帽，帽后两边各披一缕麻丝，白腰带要缠上麻绳。脚穿白色麻鞋。现仅戴黑袖章、戴白帽、腰系白带。媳妇、女儿装束为头戴红色孝帽，帽正中钉一小块白布，腰系白带，鞋面系上红布。重孙子、女头戴绿色孝帽，玄孙则头戴灰色孝帽，侄子、女婿等皆头戴白帽，系白腰带，臂戴黑袖章。

3. 报丧。人死之后，由亡者长子穿孝服向亲友报丧。报丧时，需跪拜告知父母死亡时间，以便亲朋前来祭拜。

4. 入材。入材即入殓，即将遗体移入棺内。入殓的吉时，要请风水先生按死者的生辰八字和死亡时间推定。入殓时，先由儿子给死者抹面，女儿或媳妇（一般是长女、长媳）为死者梳头，还需盖上女儿、孙女制作的红色盖被，再用小布袋盛少许五谷杂粮置于死者脚边。然后孝子绕棺3周后向遗体告别，众亲人随后也绕棺3周向死者告别，最后合上棺盖。继而是收钉。收钉前，众子女向棺材跪拜，由长孙（即第一个孙子）头顶托盘，盘内放糕点、香烟等物。跪拜后，长辈（母死由舅舅，父死由叔伯）钉第一颗钉，然后再由抬棺之人钉下其余的钉子。刷漆密封，奉入灵堂。

如今，因禁止土葬，这些习俗已取消。在人去世后，当天即用2至3部客车，挂红布，由送葬之人护送死者遗体至火葬场火化。灵堂上挂死者照片，桌上供奉整鸡、鱼、肉等7样食品。照片用黑布披挂，照片两旁挂上亲友的孝帐（即各色被面），供桌旁摆花圈。骨灰盒供在照片下方，然后子女、亲友跪拜。

5. 上祭。上祭，即给死者供上祭品。除自家的供祭外，还有亲戚、朋友前来上祭。上祭时，供品为7样或9样。

6. 守灵。旧时，死者入殓后，由儿子等亲人在灵堂通宵达旦守灵，直到出材日。在守灵期间，需在灵堂点蜡烛，烧纸钱不断火，长明灯不熄。灵堂一般设置3天，也有5天、7天，为的是远方的亲人有充足时间赶来送葬。现今骨灰盒一般停放3天。

7. 出材与送葬。出材古称“出殡”，多在死后第三天上午10点钟左右举行。旧时，为防尸体晃动，棺木内会填塞石灰、黄土等物，故棺木较重，需要众人合力才能出殡。出材的主要流程：先由1人用粗绳套在肩头，把棺材头背起，众人在后搀扶，将棺木抬出大门，称之为“背棺材头”。这时，大门外众子孙要跪拜，乐队奏乐。前导队伍有举钱轮（即幡）1人、扛寿纸1人、拿花圈数人、挑担1人，以及阴阳先生、孝子孝孙、男宾等。棺材后有女儿、媳妇等人，她们需手捧哭丧棒、五谷包，一路要哭哭啼啼。

旧时送葬队伍有开道锣、吹鼓手及乐队，现在只有小乐队一路吹打。途经村庄、集镇要放鞭炮，送葬路上要有专人撒纸钱、扯寿纸（每一岁一张寿纸，到达坟地时将寿纸扯光）。抬棺材的人要有8个，俗称“八抬八撖（即扶的意思）”。送葬时，头扛遇沟坡等险处要喊“小缺一个”，后面抬棺材的众人也要喊“小缺一个”，以此提醒他人。如路途较远，中间要停棺休息。有人会专门扛2条大板凳，供抬棺材的人休息。棺材离家后，有专人将死者生前用具点火焚烧。

8. 选坟。旧时葬地一般要请阴阳先生选择，俗称“选坟”。死者一般要葬入祖坟。祖坟大多是按辈份及天干地支选定某年的坟向，家族中的新亡者要依据这一方法进行埋葬，否则会不吉利。旧说祖坟如果选择好的地脉，会使子孙后代兴旺发达，官运亨通。

9. 落葬。将棺木放入坑中即为落葬。棺木到达穴位后，先由抬棺材之人挖好坑，再将芝麻秸、豆秸放在坟内燃烧，俗称“烘坑”。火灭后，再由送葬之人向坑内投入钱币，俗称“撒坑钱”。投钱多少不限，由抬棺之人收取。投钱时，抬材人会在旁边说喜话，鼓励大家多投钱。投钱完毕后，阴阳先生调整好棺木朝向方位，并刨一锹土，洒在棺材上，同时讲一些吉利话。后由亡者众子女依次覆土于棺材上，称为“丢土”。富贵之家钱出得越多，坟做得越高大，名曰“坟山”；贫穷之人钱出得少，坟做得也小，名曰“坟滩”。最后，

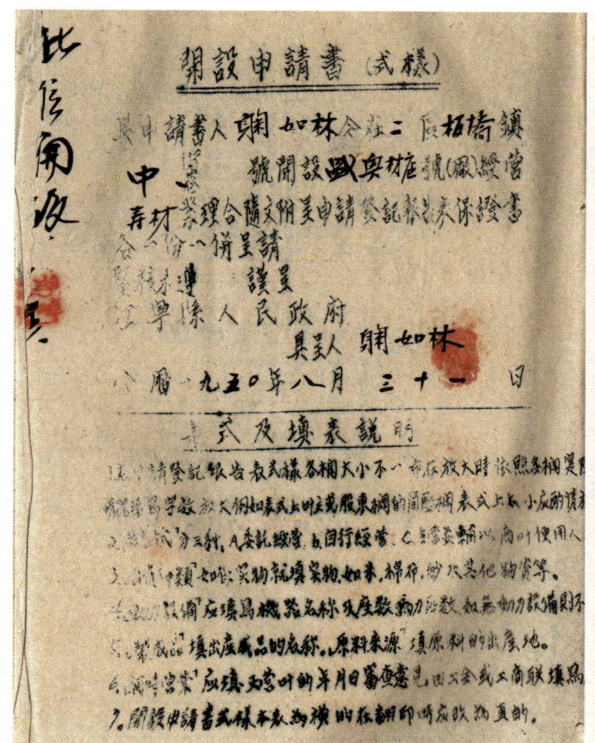

開設申請書（式樣）

具申請書人 蒯如林

號開設盛興材店號（局）經營

壽材

江寧縣人民政府

具呈人 蒯如林

公曆一九五〇年八月 三十一 日

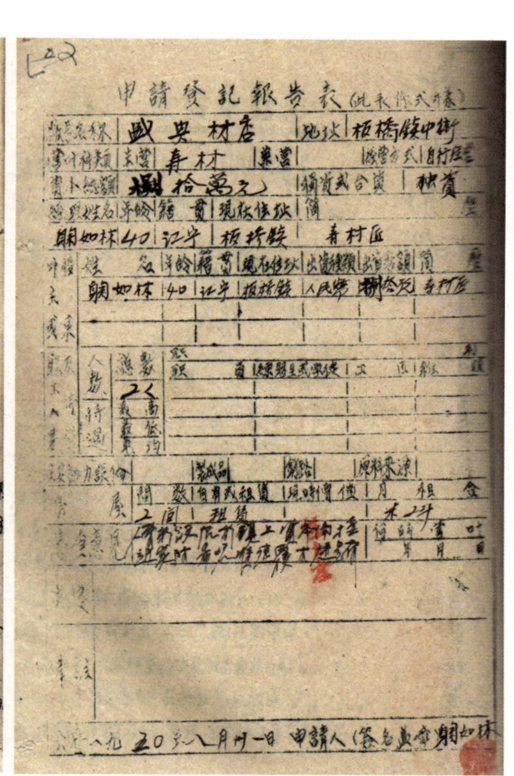

申請登記報告表

盛興材店

板橋鎮中街

壽材

蒯如林 40 江寧 板橋鎮 壽材店

一九五〇年八月卅一日 申請人 蒯如林

1950 年盛兴寿材店开业申请书及登记表

抬棺材之人把坟做好，众子女脱下孝服（孝服要带回），将哭丧棒、五谷仓、花圈等放于坟前，燃放鞭炮后返回。回来时不能走原来出殡时的老路。

旧俗，死者的儿媳妇们一般会自带一个脚炉在坟山带点土回家，谁跑得快，谁家就会兴旺发达。在村口预先烧好 3 堆火，送材的人回来之后要从火上跨过去，俗称“跨火”，以去邪气。进门要喝一杯糖开水，并将带回的孝服、腰带等依长幼次序挂在灵堂的梯子上，五七后方可烧毁。

10. 回煞与烧五七。回煞，是指人死后，鬼魂会回家一趟。旧时江宁民间认为，人死后，阎王会差人押解其灵魂回家，并相信灵魂会由烟囱回来。根据死者咽气时的时辰，阴阳先生会推定死者的回煞日，最高为一丈八的煞（即 18 天）。回煞这天，要请人守夜，预先把死者的房间、床铺整理成临终前的原样，床头放死者生前所喜欢的酒、烟等物，在灵堂供奉鸡、鸭、鱼、肉及花生、瓜子等物，让鬼差役享用。灶门口要铺上一层灰，据说可以看见鸡脚印（灵魂是人身鸡脚）。家人则躲避在别处，至鸡叫时方可回家。现今回煞时，家中请四人打麻将守夜。过 12 点后，守夜人敲锣打鼓，摔碎死者用过的盆罐，然后燃放鞭炮。结束后，家中再备一桌酒菜，供守夜之人宵夜。

旧俗认为，从死者咽气之日算起，每七天为一七或一祭。每逢七日，家中需设盛肴祭奠亡灵。“五七”时，死者女儿要去坟上祭拜，相关活动最为隆重，俗称“烧五七”。烧五七这天，女儿须办七样或九样供品，直接去坟上祭拜，不得入娘家门，但娘家人要去坟上陪拜迎接。祭拜后，需烧毁孝衣、孝帽等物，谓之“脱孝”。然后归家将带回来的菜肴重新烧煮，供全家人食用。现在“五七”这天，子女还要带纸扎的楼房、轿车、电视等现代化日常用品烧给长辈。“五七”过后，

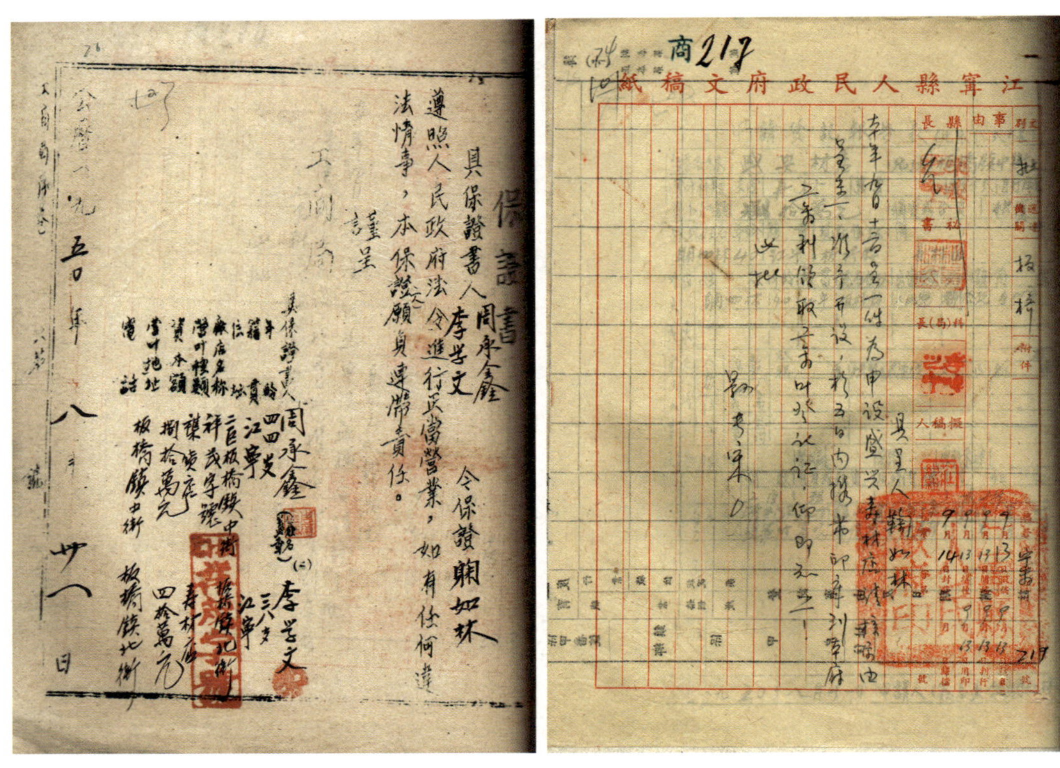
保證書

具保證書人 周承鑫 李学文

遵照人民政府法令進行正當營業，如有任何違法情事，本保證人願負連帶責任。

謹呈

江寧縣人民政府文稿紙

1950 年盛兴寿材店开业保证书及江宁县政府的批复

丧事基本结束。此外，在死者去世的第一个春节，家中须贴白纸春联。第二年贴黄纸春联，第三年方可贴红纸春联。

11. 斋饭与祭祀菜肴。丧事前几天，家人及亲朋好友都吃素斋，大多为青菜、豆腐、萝卜。到出殡之日，方请厨师备办正席，荤素皆有，众人随到随吃，吃完后不准打招呼，临走时还需带走丧礼回赠的小礼物。若死者为 70 岁以上的老人，还要发给小碗一只、黄头绳一段（约 1 尺长），小碗称之为寿碗，黄头绳意为“讨寿”。

旧时祭祀菜肴样数要单数，一般为鸡一只，鱼（扁、白、鲤、鲫四种）一条，圆子、扣肉各一碗，另加几样蔬菜，荤菜不要烧透。如亲朋好友来为死者上祭，要把自家的祭品撤掉，换上亲友的祭品。此事由厨师来操办，称为“换祭”，这时丧家要出钱给厨师。祭祀用的筷子，一般为 3 双，不许逢双，筷子不准用红色。归还办酒席所借用的桌椅上要贴一块红纸，意即不能把晦气带给人家。

此外，旧时江宁地区，棺材停放在灵堂有 3 天、5 天、7 天不等，同时家中需请和尚或道士做水陆道场（即做佛事），以超度灵魂。现已改为请民间小乐队（5 至 7 人不等），晚上演出小节目，请村民观看，俗称“白喜事”。整场丧事期间，小乐队全程都要在场，哭灵、上祭时都要演奏。

历史传承

在遥远的古荒时代，早期先民没有安葬死者的礼俗。《孟子 · 滕文公》即载：“盖世上尝有不葬其亲者，其亲死，则举而委之于壑。”即原始社会初期的人们并不掩埋同类的尸体，而是弃之于原野山谷。大约从旧石器时代中期开始，人类已经对死者进行有意的埋葬了。这一方面是出于对自己集团的成员的关怀，眷恋死去的亲人，更重要的是同灵魂观念和原始宗教的产生有关。《礼记·祭义》即云:“众生必死,死必归土,此之谓鬼。”

两周时期,民间已形成较为完备的丧葬礼俗,分丧、葬、祭三个阶段。《仪礼》中的《士丧礼》《既夕礼》《士虞礼》等篇均对周代的丧礼有比较系统的记载。

两汉时期,丧葬礼俗进一步规范化、等级化,“事死如事生”的厚葬观念深入人心。官宦、富贵之家往往拥有一套复杂的仪式,而一般百姓则相对较为简单,但也十分注重丧葬礼仪。

六朝时期,因是国都所在,建康地区(包括江宁)的丧葬礼仪极为严格,且奢侈无度。如吴末帝孙皓左夫人死后,“皓哀愍思念,葬于苑中,大作冢,使工匠刻柏作木人,内冢中以为兵卫,以金银珍玩之物送葬,不可称计”。《南史·孔琳之传》云:“凡人士丧仪,多出闾里。每有此须,动十数万,损人财力,而义无所取。至于寒庶,则人思自竭。虽复室如悬罄,莫不倾产单财,所谓‘葬之以礼’。”可见当时丧葬礼仪繁琐、花费巨大。

明清时期,丧葬礼仪更为复杂。为规范丧葬行为,明代朝廷曾下令“礼官定民丧服之制”,诏定:对品官、庶民丧礼中的“治报讣告”“立铭旌”“小殓”“大殓”“五服相吊”“择地”“刻志石”“下葬”“造明器”等礼数规模及棺木用料标准、守丧时限等方面,都作出具体而明确的规定。有清一代,江宁民间丧礼仍遵循厚葬原则,富贵人家的葬礼尤其隆重。与江宁颇有渊源的《红楼梦》中,描写的秦可卿、贾母葬礼,都能反映当时官宦人家葬礼之豪华、奢侈。清政府对民间相关的葬仪并没有特别限制,相关习俗也任其所愿,故丧葬奢侈之风盛行。

民国时期,作为国都所在,地方政府对南京婚丧礼俗进行了改革。1936年,南京首都特别市社会事务局在《改良婚丧制度》中称:“本市市民遇有婚丧事项,动辄沿用旧式仪杖,如龙凤旗、万民伞、科甲官衔牌、诰封鸾驾及纸扎各种兽等,婚丧音乐混杂不分,所需费用穷奢极侈。”同年,该局按内政部颁发的《婚丧暂行办法》,制定施行细则,规定丧事用哀乐;丧事仪式分为甲乙两种,均用高灯和路引牌、祭奠牌、二十四孝牌、铭旗亭、遗像亭、祭文亭、香亭、供亭、花草亭、五谷亭、雪塔亭等。甲种可选用其中5种。其时,官方及上层人士治丧,亦有仿西俗,行西式丧礼,以黑纱缠臂代丧服者。与此同时,民国政府还建造了大营盘公墓、汤山永安公墓等。

新中国成立后,江宁地区丧葬仍从旧俗。至1969年,江宁成立专门的殡葬管理机构,建设火葬场,推行遗体火化政策,终于一扫晚清民国以来丧葬的奢侈迷信之风。1985年以来,江宁地区亡者火化率达100%,骨灰全部集中安葬于公墓。

当代影响与价值

丧葬习俗,承载了江宁人对逝者的无限哀念,体现了重视孝道的传统美德。作为一项重要的民俗活动,它借丧葬的机会将亲族好友汇聚在一起,一方面联络彼此的感情,同时通过复杂的丧葬仪式,使参与者各居其位、各司其职,从而分别家族中的尊卑之份、长幼之序,对弘扬传统孝道文化,树立正确的新时代家庭伦理观具有一定的现实意义。这一习俗保留了江宁地区经济发展、思想文化、宗教信仰等方面的信息,为研究江宁社会变迁提供了珍贵材料,对当下的殡葬制度改革也有一定的借鉴价值。如今,随着经济和社会的发展,人们的丧葬观念发生了巨大的变化,在继承传统丧葬习俗的基础上,越来越多的人将孝道表现在“厚养薄葬”上,一系列繁琐复杂且奢侈的旧式葬俗被逐渐简化,代之以不断注入新的内容。

做寿材寿衣习俗

基本概况

做寿材寿衣的习俗，流布于江宁全境。

旧时在中国民间，年过甲子的老人为将来打算，有提前做好棺材、老衣的习俗，其中还有各种细微的讲究，这样才能起到冲喜的效果。寿材即棺材，在老人生前事先做好棺材称为“做寿材”，在死亡前后临时急做的称为“格（打）棺材”。寿衣，是指为亡人穿戴的衣服。人死了，要将身体洗净，然后穿上新的干净的衣服，也就是穿上寿衣。

旧时在江宁民间，年过半百的人就可以预先准备自己的身后事了，做寿材便是其中之一。制作寿材的时间，一般是老人做寿的那年（如 50、60、70 岁），以闰月为佳，选定黄道吉日，请木匠上门制作寿材。或老人偶感风寒而身体不适，或久病不愈，家人征得本人同意后，在非整寿之年为其做寿材以冲喜，据说这样可消灾避祸以达长寿。预制寿材有祈祝长寿之意，应当做喜事来办，并且非常隆重热闹。做寿材一般由长子操办，所需木材费、工钱及开支由兄弟们分摊，木匠的喜钱及糕点多由女儿承担。

制作寿材过程中，棺材口始终朝下，直到制作完毕，点燃香烛，放鞭炮，撒喜钱、喜果和点心时，才能翻转过来。此后，有的老者还会到棺材里头坐一下，表示自己已经死过一回，就可以长生不老了。打好的寿材里面一定要预留一点木屑、刨花，表示尚未完工，以图吉利。或在材头上贴一大红“寿”字，在两膀（即两旁）和棺材盖上贴上大红“福”字，每年春节还得再贴“福”字。寿材一般不油漆或稍稍刷些桐油，以作防腐处理。人死后，再抹腻子刷黑漆。做好的寿材，可放于家内屋角，

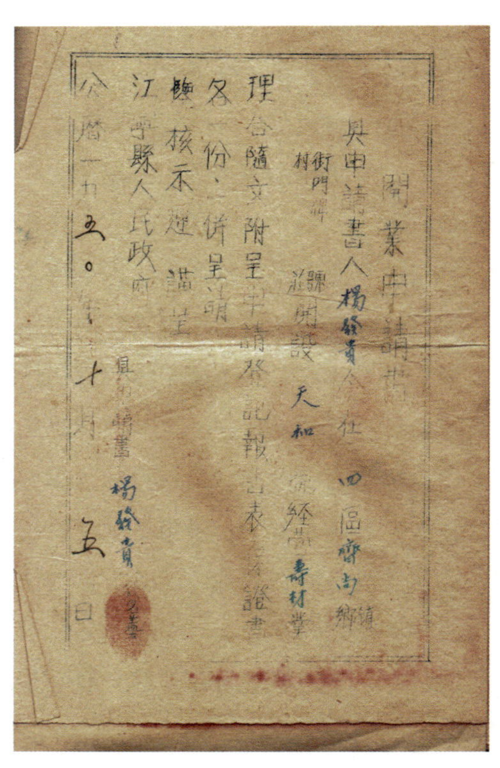
開業申請書
具申請書人楊發貴今在四區[illegible]鄉鎮
村街門牌 號開設天和[illegible]經營壽材業
理合隨文附呈申請登記報告表[illegible]證書
各一份併呈請
鑒核示遵謹呈
江寧縣人民政府
具申請書 楊發貴
公曆一九五〇年十月五日

1950 年杨发贵开设天和寿材店申请书

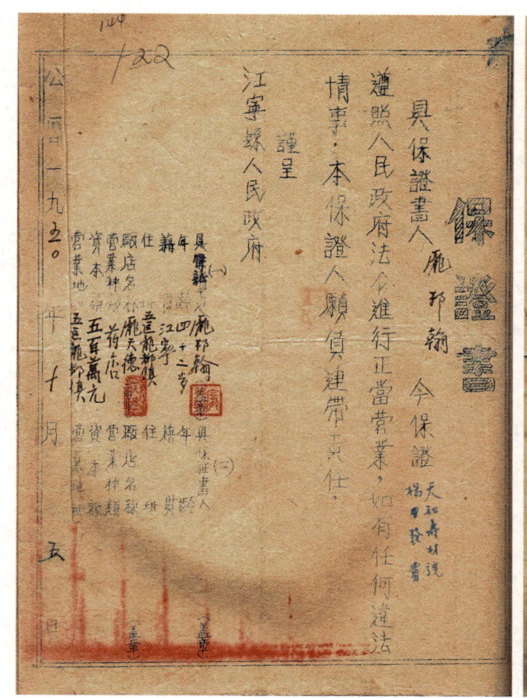

保證書

具保證書人 龐耶翰 今保證

遵照人民政府法令進行正當營業，如有任何違法

情事，本保證人願負連帶責任。

謹呈

江寧縣人民政府

公曆一九五〇年十月五日

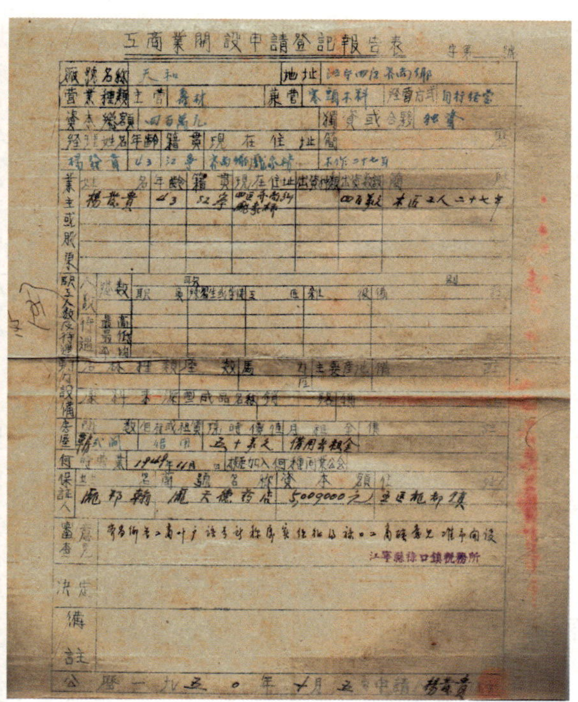

工商業開設申請登記報告表

1950 年杨发贵开设天和寿材店保证书及登记表

或寄放于寺庙等处。一经放定，则不能再移动，否则对材主不利。

寿材的木料多为杉木、柏木、红松木等。杉、松、柏象征着长寿，而楠木因名贵极其罕见。因柳树、杨树仅飞花而不结籽，意为绝嗣，所以制作棺材从不用柳木、杨木。棺材由六块板拼成，棺材底、盖表面稍带弧形，且稍长稍大，两旁的棺材膀也为弧形，两头为方形木板（其两边又稍带弧形）。以上 6 面，如每面由一块整板制成的话，俗称“独幅”，但需要四五棵巨大树木，一般不多见。

民间认为，最好的寿材为“12 朵梅花”，即用 12 根杉木，去其表皮边角，棺材底由 3 根拼成，两膀及棺材盖也各由 3 根制成。每根杉木的两头，可见微微发红的年轮圆心，形同梅花。棺材做成一头稍大，另一头稍小，入殓时遗体头部在大头，脚部在小头。棺材板一般厚 3 寸（旧木尺，下同）至 5 寸，长约 7 尺（近 2 米）。贫穷之家，多由一两寸厚的木板钉成，因板薄而两膀及盖面很难做成弧形，俗称“薄皮棺材”。

旧时民间老人多有寿材，村里老人们相聚闲谈时，常常谈论自己的寿材。而有些英年早逝、暴病而亡的丧家，或一般贫穷之家则来不及，或没有能力预制寿材，只得赶紧“格一口棺材”。棺材的样式、制法同于寿材，好差则根据家境量力而行。临时做棺材，则没有喜庆热闹气氛，笼罩的是浓浓的悲切和赶制的紧张情绪，更不放鞭炮，给喜钱。还有些人家，直接去棺材铺里去买事先做好的棺材。

除做寿材外，江宁民间还有为老人准备寿衣的习俗。寿衣也称“老衣”，是死者咽气后所穿的衣裳。寿衣同样多是死者生前预制，而一般的老衣则是死者临咽气时由子女为其赶制而成，也可以在纸扎铺或棺材铺中临时购买（旧时没有花圈店）。

死者所穿的寿衣，民俗皆有定数。江宁城乡

一般为“上五领下三腰”，即5件上衣，3条裤子。寿衣的布料用丝棉制品制成，不得用毛麻制品，意可荫佑后代多子多孙多福。如用动物皮毛做寿衣，民间认为亡者将投胎转世为动物；用麻制品，则转世投胎于穷苦之家。鞋子一般为软底棉布鞋，有的还在鞋帮、鞋底上绣出各式花样。袜子也用棉布制成。男性的鞋子颜色一般为黑色，女性为红色，或为绣花鞋。所有寿衣上均不用纽扣，只用布做成绊子。另外，还要为男性死者准备一顶帽子，女性则为一条头巾。死者的寿衣以单数为好，一般是五、七、九件不等，忌讳双数，唯恐死亡凶祸再次降临其家。为避免临时匆忙，做寿衣的同时，还得预先准备好孝服、孝衣或孝布。这是在老人过世后，其亲属朋友服孝或戴孝时所用之物。

历史传承

传统葬俗多为土葬，相关程序复杂繁琐，因此有预作“寿藏”的习俗。所指即在人尚健在的时候，就开始为死后的事做准备，包括做“寿衣”、制“寿材”、建“寿坟”等。“寿”乃久长之意，对死后之事称“寿”，其用意也在于此，故而常将生前为死后准备的东西前加“寿”字，如把生前建的墓称寿陵、寿冢、寿茔，墓穴叫寿藏、寿堂、寿域、寿穴、寿圹、寿圹，皇帝生前预筑的墓穴称寿宫，棺木叫寿木，棺材叫寿器、寿材、寿具，死后穿的衣服称寿衣，停放死者棺木以行祭祀礼的厅堂称寿堂。自然死亡被称作寿终，成语亦有所谓“寿终正寝”。

文献记载和考古发现都表明，预作寿藏在战国时期就已出现。据《史记·赵世家》记载，赵肃侯十五年（公元前335）曾起寿陵。到了西汉时期，预作寿藏开始普及起来，上至皇帝，下至官员，皆有为之者。至于明清时期，平常百姓亦会为自己准备寿衣、寿材等用品。

据史料记载，明洪武五年（1372），朱元璋曾下诏规定了庶民寿材的选用标准：“棺用坚木，油杉为上，柏次之，土杉松又次之。用黑漆、金漆，不得用朱红。”因太祖皇帝姓朱，所以棺木不得用朱红色。

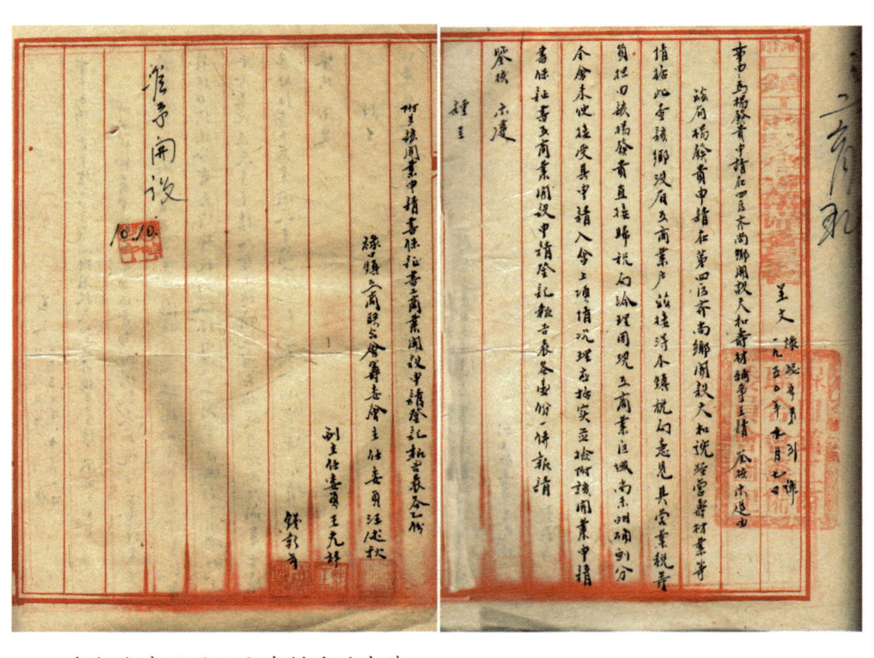

1950年杨发贵开设天和寿材店的申请

晚清时期，南京城内还有成规模的寿衣店。据《同治上江两县志》卷五《城厢》之“故衣廊”记载：“城内有三故衣廊，一在花市之南，一在斗门桥之西，一在北门桥之南，其地多故衣铺，故名。今唯北门桥之南故衣廊（今称估衣廊），尚依旧名。”

民国时期，南京还成立了寿材业职业工会、寿材业同业公会等组织，城区的寿材店也比比皆是。至民国末年，社会环境迅速恶化，通货膨胀严重，就连棺材、寿衣都成了紧俏商品。《经济通讯》1948 年第 41 期，刊发了一则消息，读来令人感慨万千：“手上握有游资的人士，买光了他们所能够买到的东西之后，现在又把他们的目光投在棺材店上来了。传几家棺材店的棺木已被抢购一空。寿衣店中的上等寿衣、寿帽、寿鞋也在被抢购之列。”

从新中国成立初期到 1980 年代初，江宁地区老人去世后，仍以棺材土葬，后来实行殡葬改革，寿材已不见了踪影。而做寿衣，仍一直沿习着旧俗，有些是老人生前自己准备，有些是其子女为老人准备。

当代影响与价值

做寿材寿衣等预作寿藏习俗，表明人们开始关心自己的死后生活，并亲自参与其设计、制作，这可从一个侧面反映古人生死观念的变化。江宁地区做寿材寿衣习俗，是当地丧葬文化的重要组成部分，塑造了当地民众生死观念的集体认同感，是标志性的地域文化符号。它在实际操作过程中充满了灵活性，受到民俗和社会环境的广泛影响，逐渐成为地域性文化的重要组成部分，具有很强的社会意义。如今，做寿材寿衣等习俗在江宁虽已渐被遗忘，但其中蕴含的传统价值观念和心理结构，仍值得我们回味。

讨寿碗习俗

基本概况

讨寿碗习俗，主要流布于麒麟街道及周边地区。

旧时麒麟集镇及周边的乡村，家中如有70岁以上的古稀老人去世，大多会准备一些寿碗，分发给前来吊唁的亲戚朋友、丧事帮忙者，亦有主动前来讨寿碗者，以图吉利。其中讨寿碗者多会在丧家办事的前后三天，前往丧家讨要寿碗。一般是死者年龄越大，讨寿碗者越多。死者在70岁以下的，讨寿碗的人相对较少。80岁以上的较多，90岁以上高寿而逝的，讨寿碗的人则多得挤破门槛，令丧家无法招架。特别是独生子女家庭，父母家长都会想方设法讨要寿碗送给孩子，让他们沾点老寿星的福气，据说可以健康成长，延年益寿。不论死者性别，丧家送出的寿碗一般是2个，也有的人家给1个。旧时讨寿碗还有一些讲究，如只能在丧宴期间去丧家讨寿碗，停殡3天的第一天及死者安葬后都不能讨要。

除了高龄老人去世讨寿碗外，旧时江宁民间在耄耋老人祝寿时，家中也会定制一批寿碗，等到老人生日那天，分发给亲朋好友及前来讨寿碗者。

关于讨寿碗习俗，江宁民间还流传一则故事。相传清乾隆三年（1738），在麒麟乡东流镇西面，有个叫侯万勾的财主，娶了5房太太，生了7个丫头。一直到49岁那年，他的四太太才为他生了个儿子。侯财主将这个儿子视为龙蛋，取名扣保。9岁那年，小扣保连发3天高烧，整天嘴里哼儿哈儿个不停。侯万勾78岁的老母亲，同时也一病不起。他到处求医拜佛，用山珍海味调养小扣保，但一直不见好转。

因侯万勾平时坏事干得多，大伙知道他老母

清代南京郊外的送葬队伍（外人绘）

1987 年窦村老井

亲病重，儿子又生怪病后，都觉得解恨。当时有个叫贺之能的中年人，为了捉弄侯万勾，扮成道士模样在侯家来回踱步。他在侯家门口走过时，故意连摔 3 只碗，边摔边讲：“敦煌壁瑰，难避邪鬼。”侯家人听到此话后，急忙告诉侯万勾。侯万勾认为，母亲和儿子病得确实蹊跷，便叫家人请来贺之能。侯万勾问：“道长，你怎么知道我家难避邪鬼？”贺之能回答说：“我是普救寺祛邪捉鬼的道长，路过你家门口，看见有两个野鬼正在戏弄一个小孩，被我用 3 只碗砸跑了。”侯万勾一听赶忙下拜叩头，求贺之能救救他儿子。贺之能笑着说：“法术是有的，怕你办不到。”侯万勾打躬作揖说：“只要能救我儿，没有办不到的事。”这时，贺之能拿出一只笔，画符念咒：“救了小，救不了老，要想儿郎康，除非老母亡。”接着又对侯万勾说：“鬼怕人多，等你老母亲归天办丧事时，要请四乡八村家家来人吃斋饭，再花九九八十一两银子，买九九八十一只碗，让众人讨走，这样你儿子病才能好，‘寿’才能‘碗’（挽）回来。”为了儿命，侯万勾只好断了老母亲的食。不几天，老母亲就归西了。说来也巧，侯万勾把老母亲埋葬以后，儿子的病真的一天天好起来了。从此以后，当地人认为，在高寿老人死后，去丧家“讨寿碗”能“驱鬼避邪、延年益寿”，久而久之，形成习俗。

历史传承

文献记载表明，寿碗至迟出现于清代早期。周煌《琉球国志略》卷三《封贡》记载，清雍正四年（1726），清廷赐给琉球王玉五老双寿杯、玉螭虎双寿碗各一件。而资料显示，清代的康熙、

麒麟街道东郊小镇出土的清代粉彩瓷碗

乾隆、嘉庆皇帝，每到自己的“寿辰”，都会命宫廷造办处制作刻有“万寿无疆”字样的寿碗，当时民间则流行使用青花万寿碗。但这里的寿碗为祝寿碗，与江宁老者去世时的寿碗不同。

民国时期，南京亦流行定制祝寿碗。据1920年12月30日《申报》记载，南京聚宝门外米行周某，为其母70寿辰特定烧制寿碗5000只，分散亲友及四邻。寿碗分为2种，一为红瓷上镌描金麻姑敬酒图，一为白瓷上镌“七秩寿辰纪念”六字。1929年，为庆祝马相伯90寿辰，中国科学社专门向中央研究院陶瓷试验场定制了一批寿碗，碗内有5个“寿”字，分别由蔡元培、于右任、谭延闿、吴稚晖和胡汉民所书。碗底也有一大“寿”字，系马相伯亲书，寿碗式样精雅，极其名贵，一时传为佳话。

据口碑资料，江宁麒麟地区在高寿老人去世后的讨寿碗习俗，大致起源于晚清民国时期。新中国成立后，这一习俗仍然非常流行。除了麒麟地区外，过去，讨寿碗这一习俗在江宁及南京的其他城镇乡村也有流行。

当代影响与价值

讨寿碗习俗是江宁民间丧葬文化的重要内容之一，寄托了人们违害就利、渴望健康长寿的美好愿望，具有一定的精神文化价值。通过讨寿碗习俗，丧家表达了对吊唁者及助丧者的谢意，增强了与亲朋好友、乡邻之间的情感联系，而讨寿碗者则在一定程度上获得了心理上之慰藉。如今，江宁地区不少人家在高寿老人去世后，仍购买瓷碗，以赠送前来吊唁的亲朋好友，这无疑是讨寿碗习俗之孑遗。

跨火习俗

基本概况

跨火习俗，流布于整个江宁区境。

跨火，又称跃火、燎火，是江宁民间丧葬礼俗中一道必不可少的程序。凡家中亲人去世后，在送葬半途或归途中，丧家和送葬者会点燃草把或木屑，设置火盆或火堆，所有人均须跨火而过。跨火之后，送葬队伍至丧家门前时，人人需要喝一杯糖茶，吃一块“太平糕”或“太平茶干”，意在驱邪避凶、祈求平安。至中午时，丧家则要办酒席宴请送葬者及亲友们，俗称“吃回堂饭”。

那么，为什么会有跨火习俗呢？这是因为旧俗认为，刚去世的亲人，他（她）的亡魂可能害怕去陌生的冥界，即使已入土为安，但依然可能会随着送葬队伍回家来。如果亡魂回家，会对家人大大不利。因此，为防止亡魂跟随送葬队伍回家，送葬后，丧家需要点燃火堆，让每个送葬者从上跨过，进行驱邪。

关于跨火习俗的起源，江宁民间还流传着一个故事。相传很早以前，麒麟乡宝塔山的西坝湾，住着一个姓金的大户。因为六房妻妾只得一子，金氏全家把这男娃当做宝贝疙瘩，取名金来锁。在来锁10岁时，父亲金古钱聘请先生教他读书。但来锁常常害病，只得把先生辞掉。一年后，金古钱送来锁进了宝塔山下的白马寺，求方丈教化。说来也怪，自从到了寺里，来锁病好了，人也精神了许多。全家人自然高兴不已，都认为他与佛门有缘。

16岁那年，金来锁在来往白马寺的十字坡上，经常见到一个美貌的姑娘在哭泣。有一次，他走到姑娘身边问道：“姑娘，你为什么这样伤心？”姑娘回道：“小女父母双亡，孤苦伶仃啊！”来锁看她可怜，常从寺里带点饭菜给姑娘吃，还给她些碎银子用。久而久之，两人产生爱慕之情，以致难舍难分。

有一天，方丈发现来锁身上有邪气，遂仔细盘问。来锁只好将所遇事情，一五一十地告诉了方丈。方丈闻之大惊，说：“快和她断绝来往，那是一只狐狸精！”来锁非但不听，反将方丈的话转告姑娘。姑娘微微一笑问：“你相信吗？”来锁说：“我相信还告诉你吗？”方丈见来锁并未和那姑娘断绝来往，只好告诉他父亲金古钱。金古钱听后，气得把来锁关在家里。一天深夜，来锁迷糊之际，见到姑娘来了，对他又温柔又体贴，他当即赌咒发誓要娶姑娘做妻子。

三个月后，金古钱以为儿子已经收心，便不再监管。岂料来锁一出门，就和姑娘躲进深山，再也不回来了。金古钱气出大病，没几天就过世了。当天晚上，来锁带着姑娘偷偷溜进村，想再见父亲一面。谁知刚进村，就被方丈瞧见。姑娘见状便立即逃跑了。方丈重申之前所说的话，这次来锁虽半信半疑，但还是答应依照方丈的意思去做。

3天后，金家及其亲友为金古钱送葬。方丈在村头十字路口，用禅杖画了道暗圈。这天，姑娘哭了一阵后，跟着来锁想回村前去送葬。刚到十字路口，来锁被人重重一撞，跌出去丈把远。他还没回过神来，只听身后“呼”一声巨响，回头一看，只见熊熊火堆里，一只大狐狸正在拼命挣扎，姑娘已不见。不一会，烟消火灭，只剩下一堆灰。方丈把事情原委一讲，大家都很气愤，个个咬牙切齿，从灰堆上跨过去，表示恨之入骨。后来，当地的百姓，每当送葬回村，都要从一堆火上跨一下，图个降妖避邪的吉利，以保平安。久而久之，便形成了跨火的习俗。

历史传承

跨火习俗，明清文献中记载颇多。据明代沈榜《宛署杂记》记载，送葬队伍回来后，需要“积薪燃火于宅门之外，丧主执刀、砺、盂者三，即跃火而入”。清代范祖述《杭俗遗风》：“孝子、孝眷人等，将孝衣脱下，往火上熏越毕，均皆吉服洗手进内。”这些记载表明送葬归来跨火的习俗颇为久远。

当代影响与价值

如今跨火习俗在江宁地区仍普遍流行，不管是乡村，还是城镇，只要是送葬的队伍回来，丧家都会在距离自家不远的地方，用锯木屑或其他材料，烧一堆火，名为“暗火”，让归来送葬之人从上跨过。这一习俗已成为江宁传统丧葬文化的重要内容之一，承载了人们趋利避害、祈求平安的美好愿望，具有丰富的精神文化内涵。